Das Problem der Evaluation
in der Sozialpädagogik

Europäische Hochschulschriften
Publications Universitaires Européennes
European University Studies

Reihe XI
Pädagogik

Série XI Series XI
Pédagogie
Education

Bd./Vol. 713

PETER LANG
Frankfurt am Main · Berlin · Bern · New York · Paris · Wien

Romano Grohmann

Das Problem der Evaluation in der Sozialpädagogik

Bezugspunkte zur Weiterentwicklung der evaluationstheoretischen Reflexion

PETER LANG
Europäischer Verlag der Wissenschaften

Die Deutsche Bibliothek - CIP-Einheitsaufnahme

Grohmann, Romano:

Das Problem der Evaluation in der Sozialpädagogik :
Bezugspunkte zur Weiterentwicklung der
evaluationstheoretischen Reflexion / Romano Grohmann. -
Frankfurt am Main ; Berlin ; Bern ; New York ; Paris ; Wien :
Lang, 1997
  (Europäische Hochschulschriften : Reihe 11, Pädagogik ;
  Bd. 713)
  Zugl.: München, Univ. der Bundeswehr, Diss., 1996
  ISBN 3-631-31001-3

NE: Europäische Hochschulschriften / 11

ISSN 0531-7398
ISBN 3-631-31001-3
© Peter Lang GmbH
Europäischer Verlag der Wissenschaften
Frankfurt am Main 1997
Alle Rechte vorbehalten.

Das Werk einschließlich aller seiner Teile ist urheberrechtlich
geschützt. Jede Verwertung außerhalb der engen Grenzen des
Urheberrechtsgesetzes ist ohne Zustimmung des Verlages
unzulässig und strafbar. Das gilt insbesondere für
Vervielfältigungen, Übersetzungen, Mikroverfilmungen und die
Einspeicherung und Verarbeitung in elektronischen Systemen.

Printed in Germany 1 2 3 4 6 7

Inhaltsverzeichnis:

Vorwort	9
Einleitung	10

I. Kapitel: Einführung in Thema und Gegenstand der Untersuchung   15
1. Beispiele für die Evaluation in aktuellen sozialpädagogischen Projekten   15
2. Auf der Suche nach Erscheinungsformen von
 Evaluation in sozialpädagogischen Forschungs- und Praxisberichten   27
2.1 Schwierigkeiten bei der Materialsammlung und -bearbeitung   28
2.2 Evaluationsstudien innerhalb der Dokumentationen
 des Informationszentrums Sozialwissenschaften   33
3. Stellenwert der Evaluation für die sozialpädagogische Praxis   39
3.1 Modernes Denken und evaluative Reflexion   39
3.2 Evaluation und pädagogische Reflexion   43
3.4 Positive funktionale Effekte der Evaluation   52
4. Konkretisierung des Themas und dessen Bearbeitung   54

**II. Kapitel: Die Entwicklung der Evaluationstheorie -
 Grundlegende Theorieansätze in den USA**   57
1. Stage one theories: Dominanz objektivistischer Evaluationsmodelle   59
1.1 E.A. Suchman   60
1.2 Donald T. Campbell   63
1.3 Michael Scriven   66
2. Stage two theories: Kritische Reaktion   69
2.1 Entwicklungen der Konzeption und des Managements der Evaluation   72
2.1.1 Carol Weiss   72
2.1.2 Joseph Wholey   73
2.2 Kritikpunkte und Differenzierungsversuche   75
2.2.1 Daniel L. Stufflebeam und Lee J. Cronbach   75
2.2.2 Robert E. Stake   77
3. Der Paradigmenstreit und das Gegenparadigma   81
3.1 Egon G. Guba und Yvonna S. Lincoln   82
4. Stage three theories: Versuch einer "Synthese"   86
4.1 Peter Rossi und Lee Cronbach   88

**III. Kapitel: Anmerkungen zur Evaluation in der
 deutschen Sozialpädagogik**   91
1. Erziehungswissenschaftliche Evaluationsforschung im Überblick   91
1.1 Die Epoche der Planungs- und Reformeuphorie   91
1.2 Die "Regionalisierung" von Evaluationsforschung in den 80er Jahren
 als Übergangsphase zur Risikogesellschaft   98
1.3 Evaluation unter den Bedingungen der Risikogesellschaft   100
2. Beispiele für evaluationstheoretische Ansätze in der Sozialpädagogik   102
2.1 Beispiele für erste Bestandsaufnahmen und Reflexionen
 über Evaluation im sozialpädagogischen Feld   103
2.2 Beispiele und Ansätze einer sozialpädagogischen Sichtweise   107

2.3	Ansatz zur Integration einer sozialpädagogischen Orientierung in der Evaluationstheorie bei Maja Heiner	110
3.	Resümee und weitere Vorgehensweise	113

IV. Kapitel: Analyse ausgewählter Evaluationsstudien I 118
1. Die Evaluation der Bremer Beratungsstelle für
   alleinstehende Wohnungslose (ZBS) 119
1.1 Konzeption der Evaluation 120
1.2 Methodischer Zugang 124
1.3 Konsequenzen und Nutzen der Untersuchung 125
2. Das Modellprojekt "Tagesmütter" 126
2.1 Einführung 126
2.1.1 Wie müßte ein Evaluationskonzept aussehen? - Gedankenspiel 128
2.2 Das Evaluationskonzept in der entwicklungspsychologischen Dimension 133
2.2.1 Theoretische Grundlagen und Entwicklung des Evaluationskonzepts 133
2.2.2 Evaluationsverfahren und Erhebungsmethoden 138
2.2.3 Ergebnisse und Resultate der entwicklungspsychologischen Evaluation 141
2.3 Entwicklung, Begleitung und Reflexion der Modellpraxis
    und ihrer Bedingungen 143
2.4 Zusammenfassende Beurteilung des Modellversuches Tagesmütter. 149

V. Kapitel: Analyse ausgewählter Evaluationsstudien II 158
1. Die wissenschaftliche Begleitung des Modellprojektes "Mathilde" -
   familienergänzende Erziehungshilfe im Lebensfeld 158
1.1 Kurzer Überblick über das Modellprojekt 158
1.2 Die Konzeption der Evaluation 163
1.3 Evaluationsverfahren und Erhebungsmethoden 169
1.3.1 Die qualitative Einzelfallanalyse als Methode
      der lebensfeldbezogenen Evaluation 171
1.3.2 »Das Gesetz von der Erhaltung des blinden Fleckes« 173
1.3.3 Das Problem der Generalisierbarkeit 174
1.4 Die Resultate 176
1.4.1 Die Präsentation der Untersuchungsergebnisse 176
1.4.2 Tragweite und besonderer Charakter der Ergebnisse 181
2. Die Evaluation des "Streetworker"- Modells 182
2.1 Kurzbeschreibung des Modellprojektes 182
2.2 Evaluationskonzeption und Erhebungsverfahren 184
2.2.1 Konzeptionelle Weiterentwicklung und Umsetzung des Programms als
      Aufgabe der Evaluation 185
2.2.2 Bewertung als Aufgabe der Evaluation 191
2.3 Zusammenfassende Bewertung der Vorgehensweisen
    und Ergebnisse 193
2.3.1 Bewertung und Wirkungsanalyse 194
2.3.2 Die Konstruktion der Evaluationsverfahren - oder das Mißverständnis mit
      der Wissenschaftlichkeit 199

VI. Kapitel: Überlegungen und Perspektiven zur Theorie der Evaluation in der Sozialpädagogik 201

1. Evaluationstheoretische Grundlagen 201
1.1 Grundlegende evaluationstheoretische Begriffe,
Probleme und Prinzipien 201
1.2 Sozialpädagogische Praxis als Evaluationsgegenstand 206
1.3 Wichtige Unterscheidungen 214
2. Sozialpädagogisches Handeln und Evaluation 217
2.1 Das Drei-Ebenen-Modell und die Bedeutung der Handlungsebene 217
2.2 Probleme der Evaluation sozialpädagogischen Handelns 225
2.2.1 Pädagogisches Handeln zwischen Intention und Wirkung 226
2.3 Weitere Orientierungspunkte für die Evaluation
sozialpädagogischen Handelns 230
2.3.1 Qualität als zusätzliches Evaluationskriterium 332
2.3.2 Evaluation der Prozesse 234
2.3.3 Evaluation der Bedingungen 236
2.4 Inhaltliche Aspekte der Evaluation sozialpädagogischen Handelns 239
2.4.1 Hilfe zur Lebensbewältigung 242
2.4.2 Sozialisation und Erziehung 246
2.4.3 Arbeit an sozialen Strukturen 253
3. Institution und Evaluation in der Sozialpädagogik 256
3.1 Überblick über Evaluationsprojekte 256
3.2 Institutionelle Bedingungen des sozialpädagogischen Handelns 262
3.3 Institutionelle Bedingungen für die
Planung und Durchführung von Evaluationen 265
3.4 Die sozialpädagogische Institution als Evaluationsgegenstand 271
4. Gesellschaftliche Funktion und Bedingungen
der Evaluation in der Sozialpädagogik 277
4.1 Evaluation im Reformkontext 280
4.2 Evaluation im Übergangskontext 283
4.3 Evaluation im Kontext der Risikogesellschaft 286
5. Zusammenfassung und Resümee 293

Literaturverzeichnis 302

Anlagen 316

Vorwort

Bereits während meiner Studienzeit wurde ich, vor allem auch angeregt durch meine Erfahrungen im Praktikum, auf das Problem der Beurteilungskriterien sozialpädagogischen Handelns aufmerksam. Die Ambition, diese Problematik zum Gegenstand meiner Dissertation zu machen, wurde durch folgenden Sachverhalt bestärkt: Wenn ich mich in der Literatur über Evaluation sozialer Arbeit kundig machen wollte, stieß ich einerseits ständig auf die Beteuerung, wie wichtig Evaluation sei. Andererseits waren aber nur vereinzelt und fragmentarisch Hinweise darüber zu finden, wie Evaluation sozialpädagogischen Handelns bewerkstelligt werden kann. Insgesamt betrachtet entstand der Eindruck, daß die Begriffe sowie die Art und Weise, wie die Thematik verhandelt wird, unklar und diffus sind. Die vorliegende Untersuchung versucht, dem wenigstens ein Stück abzuhelfen und den Nebel, der sich um die Theorie und Praxis der Evaluation legt, durchschaubarer zu machen.

Bei diesem Versuch, quasi Hinweisschilder für das Durchschreiten des Nebels zu setzen, waren eine Vielzahl von Lösungsversuchen und "argumentative Expeditionen" mit unsicherem Ausgang notwendig. Meinem Doktorvater Herrn Professor Dr. Walter Hornstein ist es zu verdanken, daß ich selbst nicht die Orientierung und den Mut verlor. Er hat durch sein beharrliches kritisches Insistieren - verbunden mit konstruktiven Hinweisen - dafür gesorgt, daß der Untersuchungsverlauf, über dessen letztendlichen Ausgang wir beide ständig im Unklaren waren, ein echter Forschungsprozeß mit konstruktivem Ergebnis geworden ist. Die Vorgehensweise scheint mir als wissenschaftliche Methode nicht alltäglich und deswegen vorab erwähnenswert zu sein. Ich möchte sie als kritisch diskursive Problemanalyse bezeichnen; sie versucht, in der Auseinandersetzung mit dem vorliegenden Material und aufbauend auf vielfältigen theoretischen Bezügen ein »Modell« zu entwickeln. Dieses stellt die Grundlage und Bezugspunkte für eine Praxis der Evaluation zur Verfügung, die Ansprüchen an ein wissenschaftlich begründetes Vorgehen entspricht. Im Nachhinein weiß ich erst im vollem Umfange zu schätzen, welches Engagement Walter Hornstein aufgebracht und welch breiten Erfahrungsschatz er bereitwillig zur Verfügung gestellt hat, um mich bei diesem Weg zu begleiten.

Mein Dank gilt weiterhin Herrn Professor Dr. Karlheinz A. Geißler, Herrn Prof. Dr. Werner Schefold und Herrn Dr. Christian Lüders sowie Astrid und Frank Orthey für Ihre inhaltliche, arbeitstechnische und moralische Unterstützung.

Die folgende Arbeit ist eine überarbeitete Fassung meiner Dissertation vom Juni 1996 an der Fakultät für Pädagogik der Universität der Bundeswehr München.

Einleitung:

"Unabhängig davon, worin [...] jeweils die Zwecke pädagogischen Handelns bestehen, sollen Schüler und andere Adressaten pädagogischen Handelns Wissen, Fertigkeiten und Haltungen natürlich *nicht* erwerben, *obwohl* Pädagogen aktiv werden, sondern *weil* sie das tun" (Fromm 1988, S. 187). Zweifel daran, daß pädagogische Maßnahmen tatsächlich das erreichen, was mit ihnen beabsichtigt wird, sind weder neu, noch selten und die Befürchtung, daß pädagogisches Handeln "in vielen Fällen mehr Schaden anrichtet, als es Positives hervorbringt" (ebd. S. 188) ist begründet. Vor diesem Hintergrund erscheint somit eine Überprüfung des Erfolges pädagogischen Handelns als eine allgemeine Notwendigkeit. Das hierzu geeignete Konzept, nämlich die "akkurate Einschätzung des Wertes von Einrichtungen oder Maßnahmen", wird in der erziehungswissenschaftlichen, sozialpolitischen, entwicklungspolitischen und sozialpädagogischen Literatur unter den Begriff der Evaluation oder Evaluierung eingeordnet (Müller 1980).

Im Falle der Pädagogik zeigte sich relativ früh, daß hier Evaluation nicht so eindeutig und unproblematisch geplant werden und verlaufen konnte, wie dies beispielsweise in der Agrarforschung möglich war, einem der ersten Bereiche, in dem großangelegte Evaluationsprojekte erfolgreich durchgeführt wurden (vgl. ebd.). In der Pädagogik lassen sich der Wert und die Resultate erzieherischer Anstrengungen nicht wie in der Agrarwissenschaft nach eindeutig definierbaren biomechanischen und agrarökonomischen Kriterien bestimmen, wenngleich die Tätigkeit des Pädagogen des öfteren mit einem Gärtner verglichen wurde. Dies trifft inbesondere für die Sozialpädagogik zu, die sich der "Hege" ganz besonderer Pflanzenarten unter ganz spezifischen Bedingungen angenommen hat.

Zum Leidwesen vieler, die in der sozialpädagogischen Praxis verantwortlich handeln, ist die Feststellung des Wertes, des Erfolges und der Wirkungen sozialpädagogischer Maßnahmen ein schwieriges, vielschichtiges und je nach Fall in bestimmter Hinsicht unmögliches Unterfangen. Diese Schwierigkeiten spiegeln sich beispielsweise in dem vorläufigen Bericht über das Aktionsprogramm gegen Aggression und Gewalt (AgAG) von Irina Bohn (1996, S. 33) wider: "Die pädagogischen Wirkungen des Projektes sind so unterschiedlich, wie es die Zielgruppen des Programms und die Lebenswelten der Jugendlichen generell sind". Um einen Eindruck von den erfolgreichen Resultaten zu geben, werden deswegen von der Autorin insgesamt neun unterschiedliche Perspektiven thematisiert, in denen sich ein Erfolg mehr oder weniger eindeutig niederschlägt und plausibel nachweisen läßt.

Betrachten wir den Praxisbericht von Werner Nickolai und Norbert Scheiwe (1996) über ihre Arbeit mit rechtsorientierten gewaltbereiten Jugendlichen, so können zwei weitere Facetten von Schwierigkeiten und Problemzusammenhängen sichtbar gemacht werden, die ebenfalls mit der Erfolgsbestimmung in der sozialpädagogischen Arbeit verbunden sein können. Die Autoren beschreiben, daß Skinheads im Strafvollzug eine zunächst verwunderliche weil plötzliche Verhaltensänderung vollziehen: "sie lassen sich im Knast die Haare wachsen, ziehen ihre Bomberjacken aus und tauschen ihre Springerstiefel gegen teure Turnschuhe" (ebd. S. 127). Auf den ersten Blick bewirkt die Macht des Strafvollzuges eine positive Veränderung im Habitus, die durch pädagogische Einwirkung nur schwer herbeizuführen ist. Wenn man nun aber genauer hinschaut, dann deutet viel darauf hin, daß die rechtsextremen Einstellungen durch den Strafvollzug in Wirklichkeit verstärkt und pädagogisch noch unzugänglicher werden (vgl. ebd.). Mögen in diesem Falle positive und negative Resultate der jeweiligen Behandlung noch relativ leicht zu durchschauen sein, so verweist dieser Fall jedoch auf das Problem, daß völlig unterschiedliche und widersprüchliche empirische Erscheinungsformen von Erfolg oder Mißerfolg vorliegen können. Um deren evaluative Aussagekraft einschätzen zu können, stellt sich die u.U. sehr schwierige Aufgabe, diese empirischen Erscheinungen in ihrer tieferliegenden und verborgenen pädagogischen Bedeutung wirklichkeitsnah zu analysieren.

Eine weiterer verwirrender Aspekt läßt sich anhand des Berichtes über den Ansatz der Gedenkstättenpädagogik ersehen (ebd. 132ff). Im Rahmen des Besuches der KZ-Gedenkstätte in Auschwitz sollten durch persönliches Erleben und durch Konfrontation an einem authentischen Ort mit den Jugendlichen - wenn auch nur ansatzweise - pädagogische Prozesse der Aufarbeitung eigener Einstellungen erreicht werden. Wenngleich simple und überzogene Wirkungsansprüche wie, "mit der Glatze nach Auschwitz fahren und mit blonden Locken und geheilt wieder zurückkommen" (ebd. S. 132) gar nicht gehegt wurden, ziehen die Autoren in Anlehnung an Brumlik das Fazit, daß dieser Versuch, Auschwitz pädagogisch aufzuarbeiten, gescheitert ist. Für die eigene pädagogische Arbeit wurde hieraus die Folgerung gezogen: "Alle Versuche sind zum Scheitern verurteilt, sie allerdings zu unterlassen, ist Verdrängung der geschichtlichen Wirklichkeit und vertane Chance für die Zukunft" (ebd. S. 133). Die Fortführung der sozialpädagogischen Maßnahme wird also als verpflichtend angesehen, obwohl sie (Bernfelds Sisyphos läßt grüßen) zwangsläufig zum Scheitern verurteilt ist. Ohne jetzt näher auf die Interpretation des Erfolges oder des Scheiterns in diesem speziellen Falle einzugehen, läßt sich sagen, daß diese Argumentation auf den ersten Blick etwas verwunderlich erscheint, weil einerseits das Scheitern einer Maßnahme festgestellt und andererseits deren Fortführung und gleichsam ihre weitere finanziellen Förderung propagiert wird.

Ungeachtet der Schwierigkeiten, Erfolg zu definieren, Wirkungen zu erreichen und angemessen zu interpretieren, könnte man die Aufzählung einzelner Sachverhalte beliebig lange fortführen, die die Feststellung von Erfolg in der Pädagogik erheblich erschweren und verkomplizieren können. Abschließend hierzu soll ein Umstand geschildert werden, der mit einer sich selbst auferlegten Maxime der Pädagogik zusammenhängt: Pädagogisches Handeln soll nicht als "Psychotechnik" betrachtet werden, sondern "die Möglichkeit der individuellen Ausgestaltung durch den jeweiligen Adressaten" ist "als unabdingbare Voraussetzung erfolgreicher Erziehung zu sehen"[1]. Wirkungslosigkeit und Unberechenbarkeit werden somit gewissermaßen als Qualitätsmerkmale pädagogischen Handelns ins Positive gewendet: "Wir erreichen den Gipfel unserer Überlegungen erst dann, wenn wir uns eingestehen, daß das Mißraten unserer Pläne und das Auftreten von störenden Faktoren zum Wesen der Erziehung gehört"[2].

1: vgl. Fromm 1988, S 191; in Anlehnung an Spranger 1965, S. 24, 54, 112.
2: vgl. Spranger 1965, S. 78; zit. n. Fromm 1988, S. 190.

Angesichts dieser kurzen Darstellung einiger Schwierigkeiten, die mit der Bestimmung des Erfolges in der Sozialpädagogik verbunden sein können, erscheint es gerechtfertigt, vom Problem der Evaluation in der Sozialpädagogik zu sprechen. Dieses Problem wird deswegen verschärft, weil Evaluation die gesellschaftliche Bedeutung eines administrativen und politischen Planungsinstrumentes hat, das weit über die Erfolgsbestimmung als fachinternes Unternehmen zur Selbstüberprüfung und zur eigenverantwortlichen Konzeptentwicklung hinausgeht. Ganz offensichtlich trat diese Funktion der Evaluation in den 60er und 70er Jahren im Zuge der Bildungsreform hervor. In dieser Zeit, in der Evaluation im Rahmen der Begleitforschung großangelegter Modellversuche betrieben wurde, stand vor allem die Curriculum-Evaluation im Mittelpunkt des Interesses, wogegen Evaluation in der Sozialpädagogik nur vereinzelt thematisiert wurde (s. Kap.III).

Die aktuelle gesellschaftliche Situation ist gekennzeichnet durch eine sich immer mehr verschärfende öffentliche Finanzmittelknappheit bei einem gleichzeitigen Anwachsen sozialer Problemlagen. Unter diesen Vorzeichen ist die bereits seit Anfang der 80er Jahre absehbare Entwicklung eingetreten, daß sozialpädagogische Einrichtungen neben den Schulen und Einrichtungen der Berufsausbildung "verstärkt in den Verteilungskampf um Mittel aus dem Staatshaushalt hineingezogen" werden. Hieraus folgt:"auch traditionelle Einrichtungen und Maßnahmen der Jugendhilfe müssen die von ihnen behaupteten Effekte stärker als früher nachweisen, vor allem, wenn ihre politischen Konzepte nicht mit denen der staatlichen Exekutive übereinstimmen (Müller 1980). Es hängt also zunehmend von haushaltspolitischen Entscheidungen und Sparzwängen ab, ob und wie eine sozialpädagogische Einrichtung ihre Arbeit fortsetzen kann. Gleichzeitig taucht an dieser Stelle ein widersprüchlicher Mechanismus auf: "soziale Arbeit kann nur so erfolgreich sein wie ihr die Möglichkeiten hierzu eingeräumt werden" (Sengling 1987, S. 165). Hier schnappt die »Erfolgsfalle« zu, die lediglich im Falle der Modellförderung und der Anschlußfinanzierung in entschärfter Form zu bestehen scheint: Wie soll der Nachweis des Erfolges erbracht werden, wenn man für das Erreichen des Erfolges eine bestimmte diesen ermöglichende Ausstattung benötigt, die aber erst dann in Aussicht gestellt ist, wenn es gelungen ist, den Erfolg der Einrichtung nachzuweisen.

Seit geraumer Zeit erfreuen sich die Konzepte Controlling, Qualitätssicherung und Qualitätsmanagement einer besonderen Aktualität und Anziehungskraft und haben mittlerweile auch einen enormen Einfluß innerhalb der Organisation und der Praxis sozialer Einrichtungen gewonnen. Über dem beständigen Reden und Beschwören von Qualität und ihrer Sicherung sowie über dem Anwenden formalisierter Zertifizierungsinstrumente (ISO Norm 9000) oder anderer "BWL-isierungen" (Schmidt-Grunert 1996), die als Hoffnungsträger der sozialen Arbeit eingesetzt werden, scheint allerdings eines vergessen zu werden: Bevor Erfolg oder Qualität pädagogischen Handelns - beide Kategorien lassen sich wie oben gezeigt im Kontext der Erziehung auf höchst unterschiedliche Weisen interpretieren - "gesichert" oder auf irgendeine Weise organisatorisch unterstützt werden kann, sollte man sich angesichts des Evaluationsproblems fundierte Gedanken darüber machen, worin eigentlich Erfolg in der Sozialpädagogik besteht und welche Konzepte eine angemessene Grundlage für die Analyse dieses Erfolges darstellen können. Fehlen diese Grundlagen, so wird der Begriff

Qualitätssicherung zur Leerformel in einem gut funktionierenden "Modernisierungsspiel" (Orthey 1995). Qualitätssicherung tritt dann zwar als erfolgreiches und modern erscheinendes aber in seiner Bedeutung zweifelhaftes Konzept auf: "Jedenfalls bleibt unklar, was Qualität ist, klar bleibt, daß sie momentan massiv gesichert wird. Und das macht optimistisch für weitere Klarheiten auf diesem Niveau" (desb. ebd.).

Insbesondere dann, wenn betriebswirtschaftliche Steuerungsinstrumente sich über die organisatorischen Bereiche hinaus, in denen sie im Rahmen sozialpädagogischer Institutionen äußerst hilfreich erscheinen (z.B. Abbau eines adminnistrativen Wasserkopfes, social sponsoring), auf pädagogische (Sinn-)Bereiche ausdehnen, ist die Gefahr der Ausblendung wesentlicher Aspekte einer Erfolgsbestimmung im sozialpädagogischen Sinne gegeben. Einiges spricht dafür, daß Begriffe wie Kostenmanagement und Controlling, Managementorientierung und Qualitätssicherung die Diskussionen um die Steuerung sozialer Arbeit zunehmend bestimmen und daß mit diesem Eindringen betriebswirtschaftlicher und verwaltungstechnischer Sichtweisen die Tendenz einer Ablenkung von pädagogischen Inhalten bereits schon wirksam ist (s. Kap. VI, S. 283). Wenn etwa an die Stelle der pädagogischen Beziehung die Kategorie der »Kundenorientierung« tritt, so stehen keine pädagogischen Prozesse und Ziele mehr im Vordergrund, sondern es geht dann um eine Dienstleistung, die eine bestimmte Nachfrage befriedigt, als Produkt im Rahmen einer Marketingstrategie "positioniert" und möglichst kostengünstig abgewickelt wird.

Wenn die Sozialpädagogik dem nichts entgegensetzt, d.h. keine eigenen praktisch verwertbaren Konzepte anbieten kann, drohen ökonomische und verwaltungstechnische - und u.U. auch psychatrisch-medizinische - Sichtweisen ein Übergewicht zu erhalten. Vor dem Hintergrund dieser Entwicklungen reicht es nicht aus, in der momentan stattfindenden Ökonomisierungsdebatte immer wieder auf diese Tendenzen hinzuweisen. Es ist vielmehr aus noch näher zu klärenden Gründen notwendig, daß die Sozialpädagogik Formen der Evaluation entwickelt, die auf pädagogische Inhalte zentriert und auf den spezifischen Sinn pädagogischer Prozesse abgestimmt sind. Es sind theoretische Konzepte der Evaluation zu entwickeln, die den Schwierigkeiten der Erfolgsbestimmung und der Erfolgsbeeinflussung in der sozialpädagogischen Praxis angemessen Rechnung tragen. Angesichts der aktuellen Finanzkrise darf dabei die Berechtigung einer betriebswirtschaftlichen Kontrolle und Steuerung allerdings nicht negiert werden (Lüders 1994).

Wie das erste und dritte Kapitel meiner Arbeit deutlich machen soll, besteht in der Sozialpädagogik erstens eine gewisse Konfusion um den Begriff Evaluation. Zweitens sind Evaluationsprojekte mit sozialpädagogischer Ausrichtung im engeren Sinne Mangelware und drittens liegen evaluationstheoretische Konzepte mit einer genuin sozialpädagogischen Ausrichtung nur fragmentarisch vor. Die eigene Untersuchung versucht, angesichts dieser defizitären Situation einen Beitrag zur Weiterentwicklung der Evaluationstheorie im eben genannten Sinne zu leisten. Das heißt nicht, daß eine sozialpädagogisch orientierte Evaluation neu *erfunden* werden müßte, denn wesentliche Bestandteile und Anregungen hierzu bestehen bereits. Sie liegen aber an ganz unterschiedlichen Textstellen, etwa als einzelne theoretische Gedanken zur Evaluation oder in praktischen Anwendungen, breit verstreut vor, müssen deswegen zunächsteinmal *gefunden, dann interpretiert* und *bewußt gemacht* und schließlich *systematisiert* werden. Ziel meiner Arbeit ist also die Theorieentwicklung und die **Modellbildung** von Evaluation im Anwendungsbereich der Sozialpädagogik. Die Methode hierbei ist eine in unterschiedlichen Bereichen und Ebenen durchgeführte **Problemanalyse** der Thematik Evaluation in der Sozialpädagogik. Diese Analyse und Diskussion verläuft vor dem Hintergrund folgender Fragen: Wie stellte sich das Problem der Evaluation im vorgefundenen Zusammenhang dar? Welche theoretischen oder praktisch angewandten Lösungsmöglichkeiten tauchen auf? Wie sind diese anhand der o.g. Ansprüche an die inhaltliche Orientierung der Evaluation zu bewerten? Welche evaluationstheoretischen Schlüsse lassen sich hieraus ziehen?

Das Material, das im Rahmen dieser kritischen, vergleichenden und je nach Gegenstand mehr oder weniger intensiv geführten Problemanalyse relevant erschien und ausgewertet wurde, ist vielfältig und heterogen: Berichte über verschiedene noch laufende oder abgeschlossene Evaluationsprojekte, forschungsstatistische Projektdaten, Ausschnitte der sozialpädagogischen Theorie, historische Verläufe und Hintergründe der Entwicklungsgeschichte der Evaluation (Kap I); allgemeine Evaluationstheorie und politisch historische Zusammenhänge (Kap II); sozialpolitische und gesellschaftliche Zusammenhänge und evaluationstheoretische Ansätze der Erziehungswissenschaft und der Sozialpädagogik in Deutschland (Kap III); ausgewählte Projektberichte über vier abgeschlossene Evaluationsstudien, die nach spezifischen Kriterien ausgewählt wurden (Kap IV).

Auf der Grundlage der Erkenntnisse, die im Rahmen dieser Problemanalyse und des theoretischen Interpretationsprozesses gezogen wurde, entstand im abschließenden Kapitel ein Modell für die Reflexion von Evaluationen in der Sozialpädagogik. Es wurde ein Reflexionsmuster konstruiert, das verschiedene Perspektiven, Prinzipien und Orientierungspunkte für die Lösung **einiger** Probleme bereithält, die sich im Zusammenhang mit dem Thema stellen. Es kann also nicht erwartet werden, daß bei einer unmittelbaren Anwendung des Reflexionsmodells für den entsprechenden Einzelfall fertige und vollständige Evaluationskonzepte herauskommen. Der eigene Ansatz konzentriert sich quasi auf den konzeptionellen Kernbereich einer Evaluation, versucht hier grundlegende Zusammenhänge zu klären und eine gewisse evaluationstheoretische Basis zu legen. Dabei werden eher technische Fragen, beispielsweise die der geeigneten Methoden oder die der Implementation und der Durchsetzung des jeweils geeigneten Evaluationsdesigns, **nicht** in den Mittelpunkt der Arbeit gestellt. Das Modell versteht sich somit als **einer** von vielen der bestehenden, der möglichen und der noch notwendigen Beiträge zu einer theoretischen Weiterentwicklung der Evaluation in der Sozialpädagogik.

Kapitel I :

Einführung in Thema und Gegenstand der Untersuchung

Der Begriff Evaluation fand Anfang der 70er Jahre aus den Vereinigten Staaten von Amerika kommend Eingang in die erziehungswissenschaftliche Diskussion der Bundesrepublik Deutschland. Einerseits läßt sich feststellen, daß er Karriere gemacht hat: wohl niemand würde die Wichtigkeit von Evaluation und ein Interesse an ihr leugnen. Andererseits - und das muß nicht als Widerspruch zur erfolgreichen Verbreitung, sondern vielmehr als ein hierfür günstiges Moment gesehen werden - ist mit dem Gebrauch des Begriffes "Evaluation" eine gewisse inhaltliche Beliebigkeit und Diffusität verbunden, die Glass und Elett (1980, S.21) folgendermaßen kennzeichnen:

"Evaluation - more than any science - is what people say it is; and people currently are saying it is many different things".

Vor dem Hintergrund dieser inhaltlichen Vieldeutigkeit wird der nun folgende Überblick zunächst mit einer ganz allgemeinen Definition und nicht mit der Festlegung eines bestimmten Verständnisses von Evaluation geschehen: *Evaluation einer Sache bedeutet, diese einer Beurteilung zu unterziehen und ihren Wert oder Unwert herauszustellen.*

Um einen Eindruck von jener Vielfalt und von der Bedeutung der Evaluation in der Praxis gegenwärtiger sozialpädagogischer Projekte zu vermitteln, soll im folgenden anhand eines Beispieles zunächst eine überblickhafte Bestandsaufnahme dessen durchgeführt werden, was in der gegenwärtigen Sozialpädagogik unter dem Begriff »Evaluation« rangiert und welche unterschiedlichen Formen der Bewertung sozialpädagogischer Arbeit vorkommen.

1. Beispiele für die Evaluation in aktuellen sozialpädagogischen Projekten

Das Aktionsprogramm gegen Aggression und Gewalt (AgAG)
Dieses Programm wurde als zielgruppenorientiertes Sonderprogramm im Mai 1991 geplant und aufgrund der Vorfälle fremdenfeindlicher Gewaltausschreitungen zum 01.01.1992 für zunächst drei Jahre eingesetzt. In 30 regionalen Brennpunkten sollten sozialpädagogische Angebote und Handlungsansätze entwickelt werden, um eine gewaltpräventive und deeskalierende Wirkung herbeizuführen (vgl. AgAG Berichte u. Materialien Nr. 4, 1994). Bereits von Anfang an war es unumstritten, daß die Maßnahmen des Aktionsprogrammes notwendigerweise dezentral zu organisieren und nach den Erfordernissen und speziellen Bedingungen der einzelnen Projekte vor Ort zu konzipieren waren (Fuchs 1991). Die sich hieraus ergebende vielfältige und heterogene Struktur - bereits im ersten Jahr etablierten sich 16 verschiedene Handlungstypen (AgAG Ber. u. Mat. Nr.4, S. 2) - schließt praktisch die Evaluation im Sinne einer zusammenfassenden Aus- und Bewertung aus. Ohne Zweifel wird diese jedoch, nicht allein aufgrund der vereinzelt aufgetretenen heftigen Kritik[1], berechtigterweise seitens

---

1: vgl. Merkel (1994, S. I): AgAG-Berichte und Materialien Nr. 4; Vorwort, S. II: Unter dem Schlagwort "Glatzenpflege auf Staatskosten" wurde die Bereitstellung öffentlicher Mittel zur

der Öffentlichkeit und der Politik erwartet, zumal für das Aktionsprogramm öffentliche Gelder in Höhe von 20 Mio. DM veranschlagt wurden - davon 3 Mio. für die Ämter- und Projektberatung, in deren Zusammenhang gleichzeitig eine deskriptive Verlaufsdokumentation vorgesehen wurde, und 0,5 Mio. für die Evaluation, Begleitforschung und weitere Forschungsvorhaben (Fuchs 1991a).
Lukas, u.a. (1993, S. 4) bemerken hierzu folgendes:

"Aktuelle Ereignisse vor allem in den östlichen Bundesländern haben insbesondere den Zusammenhang von Rechtsextremismus und Gewalt in den Mittelpunkt der Diskussion gerückt. Immer wieder wird dabei die Frage gestellt, was Politik, Polizei und nicht zuletzt auch die Pädagogik in Schule und Jugendarbeit zur Lösung der Probleme beitragen können. In diesem Zusammenhang muß sich die Pädagogik zwangsläufig die Frage stellen lassen, welche ihrer Maßnahmen oder Angebote sich bewährt haben und auf welche Weise und in welcher Form man diese bewährten Angebote anderenorts praktizieren könne."

Die Autoren versäumen nicht, darauf hinzuweisen, daß dieser Anspruch der Sozialpädagogik anscheinend große Schwierigkeiten bereitet, bzw. daß diese Aufgabe der Evaluation innerhalb der gesammelten Projektberichte (s.u.) nur sehr eingeschränkt bewältigt wurde. Demzufolge fahren sie fort:

"So direkt mit gesellschaftlichen Ansprüchen an ihre Profession konfrontiert, reagieren viele Pädagogen eher zurückhaltend bis resignativ."

Im Rahmen des AgAG sind drei Teilbereiche von Untersuchungen enthalten, die etwas mit Evaluation zu tun haben. Diese sollen im Anschluß näher besprochen werden, um unterschiedliche Verwendungsformen und Bedeutungen von Evaluation darzustellen:

1) Zur Schaffung einer breitangelegten Informationsgrundlage über Möglichkeiten der Arbeit mit gewaltbereiten Jugendlichen wurde eine umfassende Materialsammlung zusammengestellt, in der Projekte aus unterschiedlichen Bereichen der gewaltpräventiven Arbeit mit Kindern und Jugendlichen dargestellt werden[2]. Da diese Projektbeschreibungen sich auch auf die Frage beziehen, inwieweit eine Evaluation und Bewertung der Praxis betrieben wurde, läßt sich anhand dieser Materialien ein breiter, wenngleich grober Überblick über die Evaluationspraxis geben.

2) Der Verlauf der Entwicklungsarbeit innerhalb des AgAG wurde vom Institut für Sozialarbeit und Sozialpädagogik Frankfurt in einer sogenannten "Arbeits- und Verlaufsdokumentation" (Fuchs 1991a, S. 5) dargestellt. Diese Dokumantation enthält in bezug auf bestimmte Aspekte auch Bestandteile der wertenden Analyse, die sich ihrer Qualität nach von denen der obigen Materialsammlung unterscheiden lassen.

3) Mit der umfassenden wissenschaftlichen Begleitung des AgAG befaßt sich das Institut für Sozialpädagogik und Sozialarbeit an der Universität Dresden (Böhnisch u.a.

Jugendarbeit mit Skin-Heads angegriffen. In diesem Zusammenhang kritisiert ein katholischer Kaplan: "Sollten wir Verantwortlichen in der Jugendarbeit unseren Jugendlichen auch raten, sich eine Glatze zu schneiden, nationalsozialistische Parolen zu brüllen und Häuser ausländischer Mitbürger anzuzünden, damit sie auch einmal auf Staatskosten nach Israel fahren dürfen?"
2: Lukas u. a (1993) und: AgAG Informationsdienst 1/92, 1/93 und 2/93. Mit der Materialsammlung wurde der Informations-, Fortbildungs-, und Forschungsdienst Jugendgewaltprävention (IFFJ) betraut, dessen Träger der Verein für Kommunikationswissenschaften e.V. Berlin ist.

1994 a). Hier wird angesichts der besonderen Bedingungen des Projektes in einer spezifischen Weise mit Prozessen der Analyse und Beurteilung verfahren, die sich den vorhergehenden wiederum vergleichend gegenüberstellen läßt.

Materialsammlung - Synopse von Projektberichten im Rahmen des AgAG

Für eine ähnliche Dokumentation wie die innerhalb des Aktionsprogrammes zusammengestellte Materialsammlung von sozialpädagogischen Anti-Gewaltprojekten mit Kindern und Jugendlichen bemerkt Frau Bundesministerin Merkel (KABI- 1/1991, Vorwort)[3]:

"Immer mehr ist überverbandliches Denken und gegenseitige Unterstützung, ist Kooperation der öffentlichen und freien Träger angezeigt, sind neue Impulse notwendig."

Die Materialsammlung sollte somit ein Informationsforum darstellen, um Anregungen und Beispiele für praktische Ansätze zur Gewaltprävention zu sammeln und um Erfahrungen zur Arbeit mit gewaltbereiten Jugendlichen auszutauschen. Die Projektbeschreibungen dienten quasi als Grundlagenmaterial für die Konzeptentwicklung angesichts des vorliegenden Problems rechtsextremer, ausländerfeindlicher jugendlicher Gewalt, das in dieser Schärfe ein bislang unbekanntes Phänomen darstellte. Betrachten wir nun die Beschreibungen der in Westdeutschland seit Mitte der 70er Jahre durchgeführten Projekte im 3. Band der AgAG-Berichte und Materialien (Lukas u.a. 1993), die unter der Rubrik »Synopse« einer zusammenfassenden Auswertung zugänglich gemacht werden sollen (s. ebd. S. 11ff). Besonderes Augenmerk soll hierbei natürlich darauf gelegt werden, welche Angaben zur Evaluation gemacht wurden.

Als ersten Komplex (ebd. S. 15ff) wenden wir uns den Unterrichtsmaterialien zu, die für den Schulunterricht - zumeist als curriculare Inhalte der Sozialkunde und des Sachunterrichtes - vorgesehen wurden, um diese mit den später folgenden sozialpädagogischen Projekten vergleichen zu können. Innerhalb der Beschreibungen dieser 24 Unterrichtsmodelle taucht der Punkt Evaluation gar nicht auf. Ein zweiter Komplex besteht aus Trainingsprogrammen und Forschungsprojekten in der Schule (ebd. S. 56ff). Bei nur drei der insgesamt acht Projekte ist eine Evaluation beschrieben. Die restlichen machen zum Punkt »Evaluation« keine Angaben (k. A.). Zu bemerken ist, daß die Beschreibungen dieser drei Untersuchungen aber eine differenzierte, systematische und durch eigene Veröffentlichungen genau dokumentierte Vorgehensweise der empirischen Analyse in bezug auf eine Bewertung der Auswirkungen hinsichtlich der angestrebten Lernziele bedeuten. Aus den hier enthaltenen Projektdaten kann in bezug auf die Evaluation geschlossen werden, daß die Kriterien der Bewertung und die methodische Vorgehensweise der Analyse reflektiert und systematisch entwickelt wurden[4].
Ganz anders sieht es im außerschulischen dritten Abschnitt aus, in dem sozialpädago-

---

3: Die Sammlung von Projektberichten des Informationsheftes "KABI" (Konzertierte Aktion Bundesjugendplan Innovationen) bezieht sich in dieser Ausgabe ebenfalls auf das damals neuartige Problem rechtsradikaler jugendlicher Gewalt.
4: S. 56ff: "Das Konstanzer Trainingsmodell (KTM)" hierzu: Tennstädt u.a.(1987).
S. 76ff: "Training mit aggressiven Kindern" hierzu: Petermann (1984):
S. 80ff: "Ein soziales Lernprogramm für die Schule mit delinquenzpräventiver Zielsetzung" hierzu: Lerchenmüller (1987)

gische Anti-Gewaltprojekte in der Jugendhilfe aufgeführt werden. Von den insgesamt 26 Projekten werden lediglich beim "Anti-Aggressivitäts-Training für inhaftierte Körperverletzer" der JVA Hameln (ebd. S. 198; s. Weidner 1990) Angaben gemacht, die eine differenzierte Beschreibung einer Untersuchung zur Bewertung beinhalten, indem sie die Kriterien einer reflektierten und systematischen Analyse und Beurteilung sowie die Vorgehensweise und die Ergebnisse wissenschaftlicher, empirischer Erhebungen beschreiben. Weiterhin werden bei zwei weiteren Projekten unter dem Punkt »Evaluation« Angaben gemacht, die auf eine differenzierte und systematische Evaluation schließen lassen: "Konflikttraining mit aggressiven Jugendlichen und Heranwachsenden" der Jugendgerichtshilfe Düsseldorf (Lukas u.a. 1993, S. 179) und das "Täter-Opfer-Ausgleich-Projekt Handschlag" in Reutlingen (ebd. S. 165). Bei fünf Projekten wurden zu dem Punkt »Evaluation« keine Angaben gemacht.

Bei den restlichen 18, dem größten Teil der Projekte, fanden sich unter dem Punkt Evaluation Angaben wie die folgenden:

"Seminaristische Veranstaltungen sind mehrfach erfolgreich durchgeführt worden. Insbesondere der Lehrgangsverlauf des o.g. Bildungsurlaubes wurde von den Teilnehmern wie auch von Referenten positiv bewertet und läßt darauf schließen, daß die Kooperation verschiedener Bildungsinstitutionen der Qualität von Lehrgängen förderlich ist" (Lukas u.a. 1993, S. 136).

Oder folgende:

"Aufgrund der entstandenen Bindungen während der Seereise lassen sich auch Jugendliche, die als kaum beschulungsfähig beschrieben wurden, auf den Unterricht zum Hauptschulabschluß und auf die Externenprüfungen ein. Stigmatisierungsprozesse wurden partiell aufgehoben, da das soziale Umfeld die Leistung, ein Segelschiff zu führen, anerkennt und somit Kompetenzen der Jugendlichen bewundert und weniger die Defizite bekräftigt" (ebd. S. 146)

Unter Evaluation wird hier eine auf Selbsteinschätzung und persönliche Eindrücke beruhende Schilderung positiver Verläufe und Geschehnisse in der Praxis verstanden. Diese scheinen auf relativ unkritischen und allgemein gehaltenen Informationssammlungen zu beruhen, die nicht speziell auf das Ziel einer begründbaren und belegbaren Bewertung der jeweils durchgeführten pädagogischen Intervention zugeschnitten sind. Die Bewertungen bestehen aus Reflexionen über positive Wirkungen, die rückblickend - vielleicht erst aufgrund der Anfrage durch einen Forschungsdienst (IFFJ, s.o. Anm. 2) - angestellt wurden und die fragmentarisch durch Statistiken gestützt werden. Auffällig ist weiterhin, daß die angeführten Indikatoren für Erfolg nicht unbedingt stichhaltig und plausibel begründet erscheinen. So können sich, beispielsweise gerade weil eine Gruppe an einem Segelschifftörn teilgenommen hat (s. o.), negative Stigmatisierungsprozesse für sie ergeben (s. Anm. 1). Teilweise werden aber auch "harte Fakten/ Daten" geliefert, wie Rückfallquoten (s. ebd. S. 121, "Mobile Jugendarbeit mit rechtsextrem orientierten Jugendlichen" in Stuttgart).

Das Spektrum dessen, was innerhalb dieses Ausschnittes der sozialpädagogischen Praxis unter Evaluation verstanden wird, stellt sich folgendermaßen dar:

In einigen Fällen wird der Begriff als Bezeichnung für eine wissenschaftliche Untersuchung und systematische Informationssammlung zur Beurteilung der Wirkungen oder der Qualitäten der Interventionen verstanden: es wird mit wissenschaftlichen Erhebungsverfahren ermittelt, inwieweit durch die Interventionen Wirkungen eingetreten sind, die im Sinne der angestrebten Ziele liegen, oder inwieweit mit der Intervention etwas gegeben ist, bei dem sich andere positive Konsequenzen und Qualitäten herausstellen. Es handelt sich bei dieser Form also um eine *unmittelbare Evaluation* der pädagogischen Intervention und ihrer Wirkungen mit sozialwissenschaftlichen Methoden.

In anderen Fällen steht Evaluation als allgemeiner Überbegriff, unter den sich bewertende Reflexionen und Eindrücke über positive Wirkungen und Resultate der Arbeit zusammenfassen lassen, ohne daß hierzu systematische und wissenschaftliche Untersuchungen und die Festlegung auf bestimmte Erfolgskriterien als notwendig erachtet werden. Es handelt sich hierbei also um *nichtwissenschaftliche Alltagsbewertung*.

Ein relativ eindeutiger Unterschied scheint zwischen den Projekten der Jugendarbeit und denen in der Schule vorzuliegen, in denen man unter Evaluation nur Untersuchungen erster Art versteht. Dies läßt sich daraus schließen, daß innerhalb der Projektbeschreibungen des Verhaltenstrainings im Schulbereich nur im engeren Sinne wissenschaftliche Evaluationsstudien auftauchen. Wenn eben solche nicht durchgeführt wurden, erscheinen keine Angaben zur Evaluation. Auffällig ist weiterhin, daß alle drei der fundierten und wissenschaftlich orientierten Evaluationsstudien aus Bereichen der Sozialpädagogik stammen, die in enger Zusammenarbeit mit oder unter institutioneller Einbindung in den Strafvollzug und die Justiz agieren. Beides hängt möglicherweise damit zusammen, daß sowohl der Bereich der Schule als auch der des Strafvollzuges aufgrund der dort vorliegenden besonderen Bedingungen eine andere Erfahrung und Tradition und deswegen ein anderes Verständnis von Evaluation haben als die Sozialpädagogik und die soziale Arbeit, in der dem Anschein nach ein großer Anteil pauschaler und auf persönlichen Eindrücken beruhender, anekdotisch wiedergegebener Bewertungen besteht.

An dieser Stelle deuten sich bereits verschiedene Fragen an: Womit hängen diese unterschiedlichen Auffassungen von und Ansprüche an Evaluation zusammen? Basieren sie auf unterschiedlichen Neigungen, auf anderen wissenschaftstheoretischen Standpunkten und evaluationstheoretischen Vorstellungen? Oder sind sie durch die besonderen Bedingungen des Arbeitsbereiches begründet und es bleibt der Sozialpädagogik keine andere Wahl, als jene unsystematischen und unvollständig begründeten Einschätzungen, weil hier weniger festliegende und spezifische Bedingungen als in anderen Bereichen vorliegen: kein eindeutiger Lernstoff wie in der Schule, der abgeprüft werden kann; keine institutionell so festgelegten Resozialisationsziele und Verfahrensstrukturen wie im Strafvollzug oder in der Jugendgerichtshilfe, nach denen der Erfolg beurteilt werden kann? Ist es vielleicht die Struktur und die vielschichtige Gestalt des sozialpädagogischen Arbeitsfeldes, wie sie bereits speziell für das AgAG-Projekt angesprochen wurde, die nicht nur eine praktikable und finanzierbare Möglichkeit der umfassenden wissenschaftlichen Untersuchung des Erfolges dieses Großprojektes, sondern auch in bezug auf die lokale Praxis ausschließt? Schließlich stellt sich die Frage, welches Vorgehen man als Evaluation bezeichnen kann; welches Verständnis von Evaluation für Programme, Interventionen und Prozesse unter den spezifischen Bedingungen der sozialpädagogischen Praxis angemessenen erscheinen.

Bevor diesen Fragestellungen nachzugehen ist, soll das Resultat angesprochen werden, das ungeachtet der erkennbaren widersprüchlichen Anwendungsformen der Evaluation in bezug auf diese Problematik am Beispiel des AgAG zu konstatieren ist:

"Die Erfahrungen aus der Synopse zeigen in dieser Hinsicht [gemeint ist die Dokumentation und Aufarbeitung von Praxiserfahrungen zum gegenseitigen Austausch] ein erhebliches Defizit. Aus kaum einer der Projekt- und Praxisdarstellungen waren die in Kap. 4.1 formulierten Projektmerkmale vollständig zu entnehmen. Und Vollständigkeit sagt noch nichts über die Qualität des Geschriebenen aus. Diesbezüglich bestehen die größten Defizite in der Aufarbeitung des theoretischen Hintergrundes des pädagogischen Handelns, der Analyse der Rahmenbedingungen und vor allem der Evaluation. D.h., es werden häufig ausführliche Beschreibungen der pädagogischen Umsetzung gegeben, was diese Praxis dann allerdings bei der Zielgruppe bewirkt hat, ob sie diese überhaupt erreicht hat, wird in vielen Projektdarstellungen nur vage mit subjektiven Eindrücken der Mitarbeiter oder gar nicht behandelt. Ausführliche Evaluationen erfolgen in der Regel nur bei Modellprojekten, für die eine wissenschaftliche Begleitung finanziert worden war" (Lukas u. a. 1993, S. 210).

In einer nachfolgenden Ausgabe der Dokumentationsreihe AgAG Berichte und Materialien mit dem Titel "Jugendarbeit - gewaltig gegen Gewalt" (Nr.5; Lukas, u.a. 1994) sind ebenfalls Projektbeschreibungen von ausgewählten aktuellen sozialpädagogischen Projekten enthalten. In bezug auf die Frage der Evaluation sieht es hier noch defizitärer aus, als in der gerade besprochenen Materialsammlung mit dem kleinen Unterschied, daß in dieser Darstellung der Projektdaten die Überschrift »Evaluation« gar nicht mehr auftaucht. Die Beurteilung der Qualität und des Erfolges der Interventionen wird durchweg in Form jener oben beschriebenen Einschätzungen vollzogen und findet sich nun unter der Überschrift »Bewertung« in Ergänzung des Punktes »Ergebnisse«. Die Autoren des Bandes stellen deswegen resümierend fest:

"Weiterhin notwendig bleibt die Auseinandersetzung über die Meßbarkeit und Messung der Wirksamkeit sozialpädagogischer Angebotsformen. Selbst eine interne Evaluierung, also eine Evaluierung durch die Praktiker selbst, hat so gut wie nie stattgefunden. Wirkungen pädagogischen Handelns werden in der Jugendarbeit gewöhnlich nicht objektiviert, sondern sie werden als subjektive Wahrnehmung, als Eindruck geäußert. Die Verfügbarkeit und der Einsatz von Instrumenten zur Selbst- oder Fremdevaluation bilden wichtige Voraussetzungen für eine Alltagspraxis befruchtende pädagogische Ergebnis-/Erfolgsreflexion auf einem höheren Niveau, als es bisher anhand der Beschreibungen und Materialien möglich gewesen ist. Die Jugendarbeit bleibt diesbezüglich weiterhin ein Entwicklungsfeld" (Lukas u.a. 1994, S. 234).

Der im Zitat geschilderte defizitäre Zustand bedeutet, daß die Sozialpädagogik im Falle der geschilderten Antigewaltprojekte nicht in der Lage ist oder jedenfalls erhebliche Schwierigkeiten[5] damit hat, dem Bedürfnis der Öffentlichkeit, der Verwaltung und der Politik nachzukommen, die plausibel begründete Informationen darüber verlangen, inwieweit die bereitgestellten öffentlichen Gelder sinnvoll und mit einer positiven Wirkung eingesetzt wurden. Vor dem Hintergrund dieses Mangels an sozialpädagogischen Bewertungskonzepten, die auf die Ebene der Politik, der Verwaltung und der öffentlichen Diskussion transferierbar sind und dort als (entscheidungs)relevant erachtet werden, wird ein schon in der Einleitung angesprochenes Phänomen verständlich: das verstärkte Eindringen betriebswirtschaftlicher Bewertungs- und Steuerungssysteme innerhalb sozialer Arbeit, die als etablierte Controllingansätze auf die Bedingungen sozialer Arbeit übertragen werden und somit diese Lücke füllen. Dies wird aus sozialpädagogischer Sicht zunehmend als Problem empfunden, wobei man sich jedoch zunächst eher

---

5: s.o. S. 12, Zitat von Lukas u.a., in dem von Resignation gesprochen wird.

damit zu beschäftigen scheint, diesen Prozeß entweder zu beklagen oder "auf diesen Zug aufzuspringen", als an eigenen genuin sozialpädagogischen, in die Praxis umsetzbaren Bewertungsansätzen zu arbeiten[6].

Betrachten wir nun das vorletzte Zitat, so scheint ein gewisser Zusammenhang zwischen diesem Defizit in bezug auf die Evaluation und den spezifischen Eigenheiten sozialpädagogischen Handelns augenfällig zu sein, die in der geringen Vorstrukturierbarkeit von Zielen und Mitteln bestehen. Hier entsteht allerdings nun folgendes Dilemma: Einerseits scheint es plausibel zu sein, daß es erhebliche Schwierigkeiten bereitet, ein Handeln zu analysieren und zu bewerten, über dessen Inhalt und Ziel man sich nicht im klaren ist. Andererseits kann doch nur eine an der Praxis orientierte Überprüfung der Konsequenzen dieses Handelns eine Entscheidung über seine Inhalte, seine Vorgehensweisen und seine Struktur liefern.

Die Verlaufsdokumentation des AgAG
Betrachten wir nun die wissenschaftliche Begleitung des AgAG selbst und fragen wir danach, inwieweit und in welcher Form hier Evaluation betrieben wurde. Bereits in der Planungsphase war für das Aktionsprogramm eine "Arbeits- und Verlaufsdokumentation" (Fuchs 1991a, S. 5) unter der Federführung des Instituts für Sozialarbeit und Sozialpädagogik, Frankfurt/Main (ISS) vorgesehen. Die bisherigen Ergebnisse dieser Verlaufsdokumentation wurden vom ISS im zweiten Zwischenbericht (AgAG Ber. u. Mat. Nr. 4, 1994, S. 19ff) zusammengefaßt. Die Dokumentation verfolgt das Ziel, "die Entwicklung der komplexen Projekte deskriptiv zu erfassen und das gewonnene Material im Hinblick auf die leitenden Fragestellungen zu interpretieren" (ebd.). Sie versteht sich damit nicht als (unmittelbare) Evaluationsstudie wie die oben beschriebenen. **Zum einen** geht es um das Gewaltphänomen. Hier soll Auskunft darüber erteilt werden, "inwieweit es gelungen ist, im Rahmen der Projektarbeit Angebote für gewaltbereite und gewalttätige Jugendliche zu entwickeln". **Zum anderen** bestand zu Beginn des Projektes die Problematik, daß praktisch keine Jugendhilfestrukturen vorhanden waren, was gleichzeitig den Verlauf und die Möglichkeiten des Projektes sowie der Evaluation beeinflußte. Die zweite Fragestellung zielte darauf ab, "inwieweit es gelungen ist, über die praktische Projektarbeit hinaus einen Beitrag zum Aufbau von Jugendhilfestrukturen zu liefern" (ebd.). Grundlage der Verlaufsdokumentation waren unterschiedliche empirische Untersuchungen (Fragebogenerhebung, Experteninterviews) (ebd., S. 21ff).

Vergleicht man nun dieses Evaluationsverständnis mit den an vorheriger Stelle besprochenen Untersuchungen, so ist folgendes festzustellen: Die vorliegende Verlaufsdokumentation unterscheidet sich durch ihre Systematik und durch die Anwendung wissenschaftlicher Erhebungs- und Analyseverfahren eindeutig von jener undifferenzierten Alltagseinschätzung. Der Unterschied zu den wissenschaftlich orientierten als unmittelbare Evaluation bezeichneten Studien, die im obigen Materialband beschrieben wurden, liegt in der Perspektive der Fragestellungen und in der Wahl der Punkte, zu denen genaue systematische Informationen gesammelt werden sollen:

6: Während des 2. Bundeskongresses Soziale Arbeit, vom 14.-16.09.1995 in Tübingen, beschäftigten sich 3 Arbeitsgruppen mit diesem Thema und der nach der Nutzbarkeit betriebswirtschaftlicher Methoden (Kongrprog. S. 15, 20), nicht aber mit der Theorie sozialpädagogischer Evaluation.

Jene Untersuchungen konzentrieren sich einmal direkt auf die Wirkungen in bezug auf die angestrebten Ziele der pädagogischen Intervention - z.b. die Verminderung aggressiver Verhaltensmuster und Einstellungen durch Persönlichkeitstests (Weidner 1990) -, zum anderen auf bestimmte Bedingungen, Begleiterscheinungen und Qualitäten dieser Interventionen, die auf diese Effektivität oder andere positive Konsequenzen unmittelbar schließen lassen: z.b. beim Täter-Opfer-Ausgleich wird die Zufriedenheit von Opfer und Täter über den Ausgleich und die evtl. Verfahrenseinstellung als ein Indiz für Erfolg gesehen, der jedoch in einem umfassenderen Sinne verfolgt wird, nämlich auch in bezug auf Normakzeptanz beim Täter und eine präventive Wirkung (Kuhn 1987). Das Ausweichen auf diese Indikatoren, die den Erfolg nicht direkt und umfassend beinhalten, sondern diese vermittelnde Indikatoren nur teilweise oder indirekt anzeigen, erscheint anhand der Komplexität des Feldes und der Unübersichtlichkeit vielzähliger Wirkungsfaktoren in vielen Fällen auch gar nicht anders möglich zu sein.

Im Unterschied hierzu werden in der Verlaufsdokumentation des AgAG Informationen zu fundamentalen Voraussetzungen dazu geliefert, daß eine sozialpädagogische Arbeit mit der Aussicht auf positive Wirkungen - für den Einzelfall und umfassend - überhaupt stattfinden kann. Es geht unter dieser Perspektive verstärkt um Deskription und Exploration der unterschiedlichen Handlungsansätze, die ja durch Erfahrungsaustausch weiterentwickelt werden sollen. Dennoch bedeutet diese Dokumentation und Interpretation im Sinne der o.g. Fragestellungen eine Bewertung des Erfolges, weil etwas festgestellt wird, was grundlegende Bedingung des Erfolges darstellt: die Dokumentation, daß nämlich erstens Praxis mit gewaltpräventiver konzeptioneller Absicht in unterschiedlicher Form stattfindet und die Adressaten erreicht; und daß zweitens die für geplante Jugendhilfemaßnahmen notwendige Infrastruktur entsteht. Bei der Untersuchung handelt es sich also um eine allgemeine und umfassende deskriptive Dokumentation der Entwicklung des Projektes, die auch evaluative Anteile und Bezüge enthält. Diese ergeben sich nicht dadurch, daß gezielt Informationen zur Wirkung gesammelt werden, sondern eher daraus, daß das deskriptiv dokumentierende Material in bezug auf evaluative Fragestellungen interpretiert wird. Die Bedeutung der Fragestellungen (s.o.) für die Bewertung liegt darin, daß sie auf eine Analyse der erfolgreichen Schaffung grundlegender Arbeitsbedingungen abzielen. Unter den Bedingungen des Projektes, in dessen Verlauf erst einmal Problemlösungsansätze erfunden und organisatorische Strukturen geschaffen werden mußten, erscheint eine andere Vorgehensweise in dieser ersten Phase des Programmes auch gar nicht anders möglich zu sein.

Die wissenschaftliche Begleitung
Ein weiterer Bereich des AgAG war geplant unter der Überschrift "Evaluation, Begleitforschung, weitere Forschungsprojekte" und wurde durch das Institut für Sozialpädagogik und Sozialarbeit an der TU Dresden (s. Böhnisch u. a. 1994) durchgeführt. Von Seiten des Ministeriums sollte damit folgendes Ziel verfolgt werden:

"Die von den Beratungs-Instituten vorgenommene Verlaufsdokumentation muß kritisch aufgearbeitet, an Stichproben überprüft, ggf. systematisch vertieft und durch einzelne Forschungsprojekte ergänzt werden" (Fuchs 1991a).

Es handelt sich also um die Aufgabe einer übergreifenden, die Ergebnisse der Verlaufsdokumentation umfassenden Untersuchung mit bewertender Absicht. Diese wird im zweiten Zwischenbericht in der Zusammenfassung und bei der Formulierung der Handlungsorientierungen für das Projektjahr 1994 nochmals betont (AgAG Infodienst, 3/93, S. 78):

"Die Unsicherheit bei Projektbeginn, ob mit dem 'Instrument AgAG' zielgruppenorientierte Maßnahmen, die extremistischen, fremdenfeindlichen und gewalttätigen Ausschreitungen präventiv und reaktiv entgegenwirken", umgesetzt werden können, ist vor dem Hintergrund der Arbeitsergebnisse 1992 gewichen. Jugendliche dieser Zielgruppe werden mit den entwickelten Angeboten erreicht. *Künftig kann und wird es verstärkt darum gehen, differenziert auszuweisen, welche unterschiedlichen Wirkungen die bislang entwickelten verschiedensten Angebote bei Jugendlichen erzielen.*"

Auf den ersten Blick erscheint es auf dieser Basis relativ problemlos möglich zu sein, durch begleitende wissenschaftliche Analysen, die Effektivität im Einzelnen nachzuweisen und eine umfassende Evaluation durchzuführen, wäre da nicht die von Böhnisch (u. a. 1994, S.145) angesprochene Diskrepanz zwischen der "so gedachten" und der "so möglichen" Projektentwicklung. Diese Einschränkungen bezogen sich zum einen auf die wissenschaftliche Begleitung generell und bestanden aus Schwierigkeiten, die durch die Begleitung erst überwunden werden mußten. Zu nennen sind wiederum die pluralistische und unübersichtliche Struktur (vgl. Böhnisch in: AgAG Ber. u. Mat. Nr.4, S.14/15), aber auch eine gewisse Widerständigkeit der Praxis (Böhnisch u.a. 1994, S.145). Zum anderen ist jedoch in der wissenschaftlichen Begleitung auch eine konzeptionelle Vorsicht gegenüber einer Bewertung und einer Wirkungsanalyse zu erkennen:

"Die wissenschaftliche Begleitung ist keine Modellbegleitung und Projektevaluation in der üblichen Tradition der Modellentwicklung der Jugendhilfe der siebziger und achtziger Jahre in Westdeutschland" (AgAG InfoDienst, 2/93, S. 69).

Ein Modell läßt sich nach Klaus/Buhr beschreiben als

"ein Objekt, das auf der Grundlage seiner Struktur-, Funktions- oder Verhaltensanalogie zu einem entsprechenden Original von einem Subjekt eingesetzt oder benutzt wird, um eine bestimmte Aufgabe lösen zu können, deren Durchführung mittels direkter Operationen am Original zunächst oder überhaupt nicht möglich bzw. unter den gegebenen Umständen zu aufwendig ist" (zit. n. Zabel 1981, S. 16).

In einem sozialpädagogischen Modellversuch wird also eine bestimmte Interventionsform erprobt, weiterentwickelt und in bezug auf seine Wirkungen und seine Übertragbarkeit überprüft, was man als klassische Begleitforschung und Projektevaluation bezeichnen kann. Die sogenannte Modellbewegung bildet den paradigmatischen Hintergrund für diese bestimmte Form der wissenschaftlichen Begleitung und Evaluation, die nämlich unter den eigens für diesen Zweck geschaffenen, kontrollierten Bedingungen eines modellhaften Arrangements stattfindet, das mit der notwendigen wissenschaftlichen Infrastruktur ausgestattet wurde und in dem die jeweilige Intervention quasi "laborhaft-experimentell" in mehrfacher Hinsicht untersucht werden kann (vgl. Zabel 1981, S.20ff.; Lukas/Schmitz 1981, S.108ff). Diese Form der Untersuchung der Praxis entspricht jenem Verständnis von unmittelbarer Evaluation als wissenschaftlich exakte Analyse möglichst der Wirkungen, wie es oben im Unterschied zu den anekdotischen Selbsteinschätzungen und zur Verlaufsdokumentation (s.o.) vorgestellt wurde. Das AgAG ist demgegenüber alles andere als ein Modell zur wissenschaftlichen Analyse und Erprobung, sondern es wurde als Sofortmaßnahme und gesellschaftspolitische Intervention unter dem Druck der Geschehnisse eingesetzt, um dem Problem rechtsorientierter Gewalt Jugendlicher irgendwie beizukommen. Man verfügte dabei weder über ein bündiges Interventionskonzept, das gewisse Kenntnisse über die Entstehung des Problems und Erfahrungen mit den Bedingungen seiner effizienten Bearbeitung voraussetzt, noch über eine funktionsfähige Träger- und Angebotsstruktur. Weiterhin ist das AgAG wegen Teilfinanzierungen und aufgrund der Zersplitterung in einzelne Projekte und Studien durch eine völlig heterogene inhaltliche und organisatorische Struktur gekennzeichnet und läßt sich nicht als eine wie bei klassischen Modellprojekten übliche, relativ geschlossene Intervention mit Anfang und Ende bezeichnen.

Sowohl die Träger- und Angebotsstrukturen, als auch die pädagogischen Inhalte und Konzepte lagen im Einzelnen bei Projektbeginn nicht fest, sondern mußten erst geschaffen werden, bzw. entstanden unter verschiedenartigen Entwicklungs- und Vorbedingungen in der Eigendefinition der jeweiligen ostdeutschen Projektstandorte selbst (vgl. AgAG Informationsdienst 2/93, S. 69). Die wissenschaftliche Begleitung mußte "quer" durch diese pluralistische Struktur der Projekte und unter Wahrung der örtlichen Projektautonomie verlaufen (ebd.). Dies bedeutet, daß der Vielfalt der konkreten einzelnen Ansätze zur Gewaltminderung eine verallgemeinernde Stuktur zu geben war, die eine gesellschaftspolitische Perspektive zu Möglichkeiten der Jugendhilfe darstellt, aber auch für die fachliche Praxis der sozialpädagogischen Arbeit verwertbar ist. Zu dieser grundlegenden und umfassenden Aufgabe der wissenschaftlichen Begleitung sind vielfältige Teiluntersuchungen notwendig, die alle unter der forschungsleitenden Begleitperspektive »Milieubildung« verlaufen.

Unter Milieu wird die "sozialräumliche Umwelt" verstanden, "an die man emotionalbiographisch gebunden ist, die einem Orientierung gibt, aber auch Grenzen aufzeigt" (Böhnisch u.a. 1948, S. 152). Das Milieukonzept wird dabei gleichsam als sozialwissenschaftliches Analyseinstrument und als handlungsleitendes und umsetzbares Orientierungsmuster verstanden. Unter dieser Sichtweise kommt es darauf an, daß sich die Projekte als "Milieuorte" verstehen; d.h. durch ihre je unterschiedlichen Handlungsansätze sollen sie an der Konstituierung, Gestaltung und Erhaltung von Milieus arbeiten und gegenüber den gewaltträchtigen sozialen Umwelten der Jugendlichen nach "Milieualternativen" suchen, die erlebbar und selbstwertfördernd sind, Geborgenheit bieten und zuverlässig bestehen. Der Prozeß einer gewaltmindernden und präventiven Einwirkung wird über die vielfältigen und unterschiedlichen Methoden oder Arbeitsformen der einzelnen Standorte hinweg durch diese theoretische Vorstellung der Milieugestaltung beschrieben. Unter Anwendung dieser Perspektive sind dann natürlich auch die Effekte des Programmes anhand einer Analyse des Milieus und des Prozesses der Milieubildung (Veränderung) bewertbar. Die Wirkung wird also nicht unmittelbar gemessen - z.B. durch Einstellungstests -, sondern die Informationssammlung und Analyse richten sich auf den sozial übergreifenden Gegenstand des Milieus, der im Wechselverhältnis zu subjektiven und gruppeninternen Handlungsmustern steht und deren emotionalen Inhalte und Meinungen spiegelt. Es geht also um die Thematisierung und Bewertung der "psychischen und sozialen Möglichkeiten und Ressourcen der Jugendlichen, ihre Lebenswelten sozial und kulturell zu bereichern, um aus ihnen Kompetenzen der Bewältigung schöpfen zu können, die nicht auf Gewalt angewiesen sind" (AgAG-InfoDienst, 2/93, S. 69).

Die vielfältigen empirischen Untersuchungen, die innerhalb der wissenschaftlichen Begleitung geplant und durchgeführt wurden, werden nachfolgend lediglich aufgezählt. Eine eingehende Darstellung würde zu weit führen, zumal die Ergebnisse zum jetzigen Zeitpunkt erst teilweise vorliegen (s. Böhnisch u.a. 1994, Zwischenbericht der wissenschaftlichen Begleitung). Insbesondere die Folgebefragungen und -erhebungen, die den Prozeß der Milieubildung erfahrbar machen sollen und somit für die Einschätzung der Wirkungen eigentlich wichtig sind, stehen noch aus.

Die Untersuchungen stichwortartig im Überblick (ebd. S. 7ff.) :
- Datenerhebungen als Befragung vom Projekt betroffener Jugendlicher (sog. Jugendbefragung, N = 1844, s. ebd. S. 17),
- teilnehmende Beobachtung rechter Jugendlicher,
- Klassenzimmerbefragung von Jugendlichen in einer ostdeutschen Stadt,
- Berufssituation und Berufsbiographien der Praktiker,
- infrastrukturelle Auswirkungen und Effekte,
- Sozialvideographische Zugänge.

Vertiefende Studien:
- teilnehmende Beobachtung rechter Jugendclubräume,
- Kontrollerhebung Milieubezug,
- biographischer Niederschlag der Wende,
- geschlechtstypisches Gewalthandeln.

Ergänzende Studien:
- Schule und Gewalt: Schulleiterbefragung,
- Sonderauswertung Jugend und Gewalt im ländlichen Raum,
- Selbstwahrnehmung von ausländerfeindlicher Gewalt bei ausländischen Gruppen in einer ostdeutschen Großstadt.

Die Evaluierung des Projektzusammenhanges, die Bewertung der positiven Veränderungen durch die Aktivitäten des Programms in bezug auf Gewaltprävention und hinsichtlich der infrastrukturellen Weiterentwicklungen der Jugendhilfe sind Teilaspekte, zu denen diese Untersuchungen Erkenntnisse liefern sollen. Neben dieser evaluativen Perspektive waren aufgrund der spezifischen Bedingungen des Programmes im weiteren Umfange explorative Untersuchungsanteile notwendig, da es insbesondere in den ersten beiden Projektjahren weniger um eine Bewertung der Praxis, sondern vielmehr um deren schnelle Ingangsetzung, Entwicklung und Etablierung ging. Im einzelnen dienten diese explorativen Anteile:
- einer weitergehenden Erforschung der biographischen, sozialen und emotionalen Hintergründe und Zusammenhänge der Entstehung von Gewalt bei Jugendlichen,
- der Weiterentwicklung des Milieukonzeptes als Handlungsansatz und als jugend- und sozialpolitische Perspektive durch die Einbeziehung der vielfältigen Erfahrungen in der Projektpraxis,
- der Professionalisierung und Qualifizierung der Mitarbeiter.

Evaluation findet in dieser Studie also als Teilaspekt einer umfassenden wissenschaftlichen Begleitung statt. Form und Inhalt dieser Evaluation werden maßgeblich durch die sozialpädagogische Sichtweise des Milieukonzeptes bestimmt, das als Analyse- und Orientierungsmuster über die vielfältige Struktur eines Großprojektes gelegt wird.

Im Unterschied zu den evaluativen Anteilen der Verlaufsdokumentation werden erstens nun eher Auswirkungen der Interventionen und nicht nur deren fundamentale Voraussetzungen analysiert, und zweitens sind die Instrumente in einem größeren Maß bereits in ihrer Konzeption und Planung auf das Ziel der Bewertung vorstrukturiert. Die Unterschiede zur Alltagsbewertung und zur unmittelbaren Evaluation wurden bereits angesprochen und sind offensichtlich (s.o.).

Resümee
Dieser Überblick und Einblick in einen Bereich der Sozialpädagogik hat gezeigt, daß es höchst unterschiedliche Erscheinungsformen und widersprüchliche Konzepte von Evaluation gibt. Das Spektrum dessen, was unter dem Begriff Evaluation rangiert, reicht von komplexen wissenschaftlichen Studien bis hin zu nicht tiefgehend reflektierten und begründeten Selbsteinschätzungen. Es scheint also nicht klar zu sein, was im einzelnen unter Evaluation zu verstehen ist. Im Rahmen der vergleichenden Analyse wurde weiterhin gezeigt, daß bestimmte Gruppen je nach institutionellem Zusammenhang unterschiedliche Vorstellungen von Evaluation haben und mit ihr unterschiedliche Zielsetzungen verbinden.

Es besteht ein Zusammenhang zwischen den möglichen und angewandten Formen der Evaluation einerseits und den jeweils vorliegenden Strukturen des Arbeitsfeldes andererseits - sowohl was die organisatorischen, infrastrukturellen und politischen Rahmenbedingungen der Praxis, als auch was die inhaltlichen Erfordernisse für die Problembearbeitung anbelangt. So ist es offensichtlich, daß die Institution Schule oder andere Praxisbereiche mit eher festliegenden strukturellen Bedingungen insgesamt betrachtet gesichertere Möglichkeiten der Evaluation bereitstellen können, als es innerhalb der komplexen und spezifischen Praxisstrukturen der Sozialpädagogik möglich ist.

Insbesondere anhand der wissenschaftlichen Begleitung des AgAG wurde deutlich, daß diese Möglichkeiten der Evaluation in der Sozialpädagogik nicht statisch gesehen werden können. Sie müssen vielmehr genauso wie die konzeptionellen Leitlinien und organisatorischen Strukturen der Praxis gleichsam mit diesen in bezug auf ihre gedanklichen und praktischen Vorraussetzungen entwickelt werden. Die Praxis muß folglich in einigen Fällen für wissenschaftlich orientierte Prozesse der Analyse und Beurteilung der Praxis erst zugänglich gemacht werden und der Grad sowie die inhaltliche Bedeutung, in der diese Kernelemente der Evaluation in Begleituntersuchungen enthalten sind, variieren im Verlauf eines Projektes.

Angesichts der Breite vorhandener Bedeutungen von Evaluation und ihrer Möglichkeiten und Grenzen innerhalb der sozialpädagogischen Praxis bleibt zu fragen, welcher Begriffsinhalt und wie ein Konzept für Evaluation sinnvollerweise definiert und konzipiert werden kann. Meine Arbeit beabsichtigt, den Begriff so scharf zu fassen, daß unter Evaluation eine erkennbare spezifische Form der Reflexion mit dem Ziel einer wertenden Analyse verstanden werden kann, die innerhalb der Bedingungen der sozialpädagogischen Praxis eine optimierende und pragmatische Bedeutung beansprucht.

2. Auf der Suche nach Erscheinungsformen der Evaluation in sozialpädagogischen Forschungs- und Praxisberichten

Nach diesem Einstieg in ein aktuelles Projekt soll versucht werden, einen breiteren Überblick über Evaluation, sofern sie sozialpädagogisch interessant ist, zu geben. Wie sich jedoch zeigen wird, läßt sich die Frage, in welchem Ausmaß und in welcher thematischen Ausrichtung Evaluation in der sozialpädagogischen Praxis geschah und geschieht, im Rahmen meiner Arbeit nur sehr begrenzt beantworten.

Thematische Eingrenzung der eigenen Untersuchung
Bei den Untersuchungen und Studien, die bislang unter dem Stichwort Evaluation thematisiert und einbezogen wurden, handelte es sich immer um Bewertungen von Projekten und Interventionen in der pädagogischen Dimension: Es ging immer um die Wirksamkeit oder Qualität sozialpädagogischer Prozesse, um deren Voraussetzungen und Bedingungen. Unterschlagen wurde dabei, daß sozialpädagogische Praxis auch unter anderen Perspektiven beurteilt werden kann. So wurde bereits in der Einleitung der zunehmende Einfluß des betriebswirtschaftlichen Controllings (z.B. Reiss 1993) angesprochen. Sozialpädagogische Institutionen, Programme und Interventionen können also wie die einer jeden anderen Profession oder eines jeden anderen Arbeitsbereiches dahingehend bewertet werden, ob die "Produktion der Dienstleistung" kostengünstig erfolgt, ein positives Betriebsklima herrscht, die Kooperation innerhalb der Institution und nach außen hin optimal organisiert ist, etc..

Im Unterschied zu diesen Perspektiven der Bewertung steht in der vorliegenden Untersuchung der Aspekt im Mittelpunkt des Interesses, der einer Institution oder einem Programm den spezifischen sozialpädagogischen Charakter verleiht: der Versuch durch die eigenen Interventionen sozialpädagogische Prozesse in Gang zu setzen, aufrechtzuerhalten und die dafür unmittelbar erforderlichen und günstigen Bedingungen herzustellen - konzeptionelle, gesetzliche, organisatorische. Die eigene Untersuchung konzentriert sich also auf das Problem der Bewertung von Interventionen, die sozialpädagogische Prozesse befördern wollen.

Was wird unter sozialpädagogischen Prozessen verstanden?[7]
Sozialpädagogische Prozesse liegen **erstens** dann vor, wenn durch Sozialisationshilfen, durch Erziehung, Beratung oder konkrete Hilfe versucht wird, die Bewältigung individueller und sozialer Probleme voranzubringen. Dabei handelt es sich um Problemlagen, die aus sozial und psychisch verursachten Notlagen und gesellschaftlichen Widersprüchen entstanden sind. Die Betroffenen verfügen dabei alleine nicht über ausreichende Ressourcen, um eine erfolgreiche Bearbeitung leisten zu können. **Zweitens**, wenn allgemein Lernprozesse angestrebt werden, die das Medium des Sozialen zur Weiterentwicklung der Person nutzen. **Drittens**, wenn Lern- und Entwicklungsprozesse sich dem Spannungsverhältnis des Individuums und der Gesellschaft mit dem Ziel widmen, dieses mit einem für das Individuum befriedigenden Ergebnis aufzulösen. Bei allen drei möglichen Dimensionen geht es darum, in einer bestimmten Weise und unter Wahrung bestimmter Prinzipien Einwirkung zu leisten mit

---

7: s. Hornstein 1995, S. 12ff; Geißler/Hege 1992; Müller, B. 1984; Thiersch/ Rauschenbach 1984.

dem Ziel, Subjekte bei der Aneignung von Kompetenzen zur Selbstbestimmung, zur persönlichen Entfaltung, zur sozialen Gestaltung oder hinsichtlich der moralischen Weiterentwicklung zu unterstützen.

Die folgende Darstellung zeichnet den eigenen Suchprozeß nach sozialpädagogischen Evaluationsstudien nach und hält Ergebnisse fest. Im Kern ging es in diesem Suchprozeß darum, evaluationstheoretische Texte und vor allem Berichte über sozialpädagogische Evaluationsprojekte ausfindig zu machen, die für die später geplante tiefergehende Analyse herangezogen werden konnten.

2.1 Schwierigkeiten bei der Materialsammlung und -bearbeitung

Unterschiedliche Organisationsformen

Evaluationen finden in verschiedenen Ausprägungen der Auftraggeberschaft, des Untersuchungs- und Projektumfanges sowie in einem unterschiedlichen Grad an Öffentlichkeit und Institutionalisierung statt. Man kann drei Typen unterscheiden:

1. Großprojekte, zumeist Modellprogramme, die von Ministerien gefördert werden und für die eine wissenschaftliche Begleitung vorgeschrieben ist (z.B. AgAG).
2. Projekte auf kommunaler oder institutioneller Ebene, deren Auftraggeberschaft und Gegenstand in der Verantwortung von Trägerverbänden liegt (beispielsweise ein Wohlfahrtsverband oder ein Jugendamt als übergeordnete Institution).
3. Eigenprojekte von Institutionen oder einzelnen Akteuren in bezug auf die eigene Praxis; sowohl die Bewertung der eigenen Arbeit durch die Praktiker selbst (Selbstevaluation), als auch Evaluation unter Beteiligung Externer.

In vielen Fällen haben Großprojekte und überregionale Evaluationen aufgrund eines erhöhten öffentlichen Interesses und wegen ihres Bezuges auf umfassendere Untersuchungseinheiten eine größere publizistische Bedeutung und weisen bisweilen einen höheren Grad an theoretischer Reflektiertheit auf. Sie sind dann leichter auffindbar und zugänglich. Vorausgesetzt sie werden vom beauftragenden Ministerium oder der verantwortlichen Institution zur Veröffentlichung freigegeben. Ansätze und Untersuchungen der zweiten und dritten Stufe existieren vielfach nur als graue Literatur innerhalb der Institutionen und können deshalb nur in sehr begrenztem Umfange einbezogen werden. In den USA müssen Evaluationsstudien im öffentlichen Auftrag nach 90 Tagen veröffentlicht werden (vgl. Heiner 1986, S. 78). In Deutschland ist dies nicht der Fall, und insbesondere Evaluationen der zweiten und dritten Sufe werden selten publiziert oder sind gar nicht zur Veröffentlichung freigegeben. Somit fehlt es an einem Forum, in dem diese Ansätze diskutiert werden könnten. Maja Heiner (1988, 1994) kommt der Verdienst zu, daß sie durch die Herausgabe zweier Sammelbände eine Vielzahl solcher Studien dem Diskurs zugänglich gemacht hat. Es handelt sich dabei um Selbstevaluationen und Evaluationen auf der dritten Stufe (s. o.), die ausführlich und nicht nur als oberflächliche Projektbeschreibungen[8] dargestellt sind.

8: wie dies bei den besprochenen Materialsammlungen aus dem AgAG (s. o.) der Fall war.

Das Problem der Auswahl von Evaluationsprojekten für die eigene Analyse (s. o.) besteht nicht nur in den Schwierigkeiten des Zuganges zu Berichten, weil diese selten veröffentlicht werden, sondern ist in erheblichem Maße thematisch und inhaltlich bedingt. Unter der Vielzahl der Evaluationsprojekte in sozialpädagogischen und in angrenzenden Bereichen beziehen sich nur wenige explizit und in wesentlichen Aspekten der Untersuchung auf den Evaluationsgegenstand: »sozialpädagogisches Handeln und sozialpädagogische Prozesse sowie die beides umgebenden Bedingungsfelder«, was unsere Thematik treffen würde. Untersuchungsansätze, die derartige Bezüge auf die pädagogischen Dimensionen im engeren Sinne aufweisen, sind also nicht selbstverständlich, und ihr Aufspüren ist wiederum mit Schwierigkeiten verbunden. Diese Schwierigkeiten sollen durch die Schilderung des eigenen Suchprozesses eigens behandelt werden, da sie symptomatisch sind für die bestehende Diffusität der Begriffe und des Verständnisses von Evaluation.

Kriterien der Suche und Auswahl

Die grundlegenden Ansatzpunkte bei der Suche nach Projekten waren **erstens**, daß sie in sozialpädagogischen Handlungsfeldern stattfinden, **zweitens**, daß der Anspruch erkennbar ist, es werde Evaluation betrieben, und **drittens**, daß diese unter einem für unsere Thematik relevanten Aspekt geschieht. Als problematisch erweist sich hierbei die Vielschichtigkeit und das breite Spektrum des sozialpädagogischen Terrains und die Unterschiedlichkeit der Sichtweisen. In den folgenden Abschnitten sind die unterschiedlichen Bereiche aufgezählt, in denen die Suche nach Evaluationsprojekten mit interessanten Bezügen zur Thematik »Evaluation sozialpädagogischer Prozesse« stattfand

Zunächst waren das Projekt- und Erfahrungsberichte aus **typischen sozialpädagogischen Aufgabengebieten und Praxisfeldern**, insbesondere wenn es um die Diagnose der Bearbeitung individueller und sozialer Probleme durch Institutionen der Sozialarbeit geht. Hierzu gehören beispielsweise Bereiche, die unter dem Oberbegriff der Jugendhilfe zusammengefasst werden können: offene und verbandliche Jugendarbeit, Familienhilfe, Heimerziehung, Erziehungsberatung; aber auch Elementarerziehung, Resozialisierung, Randgruppenarbeit, Drogenberatung.

Weiterhin erschien die Betrachtung von Projekten lohnenswert, die **in zur Sozialpädagogik benachbarten pädagogischen Bereichen** stattfinden, da sich hier oftmals enge Bezüge zur Sozialpädagogik und zu unserer Thematik finden lassen. Dies ist immer dann der Fall, wenn in den Projekten Prozesse angestrebt werden, die das Ziel der Sozialisation verfolgen oder sich vor dem Hintergrund sozialer Probleme vollziehen, oder wenn versucht wird, das Medium des Sozialen als Lern- und pädagogisches Erfahrungsfeld zu nutzen und zu gestalten. In folgenden Bereichen wurden Evaluationsstudien gefunden, die diesen engen sozialpädagogischen Bezug aufweisen:

Bildungs-, Ausbildungs- und Schulbereich; beispielsweise wenn es um soziales Lernen oder die Reaktion auf abweichendes verhalten geht.
Erwachsenen- und Berufspädagogik; bei allen Bildungs- und Sozialisationsprozessen, die über die fachinterne und didaktische Ebene hinausgehen.
Medienpädagogik; insbesondere, wenn der Einfluß von Medien auf die psychosoziale

Entwicklung eine Rolle spielt; z.b. erzieherisches Handeln gegenüber Kindern vor dem Hintergrund eines spezifischen Medienkonsums (Gewaltvideos, Computerspiele). Weiterhin, wenn durch Medien soziale Lernprozesse befördert werden; z.b. Computerlehrgänge für sozial benachteiligte Jugendliche.
Sportpädagogik; bezogen auf jene Projekte, in denen Sport als Medium für soziale Lernprozesse oder als soziales Erfahrungsfeld genutzt wird - z.b. in der Resozialisierung.
Sonder- und Behindertenpädagogik:
insbesondere, wenn es um die Integration von Behinderten geht - etwa Projekte der gemeinsamen Elementarerziehung von Behinderten und Nichtbehinderten - oder bei Bildungsprozessen zur Bewältigung der spezifischen Problemsituation.

Aber auch Projekte, die von anderen Professionen und Wissenschaftsdisziplinen durchgeführt werden, haben sich als beachtenswert erwiesen: Zum Beispiel innerhalb der **Kriminologie**, wenn die Auswirkung rechtlicher Verfahren und Regelungen sowie die Wirkungsweise von bestimmten Maßnahmen mit pädagogischer Absicht im Strafvollzug evaluiert wird; oder in der **Sozialpolitik**, wenn es um die Analyse umfassender politischer Programme geht, die für die Sozialpädagogik besonders interessante soziale Probleme angehen sollen (z.b. Arbeitslosigkeit). Weiterhin in der **Psychologie** und **Psychiatrie**, wenn die Erfolge bei der Bearbeitung psychischer Problemlagen untersucht werden (Therapieforschung), die auch in der Sozialpädagogik Arbeitsgegenstand sein können. Schließlich im Bereich der **medizinischen Versorgung** und **der Gesundheitspolitik**, etwa wenn Maßnahmen der Gesundheitsaufklärung und -erziehung in ihren Auswirkungen analysiert werden.

Entdeckungsreisen und Suchvorgänge
Bei der Suche innerhalb dieser Felder wurden umfangreiche Literaturrecherchen angestellt. Dabei wurden insbesondere die Dokumentationen des Informationszentrums Sozialwissenschaften (IZ) herangezogen. Bei der Auswertung tauchten eine Reihe von grundsätzlichen Schwierigkeiten auf, die für eine Charakterisierung der Bedeutung von Evaluation innerhalb der Forschung interessant erscheinen und deshalb kurz geschildert werden sollen.

In vielen Fällen konnte man am Titel oder der Projektbeschreibung nicht erkennen, ob eine Studie eine Evaluation beinhaltet oder nicht. Weiterhin fehlten bei den sich als Evaluationen bezeichnenden Studien Hinweise darauf, ob eine sozialpädagogische Orientierung - im Sinne unseres thematischen Interesses - vorliegt. Bei der Materialdurchsicht stellte sich weiterhin heraus, daß die Titel und Kurzbeschreibungen der Dokumentation nichts mit den Inhalten des tatsächlichen Projektverlaufes zu tun haben müssen. Der Begriff Evaluation kann auch in einem Titel auftauchen, wenn die Wirkungsweise irgendeines Phänomens punktuell betrachtet oder der Wahrheitsgehalt einer Aussage geprüft werden soll, ohne daß es sich dabei um eine Evaluation im Sinne einer Bewertung der Praxis oder einer Intervention handelt. Alles deutet darauf hin, daß eine gewisse Neigung besteht, die Bezeichnung als Sachindex oder im Titel an unpassenden Stellen und in unreflektierter Weise zu verwenden[9].

9: z.B. Paschen (1988)

Andererseits besteht bisweilen auch dann eine gewisse Scheu, den Begriff zu verwenden, wenn wesentliche Teile der Untersuchung eindeutig als evaluativ identifizierbar sind. Dahinter steht vermutlich eine bestimmte eng begrenzte Vorstellung von Evaluation - z.B. die der experimentellen, quantitativen Großforschung als Kosten-Nutzen-Analyse - und der Versuch der Distanzierung des eigenen Vorgehens gegenüber diesem Untersuchungstypus (s. Kap III.).

Neben der Durchsicht der Dokumentationen des IZ, die die wichtigste Grundlage der Materialsuche darstellte, bleiben als wesentliche Informationsquellen noch die Hinweise von Wissenschaftlern zu erwähnen, die von einem Evaluationsprojekt wissen oder gar daran beteiligt waren. Aufgrund der bereits angedeuteten Diffusität des schillernden Begriffes Evaluation, unter dem jeder etwas anderes zu verstehen scheint, ergab es sich zwangsläufig, daß zunächst hoffnungsvoll erscheinende Hinweise auf Titel von Veröffentlichungen und Projektberichten einen weitergehenden Suchprozeß nach sich zogen. Hierbei und das gilt natürlich auch für die Literaturhinweise aus Bibliographien und Datenbanken, mußte immer wieder in die Inhalte der Untersuchung eingestiegen werden. Es ging nämlich um die Auswahl bestimmter Projekte, die repräsentativ für unterschiedliche Typen von Evaluation sind und gelungene Beispiele für die Evaluation sozialpädagogischer Prozesse darstellen.

Beispiele für den Such- und Auswahlprozeß
Mir wurde der von Herbert Pielmaier (1980) herausgegebene Titel "Training sozialer Verhaltensweisen - Ein Programm für die Arbeit mit dissozialen Jugendlichen" von einem der Beteiligten als Beispiel für die Schilderung eines Evaluationsprojektes empfohlen. Die Beiträge dieses Sammelbandes beschäftigen sich jedoch mit der Darstellung und Entwicklung des Trainingsprogrammes, ohne daß dies unter Bezug auf eine Evaluation geschah. Das Programm wurde jedoch umfassend vom Max-Planck-Institut für ausländisches und internationales Strafrecht evaluiert (Kury 1986, 1987). Der dabei angewandte Evaluationsansatz steht unter den Vorzeichen der kriminologischen Behandlungsforschung und betrachtet den Problemzusammenhang unter dem Aspekt der Legalbewährung, also unter einer strafrechtlichen und rechtspolitischen Perspektive (s. Frank/Harrer 1990). Aufgrund des Forschungsinteresses, das beim Evaluationstypus in diesem Zusammenhang vor allem darin besteht, umfassende Erkenntnisse über die breite Wirkung von rechtspolitischen und juristischen Reformen zu erlangen, konnte anfangs vermutet werden, daß die Vorgehenweise der Untersuchung auf Kategorien gelenkt würde, die von dem uns interessierenden pädagogischen Prozeß zu weit entfernt sind, um für pädagogische Prozesse direkt relevant zu sein.

Es ließen sich jedoch entgegen dieser Erwartungen interessante allgemeine Hinweise auf die Probleme bei der Wirkungsanalyse des sozialen Trainings mit quantitativen Verfahren der Persönlichkeitstestung und deren statistischer Auswertung finden. Ein Bezug auf pädagogische Prozesse im Sinne unserer Fragestellung kann hierbei hergestellt werden, da die Wirkungsweise eines Handlungsansatzes zur Steigerung von Kompetenzen der Inhaftierten mit einem differenzierten Untersuchungsansatz evaluiert wurde. Jedoch handelt es sich bei dem Treatment um ein psychologisches, das ausschnitthaft auf die personalen und psychischen Potentiale der Adressaten zugeschnitten ist. Es unterscheidet sich hierin von sozialpädagogischen Interventionen und Sichtweisen, die umfassendere Bedingungszusammenhänge miteinzubeziehen und ganzheitlich zu erfassen suchen. Eine wichtige Aussage in der Zusammenfassung der Evaluationsergebnisse lautet somit:

"Davon auszugehen, daß die in aller Regel auf einen Haftentlassenen zukommenden Probleme von diesem aufgrund einer Behandlung im Vollzug nun gelöst werden können, würde bedeuten, zu hohe Anforderungen an die Wirkungen des Treatments zu stellen"(Kury 1986, S. 383).

Hiermit wird die Begründung dafür geliefert, daß ein Nachweis der Kompetenzsteigerung und Verhaltensänderung, der als Indikator für den Erfolg des Ansatzes galt, nicht umfassend und schlüssig gelungen ist (vgl. ders. 379ff). Die Wirkung des Treatments als das Erreichen der angestrebten Verhaltensdispositionen unter dem Aspekt des übergeordneten Zieles "Legalbewährung", ist folglich höchst unwahrscheinlich. Sie läßt sich aufgrund dieser Zusammenhänge und unter den Bedingungen des Untersuchungsdesigns, in dem Persönlichkeitsdaten zu verschiedenen Items durch psychometrische Verfahren erhoben und quantifiziert wurden, folglich schlecht nachweisen. Beziehungsweise gäbe es Grund zur kritischen Nachfrage, wenn dies tatsächlich gelänge. Die Kategorie, in der hier Wirkung erfaßt wurde, ist zwar bedeutungsvoll für die geplante psychologisch-pädagogische Einwirkung, jedoch liegt sie bedeutungsmäßig zu weit von den erwartbaren emotionalen und psychosozialen Veränderungsprozessen entfernt und ist zu grobmaschig, um diese überhaupt wahrnehmen zu können. Es bedarf einer näheren und tiefer auf die Einzelfälle eingehenden Beschäftigung mit den Vorgängen innerhalb des tatsächlich stattfindenden Geschehens, um Erkenntnisse über erfolgreiche Entwicklungen zu erhalten.

Es handelt sich in diesem Beispiel um die Evaluation eines Projektes, das in einem klassischen Aufgabengebiet der Sozialpädagogik stattfand, die Arbeit mit straffälligen Jugendlichen. Der Handlungsansatz und die Durchführung der Interventionen wurde jedoch von einem Institut geprägt, in dem vor allem psychologische Sichtweisen bestimmend sind. Die Evaluation fand unter inhaltlichen Aspekten statt, die Ansatzpunkte für eine theoretische Auseinandersetzung bieten. Um dies herauszufinden, war jedoch eine tiefergehende Beschäftigung mit dem Inhalt des Berichtes notwendig. Seine Diskussionswürdigkeit konnte nicht am Titel, in der Einleitung oder anhand der Kurzbeschreibung abgelesen werden, weil entsprechende theoretische Kategorien mit sozialpädagogisch-evaluatorischem Inhalt eben nicht in soweit etabliert zu sein scheinen, daß auch von Seiten anderer Professionen auf sie Bezug genommen wird.

Innerhalb der Auswahl und der Analyse der diskussionswürdigen Forschungarbeiten, war es notwendig, sich mit einem breiten Spektrum und einer Vielzahl durchgeführter Studien zu beschäftigen, auf die jedoch im vorliegenden Text nicht im einzelnen eingegangen werden kann. Untersuchungen, die von Angehörigen anderer Professionen durchgeführt werden, konnten sehr wohl wichtige Erkenntnisse - nicht nur ex negativo - bereitstellen. Schwierig erwies sich wie gesagt, daß am Titel oftmals nicht zu ersehen ist, ob es sich tatsächlich um Evaluation handelt: Die Untersuchung von Christian Pfeiffer (1983) "Kriminalprävention im Jugendgerichtsverfahren - Jugendrichterliches Handeln vor dem Hintergrund des Brücke-Projektes" läßt beispielsweise an ihrem Titel nicht erkennen, daß hier in wesentlichen Teilen ein alternativer rechtlicher Problembearbeitungsansatz, der für sozialpädagogisches Handeln unmittelbar relevant ist, einer wertenden Analyse unterzogen wurde, nämlich die Diversion, und das Handeln der Sozialarbeiter in einer sozialpädagogischen Institution. Dabei wurde der Arbeitsansatz "Brücke-Modell", richterliche Handlungsstile sowie auch unterschiedliche Beratungsstile und Beraterpersönlichkeiten in bezug auf den Erfolg der Intervention bei den Klienten untersucht (s. ders. S. 293ff). Es handelt sich also um eine Evaluation unter Aspekten, die für den pädagogischen Prozeß der Bearbeitung abweichenden Verhaltens mittelbar und unmittelbar relevant sind. Im Inhaltsverzeichnis der Veröffentlichung taucht jedoch an keiner Stelle der Begriff Evaluation auf.

2.2 Evaluationsstudien innerhalb der Dokumentationen des Informationszentrums Sozialwissenschaften

Wiederum Irritationen

Die grundsätzliche Schwierigkeit, die einer unkomplizierten Recherche der IZ-Dokumentation[10] im Wege steht, liegt darin, daß der Zugang zu Daten unter dem Schlagwort »Evaluation« oder unter Suchbegriffen, die zu Evaluationsprojekten führen können - wie »wissenschaftliche Begleitung«, »Wirkungsforschung«, »Modellversuch«, etc.- nicht durchgängig und vollständig möglich ist. Dies läßt auf eine uneinheitliche und verworrene Katalogisierung schließen. Evaluationsstudien finden sich auch unter der Bezeichnung des Arbeitsfeldes, in dem sie stattfinden, ohne daß eines der gängigen Schlagworte zum Auffinden verwendet werden kann. Abermals zeigt sich, wie verbreitet die diffuse Verwendungweise, bzw. Nicht-Verwendung des Begriffs und seines Inhaltes sind. Hierzu möchte ich einige Beispiele aus den Dokumentationsbänden des Informationszentrums (s.o.) aufführen:

1. Möglichkeit: In der Kurzbeschreibung des Projektes wird die Untersuchung als Evaluationsstudie oder ähnliches bezeichnet. Am Titel kann man diese jedoch nicht erkennen, und der Begriff "Evaluation" taucht als Schlagwort (Suchbegriff) nicht auf, so daß diese Untersuchung durch eine Datenbankrecherche (FORIS) nicht verfügbar ist.

2. Möglichkeit: Die Projektbeschreibungen der Datenbank FORIS enthält Fragestellungen und stellt eine beabsichtigte Vorgehensweise dar, die evaluativ ist. Die Untersuchung bezeichnet sich aber in der Dokumentation an keiner Stelle mit dem Begriff Evaluation. Beispiel: "Sport und Resozialisierung - Die Resozialisierung junger Strafgefangener durch Sport in der Institution Justizvollzugsanstalt" (Iz-Info 1990, Nr.: 0809; FORIS: 912748). In der Fragestellung dieses Projektes heißt es:

"Wie kann durch Sport in der Institution JVA zur Resozialisierung junger Strafgefangener beigetragen werden? Wie kann Sport optimal in den Erziehungsprozeß der jungen Strafgefangenen eingebunden werden?"

3. Möglichkeit: Der Titel in der Dokumentation läßt erkennen, daß evaluiert werden soll, und in der Projektbeschreibung heißt es "Evaluationsstudie". Das Projekt besteht jedoch nicht mehr oder es wurde inhaltlich abgeändert. Es können also Projekte in der

---

10: Informationszentrum Sozialwissenschaften der Arbeitsgemeinschaft sozialwissenschaftlicher Institute in Bonn.

Dokumentation auftauchen, die zwischenzeitlich unterbrochen oder eingestellt wurden. Ein Beispiel hierfür ist das Projekt "Optimierung der Arbeit der Jugendämter im Bereich der Familiengerichtshilfe" (IZ-Info 1990, Nr.3302) des Staatsinstitutes für Frühpädagogik und Familienforschung, München. Die Entwicklung von Forschungsprojekten, auch bei Auftragsforschungen, verläuft bisweilen in völliger Abänderung ursprünglicher Untersuchungspläne. So war beispielsweise das Projekt "Erziehungskurs für verhaltensschwierige Jugendliche" unter der Leitung von Klaus Mollenhauer laut Projektbeschreibung (IZ-Info 1990, Nr. 1832) ursprünglich als "Evaluationsstudie" geplant. Eine telefonische Nachfrage ergab jedoch, daß sich der Untersuchungsplan in Richtung Konzeptentwicklung und Diagnose verändert habe und man nun nicht mehr von einer Evaluation sprechen könne.

4. Möglichkeit: Die Untersuchung läßt aufgrund des Titels auf Evaluation schließen und bezeichnet sich in der Projektbeschreibung als Evaluationsstudie. Die dazugehörige Veröffentlichung enthält jedoch keine Dokumentation des Evaluationsprozesses. Es werden Urteile und Bewertungen vollzogen, ohne daß die Verfahren und systematische Begründungen, die zur Bewertung geführt haben, im Projektbericht auftauchen. Es handelt sich also um zusammenfassende Gutachten ohne Begründung und Herleitung, wie sie für eine wissenschaftliche Evaluation notwendig wären. Die Untersuchung von Ullrich Gintzel und Christian Schrapper vom Institut für soziale Arbeit e.V. Münster mit dem Titel "Intensive sozialpädagogische Einzelbetreuung" (FORIS 1991, 912661) enthält beispielsweise die Angabe: "Untersuchungsdesign: Evaluationsstudie". Die gleichnamige Veröffentlichung (Gintzel 1991) ist jedoch kein Bericht über eine Evaluationsstudie, sondern ein Gutachten im o.g. Sinne.

Der Versuch einer thematischen Analyse
Bei der Materialsuche wurde eine Durchsicht der IZ-Dokumentationen mehrerer Jahrgänge durchgeführt und versucht, verschiedene Jahrgänge (1977, 1987, 1991) bezüglich des thematischen Inhalts und der Menge der stattgefundenen Evaluationen zu vergleichen. Dies sollte dazu dienen, erstens einen allgemeinen Überblick über den Forschungsstand zu bekommen und zweitens geeignete aktuelle, aber abgeschlossene Evaluationsstudien insbesondere aus dem Jahrgang 1991 für die spätere intensive Analyse ausfindig zu machen.

Im Jahrgang 1991 waren 515 (1990: 506) Projekte in der Bundesrepublik Deutschland enthalten, aufgrund deren Titel und Kurzbeschreibung man schließen konnte, daß diese Praxisforschung in sozialpädagogisch relevanten Bereichen bedeuteten. Davon war bei 352 Untersuchungen eindeutig erkennbar, daß es sich **nicht** um Evaluation handelte. Bei 93 (1990: 110) war der Titel so bezeichnet oder es fanden sich in der Kurzbeschreibung Hinweise - wie Modellversuch oder wissenschaftliche Begleitung oder ähnliches - , daß mehr oder weniger eindeutig vermutet werden konnte, es handle sich zumindest in wesentlichen Teilen um Evaluation. Bei 72 Projekten war eine genauere Bestimmung, ob dies der Fall war, nicht möglich. Bei diesen bestand aber aufgrund des Titels immerhin die Möglichkeit, daß auch Analyse und Bewertung von Praxis oder deren Bedingungen stattgefunden hatte. Um näher zu klären, welche Projekte nun Evaluation betreiben und um weitergehende Daten und Projektbeschreibungen zu erhalten, wurde eine sog. "individuelle Recherche" aus der Datenbank "FORIS" eingeholt, um umfangreichere und ausführlichere Projektmeldungen von 165 (s.o. 92 + 73) Untersuchungen einsehen zu können, als die in dem IZ-Dokumentationsband veröffentlichten. Innerhalb dieser näheren Projektbeschreibungen von 165 Untersuchungen konnten nur 12 Projekte ausfindig gemacht werden, die laut Projektmeldung Evaluation pädagogischer Prozesse oder deren unmittelbaren Bedingungen zum Untersuchungsgegenstand hatten und somit für eine intensive Bearbeitung im Sinne der Fragestellung geeignet erschienen.

Die Informationen über diese Projekte wurden als nächstes durch persönliche Nachfragen bei den verantwortlichen Instituten weiter angereichert. Soweit ein Abschlußbericht fertiggestellt und zugänglich war oder entsprechende Veröffentlichungen vorlagen, wurden diese angefordert.

Die Lektüre der bereitwillig zugesandten Berichte ergab wiederum, daß nur ein ganz kleiner Teil tatsächlich Evaluation mit einem sozialpädagogischen Gegenstand und einer entsprechenden Perspektive darstellte. Schließlich blieb nur ein Projekt übrig, das in dem geforderten Zusammenhang[11] passend erschien. Es handelte sich hierbei um den Endbericht der wissenschaftlichen Begleitung des "Streetworker-Modells" des sozialpädagogischen Instituts Berlin, das sich mit der Untersuchung eines AIDS-Beratungs-Ansatzes beschäftigte (Gusy, u.a. 1991).

Vergleich der Projektmeldungen unterschiedlicher Jahrgänge
Abgesehen von den oben dargestellten Unklarheiten bei der Kodierung und Bezeichnung der Projekte muß grundsätzlich zu einer thematischen Analyse anhand der IZ-Dokumentation gesagt werden, daß sich hieraus kein repräsentatives Bild des Forschungsgeschehens ergibt, da nicht alle Untersuchungen gemeldet werden und sich hinter einigen Meldungen u.U. "potemkinsche Dörfer" verbergen. So unterscheidet sich auch das Meldeverhalten der einzelnen Institute: Einige führen eine lange Auflistung von Diplomarbeiten auf, deren Umfang und Qualität mit den Projektmeldungen anderer Institute nicht vergleichbar ist. Weiterhin ist unklar, inwieweit sich das Meldeverhalten der Institute über die Jahre verändert. Deswegen sind Aussagen über den Gesamtbestand und die Themenstellungen nur als vage tendenzielle Annahmen möglich. Die folgenden Beobachtungen müssen also vor diesem Hintergrund betrachtet werden.

Insgesamt ist die Anzahl der Projekte zwischen 1977 und 1987, die sich evaluativ und wissenschaftlich begleitend auf Berufspraxis oder auf innovative Modellversuche in diesen Bereichen richten, immens angestiegen. Bei einem konstant angestiegenen Gesamtvolumen der gemeldeten Forschungen im Bereich der Sozialwissenschaften (1977: 3823; 1987: 3965; 1991: 4328) verdoppelten sich die Evaluationen zunächst zwischen 1977 und 1987, blieben dann aber, trotz des weiteren Anstiegs des Gesamtvolumens, ungefähr konstant. Mit aller Vorsicht kann folglich auf eine bis 1987 stark erhöhte und dann konstante bis rückläufige Nachfrage nach oder ein Interesse an Evaluation geschlossen werden. Anhand der Projektbeschreibungen kann ebenfalls nur vermutet werden, daß diese Nachfrage sowohl einem eher wissenschaftlichen Impetus entspringt, als auch aufgrund der konkreten Auftraggeberschaft einer gesellschaft-

---

11: Die Kriterien der Auswahl werden an späterer Stelle noch eingehender erläutert.

lichen Gruppe oder einer Institution bestand. Alleine anhand der Attribute, "Auftragsforschung", "gefördert" oder "Eigenprojekt", läßt sich das nicht trennscharf entscheiden aber tendenziell erkennen. Im Jahrgang 1977 überwiegen die (reinen) Auftragsforschungen (ca.55%) im Vergleich zu den beiden anderen Jahrgängen, bei denen der Anteil unter 50% liegt.

Im Jahrgang 1977 waren es die Bereiche Schulpädagogik und Elementarbildung, auf die sich im Zusammenhang mit der Bildungsreform die gesellschaftliche Nachfrage inform von staatlicher Auftraggeberschaft richtete. Diese ließ mit dem Ende der Reformbestrebungen im großen Stile erheblich nach. Folglich ist in diesen Feldern später ein Rückgang zu verzeichnen, der bei aller Uneindeutigkeit der Zusammenstellung vor dem Hintergrund des stark angestiegenen Gesamtvolumens besonders krass erscheint. Ein Rückgang läßt sich ebenfalls im Bereich der beruflichen Bildung erkennen, wenngleich die Anzahl sich im Jahre 1987 noch einigermaßen konstant halten kann. Dies kann an der in dieser Zeitspanne vorhandenen hohen Jugendarbeitslosigkeit gelegen haben, die man innerhalb des Berufsbildungssystems mit Hilfe sozialpädagogisch orientierter Maßnahmen zu entschärfen versuchte.

Innerhalb der sozialpädagogischen Arbeitsfelder im engeren Sinne fällt der Anstieg der Projekte im Jahrgang 1987 auf, die sich mit der Begleitung und Evaluation von Drogenberatung und -hilfe beschäftigten. Hierbei handelt es sich anscheinend um eine konjunkturelle Erscheinung der Drogenproblematik, die vorübergehend zu einem erhöhten Interesse und zur Bereitstellung von Mitteln führte. Es ist schwierig zu sagen, inwieweit derartige Schwankungen auf kurz oder längerfristige Entwicklungen innerhalb des gesamtgesellschaftlichen Zusammenhanges zurückzuführen sind. Die Entstehung neuer Themenbereiche, wie "Organisationsformen sozialer Arbeit", oder bestimmte Schwerpunktsetzungen der gesellschaftlichen Problembearbeitung, wie die "Altenarbeit" oder die "Frauenthemen", hängen vermutlich mit längerfristigen Entwicklungen zusammen, als dies bei anderen Themen der Fall ist: z.B. bei der Sportpädagogik oder der Drogenproblematik.

Besonders auffällig ist die Zunahme im Bereich des Gesundheitswesens, die durch die AIDS-Problematik zusätzlich forciert wurde. Von den 14 Projekten des Jahrganges 1991 im Gesundheitsbereich befassen sich fünf mit dem Problem AIDS. Zusätzlich enthalten drei Projekte von den zwölf der im Bereich der Jugendarbeit aufgeführten Bezüge zur AIDS-Aufklärung. Auffällig erscheint weiterhin, daß Arbeiten, die explizit zur Entwicklung von Evaluationsmodellen betrieben werden, seit dem Jahrgang 1977 rückläufig zu sein scheinen.

Defizite in bezug auf Evaluation in der Sozialpädagogik
Der in diesem Abschnitt durchgeführte weitergehende Überblick hat folgende wesentliche Beobachtungen hervorgebracht: Erstens besteht eine uneinheitliche und bisweilen diffuse Verwendung der Begrifflichkeit, mit der unterschiedlichste Tätigkeiten der Analyse und Bewertung bezeichnet werden. Zweitens liegt offensichtlich ein Mangel an Projekten vor, die sich mit der Evaluation sozialpädagogischer Prozesse beschäftigen. Weiterhin ist eine begrenzte Qualität der Projektinformationen und ein Mangel an umfangreicheren und theoretisch fundierten Arbeiten, die sich auf die thematisierte

Problematik der Evaluation sozialpädagogischer Prozesse inhaltlich einlassen, festzustellen. Diese Beobachtungen sind insgesamt betrachtet als eindeutige Indikatoren für eine theoretische Lehrstelle und ein allgemeines Defizit in bezug auf Konzepte und Verfahren der Evaluation zu werten. In der Literatur tauchen immer wieder Hinweise auf diese Defizite auf. So stellt Maja Heiner (1988) fest, daß es in der sozialen Arbeit sowohl "an Konzepten und Verfahren zur Dokumentation und Analyse von Ergebnissen"(ebd., S. 8), als auch an einem brauchbaren Instrumentarium "für eine systematische und fundierte Bilanzierung" (ebd. S. 9) mangelt:

Hier stellt sich schon die Frage, worin dieses Defizit eigentlich besteht: Sind es wirklich die Instrumente der Analyse, wie es das Zitat Heiners nahelegt? Das würde bedeuten, daß sozialpädagogische Evaluation spezielle Instrumente benötigte, die aber innerhalb des breiten Fundus sozialwissenschaftlicher Untersuchungsformen nicht verfügbar sind und erst eigens entwickelt werden müßten. Kordes (1983, S. 268) kennzeichnet die Situation der Evaluationstheorie für die Erziehungswissenschaft allgemein mehr auf konzeptioneller Ebene:

"Es besteht weitgehend Übereinstimmung darüber, daß Evaluationsforschung einen "klaren Paradigmenwechsel" (Fend, 1977, S. 67) markiert, ohne aber bereits anerkannte Paradigmen wissenschaftlicher Evaluation erzeugt zu haben."

Das Zitat weist darauf hin, daß im Bereich der Erziehungswissenschaften ein evaluationstheoretisches Rahmenkonzept, das eine gewisse Sicherheit und Verbindlichkeit in bezug auf bestimmte Formen, Konzepte und Verfahren der Evaluation hätte geben können, mit der Kritik an bestimmten bis dahin praktizierten Formen der wissenschaftlichen Begleitung bereits Ende der 70er Jahre nicht mehr möglich war (vgl. Kap. II, III). Das Defizit bestand - und besteht anscheinend heute noch - darin, daß sich ein neues übergreifendes Paradigma der Evaluation nicht etablieren konnte, das im gleichen Maße über Integrationskraft und praktikable Inhalte verfügt wie ehemals die abgelöste traditionelle Evaluationsforschung.

Anhand der bisherigen Analyse konnte gezeigt werden, daß Defizite nicht nur im bezug auf spezielle Evaluationsformen zu finden sind, die für die wertende Analyse sozialpädagogischer Prozesse geeignet erscheinen, sondern es ist auch eine allgemeine Widersprüchlichkeit und Diffusität in bezug auf die Frage festzustellen, was geeignete Formen der Evaluation sein sollen.

Eine Position wurde bereits mit dem Begriff der Evaluation als »Alltagsbeurteilung« bezeichnet. Diese hat sich, wie bereits gezeigt, in einem beträchtlichen Umfang in der Sozialpädagogik eingebürgert - besonders bei kleineren und mittleren Projekten. Sie verfügt jedoch auch über einen theoretischen Hintergrund[12], der sich in der Vorstellung ausdrückt, daß die wesentliche Aufgabe und das wichtigste Prinzip einer wissenschaftlichen oder unwissenschaftlichen Reflexion nicht in dem Versuch einer exakten Analyse und Beurteilung der Wirkungen und Erfolge besteht. Vielmehr steht »sanftes Begleiten« und allenfalls »ganz vorsichtiges Beurteilen« im Vordergrund, bei dem kei-

---

12: Die Zeitschrift "Sozialpädagogik", 11/1987; 29. Jg., behandelt in dieser gesamten Ausgabe das Problem der wissenschaftlichen Begleitung in der sozialpädagogischen Praxis. Die hier enthaltenen Beiträge kennzeichnen diese "sanfte" Form der Evaluation.

ne Planung und Kontrolle durch die Evaluation ausgeübt werden darf, sondern ein gleichberechtigtes Verhältnis zwischen Forscher und Praktiker besteht. Die wichtigsten Kompetenzen des "alltagsbewertenden" Begleiters bestehen unter diesen Vorzeichen, wie das folgende Zitat vermuten läßt, nicht in bezug auf die differenzierte und belegbare Produktion sozialwissenschaftlicher Forschungsergebnisse, die für die Bewertung und Entwicklung einer Praxis wichtig sind.

"Einfühlungsvermögen und die Fähigkeit zur Mäeutik sind ebenso wünschenswert wie die Kunst, sich wirklich auf die Befähigung des anderen einzustellen, der begleitet wird, um ihn dann im Dialog so zu begleiten, daß er selbst dadurch zum Mitarbeiter einer wissenschaftlichen Begleitung wird"(Müller-Schöll 1987, S. 283).

Gleichzeitig wird offensichtlich das Prinzip der Gleichberechtigung von Begleiter und Praktiker sehr stark respektiert, um Bevormundung aber auch Leitung zu vermeiden, womit natürlich die Möglichkeit der Planung und Korrektur grundsätzlich eingeschränkt wird:

"Schließlich ist deutlich geworden, daß wissenschaftliche Begleitung die Gefahr in sich birgt, daß sie zum Leitungsinstrument wird, zur Leitung neben der Leitung" (Müller-Schöll 1987, S. 283).

Es stellt sich hier wiederum die Frage, ob der spezielle Charakter und die umgebende Struktur sozialpädagogischer Prozesse diese Vorstellung rechtfertigt, bzw. gar keine andere Möglichkeit als den Verzicht auf wissenschaftlich orientierte Bewertung oder nur diese "weichen" Evaluationsformen zuläßt? Vertreter anderer evaluationstheoretischer Positionen bringen demgegenüber zum Ausdruck, daß sie von der eben charakterisierten Form der Praxisbegleitung recht wenig halten (Koch/Wittmann 1990, S. 8):

"Dieser Begriff [der wissenschaftlichen Begleitung wie sie sich z.B. im Bildungssektor eingebürgert hat] wird von uns nicht präferiert, impliziert er doch allzuleicht eine gegenseitige Unverbindlichkeit zwischen Wissenschaft und Praxis, ein Nebeneinanderher ohne größere gegenseitige Verpflichtungen. Solche Unverbindlichkeiten werden zwar in den heterosexuellen Paarbeziehungen immer populärer, sie sind aber für eine fruchtbare Zusammenarbeit von Wissenschaft und praktischen Programmen zur Lösung gesellschaftlicher Probleme ein schlechtes Modell".

Andere Gegenpositionen zum Konzept der nichtwissenschaftlichen Alltagsbeurteilung betonen den technologischen Aspekt von Evaluation. Ein Beispiel hierfür ist der Ansatz der "Programm-Evaluation" (Rossi 1988), in der eine planende, beratende und korrigierende Rolle des Evaluators als "Sozial-Ingenieur" (ebd. S.199) nicht als problematisch angesehen wird. Unter Programmevaluation wird die systematische Erforschung zielgerichteter Aktionsprogramme verstanden.

"Evaluationsforscher sammeln, analysieren, und interpretieren Information über den Bedarf, die Umsetzung und Wirkung von Maßnahmen, welche die Lebensbedingungen und das soziale Umfeld der Menschen verbessern sollen" (Rossi 1988, S. 1).

Mit diesen Positionen sind nur zwei aus einer Vielzahl bestehender evaluationstheoretischer Ansätze (s. Kap II, III.) herausgegriffen, die jeweils unterschiedliche oder konfligierende Konzepte und Modelle präferieren. Hieran knüpft sich die Frage an, inwieweit - angesichts der Vielzahl widersprüchlicher evaluationstheoretischer Konzepte - Prinzipien für die Evaluation sozialpädagogischer Prozesse formulierbar sind, die bei der Konzipierung der Analyse, Bewertung und Begleitung sozialpädagogischer Prozesse Orientierung geben können. Die Bearbeitung dieser Frage würde eine Weiterentwicklung hinsichtlich der oben beschriebenen defizitären Situation bedeuten. Als

Grundlage hierfür ist notwendig, daß zunächst eine Kenntnis der bestehenden evaluationstheoretischen Grundpositionen sowie ein Verständnis ihrer Inhalte und ihres Verhältnisses untereinander geschaffen wird (s.Kap II).

Zusammenfassend läßt sich an der jetzigen Stelle konstatieren, daß mit dem Thema Evaluation ein Untersuchungsgegenstand vorliegt, für den aufgrund der dargestellten Defizite und Widersprüchlichkeiten eine Bearbeitung notwendig ist, und zwar in bezug auf eine theoretisch-konzeptionelle Weiterentwicklung kategorialer Systematisierung. Die folgenden Abschnitte sollen darüberhinaus verdeutlichen, warum das Thema für die Soziale Arbeit und die Sozialpädagogik besonders wichtig erscheint, indem die zentrale Bedeutung der Evaluation innerhalb der Sozialpädagogik dargestellt wird. In diesem Zusammenhang kann gleichzeitig auch auf die Gefahren hingewiesen werden, die sich als Konsequenzen jener defizitären Situation ergeben können.

3. Stellenwert der Evaluation für die sozialpädagogische Praxis

3.1 Modernes Denken und evaluative Reflexion[13]

"Jeder Mensch betreibt in seiner Erfahrungswelt ständig Evaluation, indem er auf der Grundlage kognitiver und affektiver Kriterien Gutes von Schlechtem und Sinnvolles von Sinnlosem trennt" (Grüner 1993).

Dies wird vermutlich in allen Epochen der Menschheitsgeschichte der Fall gewesen sein, die nicht vollständig in einem magisch-mythischen Weltbild verhaftet waren. So tauchen "soziale Experimente" in der Geschichte bereits lange auf, bevor man sich einen Begriff von systematisch organisierten Aktivitäten der Informationssammlung und der Datenerhebung zur Beurteilung machte. Einige frühe Evaluationen in Form von Experimenten, die den Nutzen und den Wert einer Sache herausfinden sollten, beschreibt Rossi (1988): Beispielsweise verordnete ein Kapitän einer Hälfte seiner Besatzung den Konsum von Zitrusfrüchten, nachdem bekannt geworden war, daß auf den Schiffen der Mittelmeerländer kein Skorbut auftrat, und fand damit ein geeignetes Mittel, um die Krankheit zu verhindern (s. Kap II, S. 70). Es dauerte jedoch 50 Jahre, bis sich diese Erkenntnis durchgesetzt hatte, was vielleicht darauf schließen läßt, daß schon damals Uneinigkeit und Mißtrauen gegenüber Verfahren und Methoden der Evaluation herrschten.

Wie konnte aus subjektiven, alltäglichen Reflexionen und den vormodernen Bewertungsvorstellungen - etwa des Mittelalters, die generell auf "einem religiös fundierten" und von weltlicher Herrschaft abhängigen "Gut/Böse-Prinzip" beruhten (vgl. Wottawa 1990, S.22) - Evaluation werden, wie wir sie heute vorfinden? Als grundsätzliche Bedingungen dafür, daß sich ein Wandel vormoderner Denkungsarten in diese Richtung geplanter bewertender Analyse vollzogen hat, muß **zum einen** eine entsprechende intellektuelle Kapazität und Kultur angesehen werden, **zum anderen** ein massives Interesse einer gesellschaftlich machtvollen Gruppe, diese intellektuelle Kapazität

---

13: Zum weitergehenden Verständnis des Verhältnisses zwischen Modernisierung und Evaluation siehe Kapitel VI, 4: Gesellschaftliche Funktionen und Bedingungen der Evaluation.

umzusetzen und zu einem gesellschaftlich etablierten Konzept werden zu lassen. Im folgenden werden einige intellektuelle und kulturelle Entstehungsgrundlagen herangezogen werden, die die Logik, den Denkstil und den Impetus evaluativer Reflexion in sich tragen und zu Erklärungen für den Prozeß der stetig gewachsenen gesellschaftlichen Bedeutung und Entwicklung von Evaluation beitragen können. Dieser Prozeß beinhaltet grob formuliert folgende Schritte:

- die Begriffsbildung in bezug auf einen Prozeß, der zunächst einem alltagsweltlichen Verlangen nach Einschätzung und Urteilsbildung entsprang und später die Bezeichnung "Evaluation" bekam;
- die Verwissenschaftlichung und Theoriebildung dieses Prozesses;
- die Institutionalisierung, durch die Evaluation quasi Gegenstand einer öffentlichen Aufgabe wird;
- die zunehmende Professionalisierung, die den Glauben an eine besondere Expertenkompetenz für die Durchführung von Evaluation bedeutet.

Zum letzten Punkt Wolfgang Beywl (1988, S. 43):

"Der Ruf nach stärkerer Professionalisierung, nach effektiven und effizienten Verfahren, nach einem marktgerechten Auftreten der Sozial- und der Erziehungswissenschaften wird lauter."

Der Autor fordert über die Betonung der Wichtigkeit von Evaluation hinausgehend deren Professionalisierung als interdisziplinäres Unternehmen. Evaluation wird damit nicht nur als angewandte Sozialforschung begriffen, sondern als eigenständiges Institut und intermediäre Instanz, die sich auf den Balanceakt zwischen Wissenschaft und Politik spezialisiert hat (ebd. S.135). Andere Theoretiker, wie beispielsweise Scriven oder Weiss widersprechen dieser Auffassung (s. Kap II).

Evaluatives Denken und die Aufklärung

Die Entwicklung und die zunehmende Bedeutung, die Evaluation im Verlauf der letzten Jahrzehnte erhielt, erscheint verständlich, wenn sie als ein dem aufklärerischen und rationalen Grundkonzept der Moderne notwendigerweise inhärenter Bestandteil gesehen wird. Evaluation stellt quasi über ihre historische Kontextabhängigkeit in bezug auf die Modernisierung hinaus das gedankliche und ideelle Derivat und Institution einer auf rationaler Basis verlaufenden Weltsicht der tätigen Veränderung und Weiterentwicklung dar, die immer wieder Analyse und Bewertung notwendig macht. Dabei sei zunächst völlig davon abgesehen, welche Probleme sich in bezug auf Evaluation aus bestimmten Modernisierungskonzepten etwa vor dem Hintergrund einer "modernisierungsskeptischen" Perspektive und aus der einer so behaupteten "Postmoderne" ergeben (s. Berger 1986). Innerhalb der Pädagogik wird dieser kognitive Zusammenhang und damit der Stellenwert von Evaluation im Denken der Aufklärung besonders deutlich, die den Modernisierungsprozeß durch die Freisetzung von Vernunft und Subjektivität normativ vorbereitet und vorgeprägt hat (vgl. Offe 1986, S. 99). Zur Veranschaulichung: Kant in seiner Abhandlung "Über Pädagogik":

"Die Erziehung ist eine Kunst, deren Ausübung durch viele Generationen vervollkommnet werden muß. Jede Generation, versehen mit den Kenntnissen der vorhergehenden kann immer mehr eine Erziehung zustande bringen, die alle Naturanlagen des Menschen proportionierlich und zweckmäßig entwickelt, und so die ganze Menschengattung zu ihrer Bestimmung führt. - Die Vorsehung hat gewollt, daß der Mensch das Gute aus sich selbst herausbringen soll, und spricht sozusagen zum Menschen: «Gehe in die Welt!« [...] «ich habe dich ausgerüstet mit allen Anlagen zum Guten. Dir kömmt es zu, sie zu entwickeln, und so hängt dein eigenes Glück oder Unglück von dir selbst ab«" (Kant 1984, XII, S. 702).

In diesem Zitat wird **erstens** das Postulat einer auf den Handelnden zurückfallenden Verantwortlichkeit für sein Tun und die Vorstellung der Gestaltbarkeit der Welt (im Unterschied zur Gottgegebenheit) durch menschliches Handeln mit dem Ziel eines möglichen Fortschritts deutlich. Erziehung ist darin als ein Instrumentarium zu sehen, um dessen angemessene Gestaltung man sich bemühen muß. Das allgemeine Konzept der Aufklärung erhebt das Bemühen um Autonomie und um die Emanzipation von dogmatischen Festlegungen und Vorinterpretationen zur Maxime. Der Legitimationsrahmen des Denkens und Handelns muß folglich durch den Menschen selbst konstruiert und durch kritische, theoretische und praktische Vernunft (im Kantschen Sinne auf Empirie gerichtete und moralisch-ethische) gestaltet werden. Die kritische Reflexion inform einer wertenden Analyse und bezogen auf die realen Interventionen und Handlungsweisen sowie auf die ihnen zugrundeliegenden Theorien sind also im Rahmen der ideellen Grundlagen des modernen Denkens fest verankert. Ohne sie funktioniert das allgemeine Konzept nicht. Dies gilt natürlich auch für die Pädagogik[14].

Zweitens weist Kant der Pädagogik die Aufgabe ihrer eigenen "Vervollkommnung" durch den Erfahrungstransfer zwischen den Generationen zu, weil damit die Möglichkeit einer fortschreitenden Entwicklung der "Menschengattung" zusammenhängt. Beides schließt in grundlegender Weise evaluative Denk- und Analyseprozesse ein.

Darüberhinaus fordert Kant auch ganz explizit die Einrichtung von "Experimentalschulen" im Gegensatz zu "Normalschulen" und lenkt die wertende Analyse gezielt auf die in der Praxis ablaufenden Prozesse und Tatbestände, die es durch Anschauung zu erkennen gilt. Das empirische Gelingen einer auf praktischen Prinzipien (im Kantschen Sinne moralisch-ethischen) beruhenden Erziehung läßt sich nämlich nicht aufgrund einer prinzipientreuen Programmatik feststellen, sondern letztlich nur durch Anschauung der daraus folgenden Erscheinungen. Wenngleich die damals verfügbare Vorgehensweisen im Vergleich zu heutigen Verfahren der empirischen Sozialforschung als unterentwickelt erscheinen, liegt dennoch dasselbe Prinzip der wertenden Analyse in bezug auf praxisrelevante Anwendungsversuche, also Evaluation, vor:

"Man bildet sich insgemein ein, daß Experimente bei der Erziehung nicht nötig wären, und daß man schon aus der Vernunft urteilen könne, ob etwas gut oder nicht gut sein werde. Man irrt aber hierin sehr und die Erfahrung lehrt, daß sich oft bei unseren Versuchen ganz entgegengesetzte Würkungen zeigen von denen, die man erwartete. Man sieht also, daß, da es auf Experimente ankommt, kein Menschenalter einen völligen Erziehungsplan darstellen kann." (Kant, ebd. S. 708).

14: "In der europäischen Denktradition gilt als gesicherter Bestand, daß dem Handeln Denk- und Entscheidungsprozesse vorausgehen, die eine eigene bestimmbare Wissensbasis haben. Das Konstrukt des "handlungsleitenden Wissens" durchzieht seit Descartes die wissenschaftlichen Diskurse, in denen immer neu das Verhältnis zwischen Wissen und Handeln thematisiert worden ist. Trotz aller Unterschiede in den Theorielinien und Wissenschaftsdisziplinen konvergieren die Vorstellungen in einem Subjekt, das über mehr oder weniger taugliches Wissen verfügt, dieses zur Analyse einer Situation nutzt, um dann gemäß seiner Zielsetzungen eine Handlungs(abfolge) in Gang setzen zu können [...]. Die Pädagogik weist, wenn sie sich selbst als handlungsbezogene Wissenschaft beschreibt, eine besondere Affinität zu derartigen Theorieangeboten auf [...]" (Dewe/Radtke 1991).

Dieser kurze Rekurs auf ein Grundmuster der europäischen modernen Denktradition sollte die fundamentale logische Einbettung von Evaluation - nicht wie wir sie heute kennen, sondern des ihr zugrundeliegenden Denkprinzips - veranschaulichen und somit deren wichtige Bedeutung herausstellen. Viele der durch die sozial- und geisteswissenschaftliche Analyse des Modernisierungsprozesses (s. Offe 1986, S. 98, 99) beschriebenen Phänomene - wie die "explosionsartig wachsenden Möglichkeitsräume des Handelns" sowie Merkmale der Modernität: "Optionserweiterung, Spezialisierung, funktionale Differenzierung" - können im engen Zusammenhang mit Prozessen einer fortschreitenden systematisch rationalen Steuerung auf unterschiedlichen Ebenen gesehen werden, die wiederum Prozesse der Analyse und Beurteilung voraussetzen. Vor diesem Hintergrund erscheint es plausibel, daß im Zuge der immer rasanter fortgeschrittenen Modernisierung und angesichts der immer unübersichtlicher werdenden Handlungsfolgen das gesellschaftliche Bedürfnis nach Analyse und Bewertung stetig wuchs, was dann zur Definition des Begriffes "Evaluation" und zu dessen Bedeutungsinhalt eines wissenschaftlich orientierten, systematisch organisierten, geplanten und schließlich institutionalisierten Auswertungsprozesses führte[15].

Das Phänomen der Rationalisierung
Unter den vielen historischen und gesellschaftlichen Strömungen, die mit der Entwicklung evaluativer Denkweisen in enger Verbindung stehen, ist sicherlich ein Phänomen als besonders bedeutungsvoll zu werten: das der "Rationalisierung", wie Max Weber diese innerhalb seiner Analyse des "Geistes des Kapitalismus" in der modernen Industriegesellschaft kennzeichnete (Weber 1991). Man kann sich ein geradezu »katalysatorisches Wechselverhältnis« zwischen der »Rationalisierung« und der »Etablierung von Evaluation« vorstellen. Vor diesem Hintergrund ist es nicht verwunderlich, daß erste moderne Evaluationsbestrebungen in der nordamerikanischen Gesellschaft auftauchen. Und weiterhin, daß ihre Übernahme innerhalb der bundesdeutschen Gesellschaft zunächst **nicht** im gesellschaftlichen Bereich der Erziehungswissenschaft stattfand[16]. Denn dieser stand wegen des Einflusses der geisteswissenschaftlichen Pädagogik und der Reformpädagogik einem technokratisch modernen Unterfangen der wertenden Tatbestandsanalyse - als solches ("measurement" s. Grüner 1993, S. 33) müssen die Anfänge der Evaluation in den USA gewertet werden - weniger aufgeschlossen gegenüber (vgl. Bernfeld 1990). Analog dazu fand Evaluation innerhalb der europäischen Pädagogik auch zunächst im Bildungswesen zur Erforschung didaktischer Probleme statt (Grüner 1990, S.32). Verständlich wird diese Entwicklung durch die Bemerkung Siegfried Bernfelds:

"Ihre [die der Didaktik] Beziehung zum Unterricht ist tatsächlich wesentlich näher dem Durchschnitt von Rationalisierung, den unsere Gesellschaft erreicht hat, als die der übrigen Pädagogik" (ebd. S. 18).

Innerhalb der Sozialpolitik und der erziehungswissenschaftlichen Forschung der Bundesrepublik taucht Evaluation als ein inhaltlich für Probleme der sozialpädagogischen

---

15: Einen groben historischen Überblick über evaluative Reflexion von der Urgesellschaft über das Mittelalter bis zum 20. Jahrhundert gibt Wottawa (1990, S. 21ff).
16: In Deutschland z.B. "[...] beginnt sich erst seit einigen Jahren eine wissenschaftlich fundierte Evaluationsforschung zu etablieren. Sie wird von unterschiedlichen Wissenschaftszweigen, v.a. von Politik- und Wirtschaftswissenschaft, Soziologie, Psychologie, Medizin und Informatik, getragen" (Koch/Wittman 1990, S. 3, zit. n. Grüner 1993, S. 32).

Praxis relevantes Reflexions- und Analyseinstrumentarium erst mit der Reformära der 70er Jahre auf - und hier quasi im "Windschatten" der Bildungsreform und der damit einhergehenden Curriculumevaluation (vgl. C.W. Müller 1978). Es erscheint naheliegend, das Phänomen einer wachsenden Bedeutung und Institutionalisierung evaluativer Denk- und Analysemuster mit den gesellschaftlichen Prozessen einer »sekundären Modernisierung«, wie sie Ulrich Beck beschreibt, zu interpretieren. Die Modernisierung zweiter Stufe ist eine reflexive Modernisierung, im Unterschied zur einfachen Modernisierung der Tradition (s. Kap. VI, 4):

"Im 19. Jahrhundert vollzog sich Modernisierung vor dem Hintergrund ihres Gegenteils: einer traditionalen Welt der Überlieferung, einer Natur, die es zu erkennen und zu beherrschen galt. Heute, an der Wende ins 21. Jahrhundert, hat Modernisierung ihr Gegenteil aufgezehrt, verloren und trifft nun auf sich selbst in ihren industriegesellschaftlichen Prämissen und Funktionsprinzipien. Modernisierung im Erfahrungshorizont der Vormoderne wird verdrängt durch die Problemlagen von Modernisierung im Selbstbezug"(Beck 1986, S. 14).

In ihrem wissenssoziologischen Entstehungszusammenhang kann moderne Evaluation in der Pädagogik als eine Ausdrucksform oder als ein Derivat dieses zweiten grundlegenden Modernisierungsschubes und gesellschaftlichen Gestaltwandels verstanden werden, indem sie das System der Erziehung reflexiv zu modernisieren sucht und so behandelt, "als ob es selbst erzogen werden müßte" (Luhmann/Schorr 1988, S. 468)[17].

Resümee
Der Stellenwert, den Evaluation allgemein als Bestandteil unserer modernen Gesellschaft innehat, sowie die daraus folgende Bedeutung für die Sozialpädagogik ist nicht zu bestreiten. Evaluative Denkmuster und kognitive Prozesse der rationalen und objektivierenden Bewertung sind mit wesentlichen Zielen und mit der Grundstruktur moderner Denkmuster eng verbunden: Evaluation ist quasi die notwendige Voraussetzung und das unverzichtbare begleitende Moment der Idee der "schöpferischen Weltgestaltung" und der "kritischen Autonomie".

3.2 Evaluation und pädagogische Reflexion

Die folgenden Abschnitte verfolgen das Ziel, die Einbindung evaluativer Denkmuster innerhalb theoretischer Grundlagen pädagogischen Handelns nachzuweisen. Hierbei geht es um den Versuch, die Notwendigkeit von Evaluation innerhalb der pädagogischen Theorie und Praxis zu rekonstruieren, wie sie im folgenden Zitat eingefordert:

"Pädagogische Freiheit ist an Verantwortung, diese an Evaluation und Selbstevaluation gekoppelt. Die Befähigung zur Selbstevaluation sollte für Lehrer, Sozialpädagogen und Berater ein Lehr- und Ausbildungsziel sein" (Prell 1991, S. 878).

Bevor man zur Betrachtung des Zusammenhanges zwischen Evaluation und Pädagogik[18] schreiten kann, ist eine Beschreibung dessen notwendig, was unter pädagogi-

---

17: Anschließend führen die Autoren weiter aus: "Solchen Vorstellungen war die Wertesemantik des 19. und frühen 20. Jahrhunderts entgegengekommen. Aber der Blick auf Ideale und Werte provoziert immer auch einen zweiten Blick, der zu erklären hat, weshalb sie nicht zum Zuge kommen."
18: Die theoretisch ideelle Rekonstruktion von Evaluation in der Erziehungswissenschaft und Sozial-

schem Handeln verstanden werden kann und soll. Doch bei der Identifizierung eines grundlegenden theoretischen Verständnisses pädagogischen Handelns ergeben sich erhebliche Schwierigkeiten:

"Vergleicht man die heutige Situation der Pädagogik mit früheren Situationen, so fällt auf, daß die Verständigung darüber, was unter pädagogischem Denken und Handeln zu verstehen ist, mit der Entwicklung der Erziehungswissenschaft nicht Schritt gehalten hat" (Benner, 1983, S. 284).

Betrachtet man unterschiedliche moderne Vorstellungen über das, was Erziehung grundlegend ausmacht, im Überblick, so fällt es zunächst schwer, Gemeinsamkeiten festzustellen und konkret zu formulieren, um damit im oben angedeuteten Sinne über die moderne Pädagogik und nicht über ein bestimmtes Erziehungsparadigma oder über einen gerade modernen ausschnitthaften Ansatz zu sprechen. Dies aufgrund der vorhandenen unterschiedlichen und konträren paradigmatischen Sichtweisen und Gewichtungen in bezug auf implizite Menschenbilder, auf Erziehungsziele, Erziehungs- und Forschungsmethoden, sowie auf die Rolle und Bedeutung psychischer, sozialer, institutioneller, historischer und politischer Bereiche[19]. Die "Minimal-Komponenten des pädagogischen Feldes" (Mollenhauer 1976, S. 23) versucht Brezinka (1971, S. 613) folgendermaßen zu definieren:

"Unter Erziehung werden soziale Handlungen verstanden, durch die Menschen versuchen, das Gefüge der psychischen Dispositionen anderer Menschen mit psychischen und (oder) sozialkulturellen Mitteln in irgendeiner Hinsicht dauerhaft zu verbessern oder seine als wertvoll beurteilten Komponenten zu erhalten".

"Was auch immer der Zweck sei, man dichtet nicht Pädagogik, sondern man denkt sie" (Holtstiege, zit. n. Winkler 1988, S. 53). Unterschiedliche Denkungsarten der jeweiligen Schulen schlagen sich als spezifische Modifizierungen und als Interpretationen dieser Komponenten und der dafür als relevant erachteten Bedingungen nieder. In der Konkretisierung der einzelnen Elemente **unterscheiden** sich nun die einzelnen "Pädagogiken" (Paschen 1979) in drei Dimensionen:

Erstens in den angestrebten Normvorstellungen, politischen Zielvorstellungen, damit in den Erziehungszielen und in der Vorstellung über den gegelückten Verlauf des Erziehungsprozesses.
Zweitens in den empirischen Theorien, die eine Aussage über die Notwendigkeit und die Möglichkeiten der Intervention machen. Hieraus lassen sich Rückschlüsse über Bedingungen und Arrangements des Erziehungsprozesses ziehen, um die potentiellen Adressaten dem pädagogischen Einwirkungsprozeß zugänglich zu machen.
Drittens in den Kriterien, die für eine bestimmte Qualität des Erziehungsprozesses als bindend erachtet werden, damit die Einwirkung nicht gegen o.g. ethische Grundvorstellungen verstößt.

---

pädagogik stellt nicht die Kernaufgabe der vorliegenden Arbeit dar, sondern dient der Begründung der Bearbeitungswürdigkeit des Themas. Sie geschieht deswegen unter Verweis auf weitergehende Quellen, begrenzt diskursive Anteile absichtlich. Dabei wird ein Verständnis pädagogischer Theorie beispielhaft herangezogen. Von daher mag sie bisweilen als grobe, "holzschnittartige" und axiomatische Argumentation anmuten.
19: Grundlegende pädagogische Theorieverständnisse in: Mollenhauer 1976; Thiersch/ Rupprecht/Herrmann 1978; Tenorth 1988; Lenzen 1983; Leo Roth 1991; Hamann 1982; Meinberg 1988. Zum Methodenüberblick: Leo Roth 1978; Haft/Kordes 1984. s. weiterhin Benner (1983).

Die Bedeutung und Verpflichtung zur Legitimation erzieherischer Konzepte und Interventionen wird ungeachtet dieser jeweils unterschiedlichen inhaltlichen Vorstellungen gleichermaßen als verbindlich anerkannt. Kein Vertreter der heutigen Erziehungswissenschaft würde wohl folgende Aussagen leugnen:

"Eine Intervention zu rechtfertigen, bedeutet [...], daß die Parteinahme nicht der Beliebigkeit unreflektierter Interessen und Ansprüche überlassen bleiben darf" (Geißler/Hege 1992, S. 38).

Und später:

"Interventionen müssen begründet sein, das heißt, es besteht ein Recht, nach Gründen der Intervention zu fragen, und die Pflicht, diese auch offen zu legen"(ebd. S. 40).

Die Rekonstruktion des eigenen Begründungsmusters läuft immer in der Weise ab, daß das jeweilige pädagogische Konzept an bestimmten Legitimitätsmustern gemessen wird. Bei Widersprüchen zwischen diesen Maßstäben und dem Handeln muß der pädagogische Prozeß ethisch und (oder) funktional fragwürdig, und damit kritikwürdig erscheinen. Auch die Weiterentwicklung der pädagogischen Theorie vollzieht sich nach diesem logischen Muster, in dem etwa versucht wird, die pädagogische Fragwürdigkeit der jeweiligen "Konkurrenzpädagogik" in irgendeiner Weise nachzuweisen oder auf eben eine solche Kritik durch eigene Veränderung und Differenzierung zu antworten[20]. Pädagogik findet nicht nur unter bestimmten einschränkenden und ermöglichenden Bedingungen des Handelns und der Reflexion darüber statt, sondern Pädagogik schafft sich durch ihre Modifikationen quasi als Selbstanspruch auch die konzeptionellen und ideellen Bedingungen, unter denen sie stattfinden will. In diesem Zusammenhang bedingt die Legitimation, die Etablierung und die diskursive Weiterentwicklung pädagogisch wissenschaftlicher Identitäten - sowohl gegenüber Konkurrenzdisziplinen, als auch gegenüber konträren pädagogischen Schulen - immer Prozesse der wertenden Selbst- und Fremdanalyse in bezug auf vorliegende und gedachte Praxis.

Kommen wir wieder auf die drei Bereiche zurück, in denen sich unterschiedliche Interpretationen des Grundprinzips ergeben: ethisch-normative Grundlagen der Zielrichtung (1.), Vorstellungen über geeignete (2.) und legitime Arbeitsformen (3.). Hierzu können bestimmte allgemeine Zielvorstellungen ausgemacht werden, die diese Aspekte übergreifend betreffen und eine breite Zustimmung erfahren, wenngleich sie wiederum inhaltlich unterschiedlich interpretiert werden können. Bei diesen übergeordneten Prinzipien handelt es sich um ethisch normative Bezugspunkte von grundsätzlicher Bedeutung. Ich möchte eine Grobtypisierung in drei axiomatische Grundaspekte versuchen, was natürlich wiederum nur eine unter vielen anderen theoretischen Möglichkeiten der Fundierungen darstellt:

1) Pädagogik will Autonomie, Mündigkeit, Emanzipation und eine "sozialverträgliche", nach ethischen Vorstellungen ausgerichtete Selbstbestimmung[21].

20: Ein anschauliches Beispiel dieser Selbstidentifikation und Rekonstruktion des Pädagogischen im Gegensatz zur "Schwarzen Pädagogik" stellt Andreas Flitners Werk: "Konrad, sprach die Frau Mama..." dar. Die Antipädagogik negierte die Legitimität von Erziehung überhaupt (No education!), was diese Reformulierung der Kriterien und Prinzipien pädagogischer Legitimität provozierte.
21: Innerhalb der verschiedenen Theorien vom Erziehungsgeschehen erfährt der Begriff "Emanzipation" innerhalb der "kritischen Erziehungswissenschaft" eine besondere Bedeutung. Vgl. etwa Keckeisen 1983, S. 130ff.. Zum sozialphilosophischen Hintergrund allgemein s. Schlüter (1995).

2) Pädagogik geht von der Vorstellung des Hilfecharakters und der Parteinahme der Erziehung aus, wodurch das Autoritätsgefälle legitimiert werden kann, das im pädagogischen Verhältnis vielfach unvermeidbar ist.
3) Pädagogik geht von der Vorstellung der Notwendigkeit einer (selbst)kritisch reflektierenden Haltung gegenüber Theorie und Praxis aus, die sich aus der Verantwortung desjenigen ergibt, der Einfluß auf andere nur in ethisch legitimierter, d.h. hier: in pädagogischer Form - ausüben will.

Jene weiter oben skizzierte allgemeine Aufgabe der Reflexion um Legitimität und Angemessenheit des pädagogischen Denkens und Handelns, um pädagogische Ziele und Wege zu begründen und zu rechtfertigen, ist hierbei nochmals enthalten und erhält durch die ersten beiden Punkte zwar keine inhaltlich konkrete Füllung, aber eine gewisse normative Grundrichtung und Rahmensetzung. Kritische Analyse und Beurteilung können somit als zwingende Folgen grundlegender pädagogischer Basissätze angesehen werden. Ein Zweifel an der Notwendigkeit einer pädagogischen Reflexion unter Zuhilfenahme wissenschaftlicher Denkweisen und Analyseverfahren erscheint nicht möglich zu sein.

Der Inhalt eines pädagogischen Konzeptes oder einer Handlung im Sinne dieser drei grundlegenden Ansprüche kann jeweils nur im Bezug auf die situativen Bedingungen des zugrundeliegenden empirischen Problems konkretisiert und in Abstimmung auf die individuellen Deutungsmuster und Bedürfnisse der Betroffenen interpretiert werden. Der für Professionsfremde äußerst flüchtig anmutende und eher als Ausrede denn als Prinzip erscheinende Satz »Es kommt immer darauf an« erhält damit in der Pädagogik hinsichtlich der Angemessenheit einer Problemlösung zentrale Bedeutung: im Sinne der allgemeinen Forderung einer "Reflexion engagée" (Thiersch/Rauschenbach 1984, S.997), die sich an den situativen Tatbeständen orientiert.

Die Hinwendung zur und der kritische Blick auf die Praxis und damit ein wesentliches in Evaluation enthaltenes Element erscheinen darüber hinaus noch aufgrund einer anderen theoretischen Argumentation begründet zu sein: Aufgrund gesellschaftskritischer Analysen über die verdeckten Funktionen von Pädagogik erwiesen sich ideelle Sinnkonstrukte (z.B. Erziehungsziele) vielfach in ihrer Umsetzung und ihren empirischen Folgen als widersprüchlich und problematisch (z.B. Stigmatisierung). Es besteht immer die Möglichkeit, daß sie sich unter der Hand gegen die eigenen ethischen Grundsätze verkehren und gerade das Gegenteil der beabsichtigten Ziele bewirken (Hoffmann-Nowotny 1982). Diese Erkenntnisse führten zu dem Verständnis eines grundsätzlich "hiatischen" Verhältnisses[22] zwischen theoretischen Vorstellung über Sinn und Möglichkeit pädagogischer Vorgänge einerseits und der empirischen Bedeutung der Handlungsresultate andererseits. Ausgehend von dieser Sichtweise erscheint der kritisch analysierende Blick auf und die evaluative Beschäftigung mit der Praxis unweigerlich als notwendig.

Zum Begriff "Emanzipation" s. Hornstein 1989.
22: Frieda Heyting (1992) leistet in ihrem Aufsatz "Pädagogischer Relativismus als Antwort auf die Moderne" besonders im Schlußabschnitt "Irrwege eines wissenschaftlichen Praktizismus" eine Betrachtung verschiedener Auffassungen über das Verhältnis zwischen pädagogischer Theorie und Praxis. In diesem Zusammenhang taucht der Begriff der "relativen Autonomie" (S. 294) der Praxis auf.

Durch diesen Emanzipationsprozeß der Praxis gegenüber dem Theoretischen erwuchs die Konsequenz, daß eine Bearbeitung des problematischen Verhältnisses von Theorie und Praxis selbst unterschiedliche Theorien angemessener Theorie-Praxis-Modelle hervorgerufen hat. Eine verbreitete Vorstellung stellt in diesem Zusammenhang die der "Offenheit" des pädagogischen Prozesses dar. Analog zu der oben eingeforderten reflexiven Kompetenz hängt diese mit der Annahme der Unmöglichkeit direkter Deduktion praxisrelevanter Anweisungen aus theoretischen Konzepten zusammen. Konkreter: Bisweilen oder sogar in der Regel bestehen, was die Transformation jener ethischen Grundvorstellungen durch geeignete Handlungskonzepte und Arbeitsformen in Erziehungshandlungen anbelangt, Widersprüche und Spannungsverhältnisse unter den normativen Vorgaben selbst oder hinsichtlich gesellschaftlicher, institutioneller, personaler also empirischer Bedingungen. Aus theoretischer Sicht ergibt sich unter anderem daraus die Vorstellung des "offenen Ausganges" (Winkler 1988, S. 121).

Für die Sozialpädagogik verkompliziert sich diese Problematik noch durch die in der Regel vorliegende Problemstruktur, denn "sie soll helfen, daß sich diejenigen, die in den Sumpf gefallen sind, nicht nur an ihren eigenen Haaren aus dem Sumpf ziehen, sondern auch noch selbst die Stege bauen, von denen sie wieder festes Land gewinnen können" (Ders. ebd.).

Ausgehend von diesen - zugegebenermaßen etwas eklektizistisch herangezogenen - theoretischen Sätzen folgt, daß es für das Gelingen und den Erfolg pädagogischer Anstrengungen - das also, was Evaluation feststellen soll -, entscheidend ist, daß Normen **und** empirische Wissensbestände in den Interventionen umgesetzt werden. Interventionen müssen sich in ihrer Praktikabilität begründen und im pädagogischen Sinne rechtfertigen lassen. Die Reflexion wird unweigerlich auf die empirischen das Handeln bedingenden Vorgänge und auf die Wirkungen in der Praxis verwiesen. Dies bedeutet jedoch immer, daß für eine Konkretisierung von Evaluationsplänen und ihre Umsetzung von Fall zu Fall eigene Interpretationsprozesse notwendig sind. Eine mögliche Anregung für diese Interpretationsprozesse gibt Michael Winkler (1988, S. 336):

"Wie Pädagogik gelingt auch die Sozialpädagogik in einem verantwortlichen Handeln. Sieht man auf ihr Ende, so müssen das Subjekt, welches Zögling war, und die Gesellschaft befragt werden, in welcher dieses lebt und wirkt; ihre Antworten entscheiden. Und doch: Erziehung ist dann gelungen, wenn sich der Zögling selbst annehmen, somit in seinem eigenen Zustand einen Gegenstand seiner Selbsttätigkeit finden kann; Erziehung glückte, wenn er seine Gegenwart aushalten und in die Veränderung seiner Lebensumstände dort eintreten kann, wo er in Gemeinsamkeit mit anderen Subjekten ihren Wandel für nötig befindet. Die Pädagogik genügt aber ihrem Begriffe, sobald das Subjekt gegenwärtig und künftig ein Leben führen kann, welches ihm selbst wert- und sinnvoll, somit so lebenswert erscheint, daß es als eine Lebensform tradieren und anderen Subjekten überantworten will, ohne deren Subjektivität infrage zu stellen".

Wenn man von der Vorstellung eines grundsätzlichen Zweifels an der "sittlichen Erlaubtheit" (s. W. Flitner 1979) der Handlungskonzepte und wichtiger noch der tatsächlichen Handlungen und Unterlassungen ausgeht, so folgt hieraus, daß ein kritisch reflexives Element innerhalb der Pädagogik selbst unumgänglich erscheint, das sich damit befaßt, rechtfertigende und begründende Qualitäten innerhalb der Struktur und der Auswirkungen pädagogischer Prozesse zu identifizieren. Die Notwendigkeit dieses Zweifels und das Postulat der selbstkritischen Reflexion unterscheidet Pädagogik von Sozialtechnologie, der es lediglich um wirkungsvolle Methoden für angestrebte soziale

Zustände geht. In bezug auf dieses selbstauferlegte reflexive Prinzip spielt das Element der Praxisorientiertheit eine entscheidende Rolle. Unter Bezugnahme auf Mollenhauer (ders. u.a. 1992, S.16) gilt Analoges auch für die Gegenwartsorientierung:

> "Es gibt aber auch die pädagogische Maxime, nach der die erfüllte Gegenwart einer nur schwer kalkulierbaren Zukunft nicht aufgeopfert werden dürfe und also das Beurteilungskriterium nicht im künftigen Effekt, sondern in der befriedigend und sinnhaft gelebten Gegenwart liegt".

Insgesamt betrachtet ist es nicht zu übersehen, daß innerhalb der Pädagogik an unterschiedlichen Stellen immer wieder theoretische Sätze auftauchen, die den Grundgedanken von Evaluation »Analyse und Bewertung« einfordern und, was wesentlich ist, sich wie Evaluation vor allem auf die Praxis richten. Evaluation, nicht als Erscheinung, sondern als Idee, kann als wesentlicher Bestandteil eines modernen Erziehungsverständnisses gesehen werden. Vor dem Hintergrund der zur Veranschaulichung herangezogenen theoretischen Positionen dient sie einer sowohl für das Funktionieren notwendigen, als auch ethisch geforderten kritischen Bestandsaufnahme.

3.3 Rechtliche, politische und institutionelle Einbindungen von Evaluation

Sozialpolitische Entscheidungen und Planungen

Auf der politischen und administrativen Ebene hat Evaluation die Funktion, die Planung und Entscheidung über die Förderung oder die gesetzliche Rahmengebung für Programme und Interventionen vorzubereiten und zu beraten. Von der Konzeption her soll sie die Rolle einer wissenschaftlich orientierten und objektiven Instanz übernehmen, um durch ihre systematische Vorgehensweise und ihr gutachterliches Urteil eine Entscheidungshilfe bei der Vergabe von Finanzmitteln und der Konstituierung der organisatorischen Rahmenbedingungen abzugeben. Inwieweit sie in diesem Zusammenhang lediglich eine Alibifunktion erfüllen kann, soll an dieser Stelle keine Rolle spielen, sondern später behandelt werden. Die Evaluierung der Ressortaktivitäten etwa des Bundesministeriums für Jugend, Familie und Gesundheit (BMJFG)[23] und anderer mit Sozialem befaßten Ministerien erstreckt sich auf vielfältige Evaluierungsobjekte:
- Ressortziele
- Modellvorhaben
- Organisationsentscheidungen
- Verfahrens-/Zusammenarbeitsregeln (intern und mit nachgeordneten Behörden)
- Gesetze (Praxistests im Vorbereitungsstadium und Durchführungskontrollen zur Vorbereitung von Novellierungen)
- Forschungsvorhaben (vgl. Dietzel 1984, S. 282)

Innerhalb dieser Aufzählung der verschiedenen Anwendungsbereiche von Evaluation in ihrer Funktion der Politikberatung (vgl. Dietzel 1988, S. 13-27) ist im besonderen Maße die wissenschaftliche Begleitung von Modellvorhaben, in denen Innovationen der sozialpädagogischen Praxis erprobt werden sollen, für die Etablierung von Evaluation von Bedeutung. Daneben entwickeln sich aber in jüngster Zeit auch immer mehr Bestrebungen, Evaluation übergreifend für unterschiedliche Projekte einzusetzen, die

---

23: Heute: Bundesministerium für Familie, Senioren, Frauen und Jugend (BMFSFJ).

im Rahmen eines Förderprogrammes oder eines Planes unterstützt und finanziert werden sollen. So plant das BMFSFJ beispielsweise die Anregung von Evaluierungsvorhaben der durch den Kinder- und Jugendplan geförderten Kinder- und Jugendarbeit (s. Liebald 1995). Modellprojekte stellen den typischen Fall dar, in dem wissenschaftliche Begleituntersuchungen und Auswertungen durchgeführt werden müssen. Die wissenschaftliche Begleitung und/oder die Evaluation wird als eine wesentliche Bedingung dafür gesehen, daß ein Projekt überhaupt Modellprojekt genannt werden kann:

"Modellvorhaben werden im Bundesministerium für Jugend, Familie und Gesundheit stets wissenschaftlich begleitet und ausgewertet" (Dietzel 1984, S. 284).

Daß diese "so gedachte" Evaluation als unabhängige Instanz der Entscheidungsfindung in der Realität nicht immer umgesetzt werden konnte und daß oftmals starke Einschränkungen, Interessen und Funktionalisierungen die Vorgehensweisen und Ergebnisse der Untersuchungen bestimmten, ist ein offenes Geheimnis. Demzufolge tauchen in der Literatur auch kritische Stimmen auf, die an der Sinnhaftigkeit des ganzen Unternehmens der wissenschaftlichen Begleitung zweifeln und an Vorhaben wie Modellversuchen und ihrer Evaluation massive Kritik üben. Das Bundesjugendkuratorium (1974) kritisiert beispielsweise grundsätzlich, daß

"der Modellbegriff immer dann angewandt wird, wenn ein Sachverhalt nicht hinreichend geklärt, eine öffentliche Förderung sonst nicht möglich oder eine tiefgreifende Änderung von Bedingungen und Organisationsstrukturen nicht gewollt wurde, obwohl die Notwendigkeit dazu deutlich ist. Modelle haben in diesem Zusammenhang eine Alibi-Funktion für die Vertagung von Reformen" (zit. nach Kaufmann/Schneider 1975).

Oder die scharfe Kritik von C.W. Müller (1983, S. 49)[24], die in eine andere Richtung geht und mit fehlgeschlagenen oder gar nicht redlich unternommenen Versuchen zusammenhängt, die positiven Effekte einer Intervention nachzuweisen:

"Zyniker könnten sagen: Die einfachste Weise, ein sozialreformerisches Programm zu killen, wäre, es zu evaluieren."

Trotz mißlungener Versuche, die Effekte augenscheinlich positiver sozialer Innovationen und Programme durch Evaluationsforschung wissenschaftlich nachzuweisen (s. ders. ebd.), trotz aller Fehlschläge und Einschränkungen bei der Durchführung von Evaluationsprojekten, trotz aller Kritik an den Unzulänglichkeiten der Evaluationstheorie und an der Funktion von Modellversuchen im politischen Prozeß sowie an der Finanzierungspraxis stellt Evaluation innerhalb der Förderungspraxis der Ministerien einen faktischen Bestandteil von Sozialpolitik dar. Sie ist "zu einem **bedeutenden intermediären Element der politischen Kultur der Bundesrepublik geworden**" (Böhnisch 1988, S. 145, eigene Hervorhebung).

Gesetzliche Regelungen in sozialpädagogischen Arbeitsfeldern
Als ein weitererer Beleg für die Bedeutung wertender Analysen in sozialpädagogischen Arbeits- und Praxisfeldern sind insbesondere Ansätze ihrer Institutionalisierung und gesetzlichen Festschreibung zu werten. Zur Einbindung im Politikbereich bemerkt Dietzel (1984, S. 287-288) resümierend:

24: s. auch ebd. S. 46ff, zur Evaluation des Head-Start Programms in den USA.

"Der Formalisierungsgrad der Evaluierungsvorgänge ist gewöhnlich gering. Selten ist Evaluierung grundsätzlich vorgeschrieben [..]. Einzigartig dürfte die gesetzliche Festlegung von Evaluierungsbereich, Evaluierungsperiode, Evaluierungskriterien und Evaluierungsinstrumentarium im Gesetz über die Bildung des Sachverständigenrats zur Begutachtung der gesamtwirtschaftlichen Entwicklung sein, der die Wirksamkeit staatlicher Konjunkturpolitik untersuchen soll [Anm. des Autors: Stabilitätsgesetz § 18]. Vielfach faßt der Bundestag einen einfachen Parlamentsbeschluß, der die Bundesregierung rechtlich zwar nicht bindet, ihr aber doch regelmäßig die Durchführung der beantragten Evaluierungsmaßnahmen nahelegt [...]. Für die Vergabe von Forschungsvorhaben und zur Durchführung von Modellen gibt es schließlich noch im BMJFG interne Verfahrensregelungen [...]" (Vgl. hierzu: Dietzel/Troschke 1988, S. 13-27).

In expliziter Form geschieht eine gesetzliche Festschreibung z.b. für den Bereich Resozialisierung innerhalb des Strafvollzugsgesetzes durch Paragraph 166 StVollzgGes:

"Dem kriminologischen Dienst obliegt es, in Zusammenarbeit mit den Einrichtungen der Forschung den Vollzug, namentlich die Behandlungsmethoden wissenschaftlich fortzuentwickeln und seine Ergebnisse für Zwecke der Strafrechtspflege nutzbar zu machen."

Gesetzliche Bestimmungen im Kinder- und Jugendhilfegesetz (KJHG)

Das KJHG regelt insbesondere im fünften Kapitel (Münder 1993, S.458ff) die Aufgaben und die Zuständigkeiten der an der Jugendhilfe beteiligten Institutionen. Im Rahmen ihrer Planungsverantwortung (§ 80, 4) haben die Träger der öffentlichen Jugendhilfe darauf hinzuwirken, daß die Planung koordiniert wird und den Bedürfnissen der Adressaten entsprechen. Planung bedeutet längerfristige und weitreichende Handlungsstrategien und schließt die Bedarfserhebung, die Planungsziele, die Finanzierung und die Erfolgskontrolle ein (vgl. ebd. S.514 u. v. Spiegel 1993, 1994, S. 48ff).
Obwohl die Umsetzung der geforderten Bewertung noch in den Anfängen steht, da die Jugendämter zunächst allein schon mit der Aufgabe der Planung aufgrund mangelnder personeller Ressourcen überfordert sind (s. Münder 1993, S. 519ff, 522), bedeutet diese gesetzliche Regelung eine Einbindung von Evaluation konkreter Jugendhilfepraxis und deren Organisation. Die Tendenz hierzu bestand jedoch bereits vor der Einführung des KJHG:

"In der Jugendhilfe wird immer häufiger eine fundierte wissenschaftliche Begleitung der Praxis verlangt. Man verspricht sich davon eine gezielte Reflexion der praktischen Arbeit, ein Lernen aus dem Erlebten und das Gewinnen von Bausteinen für die Jugendforschung" (Bitzan/Klöck 1987, S. 249)

Die Einbeziehung der sozialwissenschaftlichen Komponente bei der Analyse und Bewertung leitet sich - jedenfalls in bezug auf deren Möglichkeit - aus dem § 81 KJHG "Zusammenarbeit mit anderen Stellen und öffentlichen Einrichtungen" ab, in dem die Kooperation der Träger der öffentlichen Jugendhilfe unter anderem insbesondere mit Einrichtungen der Ausbildung für Fachkräfte, der Weiterbildung und der **Forschung** (Münder 1993, S. 526) geschehen sollte.

Betrachten wir nun die übergeordnete Ebene der obersten Landesjugendbehörden und des Bundes und stellen wir die Frage, inwieweit Evaluation sozialpädagogischer Praxis hier durch die Regelungen des KJHG eine tatsächliche oder mögliche Bedeutung einnimmt. Diese ergibt sich vornehmlich aus einer gegenüber dem JWG stärker betonten Anregungs- und Förderungsfunktion (vgl. ebd. S. 532ff, § 82, 83). Bund und Länder realisieren diese mit jeweils unterschiedlichen Differenzierungen der Zuständigkeit unter anderem durch Veröffentlichung von Forschungsergebnissen, Förderung von Modell- und Experimentalmaßnahmen (s. ebd. S.390-393), was in diesem Zusammenhang nur dann Sinn macht, wenn darin wertende Analysen mit wissenschaftlichem Anspruch enthalten sind.

Der Hilfeplan

Auf der Ebene konkreter Hilfepraxis im Einzelfall schreibt das KJHG die Erstellung eines Hilfeplanes als Planungs- und Kontrollinstrument vor, wenn Hilfen zur Erziehung, Hilfe für jüngere Volljährige und Eingliederungshilfen für seelisch behinderte Kinder und Jugendliche voraussichtlich für eine längere Zeit zu leisten sind (§ 36 Abs. 2 SGB VIII) (s. B. Müller 1993, S. 72ff). Die Zuständigkeit hierfür liegt beim jeweiligen Jugendamt (§ 86 SGB VIII). Gleichzeitig ist innerhalb einer regelmäßigen Überprüfung der weiteren Eignung und Notwendigkeit der Hilfe eine Beurteilung des Erfolges der bereits geleisteten Interventionen und eine regelmäßige Überprüfung der Wirkungen erforderlich[25].

Was die Praxis und die Qualität dieser vorgeschriebenen Bewertung anbelangt, die durch Fachkräfte des Jugendamtes in Zusammenarbeit mit Hilfeträgern und Betroffenen bewerkstelligt werden soll, so besteht teilweise immer noch Uneinigkeit über die fachlichen Kriterien (vgl. Bayrisches Landesjugendamt 1994, S. 20). Das Problem der Bewertung wird dabei als allgemeines Diagnostikproblem charakterisiert. Diesbezüglich ist festzustellen, daß es den jeweiligen Verantwortlichen im Jugendamt an einem sozialpädagogisch orientierten Instrumentarium der Analyse und Bewertung fehlt, das sich im Kontext ihrer institutionellen Rolle umsetzen läßt und inhaltlich auf sozialpädagogische Hilfeformen bezogen werden kann. In diesem Falle zeigen sich ganz offensichtlich die Konsequenzen des bereits dargestellten theoretisch-konzeptionellen Defizits der Sozialpädagogik in bezug auf Evaluation. Unter den institutionellen Bedingungen und der Notwendigkeit einer praktikablen Umsetzung, wie sie auf Sachbearbeiterebene im Jugendamt vorherrschen, erweisen sich theoretische Konzepte einer sozialpädagogischen Diagnose als nicht transferfähig (s.u.). Demgegenüber werden psychologisch-psychiatrische Beurteilungs- und Diagnosekonzepte als Orientierungsschemata herangezogen, die unter Wahrung der Prinzipien sozialpädagogischer Fachlichkeit anschlußfähig gemacht wurden (z.B.. Harnach-Beck 1995, Fegert 1994). Hillermeier (1995, S. 4) führt hierbei pragmatische Gründe an, daß diese sich nämlich wohltuend abheben "von manch anderen hermeneutischen Versuchen, mit sozialpädagogischem Blick komplexe Lebenswirklichkeiten und Fallkonstellationen einzufangen"[26], die an der Basis anscheinend ebenso leer empfunden werden müssen wie etwa das Kriterium der Orientierung am "Kindeswohl".

Jugendbericht der Bundesregierung

Ein weiteres diesmal explizit mit bestimmten formalen Festlegungen ausgestattetes Institut einer Art Evaluation, stellt der Jugendbericht der Bundesregierung dar, dessen Vorlage gesetzlich vorgeschrieben ist (Münder 1991, S. 394-396; § 84). Weil hierin

---

25: Vgl. § 36, Abs. 2, Satz 2; Münder, u. a. 1993, S. 285, 293. Bayrisches Landesjugendamt 1994, s. S. 8, 18, 20, 65, 67, 70ff; Gesetzesentwurf der Bundesregierung vom 29. September 1989, Bundestagsdrucksache 11/5948, S. 70ff.
26: Gemeint ist z.B..: Mollenhauer/Uhlendorf 1992; Rauschenbach u. a. 1993; B. Müller 1993.

die Aufgabe einer Bestandsaufnahme und Analyse der Bestrebungen der Jugendhilfe enthalten ist, sowie der Vorschlag ihrer möglichen Weiterentwicklung eingefordert wird, kommen die Sachverständigen nicht daran vorbei, in Expertisen und Teilbereichen der vielfältigen Untersuchungen analoge Denk- und Forschungsansätze zu evaluativen Studien und Betrachtungen der Praxis anzustellen. Es handelt sich allerdings nicht um ein bündiges Evaluationsprojekt oder -konzept, sondern um eine umfassende Bewertung gesamtgesellschaftlicher Entwicklungen vor dem Hintergrund jugendpolitischer Maßnahmen, in dem konkrete Evaluationsforschungen durch die Sachverständigenkommission zumeist nicht durchgeführt werden[27]. Evaluation bezogen auf einen sozialpädagogischen Gegenstandsbereich dürfte durch die Existenz der Jugendberichte dennoch an Relevanz und Bedeutung gewonnen haben, weil diese einen zwar auf anderer Ebene gelagerten, aber dennoch in wichtigen Punkten analogen Untersuchungsansatz bedeuten, der zumindest die Möglichkeit der Bezugnahme zu Einzelprojekten oder allgemein zum Problem der Evaluation aufweist.

3.4 Positive funktionale Effekte von Evaluation

Effizienz und Effektivität
Ein Aspekt bezieht sich auf die Funktionalität der Arbeitsabläufe:

"Evaluation should be a never-ending progress. It's like the Circle Line on the London Underground. There are lots of stops to check on what is happening and what needs to be done next. There is the occasional hold-up for repairs. Every now and then it closes down for an overhaul. But, because the demand for the service it provides is there, it keeps running. The changing nature of the environment in which voluntary organisations work demands they also keep running, evaluating and changing. Evaluation needs to be a part of any organisations work."

Mit dieser Metapher, die eine umfassende Wichtigkeit und Bedeutung von Evaluation einfordert, schließt Warren Feek (1988) seinen genauso lesbaren wie lesenswerten Leitfaden für evaluative Techniken der Teambewertung in sozialen Institutionen. Der Gedanke einer ständigen Überprüfung der organisatorischen und inhaltlichen Leistungsfähigkeit einer Institution durch Evaluation und die daraus resultierende konzeptionelle Optimierung kann also, wie das Zitat deutlich zu machen versucht, auch innerhalb sozialer Institutionen eine wichtige, die Organisation systematisch weiterentwickelnde, Funktion haben: indem sie Effizienz und gute Zusammenarbeit, etc. bewertet. Sie muß dazu nicht immer vollends auf die Resultate der Intervention bezogen sein und explizit Effektivität zu erfassen suchen. Prinzipiell ist dabei natürlich nicht ausgeschlossen, daß in diesem Prozeß auch grundsätzliche und inhaltliche Veränderungen, etwa in der allgemeinen Zielsetzung, erfolgen können. Wenn in einer Institution jedoch die Ziele und Bearbeitungsmuster so vorgeschrieben sind, wie der Weg und die Art der Beförderung bei der U-Bahn festliegen (z.B. durch institutionelle und gesetzliche Verfahrensvorschriften), wenn es also "nur" um die Überprüfung des Eintretens bereits als verbindlich anerkannter Vorgaben und der Kontrolle der Arbeit in bezug auf deren Stimmigkeit mit vorgeschriebenen Lösungsmustern geht, selbst dann erfüllt Evaluation diese organisationstechnisch positive Funktion.

27: Zur Darstellung und Kritik der Jugendberichte s. Hornstein (1994).

Aufhellung der Ziele und Mittel
An dieser Stelle wird ein weiterer positiver Aspekt sichtbar: Die Zielrichtungen und Annäherungsweisen an Ziele sind in Institutionen bei weitem nicht so eindeutig präsent, wie das bei dem Bild der U-Bahn der Fall ist. Evaluation hat diesbezüglich die erkenntnisstiftende und heilsame Konsequenz, daß Institutionen durch sie gezwungen werden, sich über die angestrebten und tatsächlich verfolgten Ziele und Mittel der klar zu werden. Denn nur dadurch kann zunächst überhaupt einmal die Grundlage dafür geschaffen werden, daß der Vorgang der Analyse (selbst)kritisch und mit einem realistischen Bezug versucht werden kann. Einschränkende Bedingungen in Form von "unreflexiven Selbstimmunisierungen gegen eigenverursachte Folgen" (Günther 1989) können diesem Prozeß massiv entgegenwirken. Mit Evaluation ist die Hoffnung verbunden, eine objektivierte Sichtweise zu erreichen und dadurch einen kritisch distanzierten Blick auf die fremde oder eigene Praxis zu ermöglichen. Denn genau dies ist im Alltagsgeschehen oder bei oberflächlichen Betrachtungsweisen in der Regel durch Routinisierungen, "verkrustete" Deutungsmuster oder zuwiderlaufende Interessen nicht möglich. Und es würde nach Stake ohne systematische Verfahren der Evaluation nur selten geschehen:

"Man hat selten versucht, das Verhältnis zwischen dem, was ein Pädagoge zu tun beabsichtigt, und dem, was er wirklich tut, zu erfassen"(ders. 1972, S.93).

Die Überwindung der Unübersichtlichkeit in der Alltagspraxis
Jedoch nicht nur in negativer Hinsicht, wenn es um die Aufdeckung der Unzulänglichkeiten mit der dadurch möglichen Korrektur geht, sondern besonders auch bei einem Resultat, das die Erfolge und das Gelingen in bezug auf Wirkungen und Qualitäten der jeweiligen pädagogischen Anstrengung bilanziert, nachweist und dokumentiert, ergeben sich wohl die positivsten Einschätzungen über den Wert von Evaluation. Natürlich vor allem, wenn dabei der eigene Arbeitsansatz beweihräuchert wird und die eigene Institution expandieren kann, da sie reichhaltiger mit Fördermitteln bedacht wird. Obwohl an dieser Stelle der kritische Blick auch auf mögliche und unter bestimmten Umständen äußerst wahrscheinliche selbstlegitimatorische Instrumentalisierungen von Evaluation gelenkt werden muß, kann der Wert dieser Funktion prinzipiell nicht bestritten werden: Die Bestätigung, daß man auf dem eingeschlagenen Pfad (oder der Gratwanderung) richtig ist und in derselben Fortbewegungsart erfolgreich weiter voranschreiten kann, ist genauso wichtig wie die Information, daß man sich auf einem Holzweg befindet und umkehren muß.

Dies wird besonders vor dem Hintergrund der besonderen Situation sozialer Arbeit deutlich, in der Erfolg eben nicht immer offensichtich als Resultat des Arbeitsprozesses "auf der Hand liegt" (Heiner 1988, S.13) - d.h. identifiziert werden kann - und in denen auch phasenweise Rückschläge Bestandteile positiver Prozesse sein können und einzelne Mißerfolge nicht unbedingt als Indikator einer schlechten Arbeit der Praktiker gesehen werden müssen. Maja Heiner (1988, S. 8-17) arbeitet gerade diesen Punkt anschaulich heraus und spricht unter anderem in diesem Zusammenhang von "schlecht strukturierten Problemen", von der "Diffusität und Vagheit sozialer Zielsetzungen" und sozialer Prozesse, vom "Prozeßcharakter" sozialer Arbeit, der zu zahlreichen "Irrläufen und Kehrtwendungen" nötigt.

Darüberhinaus ist der mögliche infrastrukturelle gesellschaftliche Wert zu bedenken, den eine soziale Einrichtung jenseits der Frage der Nutzung oder des Erreichens bestimmter Zielsetzungen aufweisen kann und der bei der Beurteilung des Erfolges zu bedenken ist: genauso wie ein öffentliches Schwimmbad, das, wenn es auch wenig besucht wird, allein aufgrund seiner Existenz eine Verbesserung der Infrastruktur darstellt - denn die Bewohner des Stadtviertels könnten hingehen, wenn sie nur wollten. Dieser positive Wertaspekt besteht, auch wenn bestimmte erwartete Ziele nicht erreicht werden, z.b. die Steigerung der Gesundheit der Anwohner im Stadtviertel; oder auch völlig abgesehen von der Frage, ob die dort arbeitenden Bademeister gute oder schlechte Arbeit leisten.

Im einzelnen wird an späterer Stelle noch auf diese Zusammenhänge eingegangen werden, da sie als Grundbedingungen sozialpädagogischger Arbeit natürlich bei dem Versuch der Konstruktion möglicher Kriterien von Evaluation ganz zentrale Bedeutung haben und Berücksichtigung finden müssen. Angesichts dieser Bedingungen der Praxis ist es nur zu wahrscheinlich, daß bei den Akteuren das Gefühl der Ratlosigkeit und des Selbstzweifels in Hinsicht auf die eigenen Leistungen und Funktionen entsteht bzw. vielfach besteht (vgl. Heiner 1988, S. 9). Vor diesem Hintergrund und "vor allem unter dem Aspekt, daß im sozialpädagogischen Bereich »gute Arbeit« nur allzuoft sprachlos bleibt" (Wortmann 1987, S. 266), erhält Evaluation gerade für und aus der Sichtweise der Praktiker einen wichtigen professionellen Stellenwert für das Selbstwertgefühl in der Alltagspraxis[28].

4. Konkretisierung des Themas und dessen Bearbeitung

Im Verlauf der Einführung in die Thematik konnte erstens gezeigt werden, daß Evaluation in Deutschland in einem beträchtlichen Umfang und in vielfältigen Formen auf sozialpädagogische Praxis sowie auf Interventionen und Programme in der sozialen Arbeit angewandt wird. An mehreren Stellen deuteten sich Defizite in bezug auf Evaluation allgemein und insbesondere bei der Bewertung der Wirkungen und Qualitäten pädagogischer Prozesse an:

- Unklarheiten und Diffusitäten bei der Verwendung des Begriffs.
- Bestimmte gängige Bewertungsformen in der Sozialpädagik erscheinen defizitär, weil damit keine differenzierte und wissenschaftlich belegte Auskunft über den Erfolg und die Qualität der Arbeit erteilt werden kann.
- Ein Mangel an eigenen sozialpädagogischen Evaluationskonzepten.

Diese Defizite drohen zu der problematischen Konsequenz zu führen, daß professionsfremde Bewertungskonzepte, vor allem betriebswirtschaftliche oder psychatrisch-psychologische, zunehmend an Einfluß gewinnen, die dem Sinn pädagogischer Prozesse nicht gerecht werden können - allein schon deswegen, weil sie gar nicht auf diesen spezifischen Gegenstand ausgerichtet sind.

28: Zur Motivation sozialpädagogischer Einrichtungen zur Evaluation s. Heiner 1994a, S. 60ff. Evaluation als professionelle Selbstkontrolle s. v. Spiegel 1994.

Als weiteres Ergebnis konnte die in mehrfacher Hinsicht bestehende zentrale Bedeutung herausgestellt werden, die Evaluation innerhalb der Sozialpädagogik innehat. Vor diesem Hintergrund erscheint das Defizit als besonders schwerwiegend, woraus sich die Notwendigkeit einer theoretischen Weiterentwicklung und Bearbeitung des Problems der Evaluation in der Sozialpädagogik ergibt. Doch die Erstellung eines theoretischen Konzeptes in dieser Hinsicht kann nicht im Schnelldurchgang erfolgen, sondern erfordert vielfältige Analysen:

So ist noch nicht im einzelnen beschrieben worden, worin dieses Problem bei unterschiedlichen Situationen und Rahmenbedingungen der Evaluation besteht. Denn bisher wurde lediglich ein Überblick über unterschiedliche Einzelprojekte im Rahmen einer thematischen Betrachtung geliefert. Eine Klärung dieser Frage soll schrittweise erfolgen, indem zunächst die Evaluationstheorie im Allgemeinen und dann evaluationstheoretische Ansätze in der deutschen Pädagogik daraufhin untersucht werden sollen, welche konzeptionellen und methodischen Lösungs- und Reaktionsmuster in bezug auf welche Anforderungen und Probleme entwickelt wurden.

Da die Diskussion und Weiterentwicklung der allgemeinen Evaluationstheorie vor allem in den Vereinigten Staaten von Amerika stattfand und geschieht, bedeutet der eben genannte Überblick eine Darstellung der Entwicklung der nordamerikanischen Evaluationstheorie. Hier sind alle grundlegenden Formen, Modelle und "Philosophien" der Evaluation entstanden. Ihre inhaltliche Bedeutung und ihr Verhältnis untereinander wird nur durch ihre Entstehungs- und Entwicklungsgeschichte verständlich. Das zweite Kapitel wird diese in groben Zügen darstellen und gleichzeitig die wichtigsten evaluationstheoretischen Grundbegriffe und Evaluationstypen im Zusammenhang mit dem theoretischen Hintergrund ihrer Entstehung beschreiben und teilweise auch bewerten. Schließlich soll in diesem Zusammenhang der aktuelle Stand der Diskussion um allgemeine Evaluationstheorie festgestellt werden.

Auch im Bereich der Erziehungswissenschaft der Bundesrepublik Deutschland und ihrer pädagogischen Praxis wurden die allgemeinen Theoriebestandteile aus Nordamerika immer wieder als Bezugspunkte herangezogen. Dennoch verlief die Entwicklung hier aufgrund anderer gesellschaftlicher Bedingungen mit anderen Schwerpunkten und in einer anderen Weise. Eine überblickhafte Darstellung der wichtigsten Formen der Evaluation und der wissenschaftlichen Begleitung sowie ihrer theoretischen Hintergründe und Einflüsse in der deutschen Pädagogik und der Sozialpädagogik geschieht im dritten Kapitel.

Die Grundlage der eigenen Untersuchung besteht in einem umfassenden Analyse- und Sammlungsprozeß (s. S. 7), in dem ein möglichst umfangreicher Überblick über evaluationstheoretische Ansätze und Umsetzungen derselben in die Praxis gegeben werden soll. Diese Grundlage wird durch das zweite und das dritte Kapitel geschaffen. Der eigene Analyseprozeß wird dann anhand einzelner ausgewählter Evaluationsprojekte aus diesem Überblick fortgeführt und vertieft werden. Die Entwicklung der Kriterien dieser Auswahl, die teilweise bereits durch die thematische Eingrenzung im ersten Kapitel erbracht wurden, sollen insbesondere im dritten Kapitel fortgeführt werden. Die im sechsten Kapitel vorgesehene Erarbeitung eines Modells zur Reflexion der

Konzeptionierung der Evaluation sozialpädagogischer Prozesse bezieht ihre Anregungen aus allen Kapiteln. Besondere Bedeutung kommt natürlich hierbei zum einen den Kapiteln vier und fünf zu, die detailliert unterschiedliche Formen, Konzepte und Verfahren anhand konkreter Vorgehensweisen darstellen, einer kritischen Analyse unterziehen und einzuordnen versuchen. Für evaluationstheoretische Rückbezüge und begriffliche Einordnungen wird zum anderen aber auch immer wieder auf die Inhalte des zweiten Kapitels zurückgegriffen werden.

Allgemeine Beschreibung des Verlaufs der Untersuchung
Die Vorgehensweise der eigenen Untersuchung besteht aus einer kritischen Problemanalyse (s. S.12), in der das Thema Evaluation in der Sozialpädagogik - mit dem Interessenschwerpunkt sozialpädagogischen Handelns immer wieder unter verschiedenen Perspektiven und in unterschiedlichen Zusammenhängen kritisch diskutiert wird.

Zunächst stellt sich in diesem Zusammenhang die Frage, in welcher Weise Probleme und Lösungsmöglichkeiten der Evaluation sozialpädagogischer Praxis innerhalb der Theorie und Praxis von Evaluation gesehen werden. In diesem Zusammenhang werden unterschiedliche Evaluationstypen aufgrund unterschiedlicher Rahmenbedingungen und Problemstellungen beschrieben und diskutiert. Damit ist die Fragestellung verbunden, welche dieser Vorgehensweisen und Problemlösungen oder welche der hierbei angewandten Perspektiven angemessen erscheinen. Die allgemeine Fragestellung der Problemanalyse lautet also: Welche theoretischen Orientierungen und Leitlinien können für die Konstruktion angemessener theoretischer Grundlagen der Evaluation in der Sozialpädagogik herangezogen werden? Auf dieser Grundlage sollen schließlich Orientierungspunkte identifiziert und begrifflich gefaßt werden, die dann möglichst systematisch innerhalb eines zu konstruierenden Musters der Reflexion eingeordnet werden können. Mithilfe dieses Reflexionsrahmens wird das Ziel verfolgt, bei der Konzipierung von Evaluationen in der sozialpädagogischen Praxis Hilfestellung zu leisten und Orientierung zu geben:

erstens durch begriffliche Systematisierung und inhaltlich logische Klärung der evaluationstheoretischen Grundlagen;
zweitens indem wichtige Punkte und Ebenen der Reflexion zur Konstruktion von Evaluationskonzepten beschrieben werden;
drittens dadurch, daß eine Struktur der evaluativen Reflexion vorgegeben wird, die eine multidimensionale und multiperspektivische Bearbeitung der Problematik ermöglicht.

II. Kapitel:
Die Entwicklung der Evaluationstheorie -
Grundlegende Theorieansätze in den USA

Obwohl Evaluationsforschung eine relativ junge Disziplin ist, liegt ein geradezu unüberschaubarer Bestand an unterschiedlichen Modellen und theoretischen Ansätzen sowie an laufenden und abgeschlossenen Evaluationsprojekten vor. Zwischen 1973 und 1979 zählte das U.S. General Accounting Office die enorme Zahl von 5610 abgeschlossenen Evaluationsstudien in öffentlicher Auftraggeberschaft (Shadish u.a. 1991, S. 29). Dabei ist, wie in Deutschland, eine starke Diversifikation und Heterogenität sowie eine große Bandbreite der evaluationstheoretischen Vorstellungen zu beobachten, die Aussagen über geeignete Konzepte und Methoden machen. Bei dem Versuch, die wichtigsten Grundlinien der Theorie zu schildern, erweisen sich der Facettenreichtum und auch wieder eine begriffliche Diffusität als Schwierigkeit. Glass/Ellet (1980, S. 21) bemerken hierzu:

"Evaluation may be the broadest methodological speciality. Its theory includes a vast array of decisions about the shape, conduct and effects of an evaluation. Evaluation theory is about methods, but not just methods. To inform evaluators about choosing methods, it needs to discuss philosophy, public policy, value theory, and theory of use" (Glass/Ellet, 1980, S. 31).

Allgemeine Struktur der Theorieentwicklung

Theorie und Praxis von Evaluation sind immer Antworten auf eine bestimmte Nachfrage nach Evaluation, ihr Entstehen hängt mit gesellschaftlichen Rahmenbedingungen zusammen (vgl. Shadish u.a. 1991, S. 25). Ihr Inhalt verändert sich analog zu den gesellschaftlich-historischen Wandlungsprozessen und in Reaktion auf relevante, d.h. Ressourcen bereitstellende, Interessen und Bedürfnisse. Im Zuge der Modernisierung hatte sich zunächst innerhalb der demokratischen und industriellen Rahmenbedingungen vor allem ein staatliches Interesse an Programmkontrolle, durchgängiger Implementation und Programmlegitimation entwickelt, das durch Evaluationsforschung befriedigt werden sollte. Ging es lediglich um Kostenrechnung und Kontrolle der organisatorischen Effizienz, so standen geeignete Theorien und Konzepte aus der Betriebswirtschaft zur Verfügung. Angesichts der "zunehmenden Vergesellschaftung bisher privat getragener Reproduktionsrisiken und Reproduktionsleistungen" (C.W. Müller, 1980) wurden jedoch auch staatliche Interventionen im sozialen Bereich immer notwendiger. Evaluationsverfahren standen hierbei noch nicht zur Verfügung (vgl. Shadish u.a. 1991, S. 23ff). Unter dem Vorzeichen einer auf Ergebnisse drängenden Auftraggeberschaft und vor dem Hintergrund des Bezuges auf einen konkreten sozialen Gegenstand, dessen Evaluation aktuell erforderlich ist, dessen Gestalt und Relevanz sich jedoch historisch zu verflüchtigen droht, mußte man zunächst das Vorhandene überstürzt übernehmen.

Dies erwies sich in vielen Fällen als unangemessen. Eine auf soziale Gegenstände angewandte und damit neuartige Evaluation konnte sich und ihre Leistungsfähigkeit erst durch einen Prozeß der Erfahrungssammlung mit den darin notwendigerweise enthaltenen Situationen des Scheiterns entwickeln. Die Evaluationstheorie erfuhr hierbei hinsichtlich der Konzepte und Methoden notwendigerweise immer weitere Aspekte, Revisionen und Ausdifferenzierungen. Insofern läßt sich ihre Entwicklung als Lernprozeß begreifen (vgl. Shadish u.a., Rossi 1988), der hinsichtlich der Theorieentwicklung in drei aufeinanderfolgenden Epochen eingeteilt werden kann (nach Cook/Matt 1990)[1]:

Die Anfangsphase der Theorieentwicklung wird als die Epoche der "Dominanz objektivistischer Evaluationsmodelle (1965-1975)" bezeichnet. Die hier vorfindbaren Modelle waren vor allem mit sozialen Großprogrammen und der Effektivitätskontrolle beschäftigt. Die dabei angewandten Methoden orientierten sich an der damals gängigen Forschungslogik experimenteller empirischer Sozialforschung.

Die **zweite Epoche** etwa von 1975-1982 wird als "kritische Reaktion" bezeichnet und stellt die Antithese zum Evaluationsverständnis der Theoretiker der ersten Generation dar. Diese Kritik bezog sich im Wesentlichen auf die defizitäre Nutzung der Evaluationsergebnisse, auf methodische Unzulänglichkeiten und auf die mangelnde Berücksichtigung der Bedürfnisse Betroffener.

Die **dritte Phase**, "Versuche einer Synthese", wird ab 1980 anberaumt und enthält Bemühungen mehrerer Theoretiker, "die Lektionen der Vergangenheit zu konsolidieren" (Cook/Matt 1990, S. 17) und ein theoretisches Konzept zu erarbeiten, das die sinnvollen Bestandteile der konträren Positionen integrieren kann.

Vorgeschichte der modernen Evaluationstheorie
Bereits in den 20er Jahren war das Interesse an sozialwissenschaftlicher Praxisforschung mit evaluativen Fragestellungen gewachsen. Rossi (1988, S. 4ff) erwähnt mehrere Studien aus dieser Zeit: unter anderem Lewins Feldstudien, die Arbeit von Lippit und White über demokratische und autoritäre Führungsstile, die Western Elektronik Studie (Hawthorn-Effekt), systematisch entwickelte Instrumente zur laufenden Messung der Stimmung in der amerikanischen Armee sowie der Bevölkerung während des zweiten Weltkrieges durch das Office of War (s. auch Shadish u.a. 1991, S. 21)[2].

Ralph W. Tyler
Als einer der wichtigsten Begründer der Evaluationsforschung in einem sozialwissenschaftlichen Anwendungsbereich gilt Ralph Tyler, "Vater erziehungswissenschaftlicher Evaluation". Tyler war zwischen 1925-1945 im Bildungsbereich tätig und beschäftigte sich hauptsächlich mit der Evaluation von Curricula. Er führte mit seinem Evaluationsansatz neue Perspektiven zur Diagnose des Lernzuwachses und der Curriculumentwicklung ein. Im Gegensatz zu bis dahin gebräuchlichen "individuenzentrierten", standardisierten Leistungstests, die lediglich zum "Sortieren von Studenten auf einem Kontinuum von Meßergebnissen"(Beywl 1988, S. 17) geeignet waren, ging es ihm um die inhaltliche Erfassung des Lernzuwachses und um die Verbesserung von Lehrinhalten und Methoden.

Evaluation im Tylerschen Verständnis hat die Aufgabe, prozeßhaft zu bestimmen, inwieweit und unter welchen Bedingungen pädagogisch intendierte Verhaltensänderun-

---

[1]: Eine überblickhafte Darstellung anderer Phasenbeschreibungen durch Beywl, Stufflebeam/Shinkfield und Guba/Lincoln findet sich in Grüner 1993.
[2]: Folgende Veröffentlichungen enthalten weitere Beispiele für frühe "evaluationsähnliche" Studien und Versuche: Glass 1972, Hellstern/Wollmann 1984, Rossi/Freeman 1988, Beywl 1988, Cook/Matt 1990, Grüner 1993; Shadish u.a. (1991, S. 21); Guba/Lincoln 1981, Cronbach e. a. 1980, Stufflebeam/Scriven 1983, Weiss 1978.

gen, also auch allgemeine **Ziele,** tatsächlich eintreten (s. ebd. S. 19). Der Ansatz wird deswegen auch als "objectives-orientated-evaluation" bezeichnet. Die dabei angewandten Methoden sollen den Standards der verhaltenswissenschaftlichen Forschung - Objektivität, Validität und Reliabilität - entsprechen. Das Vorgehen der Untersuchung wurde als ein prozeßhafter Verlauf systematisch geplanter Untersuchungsschritte unter Beteiligung der Praktiker (Lehrer, Hochschuldozenten) angesehen, in dem die Phase der Lernzielbestimmung, die der Entscheidung über Beurteilungskriterien sowie die der Operationalisierung und Datenerhebung wichtige zu erarbeitende Punkte darstellen. Eine wissenschaftlich fundierte Evaluationsforschung gilt als die notwendige Basis für Entscheidungsprozesse der Curriculumplanung.

1. Stage one theories: "bringing truth to social problem solving"[3] oder: **Dominanz objektivistischer Evaluationsmodelle** (1965-1975)

Obwohl in den USA bereits ab Mitte der 20er Jahre einzelne Untersuchungen über die Beurteilung des Erfolges auch pädagogischer Maßnahmen durchgeführt worden waren, setzte die Entwicklung einer dafür verwertbaren Theorie erst Mitte der 60er Jahre ein. Dem Zustandekommen einer speziellen Theorie der Evaluation sozial- und bildungspolitischer Maßnahmen war ein beträchtlicher Boom von Evaluationsforschungen in verschiedenen anderen gesellschaftlichen Bereichen vorausgegangen (s. u.). Diese Nachfrage nach wissenschaftlicher Kontrolle, Legitimierung und Optimierung bezog sich vor allem auf die nationalen Bildungsprogramme, die als Folge des "Sputnik-Schocks" im Jahre 1957 (Beywl 1988) ins Leben gerufen wurden, oder sie hing mit den sozialpolitischen Programmen der "Great Society", hier vor allem "Community Action Program" und "war of poverty" unter den Präsidenten Kennedy und Johnson, (Lange 1973) zusammen. Im Sammelband von Francis Caro (1971, S. 287-401) werden eine Reihe der wichtigen Evaluationsstudien dieser Ära vorgestellt. Rossi und Freeman (1988, S. 6) bemerken, daß dies die Zeit der innovativen Modellprojekte auf allen Ebenen war, besonders in bezug auf die gesellschaftlichen Problembereiche: Arbeitslosigkeit, Kriminalität, Stadtsanierung und medizinische Versorgung. Es ging darum, die angestrebten Verbesserungen zu dokumentieren, "auch wenn viele dieser Maßnahmen wenig durchdacht, unzureichend implementiert und schlecht ausgeführt wurden" (ebd.). Evaluationsforschung bedeutete damals, daß die Sozialforschung von den staatlichen Stellen den Auftrag erhielt, das Eintreten der durch die Programme angestrebten Effekte zu erfassen und somit deren positiven Nutzen nachzuweisen.

Was die Theorieentwicklung anbelangt, so wird der Zeitraum nach Tyler und die unmittelbare "Post-Sputnik-Evaluation" als Phase der Stagnation und der Rückschritte angesehen und der eigentliche Theorieschub setzte erst Mitte der 60er Jahre ein. Dabei ist zu bemerken, daß die Praxis der Evaluation bis Ende der 60er Jahre nicht in vollem Umfang das Reflexionsniveau der Evaluationstheorie erreichen konnte, obwohl die Evaluationsbranche insgesamt ab Ende der 50er Jahre in mehreren Schüben boomte, und es in einem bis jetzt in Deutschland unbekannten Ausmaß zu einer Professionali-

---

3: Die schlaglichtartigen Charakterisierungen einer Epoche oder eines Autors, die jeweils der Überschrift in Anführungszeichen folgen, sind aus Shadish u.a. (1991) übernommen.

sierung und Institutionalisierung von Evaluation kam (Beywl 1988, S. 23, Fitzsimmons 1984, Rossi 1988, S. 6). Im Unterschied zur einzelprojekt- oder gemeindebezogenen Tylerschen Curriculumevaluation handelte es sich in der Hauptsache um Großprojekte, und es kam nun darauf an, deren Erfolg und überregionale Übertragbarkeit zu untersuchen (vgl. Beywl 1988, S. 21).

Das klassische Evaluationsparadigma

In den folgenden Abschnitten sollen die zentralen evaluationstheoretischen Aussagen der drei wichtigen Vertreter dieser Phase - Suchman, Campbell und Scriven - geschildert werden. Allen dreien ging es um die Entwicklung einer sozialwissenschaftlich fundierten Methode, einmal zur Prüfung kausaler Beziehungen zwischen Programmen und ihren Effekten (knowing outcomes) und zum anderen zur Vergleichbarkeit der Leistungsfähigkeit verschiedener Programme untereinander. Bewertung, Urteilsbildung und Entscheidung sollten auf der Grundlage eines wissenschaftlichen Forschungsprozesses geschehen, in dem moderne Methoden der empirischen Sozialforschung angewandt werden. Dies bedeutet eine objektivierte und systematisch geplante Vorgehensweise als Grundkonzept von Evaluation, in der sowohl die Vorgehensweise selbst, als auch Ergebnisse begründet und in einer interindividuell überprüfbaren Form präsentiert werden (**formal evaluation**). Die Notwendigkeit eines derartigen Verfahrens ergab sich in der damaligen Situation aufgrund der zumeist subjektiven und unangemessenen Bewertungspraxis[4]:

"It is one of the most characteristic aspects of the present situation that specific reforms are advocated as though they were certain to be successful. For this reason, knowing outcomes has immediate political implications" (Campbell 1971, S. 234).

1.1 E. A. Suchman "viewing evaluation as research"[5]

Drei Hauptelemente gehören nach Suchman (1971) zur Definition von Evaluation:

"(1) a planned program of deliberate intervention, not just any natural or 'accidental' event; (2) an objective or goal which is considered desirable or has some positive value, not simply whatever change occurs; and (3) a method for determining the degree to which the planned program achieves the desired objective."

Evaluation bedeutet einzuschätzen, ob ein Programm die Fähigkeit besitzt, die angestrebten Ziele zu erreichen. Dabei ist die Untersuchung sowohl der Resultate wichtig, die durch die Aktivitäten des Programmes entstehen, als auch der Prozesse, die zu diesen Resultaten führen. Die Analyse muß sich weiterhin auf die Art der Veränderungen und auf die Mittel der Zielerreichung richten. Dies alles vor dem Hintergrund der grundsätzlichen Absicht, kausale Erklärungen zu finden, was schließlich in die Frage mündet, **warum** ein Projekt erfolgreich oder nicht erfolgreich war. In diesem Zusammenhang bedingen folgende Untersuchungsgegenstände wichtige Einflußfaktoren:

"(1) the attributes of the program itself that make it more or less successful; (2) the population exposed to the program in terms of which subgroups are reached and which affected; (3) the situational context

---

4: s. hierzu auch: Cook/Matt 1989, Rich 1984, S. 596.
5: Suchman 1967, 1971; Shadish 1991, S. 123-124.

within which the program takes place such as auspices, locale, competing programs, and public opinion; (4) the different kinds of effects produced by the program, such as cognitive, attitudinal, or behavioral, long or short term, unitary or multiple, including special attention to any negative side-effects. In this sense evaluation involves more than judging; it also encompasses research on conditions affecting success or failure" (Suchman 1971).

Bei der Suche nach Bedingungen des Programmerfolges dürfen die Projekte nicht so angesehen werden, wie die Administratoren sie definieren. Vielmehr ist eine eigenständige genaue Analyse notwendig: zum einen der offiziellen Ziele sowie der hierbei zugrundeliegenden Theorien, zum anderen der spezifischen Aktivitäten, mit denen die Ziele erreicht werden sollen, weiterhin getrennt davon die Handlungskonzepte, mit denen all dies umgesetzt und durchgeführt wird, und schließlich die vorhandenen Kriterien, mit denen eine Zielerreichung festgestellt wird.

Die evaluative Forschungslogik

Allgemeines Ziel ist die Beurteilung und Kontrolle des Programmes an sich und der in ihm ablaufenden Prozesse durch ein "scientific management". Dieses besteht darin, daß zum Finden und Fällen der Urteile und Entscheidungen wissenschaftliche Konzepte und Methoden angewandt werden. Evaluation ist nur dann erfolgreich, wenn sie zu Entscheidungen im Sinne der von ihr hervorgebrachten Ergebnisse führt. Dies kann nur dadurch erreicht werden, daß sie möglichst exakte und rigorose Methoden der empirischen Sozialwissenschaft entwickelt, diese anwendet und sich somit als "evaluation research" strikt von der nicht wissenschaftlichen Evaluation unterscheidet. Wissenschaftlich ist Evaluation neben der Verwendung der entsprechenden Methoden dann, wenn sie konzeptionell nach der allgemeinen wissenschaftlichen Logik verfährt. In einer grob vereinfachten Form besteht die Kernlogik wissenschaftlicher (Grundlagen) Forschung zum einen im Überprüfen der Gültigkeit des kausalen Zusammenhanges zwischen einer unabhängigen Variablen (a) und einer abhängigen (b), und zum anderen in der Untersuchung, inwieweit andere (Kontroll)Variablen (c) diese Relation bedingen und modifizieren. Es geht also um die Frage, inwieweit eine theoretische Aussage empirisch zutrifft.

Dieselbe Grundlogik liegt in der Evaluationsforschung vor, nur mit dem Unterschied, daß der Erkenntniszweck und der Untersuchungsgegenstand durch das Vorhaben der Evaluation eines bestimmten Programmes oder Projektes thematisch vorbestimmt werden. Die unabhängige Variable (a) ist hier eine innerhalb des Programmes geplante oder vollzogene Aktivität. Das Resultat, das durch diese Aktivität bewirkt werden soll, stellt die abhängige Variable (b) dar. Die Frage lautet hier: "how 'theory' and 'operation' are linked together in the program being evaluated"; und die zu testende Hypothese: " Activities A, B, C, will achieve objectives X, Y, Z. " (Suchman 1971).

Dabei ist natürlich die Untersuchung der Kontrollvariablen, die die Relation stören und modifizieren können, ebenso wichtig, wie in der nicht-evaluativen Forschung, damit zum einen festgestellt werden kann, ob es tatsächlich die Aktivität (a) war, die das Ziel (b) herbeigeführt hat, und zum anderen herausgefunden werden kann, wie und warum Aktivität (a) dazu in der Lage war und was die Bedingungen der Wirkungsmöglichkeiten sind. Genau dies macht nach Suchman das Herzstück der Evaluationsforschung aus. Grundlegend hierfür ist die Feststellung, daß die Aktivität (a), wie es im Programm umgesetzt wird, mit dem Auftreten von (b = Ziel, s.o.) zusammenhängt. Die Gültigkeit der Ergebnisse in bezug auf diese Fragestellungen und damit auch der Erfolg im Sinne einer Nutzung der Evaluation hängt, ebenso wie bei nicht-evaluativer Forschung, davon ab, inwieweit bei der Untersuchung sozialwissenschaftlichen Standards entsprochen wurde.

Suchman erkannte, daß dieser ideale Forschungsansatz bei Evaluationen in einem noch höheren Maße als bei der Grundlagenforschung gefährdet ist, da hier die politischen und administrativen Rahmenbedingungen und Vorgaben besonders einschränkend wirken. Er hielt es für wichtig, die Lösung des Problems dieser Einschränkungen - er bezeichnet diese als interpersonelle Probleme - von den rein wissenschaftslogischen und methodologischen Fragen systematisch zu trennen. Weiterhin war sich Suchman darüber im klaren, daß die Bedingungszusammenhänge in bezug auf soziale Programme nicht linear und monokausal sind, wie das aufgrund seines Grundlagenmodells den Anschein erwecken könnte. Kein Programm kann als eine abgeschlossene Einheit gesehen werden, sondern ist ein Bestandteil eines sich verändernden sozialen Systems. Einzelne Aktivitäten innerhalb der Programme können eine Vielzahl von Wirkungen haben, und sowohl die Wirkungsfaktoren als auch deren Konsequenzen beeinflussen sich gegenseitig. Bei einer Einschätzung des Erfolges eines Programmes gilt es deshalb, eine Vielzahl von möglicherweise relevanten Dimensionen zu betrachten. Unter anderem natürlich die Bedingungen, unter denen das Programm initiiert wurde (vgl. Suchman 1971)

Um die Zusammenhänge und Gründe für das Scheitern eines Programmes herauszufinden, sind aufgrund jener 'multiplicity of causes' und 'independence of events' genaue analytische und empirische Untersuchungen notwendig. Grundsätzlich können hierbei zwei unterschiedliche Bedingungszusammenhänge vorliegen: Entweder das Programm hat seine eigene theoretische Vorstellung nicht umgesetzt; d.h. es kam zu irgendeiner anderen Aktivität als zur geplanten (a). Oder die im Programm enthaltene Theorie selbst ist falsch, weil die Vorstellung, daß (a) das Ziel (b) herbeiführen kann, nicht zutreffend ist. Darüberhinaus ist es von Bedeutung, daß die innerhalb der Programme bestehenden Vorstellungen über die Erreichung der gewünschten Ziele nur in den seltensten Fällen so direkt wie im Modell gesehen werden kann. Man versucht nämlich nicht, die unabhängige Variable selbst zu verändern, etwa indem (a) durch (f) ersetzt wird, sondern vielmehr, in den dazwischenliegenden Prozeß zu intervenieren und diesen günstig zu beeinflussen. Unter Berücksichtigung dieser Zusammenhänge erstellte Suchman (1971) folgendes Schema:

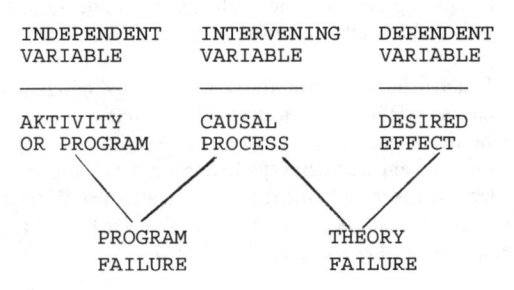

INDEPENDENT VARIABLE	INTERVENING VARIABLE	DEPENDENT VARIABLE
AKTIVITY OR PROGRAM	CAUSAL PROCESS	DESIRED EFFECT
PROGRAM FAILURE		THEORY FAILURE

Suchman hielt die Verwendung experimenteller Designs insbesondere das Feldexperiment für den idealen Forschungsansatz, um die Hypothesen in diesem Evaluationsmodell zu testen. In seiner als Klassiker der Evaluationsliteratur zu wertenden Arbeit "Evaluative research" (1967) favorisierte er deshalb die von Campbell (1963) erarbeiteten methodischen Ansätze experimenteller und quasiexperimenteller Forschungsdesigns und erhob das von Campbell und Stanley (1963) herausgegebene methodische Grundlagenwerk, zum methodologischen Leitfaden der Evaluationsforschung. "Nach der Publikation von Suchmans Buch fand sich Campbell als der gefeierte Held des wissenschaftlichen Evaluationsmodells" wieder (Cook/Matt S. 19), obwohl dieser sich bis dahin vor allem mit Wissenschaftstheorie und allgemeinen methodischen Problemen der empirischen Sozialforschung befaßt hatte.

1.2 Donald T. Campbell: "Reforms as Experiment, to extend the logic of laboratory experimentation into the field"[6]

Der grundlegende Mangel im Umgang mit Modellprojekten oder mit Reformprogrammen besteht nach Campbell darin, daß Politiker und Programmverantwortliche sich zu stark mit der von ihnen favorisierten Reformmaßnahme identifizieren müssen. Es wird eine Intervention durchgeführt, für die man sich politisch stark gemacht hat, und Evaluation konzentriert sich darauf, die bereits vorher in der politischen Diskussion eingebrachte Behauptung der positiven Effekte wissenschaftlich nachzuweisen. Diese Identifikation mit der Maßnahme bedeutet, daß der persönliche Erfolg des Verantwortlichen mit dem des Programmes eng zusammenhängt, was sowohl beabsichtigte Instrumentalisierungen und Manipulationen bei der Erhebung und Auswertung des Materials, als auch unbeabsichtigte methodische und vorurteilsbedingte Fehlinterpretationen (**bias**) begünstigt.

Campbells Idealvorstellung sieht demgegenüber einen Programmadministrator vor, der die Lösung des Problems durch das Ausprobieren mehrerer gleichwertiger Ansätze im Auge hat und dann Erfolg hat, wenn eine effiziente Problemlösung gefunden ist, und nicht, wenn sich ein politisch durchgesetztes Programm als erfolgreich darstellen läßt. Diese Idealvorstellung gesellschaftspolitischer Rahmenbedingungen für Evaluation entspricht dem wissenschaftlichen Denkmodell der Hypothesenprüfung in bezug auf evaluative Fragestellungen und wird von Campbell mit dem Begriff **"experimenting society"** bezeichnet. Campbell schätzt die Wahrscheinlichkeit niedrig ein, daß Programmverantwortliche und Praktiker sich im Sinne einer ehrlichen und der Wahrheit möglichst nahe kommenden Evaluation selbst disziplinieren können. Sein Evaluationsmodell, das die Befolgung der bei Suchman dargestellten Grundlogik und eine kritische Anwendung wissenschaftlich möglichst exakter Methoden einfordert, will demgegenüber einen geeigneten Kontrollmechanismus darstellen.

Wie dies schon bei Suchman dargestellt wurde, besteht die Kernfrage der Evaluation in der Überprüfung der Validität kausaler Zusammenhänge. Campbell unterscheidet zwei Dimensionen der Validität: Die **interne** Validität bezieht sich auf die Gültigkeit

---

6: s. Campbell 1971, Shadish u.a. S. 119-170.

und das Zutreffen der Verursachung eines beobachteten Zustandes durch eine unabhängige Variable innerhalb des untersuchten Settings. Die **externe Validität** beinhaltet deren Generalisierungsfähigkeit und Übertragbarkeit auf andere (Untersuchungs-)Einheiten. Die interne Validität ist Voraussetzung für eine externe Gültigkeit des Wirkungsverhältnisses. Ihr mißt Campbell die wichtigere Bedeutung bei.

Nach Campbell ist die strengste und deswegen idealste Methode zur Testung einer Hypothese über Kausalzusammenhänge das Experiment, insbesondere das standardisierte Feldexperiment. Die Logik dieser idealen Versuchsanordnung, in der die Versuchsgruppe einem Pretest und einem Posttest unterworfen und mit anderen Versuchsgruppen verglichen wird, soll im größtmöglichen Ausmaß innerhalb einer Evaluation anwendbar gemacht werden. Demzufolge und vor dem Hintergrund der Vorstellung von der "experimenting society" erscheint es verständlich, daß Campbell sich weniger für die Verbesserung laufender Programme interessierte. Das Hauptinteresse seiner theoretischen Arbeit lag auf Pilotprojekten und innovativen Modellversuchen, in denen die Effektivität völlig neuer und kühner Problemlösungsansätze im Vergleich zueinander einzuschätzen und zu messen versucht wurde (s. Shadish u.a.).

Die kausalen Beziehungen zwischen Variablen innerhalb einer Evaluation können, wie allgemein in der Sozialwissenschaft, lediglich aufgrund statistischer Gesetzmäßigkeiten erhoben werden. Von daher ist die Untersuchung der internen und externen Validität mehreren Fehlerquellen ausgesetzt, d.h. mehrere im sozialwissenschaftlichen experimentellen Design enthaltenen Bedingungen stellen Fehlerquellen (**"threats"**) dar und verschärfen sich, je mehr das angewandte Design sich von den Bedingungen des idealen Experiments entfernt (z.B. beim "Quasiexperimentellen Design"). Diese sind etwa Reifung, Selektion, "Hawthorne-Effekt", etc. (s. Campbell 1971, S. 236ff). Die Bedingungen der zur Evaluation anstehenden Programme, Interventionen und die sich daraus ergebenden Fragestellungen lassen als solche kein Untersuchungsdesign nach dem methodischen Idealtypus zu. Campbells evaluationstheoretische Konzeption besteht darin, daß innerhalb des zu untersuchenden Programmes mehrere methodische Verfahren zur Kontrolle dieser Störfaktoren und zur Überprüfung der sich daraus ergebenden konkurrierenden Hypothesen eingeführt werden, um der idealen Versuchsanordnung des randomisierten Feldexperimentes möglichst nahe zu kommen.

Campbell ist vor allem von Cronbach wegen seiner Festlegung auf die Prüfung der internen Validität und der Favorisierung des experimentellen Ansatzes, der ihm dafür im strengen Sinne ausschließlich geeignet erschien, kritisiert worden. Die grundlegende Intention und Annahme Campbells besteht in der Übertragbarkeit der rein wissenschaftlichen Logik auf Evaluationsprojekte. Ein Kritikpunkt bestand darin, daß diese Grundannahme unrealistisch und die hierauf aufbauenden konzeptionellen und methodischen Ansätze irreführend und in der Praxis wenig hilfreich seien, wofür im folgenden Abschnitt ein Beispiel angeführt wird.

Campbell (1971, S. 237ff) illustriert die Anwendung des Designs der "unterbrochenen Zeitreihenuntersuchung" am Beispiel einer Evaluation des "Connecticut crackdown on speeding". Um eine Minderung der im Jahre 1955 besorgniserregend angestiegenen Zahl der Verkehrstoten zu erreichen, hatte der zuständige Gouverneur ein radikales

Geschwindigkeitslimit verfügt. Es ging nun darum zu untersuchen, ob das im Jahre 1956 erfolgte beträchtliche Absinken der Verkehrsopfer als Folge dieser Maßnahme eingeschätzt werden konnte. Eine der vielen Quellen einer zu optimistischen Interpretation bei der Auswertung des Materials (threats) resultiert daraus, daß der Entwicklung der statistischen Daten vor dem Treatment zu wenig Beachtung geschenkt wird. In der Vorgeschichte des zu untersuchenden Sachverhaltes können Zusammenhänge bestehen, die für die positive Entwicklung verantwortlich sein können, woraus sich dann alternative Hypothesen schließen lassen, die den momentanen Erfolg der Maßnahme "wegerklären" ("explain away"). Sollte sich aufgrund der Analyse der Vorgeschichte eine Vermutung in dieser Richtung erhärten, so gibt Campbell dem *"experimental* administrator" folgenden konzeptionell-methodischen Hinweis, um eine einwandfreie Analyse des Kausalzusammenhanges zu gewährleisten:

"[..] he should schedule the treatment for a year or two later, so that his decision is more independent of the one years extremity" (1971, S. 239, 240).

Anhand dieses kleinen Beispiels wird deutlich, daß Campbell eine allzu wirklichkeitsfremde Vorstellung von den Möglichkeiten hat, seinen Idealtypus in die Sphäre der gesellschaftspolitischen Praxis umzusetzen. Maßnahmen zur Lösung eines Problems müssen oftmals aufgrund politischen Drucks schnell umgesetzt werden, weil die Tatsache, daß etwas geschieht, in der Öffentlichkeit als wichtiger angesehen wird, als das Herausfinden eines idealen Lösungsansatzes in ein bis zwei Jahren, dessen Leistungen dann valide analysierbar sind.

Sozialwissenschaftler unterliegen oft der Neigung, von vornherein so an die Praxis heranzugehen, als verhalte sich diese gemäß der in den Untersuchungsverfahren enthaltenen Theorien. Dieser Vorwurf ist Campbell nicht zu machen. Jedoch verfährt er mit seinem Evaluationsmodell so, als wären die grundlegenden Bedingungen zur wissenschaftlichen Analyse (durch methodische Kniffe und spezielle Designs) in der Praxis weitgehend herstellbar. Er setzt daher einseitig auf seine methodischen Idealvorstellungen und berücksichtigt in seinem konzeptionellen Ansatz zu wenig, daß jedes Evaluationsprojekt unweigerlich in den Zwängen und Erfordernissen der politischen und institutionellen Rahmenbedingungen stattfindet. Aufgrund dieses Mangels büßt diese Theorie erheblich an praktischer Relevanz ein (vgl. Shadish u.a. S. 169ff).

Abstinenz bei Werturteilen
Was Werturteile anbelangt, so glaubt Campbell keinesfalls an die Möglichkeit einer wertfreien Evaluation. Genausowenig, wie er der Ansicht ist, daß die empirischen Analysen reine Fakten erfassen können, sieht er die Möglichkeit, Werturteile aufgrund der Analyse der empirischen Sachverhalte schließen zu können. Er betont jedoch die Notwendigkeit einer Trennung von "facts" und "values" bei den Evaluationsergebnissen. Evaluation hat vor allem den Zweck, bestmögliche und unabhängige Informationen über die Geeignetheit verschiedener Maßnahmen der Problemlösung und über die dabei zu erwartenden Nebeneffekte zu liefern. Das Problem der Wertungen und der dabei notwendigen Kriterien spielt deshalb bei Campbell eine untergeordnete Rolle, weil er der Ansicht ist, daß die Bewertung der Resultate in Hinblick auf notwendige Entscheidungen dem Bereich der Politik überlassen werden sollte:

"I have to trust democratic populism. I do think it is up to the public, however ill-educated, and up to the Congress, however imperfect a representative of that public, to make decisions... We should inform Congress and the public as best we can about social science, and be willing to be informed by them as well" (zit. n. Shadish u.a. S. 160).

1.3 Michael Scriven: "The Science of Valuing"[7]

"Bad is bad and good is good and it is the job of evaluators to decide which is which" (Scriven 1986, S. 19).

Für Scriven geht Evaluation über die Analyse der Qualität und des Nutzens eines Evaluationsgegenstandes (**evaluand**) und über die Bereitstellung von Informationen für entscheidungsbefugte Stellen hinaus. Ihr eigentlicher Sinn besteht darin, wissenschaftlich fundierte Werturteile zu fällen (determination and judgement of value, worth, quality and merit). Diese Aufgabe einer systematischen und rationalen Urteilsfindung über den Wert eines »evaluand« ergibt sich aus der gesellschaftlichen Notwendigkeit, möglichst vorurteilsfreie, objektive und über den Interessen der Betroffenen stehende Sichtweisen im Gegensatz zu den üblichen subjektbezogenen Beurteilungsverfahren der Praxis einzuführen[8]. Evaluationsforschung soll einen Kontrollmechanismus gegenüber den erfahrungsgemäß interessengeleiteten Wertungen der politisch Verantwortlichen und Betroffenen darstellen, denn ihr Fehlen würde unweigerlich zur Verschwendung, Fehlplazierung, zu einer inkompetenten und betrügerischen Verwendung gesellschaftlicher Ressourcen führen. Sie hat also den gesellschaftspolitischen Zweck einer wissenschaftlichen Kontrolle vorurteilsgeprägter, interessengeleiteter und in ihrer Urteilsfähigkeit verzerrter Einschätzungen (**bias control**).

Scriven geht in seinen epistemologischen und ontologischen Grundannahmen - diese werden von Shadish (u.a.) als "Postpositivismus" bezeichnet - davon aus, daß sich Wertfragen bezüglich eines evaluands über die Beschäftigung mit den empirischen Fakten bearbeiten lassen. Die in den Dimensionen der Qualität, der Nützlichkeit und der Güte enthaltenen normativen Vorstellungen (value claims) lassen sich wie andere sozialwissenschaftliche Konstrukte operationalisieren und innerhalb des zu evaluierenden Geschehens erheben. Eine direkte Beobachtung dieser fraglichen Variablen und eine unverzerrte (bias-free) Erfassung der Realität sind jedoch nicht möglich. Es können vielmehr immer nur Annäherungen von einer Seite an Wahrheit und Realität durch eine Datenerhebung unternommen werden, die wiederum nur Rückschlüsse aus der Perspektive des jeweiligen methodischen Ansatzes erlauben. Demzufolge hält Scriven eine multiperspektivistische Untersuchung für erforderlich (**perespectivism**): "Evaluation is a multiplicity of multiples" (zit. n. Shadish u.a. S. 82).

Der allgemeine Wertmaßstab bei der Evaluation pädagogischer und sozialer Programme wird bei Scriven nicht an den Zielvorstellungen der Programmdirektoren oder an den Bedürfnissen und den Einschätzungen der betroffenen Gruppen festgemacht, sondern besteht in der übergreifenden Vorstellung des allgemeinen gesellschaftlichen und öffentlichen Interesses (Shadish u.a. S. 99: "the true interests of the public"). Vor die-

---

7: Vgl. Scriven 1972, 1980, 1986, 1991; Shadish u.a. 1991 S. 73-118; Cook/Matt 1990 S. 17-19.
8: z. B. Ortsbegehung, Bericht; vgl. Glass 1972: "Akkredationsmodell"; Beywl 1988.

sem Hintergrund rechtfertigt sich eine Evaluation nicht von selbst, sondern nur dann, wenn durch ihre Leistungen ein positives Kosten-Nutzen-Verhältnis vorliegt, d.h. wenn durch ihre Erkenntnisse fiskalische Vorteile entstehen, die ihre Kosten aufwiegen (**Cost-free evaluation**). Scriven bezeichnet sein Evaluationsmodell als verbraucherorientiert. Mit Verbraucher ist jedoch letztendlich die Allgemeinheit der Steuerzahler gemeint (ultimate purchaser), die ein Urteil darüber erwartet, ob die fragliche Maßnahme in Anbetracht des zu erwartenden Nutzens gekauft werden soll oder nicht.

Scriven hat wichtige begriffliche Klärungen und Differenzierungen eingeführt: So unterschied er die **extrinsische** von der **intrinsischen** Evaluation. Diese befaßt sich mit der Bewertung der "Komposition" einer Maßnahme, geht also der Frage nach, ob das Programm in sich schlüssig und aus "einem Guß" ist. Jene hat es mit der Analyse und Beurteilung der kausalen Effekte zu tun (vgl. Beywl 1988, S. 26ff).

Weiterhin lenkt Scriven den Blick auf die Evaluation der Zielvorstellungen. In diesem Zusammenhang geht er zwar einerseits davon aus, daß man möglichst früh Zielvorstellungen entwickeln müsse. Da diese jedoch veränderbar sein sollen, hält er andererseits eine **Zielevaluation** für unerläßlich (s. ebd.). Der Versuch der Annäherung an eine objektive Position der Bewertung bezieht sich auch auf die zu messende Zieldimension, womit die Forderung nach Unabhängigkeit von den Zielvorgaben der Auftraggeber und Programmanager verbunden sein muß, und der Aspekt der eigenständigen Wertung im Sinne des Allgemeinwohls betont wird. In diesem Zusammenhang ist das Konzept der **"goal-free-evaluation"** zu nennen, in dem der Satz gilt: "In evaluation blind is beautiful" (Scriven 1973, S. 322). Ein Evaluationsgegenstand sollte demzufolge nicht einseitig hinsichtlich gegebener Zielvorstellungen untersucht werden, sondern diese sind zunächst überhaupt nicht zu beachten, um möglichst alle Effekte eines Programmes (effect discovery) zu erfassen. Danach muß überprüft werden, in welchem Maße diese Effekte eine angemessene Befriedigung jener übergeordneten Bedürfnisse bedeuten (needs-based evaluation). Diese Vorgehensweise soll vermeiden helfen, daß wichtige Perspektiven und Effekte übersehen werden und daß die Untersuchung sich unter eingeengten Sichtweisen vollzieht.

Die Unterscheidung von **formativer** und **summativer** Evaluation geht ebenfalls auf Scriven zurück. Summative Evaluation verfolgt das Ziel, ein möglichst vollständiges Bild über alle Effekte eines Programmes für "decision-makers" bereitzustellen. Formative Evaluation beschäftigt sich dagegen mit Problemen der alltäglichen Programmgestaltung. Sie gibt letztendlich kein zusammenfassendes Urteil darüber ab, ob das evaluand gut oder schlecht ist, sondern bemüht sich um das Aufdecken von Fehlern und deren Ausbesserung und wird deshalb auch als "non-evaluativ" bezeichnet (Cook/ Matt 1990). Bewertung stellt für Scriven allerdings den Angelpunkt von Evaluation dar, weswegen er auch in neueren Veröffentlichungen kritisiert, daß bislang mehr versucht wurde, Folgen zu beschreiben, als eigentlich zu bewerten (Scriven 1986, S. 96).

Scriven unterscheidet eine am Ergebnis von einer an den im Projekt ablaufenden Prozesse orientierten Untersuchung und verwendet dafür die Begriffe **Produkt- und Prozeßevaluation**. Erstere ist mit summativer Evaluation gleichzusetzen, letztere hält Scriven nur dann für Evaluation, wenn sie Ergebnisbewertung von Prozessen in Zwischenstadien des Projektes ist (Scriven 1972). Bisweilen treten in der Literatur unscharfe Verwendung der Begriffe Produkt- und Prozeßevaluation sowie summative und formative Evaluation auf. Sie werden nämlich teilweise in einer sich grundsätzlich gegenseitig ausschließenden Bedeutung verwandt. Völlig unpassende und stereotypisierende Gegenüberstellungen von "guten" versus "schlechten" Modellen und Methoden, wie sie etwa bei Beywl (1988) und Guba/Lincoln (1981, 1989) auftauchen, sind für jene begriffliche Schieflage verantwortlich. Auf der Suche nach griffigen Formeln und schlagwortartigen Rezepten gilt hier das Motto: formative und prozeßorientierte ist gute, summative und produktorientierte ist schlechte Evaluation (s. Shadish u.a. 1991, S. 309-310). Stake (1976, S. 19) bemerkt zu einer Unterscheidung der Begriffe in der ihm eigenen Anschaulichkeit folgendes:

" [...] when the cook tastes the soup it is formative evaluation and when the guest tastes the soup it is summative. The key is not so much when as why.

Beide Sichtweisen, und das gilt auch für die Begriffspaare Produkt- und Prozeßevaluation, stehen in unterschiedlichen Zusammenhängen, produzieren Erkenntnisse unterschiedlicher Perspektiven und unterschiedlicher übergeordneter Fragestellungen. In Abhängigkeit von den Bedingungen des jeweiligen Untersuchungsgegenstandes können sie jedoch sehr wohl miteinander vereinbar sein, bzw. müssen sogar innerhalb einer Untersuchung beide angewandt werden. In bestimmten Fällen kann aber durchaus überhaupt nur eine dieser Perspektiven möglich sein.

The logic of evaluation
Scriven sah in der Formulierung einer umfassenden formalen Systematik und in der Vorgabe einer zu befolgenden "logischen Struktur" eine Möglichkeit, die Qualität von Evaluation und somit die Verbesserung der Praxis wahrscheinlicher zu machen. Er betont, daß Evaluation abgesehen vom Evaluationsgegenstand und dessen Bedingungen immer derselben logischen Struktur folgt:

"Evaluation ist in sich ein methodisches Vorgehen, das im Grunde genommen gleich ist, unabhängig davon, ob man Kaffeemaschinen, Lehrmaschinen, Pläne für ein Haus oder ein Curriculum zu evaluieren versucht. Es besteht einfach im Sammeln und Kombinieren von Verhaltensdaten mit einem gewichteten Satz von Skalen, mit denen entweder vergleichende oder numerische Beurteilungen erlangt werden sollen, und in der Rechtfertigung (a) der Datensammlungsinstrumente, (b) der Gewichtungen, (c) der Kriterienauswahl" (1972, S. 61).

Die drei wesentlichen Elemente einer allgemeinen Evaluationslogik sind nach Scriven: (1.) die Festlegung der Kriterien für die Qualität und den Nutzen des Evaluationsgegenstandes (criteria of merit). Dies vor dem Hintergrund einer Einschätzung des öffentlichen zumeist materiellen Bedürfnisses (needs assessment), das befriedigt werden soll. (2.) Die Erstellung von angemessenen Vergleichstandards und Spezifizierung von Maßstäben hinsichtlich dieser Kriterien (standards of merit), um die Leistungen des Programms im Vergleich mit anderen oder mit alternativen Möglichkeiten beurteilbar zu machen. Und (3.) die Sammlung von empirischen Daten - durch vielfältige Methoden -, die Rückschlüsse über die Effekte der Durchführung des Programms erlauben, um diese mit den Erfolgsstandards zu vergleichen (assessing performance). Diesen drei Schritten ist eine Begrenzung und Auswahl der zu betrachtenden Dimensionen vorgeschaltet (choice of object), nämlich genau diejenigen, die erfahrungsgemäß für die Beurteilung relevant sind. Als letzten Schritt soll durch den Evaluator ein zusammenfassendes Urteil über das evaluand gefällt werden (synthesizing results):

"It's his task to try hard to condense all mass of data into one word: good, or, bad. Sometimes this really is impossible, but all too often the failure to do so is simply a coup-out disguised as or rationalized as objectivity" (Scriven 1971 S. 53).

Scriven erkennt die Schwierigkeiten, die darin bestehen, daß ein summatives Urteil von der Vollständigkeit der erforderlichen Perspektiven, der Datensammlung und der Gewichtung der Kriterien abhängig ist. Auf dem Wege zu diesem Urteil im Sinne einer rationalen Entscheidungstheorie soll die Informationssammlung hinsichtlich einer systematischen Abfolge relevanter Fragestellungen voranschreiten, die die eben skizzierten Schritte beinhaltet. Diese formale Ablauflogik des evaluativen Vorgehens wurde von Scriven in der sog. "Key Evaluation Checklist" (KEC, s. Anl.1) formuliert. Dabei können die Stufen nicht resultativ abgehakt werden, sondern müssen iterativ in mehrfachen Wiederholungen bearbeitet werden.

Ein wichtiges in der KEC enthaltenes Element stellt die Überprüfung der Evaluation selbst dar (**Metaevaluation**). Sie nimmt bei Scriven die Stellung einer wissenschaftsethischen Verpflichtung bei allen Forschungen ein, die etwas mit Eingriffen in persönliche Schicksale und Lebensumstände anderer Personen zu tun haben.

Zusammenfassende Bewertung

Die Leistung der Vertreter der "stage one theories" bestand darin, daß sie die grundlegende Struktur und wichtige Grundbegriffe der Evaluationstheorie erarbeiteten, die bis heute relevant sind. Ihnen kommt das Verdienst zu, moderne sozialwissenschaftliche Erhebungsmethoden eingeführt und die Voraussetzungen für die Etablierung und konzeptionelle Weiterentwicklung formaler Evaluation geschaffen zu haben. Bei der Beurteilung der Ansätze aus heutiger Sicht muß immer bedacht werden, daß sich die Theorie und Praxis von Evaluation noch in einem Anfangsstadium befanden.

2. Stage two theories: "Generating alternatives emphasing use and pragmatism "oder: Kritische Reaktion (1975-1982)

Bereits am Anfang der 70er Jahre kamen zunehmend Verunsicherung und Unzufriedenheit mit der etablierten Evaluationsforschung auf. Kritiker hielten die bis dahin angewandten Evaluationsmodelle hauptsächlich aufgrund folgender Schwachpunkte für gescheitert (vgl. Beywl 1988, S. 32ff):

Erstens wurde unter der Bezeichnung "Nutzendefizit" kritisiert, daß die Evaluationsansätze konkrete Praxisabläufe vielfach nicht verbessern, und zum anderen die Entscheidungen der Programmverantwortlichen nur selten direkt beeinflussen konnten. Der mangelhafte Einfluß der Evaluationsergebnisse wurde damals auch durch empirische Studien nachgewiesen, die vom amerikanischen Kongreß in Auftrag gegeben wurden (s. Beywl S. 36)[9].

9: Neuere Erhebungen in den Niederlanden weisen demgegenüber eine wirkungsvollere Beeinflussung

Zweitens wurde die Meinung vorgetragen, daß die zumeist angewandte quantitative Methodik im experimentellen Design eines Großversuchs an sich "in einem unakzeptablen ontologischen Realismus und epistemologischen Objektivismus verankert" (Cook/Matt 1989, S. 16) und im besonderen für die als notwendig erachtete Beschäftigung mit sozialen Prozessen ungeeignet sei[10].

Drittens kam zu dieser methodischen Kritik noch die konzeptionelle Forderung hinzu, sich stärker an den bislang vernachlässigten Bedürfnissen aller Betroffenen (stakeholders) zu orientieren.

Viertens behauptet ein Teil der Kritiker, daß die Wertdimension in ihrer Relation zur Dimension der empirischen Analyse nicht angemessen berücksichtigt würde (Werte-Daten-Dilemma):

"Das 'Dilemma' bestand darin, daß Wertedaten herausragende Bedeutung zukommen sollte, daß Anfang der siebziger Jahre jedoch keine Verfahren bekannt oder gebräuchlich waren, mittels derer diese hätten gesammelt oder analysiert werden können" (Beywl 1988, S. 40).

Evaluation war vielfach nicht in der Lage, positive Effekte von Programmen nachzuweisen (s. C.W. Müller 1978). Was zunächst nicht unbedingt ein Versagen der analytischen Methoden, sondern eben auch der Programme bedeuten kann. Denn wo es aufgrund von Fehlplanung und mangelhafter Implementation keine positiven Effekte gibt, kann man allenfalls welche konstruieren. Vor dem Hintergrund einer zunehmenden Rechenschaftspflicht und Verantwortlichkeit der Projektmitarbeiter gegenüber den übergeordneten Stellen (s. Bewl 1988, S. 33) geriet Evaluation auch zunehmend in den Verdacht, sich instrumentalisieren zu lassen und deshalb zur Lösung der Sachfragen nur wenig beitragen zu können:

"Evaluationen sind heute, obwohl sie für viele zentral- und einzelstaatlich unterstützte Programme in Auftrag gegeben worden sind, häufig bloße Rituale, und von ihnen wird nicht erwartet, daß sie wirklich von Nutzen sind" (Guba/Lincoln 1981, zit. nach Beywl 1988, S. 35).

Im Rückblick wurde man sich des Scheiterns einer Vielzahl jener großangelegten Reformprogramme bewußt, die noch in der Phase der Planungseuphorie und des uneingeschränkten Glaubens an die Gestaltbarkeit von Gesellschaft durch strukturpolitische Eingriffe ins Leben gerufen worden waren. Im gleichen Zuge, in dem eine Desillusionierung dieser Vorstellungen einsetzte, geriet die dazugehörige "Big-Bang-Evaluation" in Mißkredit. Evaluation konnte nicht halten, was man sich von ihr versprochen hatte: rationale Kontrolle, eindeutige Nutzenanalyse und Bewertung durch wissenschaftliche Verfahren. Hellstern/Wollmann (1984, S. 29ff) weisen allerdings darauf hin, daß es auch bei weiterentwickelten Methoden nicht möglich sei, so komplexe Programme wie etwa das des "war against poverty" insgesamt zu bilanzieren.

Abgesehen von dieser Fehleinschätzung darf jedoch nicht übersehen werden, daß die Projekte selbst oftmals unzureichend geplant waren oder umgesetzt wurden[11]. Eine de-

---

politischer Entscheidungen nach (Van de Vall 1993).
10: Fetterman (1983, S. 25) bemerkt, daß bereits Ende der 60er Jahre zunehmend qualitative Methoden innerhalb der Evaluationsforschung auftauchen, die in gewisser Weise Konkurrenzmodelle zu den bestehenden Theorien darstellen, und auch von Seiten der Auftraggeber vermehrt akzeptiert werden.
11: Fitzsimmons (1984 S. 601) zeigt sich von der akribischen Planung und der Durchdachtheit deutscher Reformprogramme im Vergleich zu amerikanischen beeindruckt.

taillierte Analyse eines solchen Beispiels mangelnder Planung und Stringenz in der Programmgestaltung und Durchführung, vor allem hervorgerufen durch die Verflechtung unterschiedlicher politischer Interessen, liefert Jürgen Feick (1980) in seinem Bericht über das "New Jersey Income Maintenance Experiment". Ein interessantes Resultat der Analyse ist, daß die fraglichen Wirkungen des Programmes vom ersten Zwischenbericht 1970 bis zur letzten nachträglichen Auswertung im Jahre 1977 insgesamt acht mal in unterschiedlicher Weise interpretiert wurden. C.W. Müller (1978, S. 20ff) beschreibt ähnliche Experimentalstudien, die zwar beharrlich, aber erfolglos versuchten, positive Wirkungen der Projekte nachzuweisen. Aus heutiger Sicht muten die innerhalb dieser Evaluationspraxis inhärenten Vorannahmen über monistisch lineare Kausalzusammenhänge allzu naiv an, die ganz offensichtlich davon ausgingen, daß einzelne Interventionen in komplexe Lebensbedingungen bei unterschiedlichen Individuen konstante, einfach operationalisier- und meßbare Verhaltensdispositionen bewirken könnten.

Wichtig ist weiterhin die Beachtung der innenpolitischen Konstellationen. Allgemein setzte eine Desillusionierung hinsichtlich der Planbarkeit von Gesellschaft ein, auf die eine Phase mit liberalistischer Tendenz folgte, in der sich die Funktionen des Gemeinwesens allgemein in Richtung eines sog. "Nachtwächterstaates" wandelten. Unter diesen Vorzeichen und wegen einer zunehmenden Finanzmittelknappheit aufgrund des Vietnamkrieges (Waffenstillstand 1973) stand man kostspieligen staatlichen Interventionen und einer diese begleitenden Evaluation grundsätzlich ablehnend gegenüber (vgl. Hellstern/Wollmann 1984, S. 32).

Im Lager der Kritiker lassen sich zwei Auffassungen unterscheiden, in deren Folge es zu einer Spaltung der Evaluationstheorie in zwei widerstreitende paradigmatische Lager kam. **Die einen** faßten die defizitäre Situation als grundsätzliches Scheitern der bisherigen Ansätze auf, mit der Konsequenz, ein gänzlich neues Verständnis von Evaluation und der dabei notwendigen Konzepte und Verfahren zu entwerfen. Dieses Lager bezeichnet sich als "naturalistisches", "antipositivistisches Paradigma" (Beywl 1988) oder als "Constructivist Paradigm" und die dazugehörige evaluation als "responsive" oder "value orientated" (Guba/Lincoln 1989). **Die anderen** hielten an den grundlegenden wissenschaftstheoretischen Kriterien und konzeptionellen Vorstellungen des traditionellen Ansatzes fest und nahmen die dabei aufgetretenen Unzulänglichkeiten und Mängel zum Anlaß einer theoretisch methodischen Erweiterung und Differenzierung (vgl. Beywl 1988). Diese Gruppierung wird von Vertretern jenes Lagers als "rationalistisches Paradigma" bezeichnet (ebd.).

Cook/Matt (1990) verwenden in ihrer Gliederung der Entwicklung für die radikalen Veränderer die Bezeichnungen "Theoretiker der lokalen Mikroerkenntnis" und "Antipositivisten" und räumen diesem Lager im Zuge der theoretischen Entwicklung wohl nur eine marginale Bedeutung als Vertreter einer antithetischen Übergangsphase ein. Scriven (1991, S. 270) hält ihren Positivismusvorwurf für eine agitatorische Floskel, die zwar bei der Selbstdarstellung erfolgreich sein mag, aber inhaltlich völlig unbegründet ist: "Attacks on positivism today are not beating a dead horse, they are beating an eohippus". Für Cook/Matt wird der letzte Stand der Erkenntnis erst mit den Theoretikern der nächsten Phase erreicht, die eine Synthese in dem als unbefriedigend empfundenen paradigmatischen Grabenkrieg zu erreichen versuchen. Dagegen empfinden sich die Vertreter des "naturalistischen Paradigmas" (Guba/Lincoln 1989) als die vierte Generation der Evaluationstheorie und beharren ebenfalls auf grundsätzliche Abgrenzung gegenüber jenen Vertretern, denen nach Cook/Matt der Verdienst der Synthese zukommt. Andere Ansätze wie der "qualitative approach" (Patton 1987) oder die "responsive evaluation" im Sinne Stakes können weder eindeutig dem einen, noch dem anderen Lager zugerechnet werden.

Die Sichtweise und Typisierung von Cook/Matt erscheint vom Standpunkt der Autoren, die Programmevaluation übergreifend betrachten, einleuchtend, da das extreme naturalistisch-konstruktivistische Paradigma in den meisten für sie relevanten Anwendungsgebieten, wie z.b. in der Politik- und Gesundheitsforschung, Biostatistik und Epidemiologie, unbekannt und irrelevant geblieben ist. Dazu wird angemerkt, daß die "Antipositivisten" von den EvaluatorInnen aus diesen Bereichen wahrscheinlich "als die Depütierten einer irregeleiteten Wissenschaftsgeschichte" (ebd. S. 35) bezeichnet würden, wenn deren Ansätze dort bekannt wären. Für die Erziehungswissenschaften behaupten sie die Ausnahmesituation, daß hier "die Vielfalt der Methodenpräferenzen so groß ist" (S. 36), und daß das naturalistische Paradigma hier den größten und nachhaltigsten Widerhall gefunden hat, was schließlich dort zu einem Paradigmenwechsel geführt habe, der ja auch für die deutsche Evaluationstheorie und -praxis behauptet wurde (s.o. Lange 1983).

2.1 Entwicklungen im Konzept und im Management von Evaluation

2.1.1 Carol Weiss[12] "Linking Evaluation to Policy Research"

Ausgehend von der grundlegenden Erkenntnis, daß Evaluation ihr Versprechen noch nicht erfüllen konnte, nämlich "ein Wegweiser zu rationaler Sozialplanung zu sein" (Weiss 1974, S. 9), ist Weiss primär an der Bearbeitung des Nutzen- und Anwendungsdefizites interessiert. Sie beschäftigt sich weniger mit den Erhebungs- und Analysemethoden, sondern versucht vielmehr, die bislang unberücksichtigten oder zu idealistisch gesehenen dynamischen Verflechtungen von Evaluation im Anwendungsbereich des "tatsächlichen Handelns" zu bearbeiten. Evaluation behält für sie die Bedeutung einer "Quelle gesicherten Wissens und begründeter Handlungsanweisungen" (ebd. S. 8). Und was die Frage nach geeigneten Methoden anbelangt:

"Alles was wir über Forschungsordnung, Messung und Analyse wissen, kommt in Planung und Ablauf einer Evaluierungsstudie zum Einsatz. Was Evaluierungsforschung davon unterscheidet, ist nicht die Methode oder der Stoff, sondern die Absicht - der Zweck, um dessentwillen sie gemacht wird" (1974, S. 25).

Dieser besteht darin, Entscheidungen im Sinne der Evaluationsergebnisse herbeizuführen, was allerdings nur dann gelingen kann, wenn die Forschungsergebnisse hinsichtlich der gerade aktuellen politischen Prioritäten relevant sind. Evaluation ist ein Agieren mit bedeutungsvollen politischen Implikationen in einem wiederum politi-

---

12: Die Darstellung erfolgt in Anlehnung an ihre Veröffentlichung, die 1974 in der Bundesrepublik erschienen ist und hier große Beachtung fand.

schen Gesamtkontext. Die Vorgänger der ersten Epoche waren noch von der Vorstellung ausgegangen, man könne entscheidungsspezifische Ergebnisse produzieren, die dann allein aufgrund ihres wissenschaftlichen Geltungsanspruches entsprechende Reaktionen der Politiker und Programmanager bewirken würden ("naive **instrumentalism**", Shadish 1991, S. 70). Weiss erkennt jedoch die sich dabei ergebenden Schwierigkeiten und rückt diese Vorstellung zurecht:

"To expect that evaluation results will be intentionally used by intended users in the form that evaluators advocate is to set all of us up for frustration"(1990, S. 220).

Carol Weiss erweiterte das Verständnis einer erfolgreichen Nutzung durch den Begriff des "**enlightenment use**", was zunächst eine Beeinflussung der Denkweisen und Einstellungen oder Erweiterung der Sichtweisen bedeutet, ohne daß daraus unmittelbar eine Entscheidung resultiert. Ähnliche bei verschiedenen Vertretern vorhandene Vorstellungen können unter dem Begriff "**conceptual use**" im Unterschied zu einem "**instrumental use**" zusammengefaßt werden (vgl.: Shadish u.a. 1991, S. 179ff; Heiner 1992, S. 356ff).

Im Unterschied zu den Vorgängern erkennt Weiss Probleme und Schwierigkeiten vor allem in den organisatorischen und politischen Kontexten der konkreten Anwendung. In den maßgeblich für die tatsächlichen Entscheidungen und Umsetzungen verantwortlichen Bereichen herrschen vielfach Tendenzen einer wissenschaftsfremden Rationalität vor, die aufgrund ihrer Inkompatibilität mit der wissenschaftlichen Logik angestrebte Veränderungen massiv behindern ("organisational resistance to change"). Ihre Analyse mit der Absicht, geeignetere Strategien zur Überwindung dieses Problems herauszufinden, richtet sich deswegen auf: die Problematik der Beziehungen von Evaluatoren; die Unterschiedlichkeit der Motivationen; die Konfliktmöglichkeiten zwischen politischen Verantwortlichen, Programmträgern, Evaluatoren und der betroffenen Bevölkerung; die Bewertungsmöglichkeit aufgrund von Legitimationsstrategien, finanziellen Beschränkungen und Berufsinteressen (vgl. Wienold 1975).

Entscheidend ist jedoch, daß das Problem der mangelnden Nutzung unter Beibehaltung des traditionellen Evaluationsverständnisses zu lösen versucht wird. Evaluation als angewandte Sozialforschung wird durch die Hinzufügung bestimmter Verfahren des praktischen Umganges und im Zuschnitt auf die Projektrealität angereichert. Eine Weiterentwicklung geschieht hier durch konzeptionelle Differenzierungen und durch Umsetzungsstrategien im Sinne von problemspezifischen Reaktionen auf die von den Vorgängern zu stark vernachlässigten praktischen Hindernisse sich dynamisch verändernder Bedingungszusammenhänge.

2.1.2 Joseph Wholey: "Evaluation for Program Improvement"

Auch Wholey versucht, das Manko der praktischen Irrelevanz durch eine vermehrte Berücksichtigung der in der Praxis selbst vorliegenden Zusammenhänge zu lösen. Er macht jedoch sehr wohl Abstriche von einem wissenschaftlich idealistischen Anspruch, schneidet Evaluation nicht auf die Praxis zu, sondern unterstellt sie ganz den Erfordernissen eines "instrumental use". Für Wholey ist das Programm, dessen Ablauf und Zielerreichung, wichtiger als Erkenntnisgewinn durch Evaluation. Seine Evaluationstheorie ist untergeordneter Bestandteil eines Managementkonzeptes. Zielvaluation, Wertungsfragen und Objektivität spielen bei ihm deswegen keine Rolle, weil eine ganz bewußte Ausrichtung auf die zentralen Bedürfnisse der Programmanager besteht. Demzufolge beschränkt er seine Zielperspektive auf die offiziell gewünschten Programmziele und wählt für die Evaluation hierbei nochmals nur die eindeutig definierbaren und operationalisierbaren aus. Durch diese Selbstbeschränkung erreicht er operative Entscheidungsrelevanz, die allerdings problematisch erscheinen muß, da das Problem der unterschiedlichen Rationalitäten zwischen Wissenschaft und Programmentscheidern durch das Aufgeben wichtiger Standards und wissenschaftlicher Ansprüche nicht gelöst, sondern ausgeblendet wird.

"His method, especially evaluability assessment [s.u.] and rapid feedback evaluation, was specifically tailored to producing instrumentally usable results" (Shadish u.a. 1991, S. 263).

Die Ausblendung eines weiteren Problemzusammenhanges, der die vorhergehenden Theoretiker stark beschäftigt hat, ist dadurch gegeben, daß ihn die Frage nicht interessierte, ob festgestellte Veränderungen tatsächlich auf das fragliche Programm zurückzuführen sind. Bei der Beurteilung des Ansatzes muß angemerkt werden, daß die allgemeinen Rahmenbedingungen, in denen Wholey in seiner Position als Regierungsbeamter eingebettet war, natürlich entscheidenden Einfluß auf seine Evaluationstheorie nehmen mußten. "No other theorist has had to do what Wholey has - survive in government by doing evaluation" (Shadish u.a. 1991, S. 269). Dies ist jedoch nicht abwertend oder entschuldigend gemeint, sondern in dem Sinne, daß sich aufgrund spezieller "audiences" und "evaluands" ein bestimmter Kontext ergibt, für den wiederum eben nur bestimmte Konzepte und Methoden geeignet erscheinen.

Eine Einsicht Wholeys war, daß chaotisch konzipierte und organisierte Programme nicht evaluiert werden sollen und daß selbst bei einem optimalen Programm die Möglichkeit der Nicht-Evaluierbarkeit bestehen kann. Evaluatoren haben deswegen praeevaluative Arbeit zu leisten, die in einer **Evaluierbarkeitsprüfung** und gegebenenfalls in einer Neuplanung und Optimierung der Programmentwicklung zu bestehen hat.
Der Ansatz Wholeys kann aufgrund folgender Punkte als ein Beispiel einer aus der bisherigen Grundstruktur ausbrechenden Theorieentwicklung angesehen werden:

- Der umfassende traditionelle Wissenschaftsanspruch wird beschnitten. Dies zeigt sich hier in der spezifischen Zielorientierung, die eine weitgehende Ausblendung der Erklärung des Zustandekommens von Phänomenen und Wirkungszusammenhängen bedeuten muß. Die Absicht der Optimierung des Programmablaufs und der gewünschten Inhalte schränkt schon in der Vorphase der Evaluation allgemeine Entwürfe sozialwissenschaftlicher Hypothesenprüfung ein.
- Der Objektivitätsanspruch hinsichtlich der Bewertung der Ergebnisse wird durch den Zuschnitt auf eine bestimmte Personengruppe, hier die Projektmanager ("local managers") und Auftraggeber, eingeschränkt.
- Die Lösung konkreter Praxisprobleme, hier im Sinne des offiziell gewünschten Programmablaufs, gewinnt gegenüber allgemein relevanten Fragestellungen der Analyse, der Erklärung und der Bewertung eine maßgebliche Bedeutung.

2.2 Kritikpunkte und Differenzierungsversuche

Anfang der 70er Jahre waren über die geschilderten zwei Beispiele hinaus Versuche unternommen worden, die Probleme der Evaluation durch theoretische Modifizierungen zu lösen. Die nun folgenden Ansätze sind für die weitere Theorieentwicklung interessant, weil sie gegenüber dem traditionellen Verständnis kritisch alternative Bestandteile enthielten und damit Ansatzpunkte einer Wende darstellen. Bei diesen Vertretern handelt es sich zumeist um Erziehungswissenschaftler, die in der ersten Phase der Evaluation mitgewirkt und deren Scheitern als Mitglieder von Evaluationsteams hautnah miterlebt hatten (Cook/Matt 1990). In der folgenden Darstellung werden stellvertretend die drei Theoretiker - Stake, Cronbach und Stufflebeam - behandelt. Ein Schwerpunkt der Darstellung besteht in einer Momentaufnahme ihrer frühen theoretischen Positionen.

Alle drei Vertreter waren der Ansicht, daß man die Probleme von Evaluation und die Einlösung der an sie gerichteten Erwartungen nicht allein durch methodische "Kniffe" bearbeiten konnte. Albert Heller (1973) bemerkt über Stufflebeam, er habe treffend erkannt, daß die Ergebnisse der Evaluationsuntersuchung als direkte Resultate der konzeptionellen Grundlagen ihrer theoretischen Voraussetzungen zu sehen sind. Demzufolge beschäftigte man sich vor allem damit, die konzeptionelle Ebene auszuarbeiten und in ihr eine Evaluationsstrategie in Abstimmung auf die Erfordernisse und Probleme der Erziehungswissenschaft zu entwickeln. Hierbei entstanden Evaluationsmodelle, die ein Raster zu berücksichtigender Aspekte und Abläufe vorgeben. Der Evaluierende wird durch sie angeleitet, im Ablauf seiner Wahrnehmungs- und kognitiven Verarbeitungsprozesse einer bestimmten logischen Struktur zu folgen, die ihn mit für die Evaluation wichtigen Aspekten und mit zu bearbeitenden Problemen konfrontiert.

2.2.1 Daniel L. Stufflebeam und Lee J. Cronbach

"Im Allgemeinen bedeutet Evaluation die Gewinnung von Informationen durch folgende Mittel wie Kriterien, Messungen und statistische Verfahren mit dem Ziel, eine rationale Grundlage für das Fällen von Urteilen in Entscheidungssituationen zu erhalten (**Stufflebeam** 1972, S. 124)".

Entscheidungssituationen bestehen nicht nur dann, wenn abschließend über die Weiterfinanzierung und Implementierung des erprobten Programmes verhandelt wird. Also nicht nur aufgrund der Frage, ob das Programm im großen Rahmen übertragbar ist oder ob das neue Curriculum als Resultat einen die Kosten seiner Implementierung rechtfertigenden Nutzen herbeiführen kann. Entscheidungssituationen sind vor allem im Programmablauf selbst gefragt. Das von Stufflebeam entwickelte CIPP-Modell (s. Anl. 2) enthält verschiedene Evaluationsarten, die zu unterschiedlichen Zeitpunkten des Programmablaufs zur Anwendung kommen sollen: Kontextevaluation, Inputevaluation, Prozeßevaluation, Produktevaluation. Ohne näher auf dieses Modell einzugehen, kann festgehalten werden, daß es den Blick ganz explizit auf die Dimension der Arbeitsprozesse abzielt, in deren Verlauf Bewertung und Optimierung begleitend stattfinden sollen.

Doch was nützt ein pädagogisch optimal entwickeltes Programm mit angemessenen Normen und effektiven Interventionen, wenn sich die politisch Verantwortlichen nicht für dessen Einführung entscheiden? Stufflebeam versucht deswegen, jedoch gerade nicht in der sich normativ unterordnenden Weise wie Wholey, eine Abstimmung auf die übergeordneten Entscheidungsprozesse zu erreichen: Evaluation soll als "Verlängerung der mentalen Prozesse der Entscheidenden fungieren"(Stufflebeam u.a. 1971, S. 336). Er betont die Notwendigkeit, entscheidungsrelevante Ergebnisse zu entwickeln, die auf die entscheidungsbefugten Stellen einzuwirken vermögen, gegenüber der gängigen Sichtweise, in der die Praxis im Sinne vorgegebener Ziele auszuwertet wird. Was den dabei problematischen Aspekt der Werturteile und Normen anbelangt, so sind diese in einer gegenüber den traditionellen Konzepten veränderten Bedeutung im Evaluationsprozeß eingebunden. Beywl bemerkt dazu:

"Der Schwerpunkt wird von tatsachenorientierten, vorgegebenen zu wertbezogenen, im Evaluationsprozeß selbst zu entwickelnden Fragen verlagert" (1988, S. 66).

In Anlehnung an die Analyse von Beywl kann weiterhin davon ausgegangen werden, daß mit Stufflebeam eine allgemeine "Öffnung der Evaluationsstrategie" geschehen ist, die sich in Richtung einer zunehmenden Akzeptanz qualitativer Methoden ausgewirkt hat. Dies wird noch stärker durch Cronbach forciert:

"Alte Denkgewohnheiten und schon lange etablierte Methoden eignen sich nicht für die Evaluation, die zur Curriculumverbesserung erforderlich ist. In der Vergangenheit zielte pädagogisches Testen vorwiegend auf die Gewinnung gerechter und genauer Testwerte, um Einzelpersonen miteinander zu vergleichen. In pädagogischen Experimenten befaßte man sich vor allem mit dem Vergleich der Testmittelwerte konkurrierender Curricula. Aber Curriculumevaluation erfordert die Beschreibung der Ergebnisse. Diese Beschreibung sollte auf möglichst breiter Skala erfolgen, selbst unter Aufgabe vordergründiger Objektivität und Genauigkeit" (ders. 1972 S. 59).

In diesem Zitat wird ganz klar deutlich, daß Cronbach im Zusammenhang mit der Lösung des Problems Evaluation von den klassischen Standards empirischer Forschung weiter abrückt. Er hält experimentelle Vergleichuntersuchungen für unakzeptabel, insbesondere wenn diese unter dem Aspekt der Produktevaluation auf den Vergleich mit anderen Projekten ausgerichtet sind und somit wenig über den Wert des betreffenden Programmes selbst aussagen, geschweige denn zu dessen Weiterentwicklung beitragen. Cronbach gilt als derjenige, der die Entwicklung von einer ergebnisorientierten hin zu einer entscheidungsorientierten Evaluation eingeleitet hat (vgl. Beywl 1988, S. 25). Evaluation ist für Cronbach eingebunden in einen politischen Prozeß und benötigt daher mehr Informationen als im Zusammenhang mit Analysen der Effektivität zu ermitteln sind, wenn sie ihr wesentliches Ziel, beispielsweise die Verbesserung eines Curriculums, erreichen will.

Der Wert von Evaluationsergebnissen sollte daher weniger in der Produktion wissenschaftlich belegter "Wahrheiten" angesehen werden, die von den Auftraggebern in welcher Weise auch immer benutzt werden können, sondern vielmehr darin, daß Informationen über normative Aspekte der Wirkungszusammenhänge zu geben sind, die damit auch für die übergeordneten Entscheidungsebenen Relevanz besitzen. Cronbach wird in dem später folgenden Abschnitt, der als "Synthese" bezeichnet wurde, nochmals eine Rolle spielen.

2.2.2 ROBERT E. STAKE "the science of valuing" (Stake 1972)

Stake hat zwei evaluationstheoretische Ansätze kreiert, von denen der zuerst entstandene countenance-Ansatz als erstes besprochen werden soll. Darauf aufbauend entwickelte er später seine "responsive Evaluation".

a) Der Countenance-Ansatz

Die wesentlichen Grundelemente von Evaluation (countenances) sind nach Stake **Beschreibung** und **Beurteilung**. Letzterem mißt er in Anlehnung an Scriven eine fundamentale Bedeutung bei, der man seiner Ansicht nach in der bisherigen Evaluationsforschung vielfach nicht in genügender Weise Rechnung getragen hat.

"Nach Scrivens Ansicht findet Evaluation nicht statt, bevor nicht Beurteilung erfolgt. Wenn der Evaluator sich dessen bewußt ist, ist er am besten zur Abgabe von Urteilen qualifiziert" (Stake 1972, S. 96).

Die Beschreibung

Gleichermaßen wie bei Stufflebeam und Cronbach richtet sich die Beschreibung ebenfalls auf eine Erfassung des gesamten Curriculumprozesses, und zwar aus einer Innenperspektive heraus. Angemessene Urteilsprozesse können nach Stake nur unter einer Sichtweise vollzogen werden, die **erstens** die pädagogischen Prozesse im tieferen Sinne und umfassend betrachtet, analysiert und beschreibt, **zweitens** die divergierenden Urteilsinteressen der Betroffenen einbezieht und **drittens** den Urteilsprozeß rational zu organisieren versucht. Der Prozeß der Beschreibung wird nach einer Datenmatrix organisiert, in die bestimmte, voneinander unterscheidbare und für den pädagogischen Erfolg wichtige Informationen und Daten eingeordnet werden können, und die eine recht einfache und anschauliche systematische Struktur aufweist[13].

Die Beschreibung geschieht durch systematische Datensammlung analog zu den durch die Struktur der Matrix vorgegebenen Dimensionen. Unter Daten werden jedoch nicht nur quantifizierte Verhaltensdispositionen, sondern auch Meinungen und Verhaltensbeschreibungen verstanden. Das Wichtige an dieser Systematik ist die Art und Weise, wie die Bedeutung und die Aussagekraft der Daten betrachtet wird. Entscheidend ist nicht das Datum an sich, sondern der kontextuelle Zusammenhang, die rational begründbare Kontingenz und Kongruenz der Daten in den verschiedenen Feldern. Was in den »Stage one theories« als punktueller Wert betrachtet und weil Resultat eines validen und reliablen Erhebungsverfahrens als zutreffend anerkannt wurde, wird bei Stake einem kontextuellen Interpretations- und Einordnungsverfahren unterzogen[14].

Während man sich in der bisherigen Evaluationsmethodologie vor allem auf die Gütekriterien der Erhebungsverfahren und um die Operationalisierbarkeit der fraglichen Evaluationsgegenstände sorgte, geht das Stake'sche Modell weiter. Die Informationen erhalten in bezug auf die Fragestellungen der Evaluation nur in ihrem logischen Zusammenhang zu anderen Informationen quasi eine kontextuelle Gültigkeit. Die In-

---

13: s. Anl. 3: Datenmatrizen von Stake (ders. 1972). Ein von Beispiel für die inhaltliche Ausfüllung der Datenmatrix findet hier ebenfalls.
14: s. Abbildung 2 in Anlage 3 »Verschiedene Aspekte pädagogischer Evaluation - eine Darstellung des Prozesses der Verarbeitung von beschreibenden Daten« (Stake 1972, S. 105)

formationen der Datensammlung sind folglich kein direkt nutzbares Instrument der Evaluation. Sie werden vielmehr selbst wieder Gegenstand einer ihre Gültigkeit problematisierenden Betrachtung. Dies kann durch die beschriebene systematische Analyse der ablaufenden Prozesse und bedeutungsvollen Ereignisse geschehen, die Praxis in bezug auf bestimmte (sinn)zusammenhängende Sequenzen betrachtet.

Die Urteilsbildung

"Of course the purpose of evaluation is to find out what is good and what is bad" (Stake 1976, S. 32).

"Beschreibung ist eine Sache, Beurteilung eine andere" (ders. 1972, S. 96).

Für dieses Kernelement der Evaluation hat Stake ähnlich wie für die Beschreibung eine Beurteilungsmatrix entwickelt[15]. Die hier angebotene Systematik dient dazu, Informationen (Werte-Daten) zu sammeln, die für den Prozeß einer angemessenen Urteilsbildung relevant sind. Normen werden hierbei nicht einfach übernommen und statisch beibehalten, sondern sind selbst Gegenstand einer problematisierenden Betrachtung. Damit soll verhindert werden,

"daß Urteile aufgrund trivialer Kriterien - beispielsweise Erwähnungen in der Presse, Persönlichkeit des Vertreters des Projektes, administrative Bequemlichkeit oder pädagogischer Mythos - getroffen werden" (1972, S. 97).

Genauso wie bei der Beschreibung darf man das Modell natürlich nicht so auffassen, als garantiere seine Anwendung angemessene Urteile. Es beinhaltet jedoch den Versuch der logischen Organisation des evaluativen Denkablaufs, um eine bessere Annäherung an rationale und angemessene Urteile zu erlauben.

Die beschreibenden Daten des zu evaluierenden Projektes und die eines Vergleichsprojektes stellen eine wichtige Bezugsebene zu den gesammelten Daten der Beurteilung dar. Die Normen und Intentionen beteiligter Gruppen sollen als Werte-Daten (d.h. nicht als Zahlenwert) erfaßt werden. Analog zur Beschreibung geht es nun um die Kontingenzen unter verschiedenen Aspekten und bezogen auf: Voraussetzungsdaten, Prozeßdaten und Ergebnisdaten. Damit wird der Blick des Evaluators auf die implizit oder explizit bestehenden Normvorstellungen der beteiligten Gruppen gerichtet. Dies soll einer Systematisierung der Analyse dienen und bedeutet den Versuch einer Distanzierung und Objektivierung auch gegenüber den eigenen Normvorstellungen.

"Wenn Normen nicht vorhanden sind, müssen sie gesetzt werden. Der Urteilsakt selbst entscheidet, welche Normgruppe berücksichtigt wird. Genauer gesagt, Urteile fällen heißt: jeder Normgruppe eine bestimmte Bedeutung zuordnen. Rationales Urteilen in der pädagogischen Evaluation ist eine Entscheidung darüber, wieviel Beachtung den Normen jeder Bezugsgruppe für die Entscheidung darüber zukommt, ob eine administrative Handlung erfolgen oder nicht erfolgen soll" (Stake 1972, S. 108).

Letztendlich ist eine Entscheidung für bestimmte Normpräferenzen notwendig. Der Vorteil gegenüber "punktuellen" Entscheidungsprozessen besteht nun allerdings darin, daß diese evaluatorisch organisierten Entscheidungen im Kontext zu den Inhalten bestimmter Bezugsebenen, Normen und Beschreibungen, auf Stimmigkeit überprüft

---

15: s. Anl. 3, Abbild. 3: Verschiedene Aspekte pädagogischer Evaluation - Darstellung des Prozesses der Beurteilung des Wertens eines Bildungsprogrammes (Stake 1972, S. 109)

werden können und im Zusammenhang umfassender Zielsetzungen diskutierbar sind. Bei Stake muß die Urteilsbildung als Entscheidung für bestimmte Normen unterschieden werden von einer Beurteilung der Normen selbst (value judgement, s. Shadish u.a. 1991, S. 274). Es ist nicht Aufgabe des Evaluators, den normativen Maßstab anzugeben, sondern auf einen möglichen Konsens zwischen den unterschiedlichen Wertvorstellungen hinzuarbeiten, diesen jedoch nicht zu konstruieren, wenn er nicht besteht. Als allgemeine ethische Richtschnur gibt Stake eine Orientierung an den Wertpositionen derjenigen "stakeholders" (Betroffenen) an, deren Interessen nicht genügend berücksichtigt werden und die also benachteiligt sind (ebd. S. 274).

b) Responsive Evaluation (vgl. Shadish u.a. 1991 S. 275ff)[16]

Stake unterscheidet einen "responsive" und einen "preordinate approach". Die traditionellen Evaluationen gingen allzuoft mit vorgefertigten Analyseinstrumenten und Bewertungsmaßstäben an den zu untersuchenden Gegenstand. Aus der Absicht, objektive Daten und generalisierbare Ergebnisse zu produzieren, ergibt sich dabei die Gefahr, wichtige Prozesse und Erscheinungen des Projektes - dies können Indikatoren für Erfolg oder Mißerfolg sein - nicht angemessen oder gar nicht zu erfassen.

"Many evaluation plans are more 'preordinate', emphasing (1) statement of goals, (2) use of objective tests, (3) standards held by program personnal, and (4) research-type reports" (Stake 1980, S.76; zit. nach Shadish u.a. 1991, S. 275).

Der responsive Ansatz zielt auf den direkten Austausch mit den vor Ort Betroffenen (local stakeholders) ab und konzentriert sich auf Geschehnisse in konkreten Situationen des Projektalltages. Der Ausgangspunkt aller wichtigen Zusammenhänge, die es zu erfassen, zu beurteilen und zu verbessern gilt, wird bei den Betroffenen selbst gesehen. Nur in diesem unmittelbaren und personalen Kontakt können die wirklich relevanten Zusammenhänge bedeutungsmäßig angemessen, d.h. so wie sie als Sinnkonstruktion der Betroffenen vorliegen, erfaßt werden.

"An educational evaluation is *responsive evaluation (1)* if it orients more directly to program activities than to program intents, (2) if it responds to audience requirements for information, and (3) if the different value-perspectives of the people at hand are referred to in reporting the success and failure of the program"(ebd. S. 276).

Der Evaluator versucht, das soziale System um den Evaluationsgegenstand nicht künstlich in den Zustand zu versetzen, der eine Untersuchung nach vorgefertigten Deutungsmustern und normativen Maßstäben erlaubt, sondern er betrachtet das, was unkontrolliert und unverändert vorliegt, reaktiv (vgl. Beywl 1988, S. 140ff). Dadurch soll vermieden werden, daß unangemessene Interpretationen entstehen, die an abgehobenen akademischen Forschungs- oder an Managementinteressen orientiert sind und somit am tatsächlich vorliegenden Geschehen und an den Bedürfnissen der Betroffenen vorbeigehen.

Die empirische Methode der responsiven Evaluation besteht vor allem in der "case

---

16: Bei diesem Ansatz handelt es sich um ein Evaluationskonzept des älteren Stake. Inwieweit der vorher von ihm entworfene Countenance-Ansatz dadurch revidiert wird, steht nicht zur Debatte.

study". Unter einem Fall versteht Stake ein "bounded system", das in irgendeiner Weise für die Evaluation von Interesse ist: "An institution, a program, a responsibility, a collection, or a population can be the case" (Stake 1978, S.7). Einzelne Erhebungsverfahren innerhalb dieser Fallstudien können wohl auch rein quantitativ statistische sein; Stake bevorzugt jedoch eindeutig qualitative und offene Methoden mit einem geringen Standardisierungsgrad. Denn das Verständnis der kontextuellen Zusammenhänge des Falles ist zunächst wichtig und erst in zweiter Linie das Testen von Hypothesen und die Messung von Variablen. Die direkte Beobachtung hält Stake für das wichtigste "Erhebungsinstrument" und mehr noch: "human observers are the best instruments we have for many evaluation issues" (zit. n. Shadish u.a. S. 283).

Verschiedene Verfahren der Datensammlung, vom Interview bis hin zum "investigative journalism", erlauben es dem Beobachter, innerhalb der Fallstudie das konkrete interaktive Geschehen im Projekt in einem möglichst breiten Spektrum wahrzunehmen, darauf mit angemessenen Deutungsmustern zu reagieren und die notwendigen Ansatzpunkte für Veränderungen zu erkennen. Stakes Hauptanliegen besteht darin, eine Hilfestellung im "improvement of local practice" zu geben, und genau daraufhin ist sein methodischer Ansatz abgestimmt.

"The evaluators were trying to help - but they were mostly to get a research study going. Getting that pregnant girl back in school was not the highest priority for them" (Stake 1986 S. 151; zit. n. Shadish u.a. 1991, S. 295).

In diesem Sinne geht es ihm um ein Verständnis spezifischer Zusammenhänge und um notwendige Interventionen in den jeweiligen Praxissituationen und nicht um die Erforschung allgemeiner sozialer Zusammenhänge und deren theoretische Verarbeitung. Stake erkennt dabei die Grenzen des Ansatzes und schränkt die Anwendbarkeit des "case study" ein, wenn innerhalb der Evaluation Generalisierungen erforderlich sind.

Das Problem der Nutzung und der Wirksamkeit der Evaluationsergebnisse versucht Stake durch eine besondere Vorgehensweise im Forschungsalltag und in der Darstellung der Ergebnisse zu lösen. Der Lösungsansatz steht zum einen im Einklang mit der auf die Verbesserung der Praxis gerichteten Intention seines konzeptionellen Ansatzes und ist zum anderen in enger Verbindung mit den durch die Methode vorgegebenen Formen der Dokumentation zu sehen. Die im Anschluß an die Evaluationsergebnisse notwendig erscheinenden Maßnahmen der Organisationsentwicklung können durch entscheidungsrelevante Stellen verordnet und durch Experten angeleitet werden. Eine weitere ebensowichtige Möglichkeit, geplante Veränderungen herbeizuführen, die allerdings bislang wenig Berücksichtigung fand, besteht nach Stake in der sogenannten **"naturalistic generalisation"**. Problemanalysen und mögliche Lösungswege sollen dem Interaktionspartner (Praktiker) oder dem Leser nicht als Vorgaben erscheinen, sondern knüpfen an seine Erfahrungswelt, den gesamten darin enthaltenen Wissensbestand an und beziehen diesen ein. Wichtig ist dabei, daß Stake nicht nur verbalisierbares und rationales Wissen, sondern auch intuitives **"tacit knowledge"** einbezieht und durch seinen Ansatz vermittelbar machen möchte.

"We believe that the program evaluation studies should be planned and carried out in such a way as to provide a maximum of vicarious experience to the readers who may then intuitively combine this with their previous experiences. The role of program evaluator or educational researcher would then be to assist practitioners in reaching new understandings, new *naturalistic generalisations*." (Stake & Trumbull 1982, S. 2; zit. n. Shadish u.a. 1991, S. 285).

Fallstudien und deren Dokumentation können so beschaffen sein, daß durch sie die Komplexität und Vielschichtigkeit personaler Sinnkonstruktionen umfassend eingefangen wird, ohne deren subjektive und situative Einzigartigkeit unberücksichtigt zu lassen. Damit harmonieren sie mit der Erfahrungswelt der Betroffenen und können so zu jener **"vicarious experience"** führen, die dann wiederum entscheidend zu Veränderungen und Lernprozessen beitragen kann. Abgesehen davon, daß diese Vorgehensweise dabei helfen soll, eine Umsetzung der Evaluationsergebnisse wahrscheinlicher zu machen, kommt einer sich so vollziehenden Veränderung natürlich die besonders hoch einzuschätzende Qualität eines evolutionären Wandels von unten zu.

Obwohl Stake den responsiven Ansatz, insbesondere für pädagogische Evaluation, favorisiert, verwirft er den preordinate approach nicht grundsätzlich, sondern räumt dessen Anwendbarkeit bei bestimmten situativen Bedingungen und Forschungsinteressen ein. Er erkennt **zum einen** die Grenzen und Gefahren des responsiven Vorgehens, das sich von partikulären Situationen und vor allem durch Gespräche mit den stakeholders leiten läßt, und dabei u.U. den umfassenden Aspekten zu wenig Beachtung schenkt (vgl. Shadish u.a. S. 294). **Zum anderen** ist er sich der Unzulänglichkeiten der »Fallanalyse« bewußt, wenn es um umfassende Fragen geht. Hinsichtlich des allgemeinen Verständnisses von Evaluation bemerkt Stake:

"I see it as unfortunately necessary to overstate the distinction between academic research and practical inquiry as a step toward improving and legitimizing inquiries that are needed for understanding and problemsolving but which are unlikely to produce vouchsafed generalizations" (Stake 1981, S. 32; zit. nach Shadish u.a. 1991, S. 294).

Evaluation ist folglich nicht nur angewandte Forschung im strengen Sinne einer nach Erklärung allgemeiner Zusammenhänge suchenden Sozialwissenschaft, sondern notwendigerweise auch Untersuchung der Bearbeitungsmöglichkeiten von Praxisproblemen mit beschränktem wissenschaftlichen Anspruch. Responsive Evaluation hat eine praktisch innovative und eine werttheoretische Grundintention (improving local practice, reveal minority value, discover consensus in values). Daraus ergeben sich die Konsequenzen, daß eine konzeptionelle Differenzierung (practical inquiry) sowie eine erkenntnistheoretisch methodische Spezialisierung (case study) vorgenommen und für die notwendigen Fragestellungen pädagogischer Evaluationen favorisiert wird.

3. Der Paradigmenstreit und das Gegenparadigma
"die methodische Revolte des naturalistisch-wertorientierten Lagers" (Beywl 1988).

Zur Entstehung des Gegenparadigmas
Zur Entstehung eines neuen theoretischen Verständnisses von Evaluation, das sich als grundlegende Veränderung und Gegenposition ansieht, bemerken Cook und Matt (1990, S. 36):

"Die meisten der frühen und die peinlichsten öffentlichen Fehler wurden in diesem Bereich begangen. Da die fraglichen Studien alle quantitativ waren, hatte dies zweifelsohne einen Einfluß auf die Bewertung von Evaluation [..] und hat Erziehungswissenschaftler möglicherweise besonders empfänglich für die Rhethorik des Paradigmawechsels in den Erziehungswissenschaften gemacht."

Abgesehen von jenen negativen Erfahrungen einer vielfach fehlgeschlagenen Evaluation im Sinne angewandter traditioneller, quantitativer Sozialforschung und abgesehen von den besonderen Gegebenheiten des sozialen oder erziehungswissenschaftlichen Evaluationsgegenstandes[17] steht der Paradigmenstreit natürlich mit der allgemeinen wissenschaftstheoretischen Diskussion jener Zeit in einem engen Zusammenhang. Über die inhaltlichen Probleme von Evaluation spiegeln sich hier unterschiedliche methodologische und die Wissenschaft allgemein betreffende Auffassungen wider. In diesem Zusammenhang ist der "Positivismustreit" und der in der Sozialwissenschaft der 70er Jahre an Einfluß gewinnende Ansatz der "Handlungsforschung" zu nennen.

Bei der Darstellung des Gegenparadigmas kann nicht auf einzelne Entwicklungsschritte und auf unterschiedliche Vertreter dieser Richtung eingegangen werden (s. hierzu Alkin 1990). Es soll nur ein Ansatz beschrieben werden, der allerdings besonders verbreitet und markant ist: die Evaluationstheorie von Guba/Lincoln, wie diese sie in dem Buch "Fourth Generation Evaluation" (1989)[18] formulieren. Auf frühere Veröffentlichungen (1981, 1984) dieser Autoren soll nur am Rande eingegangen werden.

3.1 Egon G. Guba und Yvonna S. Lincoln "Thinking naturalistically"

Guba und Lincoln typisieren die Entwicklung der Evaluationstheorie als einen Prozeß, der in vier Phasen verlaufen ist (1989, S. 21-49):

1) Measurement
Der ersten Generation ging es darum, Erscheinungen mit dem Inventar einer sich entwickelnden sozialwissenschaftlichen Methodik quantitativ zu erfassen. Es war ein technisches Messen auf der Grundlage von Testtheorie und individuellen Leistungstests, das Individuen und Gruppen aufgrund quantifizierter Daten miteinander vergleichbar machen sollte. Diese Phase dauerte bis nach dem 1. Weltkrieg[19].

2) Description
Unter dem Stichwort der Beschreibung und wirklichkeitsnahen Erfassung von Erscheinungen, die zur Beurteilung von Programmen und Curricula wichtig sind, standen die Evaluationsansätze der Ära Tyler, dessen Ansatz bereits dargestellt wurde.

17: Carol Weiß (1974, S. 67):
"Soziale Programme sind vielschichtige Unternehmen. Evaluierende eines sozialen Programmes schauen mit so etwas wie Eifersucht auf Evaluierende in der Landwirtschaft, die eine neue Weizensorte evaluieren, oder auf Evaluierende in der Medizin, die die Wirkungen eines neuen Arzneimittels erforschen. Das sind physische Dinge, die man sehen, berühren und - vor allem - reproduzieren kann. Derselbe Stimulus kann nocheinmal verwendet werden, und andere Forscher können seine Konsequenzen untersuchen - unter denselben oder anderen Bedingungen, mit ähnlichen oder verschiedenen Versuchspersonen, aber mit einiger Zuversicht, daß sie die Effekte derselben Sache betrachten".
18: Die Seitenangaben im folgenden Abschnitt 3.1 beziehen sich auf diese Veröffentlichung
19: Die Autoren beschreiben in diesem Zusammenhang (ebd. S. 23 ff) einige interessante Beispiele der wissenschaftlichen Entstehungsgeschichte von Evaluation.

3) Judgement
Die in meiner Darstellung des Entwicklungsverlaufes vorkommenden Theoretiker von Scriven bis Cronbach werden unter dem Stichwort der Beurteilung zusammengefaßt. Auch der aktuelle Ansatz von Rossi, der in der Typisierung von Cook als der Versuch einer Synthese zwischen "traditionellen" Ansätzen und dem "naturalistischen" Paradigma angesehen wird, gehört nach Ansicht der Autoren in diese Generation und erfährt die Bezeichnung "neomeasurement" (vgl. S. 30). All diese Ansätze werden dem "conventional", "scientific" oder "positivist paradigm" zugerechnet. Demgegenüber soll ein völlig neues Konzept von Evaluation entwickelt werden.

4) "Responsive - constructive Evaluation"
Als alternativer Lösungsansatz wird eine 4. Generation[20] von Evaluation gefordert, die im Folgenden dargestellt werden soll.

"Thinking naturalistically, however, requires a paradigm shift of revolutionary proportions that, once made, inevitably changes both the meaning and the practice of evaluation in similarly revolutionary ways" (Guba/Lincoln 1989, S. 160).

Konzeptionelle und erkenntnistheoretische Grundpositionen
In diesem Ansatz wird Evaluation ausdrücklich nicht als rein wissenschaftlicher Untersuchungsprozeß aufgefaßt. Evaluation ist keine angewandte Forschung im üblichen Sinne, sondern sie geht über die bislang im Mittelpunkt stehenden Foci, Analyse, Beschreibung und Beurteilung hinaus. Innerhalb dieser Vorstellung wird versucht, ein übergreifendes Verständnis und eine besondere Bezugnahme auf die unzähligen menschlichen, politischen, sozialen, kulturellen und kontextuellen Elemente des Evaluationsprozesses herzustellen. Damit soll ein neuer Level an Klienten-, Praxisorientierung und demokratischer Beteiligung erreicht werden. Das Kernstück und die Hauptaufgabe von Evaluation bezieht sich auf den Aushandlungsprozeß (**negotiation**) der unterschiedlichen Interessen von Betroffenen und Beteiligten (stakeholders). Die wesentlichen epistemologischen, ontologischen und konzeptionellen Grundlagen dieser veränderten Auffassung bestehen in folgenden sechs Punkten:

1) Evaluation kann nicht als Versuch gesehen werden, an dessen Ende eine Erfassung der Realität steht. Evaluationsergebnisse stellen keine Fakten dar, deren Ansammlung ein erhöhtes Wissen über die Wirklichkeit bedeutet. Wirklichkeit und Wahrheit werden vielmehr durch Übereinkünfte zwischen den Beteiligten geschaffen. Aus den Interpretationen und sinnstiftenden Konstruktionen der jeweiligen Individuen und Gruppen entsteht "Wahrheit" dann, wenn ein Konsens über bestimmte Deutungen erreicht wird. Eine "objektive Wahrheit" außerhalb der individuellen Konstruktionen gibt es nicht. Evaluationsergebnisse stellen eine unter den anderen sich in diesem Aushandlungsprozeß befindlichen Konstruktionen dar. Objektivität, soweit sie von den Autoren als Problem aufgefaßt wird, ergibt sich aus dem an Evaluation gerichteten Anspruch, sich dieser prinzipiellen Gleichberechtigung gegenüber anderen Sinnkonstruktionen zu fügen.

20: In ihrer 1981 erschienenen "Effective Evaluation" wurde dieses Gegenparadigma noch als "naturalistic" bezeichnet. Die Autoren halten die Bezeichnung "constructive" jedoch nun für angemessener (vgl. S. 19). Ähnliche Ansätze dieser Richtung werden auch als "interpretative", "hermeneutic" oder "qualitative" paradigm bezeichnet (vgl. S. 13).

2) Wertvorstellungen formen diese sinnstiftenden Konstruktionen entscheidend mit. Vor dem Hintergrund einer werte-pluralistischen Gesellschaft ist zu fragen, wessen Wertvorstellungen berücksichtigt werden sollen und wie unterschiedliche einbezogen werden können. Bei dieser Aufgabe kann ein wertfreier Anspruch nicht bestehen und nicht nützlich sein.

3) Die Sinnkonstruktionen entstehen und beziehen sich bedeutungsmäßig auf kontextuelle und situative Zusammenhänge. Konsens und geteilte Konstruktionen zwischen Individuen oder Gruppen sind aufgrund der kontextuellen Bezüge aus einem partikularen Setting entstanden. Eine Übertragung dieser Interpretationen auf andere Settings ist problematisch und nicht angemessen. Weiterhin bemerken die Autoren, daß den konsensuellen und interindividuell geltenden Konstruktionen kein erhöhter Wahrheitswert zukommt. Sie unterliegen ebenso wie die individuellen dem möglichen Irrtum.

4) Die Dimension der Macht ist innerhalb der Evaluation zu berücksichtigen. Durch das selektive Bereitstellen von Informationen läuft Evaluation immer Gefahr, wenn sie etwa die vom Auftraggeber gewünschten Fragestellungen bevorzugt, benachteiligte Gruppen weiter zu entmachten. Deswegen fordern Guba und Lincoln eine gleichberechtigte Berücksichtigung der Bedürfnisse aller Beteiligten (stakeholders) am Forschungsprozeß.

5) Evaluation soll die Beteiligten dazu anleiten, Praxisprobleme zu lösen, indem sie Handlungsorientierungen erzeugt und aufrechterhält. Durch das Sammeln und Bereitstellen von Wissen über Interventionstechniken und Wirksamkeiten ist dieses Ziel nicht erreichbar. Der Evaluator muß sich vielmehr beteiligen an dem konkreten Aushandlungsprozeß unterschiedlicher Sinnkonstruktionen und Interessen. Er soll diesen Aushandlungsprozeß einleiten und moderieren.

6) Die bisherige Forschungsethik bestand vorrangig in einer passiven Respektierung der Würde, der Integrität und der Privatsphäre der von Forschung betroffenen Individuen. Diese Ethik wird dadurch erweitert, daß versucht wird, eine aktive Einbeziehung aller am Projekt beteiligten Personen in das Forschungsgeschehen zu erreichen. Dies soll ein volles Ausmaß an Partizipation, politischer Gleichstellung und Kontrolle bedeuten und darauf abzielen, durch eine gemeinschaftliche Arbeit gemeinsame Sinnkonstruktionen entstehen zu lassen, die von einer höheren Qualität sind *('a common, consensual, more fully informed and joint construction'; s. S. 11).*

Guba und Lincoln fassen die Hauptelemente ihrer Konzeption folgendermaßen zusammen:

"If the intentions and promises of this emergent conception of evaluation are to be fulfilled, a means of carrying out an evaluation must be found that recognizes the constructed nature of findings, that takes different values and different contexts (physical, psychological, social and cultural) into account, that empowers and enfranchises, that fuses the act of evaluation and its follow-up activities into one indistinguishable whole, and that is fully participative in that it extends both political and conceptual parity to all stakeholders. [...]
Fourth generation evaluation, as we shall show, rests on two elements: *responsivefocusing-determining* what questions are to be asked and what information is to be collected on the basis of stakeholders in-

puts- and *constructivist methodology-carrying* out the inquiry process within the ontological and epistemological presuppositions of the constructivist pradigm [...] " (S. 11).

Die inhaltlichen Ausführungen über die präferierten Methoden und konkreten Vorgehensweisen fallen in der Veröffentlichung relativ kurz aus. Schwerpunkt ist die Begründung und Darstellung des Gesamtkonzeptes im Zusammenhang zu seinen epistemologischen und ontologischen Grundlagen und in seiner Gegensätzlichkeit zum "positivistischen" Ansatz[21].

Das methodische und untersuchungslogische Vorgehen orientiert sich an einem zwölfstufigen Ablaufplan: "the flow of fourth generation evaluation" (S. 186/187; s. Schema Anlage 4). Dieses wird ganz auf den Aushandlungsprozeß gleichberechtigter Betroffener ausgerichtet und ist somit als sozialer und politischer Prozeß geplant (s. S. 253), in dem die Untersuchung empirischer Zusammenhänge mit dem Ziel ihrer Beurteilung in bestimmter Weise eingebunden ist. Die Datensammlung soll aufgrund qualitativ hermeneutischer Methoden geschehen und deren Auswertung vollzieht sich innerhalb der Vorbereitung und Weiterführung des Aushandlungsprozesses aus der Warte der konstruktivistischen Erkenntnistheorie und der sich an den Interessen der "stakeholders" orientierenden "Verwendungslogik".

Guba/Lincoln lassen auch die Frage nach den Qualitätskriterien in bezug auf die innerhalb ihres Vorgehens gewonnenen Erkenntnisse und Resultate nicht unbeantwortet. Parallel zu den traditionellen Gütekriterien der empirischen Forschung formulieren die Autoren **zum einen** drei Kriterien der Glaubwürdigkeit (criteria of trustworthiness): credibility, transferability, dependability (vgl. S. 228-251). Hierfür werden jeweils Möglichkeiten und Verfahren der Überprüfung vorgestellt. **Zum anderen** sehen sie eine weitere Möglichkeit der Qualitätsüberprüfung in der Betrachtung des selbst angewandten methodischen Vorgehens im hermeneutisch dialektischen Prozeß, dem ein qualitätssichernder Eigenwert zukommt (vgl. S. 244).

Weiterhin werden genuine konstruktivistische Qualitätskriterien entworfen, die als Authentitätskriterien bezeichnet werden (the authenticity criteria). Hierzu zählen: »fairness« und »ontological, educative, catalytic, tactical authenticity« (s. S. 245 - 250). Überblickhaft zusammengefaßt beinhalten diese Standards Fragen danach, inwieweit eine Repräsentation der unterschiedlichen Gruppen und inwieweit eine gleichberechtigte Berücksichtigung aller Beteiligten gelungen ist; und weiterhin, ob eine Befreiung, Stärkung und Weiterentwicklung bisher unterdrückter Gruppeninteressen und eine praktisch politische Relevanz der Resultate ermöglicht wurde.

Bewertung
Der Ansatz stellt hinsichtlich der grundsätzlichen Bedeutung von Evaluation und ihrer methodisch-konzeptionellen Ausgestaltung eine extreme Antithese zur traditionellen Evaluation dar. Es gibt auch gemäßigtere Positionen, die das Ziel der Evaluation in der Analyse und Beurteilung aus der Warte einer objektivierenden Forschung akzeptieren, jedoch für diesen Zweck qualitative Forschungsmethoden präferieren (Patton 1978,

---

21: Eine Zusammenfassung der wichtigsten erkenntnistheoretischen und methodologischen Streitpunkte und der Grundannahmen der Autoren finden sich in Guba/Lincoln 1989, S. 44/45.

1980, 1982; s. Denzin/Lincoln 1994). Ohne Zweifel lehnt sich dieses Paradigma sehr stark an den Ansatz der "responsive evaluation" von Stake an, erfährt jedoch eine extreme Radikalisierung. Obwohl Stake oftmals im selben Atemzug mit Guba und Lincoln genannt wird (Heiner 1992, Cook/Matt 1990), darf er diesem Lager nicht zugeordnet werden (Beywl 1988, S. 111; Shadish u.a. 1991, S. 301ff). Das responsive Vorgehen geht bei Stake nicht so weit wie bei Guba/ Lincoln und geschah vor allem aus Gründen der Praxisrelevanz und zur besseren Erfassung der für die Beurteilung und Optimierung wirklich relevanten Zusammenhänge. Außer Frage steht bei Stake, daß es eine objektive Realität gibt. Weiterhin räumt Stake ein, daß aufgrund bestimmter Bedingungen der Projekte auch ein konventionelles ("preordinate") Vorgehen und quantitative Methoden legitim sind. Hinter dem responsiven Aspekt bei Guba/Lincoln steht demgegenüber die erkenntnistheoretische Grundeinstellung des Konstruktivismus und des ontologischen Relativismus, der vorgibt, gegenüber anderen Vorgehensweisen und Verfahren grundsätzlich verschlossen zu sein.

Stake problematisiert den Vorgang der empirischen Analyse und Beurteilung und versucht, durch eine multiperspektivische Betrachtung auch anhand der verschiedenen Sichtweisen Betroffener wirklichkeitsnahe und angemessene Interpretationen zu erreichen, wobei Aushandlungsprozesse unterschiedlicher Interpretationsmuster und Interessen eine wichtige Rolle spielen können. Bei Guba/Lincoln ist der Aushandlungsprozeß jedoch der Dreh- und Angelpunkt des gesamten Vorgehens. Das Problem der Annäherung an Wirklichkeit und die notwendigen Kriterien von Wahrheit als Übereinstimmung zwischen empirisch vorliegenden Sachverhalten einerseits und Interpretationen dieser Sachverhalte andererseits sind als solche im konstruktivistischen Paradigma gar nicht existent.

4. Stage three theories: Versuch einer "Synthese"

Die unterschiedlichen Positionen der Evaluationstheorie

Im Folgenden werden drei theoretische Ebenen herangezogen, anhand derer die verschiedenen Auffassungen der vorhandenen Evaluationstheorien unterschieden werden können. Die folgende Differenzierung erhebt dabei nicht den Anspruch einer vollständigen Typisierung[22], sondern soll lediglich die Bandbreite der möglichen evaluationstheoretischen Standpunkte vorstellbar machen.

1) Ebene der epistemologischen Grundlagen:

In diesen grundsätzlichen Fragen gibt es einerseits die konstruktivistische Position, die kategorisch bestreitet, daß etwas Objektives festgestellt werden kann, auf dessen Grundlage eine Beurteilung vollziehbar ist. Weiterhin wird zurückgewiesen, daß etwas außerhalb der Interessen der Beteiligten als normativer Maßstab und somit Kriterium der Beurteilung ausfindig gemacht werden könne und dürfe. Auf der anderen Seite stehen die Evaluationstheoretiker, die die Erfassung der Wirklichkeit

---

22: Es sind auch zusätzliche Unterscheidungsebenen oder ganz andere Kategorien denkbar; wie z.B. die fünf Unterscheidungsebenen, unter denen Shadish/Cook/Leviton jeden evaluationstheoretischen Ansatz betrachten: theorie of social programming, of knowledge construction, of valuing, of evaluation practice.

und die damit zusammenhängende Beurteilung der zu evaluierenden Gegenstände zwar für mehr oder weniger problematisch erachten, jedoch eine Annäherung an die Wirklichkeit unter dem Einsatz geeigneter wissenschaftlicher Verfahren prinzipiell für möglich halten. Die extreme Gegenposition zu den Konstruktivisten müßte man sich als eine "objektivistische" Evaluationsforschung im Sinne einer vollständigen und objektiven Erfassung und Beurteilung vorstellen.

2) Ebene des konzeptionellen Grundverständnisses:
Auf der einen Seite stehen hier Positionen, die in Evaluation ein technologisches Steuerungsmittels sehen. Mit Hilfe der gewonnenen Informationen sollen systematisch kontrolliert Probleme im Sinne einer zielorientierten Managementstrategie gelöst werden. Auf der anderen Seite stehen als Gegenposition emanzipatorische und bedürfnisorientierte Auffassungen, die bestrebt sind, einen sozialpolitischen (Aushandlungs-)Prozeß lediglich zu moderieren und dessen Ausgang offen zu lassen.

3) Ebene der Verfahren und Methoden:
Hinsichtlich des methodischen Vorgehens bei der Datenerhebung und Auswertung stehen auf der einen Seite die qualitativ und hermeneutischen, auf der anderen die quantitativ analytischen Erhebungs- und Auswertungsverfahren der empirischen Sozialforschung.

Schematische Darstellung:

Extrempol	Extrempol
Objektivismus	Konstruktivismus
Sozialtechnik	diskursiver sozialpolitischer Prozeß
qantitativ analytisch	qualitativ, hermeneutisch

Eine unter starren konzeptionellen Vorgaben (z.b. Kosteneinsparung und Effektivität) und an sogenannten "harten" Methoden orientierte Evaluation etwa als "Management Information System" (MIS) wäre ein Modell, das auf allen drei Ebenen die linken Extrema repräsentierte (Wholey). Der Gegenpart dazu stellte auf allen drei Ebenen die "fourth generation evaluation" von Guba/Lincoln dar. Viele der vorhandenen Evaluationstheorien und Modelle befinden sich auf Punkten oder in Bereichen irgendwo zwischen den Extrempolen und zwar je nach Ebene auf unterschiedlichen. Es gibt etwa Ansätze, die qualitative Methoden eindeutig bevorzugen, weder Sozialtechnik noch diskursiv (im Gubaschen Sinne) sind und eine konstruktivistische wissenschaftstheoretische Position eher ablehnen (z.B. Stake).

Extreme evaluationstheoretische Standpunkte neigen dazu, alternative Vorgehensweisen ungeachtet einer möglichen kontextuell begründeten Nutzbarkeit dogmatisch abzulehnen. Vor diesem Hintergrund sind die methodologisch-wissenschaftstheoretischen Kontroversen und die theoretischen Grabenkämpfe zu sehen, die zunehmend als kontraproduktiv empfunden werden:

"Die wissenschaftstheoretisch untermauerten Positionskämpfe zwischen den Anhängern qualitativer und quantitativer Methoden der empirischen Sozialforschung sind als Grundsatzdebatten überflüssig. Sie behindern nur die notwendige Abklärung, welche Methode(n) bei welchen Problemen und welche Erkenntnisinteressen angemessen ist/sind" (Heiner 1988, S. 10).

Die theoretischen Ansätze von Peter Rossi und Lee Cronbach werden von Cook/Matt und Schadish/Cook/Levinton als der verdienstvolle Versuch gesehen, eine Synthese zwischen sich ausschließenden Theorien zu leisten und damit die unproduktive Debatte zu überwinden. Beide Theoretiker arbeiten mit Theorien und Ideen, die aus bereits vorhandenen Modellen stammen, gewichten diese jedoch anders und fügen sie zu einem umfassenden integrativen Ansatz zusammen. Auch eine nur überblickhafte Darstellung der komplexen Abhandlungen von Rossi und Cronbach würde den Rahmen dieses Kapitels sprengen. Es reicht vor dem Hintergrund der bereits geschilderten theoretischen Grundlagen aus, ein allgemeines Verständnis dieser "neuen Logik" der Entwicklung von Evaluationskonzepten zu vermitteln. Diese Darstellung geschieht für beide Theoretiker zusammengefaßt. Dabei wird nicht berücksichtigt, daß beide sich in einigen Punkten unterscheiden.

4.1 Peter Rossi und Lee Cronbach "Trying to integrate the past"[23]

Der wesentliche "Dreh", auf dem diese Synthese beruht, liegt in der Betonung des theoretischen Elementes der Kontextualität, dem sich die bestimmenden konzeptionellen und methodologischen Prinzipien der Ansätze unterzuordnen haben:

"Both have developed theories of tailored, comprehensive evaluation that confer legitimacy upon methods and concepts that came before, but conditionally, so that the legitimacy of a method or concept depends on the circumstances. Cronbach and Rossi are integrators" (Shadish u.a. S. 315).

In den folgenden Abschnitten soll kurz dargestellt werden, wie dieser theoretische Integrationsprozeß über die unterschiedlichen Ansätze hinweg geschieht:

1) Ebene der epistemologischen Grundlagen
"Rossi and Cronbach recognize that no single paradigm for knowledge construction has sufficient empirical or theoretical support to dominate the field. Both recognize that evaluation is characterized by multiple epistemologies, multiple methods, and multiple priorities for the kinds of knowledge that are important" (Shadish u.a. S. 318).

Beide Theoretiker halten sich in der Diskussion dieser wissenschaftstheoretischen Grundfragen zurück. Besonders Cronbach hegt gegenüber dem traditionellen wissenschaftlichen Denken ernsthafte Zweifel. Die Notwendigkeit eines neuen Paradigmas im Sinne von Guba/Lincoln sehen beide nicht, sondern mißtrauen vielmehr jedem, der vorgibt, auf diese schwierigen erkenntnistheoretischen Fragen die Antwort zu wissen (ebd. S.318). Die integrative Funktion besteht darin, daß die unterschiedlichen Sichtweisen, bis auf die extrem relativistische und die positivistische, als anwendbar erachtet werden, und daß man sich grundsätzlich gar nicht auf den o.g. destruktiven Diskurs einläßt.

23: vgl. hierzu Cook/Matt 1990, S. 28 ff; Shadish u.a. S. 315 - 437; Rossi/Freeman 1982; Chen/Rossi 1980, 1983; Cronbach 1982; Cronbach u.a. 1980.

Je nachdem, welches Informationsbedürfnis bei der Evaluation vorliegt und abgestimmt auf die Art des zu evaluierenden Projektes und auf die Entwicklungsphase, in der es sich befindet, müssen mehrere und ganz unterschiedliche Fragestellungen als relevant erachtet werden, die dann mit den jeweils geeigneten Verfahren zu beantworten sind. Die Beantwortung der Frage, ob das Untersuchungskonzept deskriptive Analysen, Erklärung von Sinnstrukturen oder die experimentelle Untersuchung kausaler Zusammenhänge beinhalten soll, soll folglich nicht aufgrund paradigmatischer evaluationstheoretischer Positionen entschieden werden. Die Evaluationsverfahren sind vor allem in Abstimmung auf das spezifische Informationsbedürfnis und auf die kontextuellen Bedingungen abzustimmen.

Praktische Relevanz und pragmatische Funktionen der Erkenntnisse spielen für Rossi und Cronbach gleichermaßen eine übergeordnete Rolle gegenüber den ungelösten Problemen in bezug auf die Möglichkeiten eindeutiger und strenger wissenschaftlicher Erkenntnis. Beide nehmen also eine Position jenseits und zwischen den paradigmatischen Gegnern ein: zum einen gegenüber den Theoretikern der ersten Stufe, die mit dem Projekt, Erkenntnisse im streng wissenschaftlichen Sinne zu liefern, gescheitert sind, und zum anderen gegenüber den sogenannten "Antipositivisten", die aufgrund der Unmöglichkeit, wahre Ergebnisse mit Gewißheit zu erzielen, "das Kind mit dem ganzen Bade auskippen" und den Prozeß, der eigentlich gar kein Forschungsprozeß mehr ist, größtenteils den Interessen und persönlichen Bedürfnissen der Gruppen vor Ort überlassen. Cook und Matt (S. 31) charakterisieren Cronbachs Position in dieser erkenntnistheoretischen Zwickmühle ebenfalls unter Verwendung des "Badewannenmodells":

"Warum soll man viele nützliche jedoch mittelmäßige Kinder aus dem Badewasser werfen, nur um sich vor etwas schmutzigem Badewasser zu schützen?"

2) Ebene der Verfahren und Methoden
Eine analoge Position wie bei der erkenntnistheoretischen Frage nehmen Rossi wie auch Cronbach hinsichtlich des Problems der geeigneten Verfahren und Methoden ein:

"Es ist schlicht sinnlos zu fragen, welcher Ansatz der "bessere" sei, wenn nicht zugleich die Untersuchungsfrage genannt wird. Entscheidend ist die Verschränkung von Methodik und Untersuchungsziel: Wer den einen gegen den anderen Ansatz ausspielt (z.B. *Berger* 1980), trägt nur zu einer unnötigen und letztendlich nicht zu rechtfertigenden Polarisierung in der Sozialforschung bei." (Rossi u.a. 1988, S. 188).

Methodologische Vielfalt angesichts einer multidimensionalen komplexen Wirklichkeit, in der alle Erhebungsmethoden vorhergehender Ansätze enthalten sein können, stellt für beide Theoretiker eine Sichtweise dar, unter der sich das Methodenproblem anders stellt: Es geht nunmehr darum, für bestimmte Fragestellungen, die in Abhängigkeit von den Rahmenbedingungen der Evaluation zu erstellen sind, ein "maßgeschneidertes" methodologisches Design zu entwickeln, in dem unterschiedliche Methoden miteinander verbunden werden und das dem zugrundeliegenden Informationsbedürfnis optimal gerecht wird.

3) Ebene des konzeptionellen Grundverständnisses

Hinsichtlich der Frage, nach welchen Kriterien sich der allgemeine Zweck der Evaluation und ihr gesellschaftspolitischer Einsatz orientieren sollte, lehnen beide Theoretiker die extremen Positionen ab und nehmen eine Mittelposition ein. Die Interessen der Betroffenen spielen als wesentlicher Bestandteil der Bedingungen, in deren Zusammenhang die Fragestellungen zu formulieren sind, immer eine gewichtige Rolle, und unter Umständen müssen auch Aushandlungsprozesse hinsichtlich der Gruppen vor Ort moderiert werden. Dies gehört jedoch zu einem verfahrenstechnischen Aspekt, der nicht Kernpunkt des gesamten Vorgehens, sondern nur zusätzlich notwendig ist (etwa präevaluativ).

Rossi versucht eine Stellung einzunehmen, die einerseits in der Lage ist, unterschiedlichen Interessen und Zwecken zu dienen ("multi-goal"), aber andererseits auch eine gewisse Distanz zur Bedürfnislage der Gruppen sucht. Diese entsteht durch die (Wiedereinführung) Betonung der Beurteilung und Einschätzung vorhandener Bedürfnisse und proklamierter Notwendigkeiten (needs assessment; vgl. Shadish u.a. S. 320), die auch an übergreifenden politischen Kriterien außerhab der vor Ort Betroffenen orientiert ist ("policy-shaping community"; s. Shadish u.a. S. 319), jedoch von den Theoretikern der zweiten Stufe weniger als Aufgabe der Evaluation angesehen wurde. Cronbach unterscheidet sich hier und bezieht eine Position, die letzterer Auffassung näher steht als die von Rossi. Aber seine Sensibilität gegenüber den Interessen der "stakeholders" besteht nicht etwa in "aktionistischer Identifikation" und kritikloser Distanz:

"Yet he also asks evaluators to be educators of stakeholders, to sensitisize them to the needs and values of other stakeholders, and to show them alternative perspectives about the programm" (Shadish u.a. S. 320).

III. Kapitel:
Anmerkungen zur Evaluation in der deutschen Sozialpädagogik

Wie bereits im ersten Kapitel ersichtlich, findet in Deutschland ebenfalls eine sehr umfangreiche Evaluationspraxis statt, und es ist ein geradezu unüberschaubarer Bestand an Berichten über pädagogische Evaluationsstudien unterschiedlichster Art vorhanden. Theoretische Fragen der Evaluation werden ebenfalls thematisiert und bearbeitet. Im Vergleich zu der eigenständigen und elaborierten evaluationstheoretischen Diskussion in den USA liegen diese Überlegungen jedoch eher punktuell und fragmentarisch vor (vgl. Heiner 1986, S. 78). Ziel dieses Kapitels ist es, einen Eindruck von der besonderen Situation der sozialpädagogischen Evaluation und ihrer Theorie zu vermitteln. Dies geschieht durch die Schilderung einiger Beispiele und einzelner Entwicklungslinien. Eine umfassende Geschichte der Evaluation in der Sozialpädagogik kann hier nicht geleistet werden.

1. Erziehungswissenschaftliche Evaluationsforschung im Überblick

1.1. Die Epoche der Planungs- und Reformeuphorie

Vorgeschichte:
Bereits in den 20er Jahren wurde in bezug auf die Wirksamkeit sozialer Arbeit Praxisforschung betrieben, die aufgrund ihres Zuschnitts auf sozialpädagogische Prozesse erwähnenswert erscheint. C.W. Müller (1988) schildert eine Untersuchung von Siddy Wronsky aus dieser Zeit, die sich mit der Beurteilung der Ergebnisse und des Verlaufs sozialpädagogischer Einzelfallhilfe anhand von 128 Fallanalysen beschäftigte. Diese Untersuchung, die damals natürlich noch nicht unter dem Begriff Evaluation stattfand, zielte darauf ab, mehr über die Wirkungszusammenhänge im Hilfeprozeß zu erfahren und stand damit im engen Zusammenhang mit der Entwicklung eines sozialen Hilfeansatzes und einer Theorie der Diagnose, Prognose und Therapie durch Alice Salomon (vgl. C.W. Müller 1988, S. 23ff).

Wegen der Lahmlegung der Forschungs- und Entwicklungstätigkeit in Bereichen der SA/SP durch das nationalsozialistische Regime und aufgrund der Kriegsfolgen, konnte bis in die 60er Jahre keine sozialpädagogische Praxisforschung entstehen, die das Niveau der genannten Untersuchung aus der Zeit der Weimarer Republik erreichte. Abgesehen von dem Fehlen der dafür notwendigen Strukturen und Kapazitäten waren die sozialen Problemlagen der Nachkriegszeit so beschaffen, daß der Aspekt einer tiefergehenden pädagogischen Arbeit und einer Wirkungsanalyse in dieser Hinsicht hinter die akute Notwendigkeit materieller Hilfe- und Organisationsmaßnahmen zurücktreten mußte. Die fundamentalen Leistungen der Hilfe und Versorgung für die Kriegswaisen und Flüchtlinge und ihre inhaltlichen Erfordernisse waren auch ohne hintergründige Analysen klar erkennbar. Notwendige Institutionen und administrative Strukturen mußten aufgebaut und in ihrer Funktion zunächst nur aufrechterhalten werden. Die Frage nach Erfolg oder Mißerfolg einer derartigen Primärversorgung stellte sich nicht in einer komplizierten Form, sondern die Resultate lagen auf der Hand[1].

1: Eine der ersten Evaluationsuntersuchungen im außerschulischen pädagogischen Bereich, die über

Anders als in bezug auf die Fürsorge und die soziale Arbeit trat im Bereich der Schule bereits in den 50er Jahren ein Interesse an Veränderung und ein gewisses Reformbedürfnis auf. Dieses fand in einer ersten Phase der Schulreformbewegung seinen Niederschlag in einer ganzen Reihe von Schulversuchen und pädagogischen Experimenten[2]. Eine qualitative Veränderung erfuhr die wissenschaftliche Begleitung dieser Reformversuche Anfang der 60er Jahre:

"Sah man bis dahin in ihnen eher pädagogische Experimente, die dem Engagement von einzelnen Lehrern und Schulverwaltungsbeamten überlassen waren, so ging man nunmehr davon aus, daß diese als Elemente von Bildungsplanung und Bildungsreform der Rationalisierung bildungspolitischer Entscheidungen dienen sollten" (Raschert 1980, zit. nach Weishaupt 1980, S. 192).

Wichtig erscheint im Zusammenhang mit einer umfassenderen Rationalisierung und Kontrolle die sich verändernde gesellschaftliche Bedeutung des Bildungswesens überhaupt, das sich vom klassischen deutschen Bildungsideal immer mehr entfernte (vgl. Heid 1977, S. 131ff):

"Seit Anfang der 60er Jahre wird das Verhältnis von Bildung und Bildungswesen einerseits und von Ökonomie, Technik und Politik andererseits neu thematisiert. Bildung wird als ein für die einzelwirtschaftliche, volkswirtschaftliche und weltwirtschaftliche Konkurrenzfähigkeit unentbehrliches (Investitions-)Gut angesehen und in Dienst genommen".

Diese Integration des Bildungsbereiches als funktionaler Bestandteil des gesellschaftlichen Gesamtsystems bedingte natürlich eine umfassender strukturierte, institutionalisierte und rationalisierte gesellschaftliche Nachfrage nach einer kontrollierten Entwicklung im angestrebten Sinne und führte damit zu einer bestimmten Form der Evaluation: zur Begleitforschung großangelegter Reformprogramme und Modellversuche. Forschung und Wissenschaft bekamen in diesem Zusammenhang zunehmend die Funktion der Politikberatung und wurden dazu eingesetzt, um der Verwaltung zuzuarbeiten (Behördenforschung), für die ein Wandel von Vollzugsverwaltung zu einer planenden Verwaltung zu verzeichnen war (vgl. Weishaupt 1992, S. 26ff).

Wichtige politische Geschehnisse, die diesen Rationalisierungs- und Modernisierungsprozeß anstießen, stellen erstens analog zur nordamerikanischen Entwicklung der "Sputnikschock" und zweitens das Ausrufen der "Bildungskatasthrophe" dar (Picht 1964; hierzu: Luhmann/Schorr 1988, insbes. S. 472ff). Bis auf den Elementarbereich hat die Sozialpädagogik diesen Prozeß und die damit zusammenhängende Institutionalisierung und Funktionalisierung von Forschungsaktivitäten nicht in dem Maß vollzogen, wie das im Schul- und Ausbildungswesen der Fall war. Dies hängt mit dem Stellenwert des sozialpädagogischen Bereiches innerhalb der industriellen Gesellschaft zusammen. Für die Jugendhilfe stellt Johannes Münder (1984, S. 148) heraus, daß "sie gegenwärtig (und wohl auch auf absehbare Zeit) keine zentrale Funktion für die Aufrechterhaltung des Kapitalverwertungsprozesses" hat. Und weiter:

"Jugendhilfe ist ein Bereich, der in "gewisser Entfernung von dem als gesellschaftlich vorrangig erachteten ökonomischen Zentrum liegt" und daher "nur über beschränkte Möglichkeiten zur Durchset-

---

diesen materiellen Aspekt hinausgeht, stellt die Studie von Liselotte Pongratz und H.-O. Hübner (1959) dar: "Lebensbewährung nach öffentlicher Erziehung".
2: s. Weishaupt 1980, S. 192; dieser verweist auf: Chiout 1955, Fleckenstein 1958, Schultze/Belser 1956.

zung ihrer spezifischen Interessen" verfügt (Bundesministerium für Jugend, Familie und Gesundheit 1972, S.103). Von daher ist es zu einem nicht unerheblichen Teil für den Kapitalverwertungsprozeß auch irrelevant, was sich im Bereich der Jugendhilfe im Detail tut. Deswegen können wiederum subjektive, ideologische, interessen- und verbandspolitische Auffassungen eine relativ große Rolle spielen (Ders. ebd.)."

Wegen der anderen strukturellen Einbindung wurde die Sozialpädagogik von der Reformphase weniger stark erfaßt als der Bildungsbereich. Hinsichtlich der Erforschung und Evaluation sozialpädagogischer Praxis bedeutete dies, daß großangelegte Begleitforschungen in bezug auf diesen Arbeitsbereich zunächst nicht stattfanden.

Die gesellschaftliche Nachfrage richtete sich vorrangig auf die Evaluation der innovativen Interventionen und Veränderungen im Zuge der Bildungsreform und bestand hauptsächlich darin, daß der Staat als Auftraggeber für derartige Forschungen in Erscheinung trat. Als Voraussetzung dieser Bemühungen mußte jedoch ein dafür geeigneter politisch institutioneller Hintergrund geschaffen werden. Zunächst war es notwendig, die föderativ strukturierten und divergierenden Kompetenzen und Verantwortlichkeiten unter den Bundesländern und im Verhältnis zwischen Bundes- und Länderebene zu harmonisieren. Dieser Prozeß der Koordination der unterschiedlichen Interessen bezüglich der Finanzierung, der Inhalte, der Planung, Durchführung und der Dokumentation von Innovations- und Reformprogrammen vollzog sich schrittweise[3].

Für die Sozialpädagogik und somit für unser Untersuchungsthema ist diese Entwicklung deswegen relevant, weil **erstens** der Elementarbereich als wichtiges Handlungs- und Interessenfeld der Sozialpädagogik in diesem institutionellen Rahmen eingeschlossen war, obwohl sich der Schwerpunkt der Reforminteressen auf den Schul- und Ausbildungsbereich bezog. **Zweitens**, weil auch innerhalb der Modellversuche und Experimentalprogramme - etwa im Schulbereich - sozialpädagogische Themen, wie beispielsweise das »soziale Lernen«, neben der fachspezifisch didaktischen Dimension immer wieder eine Rolle spielten (s. z.B. Bonk-Luetkens 1978). **Drittens**, weil die Begleitforschung im Zuge der Bildungsreform einen übergreifenden Einfluß auf den Gesamtbereich der Pädagogik hatte, was sich anhand der Diskussionen aus dieser Zeit, etwa der Zeitschrift für Pädagogik (Jg. 1972-1975) ersehen läßt.

Bildungsreform und Bildungsboom
Mit der Bildungsreform beginnend Anfang der 60er Jahre setzte eine immense Expansion der Bildungsforschung ein. Sowohl die pädagogischen Institutionen, als auch die Bildungsforschung und damit die Praxisforschung und die Evaluation, sind in diesem Wachstumsprozeß eingeschlossen, der mit dem Ende der Reformära im Ausgang der 70er Jahre ebenfalls zum Stillstand kam. Für die Evaluationsforschung ist diese Phase vor allem in bezug auf die wissenschaftliche Auswertung von großangelegten Modellversuchen bedeutsam, die sich hier unter den Vorzeichen einer auf strukturelle

---

3: Als wichtigste Stationen hierbei sind zu nennen:
Hamburger Abkommen, Berliner Erklärung (beides 1964); Vereinbarung der Kultusministerkonferenz (KMK) zur Durchführung von Schulversuchen mit (Experimentalprogrammen) Ganztagsschulen und Gesamtschulen (1969); Bildung der Bund-Länder-Kommission (BLK) für Bildungsplanung (1970); Rahmenvereinbarung zur koordinierten Vorbereitung, Durchführung und wissenschaftlichen Begleitung von Modellversuchen im Bildungswesen (1971); Bildungsgesamtplan (1973). s. Weishaupt 1980, S. 1292ff.

Reformen abzielenden Bildungs- und Sozialpolitik und im Zuge einer expansiven Modellförderung einer starken Nachfrage erfreute.

Bis heute wird der Großteil der Bildungsforschung von universitären Instituten ausgeführt. Im Zuge der Expansion erziehungswissenschaftlicher Forschung und wegen der expansiven Modellförderung kam es neben den universitären Forschungseinrichtungen, deren Kapazität für die anwachsende Nachfrage nicht ausreichte oder deren Bereitschaft zu empirischer Praxisforschung aufgrund der vielfach vorherrschenden geisteswissenschaftlichen Ausrichtung eher gering war, zur Gründung von speziellen Forschungsinstituten und Projektgruppen (s. Weishaupt u.a. 1991, S. 60ff). Die Expansion des Forschungsbereiches wurde also von Prozessen der Institutionalisierung und der Differenzierung begleitet (vgl. ebd. S. 59).

Die Reformära der 60er und 70er Jahre stellt für die Evaluationsforschung in der Pädagogik eine bedeutsame Epoche dar, wobei anfangs eher die Effektivierung durch Planung und nach Ende der 60er Jahre Emanzipation und Chancengleichheit (emanzipatorische Wende) im Mittelpunkt der Reform standen. Wissenschaftliche Begleitforschung und Evaluierung entwickelte sich über die 60er Jahre zu einem Instrument der Politikberatung und fand unter den Vorzeichen der Planungs- und Reformeuphorie in den 70er Jahren als überregionale Großforschung gleichzeitig ihren Höhepunkt und Abschluß. Sie erfuhr dabei organisatorisch und inhaltlich eine funktionale Orientierung, die in Bereichen mit starker und durchgängiger Institutionalisierung besonders ausgeprägt war. Die Instrumentalisierung kann jedoch nicht nur ausgehend von Verwaltung und Politik in bezug auf Wissenschaft gesehen werden. Sie bestand auch in gegenläufiger Richtung als Nutzbarmachung von öffentlichen Finanz- und Fördermitteln für die akademischen Interessen universitärer pädagogischer Institute (Drittmittelförderung, vgl. Weishaupt u.a. 1991, S. 38). Die Hauptfunktionen in diesem gesellschaftlich historischen Kontext waren also:

- Legitimation staatlicher strukturpolitischer Reformen und innovativer Interventionen;
- Erforschung der Generalisierbarkeit der Erfahrungen aus einzelnen (Modell-)Projekten in bezug auf überregionale Zusammenhänge;
- Kontrolle der gewünschten Funktionen und Rahmenbedingungen sowie Organisation der Implementation.

Das Ende der Reformphase
Seit Anfang der 80er Jahre läßt sich ein empfindlicher Rückgang der bereitgestellten öffentlichen Fördermittel für die Bildungsforschung und damit der geförderten Projekte insgesamt verzeichnen (s. Weishaupt u.a. 1991, S. 38ff, 146-147), der insbesondere die Staatsinstitute der Länder traf und nicht allein auf die Haushaltsengpässe der 80er Jahre zurückgeführt werden kann, sondern eine grundsätzliche Veränderung der politischen "Großwetterlage" oder mehr noch eine "Verschiebung einer Klimazone" signalisiert: Der Wandel des staatlichen Selbstverständnisses von einer strukturell planenden zu einer punktuell intervenierenden und reagierenden Rolle. Die Epoche der "Reformeuphorie" fand also ihr Ende aufgrund einer Veränderung der allgemeinen Auffassung gegenüber staatlicher Planung und Interventionen ("Ordo-Libera-

lismus"), die sich bereits unter der Kanzlerschaft von Helmut Schmidt gegen Ende der 70er Jahre abzeichnete und später beispielsweise im Scheitern der Fortschreibung des Bildungsgesamtplanes 1982 und der daraus folgenden Umstrukturierung des Modellversuchsprogrammes (s. Weishaupt 1992, S. 16) ihren Ausdruck fand. Diese Wende zu einem vermehrt ordnungspolitisch liberalistischen Selbstverständnis des Staates wurde von einer Veränderung des Verhältnisses zwischen Politik und Sozialwissenschaft begleitet. Lau/Beck (1989, S. 2) beschreiben diesen Prozeß folgendermaßen:

"Extern ist die Soziologie[4] aufgrund einer zu starken Symbiose mit dem politischen Reformoptimismus der 70er Jahre in Verruf geraten und dies nicht etwa, weil ihre Ergebnisse als irrelevant, sondern vielleicht gerade umgekehrt: mehr und mehr als potentiell bedeutsam erkannt werden und man die Abhängigkeit von sozialwissenschaftlichen Ergebnissen, damit zugleich aber auch ihr unkalkulierbares Irritationspotential zu spüren beginnt" (Hervorhebung des Autors)

Und auf Seite 3:

"[...] die ersten Liebeserfahrungen im Frühling der Reformeuphorie in den 70er Jahren sind inzwischen dramatisch abgekühlt und dem üblichen "Terror der Intimität" gewichen: Auf beiden Seiten herrschen - strategisch eingestimmt oder naiv - Katerstimmung und Frustration vor" (S. 3).

Das heißt also, daß man in "Scheidung" lebt, "aber man lebt noch miteinander" (Beck/ Lau 1983, S. 107). "Allerdings: Man hat ein festes Bild von der Ignoranz und der Inkompetenz der anderen Seite - und man erwartet schon längst nichts Gutes mehr voneinander" (Tillman 1991, S. 955).

Ein weiteres Phänomen, das als Ausdruck einer zunehmenden Verflechtung und Vereinnahmung wissenschaftlicher und politischer Interessen gedeutet wurde und damit Anlaß zu Kritik an dem "intimen" Verhältnis einer zunehmenden Indienstnahme der Sozialwissenschaft gab, stellt die "Institutionalisierung von Expertise und Gegenexpertise" dar (Badura 1980, 1982). Die Analyse dieser Zusammenhänge führte zu einer Aufweichung der gutachterlichen Akzeptanz und Schiedsrichterfunktion, über die die Sozialwissenschaft noch bis in die 70er Jahre verfügen konnte. Dies hatte die Folge, daß es zu einer grundsätzlichen Kritik an dem bislang akzeptierten Rollenverständnis und zu einer Entwertung des sozialwissenschaftlichen Wissens- und Erkenntnispotentials in staatlicher oder anderweitiger Auftraggeberschaft kam, was berechtigterweise Zweifel an der Legitimität und Sinnhaftigkeit großangelegter Evaluationen und experimenteller Modellversuche aufkommen ließ (Heiner 1988 d; v. Spiegel 1991; C.W. Müller, 1978).

Schwierigkeiten der Evaluation im sozialpädagogischen Bereich am Beispiel des Bundesjugendplans[5]

Der Bundesjugendplan bedeutet für den sozialpädagogischen Bereich der Tendenz nach eine politische Institution der Planung und Steuerung. Er ist jedoch nicht mit den im Bildungsbereich bestehenden Bemühungen vergleichbar, vor deren Hintergrund eine übergreifende Forschung als Instrument jugendpolitischer Planung und als

---

4: Die Soziologie kann meiner Meinung nach hinsichtlich dieses Aspektes als stellvertretend für die sozialwissenschaftliche Forschung und damit auch für die pädagogische gesehen werden.
5: weiterführend hierzu: Hornstein (1970, 1975)

"Legitimationsressource politisch-administrativer Programme" (Lau/Beck 1989) hätte eingesetzt werden können. Der sozialpädagogische Bereich erwies sich gegenüber einer Evaluation in diesem Sinne als relativ sperrig. Es erscheinen einige Charakteristika erwähnenswert, die sich vor dem Hintergrund von Intentionen der Kontrolle oder der Planung im Zusammenhang mit dem Bundesjugendplan bereits ganz am Anfang herauskristallisierten und die Möglichkeit einer Übertragung der im Bildungsbereich üblichen Formen der Evaluation auf die sozialpädagogische Praxis einschränkten:

Die programmatische Ausrichtung der Praxis, der unter dem Bundesjugendplan stattfindenden Projekte als potentielle Gegenstände von Evaluation, waren von Anfang an weniger von der Intention einer strukturellen reformatorischen Umgestaltung beeinflußt. Die Zielrichtung der Projekte bestand vielmehr aus eher spontanen Reaktionen auf bestimmte gerade in der Öffentlichkeit als besonders dringlich empfundene gesellschaftliche Problemlagen und Defizite. Dies geschah schon von Anfang an ohne eine tiefergehende Analyse ihrer gesellschaftlichen Bedeutung:

"Die Schwerpunktbildung geschah häufig im aktuellen Bezug, nicht immer sachlich, selten systematisch begründet. Wenn die Öffentlichkeit durch die Freizeitgestaltung der "Beat-Jugend" irritiert wurde, plädierte man für die Intensivierung der Freizeithilfen, wenn Jugendliche Hakenkreuze schmierten, wurden die Mittel für die politische Bildung erhöht, und wenn die Olympischen Spiele für die deutsche Mannschaft nicht erfolgreich genug waren, plädierte man in der Presse, im Parlament und im Ministerium für eine bessere Förderung des Sports bei der Jugend. So richtig es ist, daß insbesondere der Fonds sich an die Bedürfnisse anpassen muß, so problematisch wird eine Anpassung, die nicht auch ein langfristiges systematisches Gefüge der Schwerpunktbildung erkennen läßt" (Keil 1969, S. 83).

Diese Punktualität der relevanten Themen, die sich im Verlauf des gesellschaftlichen Entwicklungsprozesses ständig änderten, bedeutet eine strukturelle Eigenschaft, die den zentralen und übergreifenden Forschungsanstrengungen zur Evaluation der sozialpädagogischen Praxis entgegenstanden, wie sie im Rahmen der Reformphase in anderen Bereichen etabliert waren.

Die Kriterien, Fragestellungen und Indikatoren, somit das Grundmuster einer Evaluation konnten im Falle der Schulbildung noch relativ unkompliziert ermittelt und ohne umständliche Aufbereitung gegenüber der Politik und der Verwaltung konsensfähig festgelegt werden. Es handelte sich vorwiegend um die Erfassung des Verlaufs und der Resultate von didaktischen Prozessen der Wissensvermittlung und um die Überprüfung der Implementation im Sinne einer relativ festliegenden Vorstellung. Im Unterschied dazu stellte sich aufgrund der Vielschichtigkeit der Problemstellungen, der Komplexität des Gesamtbereiches »Sozialpädagogik und soziale Arbeit« und wegen der "Flüchtigkeit" (Heiner 1988) der hier ablaufenden Prozesse das Problem der konzeptionellen und methodischen Vorgehensweise einer Evaluation weitaus schwieriger.

Von daher waren es hinsichtlich der Kontrolle der Projekte innerhalb des Bundesjugendplanes bis in die 70er Jahre nicht pädagogische Kriterien einer Evaluation, sondern vor allem haushaltsrechtliche Kriterien der Wirtschaftlichkeit und Sparsamkeit, die als Leitsysteme einer Prüfung und Selektion angewandt wurden und bei einem "zweckentfremdeten Gebrauch" der öffentlichen Mittel zu einer Rückzahlung führen sollten. Angesichts der Vielfalt von Fördermaßnahmen und Ausgabearten war es jedoch unmöglich, "allgemeine Regeln dafür anzugeben, was im Einzelfall wirtschaftlich und sparsam ist" (Keil 1969, S. 86). Die rationalisierte Verwaltung versteht als Kriterium für Wirtschaftlichkeit ein Verhalten, das die wirkliche Erreichung des angestrebten Zieles mit den einfachsten, schnellsten und wirksamsten Mitteln gewährleistet (vgl.: Keil 1969, S.86; Vialon 1959, S. 509). Dieses Verständnis war nicht ohne weiteres als Grundmuster der Evaluation in den Bereich der Sozialpädagogik und der sozialen Arbeit übertragbar: aufgrund der pädagogischen Programmatik, aufgrund der Art der Problemstellungen und aufgrund der offenen Organisation mit großen Anteilen an freier Trägerschaft. Vor dem Hintergrund des damals vorherrschenden Typs von Kontroll- und Behördenforschung konnten die Möglichkeiten einer im pädagogischen Sinne orientierten Evaluation konzeptionell und methodisch gar nicht gesehen werden. Die besondere Schwierigkeit der Erfassung pädagogischer Zusammenhänge etwa am Beispiel der Jugendarbeit lag schon damals wegen der Erkenntnis auf der Hand,

"daß insbesondere im pädagogischen Bereich die einfachsten Mittel nicht immer die geeignetsten sind, daß der schnelle Weg auf die Dauer der unwirtschaftlichste sein kann, gemessen an dem Ziel, der Jugend eine Entwicklung zu ermöglichen, die sie fähig macht, ihre eigene Rolle als Bürger dieser Gesellschaft zu bewältigen. Wirtschaftlichkeit und Sparsamkeit, Leitbegriffe der rationalisierten Verwaltung, werden in Bereichen problematisch, die beispielsweise Erfolgskontrollen weitgehend unzugänglich sind. Teilnehmerzahlen und Teilnehmertage sind keine Beweismittel, wenn es darauf ankommt, einer kleinen Minderheit ein qualifiziertes Angebot zu machen. Es geht um die Frage, wie bestimmte Konflikte besser bewältigt werden können, nicht um die Tatsache, daß keine Haushaltsordnung von den Grundprinzipien sparsamer Wirtschaftsführung, dem Abrechnungswesen, Buch- und Belegführung, Finanzkontrolle absehen wird" (Keil 1969, S. 86).

Seitens von Verwaltung und Politik können beispielsweise Interessen der Öffentlichkeitswirksamkeit oder der Einsparung zu einem mangelnden Verständnis pädagogischer Inhalte führen. Hinzukommen kann noch ein allgemeiner Kompetenzanspruch, den jeder mehr oder weniger für sich in Anspruch nimmt: über Fragen der Jugend mitreden zu können, weil jeder selber einmal Jugendlicher war (vgl. Hornstein 1982). Dies kann die Verständigung zwischen einer kontrollierenden Verwaltung und einer sich um pädagogische Orientierung bemühende Evaluation zusätzlich erschweren.

Neben strukturellen Gründen des Arbeitsbereiches, die später zur Sprache kommen sollen, sind mit den o.g. Merkmalen - die Tendenz zum punktuellen Einsatz der Maßnahmen, die wissenschaftlich begleitet werden konnten, und die konzeptionellen Schwierigkeiten der Planung und Durchführung von Evaluation - zwei Gründe dafür genannt, daß der Bereich der Sozialpädagogik und der sozialen Arbeit nicht in dem Maße wie der Bildungsbereich von umfassenden Evaluationsbemühungen erfaßt wurde. Und noch bevor sich fundierte Ansätze einer Überwindung dieser Schwierigkeiten entwickeln konnten, neigte sich die Reformära bereits ihrem Ende entgegen. Von daher bestehen nur zwei nennenswerte Großevaluationen: das Modellprojekt Tagesmütter und das Experimentalprogramm Elementarbereich (s. Kap. IV).

Gezielte Wirkungsanalysen und wissenschaftliche Programmbegleitungen im Rahmen eines Förderprogrammes wurden im Jahre 1974 programmatisch in den Bundesjugendplan aufgenommen. Ein weiteres Experimentalprogramm zur "Erprobung neuer Konzeptionen und Wege der Jugendarbeit" lief 1971 an. Beide Anstrengungen waren föderalistisch strukturiert, sie standen allen am Bundesjugendplan beteiligten Trägern offen und stellen damit erste Ansatzpunkte und Versuche dar, eine Kooperation der unterschiedlichen Träger und Ebenen im Sinne strukturpolitischer Entwicklungen anzuregen (vgl. Bundesminister für Jugend, Familie und Gesundheit 1978, S. 56ff). Aus verschiedenen Gründen (vgl. Müller-Stackebrandt 1980, Seitz 1993) konnte die wissenschaftliche Begleitung allerdings zu keiner vollends befriedigenden Funktion des Bundesjugendplanes beitragen:

> "Als Ergebnis kann man bisher festhalten, daß das politische Instrument Bundesjugendplan relativ unverbunden zwischen Funktionsverständnis und Praxisfeld steht und daß es keine institutionalisierten Regelungen der Transformation von Praxiserfahrungen sowie von gemeinsam erarbeiteten Funktionsverständnissen in Planungsdaten gibt" (Müller-Stackebrandt 1980, S. 75).

1.2. Die "Regionalisierung" von Evaluationsforschung in den 80er Jahren als Übergangsphase zur Risikogesellschaft

Im Laufe der 80er Jahre kamen die staatliche Strukturpolitik und damit die übergreifenden Reformbestrebungen im Bildungswesen immer mehr zum Erliegen. Sie machten einer reaktiv punktuellen Interventionspolitik bei aktuellen Problemlagen Platz, die mit dem Schlagwort der "Feuerwehrfunktion" umschrieben werden kann:

> "Insgesamt scheint sich eine Tendenz durchzusetzen, die Bildungsforschung einzuschränken und - weil gegenwärtig die Schlüsselstellung der Bildung für den Bestand und Ausbau der bestehenden Gesellschaftsordnung nicht mehr im gleichen Ausmaß behauptet wird wie in den Jahren der "Bildungseuphorie" - auf ein Programm der Rationalisierung notwendiger Anpassungsleistungen bzw. auf einen Status als "Feuerwehr" bei unvorhergesehenen Konflikten und Krisenausbrüchen zu beschränken." (Moser 1982, S. 249)

Aus der Planungseuphorie war eine "Planungsskepsis" geworden, was die Funktion und den Gegenstandsbereich möglicher Evaluationen entscheidend veränderte. Es ging nicht mehr um Interessenkonflikte und gesellschaftspolitische Streitfragen, ob bestimmte Reformen wie etwa die Gesamtschule aufgrund ihrer Resultate legitim sind oder nicht. Der Aspekt der Prüfung und Beurteilung relativierte und entschärfte sich dabei gegenüber der Reformära beträchtlich, weil die gesamtgesellschaftliche Relevanz und damit das Konfliktpotential bei weitem nicht in dem Maße brisant waren wie bei den Reformbestrebungen der 70er Jahre. Es lag folglich als allgemeine konstitutionelle Rahmenbedingung von Evaluationsforschung nahe, daß die gesellschaftliche Nachfrage nach und das öffentliche Interesse an ihrer legitimatorischen Funktion und an der Aufklärung ungewisser Wirkungen zunächst abnahmen. Mehrere andere Begleitumstände und Bedingungen, die im Folgenden kurz umrissen werden sollen, spielten weiterhin für diesen Wandel eine Rolle:

1) Die Funktion als staatliche "Legitimationsressource" war gar nicht mehr im erforderlichen Maße verfügbar, da das wissenschaftliche Definitions- und Überzeugungspotential allgemein und durch die Umstände der Gutachter-Kultur (s.o.) extrem gelitten hatte.

2) Die parteipolitische Konstellation zwischen der regierenden konservativen Koalition und der Opposition, die zu einem großen Teil aus den Kräften bestand, die ehemals als Regierungspartei die sozial fortschrittlichen Reformbestrebungen vertreten hatte, spielte für die gewandelte gesellschaftliche Funktion von Evaluation

eine wichtige Rolle. Ohne näheren Nachweis wage ich die These, daß die wesentlichen Interessen der Sozialwissenschaft und der in der sozialen Arbeit Tätigen eher mit den Bestrebungen der sich nun in der Opposition befindlichen sozial fortschrittlichen Kräfte sympatisierten. Unter der Regierung der sozialliberalen Koalition trafen sozial fortschrittliche Bestrebungen und die damit zusammenhängenden Programme auf den Widerstand der konservativen oppositionellen Kräfte, wodurch auf beiden Seiten ein Interesse an einer Überprüfung der Legitimität bestehen mußte.

Die Konstellation nach dem Regierungswechsel 1982 hatte tendenziell die Konsequenz, daß nur noch die Projekte und Programme eine Chance auf Förderung durch Bundesmittel hatten, deren Legitimität über die parteipolitischen Meinungen hinaus im Großen und Ganzen unstrittig war, da ihre Notwendigkeit sogar von den in der Regierung befindlichen eher sozial konservativen Kräften befürwortet wurde. Weiterhin ist das Handlungspotential im Sinne konservativer Bestrebungen, über das eine konservative Regierung verfügen kann, im sozialen Bereich von vornherein eingeschränkt, weil im Feld der sozialen Praxis und der Sozialwissenschaft eben eher sozial fortschrittlich orientierte Interessen bestehen.

Als interessantes Gegenbeispiel zu den dargestellten Zusammenhängen der parteipolitischen Konstellation der 80er Jahre aus dem Bereich der Schulpädagogik kann die Begabtenförderung gelten. Hier vertauschen sich die Vorzeichen und es kommt zu einer ähnlichen Konstellation wie unter den Bedingungen der Reformära: Eine strukturelle Reform in Teilbereichen der Schulbildung, die nun allerdings konservativen Interessen und Vorstellungen entspricht, soll eingeführt werden. Innerhalb des gesellschaftlichen Diskurses ist sie jedoch umstritten, so daß Evaluation zum Nachweis der Legitimität und der positiven Wirkungen diesmal aus der anderen Richtung angestrengt wird.

3) Aus der vermehrten Zurückhaltung der Staates in bezug auf strukturelle Interventionen und aufgrund der Strategie einer punktuellen und reaktiven Intervention ergab sich eine thematische Ausrichtung der geförderten Projekte aber auch der Forschungsinteressen allgemein auf aktuell auftauchende Problemlagen und Defizite, die innerhalb bestehender Strukturen entstanden waren. Auch Prävention stellt in diesem Zusammenhang eine Reaktion dar. Bei Problemlagen, die schicht- und klassenspezifisch gebunden sind oder gesellschaftlich marginale Gruppen betreffen, kann nicht von einem breiten öffentlichen Interesse an den Projekten selbst und an deren Qualität und Wirksamkeit ausgegangen werden. Von daher liegt es auf der Hand, daß der Umfang der Einzelprojekte, der Grad ihrer öffentlichen Relevanz abnahm und die gesellschaftliche Nachfrage nach Evaluation als Legitimitätsressource und Wirkungsanalyse schwand. In der Folge ergab sich ein "Herunterkochen" von Programmen und deren Evaluation. Es ist zu beachten, daß in dieser Phase der Verringerung die Gesamtanzahl der Einzelprojekte trotz rückläufiger staatlicher Förderung anwuchs. Sie wird deswegen als "Regionalisierung" der Evaluation bezeichnet.

Der Wandel der allgemeinen gesellschaftlichen Rahmenbedingungen, der die Nachfrage nach sowie die Funktion und Gestalt von Evaluationsforschung im pädagogischen Feld mitbestimmt hat, ließ sich bereits anhand der thematischen Analyse, die im ersten Kapitel geschildert wurde, erkennen (vgl. Kap I, 2.2): Erstens zeigte sich das Ende der

Reformära anhand des starken Rückganges der Untersuchungen im Schul- und Bildungsbereich. Zweitens zeichnet sich eine aktuelle Veränderung gegenüber der Reformphase und der Übergangsphase ab, die anhand des Vergleichs der Jahrgänge 1977, 1987 und 1991 erkennbar ist und darin besteht, daß seit Mitte der 80er Jahre thematisch gesehen vermehrt Themen im Arbeitsbereich der Sozialpädagogik und als Gegenstand der Evaluation auftauchen, die eine bestimmte Qualität besitzen und sich von den Problemlagen vorheriger Jahrgänge unterscheiden. Solche Problemlagen sind: AIDS, Extremformen der Gewalt und des Vandalismus von Kindern und Jugendlichen, jugendlicher Rechtsradikalismus, Vereinsamung, neue Armut, die neuen Süchte (Spielsucht, Medikamentenabhängigkeit). Alter als persönliches (Pflege-)Risiko. Dies markiert den Umbruch zu einer neuen für die Evaluation bedeutsamen Phase der Risikogesellschaft.

1.3. Evaluation unter den Bedingungen der Risikogesellschaft (vgl. Kap.VI, 4)

Unter den Bedingungen neuerer Modernisierungsschübe seit Mitte der 80er Jahre, deren gesellschaftliche Auswirkungen sich in den Theoremen der Individualisierung von Lebenslagen und -risiken niederschlagen, verändert sich nun die allgemeine gesellschaftliche Ausgangsbedingung in bezug auf individuelle und soziale Problemlagen. Dies betrifft die Sozialpädagogik in ihrer Funktion als gesellschaftliche Instanz der Bearbeitung dieser Probleme: **Erstens** wandeln sich bekannte Problemlagen wie etwa die Arbeitslosigkeit vom klassen- und schichtspezifischen Risiko, das bislang vor allem Einzelgruppen mit fehlender Berufsausbildung oder Randgruppen betraf, zu einem allgemeinen Modernisierungsrisiko, das individuell betrachtet den Ausnahmezustand durch ständige potentielle Betroffenheit zum Normalzustand werden läßt (vgl. Beck 1986, S. 105). Verschärft wird diese Entwicklung, um bei diesem Beispiel zu bleiben, hinsichtlich des Modernisierungsrisikos Arbeitslosigkeit mit der seit Anfang der 90er Jahre anhaltenden ökonomischen Krise. Als typisches Modernisierungsrisiko ist diese Form der Arbeitslosigkeit jedoch gerade in der Situation der späten 80er Jahre in seiner vollen Tragweite erkennbar, weil hier trotz wirtschaftlicher Prosperität ein erheblicher Anteil an Massenarbeitslosigkeit vorhanden war (s. hierzu Mutz 1995). **Zweitens** treten neue, bislang unbekannte Problemlagen auf, deren Interpretation als Einzelschicksale gesellschaftlicher Randgruppen, wie das Beispiel AIDS zeigt, nicht lange aufrechterhalten werden konnte, und einen kollektiven Abwehrmechanismus im psychologischen Sinne darstellt, der von den Realitäten schnell überholt wurde.

Ein weiteres Merkmal typischer Risikoprobleme stellt die allgemeine Ratlosigkeit in bezug auf geeignete Lösungsstrategien dar. Es geht also nicht mehr um Interessenkonflikte unterschiedlicher gesellschaftspolitischer Vorstellungen für zukünftige Gestaltung, wie das in der Reformära der Fall war, sondern um die Entschärfung von Risikolagen, die, wenn sie nicht gelingt, das ganze Gefüge der Gesellschaft durcheinanderzubringen drohen. Ein Grund für diese übergreifende Ratlosigkeit scheint darin zu liegen, daß Risikoprobleme ohne direkten Bezug zu Entstehungsbedingungen, die man ohne weiteres verändern kann, auftreten. Globale Verflechtungen spielen hierbei eine wichtige Rolle sowie ihre eigendynamische Entwicklung im Zusammenhang mit unbekannten Nebenfolgen (s. Kap. VI, 4).

Diese allgemeine Irritation und Ratlosigkeit wird noch verstärkt - durch eine ähnliche Entwicklung, wie sie bereits im Zusammenhang mit der Gutachterkultur geschildert wurde (s.o.): die zunehmende Entwertung des kollektiven Akzeptanzpotentials von Wissensinhalten durch die Inflation der wissenschaftlichen und nichtwissenschaftlichen Produktionsagenturen desselben. Ulrich Beck geht in seiner Interpretation von einer zunehmenden (wissenschafts)externen Produktion von Wissen durch die Praxis sowie von einer Ausdifferenzierung der Wissenschaften aus und beschreibt die sich hieraus ergebenden Zusammenhänge folgendermaßen:

"Damit dämmert das *Ende der wissenschaftsgesteuerten, zweckrationalen Verfügung über Praxis.* Wissenschaft und Praxis spalten sich unter den Bedingungen der Wissenschaftsabhängigkeit neu voneinander ab. Die Verwenderseite beginnt sich mehr und mehr *mit* Wissenschaft *von* Wissenschaft unabhängig zu machen.
[...]
Die *neue Autonomie* der Adressaten beruht dabei nicht auf Unkenntnis, nicht auf Unterentwicklung, sondern Ausdifferenzierung und Überkomplexität wissenschaftlicher Deutungsangebote. Sie ist - nur scheinbar paradox - *wissenschaftsproduziert*. Der *Erfolg* der Wissenschaften macht die Nachfrage vom Erfolg unabhängiger. Ein wichtiger Indikator für diesen Trend zur Autonomisierung liegt zunächst in der spezifischen *Pluralisierung der Wissensangebote* und ihrer *methodenkritischen Reflexion*. Mit ihrer Ausdifferenzierung (und nicht notwendig mit ihrer Verschlechterung oder moralischen Leichtfüßigkeit) verwandeln sich die Wissenschaften - auch die Naturwissenschaften - in *Selbstbedienungsläden* für finanzkräftige argumentationsbedürftige Auftraggeber. Mit der überwuchernden Komplexität wissenschaftlicher Einzelbefunde werden zwischen den Abnehmern Selektionschancen innerhalb *und zwischen* Expertengruppen zugespielt. Nicht selten wird über politische Programme bereits dadurch vorentschieden, welche Fachvertreter man überhaupt in den Kreis der Berater einbezieht" (Beck 1986, S. 287-288).

Zusammengefaßt sind "typische Risikoprobleme" also dadurch gekennzeichnet
- daß eine breite potentielle Betroffenheit vom Problem nicht nur sachlich besteht, sondern auch als solche wahrgenommen wird;
- daß das Problem ein Risikopotential und eine Schärfe besitzt, die über das Einzelschicksal gesellschaftlicher Gruppen hinausgehend von weiten Teilen der Gesellschaft als Gefahr für das Gesamtsystem und als existenzielle Bedrohung wahrgenommen wird;
- weiterhin daß neben dieser übergreifenden Betroffenheit gleichzeitig eine über die gesellschaftlichen Gruppen verbreitete allgemeine Ratlosigkeit vor diesen Problemen besteht. Diese äußert sich zum einen hinsichtlich der Deutung der Problementstehung, und viel wichtiger noch besteht sie in bezug auf mögliche Problemlösungsstrategien und Techniken. Letztere können innerhalb des vorhandenen Repertoires der gesellschaftlichen Systeme nicht ausgemacht werden, da die bestehende Systemrationalität maßgeblich selbst an der Entstehung des Problemzusammenhang beteiligt zu sein scheint (z.B. Gewalt; s. Kap. VI, 4).

Aufgrund dieser Qualitäten der Problemlagen in der "Risikogesellschaft" steckt hinter den seit Mitte der 80er Jahre auftretenden möglichen Gegenständen von Evaluation wieder eine schärfere gesellschaftliche Sprengkraft. Sie beinhalten ein höheres Irritationspotential, und die Öffentlichkeit verlangt in einem höheren Maße als im Übergangskontext nach Aufklärung. Die gesellschaftliche Nachfrage müßte unter diesen Bedingungen der Risikogesellschaft somit vorrangig dazu führen, daß Ansätze zur

Problemlösung oder zur normalisierenden Problementschärfung durch Evaluation entwickelt und erprobt werden. Von daher ergeben sich Konsequenzen für die gesellschaftliche Funktion von Evaluation in bezug auf Projekte, die Risikoprobleme zum Gegenstand haben: Die Problemstellungen sind wieder öffentlich relevanter und die Interessenkonflikte um diese werden brisanter. Ob und wie die Evaluationstheorie in der Sozialpädagogik auf diese veränderten Bedingungen reagiert, wird anhand der folgenden Darstellung der Theorieentwicklung in der Bundesrepublik ersichtlich werden.

2. Beispiele für evaluationstheoretische Ansätze in der Sozialpädagogik

Hintergründe und Bemerkungen zur Bildungsforschung

Bevor der Begriff "Evaluation" Anfang der 70er Jahre als "angelsächsischer Exportartikel" in die bundesdeutsche pädagogische Diskussion Einzug hielt und Verbreitung fand, existierte bereits die sogenannte »Begleitforschung«, die sich auf Praxisprojekte und Modellversuche bezog. Für die Etablierung einer empirischen sich auf die Praxis konzentrierenden Forschung innerhalb der pädagogischen Theorie war die von Heinrich Roth Anfang der 60er Jahre eingeleitete "realistische Wendung in der pädagogischen Forschung"[6] ausschlaggebend. Dagmar Friedrich (1972, S. 139) bemerkt, daß dies gegen "den Widerstand der geisteswissenschaftlichen Traditionalisten in Anknüpfung an eine unterdrückte Tradition" geschah:

"[...] erkämpft werden mußte vor allem die gezielte und systematische Anwendung der empirischen Forschungsmethode zur Veränderung der Praxis und die Öffnung der Pädagogik für interdisziplinäre Fragestellungen. Erst dadurch gelang in der Pädagogik der Durchbruch zur Bildungsforschung".

Während der 60er Jahre war die Praxis der Begleit- und Bildungsforschung in der Bundesrepublik Deutschland weitgehend durch das Forschungsparadigma der klassischen Evaluationsforschung bestimmt. Evaluierung hieß vor allem Wirkungsmessung und war ein Teilaspekt der Begleitforschung, die analog zu den Verständnissen der traditionellen Evaluationstheorie im Allgemeinen so aufgefaßt wurde[7], wie bereits unter den Autoren Suchman, Campbell und Scriven beschrieben (s. 2. Kap.).

Der sich während der 60er Jahre vollziehende "Positivismusstreit" zwischen den wissenschafts- und erkenntnistheoretischen Schulen "kritischer Rationalismus" und "kritische Theorie" hatte auf die Diskussion um Bildungsforschung noch keine ihre Gestalt prägende Auswirkungen, die das gerade neu etablierte Verständnis von empirischer Pädagogik beeinflussen konnte. Dennoch liegen hierin die grundlegenden Ansatzpunkte eines kritischen Impulses, der sich bis hin zur "emanzipatorischen Wende" Ende der 60er Jahre immer mehr durchsetzen konnte. In der Diskussion um Bildungsforschung fand dieser gesellschafts- und methodenkritische Impuls Anfang der 70er Jahre vor allem in der Propagierung des sich von der traditionellen Begleitforschung distanzierenden Ansatzes der "Handlungsforschung" seinen Ausdruck. Von Seiten dieser Richtung wurde die damals etablierte Praxis der traditionellen Bildungsforschung, in der Experimentalprogramme und Modellversuche untersucht wurden, "Begleitforschung", "Kontrollforschung" und "Evaluation" genannt. Um sich demgegenüber

---

6: Titel der Göttinger Antrittsvorlesung von H. Roth, gehalten am 21.Juli 1962; s. Roth 1967.
7: Ein Beispiel hierfür: Straka (1974): "Forschungsstrategien zur Evaluation von Schulversuchen".

als Gegenposition kenntlich zu machen, wurden die eigenen alternativen Ansätze als "Handlungsforschung" und, wenn es sich um wissenschaftliche Begleitung handelte, als "Innovationsforschung" bezeichnet. Mit diesen Gegenbegriffen sollte die angestrebte Integration von Forschung und praktischer Innovationsarbeit im Forschungsprozeß betont werden (ZfPäd 1973, S. 92).

Als der Begriff "Evaluation" vor allem durch die Veröffentlichung von Wulf (1972) in Deutschland publik wurde, hatte sich bereits eine Auseinandersetzung angebahnt, die die Bildungsforscher hinsichtlich der Frage nach geeigneten Ansätzen bei wissenschaftlicher Begleitung in verschiedene Lager spaltete:

Auf der einen Seite standen Befürworter auf der anderen die Gegner der Aktionsforschung. Dazwischen gab es Positionen, die - mit Vorlieben für die eine oder die andere Seite - eine Kombination beider Ansätze innerhalb der Begleitforschung für möglich und vorteilhaft hielten. Aus dieser Richtung wurde auch der Versuch unternommen, zwischen beiden Positionen zu vermitteln und die Auseinandersetzung zu beenden. Andere wiederum erkannten den gegnerischen Ansatz in seinem Zusammenhang zwar an, plädierten jedoch für eine klare Trennung, weil sie von einer Unvereinbarkeit beider Forschungsweisen ausgingen. Aber auch innerhalb der Aktionsforschung, bestanden bestimmte Fraktionen und Nuancierungen (s. Cremer u.a. 1977). Hier können als grobe Einteilung zwei Grundrichtungen voneinander unterschieden werden: **Zum einen** Vertreter, die das sozialtechnologische Moment des "action research", wie er im anglo-amerikanischen Raum praktiziert wurde, beibehielten. **Zum anderen** eine sich als "neue" Aktionsforschung bezeichnende Richtung, die im Klima des ideologisch politischen Eifers der Studentenbewegung entstanden war und als eine "Politisierung" des ursprünglichen Ansatzes verstanden werden kann (s. Lukesch/Zecha 1978). Diese Richtung wurde im Verlaufe des Booms der Handlungsforschung während der 70er Jahre (Altrichter/Gstetter 1993) zur bestimmenden Fraktion innerhalb der bundesdeutschen Aktionsforschung. Sie war als Gegenposition zur "empirisch-analytischen Sozialwissenschaft", als Kritik an einer unpolitischen Wissenschaft und als "Gegenmacht-Strategie" (Radtke 1978, S. 340) konzipiert. Ein wesentlicher Kritikpunkt bestand in dem sogenannten "Technologievorwurf" gegenüber den etablierten bürgerlichen Wissenschaften. Die Programmatik der "neuen" Aktionsforschung war stark durch die "kritische Theorie" beeinflußt und beinhaltete eine scharfe Kritik gegenüber der Produktion von "Herrschaftswissen" und speziell gegenüber jeglicher Form der "Technologisierung und Funktionalisierung erziehungswissenschaftlicher Forschung" (Lukesch/Zecha 1978, S. 27)[8].

In dieser Auseinandersetzung wurde "Evaluation" zunächst schlagwortartig als Bezeichnung für den traditionellen Forschungsansatz verwendet, so daß sich als Kernpunkt des Streits die Frage ergab: "Evaluation oder action research?" (etwa bei Diederich 1975, S. 203; Wulf 1975). Im Anschluß an die erste Phase der Einführung des Begriffes "Evaluation" und seiner Festlegung auf "Wirkungsforschung" im Rahmen der traditionellen "Begleitforschung" kam es jedoch zu einer Rezeption dieser Be-

---

8: s. Anlage 4: Übersicht über Literatur zur Handlungsforschung und Schematische Darstellung aus Hameyer/Haft 1977, S. 181.

zeichnung seitens seiner ehemaligen Gegner: Man sprach von "handlungsorientierter Evaluation" (Blankertz/Gruschka 1975, S. 679).

Eine eingehende Darstellung dieser wissenschaftstheoretischen Auseinandersetzung, die nicht nur im Nachhinein, sondern auch schon in der damaligen Phase als ein letztendlich unproduktiver und zu unnötigen Grabenkämpfen führender Disput eingeschätzt werden konnte (s. Anl.4), soll im Rahmen dieses Überblickes nicht geschehen. Allein schon eine tiefergehende Darstellung der unterschiedlichen Positionen und Verständnisse von Aktionsforschung selbst sowie deren Konsequenzen für praxisbegleitende Forschung wäre ein zu weitreichendes Unterfangen. Zumal die Bezeichnung "Handlungsforschung" kein einheitliches Konzept kennzeichnet, sondern von verschiedenen Richtungen zunehmend als eine jeweils nach unterschiedlichen Interessen interpretierbare "Worthülse" benutzt wurde. Hierzu Geißler (1975, S. 311):

"Aktionsforschung ist heute keine eindeutige Forschungskonzeption mehr. So ist die Bandbreite von Projekten, die unter diesem Etikett firmieren, äußerst weit. Sie reicht von der affirmativen industriellen Auftragsforschung bis hin zu recht konzeptionslosem Aktionismus."

Festzuhalten bleibt an dieser Stelle, daß man bei der Suche nach sozialpädagogisch relevanten Evaluationsforschungen und theoretischen Aussagen hierzu im Bildungsbereich immer wieder auf interessante Hintergründe stößt. Es sind jedoch weder aus der Curriculumevaluation, noch in der Schulbegleitforschung, noch anhand der Evaluationen in der Elementarerziehung evaluationstheoretische Ansätze entstanden, die in bezug auf unsere Thematik erwähnenswert erscheinen[9].

Evaluationstheorie innerhalb der Sozialpädagogik

Die Modellförderung durch öffentliche Mittel, die innerhalb der Reformära auch im Feld der Sozialpädagogik ihren Höhepunkt hatte, bezog sich, wie bereits dargestellt, im Schwerpunkt auf den Bildungs- und Schulbereich. Einzelne Praxisfelder der Sozialpädagogik hingegen wurden aus verschiedenen Gründen erst in der Endphase dieser Epoche oder gar nicht mit dem öffentlichen Interesse und den Mitteln bedacht, die günstige Bedingungen für eine eingehende wissenschaftliche Beschäftigung mit dem Praxisfeld und dem Problem der Evaluation bedeutet hätten. Der Bereich der Vorschulerziehung stellt hierbei in gewisser Hinsicht eine Ausnahme dar. Hans Thiersch charakterisiert im Jahre 1972, als sich Praxisforschung im Schulbereich bereits etabliert hatte, die Situation in der sozialen Arbeit und der Sozialpädagogik folgendermaßen:

"[...] für eine Analyse der Heimerziehung - ebenso wie sozialpädagogische Maßnahmen überhaupt - fehlen in Deutschland theoretische Konzepte und empirische Daten. In der Sozialpädagogik, als einer auf einen gesellschaftlich unterprivilegierten Gegenstand bezogenen Wissenschaft, ist der ja nicht unaufwendige Ruf nach realistischen Wende erst gerade angelangt" (Thiersch 1972, S. 406).

9: Hierzu wurde eine umfangreiche Literaturrecherche und inhaltliche Analyse durchgeführt. Einige Titel: Bühlow u.a. (1972); Nagel/Preuss-Lausitz (1972); Kurt Aurin (1973); Achtenhagen (1973); Albert Heller (1983); Altrichter/Gstetter (1993); Eichner/Schmidt (1974); Thomas (1977); Klafki (1973); Bernhardt u.a. (1974); Fend (1974); Kreissl/Wolfersdorf-Ehlert (1985); Curriculum Handbuch (1975), darin die Beiträge von Heipke, Heinze/ Müller/Stickelmann/ Zinnecker, Holdner/Moser, Larcher/Rathmayr, Stössl; Handbuch der Curriculumforschung (1983), darin der Beitrag von Hagen Kordes.

Vor diesem Hintergrund erscheint es verständlich zu sein, daß die selbst noch junge und um Etablierung kämpfende Disziplin Sozialpädagogik bei der Beschäftigung mit Problemen der Evaluation und der wissenschaftlichen Begleitung, von Anfang an unsicher agierte. Diese Unsicherheit ergab sich zwangsläufig aus dem Dilemma, sich einerseits aufgrund der eigenen theoretischen Leerstelle an theoretischen Vorstellungen anderer Disziplinen orientieren zu müssen, aber andererseits zu erkennen, daß diese ihren speziellen Problemen nicht immer angemessen waren. Somit waren und sind zur Entwicklung einer sozialpädagogisch orientierten Evaluationstheorie Diskurse der Differenzierung gegenüber anderen Disziplinen und Arbeitsbereichen gefordert und Prozesse der Spezifizierung der eigenen Kriterien und theoretischen Bedingungen notwendig, die dem eigenen vielschichtigen und komplizierten Gegenstandsbereich sowie dessen sozialpädagogischen Bearbeitungsweise gerecht werden können.

2.1 Beispiele für erste Bestandsaufnahmen und Reflexionen über Evaluation im sozialpädagogischen Feld

Der Versuch einer ersten übergreifenden Aufarbeitung und Bestandsaufnahme in theorie- und praxisbezogener Hinsicht lag mit dem von C.W. Müller (1978) herausgegebenen Studienbuch "Begleitforschung in der Sozialpädagogik - Analysen und Berichte zur Evaluationsforschung in der Bundesrepublik" vor. Hier finden sich einige Ansatzpunkte, die im Sinne der Ende des letzen Absatzes formulierten Anforderungen als erste Wegweiser gelten können. Der Begriff der "erziehungsgenerierten" Evaluation, die im Beitrag von C.W. Müller von einer "verwaltungsgenerierten" und einer "forschungsgenerierten" unterschieden wird, kann als Indiz der beginnenden Entwicklung einer eigenen sozialpädagogischen Identität im Bereich der Evaluationstheorie gewertet werden. Die analytische Unterscheidung dieser funktionalen Grundbedingungen ist an sich sinngemäß nicht neu und kam in anderer Form in den kritischen Einwänden der Handlungsforschung etwa bei Nagel/Preuss-Lausitz (1972) vor.

Im Beitrag von Hoschka/Hössl/Raab (in C.W. Müller 1978) wird die Müllersche Differenzierung aufgenommen und in einem integrativen Konzept weitergeführt. Integriert werden soll sowohl auf der Ebene der funktionalen Zusammenhänge, als auch in methodischer Hinsicht. Der insgesamt von der handlungsorientierten Evaluation ausgehende Ansatz wird in einem Stufenkonzept der Integration verschiedener Evaluationsparadigmen angereichert und vervollständigt. Dies geschieht in konkreter Bezugnahme auf das zugrundeliegende Forschungsprojekt - Erprobungsprogramm im Elementarbereich -, wodurch die Darstellung konkreten Anschauungsmaterials möglich wird.

Insgesamt betrachtet lassen sich anhand des Müllerschen Sammelbandes einige Tendenzen und Merkmale erkennen, die die Art und Weise kennzeichnen, wie innerhalb der Sozialpädagogik eine Annäherung an und Auseinandersetzung mit dem Problem der Evaluation stattfand:

1) Für eine Theorie der Evaluation konnten nur vorläufige Grundstrukturen angegeben werden. Dies verwundert nicht, da eine Theorie sozialpädagogischen Handelns, die

eine wichtige Grundlage hierfür wäre, nicht in dem übergreifenden und verbindlichen Maße möglich ist wie etwa das methodische Vorgehen psychologischer Therapien (vgl. Silbereisen/Österreich 1978, S. 162ff).

2) Die theoretische Auseinandersetzung bezog sich in großen Teilen auf konkrete Hindernisse bei der Organisation und Durchführung einzelner Projekte. Es geht also weniger um die Kernpunkte sozialpädagogischer Prozesse, sondern um deren "Außenbereich", d.h. um Probleme der Gestaltung von Untersuchungen in bezug auf forschungsorganisatorische Fragen, gesellschaftspolitisch und administrativ begründete Einschränkungen. Der theoretische Teil im Sammelband trägt analog dazu den Titel "Probleme der Evaluationsforschung in der Sozialpädagogik". Dies hängt sicherlich mit den allgemeinen gesellschaftspolitischen Bedingungen zusammen, vor deren Hintergrund zunächst einmal das Problem gelöst werden mußte, wie Evaluation in der Sozialpädagogik forschungspolitisch möglich gemacht werden konnte.

3) Der "Innenbereich", die pädagogischen Prozesse und die Frage ihrer Analyse und Beurteilung, werden vorrangig als methodische Fragestellungen behandelt, ohne übergreifende konzeptionelle Probleme zu thematisieren. Es fehlt also die mittlere Ebene eines Diskurses zwischen der übergeordneten gesellschaftspolitischen und der Ebene der Methoden und Erhebungsverfahren. Der überwiegende Teil der im Müllerschen Sammelband enthaltenen theoretischen Ansätze orientiert sich an den Leitlinien der Handlungsforschung. Wenngleich deren radikale und konfrontative Ausprägung bereits an Bedeutung verloren hat, geschieht die Stellungnahme zum Methodenproblem tendenziell eher in Form einer wissenschaftstheoretischen Entscheidung gegen das empirisch-analytische Paradigma, als durch inhaltliche Auseinandersetzung mit dem Gegenstand. Dies läßt sich durch die teilweise erhitzte wissenschaftstheoretische Debatte erklären, die sich ausgehend vom Positivismusstreit damals in der Praxisebene von der Forschung fortsetzte. In Anbetracht dieser allgemeinen Situation ist es verständlich, daß der Rekurs auf Theorien sozialpädagogischen Handelns in den Hintergrund gedrängt wurde. Hierzu muß nochmals angemerkt werden, daß bis heute von einem, wenn auch geringen, aber nicht zu vernachlässigenden Einfluß des Forschungsparadigmas "Aktionsforschung" in der Praxis sozialpädagogischer Begleitforschung auszugehen ist. Altrichter/Gstetter (1993, S. 73) bezeichnen einzelne sozialpädagogische Praxisfelder als "marginale Nischen des Bildungswesens", in denen die Handlungsforschung trotz ihres allgemeinen Scheiterns bis heute überlebt hat.

4) Die Erarbeitung theoretischer Vorstellungen über Zusammenhänge und Kriterien sozialpädagogischer Evaluation erfolgt tendenziell in der Auseinandersetzung mit jeweils konkreten Projekten und Evaluationsstudien. Dies muß als ganz normaler und angemessener Weg der Theorieentwicklung angesehen werden, hat jedoch zur Folge, daß die Unterscheidung der Diskussion der Theorieentwicklung in diesem Kapitel von der Aufarbeitung einzelner Evaluationsstudien im nächsten Kapitel eigentlich nur unter einem redaktionellen Aspekt aufrechterhalten werden kann.

5) Der Einfluß von Ansätzen, die aus nicht sozialpädagogischen Disziplinen über-

nommen wurden, ist im Müllerschen Sammelband nicht zu verkennen. Der Beitrag von Werner Maschewsky und Ulrike Schneider, der im theoretischen Teil einen wichtigen Raum einnimmt, trägt beispielsweise den Titel: Anwendungsorientierte psychologische Forschung. Hierbei taucht die Frage auf, inwieweit sich aus der sicherlich notwendigen und im Einzelnen erkenntnisstiftenden Übernahme professionsexterner Sichtweisen angesichts des gleichzeitigen Fehlens eines sozialpädagogischen theoretischen Gesamtrahmens der Evaluation Einschränkungen in bezug auf sozialpädagogische Inhalte ergeben.

2.2 Beispiele und Ansätze einer sozialpädagogischen Sichtweise

Evaluationstheoretische Reflexionen

Innerhalb der Schriftenreihe des Instituts für soziale Arbeit (ISA) erschien 1983 unter der Redaktion von Wilma Grossmann das Heft (Nr.9): Sozialpädagogische Begleitforschung - Analysen und Berichte. Dieser Titel weist darauf hin, daß hier weitere Konkretisierungen und Differenzierungen im Sinne einer "erziehungsgenerierten" Evaluation zu vermuten sind. Bis auf den Einfluß außerdisziplinärer Theoriebestandteile (s.o. Pkt. 5.) sind auch hier im allgemeinen betrachtet die gleichen Tendenzen zu erkennen wie in der eben besprochenen Quelle: In den theoretischen Reflexionen besteht ein starker Einfluß der Handlungsforschung, der "reine" theoretische Teil fällt relativ knapp aus. Wiederum fällt der starke Gegenstandsbezug auf, der oben als ganz normaler und positiv zu wertender Verlauf der Theorieentwicklung bezeichnet wurde. Hinter dieser Vorgehensweise steht ein forschungslogischer Zusammenhang, der sich gewissermaßen aus einer wissenschaftstheoretischen Überlegung ergibt und im Beitrag von Bernd Stickelmann (1983, S. 139-141) nachvollziehbar wird:

"Die sozialpädagogische Forschung hat es - soweit sie keine Organisationsforschung ist - mit der Aus- und Einwirkung menschlichen Handelns zu tun. Sie fragt danach, wie menschliche Problemlagen geändert werden, welchen Beitrag dabei Institutionen und die darin agierenden professionellen Helfer haben können. Diesen gleichsam durch die Sache vorgegebenen Bedingungen hat sich die Forschung zu stellen, soll [nicht] durch die Methode der Gegenstand bestimmt werden, sondern umgekehrt der Gegenstand und die auf ihn gerichteten erkenntnisleitenden Fragen die Methoden festlegen" (Der Autor bezieht sich hier auf Adorno, 1966, S. 511-525).

Stickelmann weist in der sich anschließenden Kennzeichnung der Komplexität des Verhältnisses zwischen Theorie, Methoden und gesellschaftlicher Realität darauf hin, daß dieses Problem im Bereich der sozialpädagogischen Forschung noch um einiges schwieriger ist als im Falle der soziologischen Forschung. Darüberhinaus treten bei der wissenschaftlichen Begleitung in bezug auf die Begriffsbildung und auf die Formulierung von Zusammenhängen folgende Barrieren hinzu:

"Geht man davon aus - wie im Forschungsprozeß üblich - daß Hypothesen, die sich aus einer gängigen Theorie entlehnen lassen, in der Untersuchung überprüft werden, so unterstellt man eine Kenntnis bestehender Zusammenhänge, die auf ihr "richtig" oder "falsch" abgeklopft wird. Aus dem Verständnis einer solchen Logik stellt sich das Dilemma wissenschaftlicher Begleitungen in dem Augenblick ein, in dem durch Modellversuche initiierte Prozesse untersucht werden sollen, also durch diese erst geschaffene Zusammenhänge, Problemlösungen u.s.w. zum Gegenstand der Untersuchung werden, sich Untersuchungs-Fragestellungen erst im Verlauf des Prozesses herausschälen können. Eine weitere Frage stellt sich damit: Wie läßt sich das Begriffssystem begrenzen, das den Kriterien eines Prozesses gerecht werden muß, also nicht schon von vorne herein einen statischen Charakter haben darf. Die

Theorie soll den Nachweis eines systematischen Zusammenhanges liefern, kann aber nicht die Reduktion erklären, die sie aufgrund eines eingeschränkten Begriffssystems vornimmt und deren Teil sie selbst ist. Vor der Fülle dieser ungelösten und ungeklärten Fragen versuchen wir uns wieder auf ein vermeintlich gesichertes Gebiet "zu retten", das der eigenen Ansätze, Erfahrungen und Praxis."

Offensichtlich hängt die Scheu davor, sich mit einer systematischen Entwicklung und übergreifenden Zusammenstellung der eher fragmentarisch auftauchenden theoretischen Vorstellungen über einen konzeptionellen Rahmen sozialpädagogischer Evaluation zu beschäftigen, mit diesen epistemologischen Problemen zusammen. Verständlich wird die Tendenz zum konkreten Bezug weiterhin aufgrund der Dringlichkeit sozialer Probleme, was gleichzeitig durch die Orientierung und Entscheidung für die Handlungsforschung verstärkt wird: Wissenschaftliche Begleitung wird vorrangig als "praktische Teilnahme des Wissenschaftlers an der Lösung sozialer Probleme" verstanden (Friedrichs, 1976, S. 370, zit. nach Stickelmann 1983, S. 142).

Das Spannungsverhältnis der wissenschaftlichen Begleitung zwischen den Polen Administration und Politik einerseits und Wissenschaft andererseits wird von Stickelmann eher als analytische Trennung der Orientierung verstanden, denn als tatsächliche Wahlmöglichkeit in der Praxis des Forschungsprozesses (S. 139). Der tatsächliche Spielraum hängt nach Stickelmann maßgeblich vom Auftraggeber ab, ist also Verhandlungssache. Verhandelt werden müssen zum einen die Spielräume an sich und zum anderen ganz konkrete Fragestellungen der Untersuchung, wobei es für die Administration nicht unbedingt eine Rolle spielt, inwieweit diese Fragestellungen neben ihrem funktionalen Nutzen im Sinne unseres Verständnisses pädagogisch relevant sind. Diese Sichtweise läßt den Schluß zu, daß innerhalb der Verhandlung diejenigen Überlegungen der evaluationstheoretischen Begründung, die gleichsam für die Verwaltung interessant sein könnten, eher vernachlässigt werden.

Ein konkretes Evaluationsprojekt
Der konzeptionelle Rahmen der Untersuchung - Modellversuch "Sozialarbeit in der Schule" (S.141), die die Grundlage des Aufsatzes von Bernd Stickelmann darstellt, beinhaltet folgende Aufgabenstellungen (s. S. 142):
- Konzeptions- und Planungsberatung;
- Rückvermittlung erhobener Daten und Untersuchungsergebnisse mit dem Ziel einer Überprüfung der Realisierung der eingeschlagenen Konzepte;
- Beratung in pädagogischen Problemsituationen mit dem Ziel, theoretische Ergebnisse und Erfahrungen aus anderen Bereichen pädagogischer Arbeit - insbesondere der Jugendarbeit und Jugendhilfe - in die Praxis einzubringen.

Insbesondere hat die wissenschaftliche Begleitung das Ziel,
- die Entwicklung der organisatorischen Struktur und deren Stabilisierung zu untersuchen,
- die erarbeiteten pädagogischen Lösungsansätze (ganz konkret auch die vorliegenden Erfahrungen und Arbeitsmaterialien) im Hinblick auf eine Überleitung des Modellversuches in eine Regeleinrichtung zu sichern.

Diese Fragestellungen und Zielsetzungen sind stark durch den Hintergrund der Organisationsforschung bestimmt. Dennoch besteht der Anspruch, sozialpädagogische Forschung und nicht reine Organisationsentwicklung zu betreiben (s. S. 140). Im letztgenannten Ziel taucht der Begriff der "erarbeiteten pädagogischen Lösungsansätze" auf, wobei innerhalb der Fragestellungen nicht darauf eingegangen wird, wie diese erarbeitet werden sollen, da dies anscheinend für die Präsentation des Untersuchungsplanes - gegenüber dem Auftraggeber und Träger weniger wichtig zu sein scheint. Hier besteht nun gerade der Ansatzpunkt unseres theoretischen Interesses. Am Ende seines Beitrages (S. 150) weist Stickelmann auf eine Gefahr hin, der die wissenschaftliche Begleitung allgemein ausgesetzt ist:

"Während der Laufzeit des Modellversuches müssen die Mitarbeiter der Projekte bzw. die wissenschaftliche Begleitung dem jeweiligen Träger bzw. der Kultusbehörde und dem BMBW Bericht über die Effektivität ihrer Arbeit vorlegen. Da von solchen Berichten u.a. die Weiterbewilligung der Modellversuche und damit die Erhaltung von Arbeitsplätzen abhängt, werden häufig die realen pädagogischen Probleme in diesem Bericht nicht in ihrer Schärfe angesprochen, sondern die Berichte so verfaßt, daß sie ein erfolgreiches Bild der geleisteten Arbeit ergeben. In Hinblick auf diese Fragestellung ist zu fragen, welchen Beitrag Modellversuche zur Lösung anstehender pädagogischer Probleme leisten können".

Wie berechtigt dieser Hinweis war, kann aufgrunddessen ermessen werden, daß Benno Hafeneger und Helmut Hafemann (1993) zehn Jahre später eben dieses Defizit einer selbstlegitimatorischen Praxis der Publikationsstrategie von Forschungsergebnissen und Praxisberichten als relevantes und aktuelles Thema der Sozialpädagogik aufgreifen. Die Autoren analysieren die forschungspolitischen Bedingungen dieser Neigung, die eigene Praxis nicht realistisch und in ihren Problemen, sondern als "Stern-Stunden der Pädagogik" zu beschreiben, und kritisieren deren kontraproduktive Konsequenzen für Praxis und Theorie in eindringlicher Form.

Weitere Studien im ISA-Band
Ein weiterer Schritt zu einer sozialpädagogisch orientierten und differenzierten Sicht der Vorgehensweise bei der Evaluation und der wissenschaftlichen Begleitung liegt mit dem Beitrag von Hans-Joachim Plewig und Hans-Dieter Ewe (1983, S.127) vor:

"Leute, die sich wenig Zeit zum Lesen nehmen wollen bzw. auf zügige Information angewiesen sind, erwarten "griffige" Ergebnisse. Dieses Interesse ist verständlich und zu akzeptieren. Demnach stehen am Ende der Untersuchung Zahlen, die - voraussichtlich - besagen, daß die betreuten Jugendlichen nicht oder nur in unbedeutender Weise rückfällig geworden sind. Das Geld hat sich also gelohnt... Damit wäre den gesamten Vorgängen an der Oberfläche Genüge getan. Über die Zusammenhänge, Wirkungsweisen und bedeutsamen Erkenntnisse wäre damit noch gar nichts ausgesagt. Solch quantitativer Methodik sind bekanntermaßen Grenzen gesetzt. Ihre Aussagekraft ist gering. Vor allem: wir kommen zu keinen (sozial-)pädagogischen Schlußfolgerungen."

Eine besondere Bedeutung kommt innerhalb des Evaluationskonzeptes von Plewig und Ewe für ihr Modellprojekt "Jugendarrest/Nachbetreuung" den Sichtweisen der betroffenen Gruppen zu. Dieser Kernpunkt der Orientierung, der für die Erfassung der Projektwirklichkeit als unerläßlich gilt, findet sich ebenfalls im Beitrag von Gottschalk-Scheibenflug/Staufer/Stickelmann (1983, S. 70ff). Die methodologische Problematik stellt sich vor diesem Hintergrund in der Schwierigkeit dar, einerseits generalisierbare Ergebnisse von objektivem Geltungscharakter zu liefern, die für Entscheidungen auf administrativer und politischer Ebene unmittelbar relevant sind. Andererseits soll der Tiefe der sozialpädagogischen Dimension Rechnung getragen werden, die für die Erfassung der Prozesse und der Zusammenhänge der individuellen Deutungen Betroffener notwendig ist. Bereits Maschewski/Schneider (1978, S. 149) hatten die besonderen Anforderungen eines komplexen Realitätskonzeptes herausgestellt, die hierfür erforderlich sind, jedoch gleichzeitig darauf aufmerksam gemacht, daß hierfür noch keine angemessene und eigenständige Methodologie existiert.

Als einen methodischen Ansatz, der diesem Dilemma gerecht zu werden versucht, bieten Claudia Bier-Huss und Hildegart Simon-Hohn (ISA 1983, S. 57ff) die autobiografische Methode an, die im engen Zusammenhang zum sogenannten Lebensweltansatz (Alltagswende in der Sozialpädagogik) steht:

> "Gerade eine nichtstandardisierte, individuell gestaltete Zuwendung des Forschers zum Erforschten führen zu jenen bewußten und unbewußten Äußerungen, die Einblick in die grundlegenden Konfliktkonstellationen geben und in kontrollierter, distanzierter Atmosphäre unterbleiben. Anstatt das Verhalten den Befragten gegenüber zu normieren und als "reiner Wissenschaftler" "Untersuchungsobjekten" gegenüberzutreten, ist es sinnvoll, die nicht standardisierte Zuwendung zu nutzen, um zu einer qualitativen Erweiterung des Bildes des Einzelnen und der Gruppe zu gelangen. Über die Form der persönlichen Beziehungen zwischen Betroffenen und Forscher, die von persönlicher Distanz bis hin zu Vertrautheit reichen kann, ist es oft erst möglich, einen tieferen Einblick in die Lebenswelt der Betroffenen zu gewinnen" (ebd. S. 60 - 61).

2.3 Ansatz zur Integration einer sozialpädagogischen Orientierung in der Evaluationstheorie bei Maja Heiner

Als Vorreiterin in bezug auf eine theoretische Konkretisierung und Differenzierung eines sozialpädagogischen Standpunktes in der Evaluationstheorie ist Maja Heiner[10] zu bezeichnen, die sich explizit mit dem Problem der Evaluation in der sozialen Arbeit und der Sozialpädagogik beschäftigt. In ihrem einführenden Beitrag zum Sammelband "Selbstevaluation in der sozialen Arbeit" (1988 b) werden wichtige theoretische Eckpunkte für sozialpädagogisch orientierte Evaluationskonzepte entwickelt. Die thematische Spezialisierung auf die Selbstevaluation erweist sich für eine Auswertung vor dem Hintergrund unserer Fragestellung nicht als hinderlich, sondern eher als günstig, da hiermit gleichzeitig eine stärkere Bezugnahme auf den "Innenbereich" von Evaluation gegeben ist. In späteren Veröffentlichungen (1994 a, b) ist die mir problematisch erscheinende Tendenz nicht zu verkennen, Selbstevaluation als die einzige oder eine ganz besonders geeignete Möglichkeit anzusehen, einer sozialpädagogischen Orientierung nahezukommen.

Das Hauptproblem aller methodischen Überlegungen zur Evaluation - und damit kehrt das o.g. Dilemma in anderer Gestalt zurück - besteht nach Heiner (1987, S.11) darin, den richtigen Weg zwischen den Extremen einer zu starken und einer zu geringen Reduktion von Komplexität zu finden. Für eine in die Ebene der individuellen Deutungsmuster und der sozialpädagogisch relevanten Prozesse vordringende Kausalanalyse erscheint der hochstandardisierte, quantitative, analytisch experimentelle For-

---

10: Maja Heiner: 1985; 1986; 1987; 1988 b,c; 1992; 1994. Die im folgenden Text genannten Seitenzahlen beziehen sich auf Heiner 1988b: Selbstevaluation in der sozialen Arbeit. Die neueren Arbeiten kündigen den Versuch der evaluationtheoretischen Weiterentwicklung unter einem systemtheoretischen Rahmenkonzept an (1994 b, S. 104 ff), was im einzelnen innerhalb der vorliegenden Arbeit nicht einbezogen werden konnte.

schungstypus alleine ungeeignet zu sein (ebd. S. 11). Als Lösungsansatz bietet Heiner eine Strukturierung des Reflexionsprozesses innerhalb der Selbstevaluation an, die auf eine sinngemäß gleiche Unterscheidung Bezug nimmt wie die von C. W. Müller (s.o.), indem sie eine Praxisorientierung - im Gegensatz zu einer Orientierung an Problemen der Forschung oder der Verwaltung - der Evaluation verlangt. Gleichzeitig wird als theoretische Leitlinien eingefordert, daß diese praxisorientierte Reflexion begründungsorientiert und prozeßbegleitend ist und sich primär qualitativer Methoden bedient.

Eine entscheidende Rolle für diese Differenzierung spielen hierbei die speziellen Bedingungen sozialpädagogischer Handlungsfelder, in denen die Evaluationsgegenstände eingebettet sind: Diese Vorbedingungen des Feldes werden charakterisiert durch das Vorhandensein komplexer und schlecht strukturierter Problemlagen und dem gleichzeitigen Anspruch ganzheitlicher Lösungen (ebd. S. 12). Unter diesen Bedingungen kann Evaluation vielfach nicht in summative Gesamturteile münden, sondern dient der Erarbeitung geeigneter Arbeitsschritte, ohne daß eine einheitliche Handlungsstruktur im Einzelnen planbar wäre und einer Analyse und Beurteilung unterzogen werden könnte. Diese Notwendigkeit hängt mit dem Phänomen zusammen, daß sich in der Praxis der sozialen Arbeit hinter vermeintlich einfach erscheinenden Problemlagen oftmals komplexe Strukturen verbergen. Ziele, Arbeitsschritte und Erfolgskriterien liegen nicht auf der Hand, sondern werden erst in einem Suchprozeß allmählich präzisierbar (vgl. S. 14-16).

Angesichts dieser Rahmenbedingungen sozialpädagogischer Prozesse, bestehend aus "schlecht strukturierten, offenen und komplexen Problemen", deren Lenkung durch kreative "Findeverfahren" und in einem "dialektischen" Vorgehen (Wechsel der Denkrichtung) bewältigt werden müssen (S. 15, 16), ergeben sich für die (Selbst)Evaluation nach Heiner folgende konzeptionelle Konsequenzen:
- Interventionen sind als heuristische Suchvorgänge mit komplexen Informationsprozessen zu begreifen,
- deren Verlauf durch eine prozeßbezogene, begründungszentrierte Evaluation zu dokumentieren und zu reflektieren ist.
- Interventionen können nicht nur nach dem Grad der Erreichung bestimmter konkreter Ziele untersucht werden.
- Im Mittelpunkt der Untersuchung sollte die Problemanalyse und die Erfassung der Denkmuster stehen.
- Die Prozesse der Informationsbeschaffung und -verwertung und damit die Urteilsbildungsprozesse sind neben den Interaktionsprozessen zu dokumentieren, zu rekonstruieren und zu analysieren (vgl. S. 15).

Als Rahmenkonzept für das methodische Vorgehen der Evaluation, dessen Stellenwert vor allem in der heuristischen Funktion für die Lösung der oben beschriebenen Problemlagen gesehen wird, schlägt Heiner eine Differenzierung in drei "Typen von Aussagen" vor (S. 17; Heiner verweist hier auf Kraak 1978):

"(1) Tatbestandsaussagen; Antworten auf die Fragen: Ist es so? Weiß ich genug?
(2) Kriteriumsaussagen; Antworten auf die Frage: Wie ist es zu bewerten? Und
(3) Begründungsaussagen; Antworten auf die Frage: Welche (ursächl.) Zusammenhänge bestehen?"

Aus dieser Differenzierung ergeben sich drei Grunddimensionen von Fragestellungen, die in die gedanklichen Operationen "auswählen", "beschreiben", "bewerten", "erklären" münden[11]:
- Tatbestandsanalyse: Weiß ich genug?
- Kriteriumsanalyse: Urteile ich richtig?
- Begründungsanalyse: Stimmen meine Begründungen?

Für das methodische Problem der Sicherung der Gültigkeit (Validität) nennt Heiner drei bedeutungsvolle methodische Ansatzpunkte, die "auch bei ausschnitthafter Untersuchung komplexer Zusammenhänge verallgemeinerungsfähige Aussagen ermöglichen":
- Standardisierung der Informationsgewinnung zur Gewährleistung einer einheitlichen Art der Datensammlung durch gleichbleibende Erhebungstechniken.
- Eingrenzung des Untersuchungsbereiches über die Konstruktion von Stichproben, die trotz des begrenzten Ausschnitts aus der komplexen Wirklichkeit Verallgemeinerungen gestatten.
- Kontrollierte Variation von Einflußfaktoren, die über bestimmte Untersuchungspläne hergestellt wird (vgl. S. 17).

Bei der Entwicklung der Erfolgskriterien im Rahmen ihres Konzeptes der begründungszentrierten Selbstevaluation kommt Heiner wieder auf die Spezifika des sozialpädagogischen Arbeitsfeldes zurück und stellt damit den Zusammenhang zur Dimension der pädagogischen Prozesse her (S. 25ff) Es geht um die Frage, woran der "Erfolg" sozialer Arbeit gemessen werden kann. In gewissem Maße besteht die Möglichkeit von Vergleichen zwischen ergebnisbezogenen Daten, die innerhalb der Institution oder darüberhinaus erhoben werden. Diese können sich in unterschiedlichen Dimensionen vollziehen: Personengruppen - Verhaltensbereiche - Zeiträume.

Aber: "Oftmals reichen solche *produktbezogenen Vergleiche* nicht zur Formulierung aussagekräftiger Erfolgskriterien aus"(S. 26). Heiner nennt hierfür folgende Gründe:
- Unterschiedlichkeit der Arbeitsbedingungen und des Klientels machen den Vergleich verschiedener Kollegen und Institutionen unmöglich.
- Das unterschiedliche Entwicklungstempo der Klienten und Prozesse läßt keinen einheitlichen zeitlichen Vergleichsmaßstab zu.
- Zentraler Indikator für den "Erfolg" sozialer Arbeit sind oftmals nicht die tatsächlichen Verhaltensänderungen im Problemfeld, sondern "deren Deutung und Bewertung durch die Beteiligten"(S. 26).

Den letzten Punkt hält die Autorin für besonders wichtig, weil innerhalb sozialer Prozesse eben diese subjektiven Deutungen Gegenstand der Analyse und des Handelns sind, indem versucht wird, neue Interpretationen zu erarbeiten und alternative Deutungen zu vermitteln. Von daher kommt der "Stimmigkeit der verschiedenen Deutungen" als Erfolgskriterium sozialer Arbeit (S. 27) für die theoretischen Überlegungen zu einem sozialpädagogisch orientierten Konzept der Evaluation entscheidende Be-

---

11: Zur Veranschaulichung siehe das Schema in Anlage 8: Evaluation - Dokumentation, Rekonstruktion und Reflexion der Intervention (S. 18).

deutung zu:

"Die über den Umdeutungsprozeß erzielte individuelle oder soziale Akzeptanz führt dazu, daß eine Situation nun doch tragfähig erscheint, weil eine Balance der Sichtweisen hergestellt werden konnte. Diese Balance ist oftmals das Ergebnis von schwer normierbaren Aushandlungsprozessen im Rahmen spezifischer sozialer Kontexte" (ebd. S. 27).

An dieser Stelle soll darauf hingewiesen werden, daß dieser Denkansatz, in dem die individuellen Deutungsmuster im Rahmen theoretischer Vorstellungen sozialpädagogischer Prozesse eine entscheidende Rolle spielen, von dem Verständnis einer konstruktivistischen Evaluation wie etwa bei Guba/Lincoln (s. Kap.2.) zu unterscheiden ist. Heiner geht vielmehr von einem sogenannten "relativen Konstruktivismus" aus[12].

Für die Planung der Fragestellungen im Rahmen einer Evaluationsstudie ergeben sich hieraus nach Heiner zwei Dimensionen, die als Untersuchungsschwerpunkte gleichermaßen zu beachten sind:

"(a) die *Interventionsmuster* und Ergebnisse von Interventionen, d.h. die Interaktionen zwischen Sozialarbeitern, Klienten und kooperierenden Institutionen und ihre Konsequenzen;
(b) die *Deutungsmuster* und Begründungen, die die Wahrnehmung und Informationsverarbeitung strukturieren, die Problemanalyse und die Formulierung der Ziele beeinflussen und bei der Erklärung und Beurteilung von Entwicklungen und Ergebnissen eine Rolle spielen" (ebd. S. 27).

Zum Problem der Methoden und der Validierung ist, ohne näher auf die Ausarbeitung Heiners einzugehen, zu sagen, daß hier der integrative Aspekt einer multidimensionalen und multimethodischen Sichtweise weiter vorangetrieben und somit die bislang vielfach kritisierte Verstrickung in wissenschaftstheoretische Grabenkämpfe und pauschalisierende Festlegungen vermieden wird (s. Heiner 1986). Allerdings besteht eine eindeutige Bevorzugung (sog.) praxisorientierter und qualitativer Verfahren. Dies ergibt sich u.a. aus der thematischen Konzentration auf die Dimension der Selbstevaluation, die in einem Mikrobereich stattfindet und deshalb keine Informationen der großen Zahl erbringen oder verwenden kann. Experimentelle, hochstandardisierte Verfahren können nach Heiner ebenso wichtige aber nur zusätzliche Informationen liefern. Sie sind mit quantitativen Verfahren kombinierbar und für bestimmte Verwertungszusammenhänge angemessen (vgl. S. 28ff; Heiner 1986).

3. Resümee und weitere Vorgehensweise[13]

Die Theorieentwicklung im Allgemeinen

Evaluation in der Bundesrepublik erscheint im Vergleich zu Nordamerika als unterentwickelt. Sie hat in der nordamerikanischen Gesellschaft eine weitaus zentralere Bedeutung als in Deutschland. In den USA ist Evaluation als eigener Wissenschafts- und Dienstleistungszweig etabliert, verschiedene Evaluations-Institute konkurrieren um öffentlich ausgeschriebene Projekte und es besteht eine umfassende Theorie der Evaluation. In der Bundesrepublik lassen sich diesbezüglich im Wesentlichen folgende Unterschiede erkennen:

12: Hierzu: Heiner 1994 b, S. 105. In diesem Zusammenhang ebenfalls interessant erscheint die Deutungsmusteranalyse, zu der auch methodische Hinweise gegeben werden (ebd. S. 105 ff).
13: Das Resümee ist auf die Kap. 1-3 bezogen.

1) Wissenschaftliche Institute im Rahmen öffentlicher Hochschulen betreiben neben anderen Forschungen auch Evaluation.
2) Speziell (zur Behördenforschung) eingerichtete Institute befassen sich unter anderem mit Evaluationsprojekten in ganz bestimmten, festgelegten Bereichen und in Auftraggeberschaft der jeweiligen Behörde.
3) Übergreifende Entwürfe der Evaluationstheorie bestehen nur vereinzelt; sie finden sich allenfalls innerhalb von Projektberichten und als fragmentarische theoretische Aussagen zu Konzepten und Verfahren in speziellen Anwendungsgebieten und in bezug auf durchgeführte Projekte.

Grundlegende und allgemeine Charakteristika
Innerhalb der nordamerikanischen und der deutschen Entwicklungsgeschichte hat es sich eindeutig gezeigt, daß ein starker Zusammenhang zwischen den gesellschaftlichen und politischen Bedingungen einerseits und den Vorgehensweisen bei Evaluationen sowie deren theoretischen Grundlagen andererseits besteht. Bis auf einzelne Schattierungen und unterschiedliche Schwerpunkte sind in Nordamerika und Deutschland ähnliche Entwicklungslinien und Diskussionen in Theorie und Praxis zu erkennen. In Deutschland lassen sich drei Epochen ausmachen, die den gesellschaftlichen und politischen Kontext für jeweils typische Evaluationsformen im Bereich der sozialpädagogischen Praxis bieten (s.o.):

Erstens der Reformkontext, in dem experimentelle Großforschung mit dem klassisch traditionellen Evaluationsparadigma zuhause ist. **Zweitens** der Übergangkontext, für den der Vorgang der sog. "Regionalisierung" kennzeichnend ist und in dem es aufgrund der verschärften Kritik am traditionellen Evaluationsparadigma zu konträren Diskussionen und insgesamt zu einer allgemeinen Verunsicherung über geeignete Evaluationsformen kam. **Drittens** der "Risikokontext", der umfassende gesellschaftliche Probleme beinhaltet, in dem wir uns momentan befinden und vor dessen Hintergrund es die Problematik angemessener Evaluationsformen neu zu diskutieren gilt.

Tendenzen der Theoriediskussion in der Sozialpädagogik
Innerhalb der sozialpädagogischen Auseinandersetzung mit Problemen der Evaluation und der wissenschaftlichen Begleitung lassen sich Tendenzen und theoretische Richtungen erkennen, die in der Praxis zu verschiedenen Evaluationstypen geführt haben:

1) Innerhalb der Entwicklung der Evaluationstheorie in der Sozialpädagogik ist eine zunehmende Besinnung auf die spezifischen Bedingungen des Arbeitsfeldes zu erkennen, was Ansatzpunkte für die Etablierung eigener sozialpädagogischer Kriterien und eine Emanzipation von fremden Sichtweisen bedeutet.

2) Parallel zu der Theorieentwicklung in Nordamerika wird in zunehmendem Maße versucht, die Auseinandersetzungen zwischen unterschiedlichen theoretischen Grundrichtungen und Lagern - z.B. traditionelle Begleitforschung im Rahmen der Modellbewegung (z.B. Schmitz/Lukas 1981) einerseits und handlungsorientierte und qualitative Evaluation (z.B. Klafki 1973) andererseits - zu überwinden. Die aktuellen theoretischen Ansätze und Modelle (z.B. Gusy u.a.) betonen größtenteils die Notwendigkeit des situationsabhängigen integrativen Einsatzes sowohl quanti-

tativer, als auch qualitativer Erhebungsmethoden sowie multiperspektivischer Untersuchungsdesigns.

3) Evaluation wird in den theoretischen Abhandlungen tendenziell immer stärker im Rahmen des Mikrobereichs des sozialpädagogischen Handelns und weniger als Aufgabe zur Beurteilung eines Programmes mit umfassender sozialpolitischen Relevanz gesehen. Diese Tendenz wird in theoretischen Arbeiten anhand thematischer Eingrenzungen offensichtlich - etwa bei Heiner, die in den neueren Veröffentlichungen ausschließlich Selbstevaluation thematisiert und Evaluationen in einem übergreifenden organisatorischen Zusammenhang weniger einbezieht. Diese Tendenz ist auch in Arbeiten über Konzepte und Theorien professionellen sozialpädagogischen Handelns nicht zu übersehen, in deren Zusammenhang Evaluation verstärkt auf der subjektiven Handlungsebene thematisiert wird: Burkhard Müller (1993) verwendet den Begriff z.B. so, daß damit sowohl Analyse und Bewertung durch sozialwissenschaftliche Forschung, als auch ein Schritt im Rahmen einer einzelnen pädagogischen Intervention, den man bislang als Reflexion bezeichnet hat, gemeint sein kann.

Weitere Tendenzen und Rahmenbedingungen
Eine bedeutsame aktuelle Tendenz wurde bereits angesprochen. Sie stammt nicht aus der erziehungswissenschaftlichen Theoriediskussion, beeinflußt jedoch die pädagogische Praxis und deren Evaluation insbesondere vor dem Hintergrund der gesellschaftlichen Rahmenbedingungen des "Risikokontextes" entscheidend. Die hier zu schildernden Erscheinungen können folglich nicht als theoretische Weiterentwicklungen einer pädagogischen Evaluationstheorie gesehen werden. Sie stellen vielmehr Veränderungen der allgemeinen Lage im Hinblick auf die Beurteilung sozialer Arbeit dar, die im Bereich der sozialpädagogischen Praxis und ihrer Verwaltung immer mehr an Einfluß gewinnen. Gemeint sind (u.a.) die Bestrebungen der Effizienzmessung unter einer betriebswirtschaftlichen Sichtweise (z.B. Maelicke 1989; Caritas, 92 Jg. 1991; Reiss 1993; Nüßle 1994). Unter diesen Bedingungen tritt auch der Begriff der Evaluation immer mehr gegenüber solchen wie "Qualitätssicherung", "Qualitätsmanagement" und "Controlling" in den Hintergrund. Dieser Einfluß der "Management- und Marktorientierung" bezieht sich gleichermaßen auf Ziel- und Qualitätsvorstellungen der Praxis und ist deshalb besonders für den Aspekt der (Anschluß-)Förderung von Programmen und der Fianzierung von Institutionen relevant (Bestandserhaltung). Dies läßt sich an der vermehrten Verwendung von Begriffen aus dem betriebswirtschaftlichen Bereich ersehen: An die Stelle des "Klienten" tritt der "Kunde", aus der "Adressatenangemessenheit" wird die "Kundenorientiertheit", der Aspekt der "reflexion engagée" wird durch die Sichtweise des "Qualitäts-Controllings" ersetzt.

Solange sich diese Sichtweisen nur auf Teilbereiche und Rahmenbedingungen der pädagogischen Arbeit beziehen, wie organisatorische und administrative Abläufe, ergeben sich nicht automatisch Einschränkungen hinsichtlich der Möglichkeit, der sozialpädagogischen Sichtweise Rechnung zu tragen. Auch als Teilaspekte - und dies gilt insbesondere für psychologische Analysemuster - einer auf pädagogische Prozesse und ihre Bedingungen konzentrierten Evaluation können diese externen Sichtweisen durchaus zu hilfreichen Erkenntnissen beitragen und müssen nicht prinzipiell als pro-

blematisch eingeschätzt werden. Es sind jedoch noch drei weitere Bedingungen zu beachten, die die angelegte Problematik zu verschärfen drohen:
erstens das offensichtliche Theoriedefizit in der sozialpädagogischen Evaluationstheorie;
zweitens die zunehmende Finanzmittelknappheit der öffentlichen Hand und der Träger sozialer Arbeit;
drittens Probleme der semantischen und der inhaltlich interessengebundenen Differenzen zwischen den verschiedenen an der Praxis beteiligten sozialen Systemen (z.b. Träger, Forscher, Praktiker, Eltern, Verwaltung, etc.), die Übersetzungsleistungen und integrative Angleichungen in der Konzeption und der Durchführung der Evaluation verlangen.

Vor diesem Hintergrund erscheint es angesichts der fachfremden Einflüsse erforderlich zu sein, **zum einen** den Bereich und die Inhalte einer sozialpädagogisch orientierten Analyse und Beurteilung abzustecken, um der Vereinnahmung durch unangemessene Sichtweisen vorzubeugen. **Zum anderen** müssen Wege der Verständigung und Verbindung zwischen den unterschiedlichen Sichtweisen und Interpretationsmustern gefunden werden, die eine Kommunikation sowohl zwischen Wissenschaft und Praxis, als auch gegenüber den Leitungsebenen und der Verwaltung ermöglichen. Weiterhin ist ein theoretisches Konzept zu entwickeln, das eine Integration unterschiedlicher Sichtweisen in einem sozialpädagogisch evaluativen Rahmen zuläßt.

Zur weiteren Vorgehensweise
Den im zweiten Kapitel dargestellten Ansätzen der Theoretiker Rossi, Cronbach und Stake ist gemeinsam, daß sich unter ihren theoretischen Modellen Evaluation als offene, integrative und auf die jeweiligen Bedingungen des einzelnen Projektes abzustimmende (responsive) Vorgehensweisen darstellt. Diese evaluationstheoretische Position, in deren Mittelpunkt die pragmatische, situationsabhängige Konstruktion eines auf den Evaluationsgegenstand abgestimmten Evaluationskonzeptes und Methodendesigns steht, stellt die evaluationstheoretische Grundlage der eigenen Arbeit dar. Eine wichtige Dimension, in der sich Überlegungen hinsichtlich der angemessenen Konstruktion eines Evaluationskonzeptes bewegen müssen, ist die der Rahmenbedingungen. Im Verlauf der bisherigen Arbeit konnten schon einige allgemeine Bedingungen identifiziert und kategorisiert werden:

- unterschiedliche Organisationsformen der Evaluation (z.B. Modellversuch, Selbstevaluation);
- unterschiedliche gesellschaftspolitische Kontexte (z.B. Reformkontext);
- Unterschiedliche sozialpädagogische Prozesse als Evaluationsgegenstände (z.B. Schuldnerberatung, soziales Lernen, Antiaggressionstraining, etc.).

In den nächsten Kapiteln werden vier konkrete Evaluationsstudien, d.h. auf der Grundlage der von dem Evaluatorenteam erstellten Berichte, einer ausführlichen Analyse und Problemdiskussion unterzogen. Die Auswahl der Projekte geschah im Zusammenhang mit der Fragestellung und der eigenen evaluationstheoretischen Grundposition nach folgenden Kriterien:

1) Eine allgemeine Voraussetzung für die Auswahl der einzelnen Studien war, daß sich die Evaluation auf den uns im näheren Sinne interessierenden Kernbereich der sozialpädagogischen Prozesse und ihrer unmittelbaren Bedingungen bezog und daß hierbei pädagogische Orientierungen in bezug auf die Analysemethoden und die Beurteilungskriterien angewandt wurden. Es sollten also gelungene Beispiele für eine Lösung des Problems der Evaluation in der Praxis unter einem sozialpädagogischen Standpunkt gefunden werden; oder auch solche, in denen fachfremde Sicht- und Vorgehensweisen integriert und in einem sozialpädagogischen Rahmenkonzept theoretisch eingeordnet werden können.

2) Aufgrund der eigenen intergrativen und offenen evaluationstheoretischen Position sollten sowohl traditionelle Studien mit einem analytisch-quantitativen Evaluationskonzept, als auch alternative Untersuchungen eingezogen werden, um das gesamte, innerhalb der eigenen evaluationstheoretischen Grundposition akzeptierte Spektrum von Evaluationsformen abzudecken.

3) Es sollten Untersuchungen und Modellversuche aus allen drei unterschiedlichen gesellschaftspolitischen Kontexten und Organisationsformen ausgewählt werden (s. Kap.III, 1).

Zu den Evaluationsstudien im Einzelnen
Das **erste** aufgenommene Projekt fand in einer kleineren Institution als wissenschaftliche Begleitung der Berufspraxis statt und kann aufgrund dieses institutionellen Rahmens und auch wegen der hier zu bearbeitenden Problemlagen als typisches Projekt der Übergangsphase gelten. Es handelt sich hierbei um die von Maja Heiner (1987) durchgeführte Evaluation einer Beratungsstelle für alleinstehende Wohnungslose.

Das **zweite** Projekt ist eine typische Begleitforschung der Reformära, die sich auf einen großangelegten überregionalen Modellversuch bezog: Das Modellprojekt Tagesmütter. Beide Untersuchungen orientieren sich konzeptionell mehr oder weniger an dem Typus der traditionellen Evaluation, in der eine vorher geplante und systematische Informationssammlung betrieben wird.

Das **dritte** Evaluationsprojekt kann aufgrund des institutionellen Rahmens und der Problemlage wie die Untersuchung Heiners als typisches Projekt der Übergangsphase bezeichnet werden. Der Unterschied zu den beiden ersten Projekten liegt im Evaluationskonzept und der methodischen Vorgehensweise. Es handelt sich um die von Matthias Moch (1990) durchgeführte Evaluation einer kleineren Institution der Erziehungshilfe im Rahmen eines Modellprojektes.

Beim **vierten** Projekt handelt es sich um einen überregionalen Modellversuch, der auf ein typisches "Risikoproblem" bezogen ist und dessen Handlungsansatz geradezu für die Bedingungen der Risikogesellschaft symptomatisch zu sein scheint: Die Evaluation des Modellprojektes Streetwork zur AIDS-präventiven Arbeit mit Risikogruppen (Gusy u.a. 1992). Hier wird ebenfalls ein konzeptioneller und methodischer Ansatz gewählt, der nicht dem der traditionellen Evaluationsforschung entspricht.

Kapitel IV:
Analyse ausgewählter Evaluationsstudien I

Zur Vorgehensweise
Mit Ausnahme der Thematisierung des AgAG zum Einstieg im ersten Kapitel wurden bisher vor allem theoretische Aussagen über Evaluation diskutiert. Im folgenden sind konkrete Evaluationsprojekte in sozialpädagogischen Arbeitsfeldern und die dabei angewandten Verfahren und Vorgehensweisen Gegenstand der Analyse. Die Betrachtung »konkreter Vorgehensweisen« bedeutet jedoch nicht, daß etwa EvaluatorInnen bei ihrer Arbeit beobachtet worden wären, sondern die angewandten Konzepte und Verfahren sind der eigenen Analyse nur so zugänglich, wie sie in den Abschlußberichten und Dokumentationen beschrieben wurden. Ob dies der tatsächlichen Vorgehensweise entspricht, sei zunächst dahingestellt.

Es wurde bereits darauf hingewiesen, daß insbesondere in der Sozialpädagogik, wo ein Mangel an umfassenderen systematischen evaluationstheoretischen Entwürfen besteht, eine Trennung zwischen Praxisberichten über Evaluation und Evaluationstheorie schwer möglich ist. In den Veröffentlichungen stellt in einem Falle das konkrete Vorgehen bei der Konzeptionierung des Evaluationsprojektes den Ausgangspunkt für sich direkt anschließende theoretische Reflexionen dar. Im anderen Falle wird ein bestehendes theoretisches Evaluationsmodell geschildert, aus dem das Evaluationskonzept für das Projekt entwickelt wird. Es kann aber auch sein, daß pädagogische Interventionen oder Programme wissenschaftlich ausgewertet werden, ohne daß die Autoren dabei explizit über Evaluation reflektieren, ja sogar ohne daß sich die Untersuchung als Evaluationsforschung bezeichnet (s. Heiner 1986, S. 78). Obwohl sie keine explizite Umsetzung eines Evaluationsmodells darstellen - oder vielleicht gerade deswegen - können die dabei angewandten Verfahren der Analyse und Bewertung evaluationstheoretisch sehr interessant sein.

Neben den bereits im ersten Kapitel dargestellten Schwierigkeiten bei der Suche und Auswahl von Evaluationsprojekten bestand die Frage im engeren Sinne nun darin, anhand welcher Evaluationsprojekte und wie im Zuge einer tiefergehenden Analyse ertragreiche Ergebnisse für die Konstruktion eines Reflexionsrahmens erarbeitet werden können. Innerhalb der kritischen Auseinandersetzung mit einzelnen Evaluationsprojekten wurden zwei Wege der Analyse und der evaluationstheoretischen Auswertung angewandt: zum einen die Identifikation von Beispielen einer als gelungen und sozialpädagogisch angemessen eingeschätzten Evaluation; zum anderen »ex negativo« die Kritik an unangemessenen Sichtweisen, Organisationsformen und Konzepten. Die erste Möglichkeit wurde dabei für die ertragreichere gehalten und bevorzugt.

Die allgemeine Struktur der Analyse besteht im wesentlichen darin, daß die in den Berichten erkennbaren Konzepte, Fragestellungen, Beurteilungsverfahren und Erhebungsmethoden des Projektes theoretisch in bezug auf drei Dimensionen diskutiert und untereinander verglichen werden:
- auf der Ebene der Konzepte,
- auf der Ebene der Evaluationsverfahren und -methoden und
- auf der Ebene der Resultate und Ergebnisse der Evaluation sowie deren Nutzung.

Bevor zum ersten Projekt gegangen wird, bleibt noch auf eine Eigenart der Darstellung hinzuweisen. Bisweilen mag der Eindruck entstehen, daß lediglich zusammenfassend geschildert wird, was der jeweilige Autor selbst schon in der Dokumentation entwickelt hätte. Zu einem überwiegenden Anteil stellen die evaluationstheoretischen Aussagen meine eigenen Einschätzungen und Interpretationen der Vorgehensweisen in den Evaluationsstudien dar. Wenn in der Analyse evaluationstheoretische Diskussionspunkte der jeweiligen Autoren auftauchen oder dazu Stellung genommen wird, so werden diese als solche bezeichnet und nachgewiesen.

Vorab sei noch angemerkt, daß im Rahmen meiner Arbeit keine erschöpfende Darstellung der Einzelprojekte erfolgen kann. Es werden vielmehr lediglich die Punkte herausgegriffen, die vor dem Hintergrund der Fragestellung interessant sind. Zu einer weitergehenderen Auseinandersetzung sei auf die Projektberichte selbst und auf die Sekundärliteratur verwiesen.

1. Die Evaluation der Bremer Beratungsstelle für alleinstehende Wohnungslose (ZBS)

Dieses von Maja Heiner (1987) durchgeführte Evaluationsprojekt hat die Arbeit der Bremer zentralen Beratungsstelle für alleinstehende Wohnungslose (ZBS) zum Gegenstand. Das Evaluationskonzept und die Erhebungsverfahren dieser Studie sind in dem Aufsatz "Beratung und Akzeptanz" (Heiner 1988 d)[1] in den wesentlichen Zügen dargestellt und übersichtlich zusammengefaßt.

1.1 Konzeption der Evaluation

Das Problem der Beurteilungskriterien

Maja Heiner kennzeichnet den Mangel an Beurteilungskriterien, die innerhalb einer Evaluation erhebungsmethodisch umsetzbar sind, als ein konzeptionelles Kernproblem der Evaluation im Bereich der sozialen Arbeit (1986, S. 86ff). Diese Problematik stellte sich auch bei der Evaluation der Beratungstätigkeit der ZBS, deren Praxis durch folgende Charakteristika gekennzeichnet war:

Das Klientel hatte zwar in bezug auf die Wohnungslosigkeit an der Oberfläche eine ähnliche Problemstruktur. Es war aber aus unterschiedlichen Problemgruppen zusammengesetzt, und in jedem Einzelfall lagen unterschiedlichste psychische und soziale Problemkonstellationen vor. In der Beratungspraxis wurden je nach persönlicher Präferenz des Beraters unterschiedliche Konzepte angewandt.

Es bestand somit in bezug auf die zu bearbeitenden Problemkonstellationen der Adressaten und hinsichtlich der Handlungsmuster und -konzepte der Praktiker eine äußerst komplexe Vielfalt, die es nicht zuließ, Zielvorstellungen des Beratungs-

---

1: Die in diesem Abschnitt enthaltenen Literaturverweise auf Seitenzahlen beziehen sich auf diese Veröffentlichung

prozesses und der Problemlösung in einer einfachen Weise festzulegen, institutionsübergreifend zu normieren und innerhalb einer Evaluation als Beurteilungskriterium umzusetzen. Das Konzept der Evaluation mit geeigneten Beurteilungskriterien und Fragestellungen mußte vielmehr in einem komplexen Reflexionsprozeß entwickelt werden.

Eine Vorgehensweise, um Maßstäbe und Kriterien des erfolgreichen Verlaufes einer Beratung zu identifizieren, hätte darin bestehen können, psychologisch-therapeutische Bewertungskriterien eines bestimmten Beratungskonzeptes heranzuziehen. Diese wären jedoch immer quasi einer eindimensionalen Handlungs- und Beratungsvorstellung angelehnt und hätten den vielfältigen Anforderungen der sozialpädagogischen Beratungspraxis, wie sie aufgrund der komplexen Praxisbedingungen im Falle der ZBS vorlagen, nicht entsprechen können. Dies zeigt sich u.a. daran, daß ein Beratungsverhalten, das - so wie es dem sozialpädagogischen Selbstverständnis einer vielschichtigen und sich reziprok beeinflussenden Hilfe- und Beratungspraxis entspricht - flexibel und nicht eindimensional methodisch gebunden ist, aus der Sicht unterschiedlicher Therapieansätze gegensätzlich beurteilt werden würde.

Auch technische und sich an Äußerlichkeiten des Beratungsstils festmachende Kriterien, die innerhalb eines bestimmten Beratungsansatzes für wesentliche Prinzipien und Erfolgsbedingungen gehalten werden könnten, hätten u.U. in einem anderen Ansatz keine zentrale Bedeutung für den Erfolg und die Qualität. Beurteilungskriterien, die man in diesem Zusammenhang hätte entwickeln können, wären der Heterogenität der vorliegenden Beratungspraxis nur bedingt gerecht geworden, da diese durch das Vorhandensein unterschiedlicher Beratungsansätze und der sich hieraus ergebenden Notwendigkeit, sich situativ unterschiedlich auf den Klienten einzustellen, gekennzeichnet war (vgl. S. 86ff).

Das Kernproblem der Evaluationsstudie Heiners bestand also in der Identifikation geeigneter Beurteilungskriterien, anhand derer die "Qualität", Wirksamkeit" und der "Erfolg" der ZBS eingeschätzt und erhoben werden konnte - und zwar über die unterschiedlichen Handlungs- und Beratungsansätze hinweg, die angesichts der vielfältigen Adressatenbedingungen auch notwendig waren.

An dieser Stelle möchte ich einhalten und kurz auf die Problematik der Kriterienfindung im Allgemeinen eingehen. Um geeignete Beurteilungskriterien und Möglichkeiten für empirische Erhebungen nach diesen Kriterien in der Sozialpädagogik zugänglich zu machen, wären zwei Voraussetzungen hilfreich: **erstens**, daß ein Diskussionsforum sozialpädagogischer Evaluationsprojekte bestünde und man die hier geschilderten Evaluationskonzepte als Anregungen nutzen oder diese übernehmen könnte. Die Veröffentlichungen Heiners (1988, 1994) stellen einen wertvollen Ansatz in genau dieser Hinsicht dar. **Zweitens**, daß evaluationstheoretische Orientierungspunkte identifiziert werden, die unabhängig von den jeweils vorliegenden Inhalten (z.B. Erziehungsberatung oder betreute Wohngruppen) die Reflexion so vorstrukturieren können, daß eine selbständige konzeptionelle Entwicklung von Kriterien, Fragestellungen und Methoden der Evaluation unterstützt werden kann.
Die eigene Arbeit soll keine inhaltsgebundene Sammlung von Evaluationskonzepten

und -kriterien erstellen, die in der Praxis anwendbar sind . Sie will vielmehr erstens auf die Notwendigkeit aufmerksam machen, daß eine evaluationstheoretische Rahmenkonzeption erstellt werden sollte, die auf die Bedingungen der Sozialpädagogik abgestimmt ist, und zweitens einen Beitrag hierzu leisten. Anhand einer evaluationstheoretischen Interpretation der Kriterienentwicklung in der Studie Heiners können hierfür wichtige Anregungen aufgenommen werden. Bei den folgenden Analysen ist somit von Interesse, nach welcher logischen Struktur die Suche und die Definition von geeigneten konzeptionellen Vorgehensweisen in den Evaluationsprojekten geschah.

Der Prozeß der Konzeptentwicklung
Das Problem der Kriterienentwicklung wurde von Maja Heiner in mehreren Schritten gelöst. Der erste Schritt bestand in einer Klärung der grundlegenden Bedingungen der Evaluation und läßt sich unter dem Begriff der **Zielevaluation** und der **institutionellen Absprachen** zusammenfassen. Hierbei wurde das Zielkonzept der zu untersuchenden Einrichtung analysiert, wie es als planerischer Anspruch von Seiten der Träger an die Institution herangetragen worden war. Weiterhin wurden grundlegende lokale Bedingungen der Einrichtung ermittelt und vor dem Hintergrund theoretischer Vorstellungen über soziale Hilfe- und Beratungsprozesse reflektiert. Hieraus ergab sich dann eine Klärung des bestehenden und des möglichen Tätigkeitsprofils der Einrichtung. Die Evaluation versuchte bereits von Anfang an, an einem Prozeß der institutionellen Konzeptentwicklung teilhaben zu können und bemühte sich demzufolge darum, die Ausgangsbedingungen des Evaluationsauftrages mit der Leitung der Einrichtung in diesem Sinne zu vereinbaren. Innerhalb dieses groben Rahmens konnte nun eine sinnvolle Entscheidung für die allgemeine Zielrichtung der Evaluation getroffen werden und damit der Prozeß der Kriterienfindung seinen Anfang nehmen.

Der **zweite Schritt** bestand aus einer **Eingrenzung und Spezifizierung des Evaluationsgegenstandes**. Dabei wurde zunächst ein allgemeines Verständnis der Erfolgsdimension und damit der Perspektive festgelegt, unter der die Institution betrachtet werden sollte. Diese allgemeine Beschreibung der Kriterien, der Fragestellungen sowie der Untersuchungsmethoden wurde auf der Grundlage einer Auswertung folgender drei Informationskomplexe entwickelt:
1) allgemeine theoretische Überlegungen zur Funktion sozialer Arbeit,
2) empirische Untersuchungen über die charakteristischen Probleme und Defizite von Humandienstleistungen,
3) Beobachtungen und Fragen der Mitarbeiter der ZBS.

Die thematische Eingrenzung und die Zielrichtung, unter denen der Evaluationsgegenstand betrachtet wurde, geschah unter maßgeblicher Berücksichtigung des Informationsbedürfnisses, das die Mitarbeiter der ZBS in bezug auf den Erfolg ihrer Beratungstätigkeit und allgemein in bezug auf ihre Institution hatten. Damit waren die spezifischen Zugänge und Aspekte dafür gegeben, daß sich die Konturen der Fragestellungen und desjenigen speziellen Aspektes weiter konkretisieren ließen, der relevante Informationen zur Beurteilung des Beratungs- und Hilfeprozesses liefern konnte. Die Ebene, in der die Untersuchung stattfand, mußte in Reaktion auf die spezifischen Bedingungen der Beratungspraxis abgestimmt werden. Ein Charakteristikum des Beratungsprozesses zeigte sich wie gesagt darin, daß die Praktiker ganz unterschiedliche Beratungsstile und Behandlungskonzepte anwendeten. Gleichzeitig bestand das Bedürfnis, die Evaluation zu trennen von einer stattfindenden Supervision der Beratungsarbeit, in der es um das persönliche Verhältnis und die psychoemotionale Dimension des Beratungsprozesses ging. Hieraus ergab sich für die Eingrenzung des Evaluationsgegenstandes eine Konzentration auf die Qualität der Beratung und des Angebots auf einer institutionellen Ebene.

Für den **dritten Schritt**, die **Festlegung der Kriterien** im einzelnen, bedeutete dies die Suche nach einer theoretisch-konzeptionellen Sichtweise sozialpädagogischer Beratung - einschließlich eines Erfolgs- und Qualitätskriteriums - , das als Analysemuster im allgemeinen und über unterschiedliche Beratungsstile und Therapieverfahren hinweg aussagekräftig zu sein versprach. Gleichzeitig wurden allgemeine Charakteristika sozialer Arbeit einbezogen. Dabei wurde von der Annahme ausgegangen, daß die festgestellte Heterogenität der Ansätze analog zu den allgemeinen Bedingungen sozialer Arbeit gelagert ist. Diese bestehen in der generellen Komplexität und Heterogenität der Problemlagen, weiterhin in der Diffusität der Aufgabenstellungen auf der Handlungsebene und in dem Vorhandensein nur vager Zielvorstellungen, die sich erst allmählich entwickeln können (S. 314). Als weitere Eigenart wurde die Selbstreferenzialität sozialer Arbeit in die Überlegungen einbezogen. Sie besteht darin, daß nicht von einem linearen Beratungsverhältnis ausgegangen werden kann, sondern das gegenseitige Verhältnis macht sowohl Berater, als auch den Klienten zu sich wechselseitig bedingenden Produzenten des Prozesses (S. 311).

In einem diskursiven theoretischen Diskussionsverlauf, in dem theoretische Vorstellungen über angestrebte Ziele und Qualitäten der Arbeit mit Obdachlosen und der dabei als wünschenswert eingeschätzten Entwicklungsprozesse eine zentrale Rolle spielten, wurden unterschiedliche Möglichkeiten für und Begründungen von Kriterien einander gegenübergestellt und schließlich entschieden. Dabei wurden zum einen empirische Befunde anderer Evaluationen und Praxisforschungsprojekte einbezogen, die in diesem Zusammenhang relevante Ergebnisse produziert hatten. Zum anderen wurden weitere Voruntersuchungen und empirische Analysen der ZBS durchgeführt. Beides diente dazu, die theoretischen Konzepte sozialpädagogischer Beratungsprozesse auf die spezifischen Bedingungen der Institution ZBS umzusetzen, um deren konkreten Bedeutungsgehalt näher zu ermitteln. Am Ende dieser Herleitung und Diskussion, die sich als kritisch diskursives Verfahren kennzeichnen läßt, stand die Entscheidung für die Kategorie »gleichmäßige Verteilung von Akzeptanz« als Kriterium des Beratungserfolges. Diese Kategorie wurde dann innerhalb des Erhebungsverfahrens, das aus einem standardisierten Fragebogen bestand, operationalisiert und stellte somit den Kernpunkt des Evaluationskonzeptes dar.

Das Erhebungsinstrument enthielt weiterhin Fragen, die es ermöglichten, die heterogene Klientel in bezug auf bestimmte Adressatenbedingungen zu unterscheiden. Diese Untersuchung der Klientel nach bestimmten Adressatenbedingungen ermöglichte die Identifikation von Defiziten der Beratungstätigkeit in bezug auf bestimmte Gruppen, was gleichzeitig als Ausgangspunkt für konzeptionelle und handlungsleitende Optimierungen des Versorgungsangebotes und der Vorgehensweise genutzt werden kann. Durch diese Evaluation war es möglich, übergreifende Informationen zur Lösung konzeptioneller Probleme, zur Aufdeckung institutioneller Defizite, aber auch zum Nachweis von erfolgreichem Handeln zu liefern, die sich dem Blick des in Einzelfällen agierenden Praktikers entziehen, und eben nur durch eine übergreifende empirische Analyse und quantitative Auswertung zu leisten sind.

Zusammenfassend läßt sich sagen, daß das entscheidende Moment für die Kriterienentwicklung - dasselbe gilt für das Verwerfen unangemessener Beurteilungskriterien - in der diskursiven Entwicklung eines theoretischen Verständnisses des sozialpädagogischen Prozesses liegt, der unter den vorliegenden institutionellen Bedingungen als "Idealvorstellung" gelten soll: *Es wird eine begründete Vorstellung davon entwickelt, wie ein Beratungsprozeß aussehen und wie sich dies in der Praxis äußern soll, um diesen evaluieren zu können.* Die dabei notwendigen Reflexionen und Begründungen nehmen ständig auf empirische und theoretische Inhalte einer sozialpädagogischen Handlungskonzeption bezug, was gleichsam als Korrektiv eines sozialpädagogisch orientierten Zuschnitts des Evaluationsgegenstandes sowie der Beurteilungskriterien und der Indikatoren unerläßlich erscheint. Dabei sind die Aspekte einer auf die Sozialpädagogik beziehbaren Handlungstheorie von besonderem Interesse, die in bezug auf die angestrebten sozialpädagogischen Prozesse eine unmittelbare Bedeutung für die Kategorien Erfolg und Qualität haben.

Die zentralen theoretischen Vorstellungen über Funktionsweisen und normative Ausrichtungen der pädagogischen Prozesse, die in einem Evaluationskonzept zur Anwendung kommen sollen, können nicht aus einem Fundus gesicherter Theorien wie ein Maßstab übernommen oder deduziert werden. Der diskursive und transparente Prozeß der Kriterienentwicklung, an dessen Ende eine nachvollziehbare aber immer hypothetische Entscheidung für eine Normvorstellung steht, erscheint unumgänglich zu sein. Zu beachten ist, daß die Auswahl des Kriteriums der »gleichmäßigen Verteilung von Akzeptanz« als Indikator für Erfolg auch innerhalb der Untersuchung von Heiner immer thesenhaft vorgestellt wird. In unserer Analyse geht es jetzt nicht um die Frage, ob dieses Kriterium das inhaltlich bestmögliche darstellt, sondern um die Art und Weise, wie es entwickelt wurde. Zu bedenken ist weiterhin, daß die Einhaltung des beschriebenen diskursiv schrittweisen Ablaufs keine Identifikation optimaler Beurteilungskriterien garantieren kann, aber in jedem Falle einer begründungsorientierten Diskussion zugänglich macht.

Die Qualität der gesamten Evaluation - damit ist die Angemessenheit der Spezifizierung des Evaluationsgegenstandes, der Fragestellungen und die pädagogische Relevanz der Ergebnisse gemeint - steht in enger Abhängigkeit mit dem Zutreffen und der Angemessenheit der thesenhaften Theorie über den pädagogischen Prozeß in den hier vorliegenden institutionellen Bedingungen. Denn die These enthält das zentrale Beurteilungskriterium und damit den theoretischen Angelpunkt der Evaluation. Von daher ergibt sich die Notwendigkeit, den Versuch einer systematischen Begründung und diskursiven Herleitung dieses Elements zu unternehmen, um das davon abhängige Konzept der Evaluation in seiner Angemessenheit und seiner Relevanz zu begründen und sicherzustellen.

1.2 Methodischer Zugang

Die Entscheidung für oder gegen eine Evaluationform sowie die Frage der Erhebungsverfahren hing in der vorliegenden Untersuchung ganz von den Fragestellungen und Kriterien ab, die sich nach der Entwicklung der konzeptionellen Ebene als sinnvoll und geeignet erwiesen haben. Hier mußte versucht werden, die Meßverfahren zu finden oder zu entwickeln, die im Rahmen der konzeptionell für relevant erachteten Fragestellungen zu einer möglichst angemessenen und wirklichkeitsnahen Tatbestandsanalyse beitragen. Das Design der Erhebungsverfahren und der Prozeß seiner Entwicklung wurde in der Untersuchung Maja Heiners in gleicher Weise wie das hierfür grundlegende Evaluationskonzept theoretisch reflektiert und begründungsorientiert hergeleitet.

Maja Heiner wendet in ihrer Untersuchung einen standardisierten Fragebogen mit einer Stichprobengröße von 142 Befragten an. Das Antwortverhalten wird quantitativ ausgewertet. Ein Verfahren, das von Anhängern der "constructive evaluation" prinzipiell abgelehnt werden würde, das jedoch im Rahmen des nach pädagogischen Kriterien entwickelten Evaluationskonzeptes zur Aufklärung der institutionellen Bedingungen des Beratungserfolges genau die erforderlichen Informationen liefert. Zur Klärung der tieferliegenden Hintergründe, Zusammenhänge und Wirkungsweisen des pädagogischen Prozesses und der Beratung in ihren tieferen Dimensionen des pädagogischen Interaktion wären wiederum andere Verfahren - wohl einer qualitativen Methodik - anzuwenden. Diese zielen dann nicht primär auf generalisierbare Aussagen ab. Sie können jedoch unter bestimmten Bedingungen sehr wohl in bezug auf generalisierbare Erkenntnisse über Erfolg oder Mißerfolg und dessen Bedingungen relevant sein und einzelfallübergreifende Erkenntnisse liefern (s. Kap. V). Dies insbesondere dann, wenn für die betroffenen Adressaten gemeinsam geltende Problem- und Interpretationsmuster erfaßt werden können, die innerhalb vieler Fälle eine den Erfolg bedingende Rolle spielen. Hierzu wäre aufgrund des spezifischen Evaluationsgegenstandes eine andere Evaluationskonzeption zu entwickeln, die sich an denselben o.g. formalen Bezugspunkten orientieren könnte.

Wie stellt sich das Problem der Methoden im Falle des hier bislang entwickelten Evaluationskonzeptes dar? Es müssen Erhebungsverfahren gefunden werden, mit denen möglichst genau das getroffen wird, was in der vorangegangenen Kriterienentwicklung als Kernvariable beschrieben wurde. Diese Variable soll durch die Erhebungsinstrumente möglichst wirklichkeitsnah erfaßt werden. Prinzipiell sind dabei quantitative und qualitative Methoden gleichberechtigt.

Die Schwierigkeiten und Probleme, die hierbei bestehen und auftreten können, sind prinzipiell auch dieselben wie bei jeder sozialwissenschaftlichen Forschung. Zu berücksichtigen erscheint eine zusätzliche Schwierigkeit oder ein Dilemma, daß nämlich zur Analyse und Beurteilung der vorfindbaren Praxis und ihrer Bedingungen die Orientierung an und damit die Entscheidung für ein bestimmtes theoretisches (Erfolgs-) Verständnis des pädagogischen Prozesses notwendig ist. Somit steht Evaluation in der Gefahr, insbesondere dann, wenn die Praxis sowieso schon nach eben dieser Theorie gestaltet wird, sich selbst immer wieder zu reproduzieren und damit für alternative Ansätze und anders gelagerte Phänomene blind zu werden. Die Praxis würde immer wieder in Anwendung der Deutungsmuster analysiert und beurteilt, die als praktische Handlungsverständnisse bereits vorliegen. Eine Optimierung der Arbeit wäre nur in der Schiene des vorliegenden Handlungsverständnisses denkbar. Außerdem besteht die Möglichkeit, daß die der Evaluation zugrundegelegte "Erfolgstheorie" unzutreffend (geworden) ist oder wichtige Dimensionen des Erfolges und der Qualität ausblendet.

1.3 Konsequenzen und Nutzen der Untersuchung

Der Nutzen einer Evaluation kann nicht ausschließlich darin gesehen werden, daß durch ihre Ergebnisse die sozialpädagogische Praxis tatsächlich verbessert wird, z.b. ein Erprobungsprogramm tatsächlich weitergefördert und institutionalisiert wird. Dies hängt von Entscheidungszusammenhängen ab, die sich oftmals jenseits pädagogischer Erwägungen vollziehen. Der Nutzen und Wert einer sozialpädagogischen Evaluation kann demgegenüber auch ganz allein in der Bereitstellung von Informationen über Zusammenhänge der **Handlungspraxis** liegen, was u.U. dann auch Bezüge zu einer pädagogischen **Theoriebildung** erlauben kann.

Die Evaluationsstudie von Maja Heiner hat zahlreiche Informationen über die Beratungspraxis der ZBS geliefert, auf denen einerseits ein "Erfolgsbewußtsein" der Institution gründen und mithilfe derer andererseits die Konzeption und Praxis der Arbeit optimiert werden könnte. Im Einzelnen war das Evaluationskonzept mit dem Kernkriterium der »Gleichverteilung von Akzeptanz« in mehrerer Hinsicht von "diagnostischem" Wert (s. Heiner 1988, S. 334ff):

- als Beurteilungsmuster für Beraterkompetenz, die darin besteht, sich flexibel auf unterschiedliche Gruppen einzustellen;
- als Analyseinstrument hinsichtlich der Angebotskonzeption, das angibt, welche Klientengruppen wie erreicht werden;
- als Analysemuster für Bedingungszusammenhänge, die zu einer Minderung der Akzeptanz führen können;
- als Diagnosemuster der institutionellen Rahmenbedingungen und deren sozialplanerischen und sozialpolitischen Implikationen.

Maja Heiner beschreibt die durchgeführte Evaluierung als eine wichtige Anfangsstation in einem nie abgeschlossenen Prozess der weiterführenden Erkenntnisgewinnung über die Praxis der Instituton. Sie hat vor allem einen »indikatorischen Wert« und auf ihrer Grundlage können weitere Untersuchungen mit spezifischer Zielrichtung vorgenommen werden. Bei einer weiterführenden Analyse der pädagogischen Prozesse im tieferen und engeren Sinne schätzt Maja Heiner die Möglichkeiten der Selbstevaluation durch die Praktiker sehr hoch ein. Obwohl eine Weiterführung der Evaluation und eine Begleitung bei der Umsetzung der Untersuchungsergebnisse und Verbesserungsvorschläge aufgrund von Konflikten mit der Leitung der Einrichtung nicht mehr stattfand, kann der Nutzen dieser Evaluierung nicht bestritten werden. Unter der Bedingung, daß die Ergebnisse der Öffentlichkeit und somit dem wissenschaftlichen Diskurs zugänglich sind, kann also eine Evaluation selbst dann als erfolgreich gelten, wenn ihre Ergebnisse und Vorschläge von der Institution abgelehnt werden.

Über diese grundsätzliche Einschätzung des Wertes und des Nutzens von Evaluationen im pädagogischen Bereich hinaus, darf die Wichtigkeit des weitergehenden Aspektes der Rezeption der Ergebnisse durch Entscheider jedoch nicht vernachlässigt werden. Es muß folglich bereits im Anfangsstadium Vorsorge dafür getroffen werden, daß die pädagogischen Evaluationsergebnisse eine Chance haben, sich im Zusammenhang der institutionellen, politischen und administrativen Entscheidungsprozesse durchzusetzen. **Einerseits** stellt sich dieses Problem für EvaluatorInnen in der Ebene des konkreten Agierens in der Institution und in der Interaktion mit den Praktikern und den Trägern. Es handelt sich hierbei also um Schwierigkeiten und Probleme des Managements und der Implementation einer Evaluation, die generell für alle Beratungstätigkeiten in Institutionen und generell für Praxisforschung und wissenschaftlicher Beratung bestehen. Hier müssen Strategien ermittelt und umgesetzt werden, die in der Lage sind, kommunikations- und verfahrenstechnische Schwierigkeiten zu lösen sowie Konflikte und Widerstände zu bearbeiten. **Andererseits** muß hier aber auch eine konzeptionelle Aufgabe gesehen werden: Diese besteht darin, daß innerhalb der Vorgehensweise der Untersuchung, bei der Konstruktion der Erhebungsverfahren und bei der Interpretation der Ergebnisse in gewisser Weise eine Aufbereitung (keine Verfälschung) dieser Inhalte stattfindet, die eine Wirksamkeit der Ergebnisse wahrscheinlich macht.

2. Das Modellprojekt "Tagesmütter"[2]

2.1 Einführung

Der Modellversuch Tagesmütter stellt ein, wenn nicht sogar das typische Evaluationsprojekt der Reformära in der Sozialpädagogik dar. Bei der pädagogischen Maßnahme handelte es sich um die großangelegte Erprobung einer strukturpolitischen Intervention im sozialpädagogischen Bereich, wie sie in dieser Form vermutlich nur unter den damals vorliegenden gesellschaftlichen und politischen Bedingungen zum Thema werden konnte. Es ging um einen innovativen Reformvorschlag, der in verschiedener Hinsicht zu gesellschaftlicher Strukturveränderung geführt hätte, der von maßgeblichen Teilen der damaligen sozialliberalen Koalition befürwortet wurde und hinter dem eine stark engagierte, öffentlichkeitswirksame Initiativbewegung stand: die Etablierung des "Laien-Berufes" Tagesmutter unter staatlicher Mitfinanzierung. Tagesmütter sind Frauen, die Kleinkinder berufstätiger Mütter (werk)tagsüber in ihrer Wohnung neben den eigenen Kindern betreuen. Durch dieses Arrangement sollten die Möglichkeiten der Kleinkinderbetreuung, die im Zuge der gesellschaftlichen Entwicklung immer schlechter und unsicherer geworden waren, verbessert werden. Gleichzeitig wollte man den Bedürfnissen oder Notwendigkeiten der mütterlichen Berufstätigkeit Rechnung tragen (vgl. AGrp. 1977, S. 8, 9).

2: s. Arbeitsgruppe Tagesmütter (AGrp) 1977, 1980. Gudat 1982; Liegele 1974; Pettinger 1974.

Ein auffälliges Merkmal dieser Reformbestrebung war der heftige gesellschaftspolitische Diskurs, der in bezug auf die Auswirkungen und Konsequenzen der Wechselbetreuung geführt wurde: "Kaum eine andere sozialpädagogische Initiative der letzten Jahre war von Anfang an so umstritten wie das Projekt "Tagesmütter": die Entwicklung einer neuen Betreuungsform für Kinder bis zu drei Jahren"(AGrp. 1977, S. 1). Die gesellschaftspolitischen Rahmenbedingungen waren somit dergestalt, daß Evaluation hier die Funktion hatte, Informationen und Argumentationen zur Abwehr eines politischen Angriffes zu liefern. Das Evaluationskonzept wurde demzufolge insbesondere durch die Kritik und die Angriffe, die unterschiedliche gesellschaftliche Gruppen und politische Fraktionen gegen die Maßnahme und den Modellversuch führten, beeinflußt.

Die Bezeichnung "Evaluationskonzept" erweckt den Eindruck, die mit der wissenschaftlichen Begleitung des Modellversuchs betraute Arbeitsgruppe des DJI hätte sich bei der Erstellung des Untersuchungsplanes explizit mit der damals vorhandenen Evaluationstheorie befaßt. Hierbei ist die Situation der Einführungsphase des Evaluationsbegriffs zu bedenken, die an anderer Stelle ausführlich dargestellt wurde. Die Untersuchung wurde als "Begleitforschung" bezeichnet und bedeutete damit inhaltlich genau das, was in der Bundesrepublik Anfang der 70er Jahre dem Begriff Evaluation entsprach. Begriffe wie "Evaluierung" tauchen demzufolge in der von Ulrich Gudat durchgeführten entwicklungspsychologischen Untersuchung als zentrale konzeptionelle Kategorien auf. Der Begriff wird ebenso von Rudolf Pettinger, der die Arbeitsgruppe des DJI leitete, als Unterpunkt des umfassenden Projektes aufgeführt, das neben dem Aspekt der Wirkungsanalyse in wichtigen Teilen vor allem auf den Beratungs- und Entwicklungsaspekt ausgerichtet war und sich am Konzept der Handlungsforschung orientierte (s. Pettinger 1974, S. 924). Die allgemeine sozialpolitische Fragestellung, die wohl auch von den unterschiedlichen Gegnern des "Tagesmüttermodells" als grundlegender Ausgangspunkt der Diskussion akzeptiert wurde, bezog sich auf die offensichtlichen Defizite und Funktionsverluste traditioneller gesellschaftlicher Institutionen als Folge gesellschaftlicher Modernisierung:

"Können wir unsere sozialen Institutionen so verändern - die bestehenden abwandeln und neue einführen -, daß der soziale Rahmen erneuert und wiederbelebt wird, den die Familien und Kinder für ein fruchtbares Wirken und Wachsen brauchen?" (Bronfenbrenner, 1976, zit. n. AGrp. 1980, S. 391)

Das Untersuchungskonzept des Modellversuchs konzentrierte sich vor diesem Hintergrund auf die Fragestellung, ob außerfamiliäre Fremdbetreuung durch Tagesmütter (Wechselbetreuung) eine für die Entwicklung der Kinder geeignete und deswegen zu institutionalisierende Maßnahme darstellen würde oder nicht. Die schwerwiegendste Kritik am Tagesmütterwesen wurde von Seiten der Verhaltensbiologen und Kinderärzte ins Feld geführt und von der konservativen Opposition aufgegriffen. Sie bestand in dem Vorwurf, daß die Kleinkindbetreuung durch eine weitere Person neben der Mutter insbesondere im ersten Lebensjahr die Gefahr schwerer Entwicklungsschäden bedeute[3]. Von daher stand die Fragestellung im Mittelpunkt, ob die mit dem Tagesmütterwesen vorliegenden Sozialisationsbedingungen im Vergleich zu den eta-

---

3: s. hierzu als Vertreter der Gegenposition Hellbrügge 1975, Hassenstein 1974 a, b. Weiterhin die Auseinandersetzung in der ZfPäd, 1974, insbesondere die Beiträge von Hassenstein, Liegle, Pettinger.

blierten Betreuungsformen - Familie und Kinderkrippe - negative Auswirkungen haben: im Kern bezogen auf die Entwicklung der betreuten Kleinkinder, aber auch in bezug auf andere familienpolitische und die Stellung der Frau betreffende Aspekte, die sich wiederum aufgrund öffentlicher Kritik ergaben (AGrp. 1977, Einleitung). Diese Kritikpunkte unterschiedlicher gesellschaftlicher Gruppen, die schädliche bzw. fragliche Konsequenzen des Tagesmütterbetreuung öffentlich thematisierten und kontrovers diskutierten, bildeten gleichsam die Grundlage der inhaltlich-thematischen Struktur des Evaluationskonzeptes.

2.1.1 Wie müßte ein Evaluationskonzept aussehen? - Gedankenspiel

Wir wollen zunächst noch absehen von den Zusammenhängen zwischen der Vorgehensweise in der wissenschaftlichen Begleitung einerseits und diesem politischen Diskurs andererseits, der die verantwortlichen Wissenschaftler dazu nötigte, bestimmte Fragen zu stellen und unter Anwendung bestimmter Methoden nach Antworten zu suchen. Zunächst soll in Anlehnung an die Vorgehensweisen bei der Konzept- und Kriterienentwicklung der vorangegangenen Studie Maja Heiners und ausgehend von allgemeinen pädagogischen Überlegungen zum Evaluationsgegenstand "Tagesmütterbetreuung" danach gefragt werden, wie ein geeignetes Evaluationskonzept thematisch und konzeptionell seinem ganz groben Rahmen nach gestaltet sein müßte:

Der pädagogische Sinn der Betreuung von Kleinkindern liegt zweifelsohne darin, Sozialisationsbedingungen zu schaffen, die eine bestmögliche physische, kognitive und emotionale Entwicklung gewährleisten. Das allgemeine und übergreifende Beurteilungskriterium für den Erfolg und die Qualität der fraglichen Betreuungsform ist somit unweigerlich mit den Wirkungen verknüpft, die das hier stattfindende Handeln mit sich bringt. Insbesondere die sozialisatorischen Wirkungen auf den Adressaten Kleinkind stehen im Mittelpunkt der Problemstellung und machen gleichsam die Qualität des Arrangements aus. Von daher spielt die Perspektive der Wirkungen im zu entwickelnden Evaluationskonzept eine zentrale Rolle: Es muß folglich eine Konzentration der Untersuchung auf unmittelbare, pädagogisch relevante Wirkungszusammenhänge erfolgen, die dem Evaluationsgegenstand zugrundeliegen, und somit die Thematisierung eines oder mehrerer spezifischer Evaluationsgegenstände in diesem Sinne erlauben.

Die allgemeinen Bedingungen pädagogischen Handelns lassen sich in drei Ebenen einteilen: **erstens** personelle und interaktive, **zweitens** institutionelle und **drittens** gesellschaftliche Bedingungen. Gemäß dieser allgemeinen Bedingungsfelder wären bei einer Evaluation der Wechselbetreuung durch Tagesmütter und Mütter folgende Dimensionen zu untersuchen, in denen sich deren Wirkungen niederschlagen oder die mit diesen korrespondieren:

1) Die Dimension des pädagogischen Prozesses im engeren Sinne und die unmittelbar daran beteiligten Personen:
   - vor allem die Kinder,
   - die Tagesmütter,
   - die Mütter,

- die beteiligten Familien,
- das pädagogische Verhältnis insgesamt,
- die pädagogischen Inhalte zur Schaffung geeigneter Sozialisationsbedingungen.
2) Die Dimension der institutionellen Bedingungen des Modells und des Tagesmütterwesens allgemein:
   - in bezug auf Modell- und mögliche Folgeeinrichtungen,
   - im Zusammenhang mit der Jugendhilfe und administrativen Regelungen.
3) Die gesellschaftliche Dimension in bezug auf
   - bevölkerungspolitische Aspekte,
   - die gesellschaftliche Rolle der Frau,
   - familienpolitische Aspekte und
   - gesetzliche Rahmenbedingungen.

Eine Evaluation unter diesen Aspekten der Bedingungen des Programmes hätte eine Informationssammlung zu betreiben, die nach zwei Seiten hin gerichtet ist:
1) Welche Konsequenzen hat und welche Bedingungen setzt das pädagogische Arrangement Tagesmütter in bezug auf die eben aufgezählten Dimensionen?
2) Welche Bedingungen müssen wie hergestellt werden - ebenfalls in bezug auf diese Dimensionen -, damit das Arrangement funktionieren kann?

Diese Zweiseitigkeit müßte sich in der gesamten Untersuchungskonzeption fortsetzen: Einerseits ist eine Bewertung des pädagogischen Arrangements "Tagesmüttermodell" unerläßlich, das im Wesentlichen aus einer Wirkungsanalyse bestünde - vor allem in bezug auf seine unmittelbaren sozialisatorischen, aber auch hinsichtlich anderer Konsequenzen, die das pädagogische Verhältnis, die daran Beteiligten sowie dessen Bedingungen betreffen. Diese Wirkungsanalyse ist jedoch nur dann sinnvoll, wenn das zu bewertende Modell auch ungestört und optimal ablaufen kann. Es ist somit andererseits auch eine prozeßhaft begleitende Projektsteuerung und konzeptionelle Entwicklung notwendig. Von daher sind die Aspekte einer summativen produktorientierten Evaluation und die einer formativen Prozeßevaluation zur unmittelbaren Programmentwicklung evaluationslogisch eng miteinander verbunden (s. Kap II, 1.3), was im Gesamtrahmen des Evaluationskonzeptes zu berücksichtigen ist. Als weitere Fragestellungen geht es um die Herstellbarkeit der notwendigen Bedingungen für eine Institutionalisierung nach Modellende und um die Generalisierbarkeit der modellspezifischen Ergebnisse auf die gesellschaftliche Praxis.

Exkurs zum Vergleich: Das Erprobungsprogramm Elementarbereich[4]
Die oben entwickelte Festlegung der thematischen Ausrichtung auf die Kernelemente des pädagogischen Prozesses mutet banal an. Sie ist jedoch innerhalb von Evaluationsstudien nicht selbstverständlich. Beispielsweise taucht bei der Darstellung der grundlegenden Fragestellungen innerhalb der wissenschaftlichen Begleitung des »Erprobungsprogramms im Elementarbereich« (DJI-FoBe 1979,) an keiner Stelle die eigentlich zentrale Frage danach auf, inwieweit der zugrundeliegende "Situationsansatz" dazu beiträgt, positive Lerneffekte bei den Kindern zu erreichen

---

4: Deutsches Jugendinstitut - Forschungsbericht der Projektgruppe Erprobungsprogramm (DJI-FoBe), 1979.

(s.u.). Die Evaluationsstrategien weisen in bezug auf Wirkungen eine Lücke auf, die bereits im Bericht des Landes Bremen erkannt wurde. Hier wurde darauf aufmerksam gemacht, daß die pädagogische Qualität der Curriculumbestandteile und des Ansatzes "letztendlich nur anhand ihrer Auswirkungen auf Kinder beurteilt werden könnte" (zit. n. Krappmann 1982, S. 24). Aufgrund verschiedener Schwierigkeiten verfolgte man diese Richtung jedoch nicht (vgl. ebd. S. 24ff). An der gleichen Stelle stellt Krappmann fest, daß auch in der übergreifenden "Evaluation" der Aspekt der Wirkungen nicht "als Fixpunkt für die Entwicklung eines Evaluationskonzeptes" bestimmt wurde. Im Bericht des DJI heißt es dazu, daß aufgrund der Komplexität und Offenheit der Zielsetzungen "eine Wirkungs- und Effektivitätskontrolle mit Hilfe experimenteller Testanordnungen inadäquat gewesen wäre" (DJI-FoBe 1979, S. 80). Hierbei wird jedoch übersehen, daß Wirkungsuntersuchungen sich auch durch Methoden vornehmen lassen, die dann eingesetzt werden können, wenn experimentelle Testanordnungen unangebracht oder undurchführbar sind.

Die Fragestellungen, die im Erprobungsprogramm Elementarbereich angewandt wurden und im Forschungsbericht des DJI aufgeführt sind, beziehen sich dagegen auf organisatorische Zusammenhänge und beschäftigen sich mit sekundären Bedingungsfeldern, die explorativ bearbeitet werden sollen (DJI-FoBe 1979, S. 72-73):

"1) Unter welchen konzeptionellen, personellen, räumlichen, sachlichen, organisatorischen und soziokulturellen Bedingungen arbeiten die Erprobungskindergärten?
2) In welchem Umfang kann die curriculare Konzeption für Einzelprogramme verwirklicht werden?
3) Unter welchen methodischen und organisatorischen Bedingungen können die Einzelprogramme durchgeführt werden?
4) Wie werden die Einzelprogramme durch die Beteiligten (Kinder, Erzieher, Eltern, Träger) akzeptiert?
5) Welche Vorschläge werden für die Veränderung oder Ergänzung der Einzelprogramme gemacht?
6) In welchem Verhältnis stehen die Einzelprogramme zu anderen Curriculumelementen für die vorschulische Erziehung?
7) Auf welche Weise wird die Arbeit des Erprobungskindergartens durch die Einzelprogramme beeinflußt?
8) Welche Faktoren sind für die Übertragung der Einzelprogramme auf andere Kindergärten von Bedeutung?"

Einzig die Fragestellung 4) hat etwas mit den Lerneffekten des zur Anwendung gekommenen Ansatzes zu tun, da hier nach einer möglichen Bedingung dafür gefragt wird, daß dieser Ansatz in der pädagogischen Situation überhaupt so eingebracht werden kann, wie er geplant ist. In dem abschließenden Bericht über eine Auswertung der Modellversuche von Lothar Krappmann und Johanna Wagner heißt es dazu: "In bewußter Abkehr von in ihrer Aussagekraft anzweifelbaren Meßverfahren habe man auf eine systematische Kontrolle der Entwicklungsfortschritte und der Veränderungsfortschritte verzichtet" (Krappmann/Wagner, 1982, S. 8). Hierzu ist zu sagen, daß Erhebungsverfahren in ihrer Aussagekraft immer angezweifelt, bzw. kritisch betrachtet werden müssen. Genau hieraus ergibt sich die Forderung, ein Phänomen multidimensional und multimethodisch zu beleuchten, will man es wirklichkeitsnah erfassen. Im Elementarprogramm wird jedoch wahrscheinlich aufgrund der allergischen Reaktionen bestimmter am Projekt beteiligter Gruppen gegenüber einer analytisch quantitativen Methodik ganz und gar darauf verzichtet, die für eine Evaluation geeigneten Fragen zu stellen.

Das Kind wird mit dem Bade ausgekippt (s. Kap.II, S. 116ff), als ob der Verzicht auf hochstandardisierte quantitative Erhebungsmethoden, der ja vielfach berechtigt sein mag, gleichzeitig bedeuten würde, daß man auf die Analyse von Wirkungen, die nämlich auch qualitativ untersucht werden können, gänzlich verzichten müßte. Somit stellt der Projektbericht, obwohl der Begriff der Evaluation zentral und geradezu inflatorisch verwendet wird (s. DJI-FoBe 1979, S. 69ff), lediglich eine Verlaufsdokumentation (vgl. Krappmann/Wagner, S. 9) dar, die mit einzelnen evaluatorisch verwertbaren Aspekten angereichert ist und über die pädagogisch wichtigen Konsequenzen des Situationsansatzes und der Curricula nur beschränkt Auskunft erteilt.

Es wäre naiv anzunehmen, daß Untersuchungspläne, so wie sie in den Abschlußberichten auftauchen, bereits bei Beginn der Untersuchungen bestanden haben und dann so durchgeführt wurden. Wahrscheinlicher ist, daß der dargestellte Untersuchungsplan das enthält, was sich innerhalb des Projektverlaufes als machbar und durchsetzbar erwiesen hat und wozu auch präsentierbare Ergebnisse vorliegen. Bestimmte Fragen fallen somit unter den Tisch, weil die wissenschaftliche Begleitung oder die verantwortlichen (politischen) Gremien sie nicht sehen, nicht stellen wollen, oder weil bestimmte Umstände des Projektes dies in anderer Weise verhindern. Beim Erprobungsprogramm im Elementarbereich haben sicherlich die unterschiedlichen Erwartungen und das Kompetenzgerangel zwischen der Bundes- und der Länderebene einerseits, und zwischen unterschiedlichen Ländern andererseits und weiterhin die Komplexität des Gesamtprojektes dazu beigetragen, daß eine evaluative Ausrichtung im pädagogischen Sinne nicht zustandekommen konnte. In bezug auf Kriterien einer Evaluation ergeben sich an dieser Stelle jedoch einige Forderungen:

Wenn bestimmte Fragestellungen, die theoretisch von zentraler Bedeutung sind, aus erhebungstechnischen oder anderen Gründen nicht untersucht werden können, so entbindet dies nicht von der Verpflichtung, diese Fragen bei der Darlegung des Untersuchungsplanes zu diskutieren. Hierbei muß dann begründet und offengelegt werden, warum eine Untersuchung und Beantwortung nicht möglich ist. Wird die Frage nach der Qualität des pädagogischen Treatments oder der zu untersuchenden Praxis einfach weggelassen, so gerät die wissenschaftliche Begleitung in den allzuoft berechtigten Verdacht einer strategischen Vorgehensweise: Eine "elegante" und gleichzeitig unverschämte Weise, die Legitimität einer Sache plausibel zu machen, besteht darin, die Frage nach ihrer Illegitimität erst gar nicht zu stellen. Genau dies widerspricht der Forderung nach einer diskursiven Vorgehensweise zur Entwicklung der Kriterien und Verfahren, die sich um Objektivität bemüht und möglichst unterschiedliche und die eigene Position kritisch in Frage stellende Aspekte in die Diskussion einführt.

Fortsetzung des Gedankenspiels zur Konzeptentwicklung im Tagesmüttermodell
Der nächste kritische Punkt nach der thematischen Spezifizierung der Evaluationsgegenstände betrifft das "Wie", die Beurteilungskriterien also, nach denen beispielsweise die Entwicklung der Kinder empirisch beurteilt werden kann. Als wichtigster Orientierungspunkt hierfür wurde bereits der Rekurs auf pädagogisch angemessene Theorien und Handlungskonzepte in bezug auf den Evaluationsgegenstand sowie die Herleitung und Begründung der Beurteilungskriterien in einem diskursiven, begründungsorientierten Verfahren genannt. Diese Vorstellung eines Verfahrens oder Pro-

zesses der Konzept- und Kriterienentwicklung, übertragen auf den Kontext des Modellversuchs, hätte mit einem Zusammentragen relevanter Theorien und empirischer Forschungsergebnisse zu beginnen, die den fraglichen Zusammenhang zwischen Formen der Fremdbetreuung und Entwicklung des Kindes betreffen. Dies sollte mit dem Ziel geschehen, vorab eine metaanalytische Diskussion und Auswertung im bezug auf den Evaluationsgegenstand anzustellen. Bis dahin handelte es sich also um eine theoretische (intrinsische Evaluation, Zielevaluation, s. Kap. II, S. 82) Evaluation, die gleichsam die Vorbereitung der empirischen Evaluation bedeutete. Hieran hätte sich dann der Prozeß der Übertragung auf die speziellen im Praxisfeld der Untersuchung vorherrschenden Gegebenheiten und Zielrichtungen anzuschließen, mit dem Ziel, die näheren Fragestellungen für die empirische Evaluation der fraglichen Interventionen und ihrer Bedingungen zu entwickeln. Hierzu werden Kriterien, Indikatoren und Erhebungsverfahren benötigt, die sich wiederum aus einer Erfolgs- und Qualitätstheorie im Zusammenhang mit dem vorhergehenden Schritt ergeben und in ein Untersuchungsdesign umgesetzt werden müßten. Dieses Design, d.h. die Erhebungsverfahren und ihr Zusammenhang, sollte bestimmte methodische Qualitäten erfüllen oder anstreben, die denen der empirischen Sozialforschung allgemein entsprechen, die jedoch innerhalb der zeitlichen Vorgaben umgesetzt und mit anderweitigen Bedingungen des Projektes in Einklang gebracht werden müssen.

Im Anschluß an unser Gedankenspiel soll in den folgenden Abschnitten anhand einzelner Ausschnitte aus dem umfangreichen Dokumentationsmaterial dargestellt werden, wie das Konzept der Evaluation im Tagesmüttermodell argumentativ entwickelt wurde, welche Evaluationsverfahren zur Anwendung kamen und zu welchen Ergebnissen die Untersuchung geführt hat.

Vorab sind noch einige Klärungen zur Struktur des Modellprojektes notwendig. Innerhalb des Projektes lassen sich zwei Untersuchungszusammenhänge unterscheiden: erstens die entwicklungspsychologische Untersuchung von Ulrich Gudat (1982), und zweitens die wissenschaftliche Begleitung der Projektpraxis und deren Reflexion im allgemeinen unter der Leitung von Rudolf Pettinger. Der Untersuchung von Gudat kommt eine gewisse Eigenständigkeit zu, die es rechtfertigt, sie in der Darstellung von der übrigen Forschungstätigkeit zu trennen. Sie stellt eine summative Evaluation dar, die thematisch genau auf einige der Dimensionen und Elemente zugeschnitten ist, die gerade als die wesentlichen erachtet wurden. Insbesondere die sozialisatorischen Wirkungen auf das Kleinkind unter unterschiedlichen Bedingungen der Betreuungssituation stehen im Mittelpunkt. Der andere Untersuchungsteil unter maßgeblicher Bestimmung durch Pettinger leistet ebenfalls wichtige Reflexionen und Informationen zu den o.g. Dimensionen, in denen sich Konsequenzen und Wirkungen niederschlagen. Aufgrund der Orientierung an der Aktionsforschung besteht die Zielrichtung bei Pettinger jedoch stärker in der Lenkung und Entwicklung günstiger Bedingungen für die im Modellprojekt stattfindenden pädagogischen Prozesse. Insbesondere der Ansatz der sozialpädagogischen Gruppenarbeit und der Beratung zielt auf die Gestaltung der Praxis selbst und weniger auf die Bewertung ihrer Konsequenzen durch ein bestimmtes wissenschaftliches Arrangement ab, das den Zusammenhang zwischen Treatment und empirischer Folge valide zu erfassen sucht.

2.2 Das Evaluationskonzept in der entwicklungspsychologischen Dimension

Die Evaluation des Modellversuches thematisiert genau die innerhalb unserer angestellten konzeptionellen Vorüberlegungen identifizierten Kernfragen der Sozialisationsbedingungen und Wirkungen. Dies gilt insbesondere für die entwicklungspsychologische Untersuchung von Gudat, in der der Prozeß der Kriterien- und Designentwicklung ausführlich dokumentiert wird (Gudat 1982). Im folgenden wird zunächst die allgemeine theoretische Grundlage der Evaluation ihrem groben Verlauf nach geschildert. Danach wird eine Dimension der Untersuchung herausgegriffen werden, um daran beispielhaft und im Einzelnen die Herleitung und Diskussion konzeptioneller Elemente der Evaluation zu schildern.

2.2.1 Theoretische Grundlagen und Entwicklung des Evaluationskonzepts[5]

In Auseinandersetzung mit unterschiedlichen theoretischen Sichtweisen ergab sich der Kernbegriff der "Bindung" (attachment), wie er von Ainsworth und von Bolby entwickelt wurde, als wesentliche Bedingungsvariable für das Verhältnis zwischen Mutter und Kleinkind sowie für dessen Sozialisationsverlauf (S. 18ff). Zunächst schildert Gudat die allgemeinen Annahmen und Erklärungsversuche des verhaltensbiologischen Theoriekonzeptes, das die Bindung als instinkthaftes "Verhaltenssystem" auffaßt. Die biologische Funktion dieses Verhaltenssystems liegt in der Erhaltung der Art (Schutz vor Raubtieren) und hat sich im Evolutionsprozeß wegen des damit verbundenen Selektionsvorteils herausgebildet. Die situativen Auslösungsreize für dieses Bindungsverhalten bedeuten in den heutigen Lebensumständen keine akute Gefahr mehr für das Baby, dennoch sind sie wirksam (vgl. S. 19-21).

Eine bedeutsame Alternativtheorie hierzu ist die im Zusammenhang der Psychoanalyse entstandene Sekundärtriebtheorie (S. 21ff), die das Bindungsverhalten an die Mutter als einen sich aus der Befriedigung primärer Bedürfnisse (Nahrung, Wärme) ergebenden Trieb interpretiert. Ein ausschließlicher Geltungsanspruch dieser Theorie muß jedoch aufgrund empirischer Untersuchungen und unter Hinzuziehung der Analysen Bolbys ausgeschlossen werden, denn als ein weiterer entscheidender Faktor der Mutter-Kind-Bindung und einer gedeihlichen Entwicklung des Kleinkindes wurde die "sensorische Stimulation" ermittelt (S. 22). Es konnte gezeigt werden, daß sich innige Beziehungen auch unabhängig vom "Ernährtwerden" gegenüber Personen entwickeln, die sensibel auf die ersten sozialen Reize eingehen, welche das Baby bereits in den ersten Wochen aussendet.

Dem unkonditionierten Furchtverhalten des Babys bei Nichterreichbarkeit der Bindungsfigur als wesentliche und problematische Variable kommt im weiteren Verlauf der theoretischen Analyse eine besondere Bedeutung zu (S. 23). Um die Relationen näher zu beleuchten und konkurrierende Erklärungkonzepte abschätzen zu können, die im Hinblick auf Zusammenhänge zwischen bestimmten Qualitäten der Mutter-Kind-Bindung und in bezug auf Störungen in der kindlichen Entwicklung bedeutsam

---

5: Die folgenden Seitenangaben beziehen sich auf Gudat (1982).

sind, thematisiert Gudat nun zunächst die Entwicklung des Bindungsverhaltens generell (S. 23ff) und danach die Konsequenzen einer fehlenden Bindung und einer gestörten Beziehung (s. S. 32ff). Die Ontogenese und der Verlauf des Bindungsverhaltens wird nach dem theoretischen Konzept von Bischoff in einem 4-Phasen-Modell erklärt. Grundlegend hierfür ist

> "das Ineinanderwirken von zwei verschiedenen Verhaltenssystemen, nämlich dem "Sicherheitssystem", das das Bindungsverhalten hervorruft, und dem für Exploration und Furcht verantwortlichen "arousal-system". Bei A̲bwesenheit, vertrauter Reize führt das Sicherheitssystem zur Auslösung von Bindungsverhalten. Das Arousal-System wird durch die A̲nwesenheit neuer Reize angesprochen, wobei Reizmuster mäßiger Neuheit Explorationsverhalten hervorrufen. Übersteigt die durch Neuheit bzw. Fremdheit der Reize hervorgerufene innerorganismische Variable "arousal" eine bestimmte Schwelle, tritt Furcht mit entsprechenden Rückzugsreaktionen ein" (S. 185).

Das Verhaltenssystem der Bindung (attachment) verliert gegenüber dem sich entwickelnden Verhaltenssystem der Suche nach neuen Eindrücken (explorance) ab dem 2. Lebensjahr an Bedeutung (S. 24-26). Die wechselseitig verlaufenden Reizmuster, Neuheit - Vertrautheit, werden durch den Säugling in situativer Abhängigkeit von Außenreizen in ein Gleichgewicht gebracht: attachment-explorance balance. Dies führt je nach Entwicklungsstand des für "Bindung" und die "explorance" zuständigen Verhaltenssystems zu unterschiedlichen Verhaltensweisen des Kleinkindes. In diesem Modell läßt sich der empirische Befund, daß Säuglinge erst ab dem Ende des 1. Lebensjahres Furcht vor Fremden entwickeln, dadurch erklären, daß das hierfür verantwortliche "arousal-system" erst zu diesem Zeitpunkt entwickelt ist.

Die immense Bedeutung der Bindung für die kindliche Entwicklung ist in ihrem groben Verlauf durch mehrere empirische Befunde nachgewiesen: Trennung von der Bindungsfigur führt zu Furcht und Unbehagen (vgl. S. 32ff). Hierdurch wird das Verhaltenssystem Bindung ausgelöst und das Baby sendet Signale der Suche aus. Bei Nicht-Erreichbarkeit der Bindungsfigur kommt es nach einer gewissen Zeit zum sogenanntem "Appetenzverhalten" auf hohem Triebniveau, das sich in Aggression, Depression, Schreien etc. äußert. Die Bindung ist aufgrund ihrer triebhaften Faktizität als biologisches Verhaltenssystem der frühkindlichen Entwicklung, das in dem Modell der »attachment-explorance balance« gedeutet werden kann, von entscheidender Bedeutung für das emotionale Wohlbefinden des Säuglings. Darüberhinaus erfüllt die Bindung in zwei weiteren Aspekten eine wichtige Funktion: Zum einen ist die Bindungsperson als soziale Modellfigur wichtig, zum anderen weil sie die für die Entwicklung notwendigen taktilen Reize gibt. Aus empirischen Befunden läßt sich ersehen, daß eine instinktive Vorliebe des Babys besteht, jene Personen als Bindungsfigur auszuwählen, die in sensibler Weise diese Reize und Zuwendungen spenden können (S. 31).

Die Auswirkungen des Fehlens einer Bindungsfigur wurden in den Untersuchungen von Spitz (vgl. S. 32ff) nachgewiesen. Gudat wendet hierzu kritisch ein, daß diese Untersuchungen bei der Erklärung der Deprivations- und Hospitalismusschäden einseitig auf den Trennungsaspekt abheben (S. 32). Weitere Bedingungen, denen diese Kinder ausgesetzt waren und die alleine schon schwere Schäden bewirken müssen, wurden nicht berücksichtigt. Jedoch ist der Zusammenhang eindeutig nachgewiesen, daß die Entbehrung der Bindungsfigur auch beim Vorhandensein aller anderen für die störungsfreie körperliche und kognitive Entwicklung notwendigen Bedingungen (taktile Reize, Versorgung) sich negativ auf die sozial-emotionale Persönlichkeitsentwicklung auswirkt. Nach Roberts und Bolwby lassen sich verschiedene Phasen der Mutterentbehrung (oder besser: der Entbehrung einer festen Bindungsfigur) beobachten (S. 33):

Einer Protestphase, die durch das o.g. Appentenzverhalten gekennzeichnet ist, folgt eine Verzweiflungsphase, die dann zu einer Ablösungsphase führt, in der die Beziehung zur Bindungsfigur abstirbt. Hieraus kann sich als Resultat eine zunehmende Affektlosigkeit des Charakters ergeben, wenn die Trennung über längere Zeit besteht und sich keine Ersatzbindungsfigur finden läßt. Bei einer endgültigen Trennung und dem Fehlen einer stabilen Bindung durch eine Ersatzfigur können irreversible Schäden als wahrscheinlich angenommen werden. Bischoff unterscheidet in dieser Situation ausgehend von seinem Theoriemodell zwei Adaptionsmöglichkeiten (S. 34ff): **zum einen** in bezug auf die Charakterentwicklung ein mangelndes Interesse an menschlichen Beziehungen oder eine übertriebene Furchtlosigkeit, **zum anderen** hinsichtlich der sozialen Unterscheidungsfähigkeit in bezug auf Vertrautheit. Letzteres führt zu einer "oberflächlichen, nichtssagenden, indiskreten Vertrautheit". Diese Interpretationsversuche stimmen überein mit den Ergebnissen klinischer Studien über Heimkinder, bei denen sich vier Grundtypen einer gestörten Entwicklung beobachten lassen (S. 35-36):

1) verarmte Gefühlsentwicklung
2) Passivität, Gehemmtheit
3) soziale Hyperaktivität
4) Provokation

Nachdem die allgemeinen theoretischen Zusammenhänge und empirischen Befunde zum Phänomen der Bindung im Zusammenhang mit der kindlichen Entwicklung diskutiert und analysiert wurden, geht es Gudat im nächsten Schritt der Entwicklung des Evaluationskonzeptes um den thematisch für die Wechselbetreuung relevanten Zusammenhang einer unsicheren und ambivalenten Bindung, der sich nach Meinung der Kritiker des Tagesmütterwesens zwangsläufig ergeben müßte. Aufgrund der bisherigen Analyse kann davon ausgegangen werden, daß eine schlechte Qualität der Mutter-Kind-Bindung negative Auswirkungen auf die sozialemotionale und die Charakterentwicklung des Kindes hat. Ungeklärt ist dagegen, ob sich aufgrund einer zeitweiligen Trennung der Kleinkindes von der Bindungsfigur ähnliche Störungen und/oder eine Verunsicherung der Bindung ergeben können. Es geht nun also um das Arrangement der im Tagesmüttermodell praktizierten Wechselbetreuung. In bezug auf diesen problematischen Zusammenhang sind für die Evaluation zwei Fragestellungen von Bedeutung (vgl. S. 39):

Ergeben sich aus dem Betreuungsarrangement der Tagesmütter ähnlich negative Sozialisationbedingungen, wie sie in der Hospitalismusforschung empirisch nachgewiesen und theoretisch gefaßt wurden? In Anbetracht der vorhergegangenen Meta-

analyse[6] stehen hierbei folgende Aspekte im Mittelpunkt:
- Entwicklungsstände des Kindes in mehrfacher Hinsicht,
- insbesondere die Charakterentwicklung und das
- Schicksal des kindlichen Bindungsbedürfnisses.

Aus dieser Frage folgt zwangsläufig eine zweite, die über das Modellprojekt hinweg auch von einer allgemeinen wissenschaftlichen Bedeutung ist:
Können Säuglinge zu mehr als einer Bindungsfigur eine Beziehung aufnehmen, ohne daß sich eine Verunsicherung und Ambivalenz der Bindung ergibt?

Bestünde diese Fähigkeit, würde das Kind bei Abwesenheit der Mutter und Betreuung durch die Tagesmutter keine Trennungsängste erleben und es würden keine Probleme bei der Rückkehr der Mutter bestehen, die aus Frustrationserlebnissen aufgrund der vorangegangenen Nichterreichbarkeit der Mutter herrühren. Zur Beantwortung dieses Problemzusammenhanges wurden mehrere empirische Studien zur Flexibilität der kindlichen Bindungsfähigkeit ausgewertet. Die Ergebnisse sind jedoch uneindeutig (S. 42), woraus die Notwendigkeit einer eigenen auf die Bedingungen des Tagemütterwesens zugeschnittenen empirischen Untersuchung erwuchs.

Als zentrale Variable der Beurteilung, die über die streitenden Lager hinweg anerkannt wurde, ergab sich die der Qualität der Bindung und der Beziehung des Kleinkindes zur Mutter. Zur weiteren Entwicklung und Konkretisierung des Untersuchungskonzeptes werden von Gudat zwei unterschiedliche hypothetische Zusammenhänge eingeführt, die eine mögliche Verursachung von Bindungsstörungen durch Tagespflege herbeiführen könnten (S. 42ff):

1) Die biologische Verursachung - sie behauptet eine Ausschließlichkeit der frühen Bindungsfähigkeit. Die Mutter-Kind-Dyade wird als geschlossenes System und als symbiotischer Zusammenhang betrachtet. Beziehungen können nicht parallel hierzu aufgebaut werden, sondern erst nach einer Ablösungsphase. Störungen dieser symbiotischen Phase haben zwangsläufig Störungen in der Persönlichkeitsentwicklung zur Folge.
2) Die soziale Verursachung - sie behauptet eine Unmöglichkeit der sensiblen Zuwendung der Mutter gegenüber ihrem Kind aufgrund einer Nicht-Übereinstimmung der gegenseitigen Erwartungen. Eine durch Berufstätigkeit, Hausarbeit und andere Kinder überbelastete Mutter kann in der wenigen Zeit, die ihr für ihr fremdbetreutes Kind bleibt, nicht die notwendige Sensibilität erlernen und entwickeln, um eine innige Beziehung aufzubauen. Aus dem ständigen Wechsel zwischen den beiden Bezugspersonen, mit ihren unterschiedlichen Kommunikationsstilen und Normen könnte sich eine Verunsicherung der Bindung an die Mutter ergeben. Folge daraus wäre eine permanent konflikthafte Interaktion aufgrund einer nicht gelingenden gegenseitigen Verhaltenssteuerung.

Die generelle evaluative Hypothese: "die Kinder im Modellprojekt entwickeln sich genauso gut wie Kinder, die bei ihrer eigenen Mutter aufwachsen" (S. 54) - konnte

---

6: Zum Begriff Metaanalyse, "Meta-Analysis" s. Albrecht/Otto 1991, Part III, S. 237-352.

also durch die dargestellte metaanalytische Diskussion in theoretischer und praktischer Hinsicht weiter konkretisiert werden:

"Unsere theoretische Hauptfragestellung ist die nach der psychologisch bzw. anthropologischen Möglichkeit mehrerer Bindungen im Säuglings- und Kleinkindalter und damit zusammenhängend nach der Möglichkeit von täglicher Wechselbetreuung, ohne daß sich bei den Tagespflegekindern im Vergleich zu Familienkindern eine konfliktreichere Mutter-Kind-Beziehung und vermehrt Verhaltensstörungen ergeben" (S. 54).

Die beiden hypothetischen Wirkungsmodelle biologische und soziale Verursachung lassen unterschiedliche Ergebnisse vermuten, wenn tatsächlich negative Einflüsse durch Fremdbetreuung eintreten sollten. Trifft die biologische Verursachung zu, so müßten starke Entwicklungsschäden bei Kindern auftreten, deren Fremdbetreuung bereits im ersten Lebensjahr einsetzte. Diese müßten unabhängig von einer verringerten Betreuungszeit auch bei halbtags berufstätigen Müttern eintreten. Die Entwicklungsstörungen müßten dagegen geringer sein, wenn erst gegen Ende des zweiten Lebensjahres mit der Fremdbetreuung begonnen wird. Beim Zutreffen der "sozialen Verursachung" müßten sich Unterschiede bei halbtags- und ganztagsbetreuten Kindern ergeben, unabhängig davon, wann mit der Fremdbetreuung begonnen wurde.

Ein weiterer wichtiger Komplex an Fragestellungen ist in der Hypothese enthalten, "daß mögliche Unterschiede zwischen Pflegekindern und "Familienkindern" nicht durch die Wechselbetreuung als solche hervorgerufen werden, sondern durch bestimmte die Wechselbetreuung **begleitende Bedingungen**, die im Erziehungsstil der Mutter, ihrer Persönlichkeit und/oder ihren Lebensumständen liegen ("Dritt-Variable", "Alternativerklärungen")" (S.56). Mögliche Drittvariablen wurden aufgrund der Analyse empirischer Studien ermittelt, in denen der Zusammenhang zwischen mütterlicher Erwebstätigkeit und kindlicher Persönlichkeitsentwicklung untersucht wurde (s. S. 50).

Im Evaluationskonzept wurden drei Gruppen von Variablen unterschieden:

- "Zunächst einmal die abhängigen Variablen, also die Variablen zur Einstufung der Kinder auf den Dimensionen der sozialemotionalen Entwicklung (Mutter-Kind-Beziehung, Verhaltensstörungen/ -kompetenzen) [Anm. des Autors]
- Variablen der Betreuungsbedingungen: fremdbetreut/nicht fremdbetreut, und, speziell für die fremdbetreute Gruppe, die Varianten der Betreuungsbedingungen: ganztags/halbtags fremdbetreut und Beginn der Fremdbetreuung im 1. Lebensjahr/ 2. Lebensjahr.
- Dritt-Variablen: also die Wechselbetreuung, aber auch die Familienerziehung, begleitende Bedingungen" (S. 60).

Im evaluativen Kontext ist ein besonderes Forschungsarrangement erforderlich, das den Einfluß des treatments "Wechselbetreuung" und dessen unterschiedliche Betreuungsbedingungen sowie die Auswirkungen der Drittvariablen auf die abhängigen Variablen - Mutter-Kind-Beziehung, Verhaltensstörung/-kompetenzen, etc. (s. Anm.1 bei Gudat) - erfassen kann. Auf dieses soll später unter dem Punkt "Evaluationsdesign" noch genauer eingegangen werden. Der Untersuchungsverlauf vollzieht sich in drei Schritten:

Zunächst stellt Gudat die Frage nach dem Einfluß der Wechselbetreuung als solche, d.h. in Absehung von den Betreuungsbedingungen und Drittvariablen. Im **nächsten Schritt** geht es um die Frage, ob es bestimmte Betreuungsvarianten gibt, die besondere Auswirkungen haben. **Und schließlich** bezieht sich die Analyse auf mögliche begleitende Bedingungen, die den Einfluß der Betreuungsart überdecken (s. S. 10). Grundlegend für all diese Fragestellungen, für die Erhebungsverfahren, Operationalisierungen und das Evaluationsdesign ist die differenzierte, vollständige und valide Entwicklung bestimmter bewertungsrelevanter Untersuchungsvariablen in Anlehnung an theoretische Zusammenhänge, die den pädagogischen Prozeß in der Dimension Erfolg oder Qualität betreffen. Die Herleitung und Begründung dieser konstruktiven Variablen und der konzeptionellen Umsetzung wird von Gudat bis hin zur Operationalisierung in einzelne Items anschaulich geschildert (s. Abs. 4., S. 80-119). In den folgenden Abschnitten wird dieser Prozeß anhand des Aspektes der Mutter-Kind-Beziehung geschildert.

2.2.2 Evaluationsverfahren und Erhebungsmethoden

Die Erfassung der "Kriteriumsvariablen" Mutter-Kind-Beziehung geschah in einer kombinierten Anwendung verschiedener Erhebungsmethoden in drei unterschiedlichen empirischen Zugängen (S. 56):

1) Befragung der Mutter,
2) Einschätzung aufgrund der Beobachtungen der Untersucher beim Hausbesuch,
3) Analyse von Videoaufzeichnungen.

Die Zugangsweise aus unterschiedlichen Richtungen und in einer Kombination unterschiedlicher Verfahren stellt ein Grundprinzip der gesamten Studie dar und ist beispielhaft für das Prinzip der methodischen Multidimensionalität (s. Kap II).

Die sozialisatorischen Konsequenzen des Bindungsverhalten konnte durch die Studie nicht mehr direkt erhoben werden, da die Erhebung längerfristiger Sozialisationswirkungen dann eine zeitliche Verlängerung der Untersuchung notwendig gemacht hätte. Demzufolge mußten Verfahren konstruiert werden, die über den gesamten Zeitraum vom 2. bis 5. Lebensjahr anwendbar waren. In Anschluß an die Arbeiten von Ainsworth, Bell und Stayton (s. S. 56ff) ergaben sich zwei Konstrukte als allgemeine Kriterien einer gelungenen bzw. mißlungenen Bindung: **zum einen** die Bereitschaft und Fähigkeit zur wechselseitigen Verhaltenssteuerung als notwendige Bedingung einer gelungenen Bindung und **zum anderen** als Gegenpol hierzu die "Konflikthaftigkeit" in der Beziehung zwischen Mutter und Kind, die den Ausdruck und die Folge einer beeinträchtigten, unsicher-ambivalenten Bindung ist.

Die Auswertung von Videoaufzeichnungen war als Datenquelle von besonderer Bedeutung, da diese von unbeteiligten Personen vorgenommen werden konnte, die nicht wußten, ob das jeweilige Kind fremdbetreut wird. Die Operationalisierung der eben genannten Kriteriumsvariablen, wie sie durch das interaktionsanalytische Untersuchungsverfahren bei den Videoaufzeichnungen geschah, ist evaluationstheoretisch

besonders interessant, da hier ein Instrument in Abstimmung auf die konkret vorliegenden Bedingungen des Modells eigens entwickelt wurde, durch das die Forderung einer möglichst objektiven Einschätzung umgesetzt werden konnte: Eine "kooperative Spielsituation" zwischen Mutter und Kind wurde nach bestimmten Interaktionssequenzen analysiert, die die gegenseitige Verhaltenssteuerung betreffen. Hierbei wurden die Anteile problematischer Interaktion durch einen Indikator gemessen, der aus zwei Konflikthaftigkeitsindices besteht (S. 84ff):
- Zurückweisungsindex Kind: Das Kind weist emotional nicht negative Verhaltensinitiativen der Mutter zurück.
- Zurückweisungsindex Mutter: Diese reagiert auf Initiativen des Kindes, die emotional positiv sind, überhaupt nicht oder emotional negativ oder als "Opposition".

Die Videoaufzeichnungen wurden von zwei voneinander unabhängig interpretierenden Beobachtern ausgewertet. Hieraus konnten die Anteile bestimmter Kommunikationsweisen (Initiative, Eingehen, Opposition, etc. s. S. 86ff) der Interaktionspartner quantifiziert und in bezug auf die relevanten Vergleichs- und Drittvariablen zueinander in Beziehung gesetzt werden. Die Zusammenschau der Ergebnisse der drei Zugangsweisen - Videoaufzeichnung, Hausbesuch, Befragung der Mutter - ermöglichte es, Korrelationen zwischen einzelnen Ergebnissen und hieraus unterschiedliche Strukturen der Mutter-Kind-Beziehung zu ermitteln.

An dieser Stelle soll die Schilderung abgebrochen werden, denn eine detailliertere Darstellung dieser wie auch der übrigen Untersuchungsdimensionen, die zur Erfassung möglicher Entwicklungsstörungen, der Kompetenzen und der Mutter-Kind-Beziehung eingesetzt wurden, und der Erhebungsverfahren im Einzelnen würden zu weit führen. Es sollte lediglich beispielhaft anhand dieses einen Aspektes verdeutlicht werden, wie eine Entwicklung der Evaluationsmethodik in einem diskursiven Verständnis vonstatten gehen kann.

Resümee
Zusammenfassend kann über das Untersuchungskonzept gesagt werden, daß es ein Netzwerk von multidimensionalen empirischen Erhebungsverfahren darstellt, die eine Erfassung der relevanten Variablen aus unterschiedlichen Richtungen ermöglichen, indem zu jeder Variablen eine Vielzahl von Informationen aus unterschiedlichen Richtungen und in verschiedenen Dimensionen zusammengetragen wird. Die Umsicht und Kompetenz, mit der das umfangreiche Datenmaterial erhoben, strukturiert und statistisch ausgewertet wurde, ist beeindruckend. Doch bei all den erhebungstechnischen und statistischen Feinheiten darf nicht übersehen werden, daß die Entwicklung der Fragestellungen und Hypothesen als Basis der Datenerhebung und Auswertung von grundlegender Wichtigkeit sind: Eine Evaluation, die angemessene und relevante Fragen stellt, diese mit nicht ganz ausgereiften oder unvollständigen empirischen Methoden bearbeitet, ist höher einzustufen als eine Evaluation, die für die Entwicklung und Bewertung irrelevanten Fragen nachgeht, diese aber methodisch aufwendig und exakt beantwortet.

An dieser Stelle wird wiederum die Notwendigkeit einer theoriegeleiteten Entwicklung der Konzeption und darauf aufbauend die der empirischen Methoden sichtbar:

Wer könnte ohne Beschäftigung mit den sozialisationstheoretischen Zusammenhängen begründet darauf kommen, daß als wichtiger Teilbereich zur Beurteilung der allgemeinen Problemstellung, ob das Tagesmütterwesen negative Konsequenzen auf die Entwicklung des Kindes hat, die »Qualität der wechselseitigen Verhaltenssteuerung« und die »Konflikthaftigkeit in der Mutter-Kind-Beziehung« zu untersuchen ist? Und wie könnte ohne Rekurs auf die entprechenden theoretischen Grundlagen eine Operationalisierung der damit zusammenhängenden Fragestellungen geleistet werden?

Evaluationsverfahren und Untersuchungsdesign
Bevor eine evaluationstheoretische Einordnung der Vorgehensweise von Gudat und der Evaluationsergebnisse erfolgt, soll noch etwas zum Evaluationsdesign in diesem Teilbereich der entwicklungspsychologischen Dimension allgemein gesagt werden. Bei der evaluativen Vorgehensweise handelt es sich um eine Kontrollgruppenuntersuchung in Anlehnung an das klassische Konzept (s. Kap II) zur Evaluation einer sozialpolitischen Maßnahme. Die Stichprobengröße betrug jeweils 61 Kinder. Von einer derartigen Evaluation sind Ergebnisse zu erwarten, die im Sinne einer allgemeinen Theorie frühkindlicher Sozialisation relevant sind. Ergebnisse machen im Kontext der sozialpolitischen Intervention mit ihren legislativen und sozialadministrativen Aspekten nur dann einen Sinn, wenn ein Geltungsanspruch für die Grundgesamtheit der in der BRD lebenden Kinder hergestellt werden kann. Aufgrund dieses Verwertungszusammenhanges, in dem es weniger um eine tiefgehende Analyse einzelner Fälle gehen mußte, wurden die Instrumente des klassischen Evaluationsdesigns angewandt, die in Deutschland insbesondere von der Handlungsforschung kritisiert wurden. An dieser Stelle scheint die Klarstellung geboten, daß derartige quantitative Untersuchungen nicht als solche zwangsläufig zur Produktion praktisch irrelevanter "Datenfriedhöfe" führen müssen. Das Beispiel Tagesmüttermodell und insbesondere die entwicklungspsychologische Evaluation zeigt eindrucksvoll, daß deren Qualität nicht vom Design an sich, sondern vielmehr von der an pädagogischen Kriterien orientierten Entwicklung der Evaluationskriterien, der Fragestellungen und der Verfahren abhängt.

Die Entwicklung des Untersuchungsdesigns wird von Gudat ebenso stringent begründet wie das bei der Herleitung des Evaluationskonzeptes der Fall war (s. 61ff). Es handelt sich um ein Kontrollgruppendesign, in dem, abgesehen von einzelnen Eingangstests, die Messung der Zielvariablen bei der Modell- und der Vergleichsgruppe (Familiengruppe) nach dem treatment erfolgt. Die Auswahl und die Verteilung auf die Untersuchungsgruppen geschah nicht durch eine Zufallsauswahl, was eine bestmögliche Annäherung an das "experimentelle Design" bedeuten würde, sondern durch Parallelisierung. Diese Form des angewandten Kontrollgruppendesigns wird von Campbell und Stanley als "poor Design" bezeichnet und mit einer Reihe von Einwänden belegt, die zu einer die Validität der Ergebnisse einschränkenden Fehlerhaftigkeit führen können. Analog wie dies in der Entwicklung der konzeptionellen Ausgestaltung der Evaluation in bezug auf konkurrierende Theorien zur Mutter-Kind-Beziehung geschah, werden diese evaluations- und wissenschaftstheoretischen Kritikpunkte von Gudat aufgeführt und diskutiert. Das Design wird so gestaltet, daß die möglichen Fehlerquellen durch erhebungstechnische Maßnahmen ausgeglichen, bzw. vermieden werden (z.B. durch Matching der Untersuchungsgruppen, Kovarianzanalyse, "strenge Prüfung" nach Gadenne (S. 63, 64), etc.). Es wird also wiederum eine begründungsorientierte Diskussion um die Vorgehensweise geführt, die sich nun neben dem theoretischen Rekurs auf entwicklungspsychologische und pädagogische Aspekte mit methodischen und erhebungstechnischen Problemen in Abstimmung auf die konkreten Modellbedingungen bezieht.

2.2.3 Ergebnisse der entwicklungspsychologischen Evaluation

Was schon im vorherigen Teil bei der Darstellung der Erhebungsinstrumente der Fall war, gilt ebenfalls für die Ergebnisse der Untersuchung: Eine detaillierte Schilderung wäre zwar interessant, würde jedoch zu weit führen. Die folgende Darstellung der Ergebnisse ist folglich kurz gehalten und dient der überblickhaften Information. Dabei soll zum einen die Struktur der Ergebnisgewinnung deutlich werden, zum anderen werden die wichtigsten Ergebnisinhalte geschildert, wie sie von Gudat im Schlußkapitel zusammenfassend interpretiert wurden. Analog zum Untersuchungsplan bezieht sich die ergebnisorientierte Analyse der Daten auf zwei Zusammenhänge: Einfluß der Fremdbetreuung
- auf die Mutter-Kind-Beziehung,
- auf Verhaltensstörungen und -kompetenzen der Kinder.

Innerhalb dieser Ebenen werden jeweils drei analytische Schritte unterschieden:
1) Vergleich zwischen Modell- und Familiengruppe
2) Einfluß unterschiedlicher Betreuungsbedingungen
3) Einfluß von Erziehungsstil, Persönlichkeit und Lebenssituation der Mutter

Gudat fügt der reinen statistischen Auswertung noch im jeweiligen Abschnitt eine bedeutungsmäßige Einordnung der beobachteten signifikanten Zusammenhänge in bezug auf die untersuchungsleitenden Fragestellungen und hinsichtlich anderer Aspekte hinzu, die vor dem Hintergrund der Evaluation wichtig erscheinen. Im Schlußabschnitt erfolgt dann eine zusammenfassende Interpretation und eine weitere Aufbereitung der Ergebnisse - einmal für die Frage der theoretischen Klärung der Mutter-Kind-Bindung und zum anderen für die Praxis des Tagesmütterwesens. Hierin sind die folgenden Kernaussagen enthalten:

1) Zur Theorie der Mutter-Kind-Bindung:
Aufgrund biologischer Reifungsvorgänge haben das erste und das zweite Lebensjahr unterschiedliche Funktionen für die Mutter-Kind-Bindung. Innerhalb des ersten Lebensjahres kann der Säugling problemloser eine Beziehung zu einer zweiten Betreuungsperson aufbauen. Diese Ergebnisse entsprechen dem Systemmodell von Bischoff, das sich gegenüber dem Bindungskonzept von Bowlby als überlegen erweist. Insbesondere die psychoanalytische Symbiosetheorie muß als unhaltbar angesehen werden, da sie genau umgekehrte Zusammenhänge als die in den Untersuchungsergebnissen vorliegenden behauptet (s. S. 185ff).

2) Zu den Auswirkungen der Tagesfremdbetreuung auf die Kompetenzen der Kinder:
Fremdbetreute Kinder entwickeln sich nicht schlechter als familienbetreute Kinder.

In einzelnen Bereichen konnte sogar eine vorteilhaftere Entwicklung nachgewiesen werden: Ihre soziale Kompetenz ist im Durchschnitt höher ausgeprägt und sie sind weniger ängstlich und gehemmt als die Kinder der Vergleichsgruppe (s. S. 188).

3) Zu den Auswirkungen auf die Mutter-Kind-Beziehung:
Fremdbetreuung führt nicht zu einer weniger engen Bindung und zu einer erhöhten Konflikthaftigkeit der Beziehung. Jedoch ist die Art der Konflikte, wenn diese auftauchen, unterschiedlich. Die Konflikte gehen in der Familienbetreuung vermehrt vom Kind, in der Tagesfremdbetreuung vermehrt von der Mutter aus (s. S. 191ff).

4) Zur Frage, welches die günstigste Betreuungsform ist:

"Die Zufriedenheit der Mutter mit ihrer Situation als Frau, ihre Sicherheit, mit der sie ihre eigenen Interessen, Berufstätigkeit und Mutterrolle balanciert, beeinflußt die Entwicklung des Kindes und die Mutter-Kind-Beziehung langfristig stärker als die Umstände der Betreuungsform. Ob also ein Kind von der eigenen Mutter oder einer Tagesmutter, ob man im ersten oder im zweiten Lebensjahr mit einer Fremdbetreuung beginnt etc., ist letztlich weniger wichtig als die Frage, ob eine Frau mit ihrer Rolle als Frau in Einklang lebt"(S. 194).

Eine Entscheidung für oder gegen eine Betreuungsform kann nicht ohne Beachtung der persönlichen Ansprüche und Bedürfnisse der Mütter geschehen. Hieraus folgt, daß ein breites Feld an Möglichkeiten offenstehen muß, das sowohl den Ansprüchen der Berufstätigkeit durch das Angebot der Tagespflege, als auch denen, sich ganz um das Kind kümmern zu wollen, etwa durch Erziehungsgeld gerecht wird.

5) Zur Betreuungsbedingung Halbtagsberufstätigkeit:
Sowohl was die Mutter-Kind-Beziehung anbelangt, als auch in bezug auf Verhaltensstörungen entwickeln sich fremdbetreute Kinder halbtagsberufstätiger Mütter besonders positiv. Die Ergebnisse der Untersuchungen sprechen dafür, daß diese Betreuungsform die Nachteile der beide Alternativen vermeiden und die Vorteile vereinigen kann (s. S. 196).

6) Zum Beginn der Betreuung (S. 198ff):
Die Fremdbetreuung sollte im ersten Lebensjahr begonnen werden. Kleinkinder, die nach dem ersten Lebensjahr mit einer Fremdbetreuung beginnen, zeigen vermehrt Anpassungsschwierigkeiten und Entwicklungsstörungen, was weitreichende Konsequenzen für das Angebot pädagogisch sinnvoller Betreuungsmöglichkeiten hat (s. S. 201). Dieses Ergebnis ist vor dem Hintergrund der Argumentation der Kinderärzte und Verhaltensbiologen, die Fremdbetreuung gerade im ersten Lebensjahr für extrem schädlich hielten, von besonderer Wichtigkeit.

7) Zu besonderen Bedingungen der Herkunftsfamilien:
Kinder alleinerziehender Mütter und Einzelkinder schnitten in der Untersuchung nicht schlechter - nur unwesentlich anders - ab. Ausländische Kinder konnten in der kinderpsychologischen Abschlußuntersuchung nicht berücksichtigt werden. Einzelergebnisse sprechen jedoch dafür, daß sich die Fremdbetreuung, wenngleich sie sich teilweise schwieriger gestalten kann, auch hier nicht negativ auswirkt (s. S. 201ff).

2.3. Entwicklung, Begleitung und Reflexion der Modellpraxis

Im folgenden sind die wissenschaftlichen Untersuchungen und Aktivitäten zusammengefaßt, die neben der entwicklungspsychologischen Untersuchung Gudats stattfanden. Hier wurde vermehrt der bereits angesprochene Aspekt der prozessualen Begleitung bearbeitet, der im Rahmen der Gesamtevaluation eine wichtige Stellung innehat, indem er das komplementäre Versatzstück zur summativen Beurteilung darstellt. Damit ist jedoch nicht ausgesagt, daß innerhalb der prozessualen Begleitung keine wertenden Analysen stattfinden. Ganz im Gegenteil müssen diese ständig und weitaus häufiger als etwa in der beschriebenen Untersuchung Gudats angestellt werden. Die Vielzahl von situationsabhängigen Beurteilungsprozessen und das spontane Auftauchen von immer neuen Entscheidungssituationen im Projektverlauf, die eine Analyse und Beurteilung voraussetzen, stellt eine grundsätzlich andere Situation dar als dies in der dargestellten systematisch geplanten Untersuchung der Fall war. Kam es dort darauf an, eine große Menge von Daten und Informationen zu einzelnen Analysen und Bewertungsprozesse zu bündeln, so ging es hierbei darum, die sich bereits vollziehenden Entscheidungsprozesse der einzelnen wissenschaftlichen Begleiter im Projektalltag zu koordinieren und hierzu Informationen auszutauschen. Die eingeschränkten Möglichkeiten der Vorplanung und systematischen Erhebung, sowie der bestehende Zeitdruck führten diesbezüglich eher zu "handgestrickten" Verfahrensweisen, die jedoch situationsangepaßt, schnell und in dem Alltagsgeschehen ohne große Reibungsverluste eingesetzt werden konnten. Allenfalls in einzelnen Fragestellungen mit übergreifender Bedeutung bestand die Möglichkeit gezielter Datenerhebungen und retrospektiver Analysen, die mit dem wissenschaftlichen und methodischen Anspruch der Gudatschen Untersuchung vergleichbar sind.

Programmbewertung und Programmentwicklung im Vergleich
Die Analyse und Beurteilungsprozesse im Zuge der Projektentwicklung stehen ergo in einem anderen Verwertungszusammenhang. Sie besitzen eine andere Qualität und weisen in ihrer Dokumentation einen anderen Stil der Darstellung auf: denn sie dienen nicht der gutachterlichen Stellungnahme in bezug auf die gesamte Intervention, sondern sind in den Projektverlauf eingebunden, von dem sich die summative Evaluation unabhängig macht, um objektivierende Methoden der Analyse und der Stellungnahme einzuführen. Die prozessuale Begleitung lebt demgegenüber geradezu vom tatkräftigen Engagement und von der gelebten Parteinahme des Forscherteams mit den Betroffenen. Dies bedeutet nun umgekehrt nicht, daß die Forscher in der summativen Evaluation und der entwicklungspsychologischen Untersuchung keine politische Meinung zu dem fraglichen Sachverhalt hätten haben dürfen und hatten. Wichtig sind vielmehr die Verfahrensweisen und Methoden der Untersuchung. Sie müssen idealerweise so konstruiert sein, daß sie sowohl von Befürwortern, als auch von Gegnern des Projektes als geeignete Verfahren der Informationsgewinnung akzeptiert werden. Somit ist auch die Chance erhöht, daß beide Seiten sich den Ergebnissen dieser Untersuchungen beugen und es zu einer Annäherung in der Interpretation der Ergebnisse kommt.

Um die besondere Qualität der Vorgehensweise der Evaluation im Tagesmüttermodell zu verdeutlichen, sei als Gegenbeispiel die Erhebungsmethode eines anderen, kleineren Evaluationsprojektes geschildert, in dem völlig unterschiedliche Rahmenbedingungen vorlagen:

Es handelt sich um die Selbstevaluation einer sozialpädagogischen Tagesgruppenarbeit in der Jugendhilfe, die von Karl Späth (1988) durchgeführt wurde. In Abänderung der in dem hier zugrundeliegenden Projektantrag genannten Fragenkomplexe (ebd. S. 67) wird eine Evaluationsform angeboten, die sich stark an der Handlungsforschung orientiert. Der Kern der Datenerhebung besteht aus mitgezeichneten "Gesprächsinterviews" zwischen verschiedenen Personen, die an der Arbeit beteiligt waren: z.b. der zuständige Jugendamtsleiter und ein in der Praxis der Institution tätiger Sozialarbeiter. Die "exemplarischen Ergebnisse" (s. ebd.) dieser Gespräche, denen in der Evaluation gleichsam die Bedeutung aussagekräftiger Belege für eine erfolgreiche Praxis zuerkannt wird, werden dadurch dokumentiert, daß bestimmte Ausschnitte - allerdings ohne Interpretation - im Bericht abgedruckt sind. Es wird also versucht, anhand dieser Gesprächspassagen eine Darstellung der Funktionsfähigkeit und der Leistungen der sozialpädagogischen Tagesgruppenarbeit in der betreffenden Einrichtung zu erbringen. Für den kritischen Leser stellen sich die abgedruckten Passagen als ein Forum dar, das die Beteiligten zur gegenseitigen Beweihräucherung der ihrer Meinung nach gelungenen Arbeit nutzen. Ein differenzierter Einblick in die Realität der pädagogischen Arbeit und eine fundierte Einschätzung seines Erfolges ist hierdurch jedoch nicht möglich. Vergleicht man dieses kleine Projekt, das völlig abseits vom öffentlichen Interesse stattfand, mit dem Tagesmütterprojekt, so wird deutlich, daß derartige Evaluationskonzepte erstens allein schon aufgrund des öffentlichen Drucks dort unmöglich gewesen wären. Zweitens wird offensichtlich, daß derartige Formen der Evaluation generell als evaluationstheoretisch zweifelhaft erscheinen müssen, weil die Informationssammlung und Bewertung hier anscheinend unter völliger Absehung von Bemühungen geschieht, eine Distanzierung gegenüber subjektiven Einschätzungen und eine Annäherung an einen objektiven Standpunkt zu erreichen.

Kommen wir zurück zum Vergleich zwischen der Programmbewertung und der Programmentwicklung: Bei der prozessual begleitenden Evaluation zur Programmsteuerung lassen sich die einzelnen Arbeits- und Planungsschritte nicht so sauber voneinander trennen, wie das bei der Gudatschen Untersuchung möglich und notwendig war. Die Konzeptentwicklung kann im Unterschied zu einem experimentellen Untersuchungsplan nur grob vorbestimmt werden. Sie ergibt sich in der Auseinandersetzung mit den situativen Gegebenheiten dynamisch. Von daher fallen etwa in der Berichterstattung über eine Gruppenarbeit die Sequenzen, in denen die angewandten Interventions- und Leitungsmethoden geschildert werden, praktisch mit denen der entstandenen Gruppenprozesse, also der Veränderungen und Auswirkungen in der Gruppe, zusammen.

Aufgrund des unterschiedlichen Verwertungszusammenhanges der beiden Untersuchungstypen kann nicht an sich, sondern nur in Abhängigkeit von eben diesem Zusammenhang entschieden werden, welche vorzuziehen ist. Die bislang als besonders wichtig betonte Systematik der Konzeptentwicklung scheint folglich für diesen begleitenden Typus der Forschertätigkeit nicht in vollem Umfange verbindlich sein zu können. **Zum einen** handelt es sich bei der wissenschaftlichen Begleitung zur praktischen Programmentwicklung - vielfach als formative oder Prozeßevaluation bezeichnet - um einen Fluß von Praxisinterventionen, die quasi die Voraussetzung für eine (summative) Evaluation bedeuten, indem sie überhaupt den Fortgang des Projektes gewährleisten. **Zum anderen** sind in ihr an unzähligen Stellen punktuell summativ-evaluative Analyseprozesse notwendig, die zusammengefaßt zu begrenzten Themengebieten, in bezug auf einzelne Aspekte oder an festgelegten Zeitabschnitten (Zwischenberichte) die Möglichkeit aufweisen können, auch für die abschließende Bewertung wichtige Reflexionen anzustellen. Diese können dann das Niveau einer begrenzten Alltagsbeurteilung weit überschreiten und wichtige Beiträge zur Evaluation liefern.

An dieser Stelle wird deutlich, daß Evaluation keine inhaltlich eng begrenzte Definition eines ganz bestimmten Forschungstyps bedeuten kann. Es muß bei der evaluationstheoretischen Begriffsbestimmung vielmehr darauf geachtet werden, daß die ganze Breite der unterschiedlichen Dimensionen und Teilbereiche eingeschlossen und berücksichtigt wird, in der evaluative Aspekte sinnvollerweise vorkommen können (s. Kap VI, 1.).

Evaluative Aspekte der Programmentwicklung
In jedem Falle stellt die wissenschaftlich reflektierte Projektentwicklung und Begleitung die Grundvoraussetzung der Gudatschen Untersuchung dar. Innerhalb dieser Entwicklungs- und Begleitungsarbeit wurden Verfahren der Beratung, der Gruppenarbeit und der Öffentlichkeitsarbeit angewandt, deren Verlauf dokumentiert wurde. Anhand der Beobachtung und Reflexion konkreter Prozesse in der Alltagswirklichkeit, in der Forscherinnen und Beraterinnen eingebunden mitagierten, ließen sich zu Einzelaspekten besonders authentische und der natürlichen Situation entstammende Informationen sammeln, die für die Beurteilung des Projektes wichtige Bedeutung haben.

Die Tätigkeiten und wichtigen Aspekte der wissenschaftlichen Begleitung neben der Gudatschen Untersuchung sind im Abschlußbericht (Agrp. 1980) ausführlich dokumentiert. Zusätzlich liegt ein (Werkstatt-)Forschungsbericht des DJI[7] vor, der sich explizit mit der pädagogischen Gruppenarbeit und Beratung im Modellprojekt beschäftigt. Da eine Darstellung der einzelnen Punkte dieser Dokumentationen wiederum zu weit führen würde und auch hinsichtlich einer evaluationstheoretischen Auswertung weniger ertragreich wäre, folgt im Anschluß eine zusammenfassende Beschreibung der wesentlichen Punkte in bezug auf ihren Beitrag zur Auswertung des Modellversuches.

Die Gliederung der bearbeiteten Themenbereiche geschieht im Abschlußbericht in einer ähnlichen Form, wie dies im Sinne der innerhalb unsereres Gedankenspiels (s.o.) beschriebenen Bedingungsfelder pädagogischen Handelns nahelag: Nachdem die Auswirkungen der Tagesmütterbetreuung auf das Kleinkind und dessen Beziehung zur Mutter eingehend durch Gudat behandelt wurden, geht es nun zunächst um die

---

7: Autorengruppe "Tagesmütter-Projekt" 1980.

anderen am pädagogischen Geschehen beteiligten Personen. Danach werden die weiterreichenden Bedingungsfelder der Modellorganisation und -steuerung, die institutionellen und schließlich die der gesellschaftlichen Bedingungen thematisiert. Wiederum ist eine Zweiseitigkeit der Betrachtungsweise zu erkennen: **Einerseits** geht es jeweils um positive oder negative Effekte, die sich aus dem Tagesmütterwesen ergeben. Die hier auftauchenden Konsequenzen stellen jedoch nicht mehr so zentrale Kategorien für die Beurteilung der Intervention dar, wie dies in der entwicklungspsychologischen Untersuchung der Fall war. **Zum anderen** spielt die Frage eine Rolle, inwieweit sich die im Modellprojekt erprobten Arbeits- und Organisationsformen über das Modellprojekt hinaus in der Praxis herstellen lassen; und zwar bei einem möglichst gleich hohen Qualitätsstandard. Hier liegt eindeutig der Schwerpunkt dieses Teils der Untersuchung, deren Dokumentation von daher in weiten Teilen beschreibenden und weniger analytisch wertenden Charakter aufweist.

In der Gliederung des Abschlußberichtes sind vier Themenkomplexe erkennbar:

1) **Themenkomplex der direkt beteiligten Personen**[8]:
   - Tagesmütter
   - Eltern
   - Pädagogisches Verhältnis zwischen Tagesmüttern und Pflegekindern
   - Verhältnis zwischen Tagesmüttern und Eltern

Die hier thematisierten Inhalte stellen zum einen Beschreibungen der Interessen, der Bedürfnisse und der Bedeutungen dar, die die Beteiligten mit dem Modellprojekt verbanden. Durch diese Darstellungen der einzelnen Gruppen und der typischen Situationen in der Zusammenarbeit der Personen erhält man einen weit über statistische Analysen und theoretische Interpretationen hinausgehenden Einblick in das alltägliche Geschehen des Projektes. Die Reflexionen, die sich an die darstellenden Teile anschließen, führen zu einem tiefergehenden Verständnis des pädagogischen Sinns der Betreuung durch die Tagesmütter (S. 227ff).

Als nächster Punkt ist die Darstellung positiver (Neben-)Effekte zu nennen, die zusätzlich zu den in der Gudatschen Untersuchung analysierten Konsequenzen beobachtet wurden und weitere Begründungen für eine positive Beurteilung des Tagesmütterwesens darstellen. Als Beispiel hierfür sind beispielsweise die Prozesse einer "neuen Selbständigkeit" zu nennen, die sich für die Tagesmütter aus den Erfahrungen im Projekt ergaben (S. 133ff). Der wesentliche Unterschied gegenüber dem systematischen Vorgehen bei der Entwicklung der Untersuchungsschritte und Kriterien in der strengen Evaluation Gudats liegt darin, daß die positiven Effekte nicht nach einer Analyse möglichst aller hierfür in Frage kommender Aspekte, sondern in offener Weise dann thematisiert werden, wenn sie augenscheinlich sind. Das umfangreiche Feld der Projektarbeit würde eine Organisation seiner Untersuchung auch gar nicht in der Weise zulassen, wie das im thematisch begrenzten Feld der Sozialisationswirkungen an den Kleinkindern möglich war. An dieser Stelle drängt sich in

---

8: s. Abschlußbericht, AGrp. (1980) S. 99-232, die Beiträge von Jutta Stich und Gisela Erler. Die im Text folgenden Seitenangaben beziehen sich hierauf.

evaluationstheoretischer Hinsicht die Vermutung auf, daß Evaluationen im klassischen Sinne einer strengen und theoretisch fundierten Hypothesenprüfung nur in eng begrenzten empirischen Teilbereichen möglich sind oder umgekehrt: wenn sie in Teilbereichen eingesetzt werden, einen ihren Blickwinkel erweiternden Zusatz der Offenheit bedürfen können.

Für die Entwicklung des Evaluationskonzeptes bedeutet dies andererseits die Notwendigkeit eines Prozesses der Differenzierung und der thematischen Einschränkung: Es ist von herausragender Wichtigkeit, diejenigen empirischen Teilbereiche ausfindig zu machen, die einerseits streng und gründlich evaluierbar sind, und andererseits in bezug auf die Beurteilung Kernkriterien darstellen. Dies jedoch unter der Prämisse, daß die situativen Bedingungen des Projektes eine gezielte Untersuchung unmittelbarer Wirkungen sinnvoll erscheinen lassen. Demgegenüber gibt es Modellversuche, bei denen es etwa aufgrund mangelnder Grunderkenntnisse über den Arbeitsbereich vor allem erst einmal um grundlegende Fragen der geeigneten Vorgehensweise und um die Ingangsetzung der Praxis (z.B. AgAG) geht. In diesem Falle muß eine übergreifende Analyse der positiven oder negativen Effekte zunächst zweitrangig bleiben.

Zurück zur Vorgehensweise im Tagesmüttermodell: Ein weiterer Bereich, der ebenfalls im pädagogischen Sinne einer Reflexion unterzogen wird, stellen Störungen und Probleme in der praktischen Arbeit dar: z.B. Trennungsprobleme (S. 202) oder das Problem unterschiedlicher Erziehungsstile (S. 203). Hier werden die Möglichkeiten und Wege aufgezeigt, wie die problematischen Situationen in der Projektpraxis entschärft oder gelöst wurden. An dieser Stelle wird deutlich, daß ein vorwiegend aus Entwicklung und Beratung bestehender Prozeß der Begleitung über die wichtige Funktion der Sicherstellung eines optimalen Ablaufes hinaus wertvolle Hinweise für die Evaluation der Gesamtmaßnahme geben kann: Dadurch daß modellhaft praktische Möglichkeiten für eine Lösung von Problemen dokumentiert werden, die die Durchführbarkeit des Projektes einzuschränken drohen, wird Praktikabilität nachgewiesen. Gleichzeitig muß natürlich begründet werden, daß eine Problembewältigung über die Modellphase hinaus wahrscheinlich ist.

2) Themenkomplex Beratung[9]:
Es handelt sich hierbei um einen Erfahrungsbericht zur Einzelberatung und pädagogischen Gruppenarbeit. Hier wird geschildert wie erstens die Arbeitsfähigkeit und die soziale Kohärenz der am Projekt beteiligten Gruppen hergestellt und aufrecht erhalten wurden. Zweitens wurden natürlich inhaltlich sachliche Problemlagen dargestellt, auf die sich die Beratung bezog. Beide Aspekte wurden im Beratungsprozeß gleichsam verfolgt, und es wird auf die hierbei aufgetretenen Probleme, Lösungsmöglichkeiten und auf ganz konkrete Vorschläge für das methodische Vorgehen ausführlich eingegangen. Diese direkt auf das Alltagsgeschehen bezogene Schilderung hat ihren Sinn darin, daß sie die Möglichkeit der Übertragung auf andere Projekte aufzeigt. Gleichzeitig bietet sich hiermit die Gelegenheit, anhand der

---

9: AGrp. (1980) die Beiträge Rommelsbacher und Schuhmann, S. 233-282; ebenfalls: Autorengruppe "Tagesmütterprojekt" (1980).

Situationsbeschreibungen einen Einblick in die Resultate und Veränderungsprozesse zu bekommen, die durch die Beratung und aufgrund des Projektverlaufes im Allgemeinen in der Bedeutungswelt der Betroffenen eingetreten sind.

Darüberhinaus stellt die Dokumentation von persönlichen Meinungen, die innerhalb von Gruppendiskussionen geäußert wurden und sich im Projektverlauf veränderten, eine wichtige Informationsquelle für evaluative Auswertungen dar (s. hierzu Feek, 1990). Hätte man diese Möglichkeiten besser genutzt, so wären etwa durch beschreibende Prozeßanalysen von Gruppendiskussionen Indikatoren dafür identifizierbar gewesen, daß die pädagogische Kompetenz der Eltern und Tagesmütter gesteigert werden konnte, was wiederum den Nachweis einer positiven Wirkung des Projektes insgesamt bedeutet hätte. Hierdurch wären Informationen von einer ganz anderen, authentischeren und tiefergehenden Qualität möglich, als dies bei einer standardisierten Befragung der Fall ist. Diese Möglichkeiten evaluativer Auswertung wurden jedoch im Modellversuch im Rahmen der Beratung nicht explizit genutzt, was am emanzipatorischen Selbstverständnis des Beratungsansatzes gelegen haben könnte, in dem man die vom Jugendamt zugewiesene Kontrollfunktion nicht auch noch durch eine evaluatorische erhöhen wollte. Außerdem vermittelt der Bericht anschaulich die Schwierigkeiten, die sich in diesem bis dahin ziemlich unbekannten und unstrukturierten Feld der Beratung ergaben und die eine volle Konzentration auf diese Aufgabe verlangten, zumal die Aufgabe der Wirkungsanalyse von der entwicklungspsychologischen Untersuchung übernommen wurde.

3) Themenkomplex institutionelle Bedingungen und Übertragbarkeit
In dem Beitrag von Herbert Blüml (AGrp. 1980, S. 283-297) wird eine Situationsbeschreibung nach Ablauf der Phase der Modellförderung angestellt, die die Anstrengungen der Tagesmüttervereine und der Arbeitsgemeinschaft Tagesmütter schildert, eine möglichst weitgehende Angleichung der Tagesmütterpraxis an die Modellbedingungen durchzusetzen. Die hierbei vorliegenden Ergebnisse stimmen teils hoffnungsvoll, teils werden die geringen Chancen deutlich, die für eine Etablierung vergleichbarer Arbeitsbedingungen in der Praxis angesichts finanzieller Engpässe und fehlender Unterstützung durch die zuständigen Institutionen vorliegen.

4) Themenbereich Vergleiche mit etablierten Formen der Tagesfremdbetreuung und institutionelle und gesellschaftliche Zusammenhänge (ders. ebd.):
Die Argumentation in diesem Teil des Abschlußberichtes konzentriert sich auf diejenigen gesellschaftliche Themen, die mit der Frage des gesellschaftlichen Nutzens und der Notwendigkeit der Betreuung durch Tagesmütter in enger Beziehung stehen: Lebensbedingungen von Familien, Erwerbstätigkeit von Müttern, Stellung des Kindes, Selbstverständnis von Jugend-, Familien- und Sozialpolitik. Behandelt wird das Feld der Tagesbetreuung insgesamt - also Tagesmütter, dauernde Fremdbetreuung, Krippen. Zusammenfassend dargestellt wird dabei durch statistische Datenanalyse (z.B. Nachfrage nach Tagesbetreuungsplätzen), durch Aktenanalyse oder durch andere Situationsbeschreibungen folgendermaßen argumentiert:

- Die erhebliche Nachfrage nach außerfamiliären Betreuungsformen wird als gesellschaftliches Faktum nachgewiesen und in seinen Entstehungsbedingungen vor dem

Hintergrund der zunehmenden (aus wirtschaftlichen Gründen notwendigen oder freiwillig gewählten) Erwerbstätigkeit von Müttern erläutert.
- Die Verpflichtung des Jugendamtes zur Unterstützung und Sicherstellung außerfamiliärer Fremdbetreuung wird aufgrund der Gesetzeslage begründet. Die Defizite der Praxis werden demgegenüber nachgewiesen: Das Jugendamt sieht Familienfremdbetreuung vorwiegend als Maßnahme für Notsituationen.
- Die Gleichrangigkeit der Leistungsfähigkeit einer qualifizierten Tagesfremdbetreuung und einer qualifizierten Krippenerziehung wird aufgezeigt. Gleichzeitig werden in der Praxis der Krippenerziehung, was die Gruppengrößen, die Altersmischung und die Qualifikation des Erziehungspersonals betrifft, Mängel nachgewiesen. Hierbei wird auf einen weiteren Forschungsbericht (Blandow/Frauenknecht 1980) verwiesen.
- Schließlich werden als zwingendes Resultat Reformvorschläge für eine konzeptionelle, institutionelle und rechtliche Ausgestaltung der Tagesfremdbetreuung gemacht, die die Familienfremdbetreuung den etablierten Formen der Kleinkindbetreuung gleichsetzt, und die für die Eltern die Wahlmöglichkeiten der Betreuungsart erhöht.

2.4. Zusammenfassende Beurteilung der Modellversuches Tagesmütter

Bewertung der Qualität und der Ergebnisse des Modellprojektes
Die Analyse hat gezeigt, daß Konzeption und Durchführung des Modellprojektes "Tagesmütter" und die in diesem Zusammenhang durchgeführte Begleitforschung als beispielgebend und richtungsweisend für eine umfassende Evaluation im Sinne einer systematisch zugeschnittenen Informationsgewinnung angesehen werden können: Das Evaluationskonzept wurde in einem Prozeß der Reflexion anhand genau der pädagogisch theoretischen Zusammenhänge entwickelt, die zentrale Kriterien und Ansatzpunkte für Indikatoren beinhalten, um den Evaluationsgegenstand einer pädagogisch orientierten Analyse und Bewertung zu unterziehen. Formative und summative Bestandteile der Evaluation ergänzen sich in besonders gelungener Weise.

Die Ergebnisse der Untersuchung sind in theoretischer Hinsicht von grundlegendem Interesse, da Erkenntnisse über Stadien frühkindlicher sozialemotionaler Entwicklung gewonnen werden konnten. Weiterhin wurden konkrete und handlungsorientierende Erkenntnisse gewonnen: in bezug auf die Konsequenzen und Wirkungen der Familienfremdbetreuung auf mehreren Ebenen, in bezug auf die Bedingungen einer qualifizierten Ausgestaltung derselben und schließlich hinsichtlich geeigneter Formen der Beratung und Moderation der beteiligten Gruppen. Aufgrund der Ergebnisse steht die qualifizierte Tagesfremdbetreuung als ein geeigneter und gesellschaftlich notwendiger Reforminhalt fest. Die Bedingungen und notwendigen Verfahren, wie eine derartige Qualifizierung durch Beratung, Fortbildung und andere Steuerungsmaßnahmen erreicht werden kann, sowie die dafür erforderlichen institutionellen Voraussetzungen, wurden in der Untersuchung ermittelt.

Diese Resultate verlieren auch nicht dadurch an Wert, daß die Erwartungen der Initiativgruppen und Befürworter nach Institutionalisierung und staatlicher Unterstützung unter dem Strich nicht erfüllt wurden. Zehn Jahre nach Projektende bezeichnet Herbert Blüml das Modellprojekt, dessen Kosten sich auf neun Millionen Mark beliefen, auf der Grundlage einer Untersuchung des Bundesverbandes Tagesmütter e.V. als "deutlich mißlungen" (vgl. Blüml 1989). Angesichts der Mißachtung der Untersuchungsergebnisse durch die Politik stellt Blüml die Frage, ob der Modellversuch überhaupt sozial- und fachpolitisch ernst gemeint war, oder etwa als kostenaufwendige Befriedigungsstrategie und "Ruhighaltemaßnahme" eingesetzt wurde. Wie dies bereits schon am Anfang dieses Kapitels dargelegt wurde, kann die aus einer retrospektiven Betrachtung festgestellte mißlungene Übertragung der Untersuchungsergebnisse und Forderungen in die Sozialpolitik und Jugendhilfepraxis nicht als Kriterium für eine Bewertung der Nützlichkeit des Modellprojektes und seiner Evaluation als solches angesehen werden. Hier muß unterschieden werden zwischen der Nützlichkeit einerseits, die sich in der Konzeption, der Durchführung und in den Ergebnissen der Untersuchung zeigt, und dem Verwertungsprozeß durch Politik und Verwaltungen andererseits, dessen Bedingungen sich am Ende der 70er Jahre insbesondere durch veränderte politische Konstellationen gegenüber dem Zeitpunkt des Projektbeginns gewandelt hatten. Entscheidungsbefugte Stellen, die mit Modellversuchen arbeiten oder diese in die Wege leiten, neigen zu einer instrumentellen Handhabe des Versuches. Somit liegt es auch nahe, daß Eingriffe zum Zwecke der Instrumentalisierung von der Projektplanung über dessen Verlauf bis hin zur Auswertungsphase möglich sind, die die Forschungstätigkeit im Sinne der eigenen Interessen beeinflussen sollen. Die Nichtanwendung der Untersuchungsergebnisse ist zwar für die engagierten Forscher und Betroffenen besonders frustrierend. Hier ist aber nicht an den Leistungen des bereits abgeschlossenen Modellprojekts, sondern an der Politik und der Sozialverwaltung zu zweifeln (s.o. S. 174).

Eine weitgehende Instrumentalisierung durch die Politik, wie Blüml (s.o.) dies behauptet, liegt meiner Ansicht nach beim Tagesmüttermodell nicht vor. Man müßte dann nämlich grundsätzlich bezweifeln, daß der Versuch ernsthaft unternommen wurde, ein aussagekräftiges und sich um Objektivität bemühendes Konzept der Evaluation zu erstellen und durchzuführen. Wissenschaft wäre dann lediglich als Verschleierung einer beeinflußten und bereits festgelegten Berichterstattung benutzt worden. Die Ergebnisse der eigenen Analyse sprechen eindeutig gegen diese Vermutung. Ein Urteil über die Qualität einer Evaluation oder wissenschaftlichen Begleitung ist somit nur durch Analyse der beschriebenen angewandten Konzepte, Verfahren und Ergebnisse möglich. Sie kann nicht jenseits dieser Inhalte ermessen werden, beispielsweise im Zusammenhang mit der Frage, ob die Ergebnisse in politische Entscheidungen münden, wie es die Argumentation Blümls nahelegt, oder ob die beteiligten Forscher vorab eine bestimmte Meinung zum Evaluationsgegenstand hatten.

Die besonderen Umstände des Tagesmütterprojektes
Beispiele für in ihrer Aussagekraft sehr eingeschränkte Evaluationen und wissenschaftliche Begleitungen lassen sich in ausreichender Anzahl finden. Dies mag insbesondere dann besorgniserregend stimmen, wenn man davon ausgeht, daß über die mißlungensten Projekte gar nicht öffentlich berichtet wird, und weiterhin, daß Abschluß- und Projektberichte nicht vollständig die Realität wiedergeben, sondern eher zur Beschönigung neigen. Die Mängel in den Evaluationen können durch äußere

Einschränkungen, Eingriffe und widrige Bedingungen, aber auch durch unangemessene evaluationstheoretische Konzepte entstehen.

Das Erprobungsprogramm im Elementarbereich wurde bereits deswegen kritisiert, weil die interessante Fragestellung nach den Sozialisationseffekten des Situationsansatzes nicht behandelt wurde (s. S. 180). Das Projekt[10] stand unter ungünstigen Einflüssen von außen und hatte sich mit widrigen organisatorischen Bedingungen auseinanderzusetzen. Insbesondere die kontrollierenden Eingriffe der Länder, die sich vorbehielten, den Einsatz jedes überregional entwickelten Erhebungsinstrumentes zu ratifizieren, führten dazu, daß die Projektgruppe des DJI nicht autonom arbeiten konnte. Darüberhinaus wurde in die Bedingungen der Erhebungen selbst eingegriffen, wodurch sich methodische Probleme ergaben: beispielsweise dadurch, daß die Länderministerien ausgefüllte Erhebungsbögen vor ihrer Weitergabe an das DJI selbst sichteten, was sicherlich einen Einfluß auf das Antwortverhalten hatte (Vgl. DJI-FoBe 1979, S. 77).

Eine weitere Einschränkung für die überregionale Evaluation des Erprobungsprogrammes, die der Projektgruppe des DJI vorgegeben war, lag in seiner Organisationsform: Regionale Projektgruppen hatten die Aufgabe erhalten, die Erhebungsinstrumente der überregionalen Evaluation des DJI gegenüber der Untersuchungsgruppe der Erzieherinnen zu erläutern und einzuführen. Hier ergaben sich Widerstände, entweder weil die regionalen Forschungsgruppen einem handlungsorientierten Forschungsansatz verschrieben waren und deshalb empirisch-analytische Verfahren ablehnten, oder weil die Untersuchung der überregionalen Evaluation als Störung und Einschränkung empfunden wurde (ebd. S. 34ff). Vielleicht lassen sich die Mängel des Untersuchungskonzepts auch in Zusammenhang mit dem damals bestehenden Konflikt zwischen handlungsorientierten und konventioneller Evaluation erklären, aus dem sich zwangsläufig eine gewisse Orientierungslosigkeit ergeben mußte.

Innerhalb des Tagesmütterprojektes war dieses Spannungsverhältnis mit Sicherheit auch vorhanden. Hier ergab sich jedoch eine dem Projekt insgesamt zuträgliche Forschungsorganisation dadurch, daß die beiden Forschungsstrategien summative und handlungsorientierte Evaluation organisatorisch getrennt verliefen und jeweils eigenständig konzipiert und durchgeführt wurden. Wie kam es nun zu dieser zuträglichen Organisation der Evaluation? Vermutlich ist sie wie die Entstehung der Fragestellungen und Untersuchungskriterien dieser Evaluation als ein Produkt der besonderen Bedingungen zu verstehen, die zunächst wohl eher als widrige Umstände zu bezeichnen waren: Eine Zusammenarbeit und Verständigung beider Strategien war vermutlich aufgrund der wissenschaftstheoretischen Diskrepanzen unmöglich. Hierdurch wurde verhindert, daß so etwas entstand wie das im Erprobungsprogramm Elementarbereich die Bezeichnung "integrativ" tragende Evaluationskonzept (DJI-FoBe 1979, S. 79), wobei in diesem Falle das Kunststück fertigebracht wurde, lediglich die Nachteile der beiden Konzepte erfolgreich zu integrieren (Krappmann, 1982, S. 22-23). Gleichzeitig bestand als wesentliche Bedingung jedoch der massive

---

10: Damit ist die Untersuchung auf Bundesebene gemeint und nicht die in diesem Gesamtrahmen stattgefundenen Modellversuche in Hessen und Rheinland-Pfalz.

Druck der kritischen Öffentlichkeit und der Gegner der Tagesmütterbetreuung (s. S. 176), was die Produktion eines gemeinsamen Ergebnisses geradezu erzwang, denn die empirisch exakte Untersuchung der Wirkungen war zur Abwehr der Angriffe genauso erforderlich wie die Steuerung und Dokumentation der Projektentwicklung. Somit ergab sich aus den besonderen Umständen des Projektes ein Gesamtkonzept der Evaluation, in dem die wissenschaftstheoretischen Differenzen nicht zu einer Blockade führten. Vielmehr trug jeder Ansatz auf seine Weise zur Informationssammlung und zur Projektentwicklung bei. Somit konnten vielfältige Informationen zu unterschiedlichen Aspekten, die für eine umfassende Evaluation notwendig waren, treffend erhoben und zu einer aussagekräftigen multidimensionalen Bewertung zusammengestellt werden. Etwas anderes wäre dem DJI angesichts des öffentlichen Drucks gar nicht übrig geblieben, was übrigens auch für die Lesbarkeit der Berichte gilt.

Ähnliche wie die oben angesprochenen Versuche, von außen Einfluß zu nehmen und zu behindern, lagen beim Tagesmütterprojekt zwar auch vor, man kann aber nicht davon ausgehen, daß eine Aushöhlung der Untersuchung gelungen ist. So stellt beispielsweise die von Seiten der Kritiker erzwungene Festlegung der Untersuchungsgruppe Modellkinder auf Notfälle eine Einschränkung dar, die u.U. zu einer Verzerrung der Untersuchungsergebnisse hätte führen können. Als Ergebnis lag jedoch vor, daß eben diese "Notfälle" sich genausogut und in Teilbereichen sogar besser entwickelten als die Gruppe der Familienkinder. Letztendlich wurde die Beschränkung somit zu einem Vorteil, der den positiven Einfluß der Tagesfremdbetreuung unzweifelhaft erhärten konnte. In erhebungsmethodischer Hinsicht wurde dieses Zulassen von u.U. negativen Begleitumständen im Rahmen der Hypothesenprüfung im Sinne einer "strengen Prüfung" (s. Gudat, S. 63ff) in der Untersuchungskonzeption verarbeitet, eingebaut und mit einer reflektierten wissenschaftstheoretischen Begründung versehen.

In einen ähnlichen Zusammenhang gehört das Untersuchungsergebnis, daß eine positive kompensatorische Wirkung der Betreuungform gerade bei den Kindern nachgewiesen werden konnte, deren ungünstige Familienumstände eine unvorteilhafte Entwicklungsprognose anzeigten (Gudat 1982, S. 149ff). Insbesondere problematisches Kommunikationsverhalten der Mutter gegenüber dem Kind, das bei berufstätigen Müttern in einer Neigung zur Distanz, bei Familienmüttern zur "Übermutterung" bestand, konnte durch die Betreuung der Tagesmütter ausgeglichen werden. Hierdurch wurde die Möglichkeit des besonderen Nutzens aufgezeigt, den die Kinder in bezug auf ihre sozialemotionale Entwicklung aus ihrem Verhältnis zur Tagesmutter ziehen können.

Lassen Sie mich kurz als Gegenbeispiel hierzu ein Evaluationsprojekt erwähnen, das insbesondere hinsichtlich des öffentliches Interesses der zu evaluierenden Interventionen und Arbeitsinhalte in einem völlig anderen Zusammenhang stand:

Im Falle der Evaluationsstudie zu dem Modellversuch "Psychosoziale Beratung für Ausländer" (Nestmann, 1990) liegt beispielsweise ein Evaluationsgegenstand vor, der in keiner Weise öffentlich so beachtet und umstritten ist, wie das bei den Tagesmüttern der Fall war. Wer würde es wagen, vor dem Hintergrund ausländerfeindlicher Ausschreitungen öffentlich daran zu zweifeln, daß eine spezifische Beratung von Ausländern, die in Deutschland unter psychosozialen Problemen leiden, gerechtfertigt ist. Dies schlägt sich als konstitutionelle Bedingung des Evaluationskonzeptes dahingehend nieder, daß die für eine Beurteilung zentrale Kategorie des erfolgreichen Verlaufs und der Wirkungen der Beratung im Evaluationsplan nicht als zentrale Fragestellung auftauchen (ebd. S. 32) und in der Ergebnisdarstellung (S. 65ff) praktisch nicht mehr verfolgt werden. Darüberhinaus waren für eine Erhebung der Wirkungen Verfahren geplant, die einer kritischen Front wie im Tagesmüttermodell niemals standgehalten hätten: zumeist auf Einschätzungen beruhende Selbstdokumentationen der Berater, die durch oberflächliche statistische Daten (Fälle zählen) angereichert wurden.

Die grundsätzlich anderen Bedingungen, die dieses Projekt im Vergleich zum Tagesmüttermodell aufweist und die typisch für die Situation nach dem Ende der Reformära sind, bestehen darin, daß ein kritisches öffentliches Interesse und ein damit verbundener gewisser Zwang zur Legitimation fehlt. Von daher können Evaluationen grundsätzlich anders gestaltet werden. Dies kann in einem Fall ein Vorteil, im anderen ein Nachteil sein. Die günstigen Bedingungen dieser veränderten Situation bestehen darin, daß in einem unbelasteten Freiraum ohne belastenden Druck eigendefinierte Evaluationskonzepte eher umsetzbar sind. Im Falle der Untersuchung Nestmanns bestand dies darin, daß zunächst Informationen gesammelt werden konnten, die für eine grundlegende Klärung und Entwicklung der Funktionsfähigkeit eines noch völlig unerforschten Praxisbereichs hilfreich waren.

Zur Verbesserung einer Übertragung der Ergebnisse

Kommen wir wieder zurück zur kritischen Einschätzung Blümls (1989) hinsichtlich des mangelhaften "Ergebnistransfers". In Anbetracht dieser Kritik an der Nützlichkeit des Modellversuchs sollte man die Fage stellen, was eingetreten wäre, wenn der Modellversuch nicht stattgefunden hätte: Sicherlich hätte sich die völlig unberechtigte Verunsicherung der Tagesmütter und Eltern durch die Gegner und Kritiker fortgesetzt, was zu einem noch stärkeren Abdrängen in den unkontrollierten "grauen Markt" der Tagespflegeverhältnisse geführt hätte. Kleinere Reformen, wie etwa im KJHG oder in der Jugendhilfepraxis, wären ausgeblieben. Die Organisation der Tagesmütter und Eltern in Vereinen und im Anschluß an freie Träger hätte sich nicht weiterentwickeln können. Die begrenzten Fortschritte, die ungeachtet der nicht durchsetzbaren umfangreichen staatlichen Unterstützung eingetreten sind, wären somit ohne die Ergebnisse des Modellprojektes unmöglich gewesen.

Es läßt sich im Nachhinein nur noch darüber spekulieren, ob eine "Übersetzung" der Untersuchungsergebnisse in die Logik der entscheidungsbefugten Stellen der Politik und der Sozialadministration die Wahrscheinlichkeit ihrer Nutzung erhöht hätte (vgl. Kap. III, S. 146). Wie könnte in diesem Falle eine Argumentation in Sinne einer Überwindung der semantischen und inhaltlichen »Systemdifferenzen« aussehen? Man müßte beispielsweise den anfallenden Aufwand für eine breite Förderung der Familienfremdbetreuung den absehbaren Kosten gegenüberstellen, die der Gesellschaft langfristig bei einer Unterlassung derselben entstehen.

Als Hintergrundinformation standen folgende sozialstatistische Daten im Jahre 1976 fest: Ein Drittel der Kinder unter drei Jahren hatte eine erwerbstätige Mutter. Über die Hälfte der alleinstehenden Mütter mußte arbeiten. Die Betreuung der Kleinkinder wurde weitgehend im engen Familienkreis organisiert. Nur 5% der Kinder wurden offiziell in Tagespflegestellen betreut, wovon nur 1% regiestriert war. In der Krippe befanden sich nur 4% (vgl. Blüml S. 283ff). Es kann also vermutet werden, daß ein beträchtlicher Anteil an sporadisch organisierter Fremd- und Wechselbetreuung im engeren und weiteren Familienkreis (Babysitting) und bis hin zur **Nichtbetreuung** vorhanden war. Die empirischen Ergebnisse der durchgeführten Untersuchungen lassen eindeutig darauf schließen, daß bei der im Familien- und Freundeskreis sowie bei der über den grauen Markt der Babysitter organisierten Betreuung bei weitem nicht die pädagogische Qualität erreicht werden kann, wie sie im Modell vorgezeichnet wurde und wie sie Bedingung für die aufgezeigten Leistungen der Tagesmütter ist. Dasselbe gilt für eine Erziehung durch Mütter, die mit ihrer ausschließlichen Mutterrolle unzufrieden sind und eine Erwerbstätigkeit vorziehen würden. Hieraus folgt zwingend, daß bei einem Ausbleiben geeigneter strukturpolitischer Maßnahmen, die qualitativ gute Fremdbetreuung sicherstellen, von einem Bestehen und weiteren Entstehen eines äußerst breit gestreuten Potentials an sozialemotionaler Fehlentwicklung auszugehen ist, dessen gesellschaftliche Bedeutung sich in ihrem vollen Ausmaß erst im zukünftigen späten Kindes- bis hin zum Erwachsenenalter niederschlagen wird.

Der Zusammenhang zwischen frühkindlicher Deprivation und alterskonsistenten Beeinträchtigungen ist eindeutig. Fraglich erscheint allerdings, ob das Ausmaß und die Qualität der Probleme Jugendlicher, die wir heute offensichtlich nicht zuletzt in Gewaltakten Jugendlicher vorliegen haben, damals schon absehbar waren. Der Grad der Verursachung frühkindlicher Schäden durch mangelhafte Betreuung kann neben vielfältigen anderen gesellschaftlichen Faktoren nur in Wahrscheinlichkeitsaussagen formuliert und grob abgeschätzt werden. Bei all diesen Uneindeutigkeiten einer konkreten Faktorenwirkung hätte sich das Entstehungspotential für problematische Entwicklungen allerdings seiner Tendenz nach verdeutlichen lassen müssen. Als weitere Argumentation hätte aufgeführt werden können, daß eine mangelhafte pädagogische Betreuung, wie sie als gesellschaftliche Realität nachgewiesen war (s.o.), nicht als ein punktuelles Ereignis im frühkindlichen Stadium gesehen werden kann. Sie stellt zunächst eine durch Familienumstände und gesellschaftlichen Bedingungen entstandene Mangelsituation dar, die im Kleinkinderalter temporär als besonders problematisch empfunden wird. Schon im Lebensabschnitt des Kindergartens und der Grundschule (Stichwort "Schlüsselkinder") wird diese nicht mehr als so akut belastend wahrgenommen, obwohl sich das durch eine defizitäre Struktur geprägte Problem der emotionalen und sozialen Unterversorgung vermutlich ständig fortzusetzen droht.

Entscheidend für eine breite und politisch relevante gesellschaftliche Kenntnisnahme ist jedoch nicht die pädagogische Warnung vor einer defizitären Persönlichkeitsentwicklung, sondern die damit zusammenhängenden volkswirtschaftlichen Auswirkungen: z.B. das potentielle Heranwachsen eines Heers von Jugendlichen, die für den Kapitalverwertungs- und Wirtschaftsprozeß sowie für andere gesellschaftliche Aufgaben nicht mehr in vollem Umfang verwendbar sind, wodurch ökonomischer Nutzen entgeht und gesellschaftliche Kosten entstehen. Wenn ein plausibler Zusammenhang zwischen den drei Punkten: »Unterlassung der pädagogisch sinnvollen Kleinkinderbetreuung«, »alterskonsitente psychoemotionale Fehlentwicklungen« und »volkswirtschaftlicher Schaden« - hätte hergestellt werden können, so wäre eine Beeinflussung der politischen Stellen und der Sozialadministration durch die vorliegenden Ergebnisse der Evaluation am wahrscheinlichsten gewesen.

Der Zwang zur Wirkungsanalyse und zur Bewertung
Ohne die in der Öffentlichkeit sehr heftig und kontrovers geführte Diskussion um die Legitimität dieser Betreuungsform hätte das Modellprojekt und seine wissenschaftliche Begleitung mit Sicherheit eine andere Form und andere Inhalte erhalten. Die Entwicklung des Untersuchungskonzeptes, so wie es in unserer Analyse als beispielgebend für eine gelungene Evaluation beschrieben wird, geschah nicht aufgrund konzeptioneller evaluationstheoretischer Überlegungen, sondern ergab sich im Zusammenhang und im Verlauf der Konflikte um das Tagesmütterwesen. Es wurde in der Untersuchung Gudats tatsächlich ein Prozeß der diskursiven Entwicklung von Beurteilungskriterien durchgeführt, wie er in der Untersuchung Heiners (s.o. S. 166ff) als evaluationstheoretisch wichtiges Moment dargestellte wurde. Dieser wurde maßgeblich durch die öffentlich geführte Diskussion vorbestimmt: Die vorgebrachten Vorbehalte gegen Tagesmütter wurden aufgenommen, diskutiert, gleichsam in ihrer empirischen Relevanz überprüft und in die Evaluation eingebaut.

In ähnlicher Weise wie der heftige Streit und nicht eine evaluationstheoretische Planung die Form der Konzeptentwicklung bestimmte, nötigte er auch dazu, den Blickwinkel der Betrachtung inhaltlich genau auf die Aspekte zu konzentrieren, die für eine Bewertung relevant erscheinen mußten. Der Modellversuch hätte es sich gar nicht erlauben können, die Frage der (Sozialisations-)Wirkungen in ähnlicher Weise unter den Tisch fallen zu lassen, wie das beim Erprobungsprogramm im Elementarbereich der Fall war. Eine weitere Qualität des Evaluationskonzeptes besteht in seinem Zuschnitt auf pädagogisch relevante Theorien. Auch hierfür war die besondere Beschaffenheit des öffentlichen Diskurses verantwortlich, dessen Charakteristikum darin bestand, daß die Argumentation der gegnerischen Verhaltensbiologen und Kinderärzte im Wesentlichen erstens eben auch auf dieser theoretischen Ebene und zweitens mit einer wissenschaftlichen Argumentation und nicht nur gesellschafts-, sozial- oder bevölkerungspolitisch geführt wurde. Deswegen mußten die Probleme der Beurteilung in wissenschaftliche Fragestellungen übersetzt werden, damit die Antworten auf eben dieser theoretischen Ebene erfolgen und sich der entsprechenden Gegenargumente bedienen konnten. Diese konnten nur auf der Grundlage einer wissenschaftlichen, entwicklungspsychologischen und pädagogisch orientierten Untersuchung ermittelt werden.

Was gerade in bezug auf das Zustandekommen der grundlegenden Konzeption der Untersuchung geschildert wurde, gilt analog dazu auch für einzelne Teile des Evaluationsdesigns und der Untersuchungsmethoden. So wurde beispielsweise die Form einer Vergleichsgruppenuntersuchung im wesentlichen von den Gegnern des Modells gegen den anfänglichen Widerstand des Ministeriums erzwungen (Hassenstein 1974).

Weiterhin ist sicherlich die wissenschaftstheoretisch angehauchte und forschungsmethodisch geführte Kritik, die Hassenstein an der Planung der wissenschaftlichen Begleitung übte (ebd.), sowie die Mannigfaltigkeit der gesellschaftlichen und wissenschaftlichen Gegnerschaft dafür verantwortlich, daß die Begleitforschung sowohl einen Untersuchungsteil aufweist, der sich am klassischen experimentellen Paradigma und an den Kriterien des kritischen Rationalismus orientiert, als auch eine Komponente der handlungstheoretischen Evaluation enthält. Genau dewegen wurde ein Untersuchungsdesign konstruiert, das in seiner Multiperspektivität vorbildlich ist. Denn nur so konnte es den ebenso vielschichtigen Angriffen der unterschiedlichen Gegner standhalten.

Bestimmte Vorgehensweisen, die in der Praxis unter der Rubrik Evaluation vorfindbar sind, wären im Modellprojekt Tagesmütter aufgrund seiner situativen Bedingungen undenkbar gewesen - zum Beispiel:

- unwissenschaftliche, anekdotisch vorgetragene Verlaufsdokumentation;
- Begleitung in Form einer "cosy evaluation", die nur der Form nach "wissenschaftlich" betrieben wird, weil Evaluation zu einem Modellversuch dazugehört;
- ausschließlich handlungsorientierte Kooperation zwischen Forschern und Praktikern nach dem damals in der Sozialwissenschaft populären Ansatz der Handlungsforschung ohne den Aspekt einer abschließenden Bewertung;
- einseitige unausgewogene Überprüfung der Wirkungen ohne den Versuch einer nachvollziehbaren Objektivierung der Kriterien und der Erhebungsmethoden; beispielsweise dadurch, daß nur die Interpretationen einer bestimmten Gruppe erhoben oder andere fragliche Evaluationsverfahren angewendet worden wären.

Eine weitere Bedingung des Modellprojektes, die gleichsam die Anwendung "exotischer" und abwegiger Evaluationsverfahren eindämmen konnte, war damit gegeben, daß es sich bei der zu untersuchenden Kerngruppe um Säuglinge handelte. Säuglinge können erstens nicht befragt werden und können ihr Wohlbefinden oder Unbehagen nicht differenziert sprachlich äußern. Sie unterliegen zweitens in stärkerer Weise eindeutig beschreibbaren, weil biologisch bedingten Reifungsprozessen, als das bei Kindern, Jugendlichen und Erwachsenen der Fall ist, bei denen die Vielschichtigkeit, Flüchtigkeit und Mehrdeutigkeit sozialer Bedingungen und individueller Verarbeitungsweisen in der Forschung weit mehr zu berücksichtigen ist. Somit wäre beispielsweise ein Aushandlungsprozess der unterschiedlichen Realitätskonzepte und Deutungen der "stakeholders", wie das als Kernaufgabe der naturalistischen oder responsiven Evaluation bei Guba/Lincoln oder bei Beywl vorgesehen ist, unter Einbeziehung der Säuglinge mit erheblichen Schwierigkeiten verbunden gewesen.

Dagegen ist eine Beobachtung der kindlichen Entwicklung in bezug auf Kompetenzen kein erhebungstechnisches Zauberwerk. Ebenso lassen sich zur Datenanalyse und -auswertung bei diesem Untersuchungsgegenstand Objektivierungstechniken anwenden, die sich einer breiten Akzeptanz sicher sein können. Zum Beispiel die Analyse der Videoaufzeichnungen durch zwei getrennte Beobachter, die nicht wußten, welcher Gruppe das zu bewertende Mutter-Kind-Paar angehörte. Dies soll aber nicht heißen, daß das Evaluationskonzept des Modellprojektes nur bei relativ simpel beobachtbaren Phänomenen und bei kausaler Eindimensionalität aufgrund biologischer Interdependenzen anwendbar ist.

Der Vorteil der Erhebungsmethodik und des Evaluationskonzeptes im Modellprojekt bestand darin, daß die Fragestellungen und die Methoden der Datensammlung so gestaltet waren, daß sie sowohl von Gegnern, als auch von Befürwortern akzeptiert werden mußten. Hierzu fand ja auch im Rahmen des kontroversen Diskurses ein Aushandlungsprozeß in der Vorbereitungsphase statt. Die wesentliche Voraussetzung einer Evaluation unter den Bedingungen des Modellprojektes - herauskommen soll eine gutachterliche Stellungnahme - bestand nun darin, daß die widerstreitenden Gruppen die Konzeption und Untersuchungsmethode vernünftigerweise nicht ablehnen konnten, wollten sie vor der Öffentlichkeit ihr Gesicht nicht verlieren.

Die Evaluation mußte also von den Beteiligten als entscheidungslogische Spielregel vorab akzeptiert werden. Die Untersuchungsergebnisse ergaben sich dann als Resultate der Verfahren, über deren Spielregeln man sich vorher verständigt hatte. Damit konnten die Ergebnisse einen höheren Grad an Verbindlichkeit erreichen und hätten somit eher entscheidungsrelevant werden können. Dieses Resultat ist unbestreitbar, denn kein Verhaltensbiologe oder Kinderarzt konnte nach der Evaluation mit den undifferenzierten und theoretisch wenig fundierten, wenn auch in Ansätzen und Teilbereichen berechtigten, Angriffen fortfahren und Tagesmütter sowie Eltern aus der gesellschaftlichen Autoritätsposition heraus, die mit dem "weißen Kittel" verbunden ist, weiter verunsichern (vgl. AGrp. 1980, S. 15). Daß es zu einer Entwicklung der Untersuchung nach diesem Prinzip kam, hing weniger mit evaluationstheoretischen Überlegungen zusammen, sondern ergab sich wiederum eher als Resultat der spezifischen Bedingungen des Projektes. Ungeachtet dessen ist dieses "Spielregel-Prinzip" natürlich als evaluationstheoretisch konzeptioneller Gesichtspunkt beachtenswert.

Eine weitere besondere und historische Bedingung des Modellversuches Tagesmütter liegt zweifelsohne mit dem Vorhandensein einer im Vergleich zu heutigen Projekten üppigen finanziellen und personellen Ausstattung vor, die konzentriert auf die fragliche Intervention eingesetzt werden konnte. Nur hierdurch war eine derartig vielschichtige und komplexe Untersuchungsanordnung möglich. Völlig abgesehen von der Frage, inwieweit sich die als evaluationstheoretisch beispielgebend und anregend identifizierten Elemente dieser Evaluation maßgeblich aus den damals vorherrschenden situativen Bedingungen quasi von selbst ergeben haben, können die angewandten Vorgehensweisen wertvolle Anhaltspunkte für den Prozeß der Entwicklung von Evaluationskonzepten geben.

V. Kapitel: Analyse ausgewählter Evaluationsstudien II

1. Die wissenschaftliche Begleitung des Modellprojektes "Mathilde" - Familienergänzende Erziehungshilfe im Lebensfeld von Matthias Moch[1]

Die Evaluationsstudie in dem relativ kleinen Modellprojekt »Mathilde« fand unter ganz anderen Bedingungen statt, als das eben besprochene "Großprojekt" Tagesmütter. Insbesondere der immer wieder angesprochene öffentliche Druck war bei diesem Projekt nicht vorhanden. Wie bereits angedeutet können sich hieraus Freiräume ergeben, die für eine pädagogisch orientierte Evaluation nutzbar sind. Hierdurch kann aber auch die Neigung begünstigt werden, zentrale Aufgaben der Evaluation weniger ernst zu nehmen.

Ein öffentlicher Druck, Kritik und gesellschaftliche Konflikte als konstitutionelle Bedingungen können für die Qualität von Evaluation förderlich sein, wie beim Tagesmüttermodell. Wenn der Konflikt sich allerdings innerhalb der an der Evaluation beteiligten Gruppen niederschlägt und die Organisationsstruktur der zu untersuchenden Institutionen unübersichtlich und widerständig ist, wie beim Erprobungsprogramm im Elementarbereich, dann ist mit Beeinträchtigungen zu rechnen. Je mehr der Legitimationsdruck wegfällt, desto mehr Möglichkeiten ergeben sich für Spielräume bei der Erstellung und Umsetzug des Evaluationskonzeptes. Und je überschaubarer die Projekte sind, desto genauer kann auf Einzelfälle und auf tieferliegende Probleme etwa des pädagogischen Verhältnisses eingegangen werden.

EvaluatorInnen machen nicht automatisch einen vernünftigen Gebrauch von diesen Freiheiten im Sinne angemessener Evaluationsverfahren und Fragestellungen. Wissenschaftliche Begleitung sozialpädagogischer Praxis kann, was deren Vorgehensweisen und Resultate anbelangt, gerade wegen dieser Freiräume genausogut hin zu einem "nebulösen Unterfangen" abdriften. Die Untersuchung von Matthias Moch wurde deswegen für die Analyse ausgewählt, weil anhand dieser Studie beispielhaft dargestellt werden kann, wie jene Freiräume durch eine sozialpädagogisch orientierte Evaluationsforschung sinnvoll ausgefüllt werden können. Weiterhin weil sie ein typisches Projekt jener im dritten Kapitel als »Übergangsphase« bezeichneten Ära darstellt, das sich hinsichtlich seiner Bedingungen und Vorgehensweisen beispielsweise vom Tagesmütterprojekt wesentlich unterscheidet.

1.1 Kurzer Überblick über das Modellprojekt

Das Haus "Mathilde" liegt in der Tübinger Südstadt, einem Stadtviertel, dessen Sozialstruktur durch Unterschichtfamilien und gesellschaftlich benachteiligte Gruppen gekennzeichnet ist. Es handelt sich um eine lokale sozialpädagogische Einrichtung, die eine milieubezogene, kombiniert stationär/ambulante Hilfe für Kinder und Jugendliche in massiven psychosozialen Problemlagen und familiären Konflikten an-

---

1: Eine umfassende und detaillierte Beschreibung des Projektes und der Einrichtung findet sich in Moch (1990). Die Analyse bezieht sich auf diese Veröffentlichung.

bietet. Matthias Moch führte die Untersuchung über die Zeitspanne von 1984 bis 1988 durch. Er war bereits seit 1982, als die »Mathilde« ihre Arbeit aufnahm, Mitarbeiter und beschränkte diese Tätigkeit während der Forschungsphase auf zwei Tage in der Woche. Es handelt sich also bei der vorliegenden Untersuchung in gewissem Sinne um eine Selbstevaluation, da ein Mitarbeiter den besonderen Aufgabenbereich übertragen bekam, die eigene Institution zu untersuchen - während eines Zeitraums eingeschränkter Tätigkeit für diese, d.h. in Freistellung von der Betreuung einzelner Kinder. Dabei wurde von Matthias Moch eine deutliche Trennung seiner Position als Forschender von der eines "normalen" Mitarbeiters der Einrichtung vollzogen und auch als solche von den Beteiligten wahrgenommen (vgl. S. 87). Es liegt also weder eine Verbindung von Aktion und Forschen nach den Vorstellungen der Handlungsforschung vor, noch eine Selbstevaluation im weitergehenden Sinne[2], bei der der Praktiker vor allem seine eigene Arbeit reflektiert und dokumentiert. Auf diese spezifische Vorgehensweise des Institutionskundigen, bzw. freigestellten Mitarbeiters, der sich in seiner Institution einer Evaluationsaufgabe widmet, und die mit ihr verbundenen Implikationen soll an späterer Stelle unter dem Punkt »Evaluationsverfahren und Erhebungsmethoden« eingegangen werden.

Im Gegensatz zum Großprojekt Tagesmütter, das an 11 Modellstandorten durchgeführt wurde und von einem multiprofessionellen Team eines Forschungsinstitutes erforscht wurde, ist hier lediglich eine einzige kleinere Institution mit einer handvoll Mitarbeitern Gegenstand der Untersuchung (vier hauptamtliche Sozialpädagogen, ein Zivildienstleistender und ein Psychologe sowie eine Buchhalterin als Honorarkräfte, vgl. Moch, 1990, S. 80-85). Es bestehen jedoch in bezug auf mehrere Aspekte auch Parallelen zum Tagesmütterprojekt:

Erstens geht es in beiden Projekten um die sozialisatorische Aufgabe der Unterstützung einer positiven sozialen, kognitiven und emotionalen Entwicklung, die den Heranwachsenden angesichts ihrer familiären und anderweitigen Krisen Stabilität geben und eine Verhinderung und Eindämmung von Entwicklungsschäden bewirken kann. In beiden Fällen geschieht die Arbeit vor dem Hintergrund des Versagens der primären Sozialisationsinstanz Familie. Bei den Tagesmüttern beruht diese funktionale Einschränkung allerdings auf einem gesamtgesellschaftlichen Stukturwandel der familialen Lebensformen in Abhängigkeit von Modernisierungsprozessen in der spätkapitalistischen Industriegesellschaft. Die innerhalb der »Mathilde« zu bearbeitenden Problemlagen bestehen dagegen aus familiären Konstellationen, die im Zusammenhang mit sozialen Extrem- und Konfliktsituationen und aufgrund individuellen Versagens entstanden sind, die für die Kinder einschränkende Lebensumstände bedeuten und eine konflikthafte und abweichende Entwicklungskarriere erwarten lassen. Die »Mathilde« betreibt also eine Form von Randgruppenpädagogik, von Bera-

---

2: Als Beispiel für den weitesten mir bekannten Schritt in Richtung Selbstevaluation kann die Untersuchung von Sigrid Holste (1988) gelten, die ihre eigenen Handlungen und Reaktionen in bezug auf einen Problemfall ihrer Arbeitspraxis durch die sehr interessante Methode des textualisierten Gedankenprotokolls für sich selbst reflektiert. Sie verwendet das Diktiergerät, um sich in bezug auf den Fall selbst zu interviewen, und macht somit ein Zwiegespräch zwischen unterschiedlichen Positionen und Sichtweisen ihrer eigenen Funktion als sozialpädagogisch Agierende sicht- und diskutierbar.

tung und Hilfe in sozialen Brennpunkten und in bezug auf Problemgegenstände, die auch jenseits der o.g. gesellschaftlichen Wandlungsprozesse für soziale Arbeit denkbar sind.

Zweitens beruhen die Initiativen zu beiden Modellversuchen auf sozialen Reformbestrebungen, was jedoch aufgrund jeweils unterschiedlicher gesellschaftlicher Rahmenbedingungen und wegen Verschiedenheiten der zugrundeliegenden sozialen Probleme eine unterschiedliche Bedeutung für die Projekte hat (s.u.).

Drittens war die Begleitforschung beider Projekte ansatzweise einem Legitimationsdruck ausgesetzt, der jedoch jeweils andere Formen aufwies und sich auf die Evaluation anders als beim Tagesmüttermodell auswirkte.

Wie eben angedeutet handelte es sich im Mathildenprojekt um eine Maßnahme als Konsequenz einer Reformbestrebung: die aus der Heimkritik hervorgegangene Forderung nach einer Ausschöpfung aller im natürlichen Umfeld verfügbaren Ressourcen, um eine Heimeinweisung gefährdeter und problembelasteter Jugendlicher zu verhindern. Aufgrund dieser Kritik und wegen der erhobenen Forderung nach einer Alternative - gegenüber den etablierten Formen der angeordneten Ersatzerziehung als letzte Maßnahme der Jugendhilfe - bestand in gewisser Hinsicht ebenfalls ein Legitimationsdruck oder besser gesagt: ein Zwang zur Eigenlegitimation:

"Es gibt zu denken, daß ambulante Hilfen noch immer die Beweislast für ihre Effizienz tragen, während umgekehrt stationären Hilfen gegebenenfalls ihre Ineffizienz nachgewiesen werden muß? (..) Die Existenzberechtigung der Heimerziehung steht a priori außer Zweifel, weil sie sich der Kinder annimmt, die bereits im Brunnen liegen. Erst wenn es zu spät ist, muß Hilfe sein" (Kommission Heimerziehung, 1977, zit. nach Moch, S. 75).

Bei den Tagesmüttern forderte eine schnell entstandene, relativ breite Initiativbewegung unterstützt durch Massenmedien eine Reform. Da die zugrundeliegende Problematik für breite Gruppen der Bevölkerung relevant war und in das Bild einer bestimmten familienpolitischen Richtung paßte, konnte die Interessengruppe mit einer breiten Öffentlichkeit rechnen und fand das wohlwollende Engagement des Bundesministeriums (BMfFFG, damals unter Frau Ministerin Focke). Die Gegnerschaft und Kritik war jedoch ebenfalls für breite und einflußreiche gesellschaftliche Kreise von Interesse, sodaß sich eine Gegenbewegung bildete. Für das Modellprojekt bedeutete dies, daß eine geeignete Maßnahme schnell eingeleitet werden mußte, um den moralisch politischen Angriff abzuwehren.

Ganz anders gelagert ist die Problematik, die der Heimkritik zugrundeliegt. Die Randgruppe der Heimkinder, als Betroffene der vielfach ineffizienten und inhumanen institutionellen Lösungsschemata für ihre Lebensprobleme, hat wenig politischen Einfluß und kann nicht auf die Lobby einer breiteren gesellschaftlichen und deshalb politisch relevanten Gruppe zählen (vgl. Kap.III, 4.). Schon von vornherein ist deutlich, daß sich in diesem Falle der Kampf um eine Veränderung nicht durch eine einmalige strukturpolitische Maßnahme auf der Grundlage eines wissenschaftlich begleiteten Modellversuchs vollziehen konnte, für den üppige Geldmittel zur Verfügung bereitgestellt würden. In diesen randständigen Bereichen war und ist Veränderung nur durch einen zähen Prozeß in mehreren Etappen und in relativer Abgeschiedenheit vom gesellschaftlichen Interesse möglich, wobei sich die Skandalisierungen des Herkömmlichen und Entwicklungsversuche in bezug auf Alternativen erst gesellschaftliches Gehör verschaffen müssen. Für wissenschaftliche Untersuchungen in diesen Bereichen allgemein bedeutet dies, daß sie sich in der Regel nicht als "großangelegte Aufführung mit aufwendiger Bühnenkulisse" vor einem breiten Forum der Öffentlichkeit abspielen. Selbst wenn zeitgeschichtliche politische Rahmenbedingungen vorliegen, die soziale Reformen und deren wissenschaftliche Begleitung generell begünstigen, haben es derartige Projekte besonders schwer, über ihre eigene Finanzierung hinaus weitere Mittel für die Begleitforschung von Seiten der öffentlichen Hand oder eines Trägers zu erschließen (vgl. Schmitz/ Lukas 1981, S. 111, 122[3]). Ein weiterer Grund für die geringere Öffentlichkeit und die niedrigeren bzw. veränderten legitimatorischen Anforderungen ist darin zu sehen, daß mit der Heimerziehung und der Randgruppenpädagogik eine eher innerdisziplinär sozialpädagogische Thematik vorlag, die in humanwissenschaftlichen Fachkreisen keine so breite Diskussionen entfachen konnte wie das Tagesmütterwesen.

Insgesamt führten diese Umstände dazu, daß das o.g. legitimatorische Moment bei der Untersuchung von M. Moch einen völlig anderen Stellenwert bekam als etwa beim Tagesmütterprojekt. Konkret bedeutete dies zunächst für das Mathildenprojekt: Es wurde niemand von höherer Stelle mit einer wissenschaftlichen Expertise und einer gutachterlichen Stellungnahme beauftragt, was sicherlich für die Bereitstellung von Forschungsmitteln vorteilhaft gewesen wäre, allerdings für die Qualität der Untersuchung nicht von Nachteil sein mußte. Das Projekt »Mathilde« war schon aus sich selbst heraus und von Anfang an ein Experiment, und hierzu bedurfte es weder der Anordnung einer gesellschaftlichen Institution, noch der Beschäftigung eines Teams oder Instituts zur wissenschaftlichen Begleitung, um der Bezeichnung "Modellversuch" einen formal offiziellen Sinn zu verleihen. Die Veröffentlichung der Untersuchung ist demzufolge kein "Endbericht der wissenschaftlichen Begleitung", sondern trägt den gelungenen Untertitel: "Eine Untersuchung an einem Modellprojekt". Von daher war es möglich, daß die Begleitforschung sich ganz auf das sachliche evaluatorische Eigeninteresse der Institution konzentrieren konnte und nicht die legitimatorischen Erwartungen fachfremder aber entscheidungsrelevanter Stellen erfüllen mußte. Gleichzeitig zu dem bestehenden thematischen Interesse an der Erforschung der Qualität der Interventionen und am Nachweis ihrer Effektivität konnten also genügend Freiräume und Kapazitäten für die Analyse der pädagogischen Bedingungen dieses Handelns im Sinne einer theoretischen Reflexion und Weiterentwicklung bestehen. Hierin und im Einstieg in die konkreten pädagogischen Bezüge und Prozesse liegt die Stärke dieser Evaluationsstudie, was sicherlich auf die eben geschilderten Freiräume zurückzuführen ist.

Die Idee und das Konzept der »Mathilde« entstand Ende der 70er Jahre im Zusammenhang mit der Kritik an der Heimerziehung (Kommission für Heimerziehung 1977) und wurde stark von dem damaligen Heimleiter Martin Bonhoeffer geprägt.

3: Die Autoren beschreiben die groteske Situation, die am Anfang der Modellbewegung teilweise auftrat und die darin bestand, daß wissenschaftliche Begleitung von der Sozialbürokratie vorgeschrieben wurde, obwohl diese dafür keine Mittel zur Verfügung stellte.

Durch das folgende Zitat soll nochmals auf den darin enthaltenen genuin experimentellen Charakter und auf den "pädagogisch evaluativen" Gesamtkontext des Projektes hingewiesen werden:

"Ich habe wirklich gefunden, daß man das ausprobieren muß, und finde noch heute, daß man das ausprobieren muß, was wir in der »Mathilde« wollen. Wobei ich sehr unsicher bin, daß es geht. Es ist ein ganz echtes Experiment, ich glaube, daß es unheimliche Ansprüche an die Mitarbeiter stellt" (Bonhoeffer, zit. in Mayer-Trede u.a., 1981, S.14).

Im weiteren Verlauf wird die besondere Vorgehensweise der Evaluation und deren theoretische Einordnung Gegenstand der Betrachtung sein. Bevor weiter auf die Theorie des lebensfeldbezogenen Ansatzes und das Evaluationskonzept eingegangen wird, wollen wir uns noch einmal vergegenwärtigen, worum es der »Mathilde« geht:

"Kinder und Jugendliche, die ein Zuhause haben, das ihnen wichtig ist, das sie dringend brauchen und behalten müssen, die andererseits aber an diesem Zuhause leiden und aufgrund von vorangegangenen Trennungserlebnissen, Fronten zwischen den Eltern, von festgefahrenen Konflikten, mangelnder Zuwendung oder unzureichender Hilfen angesichts ihrer Schwächen sich wehren, indem sie soziale Auffälligkeiten entwickeln, streunen, sich aggressiv mit jedem anlegen, den Schulbesuch verweigern, mit keinem anderen mehr etwas zu tun haben wollen oder sich zunehmend verschließen ... solche Kinder brauchen Möglichkeiten von Hilfe, die innerhalb ihres gewohnten Lebensfeldes auf diese genannten Probleme eingehen kann und ihnen darüberhinaus einen erweiterten Erfahrungs- und Entwicklungsraum bietet" (S. 12).

Im Rekurs auf die Kritik an der Heimerziehung wird davon ausgegangen, daß Verhaltensstörungen und Dissozialität von Kindern überwiegend ein Ausdruck der sozialen Systeme (Familie, Nachbarschaft, Schule) sind, in denen diese leben (vgl. S. 54ff). Pädagogische Interventionen als Bearbeitungsformen dieser Probleme müssen also im Bezug auf diese Systeme geschehen. Der primäre Sozialisationskontext Familie soll erhalten und da unterstützt werden, wo er die notwendigen Angebote und Hilfen einer gelingenden Sozialisation nicht erbringen kann. Abgesehen von bestimmten Extremfällen - schwere Kindesmißhandlung, etc. - bei denen ausschließlich familienersetzende Maßnahmen ergriffen werden können, sollen die Erziehung im Heim und ihre Mechanismen von Ausgrenzung und Stigmatisierung vermieden werden. Die Einrichtung »Mathilde« bietet also Sozialisationshilfe an, die im näheren Lebensumfeld sowie im Anschluß an die und in Auseinandersetzung mit der vertrauten Wirklichkeit der Kinder stattfindet. Sie stellt ein zusätzliches soziales System dar, das gegenüber den vertrauten sozialen Gebilden seine eigenen Regeln hat und somit Gegenerfahrungen ermöglichen sowie zwischen den vielschichtigen Anforderungen an den Jugendlichen vermitteln kann. Es wird also versucht, am Lebensfeld der Heranwachsenden teilzuhaben, dadurch ein Verständnis der Problemkonstellationen zu erlangen und somit geeignete pädagogische Interventionen ingangzusetzen, die im Kontext dieses Lebensfeldes wirken sollen. Das "Lebensfeld" einzelner Menschen wird dabei verstanden als

"der Ort, an dem ihre konkreten kommunikativen Handlungen mit den symbolisch vermittelten Systemanforderungen in Form von Regeln, Gewohnheiten, Überlieferungen, Sitten und Institutionen zusammentreffen. Hier müssen sie übergeordnete Ziele und Perspektiven in unmittelbare Handlungsbezüge umsetzen" (Moch S. 36. Zur Abgrenzung der Begriffe »Lebenswelt«, »Lebensfeld« und »Lebenskontext« s. ebd. S. 35ff).

1.2 Die Konzeption der Evaluation

Das Ziel der Untersuchung Mochs besteht zunächst vor allem darin, die praktischen Möglichkeiten des lebensweltorientierten Ansatzes innerhalb familienergänzender Erziehungshilfen weiterzuentwickeln und dessen Grenzen auszuloten. Weiterhin geht es darum, verschiedene Implikationen dieser Interventionsform in bezug auf eine sozialpädagogische Handlungstheorie zu diskutieren. Hieraus ergibt es sich zwangsläufig, daß die Arbeit an zentralen Stellen immer wieder evaluatorische Aspekte und Inhalte aufweist. Dies wird insbesondere bei der Formulierung der übergreifenden Fragestellungen und der Darstellung des Untersuchungsgegenstandes deutlich:

"Untersuchungsgegenstand ist die Frage, inwieweit ein Ansatz lebensfeldbezogener, familienergänzender Erziehungshilfe Heranwachsende mit Verhaltensschwierigkeiten in ihrer lebensweltgeprägten Ich-Entwicklung unterstützen und ggf. ihre Fremdunterbringung vermeiden kann. Weiterhin: Welche Bedingungen in Konzeption und Handlungsorientierung können dazu beitragen, daß eine Einrichtung der öffentlichen Jugendhilfe zugunsten dieses Ziels von den Betroffenen tatsächlich als Teil ihres Lebensfeldes erfahren wird" (S. 69).

Daran anschließend werden die "zentralen Fragestellungen" erläutert. Hier stehen **erstens** die grundlegenden strukturellen und inhaltlichen Bedingungen des lebensweltorientierten Ansatzes im Mittelpunkt. **Zweitens** geht es um die Leistungen, die durch diese spezifische Arbeitsform im Unterschied zu anderen erbracht werden können. **Drittens** wird nach der Indikation und den Grenzen des Modells gefragt und **viertens** geht es um einen jenseits der Wirkungen liegenden normativen Qualitätsaspekt des Handelns: nämlich um die Frage, inwieweit es gelingt, die Balance aufrechtzuerhalten zwischen einem notwendigen kontrollierenden Zugriff einerseits und dem Anspruch andererseits, dem Eigensinn der Lebenswelten gerecht zu werden und keine kolonialisierenden Einflüsse auszuüben (vgl. S. 69ff).

Wenngleich in diesen Fragestellungen immer ein evaluatorischer Aspekt vorhanden ist, so ist die Konzeption der Untersuchung dennoch nicht explizit auf die Feststellung der Wirkungen, der Effektivität und der Qualität **zugespitzt**. Die Formulierung dieser Fragestellungen erfolgt recht unvermittelt am Ende des ersten Teils, in dem die theoretischen Grundlagen des Ansatzes dargelegt werden. Die darin enthaltenen oder hieraus interpretierbaren Erfolgskriterien "Unterstützung in der lebensweltgeprägten Ich-Entwicklung" und "Vermeidung von Fremdunterbringung" werden also nicht in einem eigens dafür vorgesehenen Teil diskursiv entwickelt, wie dies in den vorherigen Untersuchungen geschah. Analog dazu ist auch keine an den theoretischen Grundlagen orientierte Herleitung des Untersuchungskonzeptes zur Erhebung der für die Kriterien relevanten Indikatoren erkennbar. Wenn also an einer vorherigen Stelle der Untertitel der Untersuchung "Eine Untersuchung an einem Modellprojekt" als gelungen bezeichnet wurde, weil sich darin der natürlich entstandene genuin experimentelle Charakter des Mathildenmodells äußert, so gereicht dies nun unter dem Aspekt der konzeptionellen Gestaltung der Evaluation dem ersten Anschein nach zum Nachteil, da diese Untersuchung anscheinend in ihrer Planung und ihrem Verlauf eben nicht explizit, bündig und ausschließlich den Zweck der Evaluation verfolgt und nicht in das konzeptionelle Schema dessen paßt, was in den Evaluationsprojekten des letzten Kapitels das Prinzip der Konzeptentwicklung darstellte.

Die alternative Vorgehensweise der Konzeptentwicklung
Wie eben angedeutet wäre nach der konzeptionellen Logik, die bei den konventionellen Evaluationen des vorigen Kapitels zu einer Kriterienentwicklung geführt hat, an dieser Stelle zu erwarten, daß ausgehend von den theoretischen Grundlagen eine diskursive Herleitung von Beurteilungskriterien erfolgen würde. Auf dieser Grundlage könnten dann eine Eingrenzung des Evaluationsgegenstandes und die Festlegung einzelner Fragestellungen sowie des gesamten Untersuchungsdesigns erfolgen. Aufgrund und im Zuge der dann durchgeführten Evaluation mit begründungsorientierter Bewertung würden sich die Erkenntnisse ergeben, die für eine theoretische Weiterentwicklung der Handlungskonzeption und ihrer praktischen Umsetzung wichtig sind.

Die Vorgehensweise im Mathildenprojekt stellt sich jedoch grundlegend anders dar. Hier wird das, was man zur Entwicklung eines konkreten Evaluationskonzeptes in den besprochenen Untersuchungen Heiners und Gudats mühsam entwickeln mußte - operationalisierbare Beurteilungskriterien nämlich -, erst am Ende der Arbeit als Schlußfolgerung aus der vorhergehenden Evaluation erarbeitet. Man könnte das Mathildenprojekt also, will man in der Struktur der o.g. konzeptionellen Untersuchungslogik bleiben, als Vorstudie im Zusammenhang einer umfassenden Evaluation sehen, die zur Entwicklung eines dementsprechenden Evaluationskonzeptes grundlegende Erkenntnisse liefern könnte. Obwohl Moch in seinem Bericht diesbezüglich keine weitreichenden evaluationstheoretischen Überlegungen anstellt, liegt mit der Untersuchung dennoch eine vollständige Evaluation vor, die aufgrund einer besonderen Ausgangssituation, aufgrund einer bestimmten Schwerpunktsetzung und wegen des besonderen Evaluationsgegenstandes ein alternatives Konzept verfolgt. Dieses besteht in einer relativ **offenen** Vorgehensweise, die bereits in der Einleitung beschrieben und im methodologischen Zusammenhang begründet wird:

"Da der Untersuchungsgegenstand sozialpädagogisches Neuland ist, muß sich eine wissenschaftliche Bearbeitung als begleitend begreifen. D.h., sie muß einerseits im Sinne einer Pilotstudie ein breites Spektrum von Merkmalen und Aspekten in ihr Untersuchungsfeld aufnehmen, andererseits in einer theorieoffenen Herangehensweise der Beschreibung und dem Verstehen neuer Erfahrungen im Praxisfeld Priorität vor einer Präzisierung von Theoriezusammenhängen einräumen. Die Untersuchung richtet sich in erster Linie auf die Erkenntnis von Interaktionsmustern zwischen alltäglichem Lebensfeld von Betroffenen und der sozialpädagogischen Institution (Moch, S.12)."

Es wird also, wie in den oben aufgeführten Fragestellungen ein gewisser theoretischer Rahmen gesetzt, der zwar Kriterien in einem allgemeinen und relativ offenen Sinne enthält. Die Materialsammlung erfolgt dann durch teilnehmende Beobachtung der Projektpraxis und durch die Beschäftigung mit Fällen, und zwar unter Vermeidung einer weitgehenden Vorstrukturierung der evaluativen Sichtweise. Moch geht dabei von dem Gesamt der Geschehnisse aus, die ihm im Alltag begegneten, und zieht für eine Analyse die Informationen heran, die vor dem Hintergrund allgemein und offen formulierter Fragestellungen und theoretischer Zusammenhänge bedeutsam erscheinen. Inhalt und Richtung dieser Bedeutungen mußten in einem Prozeß des Verstehens und der Interpretation erschlossen werden. Es wurden also nicht die Ausschnitte der Wirklichkeit gezielt erhoben, deren Aussagekraft als Beurteilungskriterien man vorab auf der Grundlage eines begründeten theoretischen Verständnisses der angestrebten Prozesse für entscheidend gehalten hat, sondern das gesamte Spektrum der Geschehnisse und Handlungen in der Ebene, die für die Beteiligten interaktiv bedeutsam war, stand im möglichen Fokus einer in ihrer Orientierung relativ offenen Betrachtungsweise.

Inhaltliche Erläuterung der Unterschiede
Der Theorieteil (Teil I, S. 14ff) hatte dabei die Funktion, den allgemeinen Hintergrund zu liefern für die Auswahl, Einordnung und Beurteilung der Geschehnisse, die innerhalb der Fallanalysen als Material und Daten auftauchen. Von daher sind in den theoretischen Erläuterungen insbesondere in den Abschnitten "Lebenswelt und Sozialisation" (S. 14) und "Mißlingende Sozialisation" (S. 38) mögliche Interpretationsmuster für gelingende Sozialisationsprozesse und damit für erfolgreiche Arbeit enthalten, ohne daß diese dann explizit in den Fragestellungen auftauchen. Als Beispiel hierfür werden im folgenden zwei Sequenzen aus den theoretischen Grundlagen dargestellt:

1) Es kann auf der Grundlage der Ergebnisse moderner Sozialisationsforschung als gesichert gelten, daß bestimmte Bedingungen im Lebensfeld Voraussetzung für die Entwicklung erkenntnis- und handlungsfähiger Individuen und dafür sind, daß diese Konflikte, Krisen und belastende Erfahrungen ohne einschneidende Störungen überwinden können (vgl. S. 39ff). Diese Bedingungen sowie deren Umsetzung lassen sich relativ konkret angeben:

"hinreichende Stabilität, Kontinuität und Konsistenz in der Erfahrung des Lebensfeldes, insbesondere:
- das beständige Interesse von mindestens einer Person, zu der das Kind/der Jugendliche eine gute Beziehung hat;
- die Überzeugung wichtig und geachtet zu sein;
- die Möglichkeit, erfolgreich Einfluß auf die eigene Situation zu nehmen", etc. (s. S.40).

Ausgehend von bereits bestehenden theoretischen Erkenntnissen wäre es also vom Evaluationsgegenstand her möglich gewesen, in bestimmten Teilbereichen Kriterien für eine positive Entwicklung der betreuten Kinder zu entwickeln. Hier sind dies Begleitumstände und Vorausetzungen für eine gelingende Ich-Entwicklung, also Variablen, die Indikatoren für erfolgreiche pädagogische Prozesse sein können, aber diesen nicht direkt beinhalten. Sie ließen sich aber dennoch innerhalb einer empirischen Erhebung zur Erfassung der Veränderungen und somit zur Abschätzung der Wirkungen als Kriterien umsetzen. Darüberhinaus hätte die Möglichkeit bestanden, diverse andere Erfolgskriterien "der Oberfläche" zu erheben - z. B. inwieweit Heimeinweisung vermieden wird; Legalbewährung oder Schulerfolg. Eine Erhebung von Variablen zu einer Abschätzung der Wirkungen anhand vorher entwickelter Kriterien, ähnlich wie dies innerhalb der entwicklungspsychologischen Untersuchung Gudats geschah, wäre also vom Forschungsgegenstand her und auch erhebungstechnisch prinzipiell möglich gewesen. Ob dies vor dem Hintergrund der institutionellen Bedingungen sinnvoll gewesen wäre und einem Erkenntnisinteresse entsprochen hätte, das für die Institution »Mathilde« hätte nutzbringend sein können, ist eine andere Frage.

2) Das Phänomen des dissozialen Verhaltens wird in seinen Entstehungsbedingungen und in bezug auf den Begriff »Lebensfeld« als Prozeß einer unpassenden und hilflosen Problembewältigung beschrieben, der sich bei Heranwachsenden in unterschiedlichen Erscheinungen niederschlagen kann: Deprivation, Konflikt, Über/ Unterforderung (S. 43-51). Diese zugrundeliegenden Problemstrukturen erfordern aufgrund ihrer je individuellen Einzigartigkeit Interpretations- und Lösungsmuster, die jeweils auf die soziale Situation zugeschnitten sind. Von daher lassen sich die Handlungsziele und Erfolgsmuster des Ansatzes nur übergreifend und abstrakt formulieren:

"Viele der planlosen, panikartigen Aktionen dissozialer Persönlichkeiten dienen wohl u.a. der Abwehr von Derealisations- und Depersonalisationsgefühlen. (Rauchfleisch, 1981, S. 84, zit. nach Moch, S. 45). Die Gefahr der Aufspaltung der Lebenswelt und der damit einhergehenden Bedrohung der persönlichen Integration stellt die Sozialpädagogik vor die Aufgabe, den Heranwachsenden bei der Interpretation der Wirklichkeit zu unterstützen, destruktive, weil nicht interpretierbare Diskrepanzen aufzulösen und die umgebende Lebensrealität für den Heranwachsenden berechenbar zu machen" (Moch, S. 45, 46).

Diese Ziel- und Erfolgskategorien betreffen in direkter Weise den angestrebten Erfolg des Ansatzes im pädagogischen Prozeß: indem bestimmte Faktoren im Zusammenhang mit der lebensweltlichen Situation abgebaut werden, die als Auslöser von abweichendem Verhalten und als gleichbedeutend mit den psychosozialen Krisen angesehen werden, um deren Vermeidung es geht. Diese können jedoch nur abstrakt und allgemein angegeben werden, weil sie sich je nach Person und Situation in unterschiedlichen Handlungsmustern niederschlagen. Die Betrachtung des Arbeitsgegenstandes unter diesem Aspekt, der direkt auf die Qaulität und den Erfolg abzielt, läßt sich also nicht in der Weise operationalisieren und in einzelne Kernkriterien fassen wie das oben (1) bei den begleitenden Variablen möglich war.

Vergleicht man das Mathildenprojektes beispielsweise mit dem Tagesmüttermodell oder mit der dargestellten Evaluation Maja Heiners, so fällt als wesentlicher Unterschied auf, daß letztere vor dem Hintergrund der Aufgabe eines Evaluationskonzeptes eine Konzentration auf bestimmte für die Beurteilung entscheidende Aspekte vornehmen. Diese werden dann in einem Untersuchungsdesign umgesetzt. Bei den Tagesmüttern war dies die »Mutter-Kind-Beziehung«, bei der Beratungsstelle für Obdachlose die Kategorie »gleichmäßige Verteilung der Akzeptanz«. Bei Gudat sind relativ eindeutige Phänomene über die Gesamtheit der Untersuchungsgruppe erhebbar, die im Zusammenhang mit Entwicklungsschritten eindeutig erfaßbar und in ihrer Bedeutung interpretierbar sind. In der Mochschen Studie besteht zwar aufgrund der Zielgruppe der Einrichtung - Jugendliche in sozialen und familiären Notlagen, mit psychosozialen Problemen und Verhaltensschwierigkeiten - eine gewisse Einschränkung des Arbeitsfeldes und des Problembereiches, diese schlägt sich jedoch nicht dahingehend nieder, daß eine konkrete thematische Begrenzung und eine Konzentration bei der Festlegung zentraler Erfolgskriterien möglich wäre. Letztere können nur allgemein angegeben werden, da eine Konkretisierung der Kategorien wie "Verhinderung der Aufspaltung der Lebenswelt" oder "Unterstützung bei der Interpretation der Wirklichkeit" nur in ihrer fallspezifischen und subjektgebundenen Umsetzung als Interaktionsinhalt deutbar ist.

Im Falle der »Mathilde« erscheint unter diesem tiefergehenden und die Prozesse direkt betrachtenden Erfolgs- und Qualitätsaspekt die Festlegung von Meßkriterien, die inhaltlich konkret und für alle Fälle Geltung beanspruchen können, also geradezu unmöglich zu sein. Denn was in einem Einzelfall als Folge einer Intervention Indiz für einen Erfolg ist, kann möglicherweise in einem anderen Fall das Gegenteil bedeuten oder stellt sich nach einer gewissen Zeit als Mißerfolg heraus. Erst wenn weitergehende Erkenntnisse über Problemstrukturen von Adressaten vorlägen, könnten für diesen Evaluationsgegenstand derartige Kriterien eingeführt und erhoben werden: etwa wenn eine Struktur ermittelbar wäre, nach der die o.g. "nicht interpretierbaren Diskrepanzen" über eine bestimmte Gruppe der Jugendlichen gleich sind, könnte man deren Auflösung durch vorab bestimmbare Kriterien erheben.

Wie bereits oben gesagt, wären auch bestimmte allgemeine Variablen erhebbar gewesen, die eine gewisse Aussagekraft für den Erfolg der Maßnahme hätten: z.b. Schulabschluß, Legalbewährung, psychische Stabilität, Zufriedenheit der Betroffenen, etc.. Diese blieben jedoch an der Oberfläche und lieferten nur eingeschränkte Informationen über den erfolgreichen Verlauf bei der Unterstützung des Sozialisationsprozesses im engeren Sinne. Der Erfolg der Interventionen kann also in bezug auf diesen Arbeitsgegenstand in einer tieferen und aussagekräftigeren Dimension, d.h. den Prozeß des Gelingens in seiner subjektiven Eigenheit und seinem situativen Zusammenhang, nur fallspezifisch und kontextabhängig erhoben werden.

Sollte aus irgendwelchen Gründen die Absicht bestehen, den lebensweltorientierten oder einen ähnlichen sozialpädagogischen Ansatz in einer umfangreichen Evaluation zu untersuchen, die Bestandteile einer "Prüfung der großen Zahl" anstrebt, ergäben sich folglich aus der Vielschichtigkeit und bedeutungsmäßigen Unterschiedlichkeit möglicher Kriterien erhebliche methodische Probleme. Für bestimmte Arbeitsgegenstände der Sozialpädagogik ist es also nur schwer möglich, vorab festzulegen, was den Erfolg und die Qualität des Prozesses strukturell ausmacht - und zwar so, daß diese Aussage einerseits für alle Fälle gelten kann, aber nicht so allgemein ist, daß sie zu einer inhaltsleeren Worthülse und deshalb nicht mehr operationalisierbar und erhebbar würde. Für die Konstruktion eines Evaluationsdesigns, in dem gezielt vorher festgelegte Variablen - durch qualitative oder quantitative Methoden - erhoben werden sollen, sind Ziel- und Beurteilungskategorien wie beispielsweise das o.g. Ziel, daß "die Aufspaltung der Lebenswelt" verhindert werden solle, sicherlich kein handhabbares Interpretationsschema der Datengewinnung und Analyse. Sollte diese konzeptionelle Struktur dennoch aufgrund der Auftrags- und Interessenlage gefordert sein, so kann nur durch weitere theoretische Erkenntnisse aufgrund von eigenen Erhebungen oder durch die Auswertung anderer empirischer Analysen versucht werden, mögliche Spezifizierungen und damit Konkretisierungen zu ermöglichen, die dann wieder zu operationalisierbaren Variablen führen.

Das Problem der Bewertung
Für Matthias Moch stellt der Umstand, daß jene Ziel- und Erfolgskategorien nur relativ offen und abstrakt angebbar sind, jedoch kein erhebungstechnisches Problem dar, sondern er macht dies gewissermaßen zu einem Kernpunkt seiner offenen methodischen Vorgehensweise. Wie geht die Mochsche Untersuchung nun im einzelnen

mit dem Problem der Bewertung um? Vor dem theoretischen Hintergrund einer Vielzahl möglicher Interpretationsmuster von gelungener oder mißlungener Hilfe bei der Identitätsentwicklung werden die Analysen der Wirkungen und des Erfolges im Zusammenhang mit jedem Einzelfall entwickelt. Hierzu werden drei Fallbeispiele geschildert (Teil II), die für die Arbeit der »Mathilde« typische Problemverläufe darstellen. Gegenstand der Analyse ist das sozialisatorisch Bedeutsame an Kontakten, Entwicklungen und Konfliktverläufen im Zusammenhang mit den pädagogischen Interventionen und Intentionen. Hierbei wird eine gewisse Struktur der Bearbeitung und Darstellung verfolgt, die jedoch aufgrund der unterschiedlichen Problemkonstellationen nicht schematisch verstanden werden kann.

Evaluationstheoretische Einordnung
Zusammenfassend läßt sich die konzeptionelle Vorgehensweise innerhalb der Evaluation des Mathildenprojektes folgendermaßen kennzeichnen und evaluationstheoretisch interpretieren:
Es liegt im Vergleich zu den im vorherigen Kapitel dargestellten konventionellen Evaluationskonzepten eine alternative konzeptionelle Struktur der Evaluation vor. In ihrer grundlegenden Intention stehen beide Vorgehensweisen jedoch auf derselben Basis, da sie sich die Lösung derselben grundlegenden Frage zur Aufgabe stellen:

"Wie läßt sich die Arbeit einer konzeptionell neugestalteten Erziehungsinstitution so untersuchen, daß Aussagen über die Wirkung ihrer Maßnahmen, über Langzeiteffekte und unintendierte Nebeneffekte möglich werden?" (Moch, S. 87).

Unter alternativ möchte ich an dieser Stelle kein grundlegend anderes evaluationstheoretisches Paradigma verstehen, sondern lediglich die Lösung der gleichen Grundproblematik in einer neuen konzeptionellen Variante. Aufgrunddessen, daß Wirkungen und Effekte von Interventionen untersucht werden sollen, steht diese Variante eindeutig im Gegensatz zu den Konzeptionen der »responsive naturalistic evaluation« (Guba/ Lincoln, Beywl) sowie zu Ansätzen der Handlungsforschung.

Zur Verdeutlichung sei an dieser Stelle das Evaluationsprojekt von Hebenstreit-Müller und Pettinger (1991a, b) erwähnt, das einen Modellversuch mit Familien- und Nachbarschaftszentren zum Gegenstand hat und sich konzeptionell an der Handlungsforschung orientiert (1991 b, S. 8). Hier erscheint dieser grundlegende Evaluationsaspekt der Wirkungsanalyse nicht so eindeutig, sondern ambivalent: Es wird einerseits strikt davon ausgegangen, daß Veränderungen der Personen durch die Beteiligung am Nachbarschaftszentrum nicht kausal nachweisbar wären, auch wenn die Beteiligten das behaupten (Ingrid Rieken in: Hebenstreit-Müller/Pettinger 1991 a, S. 61). Andererseits tauchen aber an einzelnen Stellen Fragestellungen auf - wenn es überhaupt als notwendig erachtet wurde, solche zu formulieren -, die sich auf mögliche "positive Beeinflussung" durch die Arbeit der Institution beziehen (Ingrid Helbrecht-Jordan in: dieslb.: 1991 a, S. 86).

»Präadaptive« und »interpretative« Vorgehensweise
Um die unterschiedliche Vorgehensweise der Mochschen Evaluation im Vergleich zu denen der beiden Studien im vierten Kapitel zu bezeichnen, wähle ich die Begriffe *praeadaptives* und *interpretatives* Evaluationsverfahren:

Beim *praeadaptiven* Vorgehen werden die Kriterien der Beurteilung und die Fragestellungen der Erhebung vor den wichtigsten empirischen Erhebungen in einzelnen Schritten diskursiv entwickelt. Es wird versucht, diese aufgrund theoretischer (Er)Kenntnisse genau daraufhin *anzupassen*, daß sie den Bedingungen der Wirklichkeit gerecht werden, bzw. diese angemessen erfassen können. Hierbei ist diese Vorgehensweise nicht mit der Stakeschen Kategorie der »preordinate evaluation« zu verwechseln, denn diese bezeichnet das starre Festhalten an vorher festgelegten Kriterien. Ein praeadaptiver Ansatz kann durchaus responsiv im Stakeschen Sinne sein, insofern er seine Kriterien immer wieder auf neue oder neu erkannte Gegebenheiten des Feldes abstimmt.

Die *interpretative* Vorgehensweise legt lediglich allgemeine Beurteilungsmuster aufgrund theoretischer Erkenntnisse zugrunde (z.B. "die umgebende Lebensrealität berechenbar machen" s.o.), interpretiert ihre Beurteilungsprozesse immer wieder aufs neue in Auseinandersetzung mit den auftauchenden Vorgängen und Zusammenhängen vor dem Hintergrund der zugrundeliegenden allgemeinen theoretischen Strukturen. Sie leistet Kriterienentwicklung im Sinne methodisch umsetzbarer Beurteilungskriterien allenfalls im Nachhinein, d.h. bei der Interpretration der offen strukturierten Materialerhebung und gleichzeitig mit der zusammenfassenden Beurteilung der Intervention oder des Programms.

1.3 Evaluationsverfahren und Erhebungsmethoden

Gegenstand der Erhebung sind die Auswirkungen und die Zusammenhänge einer Arbeitsform, die maßgeblich durch das Konzept der Lebenswelt- und Alltagsorientierung geprägt ist. Für die Evaluation bedeutet dies, daß die festgestellten Konsequenzen hinsichtlich ihrer Funktions- und Umsetzungsfähigkeit sowie hinsichtlich ihrer sozialisatorischen Auswirkung auf die Betroffenen zu beurteilen sind. Darüberhinaus, daß die Vorgänge der Arbeitspraxis im Hinblick auf bestimmte Leitsätze und normative Ansprüche des lebensweltorientierten Ansatzes reflektiert werden. Das zu erhebende Material und die hieraus deutbaren Konsequenzen und Wirkungen, werden also zweifach, **einmal** in funktionaler (Auswirkungen) und **zum anderen** in normativer Hinsicht (Handlungsqualitäten), beurteilt, bzw. diskutiert.

Dies geschieht in der Untersuchung durch die Betrachtung der Bezüge und Verläufe im Lebensfeld (s.o.) der Betroffenen und zwar vor dem Hintergrund der Interventionen der Institution. Gegenstand der Untersuchung und Erhebung sind also Lebensfeldbezüge. Es handelt sich hierbei um einen äußerst komplexen Untersuchungsgegenstand, was damit zusammenhängt, daß die notwendigen Analyse- und Beurteilungsprozesse nur dann zufriedenstellend vollzogen werden können, wenn versucht wird, Lebensfeldbezüge in ihrer Ganzheitlichkeit und in ihrer subjektiven Dimension zu erfassen. Hierzu benötigt man eine besonders strukturierte "lebensfeldbezogene Forschungsmethodik". Innerhalb der Mochschen Untersuchung sind also sowohl der Untersuchungsgegenstand, als auch die Methode "lebensfeldbezogen". Dieser Zusammenhang bedeutet natürlich nicht, daß die lebensfeldbezogene Forschung nicht auch auf andere Untersuchungsgegenstände anwendbar sei. Sie ist vielmehr innerhalb von Evaluationen immer dann sinnvoll, wenn gültige Aussagen über Wirkungen und Handlungsqualitäten in komplexen sozialen Zusammenhängen und Kontexten gemacht werden sollen und wenn gleichzeitig keine näheren Kenntnisse hinsichtlich einer "Erfolgsstruktur" über mehrere Fälle hinweg vorliegen. Aufgrund des besonderen Eingehens auf die Lebensfeldbezüge der Betroffenen in Verbindung mit der im vorherigen Abschnitt beschriebenen interpretativen Evaluationskonzeption erscheint es gerechtfertigt, für dieses Modell einer Evaluation, die sich in einer teilhabenden Sichtweise auf die Lebenswelt der Beteiligten einläßt, eine begriffliche Differenzierung einzuführen und es im Unterschied zu einer lediglich von Außen her analysierenden Sichtweise als »lebensfeldbezogene Evaluation« zu bezeichnen. Moch kennzeichnet den Ansatz folgendermaßen:

"Eine ökologisch valide Untersuchung des Lebensfeldbezuges eines institutionellen Erziehungsmodells, seiner strukturellen und inhaltlichen Voraussetzungen, seiner Arbeitsformen und Grenzen kann nur dadurch geleistet werden, daß die Menschen, die in diesen Institutionen zu tun haben, als Subjekte im Forschungsprozeß verstanden werden. D.h. insbesondere, daß

- sich der Forscher in die Situation hineinbegibt, die die von ihm befragten oder beobachteten Menschen als gegenstandsrelevant erleben, und sich selbst innerhalb solcher Situationen den Interaktionsbeteiligten gegenüber definiert.
- die subjektive Perspektive aller an diesem Modell Beteiligten maßgeblich ist für die Bestimmung der Umweltrepräsentanz der zu untersuchenden Fakten" (Moch, S. 86).

Anhand dieser Einordnung wird ganz deutlich, daß das hier vorliegende methodische Konzept ebenso wie die übergeordnete Evaluationskonzeption im krassen Widerspruch zu den relativistisch-konstruktivistischen Elementen des sogenannten "Gegenparadigmas" (Guba/Lincoln; Beywl) steht und auch mit wesentlichen Vorstellungen einer eingreifenden "handlungsorientierten Evaluation" nicht zu vereinbaren ist. Denn Moch beabsichtigt weder den Unterschied zwischen Forschen und Handeln, noch zwischen Forschern und Beforschten aufzuheben, sondern es wird eine für die Beteiligten klare Rollendifferenzierung und Abgrenzung gegenüber seiner Tätigkeit als Mitarbeiter angestrebt. Weiterhin betrachtet Moch die subjektiven Deutungen zwar als zentrale Untersuchungskategorie, aber eben als Untersuchungskategorie, d.h.: als Produkt des Prozesses, in dem ein Subjekt die Wirklichkeit aus seiner Perspektive interpretiert. Gegenstand der Analyse ist also die "individuell-subjektive Verarbeitung von objektiven Gegebenheiten" (Terhart 1985, S. 296). Der Verarbeitungsprozeß selbst ist Gegenstand einer sich um Objektivität bemühenden wissenschaftlichen Analyse, indem der Vergleich zwischen Interpretationsmustern und objektiven Gegebenheiten angestellt wird. Im konstruktivistischen Ansatz wird die subjektive Wirklichkeitsinterpretation dagegen als ontologischer und normativer Endpunkt aufgefaßt, an den sich dann die Aufgabe der Moderation unterschiedlicher Wirklichkeitskonstruktionen der Betroffenen anschließt.

Eine wichtige Voraussetzung dafür, daß dieser Forschungsansatz praktizierbar ist, besteht darin, daß innerhalb der Institution überhaupt ein Einstieg in das Feld und in die Rollendefinition "Forscher" möglich ist und daß der/die EvaluatorIn die notwendigen Hintergrundinformationen über und Erfahrungen mit den dort stattfindenden lebensweltlichen Bezügen besitzt, bzw. rechtzeitig erwerben kann. Es spielen also Möglichkeiten der Institution und persönliche Voraussetzungen eine Rolle[4], die im Falle von Matthias Moch als ideal zu bezeichnen sind: Als "phasenweise Außenstehender" (Moch S. 87) mit einer umfangreichen und tiefgehenden Erfahrung innerhalb der Institution konnte er aktiv an der Arbeit teilnehmen und sich zu allen Beteiligten einen direkten Zugang erschließen.

1.3.1 Die qualitative Einzelfallanalyse als Methode der Evaluation

Die Einzelfallstudie stellt den übergreifenden methodischen Ansatz für das lebensfeldbezogene und interpretative Evaluationsverfahren dar. Ganz im Sinne Stakes (s. auch Lamnek, 1988, 1989) können innerhalb der Beschäftigung mit Einzelfällen andere Methoden integriert werden, die dem im interpretativen Konzept enthaltenen Kriterium der Offenheit gerecht werden. Moch bezieht sich in der Begründung dieser Methode auf Ewald Terhart (1985), der die Bedeutung der Einzelfallforschung in der "Innovationsforschung" betont und als "Evaluation von unten" bezeichnet hat: "Unmittelbar vor Ort muß die Wirkung von neuen Organisationsformen, Lehrplänen, Medien etc. geprüft werden" (Terhart, 1985, S. 292)".

Die Einzelfallstudie wird als ein für "subjektive Wahrnehmungen sensibles Instrumentarium" angesehen, das die "unmittelbare Realisierungsebene " von Reformen und Interventionen erfassen kann (vgl. Moch S. 88; Terhart S. 292). Matthias Moch im Wesentlichen nennt zwei weitere Gründe, die innerhalb seiner Studien für die Einzelfallanalyse sprechen:

"Sie hat den Vorteil, daß sie die Ganzheitlichkeit eines realen Entwicklungsgeschehens bewahrt und in der Lage ist, Verläufe und Ergebnisse minutiös zu explorieren. Gleichzeitig wirkt sie der Tendenz entgegen, dem zu **untersuchenden komplexen Geschehen vorschnell ein begrifflichstrukturierendes Schema überzustülpen**, das Einzelmerkmale oder Merkmalsgruppen aus unterschiedlichen Zusammenhängen je nach Bedarf herausgreift und gesondert gewichtet und bewertet. Als empirisches Raster dient zunächst **der tatsächlich geschehene Entwicklungsverlauf und nicht vorgegebene theoretische Kategorien**" (Moch, S. 88; eigene Hervorhebung).

Die qualitativen Fallanalyse stellt den rahmengebenden Forschungsansatz dar, unter dessen Leitlinie folgende verschiedene Verfahren der Materialerhebung und Informationssammlung durchgeführt wurden (vgl. S. 91ff):
- *Soziografische Analyse des Lebensfeldes* als Hintergrund für ein angemessenes Verständnis der analysierten Fälle.
- *Beobachtungsprotokolle, Tagebuchaufzeichnungen und Entwicklungsberichte* als Orientierung und Informationsmöglichkeit über die Interventionen der Institution sowie für die weiteren Untersuchungsschritte.
- *Interviews* mit verschiedenen Personen (jeweils 5 ausführliche Interviews mit dem Heranwachsenden, einem Elternteil, dem zuständigen Mitarbeiter der Einrichtung, dem Klassenlehrer, der Sozialarbeiterin des Jugendamtes) als Kernstück der erhobenen und ausgewerteten Daten.

---

[4]: s. hierzu Gusy u.a. (1992, Bd. 1, S. 26ff), der die oftmals auftretenden Widerstände der Praktiker gegenüber den Forschern oder den wissenschaftlichen Begleitern thematisiert.

Es handelte sich hierbei um offene Interviews, die durch einen Leitfaden vorstrukturiert waren. Die Struktur basierte auf den persönlichen Vorkenntnissen über den Entwicklungsverlauf des Heranwachsenden. Auf dieser Grundlage konnten diejenigen Geschehnisse aus der Vergangenheit ins Gedächtnis zurückgerufen werden, die Entwicklungsschritte, Krisen, Konfliktverläufe und markante Situationen in der Betreuungsgeschichte des Jugendlichen bedeuteten. Vor diesem Hintergrund wurden in Anlehnung an die Methode des focussierten Interviews nach Merton und Kendall (1979) Stellungnahmen zur Arbeit der Institution verlangt. Die so erhobenen Urteilsprozesse sind dadurch gekennzeichnet, daß sie präzise zu bestimmten Situationen und Interventionen in Relation gesetzt werden können und nicht pauschal sind; weiterhin, daß im Verlauf des Interviews ein breiteres Spektrum an bedeutsam erscheinenden Themen angesprochen werden kann, als dies durch einen sich an einen Leitfaden klammernden Interviewer möglich wäre (vgl. Moch, S. 94).

Gegenstand der fallspezifischen Analyse sind also die Betreuungs- und Entwicklungsgeschichte der betreuten Jugendlichen, wie sie von verschiedenen Betroffenen erinnert und beurteilt werden. Vor dem Hintergrund der "objektiven" Betreuungsbedingungen ergibt sich hieraus ein Gesamtbild, dessen Kern aus einer Einschätzung der Wirkungen durch die Betroffenen besteht. Sicherlich ist die Zufriedenheit der Klienten und Betroffenen nicht in jeder Situation und in jedem Anwendungsfall ein völlig ausreichendes Beurteilungsmuster, um sozialpädagogische Effektivität und Qualität zu evaluieren. Was sollte allerdings eine Kernvariable der Qualität der Intervention sein, wenn nicht die Zufriedenheit des Klienten mit den Resultaten in seiner persönlichen Deutung. Es können sich allerdings in einigen möglichen Anwendungsfällen auch Probleme ergeben: wenn sich diese Deutungen beispielsweise extrem widersprechen oder wenn ihre Tragweite aufgrund grundlegender Fehleinschätzungen der Realität als eingeschränkt gelten muß. In diesem Falle muß die Datenerhebung durch andere Informationsquellen und Analyse ergänzt werden.

Neben den bereits genannten im Konzept der Einzelfallstudie enthaltenen Kriterien, die möglichst authentische, wirklichkeitsnahe und ökologisch valide Aussagen über Wirkungen der Arbeitsform gewährleisten sollen, spielen für die Erhebungsmethoden drei Grundsätze eine Rolle (vgl. Moch S. 89/90):

- die Notwendigkeit einer *kontextanalytischen* Betrachtung sozialökologischer Lebenszusammenhänge,
- die Notwendigkeit einer *mehrperspektivischen* Betrachtung, durch die Berücksichtigung der unterschiedlichen Sichtweisen verschiedener Gruppen und
- die Forderung *der Reziprozität in der Forschungsperspektive.*

Gefordert sind vielfältige alltagsorientierte und direkte Begegnungen und Gespräche, die allein subjektive Deutungen »realitätsgetreu« erfahrbar machen. Diese Deutungen bleiben nicht bloßer Gegenstand einer punktuell forschenden Wahrnehmung, sondern sind in eine Forschungsinteraktion eingelagert, in der über subjektive Situationsauslegungen gesprochen wird. Die Gelegenheit, mehr noch die Notwendigkeit, Reklamationen und Explikationen der Beteiligten in bezug auf ihre subjektiven Deutungen zu berücksichtigen, wird von Moch als Bedingung dafür angesehen, daß "Verhaltensweisen und Interaktionen gültig interpretiert werden" (S. 90). In diesem interaktiven Prozeß verfolgt Moch das Ziel, die von ihm "analysierten »objektiven« Betreuungsbedingungen mit den Situationsinterpretationen der Beteiligten zu vermitteln", und hierdurch einen Prozeß des allmählichen Verstehens zu gewährleisten.

1.3.2 »Das Gesetz von der Erhaltung des blinden Fleckes« - oder "wenn ein dunkler Winkel ausgeleuchtet wird, verdunkelt sich die restliche Fläche des Saales"

An dieser Stelle möchte ich auf die Problematik der "Selbstreproduktion" aufmerksam machen, die mit einem präadaptiven Evaluationsverfahren verbunden ist. Wenn der Evaluationsgegenstand im Sinne vorher entwickelter Beurteilungskriterien und nach einem vorher definierten Analysemuster untersucht wird, so unterliegt man immer der Gefahr, daß nur im Sinne vorher bekannter und als relevant erachteter Wahrnehmungsmuster und Beurteilungsschemata evaluiert wird. Es besteht also das Problem der Selbstreferenzialität der Informationssammlung und der Urteile. Von daher erhält die Forderung einer flexibel und responsiv (im Sinne Stakes, s. S. 99ff) zu haltenden Evaluationskonzeption eine zentrale Bedeutung.

Im Falle der interpretativen Evaluationsstudie Mochs wird als Evaluationsgegenstand zwar ebenfalls eine Programmatik unter genau dem Ansatz betrachtet und beurteilt, nach dem sie funktioniert. Innerhalb eines praeadaptiven Vorgehens mit spezifisch zugeschnittenen Fragestellungen und Erhebungsinstrumenten ergäbe sich hieraus die eben beschriebene Gefahr der Selbstreferenz und des Übersehens wichtiger beurteilungsrelevanter Zusammenhänge. Diese Gefahr wird innerhalb der lebensfeldbezogenen Fallanalyse - ähnlich wie bei der goal free evaluation (s. Kap. II., S. 82) - dadurch entschärft, daß die Geschehnisse in ihrem Eigensinn und ihrem Zusammenhang und nicht operationalisierbare und vorstrukturierte Kategorien Ausgangspunkt der Analyse sind.

Das Problem des Übersehens und Ausblendens beurteilungsrelevanter Sachverhalte stellt sich dem interpretativen Vorgehen dagegen in einer anderen Weise: Die für diesen Ansatz prädestinierte Erhebungsmethode konzentriert sich auf ein Mikrosystem, auf wenige ausgewählte Fälle. Sie versucht, Vorgänge in einem Fall ganzheitlich zu betrachten und sich einen Gesamtüberblick über alle hier relevanten Sachverhalte zu verschaffen. Von daher und aus dem Verständnis der sozialen Einzelsituation heraus ist sie eher in der Lage, aus unterschiedlichsten Informationen eines Falles die für die Beurteilung relevanten Merkmale aufzunehmen. Hierdurch können ökologisch valide Aussagen (Moch S. 86) über die Thematik (hier: lebensfeldbezogene Erziehungshilfe) in dem sozialen System der evaluierten Institution gemacht werden, gesetzt den Fall, es handelt sich nicht um eine unüberschaubare und differenzierte Großorganisation. Das mögliche Manko besteht für die lebensfeldbezogene Evaluation darin, daß jenseits der von ihr untersuchten - und untersuchbaren - Fälle andere Fälle bestehen können, die in bezug auf die zu evaluierende Thematik beurteilungsrelevante Fakten beinhalten, aber unbeachtet bleiben. Durch ihre Konzentration auf einige wenige ausgesuchte Fälle gewinnt man also an

"Tiefgang", Genauigkeit und Validität, nimmt aber in Kauf, daß dies u.U. nur für einen kleinen Ausschnitt der Wirklichkeit gilt. Das praeadaptive Vorgehen ermöglicht demgegenüber eine Informationssammlung in bezug auf große Untersuchungseinheiten. Hier ist jedoch die Betrachtung und Analyse ausschnitthaft. Die Validität der Evaluation hängt also hier von der Fundierung des Evaluationskonzeptes ab, also davon, inwieweit diese "Ausschnitte" valide Beurteilungskriterien und Indikatoren beinhalten und zutreffen.

1.3.3 Das Problem der Generalisierbarkeit

Im letzten Abschnitt ist deutlich geworden, daß die Frage der Generalisierbarkeit der Erkenntnisse, die aufgrund von qualitativen Fallanalysen getroffen werden können, ausschlaggebende Bedeutung für die Legitimität und Aussagekraft der lebensfeldbezogenen Evaluation über einen bloß innerinstitutionellen Geltungsbereich hinaus hat. Da durch die Evaluation der »Mathilde« Aussagen über die Leistungsfähigkeit und Güte der lebensfeldbezogenen Erziehungshilfe allgemein und nicht nur in der Tübinger Südstadt gewonnen werden sollen, taucht das Problem der Generalisierbarkeit auf.

Bei der Lösung des Problems der Verallgemeinerungsfähigkeit rezipiert Moch wiederum Terhart (1985) und übernimmt dessen Vorstellung der "vertikalen Generalisierung" als methodischen Kernbegriff. Beim Gegenbegriff der "horizontalen Differenzierung" schließt man nach statistischen Wahrscheinlichkeiten, daß die Eigenschaften und Zusammenhänge, die man anhand einer Stichprobe erhoben hat, für die Grundgesamtheit zutreffen, über die man Aussagen machen will. Die vertikale Generalisierung basiert demgegenüber nicht auf der "Aggregation von Daten" (vgl. Terhart 1985, S. 301) und statistischen Wahrscheinlichkeitsaussagen, sondern hier wird davon ausgegangen,

"... daß der Gegenstand sozial- und erziehungswissenschaftlicher Forschung und Theoriebildung - Handeln - gleichsam strukturbildende Qualitäten hat. Ein Fall ist in solche Strukturen eingelagert, und die »vertikale« Verallgemeinerbarkeit fallbezogener Erkenntnis basiert auf dem Faktum dieser »Einlagerung«. Die Aufgabe der Fallstudie besteht dann darin, dieses Eingelagert-sein zu explizieren" (Terhart, 1985, S. 301/302).

Moch sieht nicht die Möglichkeit, von einem Fall auf viele zu schließen, sondern die "Einzelfallstudie als kleine analytische Einheit kann Aufschluß über den Gesamtzusammenhang geben, in dem sie eingelagert ist" (Moch, S. 88). "Vertikale Generalisierung" bedeutet also, wenn von festgestellten Merkmalen eines Untersuchungsobjektes auf einer bestimmten Analyseebene auf Zusammenhänge in einer anderen (über- oder untergeordneten) Analyseebene geschlossen wird;

" wenn also etwa anhand der Analyse des Bildungsganges eines Schülers Aussagen über die Schule (oder gar das Bildungssystems) getroffen werden, in deren (dessen) organisatorisch-institutionellen Bahnen der in Rede stehende Bildungsgang ja abgelaufen ist" (Terhart 1985, S. 301).

Übertragen auf die evaluative Fragestellung der Untersuchung Mochs bedeutet dies also, anhand von Einzelfällen den Nachweis über gelungene Hilfe- und Sozialisationsprozesse zu führen und hierdurch "Schlußfolgerungen für die Struktur und Tätigkeitsart der Institution zu ziehen" (Moch S. 96). Darüberhinaus ist für meine Untersuchung von Interesse, inwieweit dadurch gültige Aussagen über die Leistungsfähigkeit und die Qualität des Ansatzes im Allgemeinen gezogen werden können. Dieser Frage wird im nächsten Gliederungspunkt nachgegangen, wo es um die Resultate und Ergebnisse der Untersuchung Mochs geht.

Resümeé
Evaluationstheoretisch ist für den hier vorliegenden methodischen Zugang als wichtig zu vermerken, daß **subjektive Interpretationsmuster** in bezug auf positive Konsequenzen und die Frage nach qualitativ guter Arbeit der Institution Gegenstand der Analyse sind, wobei gleichzeitig **Kontexte der Bedingungen** dieses Erfolges und der hierbei zugrundeliegenden Probleme erhoben werden können. Zum entscheidenden Kriterium für eine Aussage darüber, ob die Institution Erfolg hat, werden diese subjektiven Deutungen **erst** durch die analytische Aufarbeitung im dargestellten methodischen Konzept der Einzelfallanalyse. Die Tragweite der im Rahmen einer Evaluation verwertbaren Schlüsse hängt dabei maßgeblich davon ab, inwieweit aufgrund struktureller Analogien oder "struktureller Einlagerungen" (Terhart 1985, S. 302) von den Einzelfällen auf übergreifende Analyseebenen geschlossen werden kann. Die Vorstellung der "vertikalen und strukturbildenden Generalisierung" wurde von Terhart im Jahre 1985 lediglich als eine im Einzelfall unter unterschiedlichen "Emergenzniveaus" (Terhart S.302) handhabbare, somit wissenschaftstheoretisch zwar mögliche, aber noch mit Problemen behaftete und nicht vollends elaborierte Konzeption angesehen. Inzwischen haben sich innerhalb der qualitativen Sozialforschung im wesentlichen zwei theoretische Konzeptionen herauskristallisiert, die dieses Problem der Verallgemeinerungsfähigkeit erkenntnistheoretisch und methodisch bearbeiten und die in der Forschungspraxis herangezogen werden: die Triangulation (Flick 1990) und die Strukturgeneralisierung (Oevermann, 1990; s. auch Gusy u.a. 1992, S. 121ff).

Zur Umsetzung dieser Konzeptionen innerhalb der qualitativen sozialwissenschaftlichen Forschungspraxis - sowie zur Praxis der qualitativen Forschung insgesamt (Kreissl/Wolfersdorf-Ehlert 1985) - ist allerdings anzumerken, daß diese vielfach weit von den theoretischen Vorstellungen entfernt erfolgt, und daß es an Gütekriterien fehlt, die in einem allgemeinen Rahmen angesetzt werden könnten (s. hierzu Kelle 1994). Obwohl bislang noch keine umfassende theoretische Fundierung der Gütekriterien qualitativer Methodik vorliegt, darf auf die Einbeziehung der Möglichkeit einer Verallgemeinerung in der beschriebenen Weise nicht verzichtet werden. Die Existenz und der Umfang dieser Möglichkeit muß allerdings im Einzelnen ermittelt werden - anhand einer Analyse der durch Einzelfallstudien gewonnenen Erkenntnisse sowie der umgebenden Strukturen. Es bleibt also bei derartigen qualitativen Untersuchungen weiterhin obligatorisch, eine Prüfung und Diskussion der speziellen Bedingungen des Forschungsprojektes im Hinblick auf das Problem der Verallgemeinerung anzustellen.

1.4 Die Resultate

1.4.1 Die Präsentation der Untersuchungsergebnisse

Die evaluative Fragestellung bestand in ihrem Kernpunkt darin zu untersuchen, inwieweit eine lebensweltgestützte Ich-Entwicklung der Heranwachsenden gegenüber den einschränkenden und gefährdenden familiären Problemsituationen erfolgreich gefördert werden kann.

Die Konzeption und Methodik der Evaluation Mochs läßt natürlich nicht zu, daß Ergebnisse der gleichen Gestalt resultieren und präsentiert werden können, wie bei einer praeadaptiven Vorgehensweise mit quantitativer Datenerhebung und Auswertung möglich ist:

"68% der durch die evaluierte Arbeitsform betreuten Heranwachsenden wiesen im Untersuchungszeitraum eine Steigerung des Konstruktes A (Stabilität und Vielfalt der sozialen Kontakte, psychosoziale Stabilität und Problemlösungskompetenz) um über 50% auf. Dahingegen steigerte sich die Vergleichsgruppe der Heimkinder, für die einen vergleichbaren Ausgangswert in bezug auf Konstrukt A ermittelt wurde, nur unwesentlich" (fiktives Beispiel).

Von welcher Struktur sind demgegenüber die Ergebnisse einer »lebensweltorientierten Evaluation« und in welcher Form werden sie präsentiert?

Matthias Moch hat im Rahmen seiner Untersuchung sechs Einzelfallstudien durchgeführt. Die Gesamtzahl der im Zeitraum von 1982 bis 1988 betreuten Jugendlichen und Kinder betrug 23. Die Repräsentativität ist dadurch begrenzt, daß nur Jungen in der »Mathilde« aufgenommen wurden, was sich aufgrund der Nachfrage ergab und keinen programmatischen Grund hat (vgl. Moch S. 82ff). Die **erste Form der Ergebnispräsentation** ist im zweiten Teil der Studie "Empirische Untersuchungen" enthalten. Hier werden drei der sechs durchgeführten Analysen der Entwicklungs- und Betreuungsgeschichte detailliert geschildert. Es wird zunächst einmal anhand der biografischen Entwicklung der Heranwachsenden deutlich, welchen Einfluß die Existenz und die Interventionen der Einrichtung im Hinblick auf die Problemstellungen hatten. Dies geschieht durch die Darstellung, Interpretation und Kommentierung des Datenmaterials, das im Zuge der o.g. multiperspektivischen Verfahren (Einbezug der Sichtweisen mehrerer Personen) einzelfallbezogen erhoben wurde.

Aufgeführt werden also Interviewsequenzen unterschiedlicher Betroffener eines Falles, die ein Urteil darüber beinhalten, welche Auswirkungen und Bedeutungen die beschrittenen pädagogischen Vorgehensweisen der »Mathilde« und ihrer Mitarbeiter für den Verlauf der Problembearbeitung hatten. Diese persönlichen Einschätzungen werden im Rahmen der interpretativen Bearbeitung nun zum einem miteinander und zum anderen mit objektiv aufzeigbaren Sachverhalten (z.B.: Schulabschluß bestanden oder nicht) in Beziehung gesetzt und interpretiert. Ausgangspunkt dieses formalen Musters der Beurteilung und der Kriterien sind also: die persönlichen Einschätzungen mithin die Zufriedenheit der Beteiligten in bezug auf konkrete Problemsituationen, in denen die »Mathilde« eine Rolle für die Heranwachsenden spielte. Hiermit liegt zum einen ein Beurteilungsmuster vor, das direkt auf die Qualität der sozialpädagogischen Prozesse bezogen ist. Zum anderen bedeutet die methodische Bearbeitung im Rahmen dieser Evaluationskonzeption, daß hinausgehend über eine ganzheitliche und kontextbezogene Darstellung dieser Deutungen in ihrem "subjektiven Sinn" (vgl. Moch S. 96) und in ihrem Mikrokontext auch umfassendere Erkenntnisse gewonnen werden können: aus der Zusammenschau der einzelnen Deutungen in ihren unterschiedlichen Bezügen - zur Realität, zur Institution, zu Meinungen anderer Betroffener, etc. - ergibt sich ein Gesamtbild, in dem die erfolgreiche Problembearbeitung als institutionell organisiertes Interventionsmuster gegenüber einer Problemstruktur erkannt wird. Von daher ist es möglich, den Aspekt des Erfolges, den seiner institutionellen und anderen Bedingungen sowie den einer sozialethischen Beurteilung in bezug auf die vollzogenen Interventionen und auf zukünftige Handlungsmöglichkeiten über den Einzelfall hinaus in einem strukturellen Problembezug zu reflektieren.

Die zweite Form der Ergebnisdarstellung, die wichtige Erkenntnisse der Evaluation enthält, findet sich im dritten Teil "Auswertung und Schlußfolgerungen". In diesem abschließenden Teil der Studie wird eine thematische Zusammenfassung der bis dahin nur fallbezogen ermittelten Ergebnisse geleistet. Die zusammenfassende Interpretation mit jeweils markant formulierten Schlußfolgerungen geschieht in den folgenden fünf thematischen Komplexen:

1. Problemstellungen und Indikationen
2. Rahmenbedingungen und strukturelle Merkmale des Modells
3. Milieubezug: Handlungsmuster und Alltagsorientierung Ernstnehmen - Einlassen - Gegenerfahrung vermitteln
4. Zu den inhaltlichen Schwerpunkten des Modells:
   - Kindzentrierte Arbeit
   - Zweites Zuhause
   - Familienarbeit
   - Zusammenarbeit mit Institutionen
   - Umfeldarbeit
5. Probleme und Kritik des lebensfeldbezogenen Ansatzes

Zur Struktur der Ergebnisdarstellung
Beim Tagesmütterprojekt kam es darauf an, zuerst die Kategorien einer angemessenen Erhebung zu finden, diese in ein Untersuchungsdesign umzusetzen und danach eine große Menge der in dieser Struktur erhobenen Daten aus unterschiedlichen Bereichen auf die Beantwortung einer Kernfrage zu beziehen. Die Notwendigkeit der Konzentration auf die Beantwortung einer öffentlich relevanten evaluativen Fragestellung bestimmte die gesamte Struktur der Evaluation. Im Vergleich hierzu läßt die Konzeption der Mochschen Evaluation, wie bereits festgestellt, erkennen, daß hier **erstens** kein focussierender Zuschnitt der Evaluation positiver oder negativer Auswirkungen als notwendig empfunden wurde. Dementsprechend wurden Verläufe innerhalb der Materialdarstellung zwar deutlich - bzw. der Deutung des Lesers überlassen -, nicht aber explizit herausgestellt und auf die Frage der positiven Wirkungen konzentriert.

Das Problem der Auswertung und Darstellung der durch das interpretative Evaluationsverfahren gewonnenen Daten und Ergebnisse stellt sich **zweitens** andersherum als in der o.g. präadaptiven Vorgehensweise: Wie kann die aus einem offenen Verfahren gewonnene immense Menge an relativ unstrukturierten Informationen in eine repräsentative Struktur gebracht und dementsprechend dargestellt werden. Dabei sollen und müssen einerseits bestimmte Informationen weggelassen werden, andererseits sollen die unterschiedlichen Facetten möglicher positiver Verläufe und Problemschemata in ihrer Vielfalt berücksichtigt werden. Dasgleiche gilt für die darzustellenden Grenzen und Probleme sowie für die institutionellen Bedingungen, die Handlungsmöglichkeiten und für eine konzeptionelle Weiterentwicklung der Handlungsorientierungen.

Für die Struktur der Darstellung im Teil drei folgte hieraus, daß diese von dem Interesse an einer übergreifenden theoretischen Aufarbeitung des lebensfeldbezogenen Ansatzes der Familienhilfe bestimmt war. Das "Wie" und die Bedingungen für Interventionsmöglichkeiten stehen im Vordergrund der Darstellung, was aufgrund der Unerforschtheit des Ansatzes und wegen des Bedürfnisses der Institution nach einer Klärung und Kategorisierung ihres eigenen Tuns verständlich erscheint. Aussagen über Wirkungsweisen, Qualitäten und Erfolge tauchen in diesem Teil an einigen Stellen zum einen explizit auf. Zu einem großen Teil sind sie jedoch nur implizit enthalten und bedürfen der "Entschlüsselung". In der folgenden Darstellung sollen drei Möglichkeiten geschildert werden, wie diese Evaluationsergebnisse inhärent vorhanden sein können.

1. Möglichkeit: Die erfolgreiche Leistung des Ansatzes wird explizit geschildert. Textbeispiele:

"Im gewachsenen Interaktionsfeld von Familien sind viele Beziehungen nicht zu ersetzen. Ihre positiven und stützenden Funktionen zu erhalten, macht das Erschließen von Möglichkeiten nötig, um diese Beziehungen lebbar zu machen. Die »Mathilde« konnte hier eine entscheidende Lücke schließen, indem Fremdunterbringung abseits der Herkunftsfamilie über Jahre durch intensives Eingreifen in das Lebensfeld vermieden werden konnte.
Das dargestellte Modell familiennaher, teilstationärer Unterbringung erweist sich als spezifische Form sekundärer Prävention bei Kindern mit Verhaltensauffälligkeiten aus Familien in dauerhaft strukturellen und existenziellen Problemlagen" (S. 210).

Es wird also die positive Funktion der »Mathilde« zur Lösung sozialer Problemlagen, deren Existenz ein übergreifendes gesellschaftliches Faktum darstellt, von der Indikation und der Problemstruktur her dargestellt.

"Die Einrichtung wurde für die meisten zum Testfeld für neue Verhaltensweisen ohne, daß sich dadurch zuhause etwas ändern mußte. Diesbezügliche Äußerungen weisen darauf hin, daß eine Erweiterung des Lebensfeldes gelungen ist, die auf die Entwicklung von Fähigkeiten und Selbstbilder entscheidenden Einfluß hatte. Konkrete Auswirkungen dieses Einflußes zeigten sich in Schule und Umfeld.
Erfahrungen, die verfestigte Einstellungen und eingeschliffene Handlungsmuster überwinden halfen, konnten im Rahmen der Einrichtung insofern vermittelt werden, als die Heranwachsenden diese für sich selbst erkannt und aufgegriffen haben. [...] Die Heranwachsenden konnten Veränderungen in ihren Einstellungsmustern in dem Maße zulassen, in dem sie selbst Nähe und Abstand zum belastenden und einschränkenden Herkunftsmilieu mit arrangieren und gestalten konnten.
[Statement, das auf solche Veränderungsprozesse hinweist:]

Mikis:»*I hab g'merkt, was für ein Mensch i bin, nämlich bis do no hab ich's net g'wußt, weil keiner mit mir g'redet hat.*«" (S. 224).

An dieser Stelle wird nochmals deutlich, daß die Facetten äußerst vielschichtig und vielfältig sind, wie sich positive Einstellungs- und Verhaltensänderungen inform von Erweiterung von Handlungsspielräumen in ihrer Realisierung niederschlagen und ihren subjektiven Ausdruck finden. Die allgemeine Aussage, daß die Möglichkeit besteht, insbesondere durch den lebensfeldorientierten Ansatz derartige Wirkungen zu erzielen, erscheint jedoch deswegen erlaubt zu sein, weil allgemeine Zusammenhänge und Bedingungen des Veränderungsprozesses beschrieben werden, denen diese Arbeitsform besonders gerecht wird. Im allgemeinen Sinne besteht ein wichtiger pädagogischer Aspekt des Wertes der Einrichtung und des Ansatzes weiterhin darin, daß durch ihn überhaupt erst einmal die Grundlage eines pädagogischen Lernfeldes gegeben ist, das die notwendige Voraussetzung für die Entwicklung der o.g. Prozesse im pädagogischen Sinne darstellt. Innerhalb des Ansatzes gelingt es also, eine gewisse "infrastrukturelle" pädagogische Qualität nachzuweisen, die von sozialpolitischen Interesse sein müßte. Letzterer Punkt wird auch an folgender Stelle der Ergebnisdarstellung deutlich:

"Die »Mathilde« war aber für die Heranwachsenden nicht ihr gewohntes Zuhause. Sie war vielmehr ein gesonderter sozial und inhaltlich definierter Ort im Lebensfeld. Seine Inhalte waren über die Grundversorgung hinaus immer mit dem Ziel verbunden, ihnen im Spannungsfeld zwischen einengendem Zuhause und strukturloser Straße durch attraktive Möglichkeiten ein neues Modell der Alltagsgestaltung neben ihrem primären Zuhause zu bieten" (S. 226).

2. Möglichkeit: Die positive Wirkung ist in theoretische Aussagen "verpackt" und wird in einen Bedingungszusammenhang gestellt.
Textbeispiel:

"Unter Berücksichtigung von Grundmustern im Alltag wie Pragmatik und Situationsbezogenheit können neue Einstellungen dann entstehen, wenn sie sich in neu erschlossenen bzw. veränderten Lebenskontexten tatsächlich bewähren. Im untersuchten Rahmen gelingt dies häufig den Heranwachsenden, seltener den Familien. Erstere nutzen Möglichkeiten zum Ausbruch, wenn die Rückversicherung zum Ausgangspunkt groß genug ist, und das Unbekannte neue Befriedigungsmöglichkeiten verspricht. [...]
Lebensfeldorientierte Pädagogik muß [deshalb] *stets in der Lage sein, über das bestehende Lebensfeld hinausgehende Erfahrungen zu vermitteln*" (S. 225).

Vor dem Hintergrund der Falldarstellungen, in denen beschrieben wurde, wie sich Prozesse der Einstellungsänderungen und der Ablösung durch das pädagogische Arrangement der »Mathilde« ergaben, wird dem Leser hier das positive Evaluationsergebnis in bezug auf die Institution deutlich. Darüberhinaus besteht die Schlußfolgerung wiederum im Aufzeigen der Möglichkeiten positiver Verläufe, die durch die Arbeitsform im Allgemeinen gegeben sind.

3. Möglichkeit: Der Aspekt des Erfolges und der positiven Wirkung wird vor dem Hintergrund der Eigenheiten sozialpädagogischer Prozesse relativiert.
Textbeispiele (über die Forderung der Vermittlung problematischer oder sich unter den Beteiligten extrem widersprechender Einstellungen):

"In einer prozeßorientierten Betrachtungsweise kann von einem endgültigen Gelingen solcher Vermittlung nicht die Rede sein. Vielmals ist die Arbeit über Jahre hin an Differenzen zwischen solchen Grundeinstellungen orientiert, versuchen MitarbeiterInnen argumentativ oder durch pädagogische Maßnahmen alternative Perspektiven aufzuzeigen, gibt es Hochs und Tiefs für die eine oder andere Position" (S. 220).

Der Erfolg der pädagogischen Prozesse ist unter diesem zentralen Aspekt der Einstellungsveränderung und der Sozialisation genausowenig punktuell technisch erhebbar (durch Messen bestimmter Verhaltensindikatoren und Einstellungsattitüden) wie er punktuell technisch herstellbar ist. Wirkungen können sich hier nur prozessual und subjektorientiert **ergeben** und nicht herstellungsorientiert erzielt werden. Von daher muß bei einer Evaluation, in der bestimmte sozialpädagogische Prozesse Gegenstand der Untersuchung sind, in bezug auf die Kategorien des Erfolges und der Qualität folgendes berücksichtigt werden:

- Beide Kategorien sind relativ und nur kontextabhängig einschätzbar.
- Erfolge ereignen sich in einem "Auf und Ab" über größere Zeiträume, was vielfach eine prozeßbegleitende Evaluation erforderlich macht.
- der Wert und der Fortschritt zeigt sich nicht notwendigerweise immer in endgültigen positiven Resultaten, sondern allein schon in der Verbesserung der Bedingungen dafür, daß sich diese einstellen können (vgl. S. 220 unten).

Hierzu weitere Textbeispiele:

"Stationäre Krisenunterbringung erweist sich als zentraler Bestandteil des lebensfeldbezogenen Interventionskonzeptes. Innerhalb der notwendigen Eskalation von Konflikten kann sie als vorübergehende Entlastung der Familie zum Abstand-gewinnen und Kraft-schöpfen genutzt werden. Im günstigen Fall stellt sie Situationen her, in denen bestehende Probleme in ganz neuem Licht gesehen werden können, und bereitet die Verselbständigung der Jugendlichen vor" (S. 230).

Hier wird eine positive Wirkungsmöglichkeit im Zusammenhang mit den zugrundeliegenden Problemen erklärt. Ein als zwangsläufig erscheinendes und pädagogisch notwendiges Stadium dieser Familienkonflikte, die Eskalation nämlich, kann nur durch diese Maßnahme der Krisenunterbringung aufgefangen und pädagogisch bearbeitet werden. Der Wert des Ansatzes zeigt sich an diesem theoretischen Bestandteil vor allem deswegen, weil in ihrer pädagogischen Güte vergleichbare Notmaßnahmen in der etablierten institutionellen Erziehungshilfe fehlen.

"Gelingt es, den Heranwachsenden [...] in den Betreuungsrahmen zu integrieren, seinen Bedürfnissen gerecht zu werden, und wird die Einrichtung sein selbstverständlicher Lebenskontext, dann erfährt er in vielen Fällen eine Stärkung seiner Position in seinem primären Zuhause. Er ist den Verhältnissen dort nicht mehr ausgeliefert (S. 237).

Mehrere Konditionen für positive Entwicklung werden aufgeführt, die gleichzeitig differenzierte Zielvorstellungen des Ansatzes bedeuten. An derartigen Stellen ergibt sich wiederum der Nachweis einer strukturell hergeleiteten positiven Wirkungsmöglichkeit des Ansatzes über die Institution hinaus.

1.4.2 Tragweite und besonderer Charakter der Ergebnisse

Es ist der Untersuchung Mochs auf der Grundlage der erhobenen Daten und ihrer Interpretation gelungen, die Vorteile einer stationären familienunterstützenden Hilfe der Institution »Mathilde« und die Leistungsfähigkeit des Ansatzes innerhalb einer institutionsbezogenen Evaluation deutlich zu machen. Dies ist abgesehen davon der Fall, daß eine explizitere und auf die Frage der Evaluation zugespitztere Darstellung möglich gewesen wäre. Evaluationstheoretisch bedeutet dies jedoch keinen ausgesprochenen Mangel, zumal die Ergebnisse der Evaluation eine weit über dieses Ziel hinausgehende theoretische Bedeutung haben:
Die Konturen der lebensfeldbezogenen Familienhilfe wurden als sozialpädagogische Arbeitsform theoretisch aufgearbeitet und vollständiger und schärfer umrissen als dies bis dahin der Fall war. Gleichzeitig werden mögliche Facetten des Erfolges und der Wirkungsweise, Spannungsverhältnisse in bezug auf widerstreitende ethische Ansprüche des Ansatzes und die für ein Ge- oder Mißlingen relevanten empirisch-praktischen Bedingungen deutlich.

Im Anschluß hieran ist die Frage zu stellen, inwieweit diese Ergebnisse für ein überinstitutionelles sozialpolitisches Evaluationsinteresse von Bedeutung sein können? Gedacht sei etwa an ein Ministerium, das den Ansatz im Rahmen eines Reformprogrammes der Jugendhilfe evaluieren läßt.

Die Studie Mochs weist nach, daß es durch den lebensfeldbezogenen Ansatz in einer Institution gelungen ist, Heranwachsende in bestimmten Krisensituationen aufzufangen und eine Heimeinweisung zu verhindern. Trotz der sozialen und familiären Problemstruktur gelang es, eine Normalisierung des Sozialisationsverlaufes unter Belassung des Jugendlichen in seiner Familie zu erreichen. Wenn diese Problemstrukturen aufgrund ähnlicher milieubezogener Bedingungen in Tübingen Süd gleich denen in einem Stadtviertel Hamburgs sind - oder generell auf ein bestimmtes urbanes Sozialmilieu bezogen werden können - dann bedeutet dies den Nachweis, daß mit dieser sozialpädagogischen Arbeitsform eine sozialpolitisch überregional umsetzbare Möglichkeit für eine erfolgversprechende Problembearbeitung gegeben ist. Der mögliche sozialpolitische Wert, die institutionelle Handhabbarkeit, Bedingungen der Implementation und Qualitätskriterien für eine Konzeptionierung des Ansatzes werden durch die Studie Mochs ebenfalls ersichtlich. Es können also durch lebensfeldbezogene Evaluation und qualitative Einzelfallanalyse Informationen ermittelt werden, die in ihrer Bedeutung weit über die fundamental wichtige Analyse der Realisierungswirklichkeit auf unterster Ebene hinausgehen. Dieser Typus der Evaluation muß also für die Sozialpolitik und die Verwaltung genauso von Interesse sein wie großangelegte quantitative Untersuchungen in experimentellen Modellversuchen.

2. Die Evaluation des "Streetworker"- Modells

2.1 Kurzbeschreibung des Modellprojektes[5]

Das Modellprojekt Streetwork fand von 1986-1991 im Rahmen des Sofortprogrammes der Bundesregierung[6] zur Bekämpfung der HIV-Infektion statt und wurde durch das Bundesministerium für Jugend, Familie, Frauen und Gesundheit gefördert. In 26 Städten der Bundesrepublik (alte Bundesländer) arbeiteten 46 StreetworkerInnen vor allem bei Gesundheitsämtern und AIDS-Hilfen, ein kleinerer Teil bei freien Trägern. Das Modellprojekt weist gegenüber den anderen Projekten im Rahmen des Sofortprogrammes die Besonderheit auf, daß hier vom Auftraggeber keine besondere Zielgruppe oder institutionenspezifisch festgelegte Arbeitsform, sondern der Ansatz der aufsuchenden sozialen Arbeit festgeschrieben wurde. In der Modellplanung bezeichnete das BMJFFG (1985) die Gruppe, bzw. die Szene der männlichen Homosexuellen und Drogenabhängigen (Opiatabhängige), als Adressaten der Intervention. In der Praxis der Modells ergab sich eine Ausdehnung auf die Zielgruppen der weiblichen und männlichen Prostituierten (S. 234). Ziel des Auftraggebers war es, durch das Modellprojekt institutionelle Innovationen im Bereich des Gesundheitswesens einzuleiten (s. S. 137). Weiterhin sollte durch aufsuchende soziale Arbeit mit den Hauptbetroffenen- und Risikogruppen einen Beitrag zur primären AIDS-Prävention geleistet werden:

"... persönliche Ansprache, Aufklärung und Beratung einzelner Angehöriger von Risikogruppen, vor allem der Hauptrisikogruppe der Homosexuellen, und Aufbau eines stabilen Kommunikationsnetzes zu Menschen, die aufgrund beruflichen und persönlichen Kontaktes regelmäßig mit Angehörigen zusammentreffen und bereit sind, diese zu informieren und zu beraten" (BMJFFG; 1985; S. 3; zit. n. Gusy; S. 137).

Über diese primär präventiven Zielsetzungen hinaus sollten Wirkungen in Richtung sekundär präventiver Ziele verfolgt werden:

"sozialarbeiterische Betreuung und Versorgung von Einzelfällen", "Vermittlung an Beratungsstellen, an das Gesundheitsvorsorgesystem (z.B. Testberatung), Sozialberatung für Problemfälle, z.B. soziale Hilfe für infizierte Drogenabhängige und Prostituierte" (ebd. S. 16).

Von Anfang an ging man innerhalb des BMJFFG davon aus, daß traditionelle seuchenhygienische Maßnahmen, wie bislang im Gesundheitswesen üblich, von den gefährdeten und betroffenen Zielgruppen nicht akzeptiert werden würden und deswegen wenig effektiv erschienen. Die Wahl der Arbeitsform und bestimmte Programmformulierungen, in denen besonderer Wert auf "risikogruppennahe" Metho-

---

5: Die Analyse der wissenschaftlichen Begleitung bezieht sich hauptsächlich auf den Abschlußbericht: B. Gusy; G. Kraus; G. Schrott-Ben Redjeb; W. Heckmann (1992): Das "Streetworker"-Modell - Endbericht der wissenschaftlichen Begleitung (Band 1-5).
Die im folgenden Text auftauchenden Stellen-/Seitenangaben beziehen sich auf Bd.1 des Berichts: Theoretische Vorüberlegungen und quantitative Auswertung des Modellprojektes Streetwork.
6: Das "Sofortprogramm zur Bekämpfung der HIV-Infektion" (1987) enthielt folgende Projekte: Großmodell Gesundheitsämter, Ausbau ambulanter Hilfen für AIDS-Erkrankte im Rahmen von Sozialstationen, AIDS und Frauen, AIDS und Kinder, Drogen und AIDS, Psychosoziale AIDS-Beratung in den Ländern, Streetworker, Supervision für AIDS-Fachkräfte, Qualifizierung für AIDS-Fachkräfte.

den, auf Freiwilligkeit, Akzeptanz, Anonymität und kooperativen Dialog mit den Zielgruppen gelegt wurde (S. 137, 195), resultierten aus dieser Erkenntnis. Die anfänglich formulierten allgemeinen Zielsetzungen waren auf einer sehr abstrakten Ebene gelagert und enthielten in bezug auf die Praxis der Arbeit mit unterschiedlichen Zielgruppen wenig Aussagekraft. Dies konnte auch gar nicht anders sein, da das Forschungsfeld in mehrfacher Hinsicht unbekanntes Neuland war: Die aufsuchende Straßensozialarbeit war in Deutschland zwar als Arbeitsform der sozialpädagogischen Praxis in den Bereichen Nichtseßhaftenhilfe, szenennahe Drogenarbeit und in der mobilen Jugendarbeit bekannt und wurde immer dann relevant, wenn die "Komm-Strukturen" des etablierten Angebots, falls überhaupt vorhanden, an den Zielgruppen vorbeigingen oder von diesen nicht wahrgenommen wurden (S. 49ff). Aber der Stand der damals vorhandenen wissenschaftlichen Aufarbeitung dieser Arbeitsform läßt sich als unterentwickelt bezeichnen, da allenfalls selbstexplorative Studien vorlagen, die über die Ebene "erweiterter Erfahrungsberichte" (S. 28) nicht hinausgehen konnten. Von daher machten es sowohl der Forschungsgegenstand, als auch die programmatischen Zielformulierungen des Auftraggebers notwendig, im Rahmen der Evaluation grundlegende Arbeit der Programmentwicklung und Projektsteuerung zu betreiben. Das Evaluationskonzept enthält also - ähnlich wie beim Tagesmüttermodell - den Aspekt der Konzept- und Programmentwicklung sowie den der Bewertung der Arbeitsform.

Die wissenschaftliche Begleitung des Modellprojektes wurde durch das Sozialpädagogische Institut Berlin (SPI) durchgeführt. Es lag bei diesem Projekt der, wie bereits in ersten Kapitel dargestellt wurde, nicht oft zu findende Fall vor, daß eine typische sozialpädagogische Arbeitsform von einem maßgeblich durch die Sozialpädagogik bestimmten Forschungsinstitut und unter einer eigens auf diesen Gegenstand spezifisch zugeschnittenen Vorgehensweise evaluiert wurde. Das Modellprojekt Streetwork wurde darüberhinaus aus mehreren Gründen, die mit der dargestellten Problemstruktur, der gesellschaftlichen Bedingungen und der besonderen evaluativen Vorgehensweise zusammenhängen, für die Analyse ausgewählt:

Erstens handelt es sich bei dem zu evaluierenden Arbeits- und Aufgabenbereich um ein Praxisfeld, das in mehrfacher Hinsicht typisch ist für die in sozialpädagogischen Arbeitsfeldern oftmals vorliegende offene Struktur des Handelns sowie die Vielschichtigkeit und Unübersichtlichkeit der Problemlagen und ihrer Lösungsmöglichkeiten. Es bietet also die Möglichkeit, Evaluation angesichts solcher Bedingungen zu diskutieren. Die Beschäftigung mit unkomplizierten, technisch einfach handhabaren Evaluationen, die auch in sozialpädagogischen Arbeitsfeldern vorkommen können, würde bei weitem nicht die gleiche erkenntnisstiftende Funktion erfüllen können[7].

Zweitens liegt mit der Ausbreitung von AIDS ein Problem vor, das sowohl von seiner Qualität als auch von seiner gesellschaftlichen Definition und Bearbeitungsform her ein typisches Problem der Risikogesellschaft darstellt (s. Kap.III, S. 129ff). Diese spezifischen Rahmenbedingungen eröffnen Anregungen für evaluationstheore-

---

7: Ein Beispiel hierfür wäre die Evaluation des AIDS-Aufklärungsprogramms an Berliner Schulen (Oswald/Schütte, 1991), die übersichtliche und in ihrer Konzeption relativ unproblematische Evaluationsverfahren zuläßt (s. Kap VI., 280ff).

tische Überlegungen und Vergleiche.
Drittens beinhaltet die durchgeführte Evaluation interessante konzeptionelle und methodische Vorgehensweisen, die sich von den bisher besprochenen Studien in einigen wichtigen Punkten unterscheiden. Vor dem Hintergrund dieser Unterschiede können neue und interessante evaluationstheoretsiche Fragen aufgeworfen und diskutiert werden.

Eine Analyse des Modellprojektes Steetworker, das von seiner überregionalen Organisationsstruktur her an Modellversuche der Reformära erinnert, erscheint aufgrund dieser spezifischen Qualität des zugrundeliegenden Problemzusammenhanges angebracht zu sein. Hinzu kommt **viertens** eine weitere bemerkenswerte Eigenschaft des Abschlußberichtes: Unter den vielen Evaluationsstudien in sozialpädagogischen Arbeitsfeldern, die im Zuge der Materialsichtung in Augenschein genommen wurden, ist sie eine der wenigen, die sich überhaupt mit grundlegenden evaluationstheoretischen Fragen beschäftigt. Es handelt sich also um eine explizit in Hinsicht auf das Problem der Evaluation in der Sozialpädagogik reflektierende Studie, die sowohl einen allgemeinen Teil, als auch einen das eigene Vorgehen beschreibenden und begründenden theoretischen Evaluationsteil enthält. Dieser erreicht einen Grad an Ausführlichkeit, Reflektiertheit und Aktualität, von dem manche Lehrbüchern der Evaluation weit entfernt sind.

Die hierbei vertretene theoretische Position stimmt im großen und ganzen mit der überein, die in meiner Darstellung der Evaluationstheorie als »integratives Konzept« bezeichnet wurde[8]. Die in der Praxis angewandte Vorgehensweise stellt eine bestimmte Facette der Umsetzung dieser theoretischen Grundlagen dar, die in bestimmter Hinsicht nicht immer stimmig zu dem erscheint, was im Rahmen der theoretischen Grundlegungen Ausgangspunkt war (z.B. bei der Konstruktion der Erhebungsinstrumente s.u.). Da jedoch die Umsetzung der theoretischen Grundlagen, also die im Abschlußbericht beschriebene Vorgehensweise, Gegenstand der Analyse ist, werden diese Widersprüche im Fokus der Diskussion keine Rolle spielen und allenfalls am Rande erwähnt werden. Betrachtet werden soll die Evaluationskonzeption, die Evaluationsverfahren und die Erhebungsmethoden, wie sie in Auseinandersetzung mit den Bedingungen des Evaluationsgegenstandes, mit den Vorgaben und Möglichkeiten der institutionellen Einbindung und mit den Besonderheiten der in der Praxis agierenden Personengruppen entwickelt und durchgeführt wurden.

2.2 Evaluationskonzeption und Erhebungsverfahren

Die Forschungsgruppe des SPI bezeichnet die wissenschaftliche Begleitung als prozeßorientierte und qualitative Praxisforschung (S. 137). Prozeßorientierung bedeutet dabei eine Gegenposition zu einer einseitigen Output- und Produktorientierung, die sich ausschließlich auf Resultate bezieht und diese ausschnitthaft und isoliert zu messen versucht. Dabei werden die zu diesen Effekten führenden Vorgänge und Zusammenhänge lediglich als »black box« angesehen und nicht in die Evaluation einbe-

---

8: vgl. Kap. II, S. 114ff; Kap.III, S. 155ff.

zogen (S. 93). Qualitative Praxisforschung wird als Gegenmodell zu einer Position verstanden, die sich einseitig an einer experimentellen Evaluationskonzeption orientiert und davon ausgeht, daß ausschließlich durch exakte Variablenisolierung und quantitativ auswertbare Testverfahren wissenschaftlich begründete Evaluationsergebnisse ermittelt werden können. Tendenzen in diese Richtung findet man vor allem in der pädagogisch-psychologischen Evaluierungsforschung, in der bio-medizinischen Forschung und bei psychologischen Therapievergleichsstudien (vgl. S. 91ff).

Da Streetwork als spezifische Form personenbezogener Dienstleitungen eine lebensweltbezogene Arbeitsform ist, halten es die Autoren für geboten, sich bei der wissenschaftlichen Begleitung und Evaluation sehr stark an den lebens- und alltagsweltlichen Geschehnissen zu orientieren (S. 138). Insgesamt betrachtet, vertreten sie (in Anlehnung an Patton, vgl. S. 90) - eine multimethodische Grundposition und betonen für die Analyse sozialer Dienstleistungen (in Anlehnung an M. Heiner, s. S. 93) die Wichtigkeit einer prozeßorientierten Evaluationsstrategie. Eine weitere erwähnenswerte Grundposition besteht darin, daß das Element der Bewertung als Kernaufgabe der Evaluation ernstzunehmen ist und in der Studie neben den Aufgaben der Projektentwicklung und der Exploration verfolgt werden soll. Die Autoren beziehen sich dabei auf Scriven (vgl. S. 81).

2.2.1 Konzeptionelle Weiterentwicklung und Umsetzung des Programmes als Aufgabe der Evaluation

Durch die systematische Differezierung unterschiedlicher Aufgabenbereiche erreichen die Autoren eine gewisse Aufhellung des "relativ ungeklärten" Bereichs und der weitgefächerten Rolle wissenschaftlicher Begleitung (vgl. Tabelle S.147):

Modellsteuerung:
- Rückkoppelung und Beratung von Projektträgern hinsichtlich der konzeptionellen und organisatorischen Weiterentwicklung.
- Organisation von "on the job training" zur Einarbeitung von neuen Modellmitarbeitern.

Dokumentation:
- Entwicklung von geeigneten Instrumenten zur Dokumentation der geleisteten Arbeit
- Fortlaufende Dokumentation der im Rahmen des Projektes geleisteten Arbeit
- Organisation von projektbegleitendem Erfahrungsaustausch

Weiterentwicklung des Modells:
- Aufbereitung von aktuellen Forschungsergebnissen
- Rückkoppelung in die praktische Arbeit
- konzeptionelle Weiterentwicklung des Projektes

Bewertung des Modellprojektes:
- Entwicklung und Anwendung von Bewertungskriterien der Evaluation
- Bewertung des Modellansatzes
- Beschreibung von Versorgungserfordernissen
- Empfehlung von Maßnahmen für die Entscheidungsträger

Außendarstellung des Modells:
- Darstellung des Modells in der Fachöffentlichkeit

Daß wissenschaftliche Begleitung über die Aufgabe der Evaluation - im engeren Sinne - hinaus prozeßbegleitende Ziele und steuernde Aufgaben der Programm-, Konzept- und "Produktentwicklung"[9] wahrnehmen muß, wird von den Autoren gleichsam als Chance und als Problem aufgefaßt: Einerseits kann durch die Ausgestaltung der Modellziele und Inhalte korrigierend in die Planung und die Praxis eingegriffen werden. Andererseits verletzt dies jedoch nach Ansicht der Autoren die vielseits bestehende Forderung nach "Objektivität". Angesichts dieser Problematik wird es als Lösungsmöglichkeit angesehen, zu Beginn eines Projektes eine breite und transparente Diskussion zu führen, an der möglichst alle Betroffenen teilhaben können. Hiermit soll das Ziel verfolgt werden, möglichst früh im Projektverlauf eine Verständigung und Konsens über grundlegende untersuchungs- und bewertungsrelevante Inhalte zu erreichen[10].

Im Streetworkermodell ging es bei dieser Diskussion in Anbetracht der "Pioniersituation" um grundlegende konzeptionelle Inhalte und nicht um einzelne Evaluationsverfahren. Hieraus erwuchs eine phasenweise Gliederung der vordringlichsten Aufgaben und Gegenstandsbereiche der Evaluation, aus denen sich wiederum unterschiedliche Richtungen der Fragestellungen für die Analyse der Programmentwicklung, die Analyse der Programmumsetzung und die Analyse der Programmwirkungen ergeben (vgl. Tab. 2, S. 148).

Neben der Notwendigkeit, diese Verständigungsprozesse zu arrangieren, mußte eine grundlegende Felderkundung zur Projekt- und Konzeptentwicklung durchgeführt werden. Die Gründe hierfür wurden bereits angedeutet: das Problem der Unerforschtheit des Problem- und Arbeitsbereiches sowie die Existenz abstrakter und offener Zielvorgaben. Beim Tagesmüttermodell bestand die Notwendigkeit der Konzeptoptimierung und der Sicherstellung optimaler Bedingungen deswegen, weil dies Grundlage des Bewertungsprozesses war. Die Interventionsform und die Inhalte der Betreuungsform standen jedoch bereits am Anfang fest. Wissenschaftliche Begleitung bedeutete in diesem Zusammenhang lediglich Feinsteuerung und Optimierung. Beim Streetworker-Modell befand sich der Arbeitsansatz - ganz abgesehen von den gegenüber einem Reformprogramm ganz verschiedenen gesellschaftlichen Bedingungen - in einem noch früheren Entwicklungsstadium, in dem eine basale Felderkundung der "nebulösen" Praxis notwendig war, um überhaupt erst einmal einen Eindruck von den möglichen oder gangbaren Abläufen und beurteilungsrelevanten Zusammenhängen zu erreichen. Hierauf aufbauend konnte sich dann eine Explikation und Modifikation der Programmziele und Inhalte ergeben und eine Struktur der Handlungs- und Aufgabenbereiche beschrieben werden. Begleitung bedeutet hier also in gleicher Weise wie beim AgAG (s. Kap. I) zunächst einmal die konzeptionelle und praktische Ingangsetzung der Interventionsform, die erst danach im vollen Umfange evaluierbar ist. In diesem Zuge gelang es, gleichzeitig die recht allgemein gehaltenen Vorgaben, die das Ministerium gemacht hatte, abzuändern und zu spezifizieren. Die sich hieraus ergebenden Inhalte der eigenen Handlungsorientierung und der Aufgaben werden im folgenden Schema dargestellt:

9: Der Begriff "Produktentwicklung" wird von den Autoren verwandt (Gusy u.a. 1991).
10: Vergl. hierzu Kap. IV, "Spielregelprinzip" S. 157ff.

Unterstützungsangebote	in den Zielgruppen	in der Institution
Basistätigkeiten	Aufbau und Pflege eines Kontaktnetzes in der Zielgruppe	Aufbau und Pflege eines institutionellen Kontaktnetzes
Intervenierende Tätigkeiten	Änderung von HIV-infektionsriskanten Verhaltensweisen	bedarfsorientierte Ausrichtung des institutionellen Angebots Initiierung und Durchsetzung notwendiger konzeptioneller Erweiterungen des institutionellen Angebots
Dienstleistungen	Psychosoziale Beratung Sozialberatung	Vertretung von Szeneninteressen

Quelle: Gusy, u.a. 1991, S. 157. Handlungsbereiche im „*Streetworker*"-Modell

Als Resultat der Felderkundung und Konzeptentwicklung wurde eine Sytematik oder strukturelle Ordnung der Handlungs- und Aufgabenbereiche des "szeneübergreifenden" Streetworks entwickelt, die in einem engen Zusammenhang steht mit den weiteren Untersuchungsschritten, den Erhebungsinstrumenten und der Darstellung der Ergebnisse (S. 171):

Handlungs- und Aufgabenbereiche:
- Aufbau und Pflege eines Kontaktnetzes,
- Aufbau und Pflege eines institutionellen Netzes
- Allgemeine psychosoziale Arbeit
- Szeneninteressenvertretung
- Institutionelle Innovation

Speziell für Streetwork mit AIDS betroffenen Gruppen kommt hinzu:
- primäre AIDS-Prävention
- HIV/AIDS-spezifische Beratung und Betreuung

Im Einzelnen kann im Rahmen meiner Analyse nicht inhaltlich auf all diese Handlungsbereiche und ihre Bedeutung eingegangen werden. Betrachtet man das Resultat insgesamt, so wird hiermit eine Modifizierung, Erweiterung und Systematisierung der Ziele und Inhalte des Projektes und seiner Evaluation erreicht, die einen wesentlichen Fortschritt gegenüber der ursprünglichen konzeptionellen Sichtweise am Anfang des Projektes darstellt. Hierzu die Autoren:

"Primäre Prävention im AIDS-Bereich kann nicht nur Safer-Sex-(Kondome, Gleitmittel) und Safer-Use-Regeln (sterile Spritzen) vermitteln, sondern muß - im Rahmen aufsuchender psychosozialer Arbeit - an den Bedürfnissen und der Lebenssituation der Betroffenen ansetzen und das gesamte Spektrum der Zielgruppen beachten. Zu Streetwork in den Szenen männlicher Homosexualität gehören z.B. Themen schwuler Emanzipation, der allgemeinen öffentlichen Akzeptanz von Homosexualität, des Umgangs mit der eigenen Sexualität sowie der materiellen und sozialen Dimension von

Homosexuellen. Zitat eines Streetworkers:"Keine Prävention ohne Emanzipation". Streetwork in Prostituiertenszenen hat z.b. immer auch Themen der Selbstorganisation und der sozialen rechtlichen Situation Prostituierter aufzugreifen. Diese Einbettung von AIDS-Prävention läßt sich mit einem *umfassenderen* Verständnis von Prävention (im Sinne von Gesundheitsförderung) gut begründen: Materielle und soziale Lebensumstände stellen bedeutsame CO-Faktoren des HIV-Infektionsrisikos dar (vgl. Diagramm [s.Tab. 3]). Berücksichtigt man, daß zur AIDS-Prävention nicht nur Informationsvermittlung, sondern ebenso Versuche zur Verbesserung der allgemeinen materiellen und sozialen Bedingungen einer Gruppe gehören, so sollte man das Streetworker-Modell auch danach bewerten, was es **in diesem *indirekten* Sinn zur AIDS-Prävention beiträgt**" (S. I. Kurzdarstellung; eigene Hervorhebung).

Materialerhebung und Informationssammlung

Dieses Resultat einer Ausdifferenzierung und Weiterentwicklung einzelner Aspekte der Arbeitsform entstand auf der Grundlage von Daten, die während des gesamten Modellverlaufes mit unterschiedlichen Methoden erhoben wurden. Alle Projektmitarbeiter wurden systematisch über ihre Tätigkeitsbereiche befragt. Die ersten Erhebungen bestanden aus offenen qualitativen Interviews (S. 158), um ein möglichst breites Spektrum der Äußerungen und Sichtweisen, Einsichten und Erfahrungen von Streetworkern zu erfassen. Im Abstand von einem halben Jahr fanden Folgebefragungen statt, die auf der Grundlage eines leitfadenorientierten explorativen Interviewverfahrens strukturiert worden waren. Ergänzend zu diesen Folgeinterviews wurde ein Fragebogen entwickelt und als Erhebungsinstrument angewandt, um bestimmte strukturelle und personelle Einzelaspekte der Tätigkeitsbereiche und der Institutionen zu erheben und quantitativ auszuwerten.

Ein weiteres Setting, das zur Sammlung von Daten inform von Äußerungen der Streetworker benutzt wurde, waren die Gruppendiskussionen, die regelmäßig zwischen den Streetworkern zum gegenseitigen Informationsaustausch stattfanden (S. 160). Wiederum ein anderes Instrument der Informationssammlung stellten sogenannte Dokumentationsbögen oder Berichte dar, in denen die Streetworker über einen Zeitraum von drei Monaten ihre "Aktivitäten", "Anlässe" und "wahrgenommene Effekte" beschreiben sollten. Diese Erhebung wurde am Ende des Projektes wiederholt, um Veränderungen feststellen zu können (S. 161).

Die Datenerhebung ist insgesamt dadurch gekennzeichnet, daß sie sich in der Hauptsache auf qualitative Daten stützt, die zunächst mit offenen und unstrukturierten Methoden erhoben wurden. Auf der Grundlage der hieraus gezogenen Erkenntnisse konnte der Grad der Vorstrukturierung nachfolgender Erhebungen erhöht werden und es war möglich, ergänzende Verfahren zur quantitativen Datensammlung zu entwickeln.

Die Interviews mit den Streetworkern wurden alle auf Band aufgezeichnet und transskribiert (s. S. 161). Danach wurden einzelne Interviewsequenzen gebildet, die innerhalb eines Kataloges wichtiger Handlungs- und Aufgabenbereiche (s.o.) eingeordnet und kodiert wurden (s. S. 162). Zur Dokumentation und Evaluation des Modellprojektes wurden alle Interviewpassagen sowie die quantitativen Ergebnisse aus der Fragebogenerhebung zu einzelnen Inhaltsbereichen zusammengestellt. Danach konnten die Interviewsequenzen nach unterschiedlichen Zielgruppen (Homosexuelle, Stricher, Prostituierte) differenziert werden (S. 163). Die sich hieraus ergebende zielgruppenspezifische Materialaufstellung wurde nun gesichtet, und einzelne oder mehrere Passagen konnten wiederum zu inhaltlichen Themenbereichen zusammengefaßt werden. Lagen in einem dieser (Unter-)Themenbereiche Passagen ähnlichen Inhalts vor, so wurden die zur Illustration am besten geeigneten für die Dokumentation ausgewählt. Die verschiedenen Themenkomplexe wurden aufgrund der Häufigkeit der Nennungen gewichtet und kommentiert. Diese Dokumentation der zielgruppenspezifischen Äußerungen von Streetworkern über ihre Arbeit, untergliedert nach einzelnen thematischen Zusammenhängen, befindet sich in den Bänden 2 bis 5 des Endberichts der wissenschaftlichen Begleitung. Das Resultat der Erhebungen bedeutet eine eindruckvolle Dokumentation, "die ein umfangreiches, breit gefächertes Bild von aufsuchender Sozialarbeit in den verschiedenen Szenen nachzeichnet" (S. 164).

Die Stärke dieser Aufstellung liegt darin, daß es gelungen ist, eine praxisorientierte Darstellung des komplexen Tätigkeitsbereiches in seinen inhaltlichen Problemlagen und adressatenspezifischen Gegebenheiten aus der Sicht einer szenenahen oder sogar szeneintegrierten Teilhabe der Streetworker »nachzuzeichnen«. Die Dokumentation erfüllt den Zweck der Deskription, sie geht jedoch nur wenig über eine explorative Funktion hinaus. Obwohl die Textpassagen in die Struktur der Aufgaben- und Handlungsbereiche eingebettet wurden, die indirekte Bedingungszusammenhänge für positive Wirkungsansätze bedeuten (s.o.), wird der Aspekt der Bewertung in der Analyse und der Dokumentation vernachlässigt. Das Material ist zwar thematisch katalogisiert, eine systematische Analyse und Interpretation der Zusammenhänge, die zu einer Beurteilung der Effekte und der Qualität führen könnte, wird aber nicht vollzogen. Im Gegensatz zur Ergebnisdarstellung bei Moch, wo sich ähnliche Tendenzen andeuteten, bleibt in diesem Teil der Untersuchung die Interpretation des aufgeführten Materials völlig dem Leser überlassen.

Somit geben die umfangreichen Materialsammlungen der Bände 2 bis 5 hauptsächlich auf die Fragen Antwort: Was kann ich als Streetworker tun? Welche Handlungsabläufe sind möglich? Daneben liegen jedoch auch eine ganze Reihe von Darstellungen vor, bei denen es aufgrund der Situationsschilderungen auf der Hand liegt, daß einzelne Interventionen für den sozialen Zusammenhang und die Handlungspräferenzen der Szene eine diese verändernde Konsequenz bedeuten und sich positiv auswirken. Ein Streetworker in der Drogenszene:

"Leute fragen uns immer wieder, warum wir persönlich Spritzen verteilen und die Leute nicht zum Spritzenautomaten schicken. Da kann ich immer nur sagen: "Geh mal zur Szene, stell' dich dort hin. Da hast du einen Junkie, der auf dem Turkey ist. Dem ist scheißegal, der geht mit dem Kumpel mit und sagt: 'Scheiß auf eine saubere Spritze , ich brauch den Druck jetzt, mir gehts beschissen.` Der läuft nicht noch zum Spritzenautomaten."(Bd. 3; S. 49).

Der Aspekt der Auswertung
Die Frage nach dem Effekt und dem Erfolg wird nicht wie bei Moch durch eine einzelfallbezogene Analyse der Auswirkungen, also innerhalb einer Struktur der Erhebung systematisch angegangen. Die Textstellen, die bewertungsrelevanten Inhaltes sind, erscheinen aufgrund der explorativen Ausrichtung der Materialdarstellung hinsichtlich des Aspektes Bewertung zufällig und zusammenhanglos. Es stellt sich hier die Frage, ob nicht eine fallanalytische Erhebung und Interpretation im Rahmen der

breit gefaßten Materialsammlung möglich gewesen wären, die auf diese Bewertungsfunktion hätte herauslaufen können: nicht als Einzelfälle der Biografie oder der Betreuungsgeschichte eines Klienten, sondern als Fälle von Erfolg oder Qualität bezogen auf bestimmte Perspektiven oder Inhalte und übergreifend für verschiedene Personen und Orte. Es hätte sich dabei um eine Auswertung derjenigen Situationen handeln können, in denen immer wiederkehrende Interventionsformen des Streetworks und damit zusammenhängende Bedingungen beschrieben werden; Situationsschilderungen, die klientenübergreifend typische Fälle für relevante Problemstrukturen und Interventionsverläufe von positiver oder negativer Bedeutung darstellen.

Die Materialerhebung ist jedoch, wie gesagt, in diesem Bereich der Untersuchung nicht auf Bewertung zugeschnitten. Innerhalb der Darstellung dieses Materials wird nicht beabsichtigt, die Unübersichtlichkeit und Komplexität der Interaktionen und ihrer Bedingungen so zu konzentrieren und zu strukturieren, daß diese einer bewertenden Analyse zugänglich ist. Charakteristisch für diese Dokumentation ist anscheinend die Absicht, die Komplexität der Praxis nicht aufzulösen, sondern bei einer groben Strukturierung abzubilden und somit auch die Qualitäts- und Bewertungsfrage in ihrer Komplexität und Vielschichtigkeit aufrechtzuerhalten. In der Situation des Streetworkermodells, wo zunächst erst einmal "tragfähige Interventionskonzepte und unterschiedliche Präventionsbotschaften für die verschiedenen Hauptbetroffenengruppen" entwickelt werden mußten und in dem es "kaum übertragbare Erfahrungen aus anderen Bereichen der Prävention und der Sozialarbeit" (S. 155) gab, erscheint diese Position gerechtfertigt. Ist sie doch dazu geeignet, dem "Druck, schnell zu greifbaren Ergebnissen zu kommen", standzuhalten und einen Eindruck von der Notwendigkeit einer fundierten Entwicklungsarbeit zu vermitteln.

2.2.2 Bewertung als Aufgabe der Evaluation

Die wesentliche Zielsetzung und der Grund, weswegen das Streetworker-Programm finanziert wurde, besteht letzten Endes darin, "die Änderung sexueller Gewohnheiten im Sinne von infektionsarmen Sexualpraktiken" (S. 164) herbeizuführen. Die Überprüfung der Frage, ob diese Wirkungen tatsächlich eintreffen und durch das Projekt erreicht werden, halten die Autoren aus mehreren Gründen für nicht realisierbar (S. 164ff). Das Ausklammern einer Wirkungsanalyse heißt ihrer Meinung nach jedoch nicht, daß eine Bewertung unterbleiben solle:

"Dies bedeutet aber nicht, daß keine Programmwirkungen festgestellt werden können, sondern besagt lediglich, daß man sich auf die Effizienzabschätzung beschränken muß. Aufgrund von praktisch erprobten Konzeptionen und Aussagen über die Wirksamkeit dieser Konzeptionen durch Experten oder Betroffene kann die Wirkung von Programmen herausgearbeitet und beurteilt werden. Daraus ergibt sich zumindest eine Entscheidungshilfe für die Weiterfinanzierung, Ausdehnung oder Reproduktion einer Maßnahme [...]" (S. 151)

Die Entwicklung eines Kriterienkataloges
Im Jahre 1989 erstellte die Forschergruppe ausgehend von den Erfahrungen, Erkenntnissen und Erhebungen, die sie in der Orientierungsphase des seit 1986 laufenden Projektes gesammelt hatte (Interviews und Tagungen mit StreetworkerInnen),

einen "vorläufigen Kriterienkatalog" "mit 56 Merkmalen qualitativ guter Streetwork und ihrer institutionellen Rahmenbedingungen" sowie eine "Liste wünschenswerter Qualifikationen angehender StreetworkerInnen" (S. 166). In mehreren Verfahrensschritten wurde diese vorläufige Aufstellung von Qualitätskriterien mit einer Gruppe von modellexternen Streetwork-Experten diskutiert, erweitert, differenziert und abgestimmt (s. S. 166ff, und genauer Gusy 1990 a). Diese Entwicklung eines Kataloges für qualitativ gute Streetwork durch das eben angesprochene expertengestützte Verfahren geschah in Anlehnung an Wottawa/Thierau (1990). Das Resultat war ein Katalog, in dem einzelne Merkmale qualitativ guten Streetworks für die einzelnen Handlungs- und Tätigkeitsbereiche aufgelistet sind (S. 171ff; s. Anhang 9). Nachdem dieser Kriterienkatalog durch Einzelfragen ergänzt worden war, entwickelten die Autoren einen Fragebogen zur Einschätzung der Qualität und der "indirekten" Wirkungen, der die einzelnen Aspekte und Merkmale differenziert anspricht und erhebt. Aus dem Antwortverhalten der Streetworker konnten Informationen darüber ermittelt werden, inwieweit es gelungen war, die Qualitätsmerkmale des Kataloges in der Projektpraxis umzusetzen:

"Einzelne Merkmale werden direkt abgefragt, für andere werden Indikatoren, mit denen das zu erfassende Kriterium bestimmt werden kann, eingesetzt" (S. 185).

Die Ergebnisse dieser Befragung stehen im letzten Teil des Berichtes (Bd.1). Hier erscheinen die quantitativen Erkenntnisse inform von tabellarischen Häufigkeitsdarstellungen, die dann in bezug auf das jeweilige Kriterium kommentiert und interpretiert werden. Die Auswertung der qualitativen Ergebnisse der Befragung beschreiben die Autoren als "deskriptiv" (S. 186). Anhand dieser speziell und systematisch auf die Bewertung zugeschnittenen Untersuchung konnten Ergebnisse gewonnen werden, die natürlich eine höhere Anzahl von beurteilungsrelevanten Aussagen über die Qualität der Arbeit beinhalten als in dem o.g. qualitativen Teil der Evaluation. Vor allem anhand der Feststellung von grundlegenden Voraussetzungen und begleitenden positiven Bedingungen, aber auch einschränkender Hindernisse läßt sich ein Eindruck von der Funktionsfähigkeit und der Wirkungsmöglichkeit des Modellprojektes gewinnen. Hierzu zunächst ein Beispiel einer tabellarischen Darstellung, die eine quantitative Auswertung enthält (s. Tabelle 12, S. 198).:

Ist die konzeptionelle Ausrichtung der Institution szeneakzeptierend ?	Szeneakzeptierende konzeptionelle Ausrichtung des Anstellungsträgers				
	Einrichtungstypen				
	Gesundheitsämter	AIDS-Hilfen	Wohlfahrtsverbände	sonst. freie Träger	gesamt
	(28*)	(6*)	(3*)	(1*)	(38*)
ja	8	6	3	1	18
in Ansätzen	10	0	0	0	10
nein	10	0	0	0	10

*Anzahl der befragten ModellmitarbeiterInnen

Folgende Textstelle ist ein Beispiel für eine qualitative Auswertung und deskriptive Schilderung, die sich auf die Aufgabe »Aufbau eines Szene-Kontaktnetzes« bezieht:

"18 StreetworkerInnen waren zum Zeitpunkt der Erhebung in der Phase des Aufbaus eines Szenekontaktnetzes. Hierbei handelte es sich überwiegend um ModellmitarbeiterInnen, die weniger als 1 Jahr in der Szenearbeit aktiv waren und noch kein stabiles Kontaktnetz hatten. Länger im Modell tätige Kolleginnen (19) hatten schon ein umfangreiches Kontaktnetz und knüpften in Abhängigkeit von der Arbeitsbelastung mit den bislang erreichten Personen gezielt (Neu-)Kontakte zu bislang nicht erreichten Personengruppen oder bemühten sich hauptsächlich um die Stabilisierung ihres Kontaktnetzes" (S. 248)

Die Aufgabe der AIDS-Prävention und die Frage der Wirkungen

Die Aufgabe der Veränderung von Einstellungen und Verhaltensweisen im Sinne einer primären AIDS-Prävention (s.o.) bedeutet eine Zielsetzung, deren Erreichen durch eine Wirkungsanalyse identifizierbar wäre. Eine Analyse der Wirksamkeit wurde jedoch für unmöglich gehalten (s.u. Pkt. 2.3.1), weswegen nur wenige Erkenntnisse zur Aufgabe der AIDS-Prävention ermittelt werden konnten. Dokumentationen zur Änderung infektionsriskanter Gewohnheiten bestehen zunächst aus der Beschreibung von Erfahrungen über die wichtigsten Schritte und Aspekte eines hierzu geeigneten Beratungsansatzes. Hierzu gehört etwa die Einführung positiv besetzer AIDS-präventiver Lebensperspektiven, bei der es wichtig ist, "daß die Verhaltensänderung nicht als Wegfall positiv besetzten Verhaltens erlebt wird, sondern individuell neue Verhaltensweisen erarbeitet werden, die ähnlich positiv bewertet werden" (S. 268). Die Untersuchung fördert also auch hier elementar wichtige Zusammenhänge zutage, die für eine konzeptionelle Gestaltung der Arbeitsform wesentlich. Zu fragen ist an dieser Stelle wiederum, ob Situationen, die eine Struktur pädagogischer Prozesse beschreiben, nicht wie bei Moch im Sinne einer "lebensfeldbezogenen Evaluation" zur Wirkungsanalyse hätten benutzt werden können: nämlich als struktureller Hintergrund für die Analyse einer bestimmten pädagogischen Situation, anhand derer Wirkungen im Prozeßverlauf beobachtet werden können. Die im Fragebogen enthaltene Frage zu den Wirkungen der Arbeit gewährt dagegen nur einen ausschnitthaften und unzureichenden Eindruck.

Für wie wirksam wird die eigene Arbeit im Hinblick auf Verhaltensänderungen in der Zielgruppe eingeschätzt?

	Gesundheitsämter (28*)	AIDS-Hilfen (6*)	Wohlfahrtsverbände (3*)	sonst. freie Träger (1*)	gesamt 38*
sehr wirksam	1	0	0	0	1
wirksam	13	4	0	1	18
mittel	7	2	0	0	9
kaum wirksam	3	0	1	0	4
gar nicht wirksam	1	0	0	0	1
keine Ahnung	3	0	2	0	5

* = Anzahl der befragten ModellmitarbeiterInnen

Quelle: Gusy u.a. 1991, S. 271.

2.3 Zusammenfassende Bewertung der Vorgehensweisen und Ergebnisse

Die Evaluationsstudie des Streetworker-Modells macht deutlich, wie interpretative und praeadaptive Aspekte in einem Evaluationsdesign miteinander verbunden werden und sich gegenseitig ergänzen können. Die beiden vorstrukturierten Fragebogen, einmal zur quantitativen Erhebung der Projektstruktur, zum anderen der Fragebogen zur Bewertung der Qualität, wurde im Zusammenhang und auf der Grundlage von Informationen entwickelt, die durch offene interpretative Verfahren erhoben wurden. Innerhalb der sequentiell begleitenden Datenerhebungen war es möglich, den Grad der Vorstrukturierung der Instrumente zu erhöhen und damit das Augenmerk gezielt auf bestimmte Probleme und Tätigkeitsbereiche zu lenken, wenn dies erforderlich erschien.

Die Stärke der Evaluation liegt eindeutig in ihrer breiten und umfassenden explikativen Erkundung eines bislang unerforschten Arbeits- und Problembereiches, in ihrer Weiterentwicklung des "Produktes" Streetwork und darin, daß grundlegende Zusammenhänge, die für eine Beurteilung der Funktionsweise und der Qualität wichtig sind, gewonnen werden konnten. Durch die prozeßhaft voranschreitende und systematische Entwicklung der Erhebungsinstrumente, die aus quantitativen und qualitativen Verfahren bestanden, konnte eine lebensweltorientierte, breit gefächerte und praxisnahe Abbildung der pädagogisch relevanten Handlungsbereiche und Bedingungen erarbeitet werden. Darüberhinaus wurden hierdurch Strukturen und Zusammenhänge erkennbar, die zur Weiterentwicklung der Konzeption beitrugen und wichtige Kriterien einer Beurteilung der Arbeit "von unten" lieferten. Über beide Bereiche wußte man am Anfang des Projektes wenig, da Übertragungen aus anderen Streetworkszenen unmöglich waren. Ähnlich wie das AgAG mußten innerhalb der wissenschaftlichen Begleitung die Interventionsformen und die Strukturen der Praxis (der spätere Evaluationsgegenstand also) erst geschaffen werden, bevor diese einer Bewertung zugänglich hätten sein können.

Evaluationstheoretisch gesehen, weist die angewandte Vorgehensweise zwei Schwachstellen auf, auf die im folgenden näher eingegangen werden soll:
1) Die Erfassung von Wirkungen innerhalb der Aufgabe der Bewertung (s. 2.3.1)
2) Die Konstruktion der Evaluationsverfahren und Erhebungsmethoden (s. 2.3.2)

2.3.1 Bewertung und Wirkungsanalyse

Besonders positiv ist zunächst zu sehen, daß sich die wissenschaftliche Begleitung nicht um das evaluative Kernproblem und die Kernaufgabe »Bewertung« herumdrückt, sondern diese angeht und quasi Pionierarbeit in der Erstellung eines Kriterienkataloges hinsichtlich eines neuen und unbekannten Arbeitsfeldes leistet. Problematisch erscheint allerdings, wie dieses Problem gelöst wird, insbesondere der Umgang mit der Kategorie »Auswirkungen des Streetworker-Programmes« und die Inhalte des Kriterienkataloges. Wie bereits dargestellt liefert die Evaluation ein Ergebnis, das hauptsächlich deskriptiv ist (s.o. 255ff). In den Teilen, die bewerten, werden lediglich "indirekte Wirkungen" (s.o. S. 254), günstige Bedingungen oder notwendige Voraussetzungen für ein Erreichen der angestrebten Qualitäten und Wirksamkeiten angesprochen. Dabei lassen die Autoren einen wichtigen Aspekt der Wirksamkeit im engeren Sinne außen vor: die Veränderung von Gewohnheiten und Verhaltensweisen mit geringerem Infektionsrisiko. Die Struktur dieser Ergebnisse rührt von der konzeptionellen Entscheidung her, eine Analyse der direkten Wirkungen nicht in Angriff zu nehmen, was damit begründet wird, daß deren Erfassung unmöglich sei. Hierzu werden verschiedene Gründe angeführt:

1) Es wird behauptet, Voraussetzung für eine Wirkungsanalyse sei die Kenntnis von genauen Ursache/Wirkungszusammenhängen sowie das Wissen um klare Bewertungsmaßstäbe. Da weder das eine, noch das andere in Hinsicht auf dieses Praxisfeld vorhanden war, und weil experimentelle Verfahren zu einer Aufklärung dieser Wirkungsbeziehungen undurchführbar erschienen, mußte eine Untersuchung der direkten Auswirkungen des Programmes unterbleiben (s. S.150ff, 164ff, 269).

2) Treffsicher stellen die Autoren fest, daß zu einer Wirkungsanalyse die tatsächlichen Verhaltensänderungen der Klienten erfaßt werden müßten. Hierfür werden prinzipiell zwei Möglichkeiten gesehen: Zum einen die direkte Beobachtung sexueller Verhaltensweisen (quasi durchs Guckloch). Diese kommt allerdings, verständlicher Weise, nicht in Betracht. Zum anderen wird die Möglichkeit einer indirekten Zugangsweise an diese sexuellen Verhaltensweisen in Betracht gezogen, wobei jedoch lediglich die Befragung der Adressaten gesehen wird. Diese erscheint den Autoren problematisch zu sein, da in dem Tabu-Bereich Sexualität und AIDS von einer starken Beeinflussung des Antwortverhaltens durch Zwänge und soziale Erwünschtheit auszugehen ist (vgl. S. 269). Es wird also die Ansicht vertreten, daß es unmöglich sei, von vorliegendem Antwortverhalten auf tatsächliche Verhaltensweisen zu schließen (S. 165). Darüberhinaus liegt eine weitere unlösbare Problematik nach Ansicht der Forschungsgruppe im Problem der kausalen Zurechenbarkeit: Es wird auf die Untersuchung der Wirkungen verzichtet, weil es unmöglich ist, den Zusammenhang zwischen Intervention und vorliegendem Verhalten exakt nachzuweisen. Die Autoren führen hierzu als Begründung auf, daß Verhaltensänderung ein langfristiger und komplexer Prozeß ist, der nicht auf **eine** Wirkungsvariable (hier Beratung) zurückgeführt werden kann.

3) Als weiterer Grund werden die in den einzelnen Szenen vorherrschenden Ängste vor und Widerstände gegenüber kontrollierenden Vorgehensweisen angeführt, die eine Befragung zum Sexualverhalten unrealistisch und kontraproduktiv erscheinen lassen (vgl. S. 165).

ad 1): Die Argumentation läßt sich so interpretieren, daß mit dem Fehlen eines Wissens über Wirkungszusammenhänge im Feld ein hinreichender Grund dafür vorläge, keine Wirkungsanalyse durchführen zu können. Aufgrund der beschrittenen Vorgehensweise in der Untersuchung erhärtet sich die Befürchtung, daß die Autoren dies tatsächlich so meinen. Die Schlußfolgerung erscheint paradox, weil sie bedeutet, daß das, was man mit Evaluation überhaupt erst erreichen will, notwendige Voraussetzung ihrer Durchführung wäre: Erkenntnisse über die Konsequenzen und Wirkungen der Interventionen bei den Adressaten. Umgekehrt wäre Evaluation nur bei einer genauen Kenntnis der Wirkungszusammenhänge möglich, also ausgerechnet nur dann, wenn man sie eigentlich als erkenntnisstiftendes Instrument gar nicht mehr bräuchte.

Empirische sozialwissenschaftliche Forschungsmethoden in Evaluationen sollen Phänomene wirklichkeitsnah erfassen, den (Wirkungs-)Zusammenhang zwischen diesen Phänomenen aufdecken, die erfaßten Phänomene so beschreiben, daß ein Vergleich mit Kriterien der Erwünschtheit und der Qualität möglich ist. Geplante Interventionen aber auch Sachverhalte, die sich mit der Existenz des Programmes oder der Intervention einstellen, einerseits und mögliche Wirkungen, also Vorgänge im Arbeitsfeld andererseits, sind Gegenstand dieser Analyse. Wir haben zwei unterschiedliche Zugangswege und Evaluationsverfahren kennengelernt, um diese Wirkungen und ihren Zusammenhang zu erfassen:

Bei der *interpretativen* lebensfeldorientierten Vorgehensweise geht man von den einzelnen im Feld vorkommenden Phänomenen aus und untersucht diese innerhalb ihres sozialen Mikrosystems. Es wird der Verlauf von Interventionen nachgezeichnet und mit möglichen Konsequenzen in Verbindung gebracht. Diese Beschäftigung mit Einzelfällen setzt lebensweltliche Teilhabe, Zugang und zwischenmenschliche Vertrautheit voraus. Theoretisches Wissen darüber, welche Auswirkungen zu erwarten sind und welche Bedeutung die Interventionen haben, braucht nicht im einzelnen, sondern nur im groben Rahmen zu bestehen. Denn genau das soll ja ausgehend von den lebensfeldbezogenen Sachverhalten und Sichtweisen untersucht werden, ohne bereits im Vorhinein kategoriale Strukturen überzustülpen und theoretische Zusammenhänge einzuführen. Der Nachteil dieser Methode besteht darin, daß eine »vertikale Generalisierung« und "Untersuchungen der großen Zahl" oftmals nicht möglich sind, weil hierzu eine größere Stichprobenzahl notwendig wäre, als sie in der aufwendigen Einzelfallanalyse machbar ist.

Die andere Vorgehensweise wurde als *praeadaptive* bezeichnet. Hier wird versucht, im Vorhinein eine Evaluationskonzeption zu entwickeln, die ausschnitthaft die Teile der Wirklichkeit zu erfassen sucht, die für eine Beurteilung wesentlich sind. Es werden also Kriterien entwickelt und begründet, die den angestrebten Erfolg beinhalten und bezogen auf die Bedingungen der Intervention differenziert darstellen. Weiterhin benötigt man hierzu Indikatoren, die eine Zuordnung der einzelnen Sachverhalte in bezug auf die Kriterien ermöglichen. Auf dieser Grundlage können die Erhebungsinstrumente konstruiert werden. Je ausschnitthafter der Zugriff der Instrumente auf Wirklichkeit ist, desto größere Stichproben sind erhebungstechnisch möglich und quantitativ-statistisch auswertbar. Hierbei können Zusammenhänge zwischen Variablen überprüft werden, aber nicht im strengen Sinne der Kausalität, sondern nur hinsichtlich der Wahrscheinlichkeit eines gemeinsamen Auftretens. Aufgrund von Untersuchungen aus verschiedenen Richtungen und Perspektiven sowie durch unterschiedliche Methoden lassen sich dann diese Wahrscheinlichkeiten für kausale Zusammenhänge (über eine Vielzahl von N's) immer weiter untersuchen und besser begründen.

Im Falle des Streetwork-Modells würde man zur Konstruktion einer entsprechenden Evaluationskonzeption auch in dieser Vorgehensweise keine genauen Kenntnisse der Wirkungszusammenhänge benötigen, denn dann wüßte man bereits mehr, als das, was diese Analyse überhaupt liefern kann. Zur Erfassung der Kategorie der »Verhaltensänderung hinsichtlich infektionsarmer Verhaltensweisen und Gewohnheiten« - steht diese denn als Kernkriterium der Beurteilung fest - benötigt man als Grundlage zur Entwicklung von Beurteilungskriterien und Indikatoren lediglich eine Vorstellung darüber, wie sich diese Verhaltensweisen empirisch äußern können. Da es sich bei dieser Variablen um eine relativ gegenständliche handelt, kann es keine unüberwindbare Schwierigkeit bedeuten, sich die hierzu notwendigen Erkenntnisse zu beschaffen. Zumal dies in bezug auf andere Variablen, die bei pädagogischen Evaluationsgegenständen relevant sein können, wie »positive Ich-Entwicklung« oder »Veränderung aggressiver Einstellung und Verhaltensweisen«, vergleichsweise schwieriger ist, entbindet nichts davon, den Versuch einer Untersuchung in diese Richtung zu unternehmen oder diesen jedenfalls ernsthaft zu reflektieren.

Sicher scheint jedenfalls zu sein, daß es in den allerwenigsten Fällen ein einziger und fester Indikator sein wird, mit dem die Variable einfach auszumachen ist und abgetestet werden kann. Die Begründung einer prinzipiellen Unmöglichkeit, die die Autoren für eine Ausklammerung der Wirkungsanalyse anführen, ist allerdings unangemessen und bedeutet in gewisser Hinsicht die Weigerung, sich den eigentlichen Aufgaben einer Evaluation zu stellen. Denkbar und im Falle des Streetworker -Modells auch begründet ist, daß aufgrund der besonderen Bedingungen in dieser Projektphase eine umfassende Wirkungsanalyse nicht möglich war. Es wäre in dieser Situation allerdings zu überlegen gewesen, ob man nicht Untersuchungselemente oder Teilerhebungen hätte einführen können, die zu einer zukünftigen Wirkungsanalyse hätten beigetragen können. Wie zum Beispiel die erste Erhebung der Jugendbefragung im AgAG (s. Kap I., S. 11ff).

ad 2) und 3):
Hierzu ist zu bemerken, daß die aufgeführten Probleme bei der empirischen Erfassung der Kategorie »Veränderung im Sexualverhalten« nichts Außergewöhnliches in der Sozialforschung darstellen. Anders als etwa bei der Variablen: »Mutter-Kind-Bindung», »gelingender Beratungsprozeß« oder »Verhinderung der Aufspaltung der Lebenswelt« - handelt es sich bei dem betreffenden Untersuchungsgegenstand, wie gesagt, noch um eine ziemlich gegenständliche Variable, die man eindeutig beobachten könnte, auch wenn dies aus situativen und praktischen Gründen momentan als unmöglich oder unangebracht erscheinen mag. Diese "direkte Wirkungsvariable" äußert sich in der empirischen Welt in vielfacher Form und in unterschiedlicher Weise, und ihre Existenz wird von einer Vielzahl von anderen Variablen begleitet, die diese mehr oder weniger indizieren. Wenngleich eine empirische Zugangsweise an diese "direkte Wirkung" schwierig erscheinen mag und nur annäherungsweise durch unterschiedliche Verfahren und aus unterschiedlichen Richtungen möglich ist, so ist dennoch von der prinzipiellen Möglichkeit hierzu auszugehen. Angesichts dieser Schwierigkeit darf der Versuch einer Analyse der "direkten Wirkungen" nicht ausgeklammert und der Schwerpunkt der Untersuchung auf "indirekte Begleiterscheinungen" verlegt werden, die den pädagogischen Erfolg weniger zentral betreffen.

Hätte man sich dafür entschieden, diesen Aspekt näher zu untersuchen, so hätte man sich in der empirischen Erhebung natürlich direkt und im Schwerpunkt auf die Gruppe der Betroffenen beziehen müssen. Man hätte sich natürlich hierbei nicht, wie in der Untersuchung geschehen (hierzu s.u. Pkt. 2.3.2), ausschließlich auf Urteile von Experten und Statements von Streetworkern stützen können. Mit welchen Erhebungsmethoden man dies angesichts der vorgebrachten Probleme, die die Autoren fälschlicherweise für unüberwindbar halten, gewährleisten kann, ist die nächste Frage. Entgegen der geäußerten Befürchtung, daß die Betroffenen in einer Befragung nur nach sozialer Erwünschtheit antworten würden, erscheint generell eine Analyse in einem bestimmten sozialen Setting möglich zu sein, in dem nämlich eine Kongruenz der Äußerungen mit den tatsächlichen Verhaltensweisen wahrscheinlich ist[11]. Das Problem der Ängste und Widerstände innerhalb der Adressatengruppe erscheint erhebungstechnisch umgehbar und lösbar, zumal festgestellt wird, daß in allen Szenen ein massives Eigeninteresse an der Zielrichtung des Modells »Eindämmung infektionsriskanten Verhaltens« vorhanden war (s. S. 269).

Das Problem der Zurechenbarkeit
Als weiterer Grund für das Ausklammern der direkten Wirkungen wird die unlösbar erscheinende Schwierigkeit der kausalen Zurechenbarkeit genannt, die auch dann bestünde, wenn die Zielvariable »Änderung AIDS-infektiöser Sexualpraktiken« eindeutig erfaßbar wäre:

"Darüberhinaus ist im Einzelfall ein Nachweis, ob eine Einstellungs- und Verhaltensänderung tatsächlich durch StreetworkerInnen des Modells oder vielmehr durch persönliche Erfahrungen, den Einfluß von FreundInnen, die Erkrankung oder den Tod Nahestehender, usw. bewirkt worden ist, mit letzter Sicherheit methodisch nicht möglich" (S. 139)

Meiner Meinung nach ist aufgrund dieser eingeschränkten Möglichkeiten eines Kausalitätsnachweises ebenfalls kein hinreichender Grund dafür gegeben, die Untersuchung der Variable zu vernachlässigen. Denn die Feststellung und Beschreibung einer Erscheinung A - hier AIDS-präventives Verhalten - und der Nachweis des Entstehungszusammenhanges mit einem anderen Phänomen B - hier die Interventionen innerhalb des Streetworkermodells - ist voneinander zu unterscheiden. Das Kausalgesetz sagt zwar aus, daß jede Erscheinung einen Grund hat, bedeutet aber nicht, daß man zu einer wirklichkeitsnahen Beschreibung dieser Erscheinung und zum Nachweis ihrer Existenz gleichzeitig ihren Grund kennen müsse. Ein exakter Nachweis von Kausalzusammenhängen im "naturwissenschaftlichen Sinne" (s. S. 139/140) - sowohl in quantitativen, als auch in qualitativen Studien - ist in der Sozialwissenschaft generell unmöglich. Es sind lediglich Wahrscheinlichkeits- und Tendenzaussagen über den Zusammenhang zwischen Sexualverhalten und den Interventionen des Streetworker-Modells möglich.

Aber auch dann, wenn dies ebenfalls unmöglich wäre, ist der Versuch einer Erfassung dieser zentralen Wirkungsvariablen, evaluationstheoretisch gesehen, lohnenswert: Die Feststellung, daß sich eine Veränderung des Sexualverhaltens im negativen Sinne oder das Ausbleiben einer Veränderung ergeben hat, sagt als mögliches Er-

---
11: Entsprechende Zugangsweisen der qualitativen Feldarbeit und des "going native", die sich in der Situation des Streetworks geradezu anbieten, finden sich z.B. bei Girtler 1984.

gebnis zumindest eindeutig aus, daß der Interventionsansatz seine Ziele nicht erreichen konnte und offensichtlich in dieser Hinsicht wirkungslos geblieben ist. Kann festgestellt werden, daß eine positive Verhaltensänderung eingetreten ist, so ist damit ein für das Projekt zentraler Sachverhalt festgestellt: Das Ziel wurde erreicht und es ist nicht auszuschließen, daß die Arbeit der Streetworker dazu beigetragen hat.

Es spricht aber noch ein zusätzlicher wichtiger Grund dafür, den Versuch einer Erfassung dieser Variablen zu unternehmen: Man kann überhaupt erst auf der Grundlage der Feststellung, daß die Existenz eines »veränderten Sexualverhaltens« (Variable A) vorliegt, weitere Untersuchungen und Reflexionen über deren Zusammenhänge mit anderen Erscheinungen unternehmen; nämlich überprüfen, inwieweit sie mit der Variablen B »Interventionen und Botschaften des Streetworkermodells« zusammenhängt und inwieweit andere Variablen einschränkende oder förderliche Bedingungen für diese positive Wirkungen darstellen oder zu Nebeneffekten führen. Die Autoren argumentieren also falsch, wenn sie die Erfassung der Entstehungsbedingungen für angestrebte Zielzustände für unmöglich halten und dies als Grund dafür anführen, daß eine Erhebung der direkten Auswirkungen fallengelassen werden müßte, weil gerade letzteres eine Voraussetzung für ersteres darstellen kann. Insgesamt betrachtet sind also die Gründe, die dafür aufgeführt wurden, keine Konzentration der Untersuchung auf die direkten Wirkungen vorzunehmen, unangemessen, widersprüchlich und verkennen grundlegende evaluationstheoretische Zielsetzungen. Folglich ist der von den Autoren geforderte Verzicht auf die Erfassung dieser Kernvariable, die für die Beurteilung des Ansatzes zentrale Bedeutung hat, aus evaluationstheoretischer Sicht als unzulässig einzuschätzen, wenngleich er aufgrund situativer und forschungstechnischer Einschränkungen gerechtfertigt erscheinen kann.

2.3.2 Die Konstruktion der Evaluationsverfahren -
oder: Das Mißverständnis mit der Wissenschaftlichkeit

Abschließend soll auf einen problematischen Aspekt eingegangen werden, der in der methodischen Vorgehensweise enthalten ist. Eine Schwäche der Erhebungsmethoden besteht darin, daß in allen Verfahren ausschließlich Sichtweisen und Einschätzungen von Streetworkern und Experten und nicht die der Betroffenen erfaßt werden. Damit wird gegen die wichtige evaluationstheoretische Forderung der Multiperspektivität verstoßen. Angesichts der dargestellten "Pioniersituation" der Streetworker in ihrem Aufgabenbereich, die durch eine Komplexität der Problemlagen und eine beträchtliche Sensibilität der Adressaten ("heiße Praxisfelder") gekennzeichnet ist, erscheint es allerdings verständlich, daß eine Untersuchung der Adressaten unterblieben ist, um Störungen in bezug auf die schwierige Arbeit der Streetworker zu vermeiden. Aus praktischen Erwägungen hat sich Evaluation zurückzuhalten, wenn die schwierige Situation der Kontaktaufnahme und des Einstieges in das Feld bewältigt werden muß, will sie nicht das im Keim ersticken, was sie letztendlich beurteilen soll. Die situativen Rahmenbedingungen rechtfertigen vorläufig also die relativ einseitige und ausschnitthafte Erhebung, die vor allem die Sichtweisen der Streetworker wiedergibt. Dies hätte jedoch im Bericht reflektiert und in die Begründung der Evaluationsverfahren eingebaut werden müssen, zumal die Autoren eine Diskussion in dieser Richtung innerhalb ihrer theoretischen Grundlagen unter dem Punkt "5.4 Critical trade offs" verschiedener Forschungsstrategien" explizit fordern (S. 98).

Unter diesem Punkt stellen die Autoren die spezifischen Gründe dafür dar, weshalb Evaluationsprojekte unter dem Druck der allgemeinen Rahmenbedingungen in der Regel nicht das hohe methodische Niveau und die Elaboriertheit der Erhebungsinstrumente erreichen, die den Standards sozialwissenschaftlicher empirischer Forschung entsprechen. Hierbei werden folgende Probleme genannt: Zeitknappheit; das Problem der Anwendung aufwendiger Verfahren; das Problem der Entwicklung eigenständiger (nicht erprobter) Verfahren für praktische Zwecke; das Problem wissenschaftlicher "Strenge" der Methoden (S. 99/100).

Insgesamt betreffen diese Problemstellungen die Frage nach dem Verhältnis zwischen Evaluation in ihrer institutionellen und forschungspraktischen Begrenztheit einerseits und in ihren möglichen wissenschaftlichen Ansprüchen andererseits: daß die Untersuchungskonzepte und Erhebungsverfahren epistemologischen und wissenschaftstheoretischen Prinzipien gerecht werden, daß diese tragfähig und umfassend begründet werden können oder der Forderung nach Validität und Objektivität entsprechen. Die situativen Bedingungen des Streetworkermodells zeigen, daß ein methodisches Vorgehen nach wissenschaftlichen Maximalforderungen, wie es für eine umfassende Analyse der relevanten sozialen Vorgänge theoretisch wünschenswert wäre, aus verschiedenen Gründen nicht umsetzbar ist.

Eine evaluationstheoretische Sichtweise, die hieraus folgert, daß wissenschaftliche Standards und der Anspruch der Wissenschaftlichkeit für Evaluation nur eingeschränkt gelten können und sollten, mithin daß Evaluation keine angewandte Sozialwissenschaft ist, sondern einen eigenständigen Bereich der Erkenntnisgewinnung ausmacht, stellt jedoch eine Fehlinterpretation dar. Evaluationen müssen unter den möglichen Verfahren und Erhebungstechniken diejenigen auswählen, die jene wissenschaftlichen Kriterien innerhalb des Machbaren am besten erfüllen. Im Falle der sozialpädagogischen Evaluation wird das empirisch und theoretisch Machbare noch durch pädagogische Beschränkungen begrenzt: einmal in ethischer-moralischer Hinsicht und zum anderen hat eine Evaluationsmaßnahme, die ja selbst einen Eingriff in das Arbeitsfeld mit möglichen Konsequenzen und Reaktionen darstellt, sich in die pädagogische Konzeption einzufügen. Sie darf pädagogische Prozesse in keinem Falle behindern oder einschränken, sondern soll diese unterstützen und begleiten wie im Falle der ausführlichen themenzentrierten Interviews mit den Streetworkern, durch die sicherlich die selbstreflexive Kompetenz der Praktiker, und damit ein den Verlauf pädagogischer Prozesse begünstigendes Moment, dadurch gestärkt wurde, daß Raum und Gelegenheit zu Reflexion geschaffen wurde.

Es wäre somit unangemessen, die Wissenschaftlichkeit einer Evaluation allein am wissenschaftlichen Niveau der angewandten Verfahren zu beurteilen, das gegenüber dem der Grundlagenforschung immer begrenzt sein wird. Evaluationen müssen Kompromisse der Machbarkeit und der pädagogischen Zweckmäßigkeit eingehen. Ihre Wissenschaftlichkeit läßt sich darin ersehen, wie (wissenschaftlich) reflektiert mit diesem eingeschränkten aber machbaren Niveau umgegangen wird; d.h. inwieweit die Tragweite und die Geltung der Ergebnisse angesichts vorhandener Einschränkungen und Unzulänglichkeiten offengelegt und diskutiert wird (vgl. Kap VI, 1). Außerdem ist darauf hinzuweisen, daß die aufwendigsten, elaboriertesten und x-fachen Validitätstests unterzogenen Instrumente innerhalb einer Evaluation völlig sinnlos und damit unwissenschaftlich sind, wenn nicht die richtigen Beurteilungskriterien und Fragestellungen zur Anwendung kommen, d.h. wenn keine inhaltlich angemessenen Evaluationskonzepte entwickelt werden.

VI. Kapitel:
Überlegungen und Perspektiven zur Theorie der Evaluation in der Sozialpädagogik

Zielsetzung und Struktur des abschließenden Kapitels:
Erstens geht es angesichts der bestehenden begrifflichen und definitorischen Defizite darum, eine Klärung der evaluationstheoretischen Grundlagen zu erarbeiten.
Zweitens wird versucht, eine theoretische Struktur für die Evaluation sozialpädagogischer Praxis zu konstruieren, in der Orientierungspunkte und Perspektiven der Reflexion über geeignete Konzepte und Verfahren angeboten werden. Diese Diskussion geschieht auf drei Ebenen, die die weitere Gliederung des Kapitels im Anschluß an den nun folgenden Abschnitt der evaluationstheoretischen Grundlagen bestimmen:
- Sozialpädagogisches Handeln und Evaluation
- Institution und Evaluation in der Sozialpädagogik
- Gesellschaftliche Bedingungen für und Funktionen von Evaluation in der Sozialpädagogik

1. Evaluationstheoretische Grundlagen

Im diesem Abschnitt soll die theoretische Grundstruktur für Bezugspunkte der Entwicklung, Beurteilung und Optimierung von Evaluationsvorhaben formuliert werden. Diese stellen gewissermaßen die Basis des Reflexinsmodells dar, das in den später folgenden Gliederungspunkten konstruiert werden wird.

1.1 Evaluationstheoretische Grundbegriffe, -probleme und -prinzipien

Evaluation und Alltagsbeurteilung
Die Unterschiede zwischen nichtwissenschaftlichen Beurteilungen im Alltag und wissenschaftlich orientierten und systematisch geplanten Analyse- und Beurteilungsprozessen wurden bereits im ersten Kapitel offensichtlich. Die Verwendung des Begriffes »Evaluation« würde keinen Sinn machen, wenn man darunter allgemein »Beurteilung« verstünde. Evaluation ist eine spezifische Form der Beurteilung, die sich dadurch auszeichnet, daß der Beurteilungsprozeß einem bestimmten Ablauf folgt und bestimmten Prinzipien unterworfen wird: Urteile werden erst auf der Grundlage einer systematisch betriebenen Sammlung und Analyse von Daten gefällt, anhand derer versucht wird, die Inhalte der Urteile empirisch zu belegen und anhand offengelegter Normen zu begründen. Der Prozeß der Beurteilung geschieht nicht anhand unhinterfragt übernommener Maßstäbe, sondern die Kriterien, nach denen sowohl die Informationssammlung, als auch die Beurteilung vollzogen werden (Evaluationskriterien), werden im Rahmen einer expliziten Diskussion ausgewählt und begründet. Hinzu kommt, daß im Unterschied zu "Pauschalurteilen" das, was beurteilt werden soll (**Evaluationsgegenstand**), genau definiert wird. Evaluation läßt sich als Prozeß verstehen, der - in Erweiterung des Countenance-Ansatzes nach Stake (s. S. 95) folgende Reflexionsschritte enthält: Reflexion der Evaluationskriterien, Informationsammlung und Analyse, Beurteilung des Evaluationsgegenstandes.

Diese grundlegenden konzeptionellen Elemente sind nicht in einer starren Abfolge zu denken, sondern die damit bezeichneten Schritte können gleichzeitig, ineinander übergehend, in wechselnder Folge und iterativ geschehen. Sie verleihen dem Prozeß der Evaluation eine bestimmte Struktur, mit der das das Ziel verfolgt wird, im Vorgang der Bewertung einen möglichst objektiven Standpunkt anzustreben und kritische Distanz gegenüber interessengeleiteter Voreingenommenheit, subjektiven Vorlieben und vorurteilsbehafteten Deutungsmustern[1] walten zu lassen (bias control, s. Scriven, S. 78). Wenn es auch nicht gelingen kann, Voreingenommenheiten und Fehlurteile ganz auszuschließen, so soll Evaluation doch dazu beitragen, daß die Vorgänge und Zusammenhänge, wie Beurteilungen zustande kommen, offengelegt und damit diskutierbar werden.

Ein wesentliches Prinzip besteht in der systematischen Reflexion, Offenlegung, Diskussion, Begründung und Dokumentation aller wesentlichen Schritte der jeweils angewandten Vorgehensweise in bezug auf die Evaluationskriterien, die Informationssammlung und die Bewertungen. Dies bedeutet nichts anderes als erstens die systematische Anwendung sozialwissenschaftlicher Verfahren bei der Konzeptentwicklung und der Begründung der Urteile sowie bei der empirischen Erhebung und der Interpretation der Daten (vgl. Scriven 1991, Rossi 1988). Zweitens erfordert es die bewußte **Selbstreflexion** auf einer Metaebene, um sich mit den eigenen Vorgehensweisen und Sichtweisen auseinanderzusetzten.

Evaluationskriterien

Wie bereits angedeutet können die Kriterien für die Analyse von denen der Beurteilung unterschieden werden. Die **Kriterien der Beurteilung** dienen als normativer Hintergrund und als Maßstab für die Beurteilungsprozesse und wertenden Interpretationen. Die **Kriterien der Analyse** legen die Schemata, die Auswahlkriterien und Schwerpunkte der Informationssammlung fest, auf deren Grundlage sich die Beurteilung vollzieht. Beide Arten von Evaluationskriterien bedürfen Prozesse der Reflexion und der Legitimation. Ich habe in der vorangegangenen Analyse zwei Wege der Konstruktion dieser Kriterien unterschieden (s. Kap. V; S. 230ff): Die Kriterien werden bei der **präadaptiven** Vorgehensweise vor der Informationssammlung und den empirischen Erhebungen entwickelt und bestimmen gezielt deren Struktur und Inhalt. Bei der **interpretativen** Vorgehensweise ergeben sich die Kriterien nach der Informationssammlung im Zuge der Analyse des bereits erhobenen Materials und in den Beurteilungsprozessen selbst. Die Systematik der Informationssammlung und die Wahl der Erhebungsmethoden geschieht jeweils in Abstimmung mit diesen Vorgehensweisen und die Bedingungen des Evaluationsgegenstandes.

Zusammenfassend beschrieben bedeutet Evaluation also den Prozeß der systematischen Informationssammlung und der wissenschaftlich orientierten Analyse mit dem Ziel, einen bestimmten Evaluationsgegenstand - in unserem Falle sozialpädagogische Interventionen, Konzepte oder Programme - in bezug auf ihre Konsequenzen zu beurteilen. Die Inhalte dessen, was als beachtenswert, positiv oder negativ gelten soll, er-

---

1: sog. biases, s. Kap II: bei Campbell, S. 77; Suchman, "formal evaluation", S. 72; Scriven "bias control", S. 81.

geben sich aus den Evaluationskriterien, die wie die gesamte Vorgehensweise ebenfalls systematisch entwickelt werden, d.h. die Entscheidung für ihre Anwendung wird durch empirische Analysen und theoretische Diskussion wissenschaftlich zu belegen und zu begründen versucht.

Die Ergebnisse der Evaluation oder einzelner Schritte in ihrem Verlauf können - dem konzeptionellen Ideal nach - über die Feststellung der Wertes, des Nutzens oder anderer beurteilungsrelevanter Informationen hinaus vielfache Funktionen erfüllen: z.B. können sie dazu dienen, um
- konzeptionelle, organisatorische und unmittelbar praktische Weiterentwicklungen und Steuerungen zu bewirken,
- Entscheidungen über die Problemlösungsfähigkeit einer Intervention zu begründen,
- neue Interventionsformen zu entwickeln;
- Praktikabilität und Übertragbarkeit zu testen,
- deren Wirkungen anderenorts zu prognostizieren,
- Erkenntnisse über theoretische Zusammenhänge zwischen Interventionen, Wirkungen und Praxisbedingungen hierfür zu erlangen.

Zur Informationssammlung
Rossi (1988, S. 184) äußert den Eindruck, daß in Evaluationen erfahrungsgemäß eher die "genügend" guten Methoden eingesetzt werden, wogegen Grundlagenforschung eher die bestmöglichen verwendet. Erfahrungsgemäß setzen die Bedingungen der Projekt- und der Berufspraxis nämlich den Möglichkeiten, bei der empirischen Analyse in vollem Umfange wissenschaftliche Standards zu erreichen, oftmals enge Grenzen. Die wichtigsten Gründe in diesem Zusammenhang können in Auflagen der Auftraggeber bestehen oder mit dem Problem der Zeitknappheit zusammenhängen (vgl. Gusy u.a. 1992, S. 98). Es kann auch vorkommen, daß bestimmte Methoden, die zur Erhebung der jeweils interessierenden Sachverhalte der Theorie nach ideal wären, nicht angewendet werden können, weil sie die Abläufe der Praxis stören, bzw. so verändern, daß auch nichts mehr erhoben werden kann (z.B. wenn die Anwesenheit teilnehmender Beobachter in einer Beratungssituation so starke Kontrollängste erzeugt, daß Blockierungen der Klienten oder der Praktiker bewirkt werden).

Dieser Punkt verdeutlicht, daß Evaluationen neben ihrer beabsichtigten evaluatorischen Funktion gleichzeitig Wirkungen auf die zu evaluierende Praxis haben. Diese sind in die Reflexion über die Verfahren einzubeziehen, um möglichst Synenergieeffekte zu erreichen, d.h. diagnostische Absichten und pädagogische Wirkungen miteinander zu verbinden[2]. Aufgrund der genannten Bedingungen, die das Niveau der Erhebungsmethoden einschränken können, ergibt sich jedoch kein Grund, das Projekt der Evaluation als nichtwissenschaftlich zu bezeichnen oder prinzipiell eine verminderte Wissenschaftlichkeit zu vermuten. Wissenschaftlichkeit zeigt sich in diesem Falle darin, daß die Aussagekraft und die Tragweite der Daten, so wie sie erhoben wurden, angemessen reflektiert und eingeschätzt werden (s.Kap V, S.198ff).

2: Wenn z.B. Streetworker ausführlich über ihre Erfahrungen mit der Zielgruppe befragt werden, ergeben sich aus dieser diagnostischen Situation automatisch Prozesse der Bewußtmachung und der Selbstreflexion der eigenen Ziele und Vorgehensweisen, die sich positiv auf die Handlungskompetenzen auswirken können.

Evaluative Fragestellungen
Als evaluativ bezeichne ich diejenigen Fragestellungen, die eine gezielte Untersuchung bestimmter Sachverhalte unter den Aspekten erlauben, die im Sinne der Kriterien als relevant erachtet wurden und die wichtige Auskünfte bezüglich der Bewertung betreffen. Im Rahmen einer Evaluation werden zum einen spezifische evaluative Fragestellungen, die auf bestimmte einzelne Kriterien zugeschnitten sind, und zum anderen allgemeine Fragestellungen entworfen, die mehrere Kriterien oder die ganze Untersuchung betreffen. Bei der interpretativen Vorgehensweise werden diese Fragestellungen zunächst relativ offen und allgemein gehalten, bei der präadaptiven müssen zur Konstruktion der Erhebungsinstrumente immer spezifische und auf einzelne Kriterien zugeschnittene Fragestellungen entwickelt werden. Analog zu dieser Bandbreite möglicher Fragestellungen werden auch in ihrer Konkretheit unterschiedliche **Evaluationsgegenstände** definiert, untergliedert und spezifiziert: z.B."die pädagogische Praxis der Jugendverbände", "die Familienhilfe im Landkreis XY", "Einstellungen im Konsumverhalten bei den Klienten der Schuldnerberatungsstelle XY", "Konflikthaftigkeit des Verhältnisses alleinerziehender Mütter zu ihren im Modellprojekt Tagesmütter betreuten Kleinkindern".

Indikatoren
Dies sind beobachtbare, interpretierbare und meßbare Tatbestände, die Rückschlüsse in bezug auf diejenigen Sachverhalte erlauben, die im Rahmen der evaluativen Fragestellungen festgestellt oder untersucht werden sollen. Zur Untersuchung von Indikatoren kommen alle Methoden der empirischen Sozialforschung in Betracht. Es muß dabei einerseits versucht werden, gezielt im Sinne der thematisierten Kriterien und Fragestellungen vorzugehen, aber andererseits darf das Spektrum nicht so eingeengt werden, daß für die Beurteilung relevante Indikatoren übersehen werden, die außerhalb der angewandten Schemata und "Erfolgstheorien" liegen.

Zur Verdeutlichung: Eine gezielte Erhebung von Indikatoren fand in der Entwicklungspsychologischen Untersuchung Gudats statt. Die »Anzahl der zurückweisenden Reaktionen der Mutter auf emotional positives Verhalten des Kindes in einer Spielsituation« ist einer von vielen möglichen Indikatoren, die eine Auskunft über die Qualität der Mutter-Kind-Beziehung geben. Je gezielter und ausschnitthafter eine empirische Erhebung sich auf einige wenige dieser Indikatoren verläßt, desto mehr besteht die Gefahr, daß andere empirische Informationsquellen übersehen werden, die ebenfalls aussagekräftig für die Entwicklung der Kinder sind; z.B. das soziale Verhalten gegenüber anderen Kindern.

Das Evaluationsdesign
Die Planung und Durchführung einer Evaluation hat zwei voneinander unterscheidbare grundlegende Aufgaben zu lösen: **erstens** die inhaltliche Erarbeitung der eben definierten Elemente und die Konzeptionierung eines theoretischen Untersuchungsplanes **(theoretisch konzeptionelle Aufgabe); zweitens** die Erstellung eines Konzeptes zur Umsetzung des theoretischen Untersuchungsplanes innerhalb der bestehenden institutionellen und "atmosphärischen" Bedingungen und die Implementation dieses Konzeptes (**Aufgabe des Managements von Evaluation**). Hierbei besteht das Ziel, den Untersuchungsplan so umzusetzen, wie er theoretisch konzipiert wurde. Evaluationen

stellen immer auch Eingriffe und potentielle Störungen der Praxis dar. Von daher muß darauf geachtet werden, daß die Evaluation nicht die Konsequenz hat, daß die Arbeit, die hinsichtlich ihres Erfolges beurteilt werden soll, behindert und eingeschränkt wird (s. Kap. V, S. 269). Die Verfahren der Evaluation sind vielmehr so einzusetzen, daß sie pädagogische Prozesse der Praxis unterstützen können.

Besondere Schwierigkeiten, die sich mit dieser Aufgabe der Umsetzung zwischen einer »so gedachten« hin zu einer »so möglichen Evaluation« verbinden können, wurden bereits mehrfach angesprochen[3]. Aus der Bearbeitung beider eben unterschiedener Aufgaben ergibt sich ein **Evaluationsdesign**, das in theoretischer und in pragmatischer Hinsicht jeweils auf die speziellen Gegebenheiten des Projektes abgestimmt sein muß. In den folgenden Abschnitten geht es wie in der gesamten Arbeit im Schwerpunkt um die erste Aufgabe der Konzeptentwicklung von Evaluation.

Das epistemologische Grundproblem

Es wurde bereits angedeutet, daß sowohl Einschränkungen bei der Anwendung der Methoden der Evaluation (s.o.), als auch interessengeleitete Instrumentalisierungen immer vorhanden sind - z.b. durch den Auftraggeber, der die Ziele und Funktionen der Evaluation festlegt. Und generell ist zu beachten, daß selbst die Ergebnisse einer Evaluation unter optimalen Bedingungen doch nur eine von vielen möglichen Sichtweisen und Konstruktionen der Wirklichkeit darstellt, von der man nicht mit Gewißheit sagen kann, ob sie die Realität angemessener einfängt als Alltagsurteile und sie nicht vielleicht Normen als Maßstäbe anlegt, die sich zu einem späteren Zeitpunkt aus der Retrospektive betrachtet als völlig unzureichend erweisen. Es stellt sich also die Frage, ob das, was durch wissenschaftliche Methoden innerhalb einer Evaluation an empirischen Sachverhalten erforscht werden kann, dazu berechtigt, die Praxis zu bewerten. Zumal diese Bewertungen gravierende Konsequenzen für die Praxis zur Folge haben können[4], wenn sie z.b. politische Entscheidungen über deren Finanzierung beeinflussen (vgl. Rossi 1988, S. 192ff)

Mit der Frage der Evaluation sind also grundsätzliche erkenntnis- und wissenschaftstheoretische Probleme verbunden, die zwar allgemein für wissenschaftliche Forschung gelten, aber wegen des normativen Aspektes der Bewertung und dadurch verschärft werden, daß Evaluationen einen starken Einfluß auf gesellschaftspolitische Entscheidungen haben haben können. Entgegen der Meinung einiger Vertreter der traditionellen Evaluationstheorie, die glauben, die Produktion von Ergebnissen und Bewertungen durch Evaluationsforschung strikt von dem Vorgang der Entscheidungen durch dazu befugte Politiker oder andere Instanzen trennen zu können (z.B. bei Campbell, s. Kap. II, S. 80), gehe ich davon aus, daß Evaluatoren sich der Verantwortung gegenüber dem, was in Folge der von ihnen ermittelten Ergebnisse geschieht, nicht entziehen dürfen. Wie bereits im zweiten Kapitel dargestellt, wird diese Problematik von den Evaluationstheoretikern in unterschiedlicher Weise gesehen und beurteilt. Im Rahmen meiner Untersuchung kann natürlich weder eine ausführliche Problemdar-

---

3: z.B. für das AGAG (Kap. I, S. 21), für die Evaluation der Zentralen Beratungsstelle für Obdachlose (Kap. IV, S. 173) und für das Erprobungsprogramm im Elementarbereich Kap. IV, S. 179 ff).
4: Im Falle der Selbstevaluation, wenn Pädagogen ihre eigene Praxis evaluieren, stellt sich die Problematik anders.

stellung, noch eine Lösung dieser grundsätzlichen Fragen geleistet werden. Es läßt sich lediglich darstellen, welcher Standpunkt als epistemologische Prämisse eingenommen wird, weil er geeignet ist, evaluatorische Urteils- und Handlungsfähigkeit bei einer gleichzeitigen Vorsicht gegenüber der Gefahr vorschneller und endgültiger Urteile walten zu lassen.

1.2 Sozialpädagogische Praxis als Evaluationsgegenstand

Sozialpädagogische Praxis hat sich in ihrer historischen Entwicklung faktisch als eine institutionell organisierte Praxis etabliert, in der immer politische, administrative oder andere Leitungsebenen bestehen. Sie wurde und wird folglich je nach Arbeitsbereich zwar mehr oder weniger aber insgesamt betrachtet beständig geplant, konzipiert, gerechtfertigt und verwaltet. Hierzu sind immer Prozesse der Beurteilung notwendig, die sich latent oder offiziell im Vorfeld von Planungen und Interventionen oder danach vollziehen. Man könnte also sagen, daß es nicht möglich ist, nicht zu "evaluieren". Jede Entscheidung basiert auf Prozessen der Analyse und Bewertung - beispielsweise auch die, daß ein bestimmter Beratungsansatz völlig abgesehen von dessen inhaltlichen Eignung in einer Einrichtung letztlich nur deswegen verbindlich gemacht wird, weil der Leiter eine Zusatzausbildung in dieser Beratungsform hat.

Aufgrund der oben geschilderten epistemologischen und ontologischen Probleme darf die Idee einer möglichen Annäherung an systematisch begründete und objektive Analysen und Bewertungen, also die des Konzeptes »Evaluation«, nicht fallengelassen werden. Denn hieraus folgte unweigerlich, daß die Steuerung und Planung der Praxis bloß noch durch latent stattfindende und unhinterfragte Beurteilungsprozesse geschehen würde, die einen weitaus höheren Anteil an Irrationalität, an Zufälligkeit und an persönlichen Interessen aufweisen als derjenige, der auch für wissenschaftlich orientierte Evaluationen unvermeidlich erscheint.

Vor diesem Hintergrund kann Evaluation in dem umrissenen wissenschaftlichen Sinne als Ressource der Aufklärung wahrgenommen und als **konstruktives Projekt** aufgefaßt werden, das **zwei** idealtypische Funktionen erfüllen soll: Bewertungs- und Planungsvorgänge **erstens** transparent und einem Diskurs zugänglich zu machen sowie diese gleichsam durch den Bezug auf die Wirklichkeit zu "rationalisieren"; **zweitens** in ihrem Inhalt auf sozialpädagogische Erfordernisse abzustimmen - im Unterschied zu privaten Interessen und subjektiver Involviertheit und in Abgrenzung gegenüber rein administrativ, psychiatrisch-therapeutisch, juristischen oder betriebswirtschaftlich geprägten Sichtweisen.

Im Rahmen meines Modells der Evaluation sozialpädagogischer Praxis werden diese beiden Funktionen in Form von Ansprüchen formuliert, die das eigene Konzept gegenüber sich selbst erhebt. Es sind somit Kriterien des eigenen evaluationstheoretischen Standpunktes gegeben, die sich in der Analyse und der Kritik der Theorieentwicklung und der Evaluationsprojekte "herausgeschält" haben. Die erste nenne ich »**Tatbestandsorientierung**« und die zweite »**sozialpädagogische Orientierung**«. Beide konzeptionellen Forderungen muten zunächst banal an, denn woran sollte Evaluation in der Sozialpädagogik anders orientiert und interessiert sein als an der Wirklichkeit und am Sozialpädagogischen. Diese beiden Orientierungen werden jedoch in der Praxis der Evaluation eben nicht selbstverständlicherweise bedacht und umgesetzt. Angesichts der bereits im ersten Kapitel dargestellten evaluationstheoretischen Defizite stellen sie folglich allgemeine metatheoretische Qualitätskriterien der hier thematisierten Evaluation dar, weil sie quasi zusammenfassend auf den Punkt zu bringen versuchen, woran Evaluationen in der Sozialpädagogik gemessen werden können. Um das, was dabei gemeint ist, näher erläutern zu können, muß etwas weiter ausgeholt werden.

Zur Problematik des pädagogischen Erfolges

"Es klafft eine unüberbrückbare Kluft zwischen dem Ziel und dem Mittel. Denn die Ziele sind allemal hohe, letzte; und den Erweis der Tauglichkeit der Mittel vermag nur eine wissenschaftliche Prüfung zu erbringen, deren letztes Kriterium der reale Erfolg ist" (Siegfried Bernfeld, 1990, S. 34).

Für die Prüfung eines pädagogischen Konzeptes bräuchte man nach diesem Zitat nur einen Blick in die Realität und auf seine Durchführung zu werfen. Der Wert eines pädagogischen Konzeptes ist daran zu beurteilen, ob es erfüllt, was es verspricht. Dies wird von Bernfeld an einer vorherigen Stelle als ebenso flache wie unausweichliche Angelegenheit bezeichnet (vgl. ebd. S. 33). Die Umsetzung des beim ersten Blick einfach erscheinenden Prinzips stellt sich jedoch kompliziert und interpretationsbedürftig dar, denn sie setzt eine konkrete Vorstellung von Erfolg und eine vorhergehende inhaltliche Festlegbarkeit dessen voraus, was das pädagogische Konzept verspricht. Es bestehen verschiedene mit der spezifischen Struktur sozialpädagogischer Praxis zusammenhängende Probleme, die die Grundlagen für den bezeichneten einfach erscheinenden Bewertungsprozeß einschränken und die Möglichkeiten der Evaluation verkomplizieren. Einige sollen ganz grob beschrieben werden:

Erstens können schon die Zielsetzungen innerhalb verschiedener pädagogischer Konzepte sehr umstritten sein, weil sie auf unterschiedlichen sozialethischen und politisch-moralischen Einstellungen beruhen (vgl. Sengling 1987). Beispiele hierzu sind in der sozialen Arbeit u.a. in der Familienhilfe, in der Schwangerschaftsberatung, in der Drogenarbeit, in der Sexualberatung zu finden: Ist es das Ziel der Familienhilfe, Familien in Konflikten zusammenzuhalten, oder sie aufzulösen, wenn sich dadurch für die Betroffenen bessere Lebenschancen ergeben? Soll Drogenarbeit Abhängigen zu einem Leben ohne Sucht verhelfen oder kann das Ziel auch sein, ihnen einen lebenswerten Alltag unter kontrollierter Verabreichung von Ersatzdrogen zu ermöglichen? Soll man einem jungen Industriearbeiter Klassen- und Selbstbewußtsein vermitteln, ihn zur aktiven politischen Arbeit und zur Vertretung seiner Interessen ermutigen oder soll man ihn bestärken, in Abendkursen das Abitur zu machen und aus seinem Milieu "aufzusteigen"? Davon abgesehen stellt sich mit der konkreten empirisch erfaßbaren Realisierung der Ziele eine weitere Problematik.

Zweitens besteht in der sozialpädagogischen Praxis jene bereits im ersten Kapitel angesprochene historisch gewachsene unübersichtliche Heterogenität und Vielschichtigkeit unterschiedlichster Praxisbereiche, die je eigene Strukturen aufweisen und unterschiedliche Zielsetzungen benötigen, sich aber in ständiger Veränderung befinden können. Dies schließt die Möglichkeit aus, Prinzipien zu formulieren, die eine theoretisch inhaltliche Konkretisierung und übergreifende Normierung (etwa nach Erfolgsquoten) dessen beinhalten, wie sich Erfolg empirisch niederschlägt und erhoben werden kann.

Drittens haben auch die Individuen und nicht nur die Institutionen und Praxisbereiche (Lebens- und Seelen-) Geschichten (vgl. Bernfeld, S. 146ff), die untereinander verschieden sind, und es bestehen unterschiedliche persönlichen Interpretationsweisen, Handlungsmuster und auch höchst verschiedene soziale Handlungsmöglichkeiten des Einzelnen und gesellschaftlicher Gruppen. Hieraus folgt zwangsläufig, daß höchst unterschiedliche Formen dessen bestehen, wie sich "Erfolg" empirisch äußert und sich biografisch in der persönliche Entwicklung (»Lebensläufe«) niederschlägt. Hinzu kommt, daß Evaluationsgegenstände, die individuelle Einstellungen und Verhaltensweisen betreffen, in der Regel empirisch schwer zugänglich sind; aus forschungstechnischen Gründen oder weil sie quasi in der individuellen Privatsphäre angesiedelt sind (z.b. AIDS-präventives Sexualverhalten).

Viertens legt sich die sozialpädagogische Theorie selbst Beschränkungen ihres Zugriffs auf, indem sie beispielsweise Ziel der Offenheit anstrebt (Winkler 1988): Es sollen Räume für eigene Interpretationen dessen offengehalten werden, was der Klient für sich als Lebensziel definiert (z.B. in der Familienhilfe oder in der Arbeit mit Obdachlosen) und was er als Spezialist seiner Problemlage für eine angemessene Lösung erachtet (z.B. in der Beratung Strafentlassener).

Fünftens besteht in der Soziapädagogik in vielen Arbeitsbereichen und insbesondere dann, wenn ganz neue Problemlagen auftauchen (wie z.B. AIDS oder rechtsradikale Gewalt Jugendlicher), zunächst die Aufgabe, die Praxis und deren Konzepte überhaupt erst einmal zu konstituieren und neu zu erfinden. Und zwar nicht am grünen oder runden Tisch, sondern angesichts drängender Probleme muß im Alltagshandeln tentativ herausgefunden werden, was eigentlich über allgemeine Verlautbarungen hinaus im einzelnen Ziel und Weg der Praxis sein kann und soll.

Ähnlich wie das bei dem allgemeinen erkenntnistheoretischen Problem (s.o.) der Fall war, können diese Probleme nicht systematisch aufgelöst werden. Man kann ihnen gegenüber jedoch bestimmte evaluationstheoretische Vorkehrungen treffen und aus ihnen Schlüsse ziehen, die für das Verständnis der Evaluation in der Sozialpädagogik von Bedeutung sind: Angesichts der genannten Probleme ist es weder möglich, noch angebracht, eine Prinzipiendiskussion sozialpädagogischer Erfolgskriterien auf evaluationstheoretischer Ebene zu führen. Denn es muß jeweils vor Ort nach situativen Bedingungen, nach Erfordernissen des Evaluationsgegenstandes und im Kontext des vorhandenen oder zu entwickelnden Erkenntnisinteresses definiert und entschieden werden, welche Theorien und welche Handlungskonzeptionen diesem Prozeß der Interpretation in bezug auf die fragliche Kategorie »pädagogischer Erfolg« zugrundegelegt werden und ihren Inhalt bestimmen sollen. Evaluationstheorie kann versuchen, Möglichkeiten aufzuzeigen und Orientierungen zu geben, die den interpretativen Weg der Entwicklung von Evaluationskriterien und insbesondere den der Umsetzung dieser "Vorstellung von Erfolg" in die Ebene der empirischen Überprüfung des "tatsächlichen Erfolges" begleiten. Ideal ist es, wenn anhand der empirischen Erfassung von Tatbeständen nicht nur das Vorliegen eines Erfolges festgestellt wird, sondern auch in bezug auf die Frage Informationen gesammelt werden können, inwieweit die eigenen Konzepte des Handelns und Vorstellungen von Erfolg angemessen sind.

Das glückte beispielsweise bei der entwicklungspsychologischen Evaluation Gudats, in der anhand der beobachteten Tatbestände kindlicher Entwicklung und seiner Bedingungen nachgewiesen wurde, daß bestimmte Inhalte der psychoanalythischen Entwicklungstheorie nicht mit der Realität übereinstimmen. Es kann aber nur dann gelingen, wenn die Evaluation erstens genau diejenigen Aspekte der Praxis focussiert und als spezifischen Evaluationsgegenstand definiert, die von zentralem pädagogischem Interesse sind, und sich in der empirischen Analyse genau darauf konzentriert, diese spezifischen Aspekte wirklichkeitsnah und authentisch zu erfassen. Genau dies soll die »Tatbestandsorientierung«, die natürlich generell für Evaluation gilt, und die »pädagogische Orientierung« einfordern.

Nehmen wir als Beispiel ein einzelnes Evaluationskriterium, das innerhalb der Evaluation des sog. "Schoolworkprogrammes" (Oswald 1991) zur Aufklärung über AIDS definiert wurde, und in die evaluative Fragestellung mündet: Inwieweit hat die Diskriminierungsbereitschaft gegenüber HIV-infizierten Personen bei den Schülern abgenommen, die an dem AIDS-Aufklärungs-Unterricht teilgenommen haben. Bei dem als Beispiel herausgegriffenen spezifischen Evaluationsgegenstand "Diskriminierungsbereitschaft" handelt es sich um einen ganz zentralen pädagogischen Aspekt. Dieser beinhaltet nämlich die Einstellung, auf die die pädagogische Arbeit einwirken soll. Betrachten wir nun, wie der reale Erfolg der Arbeit in bezug auf dieses zentrale pädagogische Kriterium ermittelt wurde:

Die Zielvariable »Abnahme der Diskriminierungsbereitschaft« wurde anhand von zwei Fragen in einem standardisierten Fragebogen getestet. Genau genommen wurde somit bei den Schülern, die am Unterricht teilgenonnen hatten, im Sinne folgender Fragestellung erhoben: Inwieweit können diese Schüler nicht diskriminierende Verhaltensattitüden und Argumentationen, die entsprechende Unterrichtsinhalte repräsentieren, sinngemäß auf Rating-Skalen reproduzieren, wenn sie in der Situation einer schriftlichen Befragung dazu aufgefordert werden?

Dies steht zwar sicherlich in einem engen Zusammenhang mit den tatsächlichen Einstellungen, deren Veränderung im zentralen pädagogischen Interesse steht. Die Evaluation erhebt hier aber anhand eines Indikators, der von dem eigentlich pädagogisch interessanten spezifischen Evaluationsgegenstand der tatsächlichen Einstellungen und Verhaltensweisen im Alltag weit entfernt ist. Man hätte u.U. in einem Pausengespräch unmittelbar nach einer entsprechenden Unterrichtseinheit authentischere und weitergehende Informationen sammeln können als durch den Fragebogen; z.B. wie bestimmte Argumentationen des Unterrichtes aufgenommen werden. Die Evaluation kam in bezug auf dieses Evaluationskriterium zwar konzeptionell der sozialpädagogischen Orientierung nach, konnte diese jedoch hinsichtlich der eben thematisierten Erhebungsmethode nicht im Sinne einer Tatbestandsorientierung umsetzen. Oder umgekehrt: Die Evaluation hat einen spezifischen Gegenstand "tatbestandsorientiert" erfaßt, der jedoch im Sinne der "sozialpädagogischen Orientierung" nicht von zentraler Bedeutung ist.

Wenn es um das Kriterium der bloßen Information und Aufklärung über Wege der AIDS-Infektion geht, so bestehen diese Probleme nicht, denn der Fragebogen kann direkt das Wissen der Schüler messen, was als Evaluationsgegenstand hier im Mittelpunkt des pädagogischen Interesses steht. Es handelt sich nun jedoch um einen Lehrinhalt, und der Erfolg des hierzu führenden pädagogischen Lehr-Lern-Prozesses kann in einem weitaus höheren Maße technisch hergestellt und in seinem Erfolg definiert und evaluiert werden.

Evaluative Fragestellungen, die sich auf die Implementation des Programms beziehen, z.b. ob die SchoolworkerInnen in den Schulen akzeptiert werden, sind natürlich auch von sozialpädagogischer Bedeutung. Denn was nützt ein Handlungskonzept, dessen Erfolg auf der Ebene des Handelns erwiesen ist, wenn dieses Konzept nicht in die Praxis umgesetzt werden kann. Es handelt sich aber nun um Kriterien, die auf der Ebene der Institution relevant sind. Beide unserer grundlegenden Orientierungen müssen in dieser dem Handeln übergeordneten Ebene anders definiert werden, d.h. hier geht es weniger um die Resultate pädagogischer Prozesse und Interaktionen, sondern um die Frage, inwieweit durch organisatorische Maßnahmen praktikable und finanzierbare Bedingungen geschaffen werden, die für jene pädagogischen Prozesse günstig sind. Beachtenswert erscheinen an dieser Stelle folgende Dinge zu sein:

Erstens ist natürlich die Evaluation in der institutionellen Ebene auf die Ergebnisse in der Handlungsebene angewiesen, denn was nützt die Untersuchung der Implementierbarkeit und Institutionalisierbarkeit eines Handlungskonzeptes, das wirkungslos oder sogar schädlich ist. Dies gilt natürlich auch für die gesamtgesellschaftliche Ebene.

Zweitens können sich dann Probleme für die Evaluation ergeben, wenn ein Spannungsverhältnis zwischen beiden Ebenen besteht: z.b. zwischen den Evaluationskriterien einer optimalen Organisation in bezug auf die für das Projekt vorgesehenen finanziellen Mittel einerseits und den im Bereich des sozialpädagogischen Handelns als notwendig erachteten Aufgaben sowie der dafür notwendigen personellen Bedingungen andererseits.

Drittens ist zu beachten, daß die Akteure dieser institutionellen Ebene nicht mehr primär mit sozialpädagogischem Handeln befaßt sind, weswegen hier der Anteil professionsfremder Berufsgruppen höher ist. Damit steigt die Wahrscheinlichkeit, daß die Sichtweise der Administration sich verselbständigt und ihre institutionelle Funktion als unterstützende Instanz gelingender sozialpädagogischer Praxis vermehrt ausgeblendet wird. Wie z.B. das Erprobungsprogramm im Elementarbereich gezeigt hat, wirken sich administrativ-politische, von pädagogischen Orientierungen unbeeindruckten Sichtweisen übergeordneter Ebenen - insbesondere dann, wenn mehrere gegeneinander arbeiten - sehr einschränkend und negativ auf die Möglichkeiten einer an Sozialpädagogik und am Tatbestand orientierten Evaluation aus (s.o. S. 129, 151).
Bei dem oben geschilderten Beispiel des Schoolworker-Programmes erschienen jeweils die pädagogischen Inhalte und die Evaluationskriterien eindeutig zu sein, und nur bei der Frage der empirischen Vorgehensweise oder in bezug auf das Verhältnis zur übergeordneten institutionellen Ebene tauchten Probleme auf. Erinnern wir uns nun aber daran, daß bei keinem der im vierten und fünften Kapitel analysierten Eva-

luationsprojekte die pädagogisch inhaltlichen Evaluationskriterien so einfach auf der Hand lagen: Die Kriterienentwicklung bei Gudat mußte sich auf einem komplizierten Diskurs unterschiedlicher entwicklungspsychologischer Theorien und empirischer Studien einlassen. Dies galt in abgeschwächter Form auch für das Kriterium der »gleichmäßigen Verteilung von Akzeptanz« in der Studie Maja Heiners. In diesem Fall kamen jedoch zu den Schwierigkeiten der Kriteriendefinition noch zusätzliche Schwierigkeiten im Sinne des o.g. Spannungsverhältnisses hinzu: zwischen einem sozialpädagogisch orientierten Evaluationsinteresses einerseits und den von der Institution her erwarteten, bzw. nicht erwünschten Untersuchungsinhalten andererseits. Bei der Evaluation der sozialisatorischen Entwicklung und der Bearbeitung von Konfliktlagen Jugendlicher durch die Arbeit der Familienhilfeeinrichtung Mathilde wurden vorher gar keine spezifischen Kriterien angegeben. Man wendete eine interpretative Vorgehensweise an, bei der sich die spezifischen Kriterien in Auseinandersetzung mit und ausgehend von den Einzelfällen her entwickelten. Beim Streetworker-Modell erachteten es die Evaluatoren aufgrund der Problemlage und der Projektbedingungen für notwendig, den Schwerpunkt auf die Deskription der Projektentwicklung und die Selbstexploration der Praxis des Streetworks zu legen. In bezug auf eine präventive Wirkung bei den Adressaten hielt man die Durchführung angemessener und praktikabler Kriterien und Erhebungsmethoden für so problematisch, daß man den Versuch der Evaluation in dieser Richtung gar nicht unternahm.

All diese Projekte vergegenwärtigen das Problem der Definition von Evaluationskriterien und das der Erhebung des pädagogischen Erfolges in einer jeweils anderen Form und sie veranschaulichen, welche Schwierigkeiten dabei auftauchen, den beiden idealtypischen Orientierungen nachzukommen: erstens solche, die von den Strukturen und den Bedingungen pädagogischer Praxis herrühren; zweitens solche, die als institutionelle oder politisch konstitutionelle Rahmenbedingungen die Möglichkeiten der evaluatorischen Vorgehensweise einschränken; und drittens solche, die von den spezifischen Gegebenheiten der sozialpädagogischen Arbeitsform herrühren und sich im Zuge der zu bearbeitenden Problemstellung im jeweiligen Praxisbereich ergeben[5]. Umso verwunderlicher muß es vor diesem Hintergrund erscheinen, daß es in der sozialpädagogischen Evaluationspraxis gar nicht selbstverständlich ist, die Frage des pädagogischen Erfolges als schwierig oder problematisch zu empfinden. Wie der Praxisbericht über das "pädagogische Controlling" der Jugendhilfe Rischborn (Schwarz, u.a. 1995) zeigt, wird hierin bisweilen überhaupt kein Problem gesehen, was die Autoren dazu veranlaßt, die These von Ulrich Börger für überholt zu erachten und zurückzuweisen, daß es "in der Sozialpädagogik kaum eine Frage gibt, die schwieriger zu beantworten sei als die nach ihrem Erfolg" (zit. n. dslb. ebd., S. 499).

Betrachten wir nun die Art und Weise, wie dieses "pädagogische Controlling" vonstatten ging: Es wurde ein "Zielsystem" aus allgemeinen Leitzielen dieser Einrichtung der Jugendhilfe festgelegt. Hiervon wurden Teilziele abgeleitet, die zur Konstruktion eines Fragebogens führten, der, nach einem Probelauf verbessert, Items zur Messung dieses Zielsystems enthielt. Anhand dieses Fragebogens, können nun turnusmäßig

---

5: Ein Beispiel hierzu stellte insbesondere die Evaluation der ganz unterschiedlichen Beratungsansätze der ZBS durch Maja Heiner dar; s. S. 162 ff.

Einschätzungen des Profils der Jugendlichen durch die Betreuer, aber auch Selbsteinschätzungen der Jugendlichen vorgenommen werden. Die Ergebnisse sind dann anhand bestimmter Quoten, die als Maßstäbe dienen, miteinander vergleichbar und stellen nach Ansicht der Autoren (s. S. 511) eine standardisierte Dokumentation der Effizienz der Arbeit im Sinne einer Qualitäts- und Erfolgskontrolle dar. Bei den untersuchten Kriterien handelt es sich nicht etwa um technisch herstellbare Lerninhalte, wie die o.g. Kenntnis von AIDS-infektiösen Verhaltensweisen, sondern um allgemeine Sozialisationsziele, wie Ich-Stärke (Autonomie), Wertorientierung, alternatives Denken (Kreativität), Sozialkompetenz, also um Zielkategorien und Kriterien, die als abstrakte Konstrukte angegeben werden (s. S. 503). Lediglich die Kategorie »Leistungsfähigkeit« stellt einen Evaluationsgegenstand dar, der anhand oberflächlicher biografischer Daten durch einen derartigen Einschätzungsbogen einigermaßen valide erfaßbar zu sein scheint. Die Umsetzung der Kriterien in Items und die Analyse der Daten wurde als unproblematisch empfunden. Allein beim Kriterium »humaner Umgang mit Sexualität« entstanden offenbar Schwierigkeiten und dieses Kriterium wurde, wie die Autoren anführen, aus Respekt vor der Intimsphäre im Fragebogen nicht vollständig durch Items operationalisiert (vgl. ebd.).

Anhand dieses Beispiels einer sich als besonders fortschrittlich empfindenden Praxis der Analyse und Bewertung sozialpädagogischer Arbeit lassen sich nun einige Punkte von evaluationstheoretisch grundlegender Bedeutung ansprechen:
Das theoretische Konzept, das hier der Jugendhilfe und somit der eigenen Praxis sowie der Evaluation zugrundeliegt, ist das einer Mischung aus christlich-kirchlich orientierter Wertelehre einerseits und einer mechanistisch ökonomischen Vorstellung von sozialer Arbeit als sozialer Dienstleistungsbetrieb andererseits, wobei das Verständnis von Qualität und Erfolg durch die Zielvorstellung der Marktorientierung und die der produktionstechnischen Rationalisierung geprägt ist. Dies wird anhand der den Bericht abschließenden Bemerkungen deutlich (dslb. ebd., S. 511):

"Eine Jugendhilfeeinrichtung, die soziale Dienstleistungen anbietet, muß sich den Erwartungen ihrer Kunden stellen, um auf Dauer am Markt existieren zu können. Wir stellen uns den Erwartungen unserer Kunden."

Ohne jetzt näher auf die Frage einzugehen, wer denn die Kunden im einzelnen sind (die Jugendlichen, das Jugendamt, die Eltern, die Kommunalverwaltung, die Gesellschaft, etc.) und ob das Gut, das hergestellt wird, ein marktfähiges Gut ist, kann festgestellt werden, daß diese Sichtweise wesentliche Aspekte und Dimensionen der sozialpädagogischen Theorie und der Probleme in der Praxis ausblendet. Wir haben bereits festgestellt, daß aus erkenntnistheoretischen, aus pädagogisch theoretischen und aus empirisch praktischen Gründen eine vollständige Erfüllung der beiden als Forderung erhobenen Orientierungen nie möglich ist, was jedoch nicht von der Verpflichtung zum Versuch einer möglichst nahen, wenngleich nie vollständig gelingenden, Annäherung entbindet. Deswegen wurde der Begriff der »Orientierung« und nicht der des »Prinzips« verwandt. Daraus folgt, daß Evaluation in jedem Falle tatsächlich bestehende Komplexität reduzieren muß (vgl. Heiner 1988, S. 11). Es fragt sich nur bis zu welchem Grade dies gerechtfertigt werden kann. Bezogen auf das Beispiel des "Pädagogischen Controllings" ist dementsprechend nicht prinzipiell auszuschließen, daß auch ein derart oberflächliches Kontrollinstrument sinnvolle Funktionen innerhalb der

Praxis der Institution erfüllen kann. Meine Kritik bedeutet also nicht, daß derartige Vorgehensweisen bei der Evaluation prinzipiell zu verdammen sind. Wie das bereits an einer vorherigen Stelle, wo es um die Frage der Wissenschaftlichkeit ging, gesagt wurde, muß jedoch im Falle einer derartigen Reduktion der Sichtweise und der Methoden unbedingt offengelegt und reflektiert werden, in welcher Hinsicht die Tragweite der Ergebnisse durch die enthaltenen Einschränkungen (critical "trade-offs" s. Gusy 1992, S. 98) beeinflußt werden. Hierbei sollte natürlich immer die Frage im Vordergrund stehen, inwieweit sich die enthaltenen Reduktionen angesichts der erwartbaren positiven pragmatischen Funktionen rechtfertigen[6] lassen.

Je mehr es sich bei dem Evaluationsgegenstand um technisch eher verfügbare Inhalte oder um rein Organisatorisches handelt, desto weniger gravierend stellten sich diese Probleme. Je mehr aber in dem zu evaluierenden Praxisbereich Handlungskonzepte und Sichtweisen vorherrschen, die eine vorhandene und theoretisch begründbare Vielschichtigkeit und Komplexität dieser pädagogischen Praxis schon von Haus aus systematisch ausblenden, desto geneigter werden sie folglich auch sein, technische Evaluationskonzepte zu produzieren, die durch den Blick in die Realität nur schwer erkennen können, daß sie pädagogisch unvollständig oder unangemessen sind. Was kann, anstatt über diese in der "Evaluations"-Praxis verbreitete mangelnde Berücksichtigung der beiden idealtypischen Orientierung zu lamentieren, angesichts der Problematik aus evaluationstheoretischer Sicht getan werden?

Angesichts dieser Frage biete ich thesenhaft zwei Prinzipien der Strukturierung an: **Erstens**, eine entscheidende Hilfe dabei, sozialpädagogisch wichtige Inhalte zu berücksichtigen, besteht darin, bei der Kriterienentwicklung und der Entwicklung der evaluativen Fragestellungen im Sinne einer "Evaluation von unten" (Therhart 1985) immer vom sozialpädagogischen Handeln und den Prozessen in der untersten Ebene auszugehen; d.h. auch dann, wenn das Erkenntnisinteresse der Evaluation primär auf die institutionelle oder die Ebene der gesellschaftlichen Funktionen ausgerichtet ist. Wenn sozialpädagogisches Handeln und die pädagogischen Prozesse, wie sie in der Alltagsrealität angestrebt werden, thematisiert werden, und die hierfür zentralen Handlungskonzepte und Erfolgsvorstellungen rekonstruiert werden, so bleibt der Prozeß der Kriterienentwicklung und dessen methodische Umsetzung quasi automatisch "sozialpädagogisch orientiert". Dabei ist zu beachten, daß es, je nach Art der zu evaluierenden Praxisform und dem Grad, in dem Ziele und Mittel jeweils als technisch verfügbar erscheinen, zwar mehr oder weniger möglich ist, wichtige Kriterien und Indikatoren im Sinne jener Orientierung anzugeben. Es ist allerdings unmöglich, den einen und einzigen entscheidenden Punkt auszumachen, der über den Erfolg eine erschöpfende Auskunft erteilen könnte.

Zweitens sind Multiperspektivität und Multidimensionalität nicht nur wie in der Evaluationstheorie mittlerweile üblich als methodische (z.B. Mixed-Method-Design vgl. Gusy u.a. 1992), sondern darüberhinaus als umfassende die Evaluation konzeptionell betreffende Prinzipien zu verstehen und anzuwenden (vgl. "perspectivism" s. Scriven,

---

6: Im übrigen ist der vorliegende Versuch trotz seiner Einschränkungen natürlich immer noch positiver einzuschätzen, als der Teil der Praxis, der sich außer ritualisierten Jahresberichten wenig Gedanken über die eigene Effektivität macht.

S. 78). Das o.g. Prinzip der metaevaluativen Selbstreflexion ist in Form einer diskursiven Betrachtungsweise aus unterschiedlichen Perspektiven und Dimensionen der möglichen Gestaltung von Vorgehensweisen und Erhebungsmethoden umzusetzen. Wenn eine vollständige empirische Erfassung beurteilungsrelevanter Sachverhalte und eine inhaltliche Definition des (one and only) richtigen Interpretations- und Beurteilungsmusters generell ausgeschlossen ist, so muß versucht werden, stückweise, aus unterschiedlichen Richtungen und in verschiedenen Sichtweisen ein sich langsam komplettierendes, aber nie vollständig vorliegendes Mosaik zu erarbeiten, das die Realität widerspiegeln, bzw. sich der sozialpädagogischen Orientierung ihrem Ideal nach annähern kann. Dies bedeutet, die Anwendung möglichst vieler Methoden und die Erhebung unterschiedlicher Informationen über den Evaluationsgegenstand sowie in bezug auf die Beurteilung die Miteinbeziehung vielfältiger möglichst gegensätzlicher und verschiedenen institutionellen Ebenen zuzuordnender Bedürfnisse und Sichtweisen (vgl. Shadish u.a. 1991, S. 463ff). Letzteres war in der Evaluation Mochs besonders gut zu beobachten, wo neben der Sichtweise der Jugendlichen auch die Einschätzungen der Eltern, der Lehrer und anderer Personen in die Analyse einbezogen wurden. Diese konnten dann mit den jeweils vorfindbaren Sachverhalten, aus der Sicht des Evaluators und auch untereinander in Beziehung gesetzt werden.

Multiperspektivität meint also, daß sich Evaluationen aus einer Vielzahl unterschiedlicher Verfahren und Methoden zusammensetzen, die für den Prozeß der Analyse und Beurteilung jeweils einen oder mehrere Beiträge aus unterschiedlichen Richtungen, in unterschiedlichen Dimensionen und zu verschiedenen Zeitpunkten liefern können, daß unterschiedliche theoretische Zusammenhänge bei der Kriterienentwicklung bedacht werden und daß sich unterschiedliche konzeptionelle Vorgehensweisen der Evaluation gegenseitig ergänzen; z.B. eine präadaptive und eine interpretative Untersuchung innerhalb einer Evaluation, wie sich das in der wissenschaftlichen Begleitung des AgAG längerfristig abzeichnet. Auch am Beispiel des Tagesmütterprojektes war dies besonders gut erkennbar, wo sich eine präadaptive Vorgehensweise mit einer experimentellen und quantitativen Methodik einerseits und begleitend formative Untersuchungen, mit einem durch die Aktionsforschung geprägten hermeneutischen Zugang andererseits gegenseitig ergänzten. Die Entscheidung über die Komposition dieser möglichen Einzelbestandteile zu einem **Evaluationsdesign** ist eine jeweils immer wieder neu zu leistende Aufgabe, wodurch die Möglichkeit turnusmäßiger und schematischer Evaluationen quasi nach Prüfkatalogen ausgeschlossen wird.

1.3 Wichtige Unterscheidungen

Evaluation und wissenschaftliche Begleitung
Durch die Unterscheidung zwischen Alltagsbeurteilung und Evaluation konnte der Inhalt des Begriffes nach einer Richtung hin eingegrenzt werden. Zur weiteren Festlegung der spezifischen Bedeutung von Evaluation bietet es sich nun an, die Unterscheidungskriterien gegenüber dem Begriff der wissenschaftlichen Begleitung herauszuarbeiten. Wissenschaftliche Begleitung setzt immer das Vorhandensein sich gegenwärtig vollziehender oder unmittelbar bevorstehender Praxis voraus, auf die sich die Begleitung und Beratung richten kann. Bei Evaluation braucht der Evaluationsge-

genstand dagegen nicht unbedingt gegenwärtig sein und real zu existieren. Sie kann beispielsweise in bezug auf rein theoretisch und hypothetisch bestehende Projekte und Konzepte geschehen, etwa im Rahmen einer Planungsanalyse (vgl. hierzu Hoffmann/ Fargel 1984). Ebenso können die Auswirkungen einer Intervention, die schon seit längerer Zeit abgeschlossen ist, evaluiert werden. Man kann aber in diesem Falle nicht mehr von wissenschaftlicher Begleitung sprechen. Es ist also nicht jede Evaluation, sondern nur eine, die unmittelbar im Planungsvorgang und im Vollzug der Praxis stattfindet, eine wissenschaftliche Begleitung. Umgekehrt ist nicht jede wissenschaftliche Begleitung eine Evaluation, sondern nur dann, wenn in ihr wesentliche Untersuchungsteile enthalten sind, die jenen Prozeß der Beurteilung beinhalten, wie er oben definiert wurde. Verlaufsdokumentationen und Berichte über Maßnahmen der Projektsteuerung und Konzeptentwicklung können also auch als Evaluationen bezeichnet werden, wenn entsprechende evaluative Elemente enthalten sind. Wissenschaftliche Begleitungen mit dem Ziel, etwa ausschließlich die Entstehungszusammenhänge sozialer Probleme oder reine Adressatenforschung anhand der Projektpraxis zu betreiben, sind keine Evaluationen, wenngleich deren Ergebnisse eine wichtige Bedeutung für die Konzeptionierung von Evaluationen haben können.

Evaluation als angewandte empirische Sozialwissenschaft

"Evaluationsforschung ist angewandte Sozialforschung und verfolgt somit weniger theoretische als praktische Fragestellungen wie die, ob bzw. in welchem Maß vorgegebene Ziele durch eine bestimmte Maßnahme (»Programm«) erreicht werden und welche nichtbeabsichtigten Nebenwirkungen u.U. auftreten. Sie kann ferner untersuchen, durch welchen Prozeß die beobachteten Wirkungen zustandekommen" (Hofmann/Fargel 1984, S. 313).

Rossi (1988, S. 184-185) ordnet Evaluation ebenfalls der angewandten Sozialforschung im Unterschied zur Grundlagenforschung zu. Kordes (1984) sieht in einer wissenschaftlich geplanten und durchgeführten Evaluation, die ihrer spezifischen Kernidee gerecht werden will, ein Projekt, das "nicht bloß Kontrolle oder eine Form angewandter Sozialwissenschaft sein will" (ders. ebd. S. 361). Betrachtet man die Ansprüche, die Kordes an diese über "eine Form angewandter Sozialwissenschaft" hinausgehende Evaluation stellt, so lassen sich allerdings keine Widersprüche oder gegenseitige Ausschließlichkeiten zwischen Evaluation und angewandter Sozialwissenschaft erkennen. Die acht "Regeln", die Kordes in diesem Zusammenhang aufstellt, beziehen sich insbesondere auf den Aspekt der Bewertung, der Bewertungskriterien, der politischen Empfehlungen und deren Implementation (vgl. ebd.) und stellen somit etwas Zusätzliches dar, wobei sozialwissenschaftliche Forschungsmethoden immer integriert erscheinen. Eine andere Sichtweise besteht im Lager des sog. "Gegenparadigmas": Beywl (vgl. 1988, S. 128) betrachtet Evaluation in Anlehnung an die naturalistisch-konstruktivistische Theorie eher als einen außerhalb der etablierten wissenschaftlichen Forschung stehenden Aktions- und Professionstypus zur Organisationsentwicklung mit erkenntnisstiftender Komponente, der ganz eigenen Prinzipien folgt.

In meiner Untersuchung sollen diese unterschiedlichen Sichtweisen von Evaluation, denen auch jeweils verschiedene Auffassungen von Sozialwissenschaft und Forschung im Allgemeinen zugrundeliegen, nicht diskutiert und aufgearbeitet werden. Halten wir uns also aus diesen Grundsatzdiskussionen heraus und stellen fest, daß offensichtlich mehrere Perspektiven möglich sind, unter denen Evaluation sich zur Sozialwissenschaft in Beziehung setzen läßt. Im folgenden soll Evaluation als ein Spezialfall angewandter empirischer Sozialforschung betrachtet werden, da durch diese Sichtweise eine bestimmte Eigenart der Evaluationsforschung herausgestellt werden kann.

In Evaluationen geht es darum, etwas (semi)professionell[7] Hergestelltes oder noch Herzustellendes zu untersuchen; und zwar zumeist in bezug auf normative Ziele oder bestimmte Wirkungen (z.B. inwieweit ein Netzwerk innerhalb eines Gemeinwesens zur Integration alleinstehender älterer Menschen beiträgt). Untersuchungsgegenstand sind also soziale Tatbestände, die im Zusammenhang mit professioneller Praxis hergestellt wurden und ohne diese Praxis nicht so entstanden wären (hier das soziale Netzwerk). Diese sollen als potentielle Faktoren für eine positive Beeinflussung wieder anderer Erscheinungen beurteilt werden, die nämlich als Problemlagen aufgefaßt wurden (hier die Vereinsamung älterer Menschen). Der gesamte Forschungsprozeß befindet sich also ganz unmittelbar im Rahmen eines Handlungs- und Problembearbeitungszusammenhanges. In der allgemeinen, nicht evaluativen Sozialforschung ginge es im Unterschied dazu lediglich um die Erforschung eines sich historisch ergebenden sozialen Phänomens, das einem Wissenschaftler interessant erscheint, weil es beispielsweise problematische Konsequenzen in sich birgt (z.B. Das Phänomen der Vereinsamung älterer Menschen) oder weil er sich mit einer Arbeit über die Thematik profilieren kann. Der Kontext der Forschung ist hier zuächst von einem Interventionszusammenhang unabhängig.

Evaluationsforschung wird in diesem Handlungszusammenhang der Problembearbeitung insbesondere deshalb als notwendig empfunden, weil die bloße Kenntnis der Entstehungsgründe, die - wenn überhaupt - durch allgemeine Forschungsanstrengungen ermittelbar wären, für eine Veränderung der Situation nicht weiterhelfen. Denn die Außer-Kraft-Setzung der Entstehungsgründe eines sozialen Phänomens ist weder immer möglich, noch führt sie in jedem Falle zu einer Beseitigung oder Veränderung derselben bereits entstandenen Erscheinung. Das ist bei physikalischen Erscheinungen ebenso der Fall: Ein hinreichender Grund dafür, daß die Straße naß ist, liegt dadurch vor, daß es regnet. Das Aussetzen des Regens ist jedoch kein hinreichender Grund dafür, daß das Phänomen des Naßseins der Straße verschwindet, daß die Straße also trocken wird. Notwendige Bedingung dafür, daß die Straße, sollte sie denn trocken werden, trocken bleibt, ist allenfalls, daß es nicht wieder regnet.

Analog dazu kann man ein soziales Phänomen, das als Problemlage definiert wird, z.B. jugendlicher Rechtsradikalismus und Gewalt, nicht allein durch Kenntnis der Bedingungen seiner Entstehung und der Zusammenhänge mit anderen Phänomenen beeinflussen und verändern. Durch die Außerkraftsetzung der Entstehungsbedingungen könnte - wenn überhaupt - allenfalls die Verhinderung eines weiteren Anwachsens erreicht werden. Zur Bearbeitung der Problemlage, sei sie nun individuell oder über die Gesellschaft verteilt, sind Informationen darüber notwendig, wie sich bestimmte Eingriffe, die im Rahmen sozialpolitischer und sozialpädagogischer Einflußmöglichkeiten herstellbar sind (z.B. ältere Menschen in Netzwerke einbinden), hinsichtlich einer

---

7: Es soll an dieser Stelle keine Rolle spielen, daß auch Laienarbeit evaluiert werden kann

beabsichtigten Veränderung des problematisch empfundenen Phänomens (Vereinsamung) auswirken. Über diese Aufgabe hinaus zielt Evaluation als spezifische Form der angewandten Forschung natürlich auch darauf ab, die Gründe aufzuklären, die zur Entstehung des als positiv oder negativ beurteilten Zustandes beigetragen haben (s. Kap. II, Suchman, S. 70). Evaluation in der Sozialpädagogik kann somit mehrere wichtige Informationsfunktionen erfüllen:

- Innerhalb der Sozialforschung klärt sie aus der Perspektive des unmittelbaren Praxisbezuges über Wirkungsweisen in bezug auf das Zustandekommen und die Veränderungsmöglichkeiten von (psycho)sozialen Problemen auf.
- Gegenüber der Politik und Sozialadministration ermittelt sie Informationen über die Wirkungen von Konzepten der Problemlösung, die bereits in der Praxis umgesetzt sind, und über die Wirkungsmöglichkeit geplanter Interventionen. Sie gibt darüberhinaus begründete und umsetzbare Empfehlungen für deren Weiterentwicklung.
- Der Institution gegenüber sagt sie, inwieweit diese die notwendigen Bedingungen für eine Problemlösung schafft.
- Den Praktiker informiert sie darüber, inwieweit sein Handeln Wirkungen hat und wie gemeinsam mit den Betroffenen bessere Alternativen erarbeitet werden können.

Evaluation kann als spezifische - aber integrierte - Form angewandter Sozialforschung verstanden werden, die in einem bestimmten Kontext steht und deswegen eine bestimmte und spezifische konzeptionelle Vorgehensweise erfordert. Entscheidet man sich für diese Sichtweise als evaluationstheoretische Prämisse, so folgt daraus, daß Evaluation in der Sozialpädagogik und in anderen gesellschaftlichen Arbeitsfeldern keinen prinzipiellen Anspruch auf ganz eigene Verfahren und Vorgehensweisen anmelden kann und daß ebenfalls kein systematischer Unterschied zwischen den Vorgehensweisen und Methoden der angewandten Sozialforschung und denen der Evaluation bestehen kann.

2. Sozialpädagogisches Handeln und Evaluation

2.1 Das Drei-Ebenen-Modell und die Bedeutung der Handlungsebene

Die Beschäftigung mit Evaluationsprojekten in der Sozialpädagogik hat gezeigt, daß eine Tendenz besteht, die Untersuchung der Praxis auf der Ebene des Handelns und der Interaktion gegenüber der Analyse der institutionellen Bedingungen und der gesellschaftspolitischen Funktionen zu vernachlässigen. Das Übergewicht der institutionellen und der gesellschaftlichen gegenüber der Handlungsebene, das im Konzept vieler Evaluationen erkennbar ist, ergibt sich schon deswegen, weil ein großer Anteil aus Auftragsforschungen besteht. Von daher gehen zwangsläufig immer Interessen der für die Praxis zuständigen und verantwortlichen politischen und administrativen Stellen ein, die diese Untersuchungen nachfragen, initiieren und finanzieren. Und auch für die Trägereinrichtungen, die die zu evaluierende Arbeit organisieren und konzeptionieren, ist es primär wichtig, die innere Effizienz, den Out-Put und die Effektivität der Institution (öffentlich) nachzuweisen, was auch ohne explizite Beschäftigung mit den sozialpädagogischen Prozessen auf der Interaktionsebene möglich ist. Von daher ist es

verständlich, daß es im Rahmen meiner Untersuchung eines mühsamen Suchprozesses bedurfte, um überhaupt Evaluationen ausfindig zu machen, die explizit das Handeln der Praktiker, die Reaktionen der Klienten und die in diesem Zusammenhang stattfindenden Prozesse in den Vordergrund des Interesses stellen. In der überwiegenden Anzahl der in der Sozialpädagogik stattfindenden Evaluation wird dagegen eher nicht die Praxis des Handelns hinsichtlich der Voraussetzungen und Auswirkungen im Einzelnen thematisiert, sondern es geht um die aus politischer, administrativer und institutioneller Sicht wichtigen Zusammenhänge. Der evaluative Blick fällt also primär
- auf ein bestimmtes Konzept, z.B. Tagesmütter als öffentlich finanzierte Betreuungsform, und nicht auf die Beziehung zwischen Tagesmüttern und Kindern;
- auf eine innovative Arbeitsform, z.b. Streetwork als Möglichkeit der AIDS-Prävention in schwer zugänglichen Szenen, und nicht auf Möglichkeiten "AIDS-präventiver Argumente" in der Kommunikation,
- auf die Praxis und ihre Ergebnisse im Allgemeinen und unter der Trägerschaft einer bestimmten Organisationseinheit, z.b. auf den Anteil der abgebrochenen Beratungen einer Schuldnerberatungsstelle der Caritas München, und nicht auf spezifische im pädagogischen Prozeß angestrebte Variablen, etwa Änderungen des Konsumverhaltens der Klienten durch die dort stattfindende Beratung.

Kurzum, es geht primär um die Arbeitsergebnisse und -prozesse von Organisationen und Programmen, die eine Vielzahl von Handlungen unter ihrer Trägerschaft zusammenfassen. Die Transformation dieser Sichtweise hin zu Kriterien, die auf das Handeln bezogen sind, besteht nicht "von Haus aus", sondern sie geschieht in der Entwicklung des Evaluationskonzeptes, wenn denn die Evaluatoren dies als notwendig erachten oder genügend Freiräume dazu erhalten. Die Formen der Evaluation, die ausschließlich aus dem Handeln der Akteure erwachsen und darauf bezogen sind, befinden sich ganz eindeutig in der Minderheit, und sogar der überwiegende Anteil der Selbstevaluationen faßt primär die Arbeit der eigenen Institution als Evaluationsgegenstand ins Auge[8]. Die Handlungs- und Interaktionsebene spielt zwar auch aus institutioneller Sicht immer wieder eine Rolle, wenn sich beispielsweise durch die Thematisierung des Handelns die Leistungen oder Mängel der bestehenden organisatorischen Bedingungen oder die Stärken und Schwächen des zugrundeliegenden Konzeptes und der Grundsätze der Einrichtungen aufzeigen lassen, aber die Praxis der Evaluation in der Sozialpädagogik ist der Tendenz nach eine Evaluation der Institutionen und nicht des Handelns und der Interaktionen.

Wie gesagt hängt diese Tendenz mit dem Interesse zusammen, das Institutionen als verantwortliche Instanzen der Koordination sozialpädagogischen Handelns mit Evaluation verbinden. Sie haben nämlich je nach Struktur des Praxisfeldes in größerem oder geringerem Umfange die Kontrolle auszuüben über das, was sozialpädagogisch getan und unterlassen wird, und das, was getan und vermieden werden soll. Aus institutioneller Sicht besteht Erfolg also in erster Linie in der Lösung des Koordinationsproblems. Dieses besteht darin, die unzähligen und unübersichtlichen Handlungen auf der Interaktionsebene so zu planen und zu steuern, daß unter möglichst effektiver

---

8: Vgl. dazu die Berichte über Selbstevaluation in Heiner 1994, 1988. Eine interessante Ausnahme demgegenüber stellt die schon einmal genannte Evaluation von Sigrid Holste (1988) dar, bei der das eigene Handeln und die interaktiven Prozesse eines Falles aus der Retrospektive analysiert wurden.

Ausnutzung der zur Verfügung stehenden Mittel bestimmte institutionelle Zielsetzungen verfolgt und erreicht werden. Darüberhinaus sind sozialpädagogische Einrichtungen übergeordneten Trägerinstitutionen, Kommunalverwaltungen, Ministerien oder allgemein gegenüber der Öffentlichkeit ausweispflichtig. Sie haben also selbst ein Interesse daran nachzuweisen (Anschlußfinanzierung) oder es wird von übergeordneter Stelle überprüft, ob sie als "Produktionsinstanzen" sozialer Dienstleistungen und öffentlicher Wohlfahrt effizient und effektiv arbeiten und inwieweit sie eine positive gesellschaftliche Funktion erfüllen, die sich ohne die mit öffentlichen Mitteln finanzierte Arbeit nicht ergeben würde. Betrachtet man die institutionelle und die gesellschaftliche Ebene, so schafft Evaluation die Basis für die konzeptionelle und organisatorische Planung und Steuerung sowie die Aufgabe der Input-Output-Kontrolle und der Organisationsentwicklung. Die innerinstitutionelle Selbstkontrolle sowie die Kontrolle im Rahmen der verbandlichen-, organisatorischen Einbindung und einer öffentlichen Berichterstattung ist dabei wertfrei zu verstehen und kann auch wohlgemeinte Unterstützung und Entwicklung bedeuten[9].

Die eben beschriebene Entstehungs- und Interessenlogik von Evaluation und die darin enthaltene Tendenz zur Sicht aus dem Blickwinkel der Institution hat zur Folge, daß die Ebene des Handelns und die Thematisierung der hier stattfindenden Prozesse in den Hintergrund gerückt und übersehen zu werden droht[10]. Je angespannter die Lage in den öffentlichen Haushalten ist, desto massiver tritt diese Tendenz auf, wie sich auch an der momentanen Forcierung der betriebswirtschaftlichen Sichtweisen im sozialen Sektor erkennen läßt.

Gleichzeitig droht übersehen zu werden, daß die Ebene des Handelns eine zentrale evaluationstheoretische Bedeutung im Zusammenhang mit den beiden grundlegenden Orientierungen am Sozialpädagogischen und an Tatbeständen besitzt und deswegen für die Bewertung der Effektivität und der Qualität der sozialpädagogischen Praxis von grundlegender Bedeutung ist; und zwar unabhängig davon, ob man diese aus einer institutionellen oder einer gesellschaftlichen Perspektive betrachtet. Im folgenden soll versucht werden, erstens die zentrale Bedeutung zu erläutern, die der Handlungsebene in meinem evaluationstheoretischen Konzept zukommt. Zweitens sollen inhaltliche Unterschiede, die sich aus der evaluativen Betrachtung in den drei Ebenen ergeben, näher beschrieben werden. Um die Argumentation zu veranschaulichen, geschieht dies anhand der Evaluation des Tagesmüttermodells:

Auf der **Interaktions- und Handlungebene** besteht die Kernaufgabe und somit auch das Kernkriterium des Erfolges der Kleinkindertagesbetreuung darin, vollwertige und angemessene Sozialisations- und Betreuungsbedingungen für die Entwicklung der Kinder herzustellen. Die allgemeine Fragestellung einer Evaluation bezieht sich also

---

9: Nicht vergessen werden darf, daß wohlgemeinte Funktionen der Evaluation nur vorgeschoben werden können und man lediglich "so tut als ob" (Diederich 1977). Wenn Evaluation in dieser Weise instrumentalisiert wird und Wissenschaftlichkeit nur als Deckmantel benutzt, kann sie eine ideale Verschleierungsfunktion von Defiziten und Vorspiegelungsfunktion von Erfolgen erfüllen oder aber auch zum Streichen der Förderung unbequemer Projekte eingesetzt werden (s. Kap.I., S. 58).
10: Meine These lautete ja, daß die Thematisierung der Handlungsebene beim Tagesmütterprojekt maßgeblich nur durch die damalige Situation erzwungen wurde (s. S. 213 ff).

auf die Auswirkungen des innerhalb der Trägerinstitution und des Konzeptes (z.B. Modellprojekt Tagesmütter) umgesetzten Handelns (Betreuen, taktile Reize, Erziehung, etc.) und zwar in bezug auf die psychoemotionale Entwicklung der Kinder, die anhand von bestimmten Verhaltensweisen ablesbar ist. Die hier zu untersuchenden Variablen (kognitiver Entwicklungsstand, Mutter-Kindbeziehung, etc.) stehen also direkt im Sinnzusammenhang des pädagogischen Sozialisationsprozesses. Durch die statistische Auswertung von Häufigkeitsverteilungen oder Strukturhomologien (s. S. 233ff) lassen sich hieraus Informationen für die gesamte Betreuungsform ermitteln.

Die **Aufgabe der Institution** besteht darin, die notwendigen konzeptionellen, infrastrukturellen und organisatorischen Rahmenbedingungen für die Arbeit auf der Handlungsebene bereitzustellen. Evaluation konzentriert sich hier auf die Ermittlung von Informationen, die für den Erfolg der Maßnahmen zur Projektsteuerung wichtig sind. Zum Beispiel stellen sich die Fragen, ob die Qualifizierung der Tagesmütter im Sinne des allgemeinen Konzeptes erfolgreich verläuft, damit das Modell überhaupt praktisch werden kann; ob Praxisberatung und Begleitung so umgesetzt werden, daß sie sich mit der Zeit immer mehr überflüssig machen und die Praxis vermehrt sich selbst trägt; weiterhin ob innerhalb der Projektsteuerung genügend Gelegenheiten zur Rückkoppelung mit den Problemen der Praxis hergestellt werden, auf deren Grundlage sich das Konzept weiterentwickeln kann. All diese unterschiedlichen Steuerungsfunktionen sind auf Informationen über ihre Wirksamkeit, über die Entwicklungen situativer Erforderlichkeiten und auf die Dokumentation ihres Verlaufs angewiesen. Neben diesen Aufgaben besteht das Problem der Übertragbarkeit, das beispielsweise mit der Frage verbunden ist, ob die unter den idealen Bedingungen einer Modellsituation hergestellte Praxis angesichts der gesellschaftlich realen institutionellen Infrastukturen implementiert werden und ebenfalls positive Resultate herbeiführen kann. Insgesamt betrachtet stehen die auf dieser institutionellen Ebene zu untersuchenden Variablen im Zusammenhang mit Rahmenbedingungen sozialpädagogischen Handelns.

In der übergeordneten **gesamtgesellschaftlichen Ebene** geht es um die Frage, welche Vor- und Nachteile das "Tagesmütterwesen" erbrächte, wenn es gesellschaftlich, z.B. als anerkannte berufliche Tätigkeit, institutionalisiert werden würde. Die Kriterien und Fragestellungen betreffen hier beispielsweise Themenbereiche wie die gesellschaftliche Rolle der Frau, die Stabilität der Familie, die Leistungsfähigkeit von Kleinkindern in Anbetracht gesellschaftlicher Anforderungen (z.B. Schule) und die allgemeine Situation in bezug auf Betreuung von Kleinkindern in der gesellschaftlichen Praxis (Betreuungsnotstand, Nachfrage und Angebot). Die in diesem Zusammenhang zu untersuchenden Variablen beziehen sich also erstens auf die gesellschaftspolitischen Auswirkungen, die mit dem Betreuungskonzept im Vergleich zu anderen gesellschaftlich implementierbaren Problemlösungsmöglichkeiten (Erziehungsjahr, Kinderhort) verbunden sind. Zweitens wägen sie den jeweils notwendigen Aufwand alternativer Möglichkeiten gegeneinander ab. Aufwand soll dabei ganz allgemein verstanden werden und schließt einen weiten Bereich angefangen von finanziellen Kosten über entgangenen Nutzen bis hin zu Reibungsverlusten und Nachteilen ein, die sich aufgrund sozialethischer und parteipolitischer Unstimmigkeiten im demokratisch politischen Prozeß für die politisch Verantwortlichen ergeben können.

Anhand des Beispiels wird deutlich, daß innerhalb einer Evaluation vielfältige Perspektiven eingenommen und unterschiedliche Aspekte eingeführt werden müssen, um eine umfassende Analyse und Bewertung leisten zu können, die den komplexen beurteilungsrelevanten Zusammenhängen der sozialpädagogischen Praxis gerecht wird. Diese Vielfalt möglicher Sichtweisen läßt sich, wie eben geschehen, durch eine Einteilung in drei Ebenen systematisieren, da je nach Ebene der Betrachtung unterschiedliche evaluationstheoretische Kontexte entstehen. Hieraus ergibt sich ein konzeptionelles Grundmodell der Evaluation in der Sozialpädagogik, das drei Ebenen der Reflexion enthält und durch diese Struktur bei der Entwicklung von Evaluationskonzepten als Orientierung und Anregung dienen kann. Das auf Seite 222 folgende Schema versucht, allgemein formulierbare Evaluationsgegenstände und Fragestellungen im Kontext möglicher Sichtweisen der drei Ebenen überblickhaft darzustellen.

Zum allgemeinen Verständnis des Drei-Ebenen-Modells
Das Modellprojekt Tagesmütter hat in einer umfassenden Evaluation alle diese Ebenen thematisiert und bearbeitet. Im Unterschied dazu konzentrierte sich die Evaluation der ZBS von Maja Heiner eher auf die institutionelle Ebene, wogegen die Evaluation M. Mochs das Handeln und die Prozesse auf der untersten Ebene in den Mittelpunkt stellte. Bemerkenswert ist, daß sich hieraus auch Schlüsse ziehen ließen, die für Fragestellungen der übergeordneten Ebenen wichtige Informationen bedeuten. Das Streetworker-Modell ist ein Beispiel für die Situation, in der sich erst einmal eine praktikable Konzeption und Organisationsstrukturen herausbilden und sich ihrer selbst bewußt werden mußte. In ihrem Bezug auf die Handlungsebene hatte die Untersuchung deswegen im wesentlichen (selbst)explorativen Charakter, wogegen hinsichtlich der institutionellen Bedingungen auch wertende Analysen vorkamen. Wie die Beispiele zeigen, kann sich das Interesse einer Evaluation sowohl auf eine, als auch auf mehrere Ebenen richten oder zwischen diesen stattfinden. Umfassende Evaluationen müssen alle Ebenen thematisieren. Es ist aber auch möglich, den Schwerpunkt auf eine Ebene zu legen, wobei die ausschließliche Konzentration auf eine Ebene eher eine Ausnahme darstellen dürfte. Je nachdem, auf welche Ebene sich das Erkenntnisinteresse richtet, ergibt sich für die Reflexion des pädagogischen Erfolges und bei der Entwicklung der Kriterien jeweils ein anderer allgemeiner Kontext. Denn die Sachverhalte, über die Informationen gesammelt werden müssen, sind unterschiedliche, verlangen andere Methoden und erlauben Schlüsse von unterschiedlicher Tragweite.

Es werden also innerhalb einer Evaluation allein schon aufgrund dieser unterschiedlichen Ebenen unterschiedliche Evaluationsverfahren und methodische Vorgehensweisen notwendig. Zur Veranschaulichung: Innerhalb einer Evaluation der sozialpädagogischen Familienhilfe geht es um die Bewertung verschiedener Interventions- und Beratungsformen. Hierzu sollen die persönlichen Befindlichkeiten einzelner Familienangehöriger erhoben werden, die in Konfliktsituationen betreut wurden. In diesem Fall ist es offensichtlich, daß sich für den Kontext der Handlungsebene qualitative Prozeßanalysen und offene Interviews besser eignen als psychometrische Tests vor und nach der Intervention. Letztere Methoden können allerdings in einem anderen Kontext auf der institutionellen Ebene, beispielsweise wenn es um den Vergleich der latenten Selektionsmechanismen von Beratungsstellen geht, einen wichtigen Beitrag zur empirischen Untersuchung leisten.

Drei-Ebenen-Modell der Evaluation sozialpädagogischer Praxis

Evaluation im Hinblick auf das Handeln:

Evaluationsgegenstand: Handeln als prozeßhafte pädagogisch orientierte Interaktion mit Adressaten, um sozialpädagogische Prozesse der Weiterentwicklung (z.B. in bezug auf persönliche Notlagen und soziale Konflikte) ingangzusetzen.

Fragestellungen und Kriterien: Inwieweit läßt sich das Handeln - im Vergleich zu anderen Handlungsformen - als pädagogisch sinnvoll/positiv einschätzen?

Evaluation im Hinblick auf die Institution:

Evaluationsgegenstand: Sozialpädagogisches Handeln als Beitrag zur Erfüllung der institutionellen Zielsetzungen; institutionelle Funktionen und Bedingungen

Fragestellungen und Kriterien: Inwieweit wird durch das Gesamt des in der Institution stattfindenden Handelns - oder im Vergleich zu anderen Organisationsformen des Handelns - die Beförderung der Ziele erreicht? Werden hierzu durch die Institution geeignete Konzepte umgesetzt und Bedingungen geschaffen?

Evaluation aus der Sicht der gesellschaftlichen Funktion:

Evaluationsgegenstand: Die institutionalisierte Praxis und die Arbeit der Institution als Produktionsinstanz öffentlicher Wohlfahrt und Bearbeitungsressource sozialer Probleme im Zusammenhang mit gesellschaftlichen Bedingungen.

Fragestellung und Kriterien: Inwieweit können durch die Praxis - an sich oder im Vergleich untereinander - gesellschaftlich positive Resultate entstehen, sozialethische und politische Zielsetzungen erfüllt und gesellschaftliche Problemlagen einer Lösung oder bessereren Problembearbeitung nähergebracht werden?

Die Evaluationskriterien, die innerhalb der Handlungsebene anzuwenden sind, werden eher durch interaktionsanalytische, psychologische oder prozeßhaft am Einzelfall orientierte Überlegungen, was die Informationssammlung betrifft, und im Rückbezug auf sozialpädagogisch theoretische, individuumzentrierte und sozialethische Grundlagen, was die Beurteilung betrifft, zu entwickeln sein. Und auch in der gesellschaftlichen Ebene spielen gesellschaftsphilosophische, ideologisch politische Grundsätze und Ziele bei der Entscheidung für oder gegen bestimmte Kriterien neben volkswirtschaftlichen und organisatorisch-planerischen Überlegungen eine wichtige Rolle. Obwohl die Institutionen, z.B. Verbände, unterschiedliche werttheoretische Standpunkte vertreten und die ihnen zugehörigen Praxisbereiche teilweise ganz erheblich konzeptionell vorstrukturieren können (z.B. durch Personalpolitik), ist die institutionelle Ebene dagegen in ihrer Begündungsstruktur eher technisch-funktionalistisch geprägt. Dies rührt von der Vermittlerfunktion der Institutionen her und hat seine Konsequenzen für die hier relevanten Kriterien und Evaluationsverfahren.

Wenn Evaluationen ihr Untersuchungsinteresse auf einer Ebene konzentrieren, so bedeutet das immer, daß andere Aspekte, die für die Beurteilung des pädagogischen Erfolges auch wichtig sein können, ausgeblendet werden. Hierbei ist zu beachten, daß sowohl Evaluationen, die die institutionelle, als auch diejenigen, die die gesellschaftliche Ebene betrachten, immer auch Informationen über den Erfolg der Handlungen und Prozesse zugrundelegen müssen, um relevante Analysen und Bewertungen abgeben zu können. Dagegen können aus einer Evaluation, die allein auf die Handlungsebene ausgerichtet ist, u.U. sehr wohl auch gesellschaftlich und institutionell relevante Ergebnisse entstehen (z.B. Evaluation der "Mathilde", Kap. V.).

Zur Verdeutlichung: Die Feststellung, daß extreme Gewalttaten und allgemein Gewaltbereitschaft nach dem Beginn eines sozialpädagogischen Großprojektes gegen Gewalt bei Teilnehmern des Programmes kontinuierlich abgenommen haben, ist eine wichtige Information, die eine positive gesellschaftliche Funktion des Projektes vermuten läßt und die die politisch Verantwortlichen und die Öffentlichkeit brennend interessieren wird. Nehmen wir an, daß erstens diese Entwicklung als Wirkung des Großprojektes und zweitens das Ausbleiben negativer Folgen, z.B. daß die Betroffenen zunehmend in andere Bereiche der Kriminalität abwandern, eindeutig nachgewiesen wäre, so steht als Evaluationsergebnis fest, daß das Projekt zu einer besseren Bearbeitung des Problems beigetragen hat. Man weiß damit aber weder etwas darüber, ob die in den Institutionen konzipierten Bearbeitungsformen für diesen Erfolg verantwortlich sind, noch etwas über die Umsetzung dieser Konzepte in die Praxis, und noch weniger über geeignete Handlungs- und Arbeitsformen, geschweige denn darüber, welche Formen der Institutionalisierung und Organisation dieser Arbeitsformen notwendig und günstig dafür sind, daß sich jenes positive Ergebnis auf gesamtgesellschaftlicher Ebene einstellen kann. Überspitzt formuliert weiß man über den Zusammenhang zwischen dem im der Alltagspraxis stattfindenden Handeln und dem Absinken der Gewalt genausowenig wie über den vielzitierten Zusammenhang zwischen dem Aussterben der Störche und dem Absinken der Geburtenrate in Norddeutschland, außer daß die Erscheinungen nacheinander aufgetreten sind. Wenn eine Evaluation jedoch die einzelnen Versuche der Jugendarbeit thematisiert, die innerhalb lokaler Projekte mit dem Ziel unternommen werden, um eine "Zivilisierung" sozialer Handlungsformen bei den Jugendlichen zu erreichen, so können wichtige Informationen über den Erfolg und über geeignete Handlungsansätze ermittelt werden, denen eine über die Handlungsebene hinausgehende Bedeutung innewohnt. Dies ist beispielsweise der Fall, wenn die Problematik der Gewalt Jugendlicher als ein vielschichtiges Desintegrationsproblem identifiziert und erforscht werden kann, und wenn gleichzeitig gezeigt werden kann, daß und wie Jugendarbeit im einzelnen eine Reintegration (beispielsweise durch das Konzept Milieubildung) erreichen kann (vgl. Schefold 1994).

Dieses Beispiel hebt nochmals die zentrale Bedeutung des sozialpädagogischen Handelns hervor, die bei der Konzeptionierung von Evaluationen Berücksichtigung finden sollte. Weiterhin wird die Gefahr offensichtlich, daß bei einer einseitigen Konzentration auf eine Ebene wichtige Aspekte ausgeblendet werden, was insgesamt betrachtet eine mangelnde Beachtung der sozialpädagogischen und der Tatbestandorientierung bedeutet: Untersuchungen, die stark von der Sichtweise der Institution und Organisation ausgehen, sind anfällig dafür, den funktionalistisch Überprüfungsanspruch, der in der institutionellen Ebene ja auch eine wichtige pädagogische Bedeutung hat, auf die Handlungsebene auszudehnen (z.b. pädagogisches Controlling). Wenn die Öffentlichkeit oder der Auftraggeber vorrangig an sozialtechnischen Funktionen und am Out-Put interessiert sind und in dieser Hinsicht Einfluß nehmen können, besteht die Gefahr, daß die Definition von Evaluationskriterien durch eine "technizistisch lineare Herstellungslogik" bestimmt wird. Diese ist gegenüber den pädagogischen Inhalten und Notwendigkeiten sowie den gesellschaftlich historischen Zusammenhängen interessenlos. Platt formuliert: Gesehen wird nur, daß weniger Asylantenwohnheime im Jahr brennen, was dahinter steckt, interessiert nicht. Aus den bislang geschilderten Zusammenhängen und einschränkenden Tendenzen können einige Schlußfolgerungen gezogen werden, die evaluationstheoretische Reflexionsmöglichkeiten beinhalten und Angebote der Orientierung darstellen sollen:

Erstens: Unabhängig davon, auf welcher Ebene ein Evaluationskriterium die zu evaluierende Praxis betrifft, sollte im Prozeß der Kriterienentwicklung der Bezug zum konkreten Handeln auf der Interaktions- und Kommunikationsebene angestrebt werden. Dies gilt insbesondere für die Teile einer Evaluation, die in einem präadaptiven Verfahren geschehen, in dem die Kriterien theoretisch vorher definiert werden. Vor dem Hintergrund der Bezugnahme auf die Handlungen und die interaktiven Prozesse wird das Verhältnis der verschiedenen Kriterien untereinander in bezug auf ihre pädagogische Relevanz deutlich. Somit kann man sich auf bestimmte im jeweiligen Kontext der Evaluation interessante "Kernkriterien" konzentrieren, anstatt sich in der Untersuchung eher marginaler Informationen zu verlieren.

Zweitens folgt hieraus, daß diskutiert, geklärt und transparent gemacht werden muß, in welchen Kontexten und auf welcher Ebene die Evaluation ihre Schwerpunkte setzen kann und soll. Es ist also anhand der vorliegenden Problemkonstellation des pädagogischen Inhalts und angesichts gesellschaftlicher Bedingungen jeweils zu diskutieren, welche Ebene wann im Mittelpunkt des Interesses stehen soll. In diesem Zusammenhang geht es auch darum, über die Schnittstellen zwischen diesen Ebenen nachzudenken und diese nicht erst dann in die Konzeption der Evaluation miteinzubeziehen, wenn Spannungsverhältnisse zwischen den Ebenen Anlaß dazu geben.

Drittens: Da eine Evaluation in den seltensten Fällen alle Ebenen umfassend und in einem zusammenhängenden Durchgang thematisieren kann oder will, ist sie aufgerufen, darüber zu reflektieren und offenzulegen, inwieweit sich durch die Entscheidung für die eine oder die Ausblendung der anderen Ebene Konsequenzen in bezug auf die Vorgehensweisen und die Ergebnisse der Evaluation ergeben.

2.2 Probleme bei der Evaluation sozialpädagogischen Handelns

Das Problem der Festlegung angemessener Beurteilungskriterien wurde bereits als allgemeines Problem der Evaluation sozialpädagogischer Praxis beschrieben (s. S. 208ff). Im folgenden wird auf die Frage nach dem Erfolg auf der Ebene des sozialpädagogischen Handelns näher eingegangen werden. Denn gegenüber einer Bewertung auf der institutionellen und der gesellschaftlichen Ebene, die beide aufgrund des hier enthaltenen höheren Anteils an funktionalistischen Strukturen weniger unkompliziert und problematisch erscheinen, stellt sich in der Ebene des Handelns die Problematik der Kriterien am deutlichsten.

Die Schwierigkeit der Beurteilung

Wenn für die sozialpädagogische Praxis Handlungskonzepte definierbar wären, in denen inhaltliche Ziele und Methoden eindeutig und konstant festgeschrieben sind, dann ließe sich das Problem, geeignete Konzepte der Erfolgsanalyse zu finden, leicht lösen. Denn hieraus würde sich quasi automatisch eine Vorstellung von anzustrebenden Intentionen des Handelns, von zu erreichenden Wirkungen und einzusetzenden Mitteln ergeben. Man könnte für den jeweiligen Einzelfall Evaluationskriterien und Indikatoren ableiten, die den Maßstab setzen und die Verfahren festlegen, um untersuchen und begründen zu können, warum man die vorliegende Intervention und ihr Ergebnis für gut oder für schlecht hält[11].

Hätten wir es mit einem Evaluationsgegenstand zu tun, der festliegende Zielvorstellungen, Techniken und konstante Bedingungsfelder für die Erreichung der Ziele aufweisen würde, so ließen sich "verbindliche Qualitätskriterien" (s. Meinold 1995, S. 289) inhaltlich und konkret festmachen. Demgegenüber können Ziele und Mittel sozialpädagogischer Prozesse, wie bereits dargestellt, sehr umstritten sein. Weiterhin ist die Struktur des Handelns in einer überwiegenden Anzahl der Praxisbereiche dadurch gekennzeichnet - oder es ist zumindest einzukalkulieren -, daß Ziele, Mittel und Bedingungen von Fall zu Fall und im Verlauf eines Falles variieren. Sie können deswegen nicht technisch hergestellt werden, sondern müssen vielfach erst in einem Suchverfahren konkretisiert, im einzelnen verhandelt und entschieden werden. Es gibt also keine evaluationstheoretischen Checklisten sozialpädagogischer Güte und Qualität, die man turnusgemäß anwenden und abhaken kann. Man kann aber - und das will die vorliegende Arbeit versuchen - allgemeine Reflexionsebenen und Orientierungspunkte angeben, die den jeweils von Fall zu Fall zu bewerkstelligenden Reflexionsprozeß zur Entwicklung eines Evaluationskonzeptes begleiten können.

Vergessen wir aber nicht, daß als Bestandteile sozialpädagogischer Aufgaben auch didaktische Lernprozesse der reinen Wissensvermittlung, Beratungsprozesse zur bloßen Information oder andere Prozesse mit einem höheren Grad an technischer Verfügbarkeit und Operationalisierbarkeit - etwa rein materielle Hilfeleistungen - vorkommen. Diese können wichtige Voraussetzungen oder sogar unmittelbare und notwendige Bedingungen für den Erfolg sozialpädagogischer Arbeit darstellen (z.B. Weiterbildung im Tagesmütterprojekt, Aufklärungsmaßnahmen im Schoolwork-Programm). Das Problem der Beurteilung stellt sich also folgendermaßen dar:

Sozialpädagogische Prozesse sind in ihrer Struktur heterogen und komplex, unüberschaubar und unzugänglich, in ihrem Ausgang und Ziel fragwürdig, umstritten und widersprüchlich. Dies gilt in den meisten Fällen, aber nicht zwangsläufig immer

---

11: Über die Begriffe "Erfolg und Scheitern" vor dem Hintergrund der Evaluation von pädagogischer Reformmaßnahmen s. Blankertz 1978.

und in bezug auf alle Aspekte, die mit ihrem Erfog zusammenhängen. Die Konzeptionierung und Anwendung von Kriterien und Verfahren, mit deren Hilfe sich der Erfolg dieser Prozesse analysieren und beurteilen läßt, muß dieser Heterogenität und Komplexität allerdings angepaßt werden. Wie die Evaluationsstudien in den Kapiteln vier und fünf gezeigt haben, ist es nicht ausgeschlossen, daß auch komplexe sozialpädagogische Prozesse und wichtige (weil deren Erfolg bedingende) Teilaspekte relativ einfach analysierbar und eindeutig beurteilbar sind. Eine übergreifende **inhaltliche** Festlegung von Kriterien durch eine genuin sozialpädagogische Evaluationstheorie zur Festlegung von Evaluationskriterien erscheint ausgeschlossen, was jedoch nicht heißt, daß keine Prinzipien, formale Kriterien und übergreifende Strukturen eines Beurteilungsmusters der Evaluation in der Sozialpädagogik angebbar sind. Ein Evaluationsmodell muß folglich so (offen) strukturiert sein, daß jener Heterogenität Rechnung getragen werden kann. Es darf aber gleichzeitig den Blick auf die Möglichkeit einfacher und klar durchschaubarer Analysen nicht verstellen.

Als allgemeines Prinzip kann bis hierher festgehalten werden, daß die Evaluation sozialpädagogischer Anstrengungen vor allem auf der Basis oder in Bezugnahme auf eine Analyse und Beurteilung der hier stattfindenden sozialpädagogischen Prozesse geschehen kann, wobei sich die Evaluationskriterien hierfür nicht aus einer übergreifenden Theorie deduzieren lassen, sondern in Auseinandersetzung mit dem jeweiligen Kontext und den situativen Bedingungen ermittelt und begründet werden müssen. Aufgrunddessen daß die sozialpädagogische Praxis durch bestimmte o.g. Merkmale - wie z.B. Komplexität, Flüchtigkeit, Vielschichtigkeit, Unsicherheit und schneller Wandel (s. auch Hornstein/Lüders 1989) - gekennzeichnet ist, kann ein evaluationstheoretisches Modell zwangsläufig nicht eindimensional und linear strukturiert sein. Wäre dies der Fall, so lägen Normierungen und Pauschalisierungen vor, die zwar von einigen Seiten erwünscht werden (vgl. Meinold 1995, S. 289), da sie einfache Evaluationsverfahren mit eindeutigen, generalisierbaren und quantifizierbaren Kriterien und Ergebnissen ermöglichen. Der spezifischen Eigenheit sozialpädagogischer Arbeit könnte man damit aber nicht gerecht werden. Dies heißt allerdings nicht, daß in jeder sozialpädagogischen Evaluation besonders schwierige oder unüberwindliche konzeptionelle und methodische Probleme vorliegen müssen.

2.2.1 Pädagogisches Handeln zwischen Intention und Wirkung

Intentionen und Wirkungen sind für die Frage der Evaluation von zentraler Bedeutung und tauchen immer in irgendeiner Form in Evaluationskonzepten auf. Betrachten wir hierzu mögliche evaluative Fragestellungen, die auf verschiedenen Ebenen in Evaluationsprojekten denkbar sind und auch tatsächlich vorkommen.

Gesellschaftspolitische Zielrichtung
Welcher gesellschaftspolitische Zweck ist mit der Intervention verbunden? Welche Problemlage wird bearbeitet? Wie läßt sich diese Auswahl legitimieren? Schließt ihre Bearbeitung ein Engagement gegenüber anderen Problemlagen oder Adressatengruppen aus, für die aus welchen Gründen auch immer Hilfe notwendiger wäre? Wäre es sinnvoller, eine andere Problemlage zu bearbeiten?

Pädagogische Intention
Welche Ziele beinhaltet die Konzeption der Intervention? Sind diese Ziele in sich stimmig, oder widersprechen sie übergeordneten gesellschaftspolitischen Zwecken, allgemeinen ethischen Zielsetzungen oder empirischen Erkenntnissen über den Zusammenhang der intendierten Ziele und der zu bearbeitenden Problemlage? (intrinsische Evaluation s. Scriven Kap II., Metaanalyse z.b. bei Gudat)
Umsetzung der Ziele
Finden sich die intendierten Ziele in den Einzelzielen der Handlungspläne in der Praxis und in den tatsächlich stattfindenden Handlungen wieder? Welche Ziele stehen hinter den tatsächlichen Handlungen in der Praxis?
Wirkungen als zentraler Aspekt
Werden die intendierten Ziele erreicht? Welche Ziele werden erreicht? Sind die erreichten Ziele pädagogisch sinnvoll? Besteht ein Zusammenhang zu den übergeordneten Zielen? Sind die erreichten Wirkungen legitim? Welche allgemeinen Auswirkungen, Nebenwirkungen und spezifischen Konsequenzen ergeben sich aus den Aktionen?
Mittel und Wege - Zweckmäßigkeit
Sind die im Sinne der Zielsetzungen beschrittenen Arbeitsmethoden für die Wirkungen verantwortlich? Welche Bedingungen und Handlungen haben Einfluß auf Zustände und Vorgänge, die mit den Intentionen des Handelns in Verbindung stehen? Sind effektivere Mittel und Wege mit zusätzlichen positiven Nebenwirkungen möglich?

Die Aufzählung verdeutlicht einerseits die zentrale Bedeutung, die Ziele und Wirkungen innerhalb der Evaluation haben. Andererseits handelt es sich immer um allgemeine und abstrakte Fragestellungen. Da bereits festgestellt wurde, daß sinnvolles und erfolgreiches pädagogisches Handeln je nach Situation und Fall völlig unterschiedliche Aktionen der Pädagogen bedeuten und auch unterschiedlich und widersprüchlich beurteilt werden kann, ist dies auf evaluationstheoretischer Ebene auch gar nicht anders möglich. Hierzu Maja Heiner (1988, S.9):

"Das mühsam Erreichte ist wenig greifbar, und die Flüchtigkeit pädagogischer und sozialer Prozesse mit ihren Rückschlägen und Vergeblichkeiten erschwert sowohl die Selbsteinschätzung wie auch die Außendarstellung des Geleisteten".

Diese Schwierigkeit ergibt sich **erstens** aus der empirisch gegebenen, mangelnden technischen Verfügbarkeit der Intentionen und Wirkungen, was mit folgenden Gegebenheiten zusammenhängt[12]:
- der eingeschränkte Wirkungsbereich pädagogischer Maßnahmen gegenüber den eigendynamisch wirkenden Lebensbedingungen der Adressaten, die eine Erreichung der pädagogischen Ziele erschweren oder ausschließen;
- die unterschiedlichen Bedeutungswelten und Bedürfnisse der Klienten, die jeweils unterschiedliche Interpretationen und Konkretisierungen von Erfolg bedeuten können und demzufolge nur abstrakte Zielformulierungen zulassen;
- der sich ständig vollziehende historische Wandel der gesellschaftlichen Problemlagen und der Adressatenbedingungen, woraus die Notwendigkeit entsteht, immer wieder neue Suchbewegungen zu vollziehen und Zieldefinitionen zu wagen;

12: s. Ölkers 1982, S. 146 ff; Sengling (1987). M. Heiner (1988, S. 12) spricht auch von "komplexen schlecht strukturierten Problemlagen" und zählt noch weitere hierzu beitragende Eigenschaften sozialer Arbeit auf (z.B. die Eigendynamik der Probleme, s. S. 14).

- ein nicht selten bestehender Handlungsdruck angesichts akuter Problemlagen, der dazu zwingt, auch in diffusen Situationen zu agieren, zu intervenieren und den Alltag zu bewältigen.
- die Diffusität und Unübersichtlichkeit der Problemlagen und die Unüberschaubarkeit des Praxisfeldes, in dem unterschiedliche Träger, Konzepte, Szenen und Arbeitsformen vorhanden sind (dazu: für das Beispiel Jugendarbeit und "Gewalt" s. Schefold 1994).

Zweitens achtet die sozialpädagogische Theorie durch normative Selbstbeschränkungen ihrer eigenen Einflußnahme darauf, manifeste und latente Formen eines technokratischen Zugriffs auf den Klienten, Manipulation und Indoktrination möglichst auszuschließen. Indem sie sich das Ziel setzt, das Prinzip der autonomen Selbstbestimmung sowie ein möglichst gleichberechtigtes und offenes Verhältnis in der Interaktion herzustellen[13], schränkt sie selbst die Möglichkeit eines kontrollierenden Zugriffs ein. Im folgenden geht es darum, diese Probleme ausgehend von einigen ausgewählten theoretischen Grundlagen sozialpädagogischen Handelns zu thematisieren und in bezug auf das Problem der Entwicklung von Evaluationskriterien zu vertiefen.

Die angesprochenen Schwierigkeiten, die bei der Bestimmung des Erfolges oder des Mißerfolges auf der Ebene eines Falles auftreten können, in dem konkrete Einzelhandlungen beurteilt werden sollen, setzen sich natürlich auf der Ebene der Abstraktion von Einzelfällen fort. Jürgen Ölkers (1982) beschreibt Gründe und Konsequenzen für diese Schwierigkeiten und für die eingeschränkten Möglichkeiten, die in dem Gefüge von pädagogischem Handeln, Bildung und Erziehung zwischen »Intention« und »Wirkung« bestehen, wenn es um die Erstellung einer praktischen Konzeption, einer Handlungstheorie oder einfach um den Versuch geht, sozialpädagogisches Handeln in bezug auf seine Ziele, Wirkungen und Erfolge inhaltlich festzulegen und theoretisch "dingfest zu machen". Auf die einzelnen Zusammenhänge hierzu kann an dieser Stelle nicht eingegangen werden, wenngleich sie für ein Verständnis der handlungstheoretischen Voraussetzungen pädagogischer Interventionen interessant sind. Wichtig für die Fragestellung der Evaluation ist jedoch das Fazit der Analyse Ölkers, das im Rückbezug auf Ballauf anhand des umfassenden Begriffs der Bildung geschieht und das analog auf sozialpädagogisches Handeln angewandt werden kann:

"Bildung läßt sich am besten mit der Metapher des Horizontes verdeutlichen, der sich nach Maßgabe der subjektiven Bildungsarbeit gestaltet, also verbessert oder verschlechtert, erweitert oder verengt. Geistige Arbeit heißt dabei die unaufhörliche Weiterarbeit mit Gedanken. Die geistige Auseinandersetzung mit der Welt geht in destillierten, d.h. aus der Fülle von Einflüssen herausgeschälten und verarbeiteten Gedanken vor sich, an die sich Begriffe anheften.[...] In der Regel wird das »pädagogische Handeln« damit begründet, daß es derartige Prozesse unterstützt, und wie immer diese Art Handeln empirisch und strukturell näher beschrieben wird, wenn es >unterstützende< Funktion hat, ist es mit der Industriemethaphorik des >Produzierens< nicht vorstellbar. Bildung kann, wie Ballauf zu Recht meint, nicht »gewollt« werden. »Ob sich >Bildung< ereignet, darüber hat Erziehung keine >Macht<"[14] (ders. ebd., S. 176).

13: Siehe Kap.I, S. 55, 56 die Zitate von Winkler (1988, S. 21, 336). Weiterhin: Das »Arbeitsbündnis« von B. Müller (1991) stellt beispielsweise ein theoretisches Konzept dar, das solche normativen Orientierungen für die Gestaltung der pädagogischen Beziehung enthält; siehe ebenfalls Müller/Otto 1984.
14: Theodor Ballauff (1954): Die Grundstruktur der Bildung. Weinheim. S. 100.

Und weiter unten (S. 177):

"Grundsätzlich lassen sich Wirkungen nur nahelegen und nicht erzwingen, denn Indoktrinationen [...] müssen mit einer Informationskontrolle arbeiten, die sehr unwahrscheinlich ist. Und selbst Indoktrinationen haben nie eine totale Verfügungsmacht über die Wirkungen. [...] Pädagogisches Handeln ist Versuchshandeln, kein instrumentelles Handeln, Erziehung ist kein Instrument und Bildung kein Produkt."

Wenngleich der Zusammenhang zwischen Intentionen, pädagogischem Handeln und den Wirkungen nicht eindeutig konzipierbar und empirisch erfaßbar und der Grad an technischer Verfügbarkeit je nach Situation ein unterschiedlicher ist, so spielen die Aspekte der Absichten und Wirkungen jedoch immer eine entscheidende Rolle: Ein Prozeß der Entwicklung und Veränderung kann nur als pädagogischer Prozeß vorgestellt werden, wenn damit Handlungen (oder Unterlassungen) als ingangsetzendes oder begleitendes Moment verbunden sind, die bestimmte normative Intentionen in sich tragen, oder wenn sich aus Handlungen bestimmte Wirkungen von pädagogischem Interesse ergeben. Wie ist somit das Verhältnis zwischen der Forderung nach Zurückhaltung in bezug auf "produktionslogische Steuerung" und der Forderung nach gezielter Einwirkung zu sehen? Als Antwort hierzu läßt sich ein analoger Schluß zu dem ziehen, was Hans Thiersch (1978) für das Verhältnis zwischen dem normativen Moment und der Zurückhaltung gegenüber dem lebensweltlichen subjektiven Eigensinn des Klienten konstatierte: beide Komponenten sind immer notwendige Bestandteile pädagogischen Handelns. Obwohl die Inhalte der Prozesse flüchtig und aufgrund der Pseudokonkretheit des Alltages (vgl. ebd.), in dem sie ja stattfinden, widersprüchlich sind, kann nicht darauf verzichtet werden, Wirkungen erzielen zu wollen.

"Leugnet der Pädagoge diese Komponente seiner Rolle, dann gerät er in Identitätsprobleme. Er versucht, etwas nicht zu sein, was er ist, und etwas zu sein, was er nicht sein kann. Die Konsequenz solcher Verunsicherung kann sein, daß er zu wenig tut; im Umgang mit Schwierigen, im Heim oder in der Beratung, wagt er nicht - aus Angst vor Stigmatisierung und den verformenden Wirkungen von Therapie - Schwierigkeiten als Schwierigkeiten, Unzulänglichkeiten als Unzulänglichkeiten zu definieren und entsprechend zu handeln; im Jugendhaus traut er sich nicht, seine Einsichten, Wertungen und Gefühle zu zeigen, also er selbst zu sein; er übt sich - aus vermeintlich pädagogischen Gründen - in Mimikry; Pädagogik wird dann »laufen lassen«" (Thiersch 1978, S. 219).

Leider besteht die Konsequenz eines in der Praxis tätigen Sozialpädagogen, der die Komponente leugnet, gezielt Wirkungen zu erreichen, nicht darin, daß derselbe dadurch weniger wirksam wäre. Er überläßt lediglich die Resultate seiner Handlungen und Unterlassungen unhinterfragt den bestehenden Verhältnissen und u.U. Einflüssen, deren negativen Folgen es pädagogisch entgegenzuwirken gilt. Dies bedeutet nun allerdings nicht, daß ständig gezielt interveniert werden müßte, denn gerade eigendefinierte Prozesse der Klienten, bei denen die Pädagogin sich bewußt zurückhält und "laufen läßt", können notwendige pädagogische Zielsetzung sein, mit denen auch Wirkungen verbunden werden. Wirkungslosigkeit als prinzipielle Orientierung ist jedoch pädagogisch undenkbar und deshalb besteht eine wichtige pädagogische Aufgabe darin, Wirkungen zu analysieren und zu ergründen. In vielen Fällen sind gerade durch die Unterlassung und das Gehenlassen - insbesondere am Ende eines pädagogischen Prozesses - Situationen gegeben, in denen sich in der Alltagsrealität und jenseits pädagogischer Schonräume die Wirksamkeit und der Erfolg der Arbeit erweisen kann.

Wirkungen stellen somit in bezug auf Analyse- und Beurteilungskriterien sozialpädagogischer Praxis einerseits den zentralen Bezugspunkt dar: "Wirkungen werden gegenüber guten Absichten für die Reflexion zentral" (Schefold 1993, S. 223). Andererseits ist jedoch zu beachten, daß die Möglichkeiten in der sozialpädagogischen Praxis bisweilen sehr eingeschränkt sein können und sein müssen, Evaluationskriterien im Sinne von konkreten Zielsetzungen, auf die hingewirkt werden soll, festzulegen und zu erheben oder im Nachhinein interpretativ zu ermitteln . Ganz in der konzeptionellen Struktur der aproximativen Annäherung und der Multiperspektivität bleibend folgt hieraus, daß zusätzlich zur Kategorie der Wirkung als unmittelbare oder langfristige Konsequenz pädagogischen Handelns andere Aspekte in die evaluative Betrachtung einbezogen werden müssen, die zur Beurteilung des Wertes, des Nutzens und des Erfolges ergänzende Hinweise liefern können.

2.3 Weitere Orientierungspunkte für die Evaluation sozialpädagogischen Handelns

Es stellt sich uns nun also die Frage, wie die Schwierigkeiten der Kriterienentwicklung, die aufgrund der komplexen Struktur sozialpädagogischen Handelns und der "systematisch unhintergehbaren Spannungsmomente von erziehungsphilosophischer Reflexion und technisch verfügbarem Steuerungswissen" (Blankertz 1978, S. 178) bestehen, evaluationstheoretisch zu verarbeiten sind. Am Beispiel des in der sozialen Arbeit verbreiteten Konzeptes der "Alltagsorientierung" kann ganz grob analysiert werden, in welcher Weise sich das Problem im Rahmen dieser theoretischen Konzeption niederschlägt und gelöst wird:

Die Prinzipien der »Alltagsorientierung« und der »Hilfe zur Selbsthilfe« legen soziale Arbeit auf "Anregungen, Provokationen und Unterstützungen" (Thiersch 1993, S. 16) fest, d.h., daß der Vollzug und die Realisierung der sich hieraus ergebenden Prozesse beim Klienten liegt. Dieser verbreitete Ansatz legt sich also selbst Beschränkungen des Zugriffes und der inhaltlich gezielten Realisierung dadurch auf, daß lediglich" im Vorhof des Lebens" agiert werden soll (ebd.). Der eigentliche Erfolg sozialpädagogischer Prozesse ergibt sich in wesentlichen Teilen nicht vom Resultat eines inhaltlich konkret festlegbaren Zustandes her, sondern besteht in dem Vorgang, daß "Menschen in eigener Verantwortung ihr Leben gestalten" (ebd.). Eine spezifische Qualität der Prozesse besteht also zunächst darin, das Prinzip des Respekts vor dem Eigensinn lebensweltlicher Konstellationen und Ressourcen umzusetzen (ebd.). Soziale Arbeit strebt an, ihre Interventionsformen immer offen zu strukturieren und damit lediglich "Anbahnungen, Voraussetzungen und Dispositionen" (ebd.) für den selbstdefinierten Verlauf der Prozesse zu liefern.

"Dieses Wissen von der Vorläufigkeit der Arbeit gilt, scheint mir, auch für die Soziale Arbeit. Sie ist verantwortlich für Anregungen, Provokationen, Unterstützungen - aber nicht dafür, was die AdressatInnen damit machen; die Grenzen, vor allem auch die Überlappungen, zwischen Eigensinnigkeit, Stellvertretung und Verantwortung können nur im einzelnen ausgehandelt werden" (Thiersch 1993, S. 17, unter Verweis auf Brumlik 1992).

Gleichzeitig sieht Thiersch (1993, S. 24) jedoch die Notwendigkeit der "methodischen Absicherung", um der Gefahr zu entgehen, - im Zeichen der Lebensweltorientierung -

"in die Strukturen der Lebenswelt hineingezogen zu werden und so Distanz und Kompetenz, die Voraussetzungen für klärende, strukturierende und alternative Problemlösungen zu verlieren" (ebd.). Pädagogisches Handeln bedeutet folglich "Mitverantwortung für das Gelingen des Alltäglichen übernehmen" (Flitner 1978, S. 192) und kann somit immer nur im engen Bezug auf die Erziehungswirklichkeit geschehen. Es ist folglich darauf zu insistieren, daß die Resultate der Prozesse in ihrer alltagsweltlichen Bedeutung transparent werden und vor allem deren Praktikabilität vor Ort - ohne idealistisch-theoretische überhöhte Erwartungen und Sichtweisen - realistisch eingeschätzt wird.

Die Aufgabe der (Selbst)Evaluation besteht in diesem Zusammenhang darin, eingebunden in das jeweilige Arbeitskonzept, "den Effekt der Arbeit im Prozeß zu prüfen, d.h., ihn im Wechselspiel von Vorhaben und Erfolg transparent und damit im Prozeß korrigierbar zu machen" (ebd. S. 26)[15]. Im Verlauf dieses Prozesses besteht ein wichtiges Kriterium für die Beurteilung sozialpädagogischen Handelns darin, inwieweit es gelingt, das Spannungsverhältnis zwischen Strukturierung und Offenheit je nach Situation produktiv so aufzulösen, daß sich hieraus positive Effekte in konkreten Einzelfällen und realen Lebensläufen ergeben.

Anhand dieses Beispiels lassen sich Anregungen dafür ersehen, welche zusätzlichen Aspekte neben den Wirkungen in die Entwicklung von Evaluationskriterien einbezogen werden können:

Erstens fällt auf, daß neben den Wirkungen insbesondere Eigenschaften des Handelns selbst und der in diesem Zusammenhang verlaufenden Prozesse eine Rolle spielen, da diese eine bestimmte **pädagogische Qualität** besitzen, die jenseits der Auswirkungen als relevant erscheint. **Zweitens** werden jene **Prozesse** quasi als Identifikationsort für Wirkungen und Qualitäten im Wechselspiel zwischen Intention und Erfolg gesehen, was gleichzeitig formativ steuernde Eingriffe erlaubt. **Drittens** spielen die jenseits der theoretisch idealistischen Überlegungen bestehenden realen **Bedingungen**, in denen diese Prozesse und das Handeln stattfinden, eine wesentliche Rolle für die praktikable Umsetzung vor Ort und das Gelingen in der Realität des Alltäglichen. In Anlehnung hieran beinhaltet das eigene evaluationstheoretische Modell diese drei Orientierungspunkte und Sichtweisen der Evaluation, die eine Reflexion über Evaluationskriterien neben dem Aspekt der Wirkungen anregen sollen[16]:

Evaluation der **Qualitäten**, der **Prozesse**, der **Bedingungen**.

Allgemein für die Evaluation sozialpädagogischen Handelns gilt, daß das geschilderte Spannungsverhältnis zwischen Wirkungsabsicht und Zurückhaltung in die konzeptio-

---

15: Diese Erforderlichkeit "des Mittragens der täglichen Notwendigkeit von Erziehung und die Rekonstruktion des Erziehungsalltages" (ebd. S. 189) wurde von Evaluationsstudien und wissenschaftlichen Begleitungen vielfach übersehen, was zum Scheitern zahlloser Projektstudien, zu einer "ungeheuren Reibungshitze, die beim Eintreten des pädagogisch geläuterten Bewußtseins in die Atmosphäre der wirklichen Institutionen entsteht," und zur grenzenlosen Enttäuschung vieler Institutionen, die sich auf wissenschaftliche Beratung eingelassen haben, geführt hat (vgl. ebd.)
16: Vgl. hierzu auch Kap.V, S. 238 ff

nelle Reflexion der Evaluation einzuschließen ist. Beide Momente müssen im jeweiligen Anwendungsfall austariert werden, um Handlungs- und damit Evaluationskriterien zu entwickeln, und zu entscheiden, welches Verhältnis und welcher Grad der technischen Verfügbarkeit zwischen Intentionen und Wirkungen bestehen kann und soll. Generell ist von einer inhaltlichen Nicht-Standardisierbarkeit des Handelns und der Kriterien hierfür auszugehen, die aber in bezug auf einzelne spezielle Aspekte sowohl ein eher instrumentell technisches Theorieverstehen einerseits, als auch ein verständigungsorientiertes Fallverstehen andererseits notwendig machen kann (vgl. Dewe u.a. 1993, S. 18ff). Eine Beantwortung der sich aufgrund der pädagogischen Handlungsstruktur verkomplizierenden Frage nach Evaluationskriterien ohne eine vorgeschaltete Reflexion über einzelne Aspekte des Handelns und dazu passender Zuschnitte der evaluatorischen Sichtweise ist unangemessen. Wirkungen haben zwar eine zentrale Bedeutung als übergreifendes Evaluationskriterium, das aber nicht mißverstanden werden darf. Denn wenn man den von Oelkers (s.o.) und auch von Blankerts (1978) beschriebenen wichtigen Aspekt nicht einbezieht, daß pädagogisches Handeln eine szientistisch nicht einholbare Dimension besitzt, würde einer rein technologischen Evaluation Vorschub geleistet werden.

2.3.1 Qualität als zusätzliches Evaluationskriterium

Bei der wertenden Analyse sozialpädagogischen Handelns kann dessen **Qualität** als zusätzliches allgemeines Beurteilungskriterium von dem der Wirkung unterschieden werden. Heiner (1992, S. 124) erinnert daran,

"daß "Qualität" und "Wirkung" von Humandienstleistungen nicht zusammenfallen müssen. Schon der Medizinerwitz "Operation geglückt, Patient tot!" verweist auf die Differenz zwischen Erfolg und fachlich qualifiziertem Handeln. Untersuchungen zur Qualität der Dienstleistungen sind daher ebenso wichtig wie Effektivitäts- und Effizienzstudien".

Der Erfolg und der Wert sozialpädagogischer Prozesse ist nicht ausschließlich an deren Resultaten erweisbar, sondern die Beschaffenheit und die Güte, also die Qualität des gesamten "Herstellungsprozesses" muß in dem Prozeß der Bewertung ebenfalls eine zentrale Rolle spielen: Die Handlungs- und Interaktionsformen, durch die Wirkungen erzielt werden sollen und tatsächlich hergestellt werden, sind erstens aus normativ-ethischen, zweitens aus empirischen und drittens aus organisatorischen Gründen für die Evaluation pädagogischen Handelns von Bedeutung. Es können also drei allgemeine Dimensionen der Qualität unterschieden werden, die als Reflexionsebenen nutzbar sind und verhindern sollen, daß wichtige Kriterien der Qualität übersehen werden:

Erstens bestehen in jeder Konzeption pädagogischen Handelns normative Vorstellungen darüber, nach welchen ethischen Prinzipien dieses geschehen sollte. Ausgangsproblem ist hierbei wiederum ein Problem, das mit der Absicht zusammenhängt, Wirkungen zu erzielen: die Rechtfertigung der Einflußnahme auf den Willen eines autonomes Subjektes. Hieraus folgt übertragen auf das Problem der Evaluation und die Aufgabe der Entwicklung von Evaluationskriterien, daß zu begründen und kritisch zu prüfen ist, ob die im Rahmen der zu evaluierenden Praxis stattfindenden Interventionen "sittlich erlaubte" Erziehungshandlungen darstellen (vgl. W. Flitner 1979). Eine in diesem Sinne **normative Qualität** der Handlungen und Prozesse liegt dann vor, wenn ihre Mittel und Wege ethischen Prinzipien entsprechen, die einerseits das pädagogische Zugriffsrecht legitimieren oder die Pflicht dazu begründen und es andererseits gegen das Selbstbestimmungsrecht des Klienten begrenzen, einschränken und auf das Notwendige festlegen. Theoretische Komponenten, die auf diesen zentralen Selbstanspruch des Pädagogischen verweisen, sind z.b. die Vermeidung der Kolonialisierung von Lebenswelten oder das Prinzip, bei der Beratung nicht unter Umgehung des Bewußtseins des Klienten zu arbeiten. Die Kriterien, die für diesen Aspekt relevant werden können, lassen sich unter Bezugnahme auf philosophische und ethische Grundlegungen sozialpädagogischen Handelns entwickeln (z.B. Brumlik 1992, Schlüter 1995) und unter dem Stichwort der **Gleichberechtigung** in der gegenseitigen Beziehung zusammenfassen.

Ein **zweiter** Aspekt der Qualität des Handels besteht in seiner **organisatorischen Effizienz**. Gemeint ist hiermit der Einsatz von Personal, Zeit und Mitteln im Verhältnis zu den erzielten Wirkungen und den Qualitäten. Dahinter steht die Frage, ob nicht einfachere, billigere, den Einzelnen zeitlich und in bezug auf den Arbeitsaufwand weniger belastende Mittel und Wege möglich wären.

In einer Vielzahl der Handlungssituationen der sozialpädagogischen Praxis ist eine unmittelbare empirische Erfassung von Wirkungen im Sinne wünschenswerter Ergebnisse und Zustände unmöglich. Dies kann mehrere Gründe haben: Es kann sein, daß diese Zustände gar nicht entstehen, weil sie durch Außenbedingungen verhindert werden, was allerdings nicht heißt, daß die Arbeit schlecht oder erfolglos ist. Hängt die evaluatorische Sichtweise zu stark an diesen theoretisch konzeptionellen Wirkungen und beurteilt den Evaluationsgegenstand ausschließlich nach den sich hieraus ergebenden Evaluationskriterien, so wird allzu leicht übersehen, welche Qualitäten des Handelns vorliegen, und daß Erfolge als Wirkungen sehr wohl vorhanden sein können, aber nur durch eine schärfere Linse wahrnehmbar sind. Gemeint sind Erfolge, die nur ansatzweise oder temporär bestehen und sich prozessual stückweise, in zeitlichem Verzug, in einem verworren erscheinenden und Rückschritte beinhaltendem Ablauf und unter dem Einfluß biografisch vernetzter Faktoren entwickeln. Diese können völlig außerhalb der Kenntnis und der Einflußnahme der zu evaluierenden sozialpädagogischen Interventionen verlaufen. Letztere Zusammenhänge sind insbesondere wichtig für die unter dem nächsten Gliederungspunkt thematisierte Evaluation der Prozesse.

Die Untersuchung der ZBS durch Maja Heiner zeigt zum Beispiel, daß eine Evaluation auch ohne die Analyse der letztlich zentralen Kriterien der konzeptionellen Wirkung auskommen und zu wichtigen Ergebnissen führen kann. Diese Kriterien hätten hier in der Verbesserung der Notsituation der Betroffenen und in der Befähigung zu einem selbstbestimmten Leben ohne öffentliche Hilfe bestanden, was nur mit einem unverhältnismäßig hohen Aufwand hätte erhoben werden können. Darüberhinaus kann nicht davon ausgegangen werden, daß die Arbeit der Einrichtung bei einem Ausbleiben dieser Kriterien als schlecht und nutzlos einzuschätzen ist. Von daher ist auf die Eigenschaften der Vorgehensweisen und des Weges hinzuweisen, die im pädagogischen

Sinne deswegen positiv zu bewerten sind, weil sie die Voraussetzungen oder günstige Bedingungen für Wirkungen darstellen, und zwar ohne daß sich diese Wirkungen gleichzeitig einstellen müssen. Beispielsweise liegt mit der Forderung, Akzeptanz gegenüber Obdachlosen zu üben, wenn sie umgesetzt wird, auch ein interaktiver Zustand vor, der positiv zu bewerten ist, weil er eine der notwendigen empirischen Bedingungen dafür darstellt, daß überhaupt Kontakt geknüpft, eine vertrauensvolle Beziehung aufgebaut und auf dieser Grundlage alternative Problemlösungsmuster vermittelt werden können. Die Tatsache daß diese Akzeptanz vorliegt, erwidert wird und ein vertrauensvolles Verhältnis entsteht, ist unabhängig davon, ob der Klient später an Leberzirrhose stirbt oder das Bundesverdienstkreuz erhält, als positives Kriterium des Handelns einzuschätzen.

Derartige Bedingungen für die Erreichung bestimmter pädagogischer Zwecke haben in den Handlungskonzepten den Status von Teilzielen, die einen gewissen prozessualen Fortschritt signalisieren können, das Erreichen der langfristigen und letztendlichen Ziele jedoch nicht beinhalten. Damit ist der **dritte Aspekt der Qualität** gegeben, der im folgenden als »**Qualität der Verfahren**« bezeichnet wird. Hinweise für mögliche Kriterien, die in dieser Ebene der Qualität der Verfahren[17] relevant werden können, lassen sich einerseits aus Rahmenkonzepten sozialpädagogischen Handelns und andererseits aus empirischen Erkenntnissen oder aus Konzeptionen über Handlungsformen herleiten, die speziell für die Arbeit mit der jeweiligen Problemlage oder Adressatengruppe entwickelt wurden[18]. Man könnte diese Einzelaspekte unter dem umfassenden Kriterium der **Adressatenorientierung** zusammenfassen.

2.3.2 Evaluation der Prozesse

Es wurde bereits gesagt, daß sozialpädagogisches Handeln darauf abzielt, bestimmte Prozesse der individuellen Entwicklung in Gang zu setzen, zu begleiten, aufrechtzuerhalten und in ihrem Ausgang zu sichern. Im Verlauf dieser Prozesse sollen sich für die Klienten die Möglichkeiten und Fähigkeiten zu einer besseren Problemlösung oder einer zufriedeneren Lebensführung ergeben, indem beispielsweise alternative Sichtweisen vermittelt oder bestimmte Kompetenzen erlernt werden. Inhaltlich besteht also ein interaktives Wechselspiel zwischen dem Handeln, den gegenseitigen Reaktionen und den sich daraus ergebenden Prozessen und Entwicklungen. Eine lineare Herstellung bestimmter Zielzustände, die auf dem öffentlichen Mandat der jeweiligen Einrichtung gründen, scheint durch diese Prozesse selbst bei vorwiegend didaktisch strukturierten Inhalten unmöglich zu sein. Allein schon deswegen weil in der Beziehungs- und Handlungsebene und durch die lebensweltlichen Bezüge starke psychoemotionale Eigendynamiken zwischen Klient und Pädagogen aber auch unter den Pädagogen wirken können, die jenseits oder auch entgegen der konzeptionellen Zielsetzungen bestehen. Die Teamsupervision kann als eine Technik der Evaluation in dieser Hinsicht angesehen werden.

17: Hiermit ist auch eingeschlossen, was innerhalb der Vorstellung der Autorengruppe Streetwork unter dem Begriff "indirekte Wirkungen" rangiert (s. S. 265).
18: Beispiele für Kriterien aus Rahmenkonzeptionen: "dialogische Praxis" Dewe u.a. 1993; "pädagogisches Können" B. Müller 1993; "Milieubildung" Böhnisch 1994.

Bei dem eben behandelten allgemeinen Kriterium der Qualität wurde deutlich, daß es hier nicht ausreicht, Zustände festzustellen, sondern Zustände sind insbesondere als Eigenschaften eines prozeßhaften Voranschreitens von pädagogischen Interaktionen erkennbar und vor dem Hintergrund ihrer Bedeutung für mögliche Ziele der Arbeit beurteilbar. Hieraus folgt, daß im Speziellen auch **die Prozesse** in den Focus des evaluatorischen Interesses gestellt werden sollten. Wirkungen und Qualitäten lassen sich durch eine Beobachtung der Existenz, des Verlaufs und der Resultate von Prozessen besser erkennen als durch rein punktuelle Analysen, die die sozialpädagogischen Entwicklungs- und Veränderungsprozesse nicht explizit thematisieren. Der Gesichtspunkt der Prozesse ist im Unterschied zu denen der oben besprochenen Qualitäten und Wirkungen nicht als allgemeines Beurteilungskriterium aufzufassen. Er stellt vielmehr einen Orientierungspunkt der Analyse und der Informationssammlung dar, durch den die Betrachtung von Wirkungen und Qualitäten systematisiert und angeregt werden kann.

Mit der Evaluation der Prozesse soll etwas anderes bezeichnet werden als das, was in der Evaluationstheorie üblicherweise unter Prozeßevaluation im Unterschied zur Produktevaluation verstanden wird. Es geht hier nicht vorrangig um die Frage, ob die Vorgehensweise der Analyse in der Begleitung der Praxis oder in der Betrachtung ihrer Ergebnisse stattfindet, sondern darum, die oben bezeichneten sozialpädagogischen Prozesse - und nicht verwaltungstechnische, gruppendynamische im Team oder sonstiges - vor dem Hintergrund sozialpädagogischer Ziel- und Qualitätsvorstellungen zu analysieren und zu beurteilen. Die Qualität und die Ergebnisse der Prozesse können also sowohl durch Produkt, als auch durch Prozeßevaluation festgestellt werden, wobei letzterer im allgemeinen der Vorzug gegeben wird:

"Die Prozeßevaluation gilt als die *dem Gegenstand der Sozialen Arbeit angemessenste Art der Evaluation,* auch wenn ihre Ergebnisse nicht immer direkt verwertbar sind" (v. Spiegel 1992, S. 35).

Die Evaluation der Einrichtung »Mathilde« konzentrierte sich sehr stark auf die Analyse der Entwicklungsgeschichte der Jugendlichen im Zusammenhang mit den Interaktionen und Interventionen der SozialarbeiterInnen. Ein grundlegendes Kriterium für Erfolg im Focus einer Evaluation der Prozesse besteht also darin, daß sozialpädagogische Prozesse überhaupt vorliegen. Am Beispiel dieses Projektes läßt sich aber auch ersehen, daß der Blick auf die Prozesse über die Feststellung ihrer Existenz hinaus den Zugang zu einer Analyse der Wirkungen und der Qualitäten des Handelns in einer differenzierteren und schärferen Weise zu gestalten vermag.

Maßgeblich durch die Beschäftigung mit den Prozessen kann sich eine allgemeine Vorstellung von Erfolg bilden und sich zu einem spezifischen Verständnis entwickeln, das erstens adressaten-, problem- und an der Wirklichkeit orientiert ist und das zweitens einzelne Aspekte von Wirkungen und Qualitäten erarbeiten kann, die je unterschiedliche evaluative Zugangsweisen, d.h. spezifische Kriterien und Fragestellungen, erfordern. Dies nun wiederum ist notwendig, wenn man der Komplexität, Relativität und der Verworrenheit beikommen will, in der sich Erfolg in der Sozialpädagogik zeigen kann. Zur Verdeutlichung ein Beispiel aus der Jugendhilfe:

"Erfolg ist relativ und vor allem individuell ganz verschieden. Wir können Erfolg nur an der individuellen Entwicklungsgeschichte jedes einzelnen Jugendlichen messen. Für die eine ist Erfolg, was für die andere ein Rückschritt ist. [...]
Zu den größten Gefahren, gegen die die Jugendlichen anzuleben lernen müssen, gehören: Video, Drogen, Prostitution, Kriminalität und Selbstzerstörung. Jede sinnvolle Auseinandersetzung mit jedem einzelnen Jugendlichen war ein Schritt in die richtige Richtung und damit Erfolg. Jeder Tag, an dem die Jugendlichen Überlebenstechniken entwickelten, die sie als Alternativen zu diesen Gefahren erleben ließen, war Erfolg. Jede Woche, die sich ein Jugendlicher wohlfühlte, gab ihm Mut, daß das Leben mehr solcher Wochen zu bieten haben könnte. Jede Freundschaft zu einem anderen Jugendlichen gab Hoffnung, nicht allein zu sein und sich auf andere Menschen verlassen zu können. Und so gesehen hatte die Wohngemeinschaft viele Erfolge" (Sengling 1987, S. 171).

2.3.3 Evaluation der Bedingungen

In gleicher Weise wie das bei dem eben besprochenen Punkt der Prozesse der Fall war, handelt es sich bei den »Bedingungen« nicht um ein allgemeines Evaluationskriterium, sondern um ein analytisches Muster, durch das der Blick der Evaluation auf einen wesentlichen Aspekt der Beurteilung sozialpädagogischen Handelns gelenkt werden kann und der somit in den Prozeß der Kriterienentwicklung einbezogen werden sollte. Kriterien des Erfolges und der Qualität müssen insbesondere unter Bezugnahme auf die Einflüsse und die Möglichkeiten reflektiert werden, die mit den konkret vorliegenden Bedingungen des Handelns gegeben sind. Für die im bisher herausgearbeiteten evaluationstheoretischen Kategorien und die vorgestellten Möglichkeiten der Kriterienentwicklung waren die vorliegenden situativen Bedingungen immer maßgebend. Sozialpädagogisches Handelns ist dann erfolgreich und angemessen, wenn es in Anpassung an die situativen Bedingungen geschieht. Erfolg zeigt sich aber auch darin, daß es durch das Handeln gelingt, die Bedingungen im Sinne einer besseren Problembearbeitung zu verändern. Wie das folgende Beispiel zeigt, hängt es ganz entscheidend von Bedingungen ab, inwieweit die Ziele, die Methoden und die Vorstellungen von Erfolg völlig umdefiniert werden müssen:

"Ein Schüler mag weiter schwänzen oder den Unterricht stören. Wenn es dem Sozialarbeiter gelingt, dies dem Lehrer als Ergebnis familiärer Spannungen plausibel zu machen, so wird das gleiche Verhalten anders gesehen und bewertet" (Heiner 1988, S. 27).

In diesem Falle schließen die Bedingungen der persönlichen Dispositionen, der Problemkonstellation und der institutionellen Handlungsmöglichkeiten, die den Jugendlichen umgeben, eine unmittelbar erfolgreiche Einwirkung auf dessen Verhaltensweisen aus. Es ergibt sich hieraus eine Modifikation der kurzfristigen Zielrichtung, nämlich die Bedingungen des schulischen Lebenszusammenhanges so zu beeinflussen, daß sich hieraus keine stigmatisierende Dynamik mit zusätzlichen negativ einschränkenden Konsequenzen ergibt: z.B. eine Verstärkung der familiären Konflikte aufgrund der Schulprobleme. Ein wesentlicher Aspekt der Aufgabe des sozialpädagogischen Handelns und damit auch ein wichtiges Kriterium seiner Beurteilung besteht somit darin, inwieweit es gelingt, diese Bedingungen im Einzelnen ausfindig zu machen, im Interesse des angestrebten Prozesses richtig einzuschätzen und angemessen darauf zu reagieren, bzw. sie durch Handeln zu verändern.

Bedingungen sind aber auch noch aus einem anderen Grund für die Frage der Evaluationskriterien wichtig: Personale und institutionelle Bedingungen können die Sichtweisen und Interpretationsmuster desjenigen, der beurteilt, beeinflussen und entscheidend prägen. In Anlehnung an Schrapper (1985) beschreibt Sengling (1987, S. 166), daß die Qualität der eigenen Aufgabenwahrnehmung sehr stark mit persönlichen Orientierungen, fachlichen Maßstäben, institutionellen Entscheidungsstruktruren zusammenhängt:

> Der fachlich qualifizierte Sozialarbeiter wird bei knappen Ressourcen und einer reibungsintensiven Organisation spüren, daß er den Klienten als Subjekt kaum gerecht zu werden vermag, er nimmt seine Arbeit eher mißerfolgsorientiert wahr, der weniger empathische Kollege wird auch bei guten Voraussetzungen nur »Vorgänge« bearbeiten und den Erfolg der Arbeit daran bemessen, ob sein Schreibtisch abgearbeitet werden kann" (Sengling, 1987, S. 166).

Dieser Einfluß unterschiedlicher persönlich oder institutionell geprägter Deutungsmuster auf das Verständnis des Erfolges besteht natürlich auch in Evaluatorenteams und beeinflußt den Prozeß der Kriterienreflexion und die Entwicklung des Evaluationskonzeptes. Neben den Bedingungen des Handelns, das es zu beurteilen gilt, sind somit auch die persönlichen Bedingungen derjenigen, die beurteilen, beachtenswert, um die (eigenen) Beurteilungsprozesse (selbst)kritisch und auf einer Metaebene thematisieren zu können.

Neben dem zentralen evaluationstheoretischen und dem eben genannten metatheoretischen Aspekt sind Bedingungen noch aus zwei weiteren Gründen für die Evaluation bedeutungsvoll: Einer Evaluation in unserem Sinne einer wissenschaftlich orientierten Analyse und Beurteilung muß es insbesondere um die Aufklärung der Zusammenhänge gehen, warum das Handeln und die Prozesse von einer bestimmten Qualität sind und einen bestimmten Ausgang genommen haben. Es ist nicht nur wichtig zu wissen, ob effektvoll und erfolgreich gearbeitet wird oder nicht, sondern auch warum man erfolglos bleibt oder warum man Erfolg verzeichnen kann. Wenn dieser Versuch unternommen werden soll, die Zusammenhänge bestimmter Wirkungen und Qualitäten des Handelns besser zu verstehen und die Komplexität und Vernetztheit (vgl. Heiner 1988, S. 14) der Interaktionen ein Stück weit zu entwirren, dann ist der Blick auf unterschiedliche Bedingungen unverzichtbar.

Die Analyse und Bewertung der Bedingungen enthält - über diesen statischen Aspekt eines Ansatzpunktes zur Aufdeckung des Zusammenspiels der den Prozeß bestimmenden Faktoren hinaus - noch die Möglichkeit der **kontrollierten Variation** als evaluativen Vorgehensweise. Dadurch daß Bedingungen kontrolliert verändert und die sich hieraus ergebenden Konsequenzen systematisch beobachtet werden, kann sich ein im heuristischen Sinne besonders guter Ansatzpunkt in bezug auf die Analyse der Zusammenhänge zwischen Handeln, Interaktionen, Prozeßverläufen, Qualitäten, Wirkungen und natürlich auch den Bedingungen selbst ergeben. Es handelt sich also um etwas ähnliches wie die kontrollierte und vergleichende Betrachtung unterschiedlicher Bedingungen, die bereits in der Praxis bestehen und vorfindbar sind (beispielsweise wenn die Arbeitsergebnisse einzelner Sozialarbeiter untereinander verglichen werden). Heiner (1988, S. 26) nennt hierzu drei Vergleichsdimensionen: Personengruppen, Verhaltensbereiche und Zeiträume. Der Unterschied besteht lediglich darin, daß diese Bedingungen durch die Evaluation selbst manipuliert werden. Hiltrud von Spiegel (1994,

S. 29ff) erwähnt im folgenden Zitat die kontrollierte Variation als Möglichkeit und Perspektive der Informationssammlung innerhalb der Selbstevaluation, was sich jedoch auch auf umfassendere Organisationsformen der Evaluation wie Modellversuche anwenden läßt, die insgesamt betrachtet als großangelegte kontrollierte Variationen von bestimmten konzeptionellen, institutionellen u.a. Bedingungen gesehen werden können:

"Die BewährungshelferIn kann auch das experimentelle Instrument der *kontrollierten Variation* für Zwecke der Selbstevaluation modifizieren, indem sie überschaubare und gut beschriebene Interventionen als unabhängige Variablen behandelt und einzelne Handlungselemente kontrolliert variiert [...] Mit der Methode der "kontrollierten Variation" ergibt sich die Möglichkeit, die Interventionen zu vergleichen (Heiner 1986a, S. 86) und wie "nebenbei" erfahren die Fachkräfte etwas über die Bedingungen, unter denen ihre Interventionen (nicht) erfolgreich wirken" (v. Spiegel 1994, S. 31/32).

Zusammenfassend gesagt soll die evaluationstheoretische Betonung der Bedingungen also den Blick auf die Beschaffenheiten, Umstände und Gegebenheiten lenken, in denen die sozialpädagogischen Prozesse eingelagert sind, mit der Absicht, Bedingungszusammenhänge zu identifizieren und in ihrem Verhältnis zu den Prozessen besser zu verstehen. Die Betrachtung eines Evaluationsgegenstandes unter dem Aspekt der Bedingungen des Handelns soll nicht so verstanden werden, als stünde in der Konzeptionierung der Evaluation bereits fest, welche der vielfältigen Umstände und Bereiche der Praxis für eine Beeinflussung der Prozesse wirksam sein können, woraus sich dann einfach die Möglichkeit der Testung unterschiedlicher Bedingungen ergeben würde. Eingeschlossen in diese Analyseebene sind auch "Nichtbedingungen", von denen man ja vorab nicht weiß, ob sie für die Prozesse Konsequenzen haben; mehr noch, deren Existenz man vor der Untersuchung gar nicht kennt. Eine Information über die Nicht-Wirksamkeit bestimmter Gegebenheiten kann hinsichtlich einer Programmsteuerung oder einer konzeptionellen und praktischen Optimierung von großer Bedeutung sein. Wirksamkeiten sollen in diesem sozialwissenschaftlichen Zusammenhang immer tendenzielle, auf Wahrscheinlichkeiten beruhende und in multidimensionale Faktorengeflechte eingelagerte Zusammenhänge bedeuten und sind nicht als eindeutige Wirkungszusammenhänge im Sinne der Naturgesetzlichkeit aufzufassen.

Analog zu unserer Einteilung der sozialpädagogischen Praxis in drei Ebenen sind es erstens Bedingungen der Interaktion und Kommunikation, zweitens institutionelle Bedingungen und drittens gesellschaftliche Bedingungen, von denen Ziele, Mittel und Aufgaben des sozialpädagogischen Handelns abhängen. Die institutionellen und die gesellschaftlichen Bedingungen werden in den nächsten Abschnitten behandelt werden. In bezug auf die Interaktion und Kommunikation können weitere Unterscheidungen getroffen werden, die den Reflexionsprozeß in dieser Ebene der Kritierienentwicklung systematisieren können:

1) Bedingungen der Adressaten (Klienten): Die persönlichen Befindlichkeiten, Bedürfnisse, Handlungsorientierungen und subjektiven Deutungsmuster der Adressaten der Intervention oder auch derjenigen, die von ihr nicht erreicht werden, aber dem Konzept nach erreicht werden müßten. Diese Bedingungen stellen den Ausgangs- und den ständigen Orientierungspunkt dar, an dem Interventionen ansetzen müssen.

2) Die Bedingungen der pädagogisch Handelnden; also die sozialpädagogischen Akteure und ihre persönlichen Voraussetzungen. Diese persönlichen Bedingungen prägen die eigenen Handlungsorientierungen und die Interpretationsmuster, wodurch wiederum die Umsetzung der Konzeptionen, also das, was dann in der Praxis stattfindet, beeinflußt wird.

3) Die Bedingungen des interaktiven, emotionalen Beziehungsaspektes zwischen Adressaten und Pädagogen: Die spezifischen Verläufe von Handlungen und Reaktionen, die sich dynamisch in der Interaktion zwischen Pädagogen und Adressaten, zwischen Interventionsabsichten, Umsetzungen, Adressatenreaktionen und Bedürfnissen ergeben. Hierzu gehört auch die Logik der sozialen Systeme, in denen die Aktionen stattfinden.

4) Die Bedingungen des Problemzusammenhanges, der durch die Intervention bearbeitet werden soll. Die Bedingungs- und Entstehungszusammenhänge der sozialen oder der persönlichen psychosozialen Zustände, die durch die pädagogische Arbeit erreicht, beseitigt oder anderweitig bearbeitet werden sollen.

2.4. Inhaltliche Aspekte der Evaluation sozialpädagogischen Handelns

Die in den letzten Abschnitten entwickelten evaluationstheoretischen Kategorien, die angesichts der angezeigten Probleme Möglichkeiten und Orientierungen für eine Evaluation darstellen sollen, gelten für sozialpädagogisches Handeln allgemein, also übergreifend für alle möglichen Inhalte und Arbeitsbereiche der Praxis. Es wurde mehrfach darauf hingewiesen, daß eine Konkretisierung der Evaluationskriterien, der Fragestellungen und der Indikatoren in Auseinandersetzung mit den vorliegenden situativen, den instiututionellen und gesellschaftlichen Bedingungen geschehen muß, in denen sozialpädagogisches Handeln stattfindet. Zu den situativen Bedingungen gehört auch der jeweils vorliegende Inhalt des pädagogischen Handelns. Bei der multikulturellen Stadtteilarbeit beinhaltet sozialpädagogisches Handeln andere Ziele und beabsichtigt andere Wirkungen als bei der Organisation einer Familienfreizeit oder bei der Sterbebegleitung im Altersheim. Die angestrebten Interaktionsformen und Qualitäten sind ebenfalls je nach Arbeitsinhalt unterschiedlich und auch die lokalen, die institutionellen und die gesellschaftlichen Bedingungen haben je nach pädagogischem Inhalt eine andere Bedeutung für den Verlauf und den Erfolg der Prozesse. Hier stellt sich die Frage, ob nicht verschiedene Typen sozialpädagogischen Handelns ausgemacht werden können, die bestimmte inhaltlich thematische Kontexte und damit verbunden voneinander unterscheidbare Konsequenzen für die evaluationstheoretische Reflexion bedeuten.

Um unterschiedliche inhaltliche, thematische und die Aufgaben betreffende Kontexte näher zu beleuchten, wäre es beispielsweise möglich, die spezifischen Probleme der Evaluation einzelner Praxisgebiete, etwa der Heimerziehung, des Streetworks und der Familientherapie herauszuarbeiten. Könnten die Probleme der Evaluation vielleicht geordnet nach Arbeitsbereichen so dargestellt und theoretisch verarbeitet werden, wie diese unmittelbar in der (Evaluations)praxis vorliegen?

Eine derartige Aufarbeitung des Problems der Evaluation in unterschiedlichen Praxisfeldern ist zur Weiterentwicklung der Evaluationstheorie unerläßlich. Bemühungen, hierzu im wissenschaftlichen Diskurs einen festen Platz zu schaffen, sollten meiner Meinung nach von allen tatkräftig unterstützt werden. Es macht jedoch auf der Ebene meiner Untersuchung wenig Sinn, eine theoretische Typisierung der Evaluation nach unterschiedlichen sozialpädagogischen Sach-, Fachgebieten und Problembereichen voranzutreiben. Denn **erstens** gibt es keine Systematik der Darstellung und Typisierung, die angesichts der gewaltigen Breite der Berufsfelder, der vielfältigen Problemkontexte und Adressaten durchgehalten werden und dem Anspruch auf Vollständigkeit gerecht werden könnte (vgl. Erler 1993, S. 22). **Zweitens** würde das zwangsläufige Ergebnis evaluationstheoretischer Überlegungen in diese Richtung diejenigen, die verzweifelt nach konkreten inhaltlich-praktischen Rezepturen suchen, vielleicht noch mehr verwirren: Der Erfolg sozialpädagogischen Handelns in demselben Fachgebiet, bezogen auf die gleiche Adressatengruppe mit dem gleichen Problemkontext muß je nach unterschiedlichen lokalen, historisch-gesellschaftlichen und institutionellen Bedingungen unterschiedlich eingeschätzt werden.

Ungeachtet dessen muß eine Reflexion, die zur Entwicklung eines Evaluationskonzeptes führen soll, jedoch gerade auf der Ebene der Inhalte des sozialpädagogischen Handelns stattfinden. Zu fragen ist in diesem Zusammenhang danach, erstens was die wesentlichen Inhalte und Aufgaben des eigenen Handelns sind, bzw. sein sollen; und zweitens, welche Konsequenzen sich hieraus und aus der Bezugnahme auf die gleichzeitige Reflexion in der institutionellen und in der gesellschaftlichen Ebene ergeben. Welche Anregungen können nun gegeben werden, um diesen Reflexionsprozeß zu strukturieren? Hierzu schlage ich vor, eine Unterscheidung in drei inhaltliche Aspekte sozialpädagogischen Handelns einzuführen, durch die der Evaluationsgegenstand, also das Handeln in seinen Wirkungen und Qualitäten, in drei Richtungen betrachtet werden kann. Dabei ergeben sich sich drei inhaltlich thematische Kontexte, die jeweils eigene evaluationstheoretische Überlegungen zur Konzeptentwicklung ermöglichen. Die Aspekte bezeichne ich als Aufgabentypen sozialpädagogischen Handelns, sie lauten:

1) Hilfe zur Lebensbewältigung
2) Sozialisation und Erziehung
3) Schaffung sozialer Strukturen

Diese Differenzierung nach Aufgabentypen sozialpädagogischen Handelns ist durch ähnliche Kategorisierungen von Burkhard Müller und Walter Hornstein (s. Anl. 5) angeregt worden. In allen sozialpädagogischen Praxisfeldern kommt die Hilfe in irgendeiner Form, als erzieherische kompensatorische Hilfe oder emotionale und materielle Unterstützung, vor. Der Aspekt des Helfens stellt traditionell geradezu das wesentliche Element des professionellen Selbstverständnisses der Sozialpädagogik dar (C.W. Müller 1982).

In allen Institutionen, in denen Sozialpädagogen und Sozialarbeiter nicht nur verwalten, sondern die Praxis konzipieren oder direkt gestalten, werden gesellschaftlich definierte und je nach Kontext unterschiedliche Inhalte, Bedeutungen und Ansprüche gegenüber Einzelnen und Gruppen vermittelt. In diesem Zusammenhang werden nicht nur Einstellungen und Verhaltensweisen beeinflußt, sondern es finden auch allgemeine Lern- und Bildungsprozesse statt, durch die persönliche Kenntnisse und Kompetenzen gesteigert werden. Es geht also um Prozesse der Sozialisation und der Erziehung. Dieser zweite Aspekt ist in der Praxis aller sozialpädagogischen Institutionen vorhanden, sowohl dann, wenn diese das Handeln aufgrund einer bestimmten Indikation oder einer rechtlichen Grundlage ingangsetzen, wie zum Beispiel im Jugendamt, als auch dann, wenn offene institutionelle Strukturen vorliegen und lediglich Angebote gemacht werden, wie zum Beispiel in der offenen Jugendarbeit.

Der dritte Aspekt taucht ebenfalls übergreifend in der sozialen Arbeit auf: Es geht immer um die Schaffung von oder die Arbeit an sozialen Strukturen, in denen Helfen, Prozesse der Erziehung, des Lernens und der Sozialisation stattfinden. Im Falle der Beratung einzelner Klienten kann die Reichweite dieser Struktur natürlich sehr begrenzt sein. Dennoch geht es aber immer auch um die Gestaltung sozialer Situationen und Beziehungen. Geradezu im Mittelpunkt des evaluatorischen Interesses stehen soziale Strukturen, wenn sie expliziter Gegenstand der zu evaluierenden Arbeitsform sind, etwa in der Gemeinwesen- und Netzwerkarbeit (z.B. Szene-Kontaktnetz beim Streetwork, s. S. 253).

Ein Aufgabentypus kann die Praxis einer Institution oder eines Arbeitsfeldes niemals vollständig prägen, in ihr ausschließlich und quasi in reiner Form vorkommen. Die Praxis kennt in der Regel immer nur Mischformen, obwohl ein Aufgabentyp als inhaltlicher Aspekt der Arbeit ein Übergewicht haben kann. Der wesentliche Aspekt der Arbeit z.B. einer Erziehungsberatungsstelle ist die Hilfe bei Erziehungsproblemen und konfliktreichen familiären Situationen. In diesem Zusammenhang sind aber die Veränderung von Verhaltensweisen und Einstellungen genausowenig wie die Arbeit an sozialen (familiären) Konstellationen wegzudenken.

Aufgabentypen als evaluatives Reflexionsmuster
Wie können die drei Aspekte dazu dienen, Anregungen und Hilfen für die Entwicklung von Evaluationskriterien und evaluativen Fragestellungen zu geben?
Erstens kann diese analytische Differenzierung dazu beitragen, die Ziele und Aufgaben der eigenen Arbeit, den Aspekt des beabsichtigten Erfolges also, sytematisch zu analysieren. Es können allgemeine Fragen entwickelt werden, die wiederum bei der Entwicklung wichtiger evaluativer Fragestellungen weiterhelfen:
Inwieweit erziehe ich, in welcher Hinsicht arbeite ich an sozialen Strukturen und inwieweit leiste ich Hilfe. Ist dies im einzelnen sinnvoll? In welchem Verhältnis stehen die aufgabentypischen Aspekte im Falle der zu evaluierenden Praxis zueinander? In welcher Weise sind diese Aspekte in Handlungskonzepten, in Interventionen und in Interaktionen präsent und erkennbar?
Zweitens können je nach Aspekt verschiedene Evaluationskriterien unterschieden werden. Es ist also die Frage zu stellen: Welche Wirkungen und Qualitäten strebe ich in bezug auf Hilfe, Sozialisation und Strukturarbeit an, bzw. sollte ich anstreben?
Drittens lassen sich diese Überlegungen zum Erfolg der Arbeit auf das Drei-Ebenen-Modell der sozialpädagogischen Praxis übertragen. Es können also auf der Ebene des Handelns, auf der institutionellen und auf der gesellschaftlichen Ebene wiederum unterschiedliche Fragestellungen und Evaluationskriterien entwickelt werden.

Die Aufgabentypen stellen also ein Orientierungsmuster dar, um den diskursiven Reflexionsprozeß vorstrukturieren zu können, in dessen Verlauf ein Evaluationskonzept konkretisiert werden soll. Dabei weisen sie auf wichtige Punkte zur Beurteilung der Arbeit hin. Hierzu ein fiktives Beispiel:
In einem Seniorenheim wird festgestellt, daß ständig Versuche unternommen werden, Verhaltensänderung zu erreichen. Dies scheint durch bestimmte institutionelle Bedingungen (Personalstruktur) begünstigt zu werden. Offiziell wird dies jedoch bestritten. Der Aspekt der Erziehung soll, der offiziellen institutionellen Konzeption nach, gegenüber dem Helfen und dem Schaffen einer sozialen Struktur, in der sich ältere Menschen wohlfühlen und selbst bestimmen können, gar nicht vorkommen. Denn dies würde weder auf der Handlungsebene noch auf der gesellschaftlichen sinnvoll erscheinen. Die gerade umrissene Betrachtung startet auf der Ebene des Handelns, wo sie einen möglicherweise beurteilungsrelevanten Tatbestand aufgreift. Die Reflexion wird in Hinsicht auf den Aspekt der Erziehung fortgesetzt, und es lassen sich durch die Bezugnahme auf die anderen Aufgabentypen und Reflexionsebenen wichtige Hinweise für ein in diesem Falle aktuell relevantes normatives Qualitätskriterium der Arbeit entwickeln: Vermeidung von Bevormundung.

Es würde den Rahmen der Untersuchung sprengen, wenn versucht würde, für jeden Aufgabentypus eine erschöpfende theoretische Diskussion aller Kriterien und Fragestellungen zu liefern, die bei einer Evaluation hinsichtlich der Wirkungen, Qualitäten und der Bedingungen überdacht werden müssen. Im folgenden können nur einige Perspektiven thematisiert werden, die besonders wichtig sind oder Gefahr laufen, übersehen zu werden.

2.4.1 Hilfe zur Lebensbewältigung

Sozialpädagogisches Handeln unter diesem Aspekt bezieht sich hier auf Notlagen oder Situationen der Hilfsbedürftigkeit, von denen Personen und Gruppen partiell oder umfassend betroffen sind. Aufgrund persönlicher Dispositionen, sozialer Konfliktlagen oder materieller Umstände besteht für sie ein Mangel an Handlungsmöglichkeiten und Ressourcen, der dazu führt, daß bestehende oder unmittelbar drohende Probleme nicht aus eigener Kraft und zufriedenstellend bewältigt werden können. Der Klient ist also jemand, der sich in einer persönlichen Problemsituation befindet und/oder dessen Interessen gegenüber gesellschaftlich einschränkenden Bedingungen einer Vertretung bedürfen. Der Sozialpädagoge setzt sein (semi)professionelles Fachwissen und seine soziale Kompetenz dazu ein, um Hilfsquellen zu erschließen und eine Verbesserung der Situation zu erreichen.

Die Mittel und Wege, die zur Problemlösung denkbar sind, lassen sich einteilen in materielle Hilfen, Überweisung an andere geeignete Hilfeinstanzen und selbst initiierte sozialpädagogische Prozesse der Bildung und der Konfliktbewältigung. Letztere Dimension soll im folgenden im Mittelpunkt stehen. Ziel dieser sozialpädagogischen Prozesse ist es, die nicht materiellen und nicht durch eine spezifische psychologisch therapeutische Behandlung zu mobilisierenden psychosozialen Hilfsquellen durch sozialpädagogische Arbeitsformen und Methoden zu erschließen. Die einzelnen Anstrengungen hierzu vollziehen sich im Bereich der alltäglichen Interaktion oder in speziell dafür aufbereiteten Settings und können vielfältiger Art sein. Unter diesem inhaltlichen Aspekt gilt es in der Evaluation über folgende sozialpädagogischen Prozesse Informationen zu sammeln:

- Bildungs- und Beratungsprozesse, um persönliche Kompetenzen und alternative Sichtweisen zu fördern.
- Hilfeleistungen und Interventionen, die die Handlungsmöglichkeiten positiv verändern, etwa durch Arbeit an sozialen Strukturen und Milieus.
- Interventionen, die konkrete Konflikte entschärfen und zur Vermittlung bei Auseinandersetzungen beitragen.

Wirkungen
Die wesentliche Wirkung besteht darin, daß die o.g. Prozesse in der Alltagspraxis zustandekommen und zur Verbesserung der Problemsituation beitragen, die Ausgangspunkt und Anlaß der Arbeit war. Es müssen also Veränderungen als Resultate der Arbeit festgestellt werden, und zwar
- in bezug auf persönliche Dispositionen
  Beispiel: eine gesteigerte Fähigkeit mit seiner Frau über Probleme zu reden und diese nicht zu schlagen -
- im sozialen im näheren Umfeld;
  Beispiel: die Steigerung von Kontakten zur Nachbarschaft und die Organisation einer gemeinsamen Kinderbetreuung -
- oder in den umgebenden sozialen Systemen
  Beispiel: die Einrichtung einer Anlaufstelle im Stadtteil, in der Kinder eine gewisse Dauer etwa bei extremen familiären Konfliktsituationen wohnen können.

Zunächst ist also zu fragen, inwieweit diese und welche anderen vor dem Hintergrund dieses Aufgabentyps interessant erscheinenden Prozesse in der Alltagspraxis des sozialpädagogischen Handelns erkennbar sind. Die sich hier empirisch ergebenden Resultate und Wirkungen können mit den konzeptionellen Vorgaben verglichen werden, was zu einer die Zielsetzungen selbst kritisch prüfenden und immer wieder begleitend stattfindenden Zielevaluation beitragen kann. In das Kriterium der Wirkung sollte immer ein starker präventiver Aspekt eingehen, der darin besteht, daß der Klient möglichst längerfristig und selbstständig angesichts der Möglichkeit neuer Problemsituationen zurechtkommt.

Der persönliche Bezug und das Urteil der Betroffenen, und zwar so wie es in den lebensweltlichen Deutungsmustern besteht, stellt den zentralen Bezugspunkt der Analyse des Hilfeprozesses und seiner Bedingungen dar. Dabei ist die **Bedeutung der** durch die Arbeit erreichten **Wirkung** für den weiteren Verlauf der Problembewältigung von besonderem evaluatorischen Interesse. In ein Evaluationskonzept übersetzt folgen daraus evaluative Fragestellungen, zum Beispiel, ob
- der Klient mehr und stabilere soziale Kontakte hat, die ihm bei seinen persönlichen Problemen weiterhelfen und durch die er sich wohler fühlt;
- ob ein Therapieplatz in einer Drogenklinik vermittelt werden kann, den der Betroffene freiwillig als Möglichkeit des Ausstieges aus der Drogenszene ansieht.

Über die Wirkungen sind also nicht bloß oberflächliche Informationen - z.b. Schulabschluß, Legalbewährung geschafft oder nicht geschafft - zu erheben, sondern soweit als möglich sollte die Bedeutung ermittelt werden, die diese Daten in den Biografien vor dem Hintergrund der Problemlage haben. Der Versuch einer derartigen Analyse muß unternommen werden, wenngleich vielfältige empirische Bedingungen diesem erfahrungsgemäß im Wege stehen:

- Die Tatbestände, die Veränderungen bedeuten, können vielfach nur abtrakt und mit Konstrukten beschrieben werden, deren Konkretisierungen vielfältig sind (s. z.b. bei Moch, Modellprojekt Mathilde).
- die pädagogischen Interventionen stellen nur einen kleinen Bruchteil in dem Gefüge unterschiedlichster Faktoren dar, die die Einstellungen, Handlungsmöglichkeiten und Verhaltensweisen der Klienten beeinflussen. Die Interventionen haben also nur begrenzte Reichweite und es besteht das Problem der Zurechenbarkeit zwischen Interventionen und möglichen Wirkungen.
- Weiterhin können positive Veränderungen durch Bedingungen verhindert werden, die außerhalb der Einsicht und des Einflußbereichs der pädagogischen Interventionen liegen. Das bedeutet, daß alleine an der empirischen Wirkungslosigkeit einer Intervention noch nicht erkannt wird, daß die Arbeit schlecht oder ineffektiv ist.
- Zusätzlich können aufgrund der Einschränkungen, die erfahrungsgemäß als soziale Barrieren zwischen Forscher und Beforschtem auftreten, forschungstechnische Schwierigkeiten in bezug auf die für eine Analyse der Wirkungen notwendigen Variablen auftreten. Sozialpädagogische Praxis kann nicht zum experimentellen Forschungslabor umfunktioniert werden.

Qualitäten
Die Reflexion und die Entwicklung von Evaluationskriterien unter dem Aspekt der **Qualität der Verfahren** unterliegen den gleichen Schwierigkeiten wie dies bei den Wirkungen der Fall war. Die Tatbestände, die eine Qualität der Verfahren kennzeichnen, stellen Veränderungen, Zustände und Konsequenzen des Hilfeprozesses dar, die als Teilziele der beabsichtigten Wirkungen auftreten oder in einer anderen Form günstige Vorraussetzungen für eine positive Entwicklung darstellen. Gemeint kann hier zum Beispiel die Entwicklung allgemeiner Kompetenzen sein, die zwar noch nicht zu einer Verbesserung der psychosozialen Notlage geführt haben, aber diese wahrscheinlicher machen. Mit der Reflexionsebene der Qualität der Verfahren kann eine offenere Betrachtung sichergestellt werden, als dies u.U. der Aspekt der Wirkungen ermöglicht, der enger auf die erwartete und konzeptionelle Zielvorstellungen zugeschnitten ist.

Normative Handlungsqualität
Unter dem Aspekt "Lebenshilfe" bedeutet eine Evaluation der **normativen Handlungsqualität** vor allem eine distanzierte und kritische Betrachtung der eigenen Rolle als Helfender. Denn der Hilfeprozeß steht immer in der Gefahr, unbewußt negative Konsequenzen für den Klienten zu haben, also gerade das Gegenteil der eigentlichen Absicht zu bewirken (hierzu z.B. Schmidtbauer 1978, 1984). Die Konzeption einer Evaluation in dieser Ebene zielt auf die Feststellung und die Vermeidung von entmündigender Behandlung und insbesondere solcher sich unter der Hand ergebender Phänomene ab wie »erlernte Hilflosigkeit« (Seligman 1979) und »Kolonialisierung von

Lebenswelten« (Müller/Otto 1984). Inhaltliche Orientierungen in dieser Hinsicht aber auch in bezug auf die Qualität der Verfahren lassen sich beispielsweise aus den theoretischen Konzeptionen des Arbeitsbündnisses oder der des "Falles mit..." , wie B. Müller (1985, 1993) sie konstruiert hat, ableiten und für ein Muster möglicher evaluativer Fragestellungen verwenden.

Organisatorische Qualität
Die Analyse der Organisation hinsichtlich eines optimalen Einsatzes von Personal, Zeit und Mitteln ist der Bereich, in dem managementorientierte und verwaltungstechnische Sichtweisen und Kriterien ihren Platz haben. Es sei darauf hingewiesen, daß mit dieser Analyse jedoch nur ein Teilaspekt der Evaluation gegeben ist, der in seiner Aussagekraft nur vor dem Hintergrund der vielfältigen anderen Aspekte und Kriterien der Analyse und Beurteilung in vollem Umfange verwertbare Ergebnisse liefert.

Unter dieser dritten Perspektive der **organisatorischen** Qualität läßt sich als Unterpunkt der spezifische Aspekt der **administrativen Verteilungsfunktion** unterscheiden: Wenn es nämlich um die selektive Zuteilung von öffentlichen Mitteln und Dienstleistungen geht, bedeutet dies u.U. gleichzeitig einen Ausschluß anderer möglicher Adressaten. Die jeweilige sozialpädagogische Institution ist folglich als Instanz der Zuteilung - immer knapper werdender - öffentlicher Finanzen und Dienstleistungen zu sehen. Unter diesem Aspekt stellen sich evaluative Fragen in bezug auf die Legitimierung und Begründung der sich dabei ergebenden Selektion und des verantwortungsvollen Umganges mit öffentlichen Mitteln. Die Normen, vor deren Hintergrund hier Informationen zu sammeln und Einschätzungen abzugeben sind, bestehen vor allem aus Gesetzen und institutionellen Zuteilungsregeln, die die pädagogische Arbeit von außen her bedingen[19]. Die Grundlage der Hilfeleistungen stellen Rechte auf Dienstleistungen und Versorgung dar, die vom Gesetzgeber vorgesehen sind und den Anspruch auf oder die Pflicht zur Hilfeleistung festlegen und gleichzeitig die Mittel der Unterstützung bereitstellen. Darüber hinaus definieren und konzipieren freie Trägerinstitutionen ihre eigenen Zuteilungsregeln und Angebote, in Abhängigkeit von ihrer jeweiligen ethischen und politischen Programmatik. Innerhalb dieser Vorgaben sind aber immer auch gewisse Freiräume vorhanden, die eigenständige sozialethische und sozialpolitische Begründungen und Reflexionen des Handelnden erfordern, sodaß dieser Aspekt der Evaluation nicht als bloße Kontrolle einer richtigen Auslegung der bestehenden Regelungen gesehen werden kann.

Beide Aspekte dieser organisatorischen Dimension der Qualität (Organisation und Selektion) können auf einschneidende Konsequenzen für die Entwicklungsmöglichkeiten der Klienten und der sozialpädagogischen Prozesse verweisen. Innerhalb der institutionalisierten und in vorgefaßten organisatorischen Abläufen und Zuweisungen verlaufenden Hilfeleistungen ist das Entstehen von Routinisierungen möglich, die den Blick auf pädagogisch relevante Konsequenzen der Organisation zu verstellen drohen. Organisatorische Abläufe und rechtliche Regelungen können als einschneidende biografische Erfahrungen empfunden werden und Lernprozesse bewirken, die nicht immer im Sinne der offiziellen und legitimierten Zielsetzungen der Institutionen verlau-

---

19: In der Terminologie B. Müllers (1993, S. 28 ff) Wissen und Können des Typs "Fall von...".

fen, wenn sie z.b. unter der Hand tendenziell eine Pathologisierung der Hilfsbedürftigkeit verursachen[20]. Die Evaluation unter dem Aspekt der Hilfe muß folglich darauf achten, ob gegenüber den bestehenden gesetzlichen und konzeptionellen Vorgaben genügend Distanz gewahrt wird. Dies bedeutet, daß der Sinn institutioneller Organisationsstrukturen und gesetzlicher Vorgaben immer wieder von Grund auf infrage zu stellen ist und daß innerhalb der möglichen Freiräume angemessene Kriterien der Zuteilung im Sinne des Klienten zu entwickeln sind.

2.4.2 Sozialisation und Erziehung

Sozialpädagogisches Handeln unter diesem Aspekt zielt darauf ab, die Entwicklung von persönlichen Dispositionen, Kompetenzen und Einstellungen zu unterstützen. Es sollen Lern- und Bildungsprozesse angeregt werden, die auf Anforderungen der Gesellschaft vorbereiten und die die Entwicklung einer den Betroffenen zufriedenstellenden gesellschaftlichen und persönlichen Identität unterstützen können. Wie generell in der sozialpädagogischen Arbeit der Fall, vollziehen sich auch Prozesse der Sozialisation in der Sozialpädagogik als professionelle oder ehrenamtliche Tätigkeit im Rahmen eines öffentlichen Mandats. Zwei unterschiedliche Situationen und Anlässe, in denen Sozialisation und Erziehung "institutionell verordnet" werden oder als sozialpädagogische öffentliche Dienstleistung zur Verfügung stehen, sollen bei unserer evaluationstheoretischen Betrachtung besondere Beachtung finden:
1) Reaktion auf abweichendes Verhalten,
2) Ausgleich oder Ersatz der "natürlichen" Sozialisationsinstanzen.

ad 1) Reaktion auf abweichendes Verhalten
Hiermit haben SozialpädagogInnen dann zu tun, wenn Einzelne oder Gruppen in Konfliktsituatuionen mit gesellschaftlichen Kontrollorganen geraten sind, weil sie gegen Normen verstoßen, z.B. Gesetze übertreten haben. Eine Standardsituation hierbei ist die der Resozialisierung, in der die Sozialarbeit als "sanfte" Kontrolle im öffentlichen Auftrag das Ziel der "Sozialmachung" und Wiedereingliederung verfolgt. Es wird also der Gesellschaft geholfen, mit den Normbrechern besser zurechtzukommen, die sie zu einem erheblichen Teil groteskerweise durch ihre eigenen Widersprüchlichkeiten selbst produziert. Eine davon unterscheidbare Form einer gesellschaftlichen Konfliktsituation liegt vor, wenn Gruppen andere Normen oder Interessen als die gesellschaftlich etablierten vertreten und für die Wahrung dieser Interessen eine intergrative und vermittelnde Unterstützung benötigen (z.B.bestimmte Jugendszenen, "neue soziale Bewegungen" (Hornstein 1984), Selbsthilfegruppen). In diesem Kontext geht es weniger um die Konfrontation mit abweichendem Verhalten als vielmehr um Interessenvertretung und Begleitung. Für das Handeln ist hier also eher der Aufgabentypus der Hilfeleistung relevant und von dem Aspekt der Konfrontation mit abweichenden Verhaltensweisen und problematischen Einstellungen der Adressaten zu unterscheiden (z.B. Gewalttätigkeit, Kindesmißhandlung, Rechtsradikalismus).

20: Hierzu gehören Prozesse der Stigmatisierung oder des Erlernens von Hilflosigkeit, wie Seligman (1979) sie im Rahmen der Erklärung von Depressionen beschrieben hat.

Im folgenden geht es um die Konfliktsituationen, die aufgrund von Normverstößen der betreffenden Klienten entstanden sind. Der Klient tritt als Normbrecher und der Sozialpädagoge als Mandatsträger sozialer Kontrolle auf, der die persönlichen Dispositionen und das soziale Umfeld zu verändern sucht, die zu diesem Verhalten führen. Insgesamt betrachtet besteht die angestrebte und in einer Evaluation zu erhebende Wirkung in einer Veränderung dieser problematisch empfundenen Verhaltensweisen und Einstellungsmuster und einer Festigung neuer unproblematischer Dispositionen. Zunächst geht es also insbesondere um Änderung von **Einstellungen** durch pädagogische Beeinflussung und Lernprozesse (z.b. Anti-Aggressions-Training, Arbeit mit rechtsradikalen Jugendlichen). Es soll versucht werden, durch Einsicht eine Veränderung des Willens und Distanz gegenüber den eigenen Handlungsmustern zu erreichen. Hiermit ist zugleich das allgemeine Kernkriterium der Wirkung gegeben. Bei diesen Prozessen des moralischen Lernens kann z.b. das "Modell der freiwilligen Selbstbestimmung aus Einsicht" (Nunner-Winkler 1992) als Rahmenkonzept zur Reflexion und Interpretation von Einzelkriterien herangezogen werden.

Wird dieses Ergebnis festgestellt und bleibt es konstant, so beginnt ein neues Stadium, innerhalb dessen dieser Aufgabentypus sich in einen der Hilfe verwandelt, denn es geht dann um Unterstützung bei der Umsetzung des nun auf Verhaltensänderung abzielenden Willens des Klienten[21]. Dieser empfindet auf der Grundlage einer vollzogenen Einstellungsänderung sein Verhalten dann nämlich zwangsläufig als Problem, das er bewältigen will, und als Notlage, bei der er Hilfe braucht. Die Aufgabe der Pädagogin besteht dann darin, Möglichkeiten und Hilfestellungen zu erarbeiten, Kompetenzen zu vermitteln und Ressourcen zu mobilisieren, um auf der Grundlage veränderter Einstellungen eine Veränderung der Verhaltensweisen herbeizuführen und stabilisieren zu können. Dies geschieht wie beim vorher besprochenen Hilfsprozeß durch die Mobilisierung von Potentialen und die Beseitigung von Hindernissen auf verschiedenen Ebenen der persönlichen Kompetenzen sowie der sozialen und der materiellen Ressourcen. Ein "Verhaltenstraining", das nicht auf der Grundlage oder in Verbindung mit der Veränderung von Einstellungen - gegenüber den zu verändernden Verhaltensweisen - geschieht, erscheint sinnlos und wenig erfolgversprechend zu sein.

Hilfe oder Kontrolle ?
Genauso wie sich Hilfeleistungen kritisch prüfen lassen müssen, ob in ihrem Vollzuge keine unbeabsichtigten ("sanften") Kontrollmechanismen und Stigmatisierungen entstehen, ist bei dem Aufgabentypus der Reaktion auf problematisches unmoralisches Verhalten zu fragen, inwieweit dieses nicht Hilfe und Unterstützung anstatt Prozesse der Verhaltensänderung erfordert. Ein wichtiges Reflexionskriterium wäre also ein über der Ebene der Aufgabentypen liegendes, das der grundsätzlichen Frage nachginge, welche Aspekte der jeweiligen Problemlage sich als abweichendes Verhalten oder als Notsituation darstellen. Eine Notsituation läge beispielsweise dann vor, wenn massive Verhaltensbeeinträchtigungen aufgrund besonders schwieriger Lebens- und Beziehungskonflikte bestehen und das problematische Verhalten als Ausdruck einer Nicht-Verfügbarkeit anderer Verhaltensweisen zu betrachten ist. Hier wäre eine ver-

---

21: Umgekehrt ist es auch möglich, daß bei einer Aufgabenstellung, in der der Aspekt der Hilfestellung zunächst vorrangig zu sein schien, die Notwendigkeit, Einstellungen zu ändern, in den Vordergrund rückt.

stärkte Berücksichtigung des Aufgabentypus der Hilfe angezeigt. Die Evaluation müßte darauf achten, inwieweit moralisches Argumentieren, Provokation und Konfrontation nicht kontraproduktive Prozesse ingangsetzt und als unangebrachte "Moralisiererei" empfunden wird.

Selbst sinnloseste Gewaltakte, die in ihrer moralischen Qualität eindeutig zu diskreditieren sind, können stark auf diesen Aspekt verweisen, also unangemessene Verhaltensreaktionen auf schwierig zu bewältigende Probleme und Konflikte darstellen und sogar versteckte Hilferufe bedeuten, die erst durch Kenntnis der lebensweltlichen Beziehungen und der biografischen Zusammenhänge kritischer Lebensphasen verstehbar sind oder auf übergreifende gesellschaftliche Strukturen zurückgeführt werden können[22]. Wenn die sich hieraus ergebende Hilfsbedürftigkeit aufgrund gesellschaftlicher Benachteiligung und Einschränkung legitimer Interessen der Betroffenen entstanden ist, können insbesondere **solidarische** Arbeitsformen und Aktivitäten erforderlich sein (s. S.327). Hierbei ist nicht die Frage entscheidend, inwieweit die Verantwortlichkeit des Einzelnen für seine Taten relativiert wird, sondern welche Formen des pädagogischen Handelns hinsichtlich einer Veränderung der Verhaltensweisen im o.g. Sinne erfolgversprechend sind. Vor diesem Hintergrund kann natürlich ein Spannungsverhältnis zwischen moralischer Distanz und solidarischer Akzeptanz entstehen, das ausgehalten werden muß.

Die gesellschaftspolitische Dimension als allgemeine Bedingung muß innerhalb einer solidarischen Arbeit mit Gruppen, die von ausgrenzenden Definitionsprozessen betroffen sind, als ein ganz wesentlicher Bestandteil gelten. Beurteilungskriterien der sozialen Arbeit können vor diesem Hintergrund darin zu sehen sein,
- daß ungerechte Zustände und Benachteiligung erfolgreich skandalisiert werden;
- daß gesellschaftliche, politische und gesetzliche Veränderungen bewirkt werden, die die Problemlage positiv verändern;
- daß den Betroffenen durch Beteiligung an dieser Arbeit ein neues Selbstbewußtsein; Bewältigungskompetenzen und ein "entkrampftes" Verhältnis gegenüber ihrer eigenen Situation als abweichende Randgruppe vermittelt wird.

Hinweise auf eine Lösung der o.g. diagnostischen Aufgaben finden sich bei Mollenhauer/Uhlendorf (1992), die Wege einer sozialpädagogisch hermeneutisches Diagnose beschreiben, deren Ausgangskriterium in erzieherischen Problemstellungen liegt.

Die Problematik moralischen Lernens
Die Beeinflussung des Willens eines Menschen erscheint aus ethisch-moralischer Sicht nur dann legitim zu sein, wenn bestimmte Voraussetzungen erfüllt sind, die in diesem Falle normative Qualitätskriterien darstellen: **Erstens** muß die negative moralische Qualität der Verhaltensweise, auf die sich die Intervention bezieht, eindeutig begründet werden können. Dabei ist kritisch zu prüfen, ob die negative Bedeutung nicht konstruiert wurde und aufgrund von Definitionsprozessen besteht, mit deren Hilfe bestimmte Gruppen ausgegrenzt und in ihren Möglichkeiten der Teilhabe an gesell-

---

22: Zur Adoleszenzkrise s. Döbert/Nunner-Winkler (1982). Zum Gewaltphänomen bei Jugendlichen vor dem Hintergrund persönlicher Konflikte und bestimmter gesellschaftlicher Strukturen siehe: Hornstein 1993, Helsper 1994.

schaftlichen Ressourcen eingeschränkt werden sollen. **Zweitens** muß die Zielrichtung, das also, was anstelle der problematischen Einstellung befördert werden soll, ethisch-moralisch legitimiert werden. **Drittens** muß die Beeinflussung in einer bestimmten pädagogisch legitimierten Weise geschehen (normative Qualität).

Evaluation hat hier also die Aufgabe, die normativen Zielvorstellungen und die eigene Rolle als "Kontrolleur im Auftrage der Gesellschaft" kritisch zu hinterfragen. Das bedeutet, daß an die normative Qualität der Prozesse besondere Anforderungen gestellt werden müssen, die über die Formen der Interaktion und über allgemeine Zielsetzungen hinausgehen und die vor dem Hintergrund des Rechtes auf Selbstbestimmung inhaltlich auf die Legitimität derjenigen konkreten Einstellungen und auf diejenigen Verhaltensweisen bezogen sind, welche verändert und herbeigeführt werden sollen. Bisweilen wird bei Verhaltensweisen mit eindeutiger negativer Qualität, wie z.B. Rechtsradikalismus und Gewalt, besonders leicht übersehen, daß der Aspekt der Legitimation der Ziele und Vorgehensweisen damit nicht unbedingt einfacher oder gar nicht betrachtet werden muß.

Technische Verfügbarkeit
Bei der Feststellung des o.g. Kernkriteriums der Wirkungen geht es um die Veränderung von Einstellungen. Es handelt sich also nicht etwa um Kompetenzen und Fähigkeiten, die im allgemeinen leichter erfaßbar und testbar sind, sondern um individuelle Meinungen und Willensinhalte, die im gewissen Sinne in einem personalen Intimbereich angesiedelt sein können. Der Aspekt der eingeschränkten technischen Verfügbarkeit, der generell zwischen pädagogischer Intention und Wirkung gilt (s.o.), ist in dieser Sphäre als besonders relevant zu erachten, weil hier Selbstbildungsprozesse eine wichtige Rolle spielen.

Dies hat **einerseits** Auswirkungen auf die Möglichkeiten der empirischen Erhebung der Wirkungen. Die methodische Vorgehensweise bei der Erfassung von Einstellungen vor dem Hintergrund pädagogischer Interventionen hat folglich auf die besonderen Charakteristika dieses Untersuchungsinhaltes einzugehen. Insbesondere, weil es sich in unserem Falle um Inhalte handelt, die normativ stark aufgeladen sein und starke Widerstände und Hemmungen beinhalten können. **Andererseits** ist zu bedenken, daß das Prinzip der Offenheit und des »Gehenlassens« gerade innerhalb dieses Aufgabentypus, in dem es um die Beeinflussung moralischer Einstellungen geht, systematisch eingebunden werden muß, denn nur ein freier Wille kann moralisch sein. Die Feststellung von Veränderungen in authentischer Weise setzt also in gewissem Sinne das Vorliegen individueller Freiräume der Entscheidung voraus, was in der Konzipierung der Evaluation zu bedenken ist.

Reflexion stigmatisierender Funktionen
Ein weiterer Punkt, der erwähnt werden soll, erinnert an die o.g. Reflexion in bezug auf eine Pathologisierung und Festschreibung der Hilfsbedürftigkeit: Der Klient lernt in der Interaktion mit den Hilfeinstanzen nicht, auf eigenen Beinen zu stehen, sondern insgesamt trägt die institutionelle Hilfe dazu bei, daß er aus der bestehenden Notlage nicht mehr hinauskommt und sich mit ihr arrangiert (Swientek 1986). Analog hierzu gilt es, Prozesse und Bedingungen zu reflektieren, die sich aus einzelnen sozi-

alpädagogischen Maßnahmen der Reaktion auf abweichendes Verhalten oder im Zusammenspiel mit anderen (Kontroll-)Instanzen ergeben können und die nicht zu einer Bearbeitung, sondern unter der Hand zu einer Festschreibung der problematischen Einstellungen und Verhaltensweisen führen.

Zur Einstellungsveränderung
Das Verändern der Einstellungsmuster bedeutet immer Beseitigung von Etwas und gleichzeitig Förderung des Entstehens von etwas Neuem. Veränderung hat immer zwei Aspekte: Wo etwas weggefallen ist, bleibt keine Leerstelle. Hierbei ist nun zu bedenken, daß das "Weggefallene" einen wichtigen identitätsstiftenden Sinn oder eine Funktion im psychoemotionalen und sozialen lebensweltlichen Kontext erfüllt haben kann. Ein wesentliches Qualitätskriterium der Verfahren ist damit gegeben, daß im Zuge der Interventionen die Funktionen, die ehemalige Einstellungen und das Verhalten hatten, in einem anderen Arrangement von persönlichen Ausdrucksformen und Bewältigungsmustern kompensiert werden kann. Für jugendliche Gewalttäter, die durch einen bestimmten Verhaltenskodex in der Gruppe für ihren gewaltträchtigen Habitus durch Anerkennung belohnt wurden, müssen praktikable und alternative Quellen für soziale Anerkennung in einem anderen Zusammenhang erschlossen und erlernt werden (hierzu Weidner 1990; s. o. Streetworker, S. 244).

(ad 2) Ausgleich der "natürlichen" Sozialisations- und Erziehungsinstanzen
Jeder Mensch benötigt zur Entfaltung und Entwicklung seiner Person kulturelle Anregungen und Erziehung. Wenn die ursprünglichen und traditionellen Sozialisationsinstanzen (Familie, Dorfgemeinschaft, Nachbarschaft) versagen, nicht mehr vorhanden sind, Schwachstellen oder Defizite aufweisen, nimmt sozialpädagogische Arbeit diese Aufgabe im öffentlichen Auftrag wahr. Beispiele hierfür sind in der Jugendhilfe die intensive sozialpädagogische Einzelbetreuung, die Heimerziehung, die Familienhilfe, die Tagesbetreuung oder die Arbeit im Kindergarten. Hier geht es um ersetzende und ergänzende allgemeine Erziehungsprozesse, die zwar in institutionellen und professionellen Arrangements vollzogen werden, aber von ihren Inhalten und Zielrichtungen denen der ursprünglichen Sozialisationsinstanzen gleich sind. Sozialisatorische Aufgaben sind nicht nur als Kompensation einer defizitären Situation der Familie denkbar, sondern sie bestehen auch als zusätzliche Angebote, die je nach Interesse wahrgenommen werden können. Beispiele hierfür finden sich in der Jugendarbeit und im Bereich der Erwachsenenbildung.

Unter den Bedingungen der modernen Industriegesellschaft besteht ein großer Bedarf an institutionell organisierter Sozialisation und Betreuung von Kindern und Jugendlichen. Der Betreuungsnotstand ist quasi zu einem gesellschaftlichen Normalzustand geworden, Familien und Eltern, insbesondere Alleinerziehende, sind nicht zuletzt aufgrund der Belastungen der Arbeitswelt auf außerfamiliale Angebote angewiesen. Der Kinderhort und die Erziehung in der Tagesgruppe sind Beispiele[23] für professionell und öffentlich wahrgenommene allgemeine Erziehungs- und Betreuungsaufgaben. Je mehr die Belastungssituation der natürlichen Sozialisationsinstanzen über diesen

---

23: Teilweise auch die Hilfen zur Erziehung (KJHG § 27 ff).

"Normalzustand" hinausgeht, desto weitgehendere Maßnahmen einer kompensatorischen Sozialisation werden erforderlich. Dies geht bis hin zur vollständigen Ersatzerziehung, wenn keine Familien mehr vorhanden sind oder wenn derartig defizitäre Zustände in ihnen herrschen, daß Schutzmaßnahmen der Kinder und Jugendlichen erforderlich sind (z.B. Inobhutnahme, s. KJHG § 42, 43).

Sozialpädagogisches Handeln unter diesem Aspekt ist nicht eng auf die Beseitigung oder die Herstellung bestimmter Zustände zugeschnitten, was in seinem Verlauf und seinem Ergebnis durch das Eintreffen bestimmter Geschehnisse beurteilt werden könnte. Es sollen vielmehr in einer offenen Weise Umweltbedingungen und Beziehungen geschaffen werden, um möglichst Bildungs- und Selbstbildungsprozesse zu ermöglichen, die zunehmend von den Betroffenen selbst gestaltet werden. Die Resultate und Wirkungen hängen also von dem Gesamt der sozialen Umfeldbedingungen genauso ab wie von den Interventionen. Dies setzt den Möglichkeiten der Evaluation Grenzen, die man sich bei der Konstruktion eines Evaluationskonzeptes anhand der konkreten Inhalte und Rahmenbedingungen der Evaluation deutlich machen muß.

Was kann also als Kriterium dieser "allgemeinen Erziehungsaufgabe" gelten? Erscheint es hier nicht genauso unpassend zu sein wie im Falle der "ganz normalen" Familienerziehung, daß EvaluatorInnen sich mit bewertenden wissenschaftlichen Analysen auf diesen sehr stark persömlich geprägten Bereich stürzen? Oder hat sich Erziehung generell immer zu legitimieren? Lassen sich unter den Bedingungen einer offenen Gesellschaft Ziele angeben, zu denen diese allgemein intendierten Erziehungsprozesse führen sollen? Stellt sich diese Frage in der Praxis der Evaluation überhaupt? Oder wird erfahrungsgemäß dieser allgemeine Erziehungsauftrag immer erst dann evaluiert, wenn es um die Erforschung eines neuen Konzeptes geht oder wenn Probleme auftauchen, deren Herkunft man nicht kennt, wenn sich also spezifischere Fragestellungen aus dem Evaluationsauftrag ergeben?

Das Modellprojekt Tagesmütter zeigt, daß dieser allgemeine Sozialisations- und Erziehungsauftrag prinzipiell evaluierbar ist, abgesehen davon, daß ganz bestimmte gesellschaftspolitische Rahmenbedingungen es hier überhaupt ermöglichten, daß für eine großangelegte Evaluation öffentliche Gelder zur Verfügung gestellt wurden. Übersehen werden darf jedoch nicht, daß der Evaluationsgegenstand (die kognitive und psychoemotionale Entwicklung von Kleinkindern unter bestimmten Sozialisationsbedingungen) hier ein ganz spezifischer war und sich die Kriterien der Beurteilung deswegen relativ konkret entwickeln und empirisch erheben ließen. Je weniger relativ feststehende Entwicklungsschritte der biologischen Reifung und je mehr Entscheidungsfreiheit und Entscheidungsfähigkeit vorliegen, d.h. je älter die Kinder und Jugendlichen sind, desto weniger lassen sich diese erstrebenswerten Resultate der Erziehungsprozesse in positiver Hinsicht und so konkret angeben, daß sie etwa in ein quantitativ sinnvoll auswertbares Erhebungsverfahren transformierbar sind oder die Grundlage eines praeadaptiven Evaluationskonzeptes bilden können.

Dies wurde auch durch die Untersuchung Mochs im Modellprojekt Mathilde deutlich. Für die Kriterienentwicklung bei der Erstellung eines Evaluationskonzeptes folgt hieraus zweierlei: je weniger innerhalb des zu evaluierenden Programmes oder der Intervention fallübergreifend konkrete Zustände angebbar sind, die man durch die pädagogische Einwirkung herstellen, verändern oder beseitigen will, desto mehr ist man bei der Beschreibung der angestrebten Wirkungen und Qualitäten der Prozesse auf allgemeine und abstrakte Konstrukte angewiesen, und desto mehr spielt bei der Evaluation die Perspektive der Herstellung günstiger Bedingungen eine Rolle, von denen man annimmt, daß sie positive Auswirkungen auf (Selbst)Bildungsprozesse haben.

Grenzen und Möglichkeiten für Evaluationskriterien

Zusammenfassend gesagt folgt aus all dem, daß innerhalb dieses Aufgabentypus zwar eine Vielzahl von Einzelkriterien der Wirkung angebbar ist, die aber allgemeiner Natur sind und je nach Anwendungsfall mehr oder weniger relevant sind. Evaluation hat bezogen auf Sozialisation, in der etwas entstehen soll, das in seiner Richtung offen und selbstbestimmt verlaufen soll, ihre Grenzen zu beachten. Die Struktur des Handelns, die sehr stark von Offenheit und Zurückhaltung geprägt sein kann, erfordert hier eine dementsprechende Struktur der Evaluation. Das heißt generell **Begrenzung** und weiterhin, daß aus evaluationstheoretischer Sicht anstelle von Kriterien nur allgemein und relativ offen formulierte sozialisationstheoretische Beschreibungen dessen angegeben werden können, wie man sich "geglückte" Prozesse und Bedingungen vorstellt: zum Beispiel,
- daß eine gemäß der individuellen Anlagen optimale Entwicklung der kognitiven und der sozialen Kompetenzen und emotionale Stabilität ergibt, mit der sich das Individuum vor dem Hintergrund seiner bestehenden Möglichkeiten und Einschränkungen in materieller, sozialer und anderer Hinsicht behaupten kann;
- daß diese Kompetenzen zur Findung, Aufrechterhaltung und immer wieder neuen Definition einer das Individuum selbst zufriedenstellenden personalen und sozialen Identität eingesetzt werden und entwicklungsbedingte oder andere Krisen angemessen und flexibel bewältigt werden können (vgl. Döbert/Nunner-Winkler 1982);
- daß die personale Handlungsstruktur und Einstellungen immer mehr durch mündige und autonome Entscheidungen selbst definiert werden, und
- daß diese freie Selbstbestimmung nicht beliebig, sondern in der Hinsicht reflektiert geschieht, daß sie sich dem Prinzip unterwirft, die Rechte, Interessen und Empfindlichkeiten anderer nicht beeinträchtigen zu wollen.

Die gegenwärtig diskutierten sozialpädagogischen Prozesse finden in oder vermittelt durch Institutionen statt, also außerhalb und/oder ergänzend zur Familienerziehung. Es bestehen also unterschiedliche Grade des institutionellen Zugriffs: vollständige Ersatzerziehung, wie bei der Heimerziehung, bis hin zu nur teilweisen oder übergangsweisen Betreuung, wie bei der Familienhilfe. Die Möglichkeiten, Zusammenhänge festzustellen zwischen psychosozialen Entwicklungen und Befindlichkeiten der Klienten einerseits und den Interventionen der Institution andererseits, sind also aufgrund unterschiedlicher Zugangs- und Kontaktmöglichkeiten in einem unterschiedlichem Ausmaß[24] gegeben.

Kriterienbestimmung ex negativo
Als Fragestellung bei der Kriterienentwicklung bleibt vor dem angesichts der man-

---

[24]: Dies ist jedoch kein Grund dafür, die Untersuchung der Wirkungen ganz zu unterlassen. Siehe hierzu die Diskussion des Streetworker-Modells, S. 261ff.

gelnden Konkretisierbarkeit in positiver Hinsicht (s.o.) oftmals nichts anderes übrig als der Vergleich mit dem gesellschaftlich Üblichen, dem "Normalen" an kognitiven Entwicklungsständen, Einstellungen, Problemen, Krisen und Entwicklungsverläufen. Insbesondere wird man bestimmte Bedingungen, die in der institutionellen Erziehung vorliegen und die negative Konsequenzen haben können (z.b. Ausblendung von Erfahrungsräumen, die im familiären Umfeld immer präsent sind, oder Stigmatisierung) einkalkulieren müssen. Als Anhaltspunkt für Erfolg bleibt - ex negativo - die Fragestellung, inwieweit vermieden werden kann, daß das professionelle pädagogische Handeln im Vergleich zum gesellschaftlich Üblichen eine negative Bedeutung und Wirkung hat. Damit ist natürlich das normative Problem, das Evaluation nahezu in allen Ebenen durchzieht, nicht aufgelöst: Wer beurteilen will, muß Maßstäbe definieren und sich für Normen entscheiden. Hiervon kann niemand befreit werden, ebensowenig von der Verpflichtung, diese Werturteile transparent zu machen und zu begründen.

Evaluation unter dem Aspekt dieses Aufgabentyps der allgemeinen Sozialisation und Erziehung steht also in einem mehrfachen Dilemma, das generell dazu mahnt, evaluatorische Zurückhaltung zu üben und Grenzen zu akzeptieren: Denn es fehlen aufgrund der notwendigerweise offenen Handlungsstruktur inhaltlich positiv angebbare Kriterien. Aus der Perspektive "ex negativo" lassen sich vor allem Defizite und Situationen des Scheiterns feststellen. Diese Situationen wiederum sind u.U. in ihrer längerfristigen biografischen Bedeutung durch punktuelle Analysen gar nicht erfaßbar. Sie könnten genausogut Krisen darstellen, die zu jeder normalen Entwicklung notwendigerweise dazugehören, aber falsch interpretiert werden.

2.4.3 Arbeit an sozialen Strukturen

In allen Praxisfeldern der Sozialpädagogik, in helfenden und beratenden Einrichtungen, bei Aufgabenstellungen der Erziehung und Sozialisation, übergreifend für alle Institutionen, unabhängig davon, ob diese zielgerichtet und inhaltlich geregelt intervenieren, offen strukturiert sind oder lediglich Angebote machen, arbeiten Sozialpädagogen an sozialen Strukturen. Es werden pädagogische Settings arrangiert, soziale Situationen analysiert und gestaltet, Beziehungen, pädagogische Verhältnisse und Netzwerke aufgebaut, vor deren Hintergrund die Prozesse des Helfens und der Sozialisation stattfinden können. Vom Einzelgespräch, über die Öffentlichkeitsarbeit bis hin zur Gemeinwesenarbeit - das Soziale ist das Medium, durch das und in dem Wirkungen erzielt und Qualitäten hergestellt werden.

Sowohl bei offenen institutionellen Strukturen, die von den Adressaten selbst ausgefüllt und gestaltet werden können, als auch bei engen konzeptionellen Vorgaben, die gezielt für die beabsichtigten sozialpädagogischen Interventionen arrangiert wurden, wird ein grundlegendes zusammenfassend formulierbares Ziel verfolgt werden: Es geht darum, eine materielle, ideelle, organisatorische Infrastruktur zu schaffen und "**sozial umzusetzen**", die als Interventionsrahmen, als Erfahrungsraum und Lernfeld pädagogisch nutzbar ist. Ein pädagogisch direktiver Zuschnitt braucht hierbei nicht vorhanden sein; beispielsweise wenn einfach ein sozialer Ort des kommunikativen Austausches entstehen soll, an dem sich die Adressaten wohlfühlen. Das Charakteristikum des sozialpädagogischen Handelns besteht unter diesem inhaltlichen Aspekt darin, die Schaffung und Gestaltung von Lernfeldern und Erfahrungsräumen professionell zu organisieren und so aufrechtzuerhalten, daß diese für sozialpädagogische Prozesse eine positive Bedeutung haben.

Wenn offene oder angebotsorientierte Strukturen - im Unterschied zu verordneten oder feststehenden Zielsetzungen und Interventionsschemata - bestehen, ist man in bezug auf den Erfolg der Arbeit darauf angewiesen, daß Wirkungen sich als Produkte einer von den Adressaten inhaltlich selbstorganisierten und definierten Lernkultur vollziehen. Die Aufgabe der SozialpädagogIn könnte man dabei so sehen, daß sie die Voraussetzungen für diese Prozesse schafft, moderiert, vermittelt, thematische Anregungen gibt und zur Bewußtmachung bestimmter Abläufe und Ergebnisse beiträgt. Bei diesen offenen institutionellen und konzeptionellen Strukturen, in denen wie beispielsweise in Familienzentren zunächst lediglich eine soziale und lokale Infrastruktur angeboten wird, erfolgt sozialpädagogisches Handeln in ständiger Anpassung an die Prozesse in den Gruppen und als ständiger Suchprozeß nach geeigneten sozialen Arrangements. Da die Prozesse des Helfens und der Sozialisation im Rahmen offener Arbeit inhaltlich weitgehend durch die Adressaten selbst bestimmt werden, die diese Angebote wahrnehmen, können angestrebte und erreichte Wirkungen und Qualitäten nur in einem begrenzten Maße vorher bestimmt und erfaßt werden. Die Reflexion in Hinsicht auf den Aspekt der geschaffenen sozialen Strukturen kann gerade in diesem Falle wichtige Hinweise für die Entwicklung von Evaluationskriterien geben.

Kriterium der Wirkung ist das Entstehen von sozialen Räumen und Netzwerken, die in sozialökologischer Hinsicht zu einer Erhöhung der Lebensqualität im lebensweltlichen Umfeld beitragen (vgl. "Milieuorte" bei Böhnisch 1994) und eine positive sozialemotionale, kulturelle, materielle Unterstützungs- und Integrationsfunktion erfüllen. Dies bedeutet, daß im Mikrobereich, im lokalen und/oder im regionalen Bereich günstigere soziale Bedingungen - als die bislang vorhandenen - für Sozialisations-, Erziehungs-, (Selbst)Bildungs-, (Selbst)Hilfeprozesse geschaffen werden. Insbesondere im Streetworker-Modell spielt dieser Aspekt eine zentrale Rolle. Die Ergebnisse des Aufbaus und der Aufrechterhaltung eines Szenekontaktnetzes aus der Sicht der Streetworker wurde im Endbericht der wissenschaftlichen Begleitung ausführlich dargestellt (Gusy, u.a. 1992, Bd. 2 - 5)

Es können jedoch über Kriterien der Wirkung, daß nämlich soziale Strukturen als Grundlage pädagogischen Handelns erfolgreich geschaffen werden konnten, hinaus deren Qualitäten beurteilt werden. Beispielsweise könnte man auch neben dem Aspekt, daß sie einen besseren gegenseitigen Austausch und die Unterstützung konkret beabsichtigter Ziele ermöglichen, danach fragen, ob sie eine positive pädagogische Bedeutung in Sinne der Prävention erfüllen: Die Stabilität oder die Fähigkeit sozialer Netzwerke, bei der Lösung von möglicherweise entstehenden Konflikten und Problemen sofort genutzt zu werden, wären Eigenschaften in diesem Sinne.

Bei dem Kriterium der Prävention sind die Schwierigkeiten zu bedenken, die im Zusammenhang mit der mangelnden »technischen Verfügbarkeit« und der Heterogenität[25] allgemein festgestellt wurden und die die Möglichkeit einschränken, positive Wirkungen in einer präadaptiven Vorgehensweise zu erfassen oder interpretativ ermittelte Informationen in eine gemeinsame Ergebnisstruktur zu bringen. Da es äußerst schwierig und problematisch erscheint, präventive Wirksamkeiten, die sich erst zukünftig erweisen, direkt empirisch zu ermitteln, muß auf die Informationssammlung über Tatbestände ausgewichen werden, die im unmittelbaren Zusammenhang der stattfindenden Praxis geschehen. Genauso wie unter dem Aspekt der "Qualität der Verfahren" auf die Möglichkeit der Beurteilung persönlichen Entwicklungsprozessen, die nicht unmittelbar beabsichtigte Wirkungen indizieren, aufmerksam gemacht wurde, gilt dies nun auch in bezug auf günstige soziale Dispositionen für präventive Wirkungen, die durch die sozialpädagogischen Praxis entstanden sind - oder auch nicht.

Solche Dispositionen können darin bestehen, daß beispielsweise in einem Jugendzentrum unter den Jugendlichen eine bestimmte Gruppenkultur oder ein Klima entsteht, das präventiver Natur zu sein verspricht; z.B. wenn gegen Gewalt als Lösung von Konflikten, gegen Rechtsradikalismus oder Drogenkonsum argumentiert wird und eine distanziert kritische Haltung demgegenüber besteht. Es handelt sich hierbei um die Feststellung von Sachverhalten, von denen man berechtigterweise annehmen kann, daß sie in allgemeiner Hinsicht präventiv wirksam sind oder eine günstige Bedingung für eine Problemlösung darstellen. Innerhalb der Evaluation des Streetworker Modell sind an unzähligen Stellen Beispiele für solche Veränderungsprozesse der Szenen-Kultur enthalten, die als Fortschritte gedeutet werden können. In diesem Falle handelt es sich dabei um die Einführung bestimmter Szene-Ereignisse, die einen lustbetonten Umgang mit Sexualität bei gleichzeitiger Anwendung nicht infektiöser Sexualpraktiken bedeuten (z.B. Jack-Off-Parties als Alternative zum Klappen-Sex, Safer-Sex-Live-Show, Safer-Sex-Pornos, etc. s. Gusy, u.a. 1992, Bd. 2)

25: vgl. für das Beispiel der gewaltpräventiven Jugendarbeit Schefold 1994.

3. Institution und Evaluation in der Sozialpädagogik

In diesem Abschnitt geht es darum, erstens die institutionellen Bedingungen für Evaluationen und zweitens die institutionelle Ebene der Praxis als Gegenstand der Evaluation zu thematisieren. Dabei wird das Ziel verfolgt, Orientierungspunkte ausfindig zu machen, die bei der Reflexion über geeignete Inhalte eines Evaluationskonzeptes berücksichtigt werden können. Als Einstieg werden die institutionellen Bedingungen der analysierten Evaluationsstudien überblickhaft und im Vergleich zueinander beschrieben. Dies geschieht vor dem Hintergrund der Frage, in welcher Weise die jeweils unterschiedlichen institutionellen Bedingungen sich günstig oder einschränkend auf die Ergebnisse der Evaluation ausgewirkt haben. Bei dieser überblickhaften Analyse dienen die beiden idealtypischen Orientierungen - an Tatbeständen und am Sozialpädagogischen - als Beurteilungskriterien.

3.1 Überblick über Evaluationsprojekte

Die Untersuchung im Modellprojekt »Mathilde«
Matthias Moch konnte die Qualität, die Wirkungen sowie vielfältige Bedingungen des sozialpädagogischen Handelns und die dadurch beeinflußten biographischen Entwicklungsprozesse der Jugendlichen besonders authentisch nachzeichnen. Dabei gelang es, die Erfolge dieser spezifischen Arbeitsform der Familienhilfe darzustellen, zu begründen und theoretisch weiterzuentwickeln. Die angewandte interpretative Vorgehensweise stellte in diesem Falle ein besonders geeignetes Evaluationsverfahren dar. Es wirkte sich weiterhin besonders günstig aus, daß Matthias Moch die Lebensgeschichte der Jugendlichen selbst kannte, daran teilhatte und innerhalb der Institution Mitarbeiter war (mit dem besonderem Aufgabengebiet "Evaluation").

Es gelang durch die angewandten Evaluationsverfahren und Erhebungsmethoden, ein wirklichkeitsnahes und authentisches Abbild der aus den Handlungen und Interaktionen resultierenden Wirkungen und Qualitäten zu erhalten. Dabei wurde die komplexe Situation und das Problem der Mehrdeutigkeit der Resultate dadurch entschärft, daß Deutungen aus unterschichtlichen Perspektiven der beteiligten Jugendlichen, Eltern und anderen Personen zusammengetragen wurden. Aus der Zusammenschau dieser einzelnen Interpretationen und dem Vergleich mit objektiv feststellbaren Geschehnissen (z.B. Schulabschluß) ergab sich ein aus vielfachen Facetten zusammengesetztes Bild einer erfolgreichen oder nicht erfolgreichen Entwicklung. Die Untersuchung war von Grund auf so strukturiert, daß immer eine inhaltliche Orientierung und der Rückbezug auf den Ansatz der lebensfeldbezogenen Familienhilfe vorhanden war. Die Evaluation war also durchgängig an einem sozialpädagogischen Inhalt orientiert und diente der Weiterentwicklung und Begründung des zugrundeliegenden Handlungsansatzes.

Folgende institutionelle Bedingungen wirkten sich positiv für die Planung und Durchführung der Evaluation aus:

1) Die Institution, in der die Evaluation stattfand, sowie der organisatorische Rahmen des Programmes und der Interventionen waren begrenzt und überschaubar. Es han-

delt sich also um eine Evaluation, deren Grad an Institutionalisierung und an Öffentlichkeit auf der untersten Stufe (s. Kap I, 2.1) angesiedelt werden muß.

2) Hieraus ergab sich die Möglichkeit, daß die Institution ihr Erkenntnisinteresse der Evaluation selbst bestimmen konnte und nicht durch Vorgaben einer übergeordneten Kontrollinstanz eingeengt wurde. Dieser Freiraum wurde hier als Möglichkeit positiv genutzt, um dem vorhandenen spezifischen sozialpädagogischen Interesse an Information über die ablaufenden Prozesse und an der Weiterentwicklung des theoretischen Konzeptes nachzukommen.

3) Aufgrund der Autonomie der Einrichtung in bezug auf das Evaluationsvorhaben wirkte kein einengender und die Evaluation auf die oberflächliche und unpädagogische Logik der Administration oder anderer Instanzen festlegender Legitimationsdruck. Es bestand vielmehr das durch eigene Motive entstandene Bedürfnis danach, erstens die Legitimation, die Leistungsfähigkeit und die Vorzüge des eigenen Ansatzes der teilstationären Arbeit gegenüber der Heimunterbringung nachzuweisen und zweitens seine Weiterentwicklung voranzutreiben.

4) Mit den institutionellen Rahmenbedingungen der Evaluation hängt weiterhin zusammen, daß zwischen dem Evaluator, der Institution, den Praktikern und den Betroffenen ein Klima gegenseitiger Akzeptanz und Offenheit herrschte, das Voraussetzung für ein Gelingen der direkt an den Prozessen ansetzenden Untersuchung war.

Die sozialpädagogische Arbeit - der Evaluationsgegenstand also - bezog sich auf Aufgabenstellungen und beinhaltete Prozesse, deren Erfolg und Qualität, wie in vielen Anwendungsfällen der sozialpädagogischen Praxis, vor der Untersuchung nicht fallübergreifend und inhaltlich so konkret festgelegt werden konnten, daß hieraus die Kriterien und Indikatoren eines präadaptiven Evaluationsverfahrens hätten im einzelnen erstellt werden können. Das Informationsbedürfnis über die Prozesse konnte nur durch kontextabhängige, tiefgehende und fallspezifische Analyse befriedigt werden. Die Nachteile einer sich hieraus ergebenden interpretativen Vorgehensweise in bezug auf Probleme der Generalisierbarkeit konnten aber aufgrund der institutionellen und der allgemein politischen Rahmenbedingungen in Kauf genommen werden. Abgesehen davon enthalten die Ergebnisse der lebensfeldorientierten Fallanalyse sehr wohl Informationen, die generalisierbar und somit für einen überregionalen Verwertungszusammenhang der Informationen von Bedeutung sind.

Die Evaluation Gudats im Rahmen des Tagesmütter-Modells
Die Untersuchung Gudats im Rahmen des Tagesmüttermodells kommt den Forderungen der o.g. sozialpädagogischen und der Tatbestandsorientierungen ebenso wie die Untersuchungs Mochs nach, wenngleich diese Annäherung durch eine andere Vorgehensweise geschieht: Die Qualität und die Resultate der erzieherischen Handlungen und der Entwicklungsprozesse sowie deren Bedingungen wurden hier bereits zusammengefaßt für den Ansatz Tagesmütterbetreuung erhoben. Dies geschah durch vorher konstruierte, auf die Kriterien und Indikatoren zugeschnittene Erhebungsverfahren aus unterschiedlichen Richtungen und an unterschiedlichen Punkten des Prozeßverlaufes,

die durch die hohe Stichprobengröße und die Quantifizierbarkeit der Ergebnisse einen hohen Grad an Verallgemeinerungsfähigkeit aufwiesen. Insbesondere durch die Videoaufzeichnungen waren direkte Analysen der Tatbestände möglich. Grundlage und Mittelpunkt der Untersuchung stellte eine sich an theoretischen Vorstellungen über Sozialisations- und Erziehungsprozesse orientierende diskursive Entwicklung eines präadaptiven Evaluationskonzeptes dar.

Die bereits angesprochene Ambivalenz der Rahmenbedingungen in ihren Konsequenzen auf die Gestaltung von Evaluation zeigt sich beim Vergleich mit anderen Studien: Die institutionellen und die politischen Bedingungen des Tagesmüttermodells (Reformkontext) waren völlig andere als die der Mochschen Untersuchung (Übergangskontext) und es ergab sich hieraus ein angemessenes Evaluationsdesign, das auf der gegenseitigen Ergänzung zwischen entwicklungspädagogischer Analyse und pädagogisch orientierter Programmsteuerung beruht. Beim Tagesmütterprojekt entstanden die notwendigen Voraussetzungen für eine gedeihliche Zusammenarbeit der Wissenschaftler und der Betroffenen weder aus besonders günstigen institutionellen Bedingungen einer kleinen, homogenen und autonomen Institution, noch aus einer Freiräume eröffnenden weil mangelnden gesellschaftspolitischen Aktualität, noch aufgrund eines vorher ausgearbeiteten evaluationstheoretischen Konzeptes. Sie wurde vielmehr dadurch erzwungen, daß alle Beteiligten des Modellprojektes eines gemeinsam hatten: Sie waren als Interessengruppe Gegenstand eines massiven politischen Angriffs. Aus dem konträren öffentlichen Diskurs ergaben sich bestimmte Anforderungen an die Gestalt der Evaluation - wissenschaftliche Struktur und Gültigkeit der Ergebnisse -, die eine präadaptive Vorgehensweise erforderlich machten. Aufgrund der spezifischen Bedingungen des Problemzusammenhanges und des Arbeitsgegenstandes war es jedoch möglich, deren potentiellen Nachteile gegenüber einer interpretativen Untersuchung zu vertreten (s.o.).

Die Evaluation der ZBS
Die Evaluation der Zentralen Beratungsstelle für alleinstehende Wohnungslose durch Maja Heiner konnte weder hinsichtlich der Nähe zu den sozialpädagogischen Beratungsprozessen, noch in bezug auf die den Analyse- und Beurteilungsmustern zugrundeliegende theoretische Orientierung mit der hohen sozialpädagogischen Tatbestandsorientierung der eben besprochenen Evaluationen mithalten, da dem besondere Schwierigkeiten entgegenstanden:

Kennzeichnend für die institutionelle Praxis war, daß unterschiedliche Beratungsansätze und kein einheitliches Handlungskonzept vorhanden war, das auf einer gemeinsam geteilten theoretischen Vorstellung beruhte, und daß äußerst vielfältige Adressatenbedingungen und Problemsituationen zu bearbeiten waren. Die Aufgabenstellungen in diesem Praxisfeld sind darüberhinaus so komplex, unübersichtlich und in ständiger Änderung begriffen, daß nur vage Zielvorstellungen angegeben werden können. Heiner führt in diesem Zusammenhang weiterhin den Begriff der "Diffusität der Handlungsebenen" und die zur zusätzlichen Komplexität beitragende "Selbstreferenzialität der Beratungsarbeit" an (vgl. Heiner 1988 b, S. 314). Dementsprechend uneindeutig und schwierig erscheint die Konstruktion von Kriterien und Indikatoren. Heiner (1988 b, S. 315) kennzeichnet eine zentrale Erfolgsbedingung des Beratungs- und Hilfeprozesses, die in der Ebene der Person des Beraters besteht, folgendermaßen:

"Wenn die Bandbreite der Probleme und Kontaktanlässe in der sozialen Arbeit (und in der ZBS) besonders groß sind, wenn die Handlungspotentiale und Erwartungen der Betroffenen stark differieren, dann ist vor allem die Flexibilität der Sozialarbeiter gefordert. Zu evaluieren ist dann nicht die klinisch reine Durchführung eines bestimmten, speziellen Beratungsmodells, z.B. der Gesprächstherapie, auch nicht die gleichbleibende Konsistenz des Verhaltens entsprechend vorher festgelegter Strategien eines Interventionskonzeptes, sondern die Bandbreite des Verhaltens und die Fähigkeit des Sozialarbeiters zur situativen Anpassung des Beratungsstils an die spezifischen Probleme der Betroffenen, ihre aktuelle Befindlichkeit und die verfügbaren Ressourcen des Hilfesystems. Von dieser Flexibilität und einem entsprechend umfangreichen Verhaltensrepertoire hängt der Erfolg der Intervention ab."

Hinsichtlich der Entwicklung des Evaluationskonzeptes ist zu bemerken, daß diese Kategorie "Flexibilität" einen ähnlich hohen, wenn nicht sogar einen noch höheren Grad an Abstraktheit aufweist als die allgemeinen Beschreibungen des Erfolges und des Zieles der sozialpädagogischen Prozesse bei Moch. Demzufolge hätte sich für die Evaluation des Beratungserfolges eine ähnliche Vorgehensweise wie der »lebensfeldorientierte« Evaluationsansatz angeboten. Hierbei ist jedoch zu bedenken, daß die Komplexität, die "Flüchtigkeit" und die Uneindeutigkeit der Prozesse im Vergleich zu der Arbeit der »Mathilde« noch schwerer zugänglich ist: allein schon weil in derartigen Einrichtungen kein kontinuierlicher und naher Kontakt zu den Klienten besteht, der einen Zugang zu Informationen gewährleistet, wie Matthias Moch diesen hatte. Eine tiefergehende Evaluation der Prozesse in einer der »lebensfeldbezogenen Evaluation« Mochs ähnlichen Weise wäre also im Sinne der pädagogischen und empirischen Orientierung zwar angemessener, aber unvergleichlich aufwendiger gewesen. Dem stand auch das Informationsbedürfnis der Berater entgegen, die Informationen auf einer gegenüber der Interaktion und dem persönlichen Beratungsstil übergeordneten Ebene wünschten und daran interessiert waren, den Zuständigkeitsbereich der Evaluation von dem der in der Institution stattfindenden Supervision zu trennen (ebd. S. 311).

Die Evaluation der ZBS stand also konzeptionell und methodisch in einem Dilemma: Die in der Institution vorherrschenden Bedingungen verhinderten, daß die Vorgehensweise eingesetzt werden konnte, die für eine angemessene und umfassende Evaluation des Beratungserfolges besonders günstig gewesen wäre: die qualitative Einzelfallanalyse. Folglich stellte sich der Evaluatorin die Aufgabe, innerhalb des in der Institution möglichen und praktikablen Evaluationsdesigns, ein Erhebungsinstrument zu konstruieren, das fallübergreifende und vom jeweiligen Beratungsansatz unabhängige Informationen über den Beratungserfolg liefert. Dies entsprach auch dem Interesse der Institution.

Hierbei war es jedoch nicht möglich, übergreifende Indikatoren festzulegen und in der Weise erhebungstechnisch umzusetzen, wie dies innerhalb der entwicklungspsychologischen Untersuchung Gudats möglich war. Betrachten wir den Prozeß der Kriterienentwicklung im Überblick, so stellen wir fest, daß die Konstruktion der Kriterien und Indikatoren indirekt erfolgen mußte:

Die Flexibilität im Beratungsprozeß als Fähigkeit des Sozialarbeiters, verschiedenen Adressatengruppen mit unterschiedlichsten Belastungsfaktoren gerecht zu werden und situationsangemessen zu handeln, galt als notwendige Bedingung für erfolgreiche Beratung (s.o.). Diese Kategorie stellt keine unmittelbar angestrebte Wirkung dar (z.b. Problembearbeitung, Einstellungsveränderung), die sich durch die Beratung bei den Klienten ergeben sollte, sondern sie ist ein indirektes Erfolgskriterium. Als Kriterium für das Vorhandensein dieser Flexibilität in den Beratungsprozessen sowie mithin als notwendige Bedingung für eine erfolgreiche Arbeit der Institution wurde die Kategorie der »gleichmäßigen Verteilung von Akzeptanz« angesehen. Evaluationskriterium für die erfolgreiche Beratungsarbeit der Institution - nicht einzelner Berater - war also, inwieweit über die Klientengruppen eine akzeptierende und anerkennende Haltung gegenüber der Arbeit der Institution vorhanden war. Diese Variable wurde durch eine standardisierte Befragung mit 107^{27} zumeist geschlossenen Fragen erhoben, die gleichsam eine Differenzierung in unterschiedliche Adressatengruppen ermöglichte. Das so entstandene Instrument und der gesamte Evaluationsansatz bezogen sich also nicht direkt auf angestrebte Wirkungen des Prozesses in seinen unterschiedlichen Dimensionen, sondern auf einzelne diesen begleitende Bedingungen, von denen angenommen wurde, daß sie für den Beratungserfolg hinreichend und notwendig sind (ebd. S. 312ff). Dies bedeutet zwangsläufig, daß die Evaluation von den empirisch vorfindbaren Einzelresultaten und Vollzügen des Handelns entfernter liegt als die o.g. Untersuchungen und daß inhaltliche Abstraktionen hinsichtlich der pädagogischen Orientierung vorgenommen werden mußten.

Die Entscheidung für die Variable »gleichmäßige Verteilung der Akzeptanz« über unterschiedliche Klientengruppen bildet nur einen ausschnitthaften Aspekt der sozialpädagogischen Prozesse und seiner Bedingungen aus nur einer Perspektive ab, wenngleich versucht wurde, diese Gefahr der Eindimensionalität durch besondere Fragestellungen und eine vielschichtige Bearbeitung eben dieser Variablen zu entschärfen (ebd. S. 316ff). Innerhalb der Gesamtplanung der Evaluation sollte damit die Informationsbasis für einen weiteren Evaluationsdurchgang geschaffen werden, in dem dann beabsichtigt werden sollte, tiefer auf die Prozesse einzugehen. Da die Ergebnisse des standardisierten Fragebogens aber nicht im Sinne der Institution waren und weil versucht wurde, eine Veröffentlichung zurückzuhalten, entstand ein massiver Interessenkonflikt zwischen der Beratungsstelle und der Evaluation, was eine Fortführung der Untersuchung verhinderte (ebd. S. 308).

Das Streetworker Modell

Beim Streetworker-Modell lag die bereits an vorherigen Stellen gekennzeichnete Situation vor, daß ein äußerst komplexer, in viele lokale Projekte und Szenen aufgesplitterter und viele mögliche Vorgehensweisen beinhaltender Praxisbereich mit einer völlig neuen Problemkonstellation vorhanden war, der darüberhinaus unter dem konzeptionellen Gesamtrahmen der ebenfalls im Entwicklungsstadium befindlichen Arbeitsform Streetwork stand. Diese Situation trat beim AgAG durch das Fehlen konzeptioneller und institutioneller Strukturen der Jugendhilfe und Jugendarbeit in den neuen Bundesländern in einer noch augenfälligeren Weise auf (vgl. Bohn 1996). Die

---

27: Die Erhebung fand unter 142 Betroffenen statt. In der Untersuchungsgruppe befanden sich auch Wohnungslose, die nicht Klienten der ZBS waren.

Praxis konnte jedoch nicht auf die Erstellung fundierter theoretischer Konzepte warten, sondern es mußte sowohl beim Streetworker-Modell, als auch beim AgAG agiert werden und zwar an mehreren Standorten in unterschiedlicher Weise in eigenverantwortlicher Erprobung und Definition der Zielsetzungen und Vorgehensweisen.

Die Unterschiede zu den oben besprochenen Projekten liegen auf der Hand. Evaluation hat vor dem Hintergrund dieser institutionellen Bedingungen, die natürlich mit der Beschaffenheit der zugrundeliegenden gesamtgesellschaftlichen Problemstellung zusammenhängen, zunächst die Aufgabe einer allgemeinen begleitenden und nur punktuell bewertenden Bestandsaufnahme. Sie leitet einen Prozeß ein, in dem die unübersichtliche Vielfalt der Informationsinhalte geordnet werden kann, um die Entwicklung und Konstituierung fehlender Strukturen, Konzepte und theoretischer Grundlagen zu unterstützen. Die ausführlichen qualitativen Interviews der Streetworker waren ein geeignetes Mittel für eine Informationsbeschaffung in diesem selbstexplorativen Sinne. In beiden Projekten war es also zunächst einmal vorrangig, Basisinformationen zu ermitteln und die von Seiten der Öffentlichkeit und der politisch verantwortlichen Stellen als interessant empfundene Frage der Wirksamkeit im Sinne einer Verhinderung von Gewalttaten und einer Eindämmung AIDS-infektiösen Potentials hintanzustellen, bzw. ihr auszuweichen. Vor diesem Hintergrund erscheint die Weigerung der Evaluation des Streetworkermodells, die präventive Wirkung explizite als Evaluationskriterium zu thematisieren, einerseits verständlich, andererseits in ihrer Endgültigkeit aber dennoch kritikwürdig. Ob dies unter den Bedingungen eines so massiven öffentlichen Drucks, wie das beispielsweise bei den Tagesmüttern der Fall war, so einfach möglich gewesen wäre, wage ich zu bezweifeln.

Institution und Evaluation
Betrachtet man die verschiedenen Projekte im Überblick, so lassen sich drei unterschiedliche Aspekte voneinander unterscheiden, die für Evaluation von Bedeutung sind und die im Rahmen der folgenden Abschnitte gesondert behandelt werden sollen:

1) Institutionelle Bedingungen des sozialpädagogischen Handelns
Institutionelle Vorgaben und Bedingungen bestimmen die Ziele und die Arbeitsformen, in denen sich das Handeln und die Praxis insgesamt vollzieht. Die Beschaffenheit des Evaluationsgegenstandes, worauf die Konzepte und Verfahren der Evaluation abzustimmen sind, werden maßgeblich von institutionellen Bedingungen beeinflußt.

2) Institutionelle Bedingungen für die Planung und Durchführung der Evaluation
Institutionen bestimmen, nicht nur über deren Einfluß auf den Evaluationsgegenstand (sozialpädagogisches Handeln), sondern auch direkt die Möglichkeiten und Grenzen der Evaluationskonzepte und ihrer Umsetzung. Dies wurde insbesondere bei der Kritik am Erprobungsprogramm im Elementarbereich deutlich, wo seitens der Institutionen massiv in die Evaluation eingegriffen wurde (s. Kap IV, S. 180).

3) Die sozialpädagogische Institution als Evaluationsgegenstand
Im Zusammenhang mit dem Drei-Ebenen-Modell sozialpädagogischer Praxis wurde bereits herausgestellt, daß die Institution als Handlungseinheit bestimmte Aufgaben

von sozialpädagogischem Interesse zu erfüllen hat und deswegen in Hinsicht auf die allgemeine Fragestellung evaluiert werden kann, inwieweit Institutionen günstige Bedingungen für sozialpädagogisches Handeln schaffen, dieses angemessen konzipieren und arrangieren. In diesem Zusammenhang können zum einen spezifische Evaluationskriterien der institutionellen sozialpädagogischen Praxis entwickelt werden. Zum anderen kann über Funktionen der Evaluation innerhalb dieser institutionellen Praxis nachgedacht werden, die über die resultative Beurteilung hinausgehen und den formativen Aspekt der Konzept- und Organisationsentwicklung betonen.

3.2 Institutionelle Bedingungen des sozialpädagogischen Handelns

Am Beispiel des Streetworker-Modells und beim AgAG, aber auch im Rahmen des Tagesmüttermodells wurde deutlich, daß der Entwicklungsstand der vorhandenen institutionellen Strukturen zu berücksichtigen ist: Es wäre unmöglich gewesen, die positiven Wirkungen und Erfolge einer Arbeitsform oder eines Programmes herauszuarbeiten, das nicht optimal entwickelt ist, bzw. dessen grundlegende Strukturen sich noch gar nicht herausgebildet haben. Wenn eine Evaluation von Programmen durchgeführt werden soll, in deren Verlauf sich organisatorische und konzeptionelle Strukturen erst neu bilden sollen, dann sind zunächst Basisinformationen notwendig. Erst hierauf aufbauend ist es möglich, die evaluativen Anteile der wissenschaftlichen Begleitung, die in diesen Vorstudien nur ansatzweise enthalten sein können, im weiteren Verlauf des Evaluationsprojektes zu vergrößern und gezielt auf die Frage nach den Wirkungen, Qualitäten und Bedingungen zuzuschneiden.[28]

Ein weiteres Merkmal institutioneller Bedingungen, in dem sich die einzelnen Projekte unterscheiden, ist ihre Übersichtlichkeit und damit zusammenhängend die möglichen Zugänge zu beurteilungsrelevanten Variablen. Übersichtlich und zugänglich stellte sich die Situation bei der Evaluation des Projektes Mathilde aufgrund seiner Größe dar. Übersichtlich aufgrund seiner klaren institutionellen und konzeptionellen Vorstrukturierung war auch das großangelegte Modellprojekt Tagesmütter. Unzugänglichkeit und Unübersichtlichkeit können jedoch aus verschiedenen Gründen unabhängig von der Größe des Modellprojektes oder der Institution entwickeln. Wenn eine heterogene und auf viele Standorte und Organisationebenen verstreute institutionelle Struktur besteht, so sind Unübersichtlichkeit und Unzugänglichkeit technisch-organisatorisch bedingt. Dies wäre beispielsweise der Fall gewesen, wenn 50 Einrichtungen an unterschiedlichen Standorten, die wie die »Mathilde« nach der Arbeitsform der lebensfeldbezogenen Familienhilfe arbeiten, hätten evaluiert werden sollen. Oder wenn die Tagesmütterbetreuung nicht auf der Grundlage einer eigens dafür geschaffenen, sondern anhand einer bereits bestehenden Praxis **unterschiedlicher** Träger und Institutionen untersucht worden wäre.

28: Zur Veranschaulichung könnte man folgendes Bild verwenden: Es soll die Qualität und der Nährwert eines Apfelmuses getestet werden, das aus einer bestimmten Apfelsorte hergestellt wird. Der Produktionsprozeß befindet sich allerdings noch in der Phase des Pflanzens der Bäume. Obwohl das Endprodukt in seinem Erfolg und seiner Güte noch nicht bestimmt werden kann, lassen sich jedoch unzählige Kriterien der Evaluation finden und anwenden, die Bedingungen hierfür darstellen, weil sie sich auf den Prozeß der Herstellung - Pflanzen der Bäume, Pflege, Schutz vor Parasiten, etc. - beziehen.

Die Unübersichtlichkeit kann auch durch eine konzeptionelle und organisatorische Offenheit bedingt sein, wobei das extremste hier mögliche Ausmaß in der bereits angesprochenen Situation besteht, daß noch gar keine grundlegenden Strukturen und Handlungskonzepte bestehen und die Praxis sich angesichts ganz neuer Problemkonstellationen gewissermaßen ihrer selbst bewußt werden muß.

Eine konzeptionell so beabsichtigte Form offener Bedingungen besteht in der offenen Jugendarbeit, die sehr stark von einem Angebotscharakter geprägt ist und sich als ein Feld "sozialräumlicher Gelegenheitsstrukturen" (Böhnisch/Münchmeier 1987) bezeichnen läßt. Institutionen, die diese Form der sozialen Arbeit praktizieren, geben die Zielgruppen als mögliche Adressaten der Angebote und die Ziele nur im groben Rahmen und der Richtung nach an, z.B. Erlernen demokratischer Verhaltensweisen, sinnvolle Freizeitgestaltung. Wer schließlich an den Angeboten teilnimmt und welche Vorgehensweisen im einzelnen beschritten werden, ergibt sich erst im Verlauf der Praxis, deren Inhalte darüberhinaus zu einem großen Teil von den Adressaten und nicht von der Institution und den Pädagogen bestimmt werden.

Wenn dagegen klassische Interventionsstrukturen als institutionelle Bedingungen bestehen, so sind die angestrebten Ziele und Mittel etwa aufgrund gesetzlicher Regelungen festgelegt. Der Interventionsanlaß, die Problemorientierung und die Adressaten sowie der Interventionsinhalt und die Vorgehensweise ist damit in einem engen Bereich festgelegt. Dies ist beispielsweise bei der Jugendgerichtshilfe, bei verschiedenen Maßnahmen der Jugendhilfe, im Strafvollzug und in der Bewährungshilfe der Fall. Auch innerhalb einer Institution lassen sich unterschiedliche Spielarten und Mischformen vorstrukturierter und offener institutioneller Bedingungen finden:

Obwohl eine Einrichtung wie die ZBS konzeptionell die Klientengruppe (Obdachlose) und die Form der Arbeit (Beratung) festlegt, herrscht inhaltlich-methodisch in bezug auf die Beratungsansätze eine weitgehende Offenheit. Diese hat, wie bereits besprochen, zu Unzugänglichkeit und Unübersichtlichkeit der Praxis und zu Schwierigkeiten bei der Evaluation geführt. Eine derartige inhaltliche und methodische Offenheit wäre beispielsweise im Zusammenhang des Tagesmüttermodells nicht angebracht gewesen. Hier mußte eine bestimmte Betreuungsform inhaltlich optimiert und kontrolliert werden, weil sie und keine andere Gegenstand der Evaluation war. Man stelle sich vor, das Modellprojekt wäre so offen gewesen, daß im Rahmen der Betreuung nicht die spezifisch thematisierte, sondern alle möglichen Betreuungsformen je nach Belieben und privaten Interessen der Tagesmütter - z.B. eine Weitergabe an die eigenen Mütter oder Babysitter - hätten stattfinden können. Der Aussagewert einer Evaluation in bezug auf die Auswirkungen und evaluativen Fragestellungen wäre angesichts der dadurch entstandenen heterogene Praxis äußerst beschränkt gewesen. In diesem Modellprojekt waren also die institutionellen Bedingungen so, daß eine durchgängige Kontrolle der Arbeitsformen und ihre Weiterentwicklung - durch Praxisberatung und Qualifizierung, etc. - angebracht erschien und institutionell sichergestellt wurde, was die Evaluation sehr erleichtert hat.

Diese weitgehende Vorstrukturierung und Kontrolle der Bedingungen ist jedoch in anderen Praxisbereichen weder möglich noch angebracht. Beim AgAG liegt die Stärke der einzelnen Projekte darin, daß sie sich auf die je unterschiedlichen lokalen und situativen Bedingungen der Szenen einlassen und speziell dafür zugeschnittene Arbeitsformen entwerfen können. Die unübersichtliche Zersplitterung der Einzelprojekte mit unterschiedlichsten Konzepten und Praxisformen kann also inhaltlich und auch finanziell bedingt unvermeidbar sein. Man stelle sich den finanziellen und organisatorischen Aufwand einmal vor, der z.B. bei einer Gleichschaltung gewaltpräventiver Maßnahmen der Jugendarbeit im AgAG notwendig wäre. Es ist also neben inhaltlichen Gründen auch unvergleichlich billiger, die Praktiker das machen zu lassen, wozu vor Ort die besten Entwicklungschancen gesehen werden.

Was ist nun die Aufgabe der Evaluation? Idealtypisch gedacht müßten institutionelle Bedingungen immer so konstruiert und kontrolliert werden, daß diese die sozialpädagogischen Handlungskonzepte und Arbeitsformen optimal unterstützen. In der Praxis kann jedoch eine Diskrepanz zwischen den institutionellen Bedingungen und dem, was aus pädagogischer Sicht aktuell als notwendig erscheint, nicht vermieden werden. Dies ergibt sich schon allein deswegen, weil institutionelle Strukturen dazu neigen, in den Formen weiterzubestehen, in denen sie historisch entstanden sind[29]. Vorhandene Strukturen können somit noch durch Zusammenhänge (z.B. Fürsorge) vorgeprägt sein, die historisch bereits überlebt sind. Diese müssen nun immer wieder an neu entstehende und und sich ständig verändernde Problemlagen angepaßt werden (z.B. Streetwork zur AIDS-Beratung). Evaluation hat die Aufgabe zu überprüfen, inwieweit diese Anpassung zwischen institutionellen Bedingungen und aktuellen Erfordernissen gelingt. Von daher kommt der Reflexionsebene der institutionellen Bedingungen eine entscheidende Bedeutung zwischen der gesellschaftlichen Ebene und der des Handelns zu.

In bezug auf die Evaluation institutioneller Bedingungen kann bei der Lösung dieser Aufgabe ein grundsätzliches Problem auftauchen: Einerseits sind bestimmte geschlossene institutionelle Bedingungen für eine übersichtliche Evaluation günstig. Andererseits sind für bestimmte Praxisbereiche nicht diese übersichtlichen, sondern offene institutionelle Bedingungen geeignet, die aber eine Evaluation verkomplizieren können. Die Praxisbereiche, für die eine Evaluation nachgefragt wird und interessant ist, sind nun aber in der Regel solche, deren Ziele, Vorgehensweisen und Strukturen problematisch empfunden werden und bei denen eine Unübersichtlichkeit und Undurchsichtigkeit der Wirkungen und der Erfolge wahrscheinlich ist. Es besteht also immer die Schwierigkeit auszuloten, inwieweit einerseits vorhandene geschlossen strukturierte Bedingungen, die technisch-funktional gesehen für die Evaluation günstig und nutzbar sind, für den Erfolg der Praxis angemessene Bedingungen darstellen. Und inwieweit andererseits offene institutionelle Bedingungen, dem "strukturierenden Blick" einer Evaluation zugänglich gemacht werden können, ohne daß Einschränkungen in bezug auf deren Wirkungsweise und Qualitäten entstehen.

Vor dem Hintergrund der eben umrissenen Schwierigkeit müssen unterschiedliche Konstellationen institutioneller Bedingungen, die in der sozialpädagogischen Praxis vorfindbar sind, bei der evaluationstheoretischen Reflexion Berücksichtigung finden.

29: Die Reform des Jugendhilferechts (KJHG) erforderte z.B. eine 20 Jahre dauernde intensive Diskussion, vgl. Münder 1993, S.81ff.

Unterschieden werden können drei **Typen institutioneller Bedingungen sozialpädagogischen Handelns:**

1) Offene institutionelle Bedingungen
Hier sind die Zieldefinition, die Arbeitsformen und die organisatorischen Voraussetzungen wenig vorstrukturiert (z.b. Street-Work). Je mehr die zu evaluierende Praxis unter offen strukturierten Bedingungen stattfindet, desto größeres Augenmerk hat Evaluation auf die Prozesse der Zieldefinitionen, wie sie sich in der Praxis herauskristalisieren, zu legen.

2) Geschlossene institutionelle Bedingungen
Hier sind Interventionsanlässe, Ziele und Vorgehensweisen durch die Institution vorgegeben (Interventionskontext), und die Handlungen erfolgen aufgrund vordefinierter Interventionsanlässe gegenüber einem festgelegten Adressatenkreis, bzw. nur ein fest umschriebener Adressatenkreis mit einer bestimmten Problemindikation hat ein Anrecht auf Partizipation (z.b. intensive sozialpädagogische Einzelbetreuung, Jugendgerichtshilfe). Je stärker diese institutionellen Vorstrukturierungen sozialpädagogisches Handeln betreffen, desto wichtiger wird in der Evaluation der Vergleich der sich aus den Vorgaben ergebenden Handlungsmuster einerseits mit den pädagogischen Erforderlichkeiten der Praxis andererseits.

3) Angebotsstrukturen
Angebote müssen, um wirksam werden zu können, wahrgenommen werden. Je mehr sozialpädagogisches Handeln unter den konzeptionellen und organisatorischen Bedingungen von Angebotsstrukturen stattfindet, desto mehr kann der Prozeß der Entwicklung und Umsetzung der Angebote evaluiert werden. D.h. es kann gefragt werden, ob die Angebote die Zielgruppe erreichen, ob in ihnen unbeabsichtigte Ausgrenzungs- und Selektionsmechanismen vorliegen, und schließlich, ob sich in ihrer Folge eine soziale Struktur bildet, vor deren Hintergrund sozialpädagogische Prozesse begünstigt werden.

3.3 Institutionelle Bedingungen für die Planung und Durchführung von Evaluationen

Institutionen sind, wie gesagt, nicht nur Vermittlungs- und Koordinationsinstanzen, die sozialpädagogisches Handeln bedingen, **sondern** auch die Evaluation selbst findet unter institutionellen Bedingungen statt: Die Auftraggeber einer Evaluation handeln in einem institutionellen Zusammenhang, z.B. wenn das zuständige Bundesministerium überprüfen will, ob die Familienhilfe sinnvolle Ergebnisse bewirkt hat; die Institution selbst, deren Praxis evaluiert werden soll, kann maßgeblich gerade für diesen Zweck gegründet worden sein (Modellprojekte); die Wissenschaftler, die die Evaluation durchführen, gehören selbst Institutionen an, die Einfluß auf Konzepte und Methoden haben können, weil bestimmte Anreiz- und Interessenstrukturen bestehen (z.B. die der Qualifikation in Universitätsinstituten). Wie das Evaluationsprojekt Mathilde zeigt, kann es jedoch auch der Fall sein, daß die evaluierte Praxis, der Auftraggeber und der Evaluator aus einer einzigen Institution stammen. Institutionelle Zusammenhänge, Organisationsformen und Interessen bestimmen also im Gesamtzusammenhang unterschiedlichster Rahmenbedingungen und manifester und latenter "Anreizstrukturen" (vgl. Haug 1977) mit, was in einer und wie eine Evaluation gemacht wird.

Wie im dritten Kapitel dargestellt (vgl. S. 135ff) fand bereits in den 70er Jahren eine breite Diskussion statt, die auf Tendenzen der Vereinnahmung durch politische und administrative Interessen aufmerksam machte. In der Tat besteht ständig die Gefahr, daß Evaluation instrumentalisiert und für "nicht-pädagogische" Zwecke vereinnahmt wird. In diesem Falle verliert das Projekt Evaluation seine eigentliche aufklärerische Funktion und wird zum bloßen Ritual, das im Gewande der Wissenschaftlichkeit und der Objektivität auftritt oder vorgeschoben wird. Jürgen Diederich (1977, S. 142) karikiert diesen Zustand anhand der zunehmenden Aushöhlung des Begriffs der wissenschaftlichen Begleitung in der Bildungsreform:

Es geht das Wort um, wenn man einen Landespolitiker im tiefen Schlaf anstoße und das Wort "Schulversuch" flüstere, werde er automatisch gähnen: "Wissenschaftliche Begleitung".

Diederichs stellt seiner empirische Analyse, die eher zur Resignation als zu einem Ausweg führt, folgende Hypothese voran:

"Wenn man ein wenig hinter die Absichtserklärungen der Beteiligten schaut, wird man feststellen, daß sie alle nur so tun, als ob sie Begleitforschung wünschten (Administration), betrieben (Wissenschaftler) oder unterstützten (Praktiker)" (ebd. S. 142).

Die Analyse Diederichs konnte das Zutreffen der These zumindest der Tendenz nach erhärten. Die Analyse verschiedener Evaluationsprojekte zeigt nun allerdings auch, daß es bei unterschiedlichen institutionellen Bedingungen möglich ist, angemessene Evaluationen durchzuführen und insbesondere im pädagogischen Sinne hilfreiche Ergebnisse zu erzielen. Ähnliche institutionelle Bedingungen stellen in einem Fall einschränkende Grenzen dar, in einem anderen bieten sie besonders gute Möglichkeiten dazu. Ideal wäre es, wenn es gelänge, evaluationstheoretische "Vorkehrungen" zu treffen, anhand derer bestimmte - positive oder negative - Bedingungen einkalkuliert werden könnten. Denn es soll ja verhindert werden, daß Evaluationskonzepte sich "bewußtlos" und zufällig aus konstitutionellen Rahmenbedingungen und nicht aus einer evaluationstheoretisch-pädagogischen Reflexion ergeben; kurzum, daß einschränkende Bedingungen ohne konzeptionelle Reaktion bleiben und somit die Sicht oder den Zugang zu dem verstellen, was beispielsweise als zentrales Evaluationskriterium hätte in das Evaluationskonzept eingebaut werden müssen. In diesem Zusammenhang stellt sich die Frage, ob sich Typen institutioneller Bedingungen ausmachen lassen, die sich besonders einschränkend oder besonders vorteilhaft auf eine Evaluation sozialpädagogischer Praxis auswirken und somit als Indikator für notwendige konzeptionelle oder organisatorische Maßnahmen dienen können.

Grundsätzlich läßt sich feststellen, daß eine eindeutige systematische Zuordnung institutioneller Bedingungen und bestimmter evaluationstheoretischer Forderungen wahrscheinlich ausgeschlossen ist, da diese unter unterschiedlichen gesellschaftlichen und historischen Voraussetzungen und im Zusammenhang mit unterschiedlichen Praxisfeldern eine andere Bedeutung haben können. Eine fundierte Aussage über die

Frage, welche institutionellen Bedingungen der Praxis mit welchen Organisationsformen der Evaluation unter den Bedingungen welchen historischen und sozialpolitischen Konstellationen und welcher pädagogischer Inhalte harmonieren und zu angemessenen Ergebnissen führen könnten, würde umfangreiche empirische Analysen und Befragungen der Beteiligten speziell zu dieser Fragestellung notwendig machen. Auf der Grundlage der eigenen Analysen und der im Zusammenhang der Materialsuche gesammelten Eindrücke lassen sich lediglich Vermutungen anstellen. Als eindeutig negative für eine angemessene Konzeptionierung und Durchführung der Evaluation, lassen sich jedoch einige Konstellationen ausmachen, deren einschränkende Auswirkungen auf der Hand liegen:

1) Einschränkende organisatorische Bedingungen, die durch das Betriebsklima in Arbeitsgruppen oder dadurch bestehen, daß organisatorische Regelungen eingeschränkte Interaktionsmuster festlegen und somit Möglichkeiten für Verständigung und Kooperation, Entscheidungen und Handlungsweisen zwischen Institution, Auftraggebern, Praktikern und Evaluatoren negativ beeinflussen. Hierzu gehören auch Widerstände der Praktiker oder anderer Beteiligter der Institution und die mangelnde Breitschaft mitzuarbeiten, also gruppendynamische und emotionale Widerstände, die in der Institution bestehen.

2) Administrativ-organisatorische Defizite. Diese können in unterschiedlicher Weise in Erscheinung treten, beispielsweise durch:
- komplexe, heterogen und unübersichtliche organisatorische Struktur der zu evaluierenden und der die Evaluation durchführenden Institution bei gleichzeitigem Zeitdruck und unzureichender personeller und materieller Ausstattung;
- unterschiedliche Auftraggeber, die widersprüchliche Ansprüche stellen, Interessen vertreten und in die Konzeption und Durchführung der Evaluation eingreifen, bzw. diese einengen.

3) Wenn externe Interessen den gesellschaftspolitischen Kontext des Evaluationsprojektes so bestimmen, daß dies sich institutionell fortsetzt. Etwa durch einen öffentlichen Legitimationsdruck, der nicht wie beim Tagesmütterprojekt positiv umgesetzt werden kann. Ebenso wenn die Evaluation institutionell für Aufgaben in Anspruch genommen wird, die aufgrund ihrer Struktur keine Möglichkeit der Betrachtung sozialpädagogischer Inhalte ermöglicht (Jahresbericht zur Außendarstellung).

Als positiv scheint sich dagegen auszuwirken, wenn innerhalb der Institution ausreichende Freiräume für die Konzeptionierung einer Evaluation vorhanden sind und gleichzeitig ein legitimatorisches Eigeninteresse besteht, das nicht die Form eines Legitimationsdrucks annimmt. Doch was kann getan werden, wenn jene o.g. negativen Bedingungen massiv auftreten? Als evaluationstheoretische Lösungsmöglichkeit ist hierbei zunächst einmal auf die bereits im zweiten Kapitel angesprochene Überprüfung der Evaluierbarkeit hinzuweisen (s. S.74ff). Es ist in der Vorphase zu klären, inwieweit auf der Grundlage der vorhandenen institutionellen Bedingungen und der Spielräume, die diese bieten, Evaluation mit einem inhaltlichen sozialpädagogischen Zuschnitt möglich ist, inwieweit rein funktional-organisatorische Analysen angebracht sind oder ob nicht vielleicht andere Formen der wissenschaftlichen Begleitung geeignet wären. Hieran anschließend bleibt auf die Forderung zu verweisen, die bereits im ersten Teil dieses Kapitels auftauchte, daß nämlich im Falle der Durchführung einer Evaluation offenzulegen und kritisch aufzuarbeiten ist, welche Konsequenzen sich aus den Einschränkungen in bezug auf das Evaluationskonzept und die Ergebnisse ergeben.

Organisatorische Ausgestaltung und Management der Evaluation
Die in der obigen Aufzählung genannten institutionellen Bedingungen betreffen das Problem der Implementation und die Aufgabe des Managements von Evaluationen. Hier geht es um die Beeinflussung der institutionellen Voraussetzungen etwa durch Verhandlungen mit Trägern oder durch Gruppenarbeit mit Betroffenen, um eine Evaluation, gleich welchen Inhalts, möglichst "reibungslos" und produktiv ablaufen zu lassen. Innerhalb der Praxis ist eine saubere Trennung beider Aufgabenbereiche, inhaltliche Konzeptionierung und Implementation, schwer durchzuhalten und auch nicht wünschenswert, weil eine gegenseitige Korrespondenz hinsichtlich der Abstimmung von Information und Aktion immer notwendig erscheint: Informationen über soziale Widerstände sind einerseits ein technisches Problem der Implementation, andererseits ist es möglich, daß dahinter Gründe stehen, die eine berechtigte Korrektur des Evaluationskonzeptes anregen können.

Die Inhalte des Evaluationskonzeptes müssen also auf die Praxis angewandt werden, so wie sie ist, und ständig so angepaßt werden, wie sie sich verändert (vgl. Kap. II, responsive evaluation bei Stake). Hierbei können "klimatische Bedingungen", die die Evaluation organisatorisch beeinflussen und auf die im Evaluationsdesign zu reagieren ist, gleichzeitig Einfluß auf die Prozesse haben, die evaluiert werden sollen. Es ist bei Steuerungsmaßnahmen zum Zwecke einer Verbesserung der Evaluierbarkeit einer Institution folglich zu bedenken, daß sich hiermit gleichzeitig auch die Evaluationsgegenstände verändern können.

Wenngleich diese Zusammenhänge hinsichtlich der Erstellung eines Evaluationsdesigns und insbesondere seiner Implementation letztendlich für den Erfolg der Evaluation von entscheidender Bedeutung sind, handelt es sich hierbei nicht um evaluationstheoretische Fragen im engeren Sinne, sondern um ein allgemein organisationstheoretisches Problem, das überall da auftaucht, wo in sozialen Systemen interveniert wird und sich hieraus Widerstände ergeben. Wie bereits in der Themenstellung der eigenen Arbeit und auch am Anfang dieses Kapitels betont wurde, zielt meine Untersuchung auf die evaluationstheoretisch konzeptionelle Ebene ab, die innerhalb des gesamten Evaluationsdesigns von der Aufgabe des Evaluationsmanagements getrennt wurde. Eine tiefergehende Untersuchung dieser Aufgabe und der damit zusammenhängenden Probleme wäre ein eigenes Thema. Die nun folgenden Aussagen zu diesem Teilgebiet bestehen folglich aus allgemeinen und von tiefergehenden Aspekten abstrahierenden Einordnungsversuchen:

Evaluationsmanagement
Das Evaluationsmanagement verfolgt das Ziel und unternimmt den Versuch, **einerseits** die organisatorischen und zwischenmenschlich "klimatischen" Bedingungen der zu evaluierenden Institution und der beteiligten Personen - das Evaluatorenteam als Gruppe und sein Verhältnis zu den anderen beteiligten Personen und Gruppen - in der Weise zu koordinieren und zu beeinflussen, daß das beabsichtigte Evaluationskonzept so durchgeführt werden kann, wie es inhaltlich für angemessen erachtet wurde. **Andererseits** wird versucht, das Evaluationskonzept da, wo unveränderbare Bedingungen herrschen, so auf diese abzustimmen, daß einschränkende Konsequenzen auf die inhaltlichen Aspekte möglichst vermieden werden. Dies wird nicht immer in vollem Umfange möglich sein. Es wird demgegenüber immer wieder notwendig sein, Kompromisse einzugehen und nur Teilaspekte zu evaluieren. Im Extremfall kann dies auch dazu führen, daß ein Projekt in der Vorphase oder im weiteren Verlauf als nicht evaluierbar erklärt wird.

Insgesamt kommt es bei der Schaffung des organisatorischen Rahmens darauf an, daß Evaluation in einen sich ständig vollziehenden Prozeß der Selbstkontrolle und Qualifizierung der Arbeit eingebunden wird und nicht als punktuelle, abgeschlossene Maßnahme stattfindet. So ist es vorstellbar, daß eine Institution verschiedene Evaluationsverfahren zu unterschiedlichen Aspekten und Teilbereichen ihrer Arbeit in einer auch zeitlich unterschiedlichem Struktur anwendet: etwa eine turnusmäßige Selbstevaluation, die sich zeitlich dem Verlauf von Einzelfällen anpaßt; gleichzeitig eine organisatorisch-marketing-orientierte Analyse der Angebotspolitik im Quartalsrhythmus und drittens eine einmalige Wirkungsanalyse als großangelegte Begleituntersuchung im Vergleichsgruppendesign über vier Jahre hinweg.

In den ersten Phasen der Konzeptionierung einer Evaluation müssen bereits organisatorische Maßnahmen getroffen werden, die für den gesamten Verlauf der Evaluation und die Nutzung ihrer Ergebnisse von entscheidender Bedeutung sind. Neben der Erstellung der organisatorischen Planung spielen die Absprachen und Verbindlichkeiten zwischen EvaluatorInnen, Auftraggebern und anderen Beteiligten dabei eine wichtige Rolle. Hier müssen nicht nur Verhandlungen über die zu erwartenden Kosten und hinsichtlich der Frage geführt werden, ob sich die Evaluation vor dem Hintergrund der für die Institution möglichen Entscheidungsalternativen in inhaltlicher Hinsicht überhaupt lohnt (vgl. Weiß 1974, S. 114). Es geht im wesentlichen auch um inhaltliche Vereinbarungen, die das Evaluationskonzept, die Vorgehensweise bei den Erhebungen und die Möglichkeit der Umsetzung der Ergebnisse betreffen. Die Maßnahmen und Überlegungen, die hier im einzelnen relevant sein können, sind so vielfältig, daß an dieser Stelle nicht darauf eingegangen werden kann. Zusammengefaßt betrachtet besteht die Kunst der EvaluatorInnen in dieser Phase darin, die organisatorischen Bedingungen und die möglichen Reaktionen der Institution auf die Maßnahmen der Evaluation so abzuschätzen und zu prognostizieren, daß die eigenen verfügbaren Mittel der Projektsteuerung und der Moderation zur Beseitigung auftauchender Hindernisse und zur Lösung von Konflikten ausreichen.

Im weiteren Verlauf des Evaluationsmanagementes geht es um den konkreten Einsatz von Maßnahmen der Organisationsentwicklung, der Moderation, der Supervision und der Konfliktlösung. Besondere Schwierigkeiten können sich erfahrungsgemäß zwischen den EvaluatorInnen und den in der Praxis Tätigen ergeben. Jene Maßnahmen, die diese Konflikte verhindern, entschärfen oder beheben, sind als Elemente in das Evaluationskonzept einzubauen und im Ablauf der Evaluation zu berücksichtigen. Wichtig ist hierbei, daß die Inhalte des Evaluationskonzeptes, also die Beurteilungskriterien der Qualität und Wirkung, in ihrer inhaltlichen Bedeutung angesichts möglicher Konflikte, Blockaden und Angriffe nicht im Sinne eines Nachgebens verändert werden. Denn die Instanz für die Festlegung des Konzeptes wären dann nicht die Überlegungen der EvaluatorInnen zur Konzept- und Kriterienentwicklung, sondern die jeweils übermächtigen Interessen der beteiligten Gruppen, die die Konflikte verursachen. Systematische Berücksichtigung der o.g. Instrumente der Organisationsentwicklung heißt also nicht, daß das Evaluationskonzept den Interessen der »stakeholders« geopfert oder unterworfen werden darf, sondern nur daß es darauf bezogen und abgestimmt werden muß. Dies wiederum bedeutet allerdings in keinster Weise, daß ein Evaluationskonzept nicht geändert werden sollte, wenn dies in dem Prozeß der Bezugnahme auf und der Reflexion über neu entstandene oder bisher nicht beachtete Deutungsmuster und Bedürfnisse der Betroffenen als notwendig erachtet wird. Hieraus folgt, daß auch in die andere Richtung, nämlich auf Seiten der EvaluatorInnen Maßnahmen der Moderation, der Supervision und des konfliktlösenden Austausches vorzusehen sind, um die eigenen sich im Verlauf der Projektes möglicherweise ergebenden emotionalen Blockaden und Widerstände zu versachlichen und aufzuheben.

Evaluationen werden organisatorisch mit dem Vorliegen der Ergebnisse nicht als abgeschlossen betrachtet. Die Maßnahmen des Managements setzen sich in bezug auf den Transfer der Evaluationsergebnisse fort und bestehen wiederum zum großen Teil aus Steuerungsmaßnahmen, wie allgemein für Projekte der Organisationsentwicklung und der Institutionenberatung. Für die Frage der konzeptionellen Gestaltung sollen abschließend zwei Zusammenhänge beleuchtet werden, die bereits in der evaluationstheoretischen Planung zu beachten sind: **Zum einen** vorbereitende Maßnahmen zur Erhöhung der Wahrscheinlichkeit, daß die Evaluationsergebnisse von den Beteiligten akzeptiert werden. **Zum anderen** die Organisation, notwendiger Absprachen und Überlegungen bei der Dokumentation und der Veröffentlichung der Ergebnisse.

Zum ersten Punkt ist zu sagen, daß die in diesem Zusammenhang unternommenen Maßnahmen der gegenseitigen Absprache und der Aushandlung im Idealfall folgendes Ergebnis herbeiführen: Die Beteiligten treffen eine Übereinkunft über die Kriterien und Verfahren der Evaluation. Auf dieser Grundlage erhöht sich die Wahrscheinlichkeit, daß die mit diesen gemeinsam vereinbarten Verfahren ermittelten Informationen und Ergebnisse auch dann gemeinsam akzeptiert werden, wenn sie den Interessen einzelner Gruppen zuwiderlaufen.

Zum zweiten Punkt ist anzumerken, daß die im bisherigen Verlauf des eigenen Ansatzes enthaltenen Betonung der Notwendigkeit einer transparenten und diskursiven Entwicklung der Evaluationskonzeption und der Ergebnisse, die dem öffentlichen Diskurs verständlich und zugänglich sein sollen, in Einzelfällen problematisch erscheint. Genauso wie jede einzelne Maßnahme der Evaluation gleichsam Analyseinstrument der Praxis aber auch Intervention in diese bedeutet, ist auch in bezug auf die Veröffentlichung der Ergebnisse zu fragen, welche Auswirkungen hiermit verbunden sind. Je nach der spezifischen Situation des einzelnen Evaluationsprokjektes und den Inhalten der Ergebnisse muß entschieden werden, inwieweit Einschränkungen der Veröffentlichung notwendig erscheinen.

In Extremfällen ist sogar die allgemeine Frage zu stellen, wieviel rationale Aufklärung über sich selbst das evaluierte System ertragen und vor dem Hintergrund seiner Eingebundenheit in übergeordnete Kontexte aushalten kann, ohne daß gravierende Einschränkungen seiner Arbeitsfähigkeit oder andere negative Folgen entstehen. Unter Umständen muß einer Institution die Wahrheit in dosierter Form verabreicht werden, will man der Gefahr einer völligen Blockade entgehen. Dieser "therapeutische Aspekt" hat natürlich seine Grenzen und ist auf das Management einer Ergebniseinspeisung zu beschränken. Er darf nicht auf die Ergebnisermittlung, also auf die Aufgabe der Evaluation im engeren Sinne, ausgedehnt werden und dazu führen, daß das Evaluationskonzept quasi nach dem Prinzip entwickelt wird: »positive Effekte durch Evaluationsergebnisse«. Ergebnisse würden dann nicht tatsachenorientiert erforscht, sondern so konstruiert, daß ihre Veröffentlichung möglichst positive Effekte auf die Praxis hat. Dies natürlich ohne genau analysiert zu haben, worin diese positiven Effekte bestehen sollen, weil ja keine sachlich angemessene Evaluation betrieben wurde.

3.4 Die sozialpädagogische Institution als Evaluationsgegenstand

Zur allgemeinen Struktur sozialpädagogischer Arbeitsfelder

Bereits an einer vorherigen Stelle wurde in bezug auf das Verhältnis zwischen Intention und Wirkung quasi als **strukturelle Gemeinsamkeit** sozialpädagogischen Handelns festgestellt, daß Wirkungen einerseits zwar das zentrale Beurteilungskriterium darstellen, andererseits jedoch nicht vollständig in einer technischen Produktionslogik zu verstehen und zu evaluieren sind. Analog hierzu läßt sich bei aller Inhomogenität der sozialpädagogischen Arbeitsfelder eine gemeinsame strukturelle Eigenschaft ausmachen, die fast alle sozialpädagogischen Institutionen mehr oder minder betrifft[30]: Im Gegensatz beispielsweise zur Schule, die relativ festgelegte Ziele und stabile Formen und Inhalte der von ihr angestrebten didaktischen Prozesse der Wissensvermittlung aufweist, sind sozialpädagogische Institutionen gemeinhin stärker der aktuellen Entwicklung gesellschaftlicher Problemlagen ausgesetzt, bzw. haben ihre Arbeit daraufhin zu gestalten und allgemeine Zielsetzungen daraufhin zu interpretieren. Es ist ihnen also gemeinsam, daß sie bezüglich ihrer Zielsetzungen und Arbeitsformen ein gewisses Maß an Unberechenbarkeit besitzen und einen gewissen Freiraum zur Selbstdefinition benötigen, weil sie unmittelbar auf neu entstehende oder bestehende aber sich immer in der Veränderung befindliche, soziale Probleme zu reagieren haben. Von daher sind sozialpädagogische Institutionen auch bei einer relativ engen institutionell und rechtlich vorgeschriebenen Rahmengebung möglicher Reaktionsweisen (z.B. im Jugendamt) immer wieder aufs neue gezwungen, letztlich Form und Inhalt ihrer Praxis zu einem ganz wesentlichen Teil selbst zu interpretieren. Unterschiedliche Formen und Inhalte einer neuen Praxis ergeben sich immer wieder aufs neue.

30: Als eine Ausnahme könnte man den Kindergarten ansehen.

Konzepte der Steuerung, der Qualitätssicherung und der Evaluation können deswegen bestehende Maßstäbe des Erfolges genausowenig wie auf der Ebene des sozialpädagogischen Handelns einfach unbesehen übernehmen, sondern müssen dieses Charakteristikum der interpretativen Offenheit, das je nach Praxisbereich in unterschiedlichem Maße besteht, und die Aufgabe des sich ständig neuen Heranbildens von Konzepten der Problembearbeitung systematisch in die eigene konzeptionelle Reflexion aufnehmen. Evaluation muß für diesen Prozeß der konzeptionellen Selbstreflexion als Hilfsmittel und Ressource eingesetzt werden.

Es besteht somit eine Analogie zwischen den eben geschilderten strukturellen Bedingungen institutioneller Praxis und den Problemen der Kriterienentwicklung, die für das Handeln festgestellt wurden. Die Problematik der Kriterienfindung setzt sich gewissermaßen auf der institutionellen Ebene fort, was dazu führt, daß auch hier neben dem Kriterium der Wirkung verschiedene zusätzliche Aspekte der Qualität und der Prozesse eingeführt werden müssen. Wenn Institutionen als sozialpädagogische "Handlungseinheiten" oder "Produktionsinstanzen" in dieser pädagogisch inhaltlichen Hinsicht des Erfolges ihrer Arbeit evaluiert werden, tritt jedoch die zusätzliche Schwierigkeit auf, die empirische Analyse und Informationssammlung so zu gestalten, daß sich für die gesamte Konzeption und Organisationseinheit repräsentative Informationsinhalte ergeben. Was also auf der Handlungsebene der Fall sein kann, wenn Handeln über den Einzelfall hinaus betrachtet wird, tritt hier zwangsläufig als notwendige kontextuelle Forderung auf. Welche Aufgaben, deren Erfüllung beurteilt werden kann, sind auf der institutionellen Ebene der Praxis erkennbar?

Erstens haben die Institutionen die pädagogische Funktion, **günstige Bedingungen** für sozialpädagogisches Handeln und sozialpädagogische Prozesse zu schaffen. Dieser Aspekt steht an der Schnittstelle zur Handlungsebene, wo er auch schon als Analysekriterium auftauchte. Der Unterschied zwischen jener und der jetzigen Thematisierung dieses Aspektes liegt lediglich in der Blickrichtung, die nun von der Ebene der Institution und der von ihr definierten Zielsetzungen und festgelegten Strukturen ausgeht und mit den Implikationen und Möglichkeiten des gleich folgenden Kriteriums der Koordination in Beziehung steht.

Zweitens haben Institutionen die Aufgabe der **Koordination** der einzelnen pädagogischen Interventionen und der Handlungen, um diese o.g. Bedingungen zu schaffen. Die Strukturen der Organisation müssen dabei nicht nur den pädagogisch inhaltlichen Ansprüchen der Effektivität und Qualität genügen, sondern auch organisatorisch effizient organisiert werden. In bezug auf diesen letzten Aspekt können organisationstheoretische und betriebswirtschaftliche Sichtweise des Controllings im Rahmen einer Evaluation die entscheidenden Informationen und Anregungen für die Organisationsentwicklung liefern. Pädagogisch inhaltlich folgt aus diesem Aspekt die Fragestellung, inwieweit die institutionell vorgesehenen Zielsetzungen erfüllt werden.

Eine **dritte** Aufgabe, die analog zur Handlungsebene für Institutionen relevant ist, besteht darin, als Koordinations- und Produktionsinstanz sozialpädagogischer Praxis in angemessener Weise auf Bedingungen zu reagieren, die sich aufgrund gesellschaftlicher Entwicklungen in bezug auf die Problemstellungen und die Aktionsmöglichkeiten der Institutionen ergeben. Die Reaktion auf gesellschaftliche Bedingungen markiert die Schnittstelle zu der übergeordneten gesellschaftlichen Reflexionsebene, in der es hinsichtlich der Frage der Evaluation vorrangig um die Funktionen geht, die sozialpädagogische Institutionen als gesellschaftliche Ressource der Problembearbeitung einnehmen können.

Bevor auf die Diskussion der gesellschaftlichen Ebene eingegangen wird, sollen einige der aktuellen Problemstellungen überblickhaft thematisiert werden, die die Aktionsmöglichkeiten der Institutionen bei der Lösung der eben genannten Aufgaben betreffen. Folgende Herausforderungen, denen sich sozialpädagogische Institutionen stellen müssen, sollen vor dem Hintergrund unseres Themas überblickhaft dargestellt werden:

- das Problem der Ausschnitthaftigkeit;
- das Problem der Umfeldorganisation;
- das Problem der Transformation;
- das Problem des zunehmenden Kostendrucks.

Das Problem der Ausschnitthaftigkeit

Obwohl individuelle Lebensläufe insgesamt betrachtet immer stärker von sekundären Instanzen und Institutionen bestimmt werden und traditionale Bindungen und Sozialformen (vgl. Beck 1986, S. 211) immer mehr an Bedeutung verlieren, verfügen einzelne Institutionen in der Regel jeweils nur selektiv und partiell über Informationen und Zugriffsmöglichkeiten auf Individuen und ihre lebensweltlichen Kontexte. Sozialpädagogische Institutionen zielen darauf ab, an den Übergängen und Schnittstellen des Lebenslaufes aufzutreten und die Lücke zu schließen, die durch die Nicht-Zuständigkeit anderer Institutionen entstehen können. Sie beabsichtigen, Probleme der Desintegration, der Orientierungslosigkeit und der Überforderung aufzufangen, die von anderen Institutionen nicht bearbeitet oder sogar hervorgerufen werden (vgl. für die Jugendarbeit, Schefold 1993, S. 355ff). Obwohl diese Aufgabe eine umfassende Sichtweise lebensweltlicher Kontexte verlangt und auch teilweise mit sich bringt, sind sozialpädagogische Institutionen oder auch generell pädagogisch-therapeutische Settings und Konzepte immer nur in der Lage, ausschnitthafte Aktionen und Informationen zu tätigen.

Diese Selektivität und Ausschnitthaftigkeit besteht in der Zeitdimension, in der sozialen Dimension und in der Sachdimension[31]: Sozialpädagogische Institutionen haben es immer nur mit Lebensabschnitten der Klienten zu tun, sie wissen deshalb nicht genau, was vorher geschah und was nachher geschehen wird. Der soziale Zusammenhang ist ebenfalls je nach Institution mehr oder weniger groß. Die Erziehungsberatung hat Einblick in einen begrenzten sozialen Bereich, der sich auf den familiären Kontext bezieht, die Informationen über die Schule und den Freundeskreis der Kinder sind jedoch nur fragmentarisch und aus zweiter Hand verfügbar. Selbst die Arbeitsform der intensiven sozialpädagogischen Einzelbetreuung hat zwar sehr weitgehende, aber auch keine umfassende Einblicke und Teilhabe an der sozial-emotionalen Welt der Klientinnen. Man kennt den Klienten also immer nur in einem bestimmten professionell ge-

---

31: Zu dieser Kategorisierung s. Luhmann 1984, S. 111 ff.

prägten sozialen Zusammenhang, der mit einem bestimmten sachlich-inhaltlichen Thema (z.B. Gewalt, Schulversagen, Interesse an gemeinsamer Freizeitgestaltung, gerichtliche Verurteilung, etc.) zu tun hat.

Es tritt also das Problem der "doppelten Kontingenz" auf (Luhmann, 1984, S. 148ff), das sozialpädagogische Praxis zwar generell in allen drei Ebenen betrifft, aber in bezug auf die Institutionen von besonderer Bedeutung ist, weil diese das Handeln konzeptionell und organisatorisch koordinieren, also auch den Bedarf feststellen und die Ziele (mit)definieren: Derjenige der agiert, interagiert und kommuniziert, weiß nie mit Sicherheit, ob die Inhalte so ankommen, wie sie gemeint sind. Und der Adressat weiß nicht, ob seine Wahrnehmung und Interpretation der kommunizierten Inhalte dem entspricht, was der Sender damit gemeint hat. Analog hierzu ist das Wissen der Institutionen über ihr eigenes Tun sehr begrenzt.

Institutionen müssen aber trotz dieser schmalen und lückenhaften Einsicht und Reichweite konzeptionieren, organisieren und agieren. Evaluation hat in diesem Zusammenhang die Aufgabe, über die Binnensicht der Institution hinausgehende zeitliche, sachliche und soziale Zusammenhänge aufzuklären, die für den Erfolg der Arbeit relevant sind, und hilft somit dabei das Problem der Lückenhaftigkeit zu überbrücken.

Das Problem der Umfeldorganisation
Das eben besprochene Problem der Selektivität hängt auch mit Prozessen der Differenzierung sozialer Dienste und sozialer Institutionen zusammen (s. Olk 1986). Diese haben zur Konsequenz, daß unterschiedliche Institutionen sich gleichzeitig, aber jeweils in einem anderen Kontext und bezogen auf andere Ausschnitte, an der Bearbeitung gesellschaftlicher Problemlagen beteiligt sind. In zunehmendem Maße trifft diese auch für Einzelfälle zu und bedeutet, daß verschiedene Institutionen sich gleichzeitig aber oftmals ohne gegenseitige Koordination an der Bearbeitung eines Falles beteiligen: z.B. die Schule, die Jugendgerichtshilfe, der Allgemeine Soziale Dienst des Jugendamtes und eine familientherapeutische Einrichtung, etc. am Fall eines straffälligen Jugendlichen. Im gesellschaftlich historischen Prozeß der Individualisierung und Institutionalisierung von Biographiemustern ist eine zunehmende "Krisenanfälligkeit der Individuallagen" (Beck 1986, S. 214, vgl. Flösser 1994, S. 8ff) und ein immer größeres Ausgeliefertsein individueller Entfaltungsmöglichkeit gegenüber institutionell entworfener Normalität entstanden. Dies macht vor dem Hintergrund der Erosion traditionaler soziokultureller Bindungen und Ressourcen (vgl. ders. ebd. S. 211ff) die Beteiligung unterschiedlicher je ausschnitthaft agierender Institutionen an Problemlösungen notwendigerweise erforderlich. Sozialpädagogische Institutionen arbeiten dann erfolgreich, wenn sie über den innerinstitutionellen Aspekt der Koordination und Organisation, Anschlüsse zu anderen Institutionen schaffen und die pädagogisch orientierte Umfeldorganisation eines Verbundes unterschiedlicher Instanzen der Problembearbeitung bewerkstelligen können. Hiermit liegt eine institutionelle Aufgabe vor, zu deren besseren Lösung Evaluation als Instrumentarium herangezogen werden kann und deren Lösung gleichzeitig ein wichtiges institutionelles Beurteilungskriterium darstellt.

Das Problem der Transformation
Modellprojekte, wie z.b. das AgAG, aber auch Institutionen allgemein können mit dem Problem konfrontiert sein, daß die unter ihrer "Schirmherrschaft" stattfindende und zu beurteilende sozialpädagogische Praxis nicht aus einheitlichen Konzepten und Arbeitsformen besteht, sondern sich eher als mosaikartig zersplittertes Konglomerat aus einzelnen Praxiskontexten und Projekten darstellt. Hier taucht jenseits der Schwierigkeit der Koordination, wenn diese überhaupt angestrebt werden soll, das Problem der Vergleichbarkeit unterschiedlicher Erkenntnisse aus verschiedenen lokalen Zusammenhängen und das ihrer Transformation auf eine theoretisch abstrakte Erkenntnisebene auf. Es handelt sich also um eine Verkomplizierung der bereits im Zusammenhang mit der Modellforschung immer wieder diskutierenden Schwierigkeit der Generalisierbarkeit von Erkenntnissen eines abgegrenzten und kontrolliert gestalteten Untersuchungsbereichs auf die allgemeine soziale Praxis. Institutionen sind dem Ideal nach dann erfolgreich, wenn sie diese heterogene Disparität der unterschiedlichen ihnen unterstehenden Praxisfelder theoretisch konzeptionell übergreifend erfassen und so koordinieren können, daß weder unproduktive Beschränkungen von Oben, noch abwegige Eigeninterpretationen von Unten entstehen, die den Erfolg des sozialpädagogischen Handelns insgesamt beeinträchtigen.

Das Problem des zunehmenden Kostendrucks
Hervorgerufen durch die sich verschärfende ökonomische Krise Anfang der 90er Jahre wird quasi Finanzmittelknappheit und damit das Streichen öffentlicher Mittel und Stellen zum allgemeinen Modernitätsrisiko der Träger und Institutionen sozialer Arbeit. Dieser Umstand verschärft **erstens** den Erfolgsdruck bei der Bearbeitung von Problemlagen, da die öffentliche Hand unter den Vorzeichen einer einschneidenden Sparpolitik zunehmend für die Verwendung der Mittel ausweispflichtig gemacht wird. **Zweitens** wird dadurch in bezug auf Evaluationen der Aspekt der Kosten/Nutzen-Überprüfung und der betriebswirtschaftlichen Effizienz als immer wichtiger eingeschätzt. Gleichzeitig sind seit Ende der 80er Jahre verschiedene Konzepte und Sichtweisen im Arbeitsbereich der Sozialpädagogik erkennbar, die zu einer "»Ökonomisierungsdebatte«" in der sozialen Arbeit (Neue Praxis 4/1995, S. 324) geführt haben[32]:
- Ansätze zur Privatisierung sozialer Dienste
- Theoretische Ansätze wie Profitorientierung und Marktorientierung
- Ansätze zu betriebswirtschaftlichen Kontroll- und Steuerungstechniken: Social-Controlling, Qualitätsmanagement.
- Ansätze zur selbstständigen Mittelbeschaffung durch Träger und soziale Institutionen: Gebührenerhebung für bislang kostenlose Angebote und Dienstleistungen, Social Sponsoring, Socio-Marketing.
- Neuorganisation der haushaltstechnischen Mittelvergabe: Budgetierung
- Rekrutierung von Betriebswirtschaftlern für die Stabs- und Planungsarbeit in Non-Profit-Organisationen

Vor dem Hintergrund einer sich immer mehr ausweitenden Finanzierungskrise sowie allgemeiner politischer Bemühungen und Tendenzen in Richtung eines »Umbaus des

---

32: vgl. Maelicke 1989, Zeitschrift "Caritas" 92. Jg. 1991, Heft 5; Reiss 1993; Nüßle 1994; Meinold 1995; Schmidt-Grunert 1996.

Sozialstaates« führen diese organisationstheoretischen und betriebswirtschaftlichen Ansätze dazu, daß soziale Dienste und sozialpädagogische Institutionen zunehmend im Kontext einer spezifischen und sich immer mehr verschärfenden Markt- und Konkurrenzsituation gesehen werden; und zwar einer Konkurrenz der sozialpädagogischen Einrichtungen untereinander aber auch gegenüber anderen Anbietern "personenzentrierter Dienstleistungen". Das Problematische daran ist, daß die Entscheidungen, inwieweit Gelder für sozialpädagogische Institutionen und Programme zur Verfügung gestellt werden, immer mehr nach reinen betriebswirtschaftlichen und organisationstheoretischen Kriterien ausgerichtet zu werden scheinen.

Unter diesen Bedingungen erscheint die Gefahr immer massiver zu werden, daß Evaluationskonzepte, die eine vergleichbare und eindeutige Aussage zu Kosten machen, aber keine verwertbaren Informationen in bezug auf die inhaltlichen Wirkungen und Qualitäten der Arbeit liefern - beides ist bei einem reinen betriebswirtschaftlichen Controlling der Fall - denen vorgezogen werden, die an den pädagogischen Inhalten und Tatsachen orientiert sind, aber die Frage der Kosten offenlassen oder hierzu keine für die Sozialdaministration oder Sozialpolitik verwertbaren Informationen liefern.

Angesichts dieser Problematik müssen Institutionen die inhaltlich pädagogische Legitimität und Notwendigkeit ihrer Arbeit nachweisen und vor diesem Hintergrund die dafür eingesetzten Kosten vertreten, bzw. den für die Zukunft beanspruchten Aufwand begründen. Probleme tauchen in diesem Zusammenhang dann auf, wenn die für fiskalische Entscheidungen zuständigen Stellen nicht für pädagogisch inhaltliche Begründungen zugänglich sind und nur nach oberflächlichen Nutzenkriterien des Out-Puts oder auf der Grundlage betriebswirtschaftlich-organisationstheoretischen Controllings verfahren. Sozialpädagogische Institutionen sind angesichts dieses Problems darauf angewiesen, daß es gelingt, den Sinn, die Notwendigkeit und die Erfolge der eigenen Arbeit sowie die Berechtigung der dafür notwendigen Kosten so darzustellen - das bedeutet nicht diese zu konstruieren -, daß diese Argumentation in der Entscheidungslogik sozialpolitischer und administrativer Stellen oder in der Öffentlichkeit verstanden werden kann. Genau hierin liegt wiederum eine wichtige Aufgabe, zu deren Lösung Evaluation als Instrumentarium eingesetzt werden kann. Neben rein technischen Erfodernissen, etwa der klaren Darstellung, ist damit eine Übersetzungsleistung der Erkenntnisse zwischen den Ebenen des sozialpädagogischen Handelns, der Institution und der gesellschaftlichen Funktionen verbunden.

Auf gar keinen Fall darf der organisatonstechnisch betriebswirtschaftliche Aspekt seitens der Sozialpädagogik ignoriert werden, denn daraus würde zwangsläufig die Gefahr folgen, daß Evaluationen, die im Bereich der Pädagogik und der sozialen Arbeit stattfinden, nur noch von betriebswirtschaftlichen Sichtweisen dominiert würden. Sozialpädagogische Institutionen müssen sich der marktähnlichen Situation und den fiskalischen Zwängen dieser konstitutionellen Rahmenbedingungen stellen und dürfen die Verantwortung für die Frage der Finanzierung, der Kosten und der organisationstechnischen Optimierung nicht anderen überlassen, die keinen Bezug zu pädagogischen Inhalten herstellen (vgl. Lüders 1994). Evaluationen und ihre Ergebnisse, die in einer "pädagogischen Isolation" verhaftet bleiben, denen die harte Frage des Geldes und der Kosten etwa in bezug auf volkswirtschaftliche Zusammenhänge dubios erscheint und die sich nur mit Selbstevaluation und Qualifizierung im pädagogischen Mikrobereich befassen, brauchen sich nicht wundern, wenn sie immer mehr an gesellschaftspolitischer Bedeutung verlieren.

Evaluationstheoretisch gesehen folgt hieraus, daß betriebswirtschaftlich organisationstheoretische Sichtweisen in umfassende Evaluationskonzepte an bestimmten Stellen eingebaut werden müssen, ohne daß die grundlegende Bedeutung der pädagogisch inhaltlichen Analyse dadurch eingeschränkt wird. Ein wesentlicher Punkt hierbei wäre, die Organisation des semantischen Ausgleichs beider Bereiche, sodaß pädagogisch inhaltliche Erkenntnisse einerseits und betriebs- und volkswirtschaftliche Nutzeninterpretationen andererseits sich gegenseitig ergänzen und innerhalb des Ergebnisses der Evaluation integriert werden können, ohne den jeweils eigenen Informationswert zu verlieren.

Genau dies versucht das eigene Modell der evaluationstheoretischen Reflexion zu leisten, indem es der organisationstheoretischen und betriebswirtschaftlichen Sichtweise innerhalb des Rahmenkonzeptes einer pädagogisch orientierten Evaluation feste Plätze zuweist, von denen aus eine betriebswirtschaftliche Analyse wichtige Informationen liefern kann: Die organisatorische Qualität kann auf der Handlungsebene etwa bei der Einzelfallhilfe nach Kriterien eines organisatorischen idealen, kostensparenden Verfahrensablaufes betrachtet werden. Auf institutioneller Ebene bedeutet organisatorische Qualität den Einsatz und die Koordination der institutionell zur Verfügung stehenden personellen und materiellen Mittel so, daß mit einem möglichst geringem Aufwand ein möglichst hoher Effekt erzielt wird. Letzterer läßt sich nun aber im wesentlichen nur durch pädagogische Kriterien der Wirkung und der Qualität bezeichnen und bestimmen. Auf gesellschaftlicher Ebene bedeutet organisatorische Qualität eine Kosten/Nutzen-Analyse nach volkswirtschaftlichen und sozialadministrativen Kriterien, was zusätzlich zu sozialphilosophischen und sozialpolitischen Überlegungen für die Beurteilung eines Programmes von Wichtigkeit ist.

4. Gesellschaftliche Funktionen und Bedingungen der Evaluation in der Sozialpädagogik

Bereits im ersten Kapitel wurde dargestellt, daß die Entstehung von Evaluation mit gesellschaftlich historischen Entwicklungen (z.B. Aufklärung) einhergeht, und im zweiten und dritten Kapitel konnte der Zusammenhang zwischen dem historischen Verlauf gesellschaftlicher Modernisierung und dem Auftreten bestimmter Formen der Evaluation näher beschrieben werden. Die Analyse der konstitutiven Bedingungen einzelner Projekte zeigte, daß offensichtlich in unterschiedlichen gesellschaftspolitischen Epochen spezifische Funktionen von Evaluation nachgefragt werden und dementsprechend ein starkes Wechselverhältnis zwischen den gesellschaftlichen Rahmenbedingungen und der Konjunktur bestimmter Paradigmen der Evaluation besteht. Evaluation brauchte im Grunde nicht entdeckt zu werden, sie fiel auch nicht vom Himmel, sondern sie ergab sich automatisch im Zuge der gesellschaftlichen Modernisierung gleichsam als Agens und als Resultat der Rationalisierung. Es gab eine Vielzahl von Gründen, die in diesem Zusammenhang Anreize schufen und die Möglichkeiten eröffneten,

Evaluation zu betreiben: Zu nennen ist beispielsweise die rasante Entwicklung im Bereich der Datenverarbeitung seit Ende der 50er Jahre, die überhaupt erst die Möglichkeit großangelegter empirischer Analysen in komplexen Untersuchungen schuf; oder allgemein die gesellschaftspolitische Atmosphäre der Bildungsreform, in der das Bedürfnis und der Ehrgeiz einer modernen demokratischen Industriegesellschaft zum Ausdruck kam, das Planungsproblem der Gesellschaft mit wissenschaftlichen Mitteln in den Griff zu bekommen und die Richtigkeit der eigenen Programme darzustellen.

In der Fortschrittslogik einer "einfachen Modernisierung"[33] hatte Evaluation somit bis zum Ende der 70er Jahre quasi als Zahnrädchen im Motor der Gesellschaftsgeschichte einen festen Platz inne, indem sie durch zweckrationale Planung, Steuerung und Kontrolle eine lineare Rationalisierungssteigerung voranzutreiben sowie traditionale Gesellschaftsformen auf- und durch industrielle abzulösen vermochte[34]. Diese spezifische Nachfrage ließ die Form der Evaluation entstehen, die in Deutschland bis in die 70er Jahre unter der Bezeichnung »Begleitforschung« rangierte und auf dem klassischen evaluationstheoretischen Paradigma basierte. Die gesellschaftlich-historische Phase, in der dieses Verständnis und dieser Typus der Evaluation in der Bundesrepublik Deutschland relevant war, wurde als Reformära bezeichnet. Diese Phase bedeutete für Evaluation die Bezugnahme auf einen ganz bestimmten gesellschaftspolitischen Kontext, auf charakteristische gesellschaftliche Problemlagen und Interventionsmuster sowie auf bestimmte institutionelle Bedingungen.

Ab Ende der 70er Jahre änderten sich diese Voraussetzungen und Rahmenbedingungen der Evaluation, erstens weil die politische Interventionslogik einer aktiven ordnungspolitischen Planung und strukturellen Reform abgelöst wurde und zweitens weil sich ein umfassender Strukturbruch in der gesellschaftshistorischen Entwicklung anbahnte. Gemeint ist der Übergang, den Ulrich Beck als Entwicklung einer industriellen Gesellschaft hin zu einer Risikogesellschaft kennzeichnete. Hiermit ist das Ende der "einfachen Modernisierung" als lineare, reflektierte und aktiv gestaltete Fortschrittsentwicklung und das Auftreten einer neuen strukturellen Logik gesellschaftlicher Modernisierung verbunden: die sogenannte "reflexive Modernisierung", die sich aus Nebenfolgen bisheriger Modernisierung reflexartig, ungesehen und unreflektiert ergibt; und in deren eigendynamischem Verlauf industrielle Gesellschaftsformen sich selbst auflösen, indem sie ihre eigenen Grundlagen aufzehren. Diese Entwicklung vollzog sich natürlich nicht mit einem Paukenschlag über Nacht und übergreifend für alle gesellschaftlichen Systeme und Subsysteme, sondern läßt sich als eine "samtpfötig" (Beck 1993, S. 64) schleichende, allmähliche und latente Veränderung kennzeichnen, die sich in dem einen gesellschaftlichen Bereich mehr und in anderen weniger manifestiert.

Im Zuge dieser gesellschaftlichen Veränderungen mußte die zweckrationale Kontroll- und Steuerungslogik des traditionellen Evaluationsparadigmas zwangsläufig in eine Krise geraten. Um in dem oben verwendeten Bild des Motors zu bleiben: Das bisherige Energieversorgungssystem gesellschaftlicher Entwicklung wurde umgestellt, weil

---

33: im Sinne von Ulrich Beck 1986, 1993.
34: Vgl. Beck 1993, insbesondere die Passagen S. 36, 71, 75, 96 ff.

es nicht so funktionstüchtig war, wie man sich das erhofft hatte und weil der Treibstoff »Zweckrationalität« immer teurer wurde und von seinem Brennwert her abnahm. Die bislang zentral gesteuerte und Energie liefernde Großmotorenanlage, in deren Getriebe Evaluation eingebaut war, wurde weitgehend stillgelegt und war nur noch als Notstromaggregat in besonders außergewöhnlichen prekären Situationen vorgesehen.

Die Kritik am traditionellen Evaluationstypus und der Paradigmenstreit sind meiner Einschätzung nach konsequente Folgen dieser veränderten historischen Rahmenbedingungen, die sich zwangsläufig mit dem Funktionsverlust der Evaluation als rationalisierende Instanz der Steuerung gesellschaftlichen Fortschritts einstellen mußten. Vor diesem Hintergrund ergab sich eine Erosion bislang gesicherter evaluationstheoretischer Grundlagen, deren Umsetzung in die Praxis nicht einmal dann, wenn man sie hätte beibehalten wollen, fraglos möglich gewesen wäre. Schon allein weil es aufgrund der gänderten politischen Situation keine Reformprogramme in dem ehemals bekannten Ausmaß mehr gab, die man hätte erforschen und evaluieren können.

Insbesondere in der Sozialpädagogik trat die Situation auf, daß ein neues spezifisches sich vom traditionellen Verständnis der Evaluation distanzierendes Paradigma der wissenschaftlichen Begleitung auftrat. Dieses war wiederum der nun geänderten gesellschaftlichen Lage angepaßt, die sich als das Ende der zweckrationalen Steuerung und Planung umschreiben läßt und zunächst eine Konstellation bedeutete, die als »Übergangsphase« bezeichnet wurde. Sie stellt keine epochale gesellschaftliche Situation mit ganz spezifischen Strukturen gesellschaftlicher Entwicklung dar, sondern ergibt sich für unser Thema Evaluation als verschwommener Kontext zwischen den Rändern der sich wie gesagt schleichend und in den Grenzen unscharf verlaufenden Übergänge der einfachen zur reflexiven Modernisierung.

Daß von mir der Begriff »Risikokontext« und nicht »Kontext der reflexiven Modernisierung« gewählt wurde, liegt erstens an der herausgehobenen Bedeutung, die insbesondere individuelle Risiken für sozialpädagogische Praxis einnehmen. Zweitens war es insbesondere das Auftreten bestimmter Problemlagen, die sich als typische Probleme der Risikogesellschaft von den vorher gewohnten unterschieden. Durch sie konnte man der inhaltlich unzureichenden und strukturell nicht mehr stimmigen Passung von Evaluationskonzepten und evaluationstheoretischen Vorstellungen gewahr werden, die noch im Reform- und im Übergangskontext gängig waren und unproblematisch erschienen. Als typische Risikoprobleme lassen sich diese Problemlagen deswegen bezeichnen, weil sie von ihrer Entstehungslogik her eine ganz neue Qualität der Gefährdung und veränderte Risikopotentiale beinhalten (s.u.). Es ist also auch eine anderere Form des gesellschaftlichen Umganges mit diesen Problemen erforderlich und gleichsam eine spezifische evaluative wissenschaftliche Begleitung dieser veränderten Bearbeitungsformen. Von daher stellt sich also die Frage, welche evaluationstheoretischen Konsequenzen zu ziehen sind, angesichts der gesellschaftlichen Rahmenbedingungen der reflexiven Modernisierung, angesichts der in ihrer Folge auftretenden sozialpolitischen und institutionellen Bedingungen sowie angesichts der zu bearbeitenden neuartigen Problemlagen.

Bevor im folgenden versucht wird, diese Fragen in bezug auf den Kontext der Risikogesellschaft zu bearbeiten, werden zunächst die spezifischen Bedingungen der historisch vorangegangenen Phasen des Reformkontextes und des Übergangskontextes behandelt. Hiermit sollen einerseits die Unterschiede zwischen den jeweils verschiedenen gesellschaftlichen Bedingungen und Funktionen von Evaluation deutlich gemacht werden. Andererseits ergeben sich aus der Diskussion des Reform- und des Übergangskontextes auch aktuell relevante evaluationstheoretische Konsequenzen, denn die unterschiedlichen Kontexte gesellschaftlicher Rahmenbedingungen werden nicht so angesehen, als seien sie ausschließlich in bezug auf eine abgelaufene historische Phase bedeutungsvoll und als wären sie im Prozeß gesellschaftlicher Veränderung gänzlich irrelevant geworden. Sie haben vielmehr die Bedeutung situativer Kontexte, die zwar in einer bestimmten Phase gehäuft auftraten und das Bild der Evaluation geprägt haben, denen aber über diese historisch-epochale Zugehörigkeit hinaus eine übergreifende heuristische evaluationstheoretische Bedeutung zukommen kann. Diese kann sich dadurch ergeben, daß man diese Kontexte als analytisches und heuristisches Muster der Reflexion des gerade vorliegenden Evaluationsprojektes nutzt und die Fragen stellt: Welche Aspekte sprechen dafür, daß die allgemeinen konstitutionellen Bedingungen des gerade vorliegenden Evaluationsprojektes dem Reform, dem Übergangs- oder dem Risikokontext entsprechen? Welche evaluationstheoretischen und konzeptionellen Konsequenzen sind hieraus zu ziehen?

4.1 Evaluation im Reformkontext

Das Charakteristische am Reformkontext ist die Eingebundenheit in den Sinnzusammenhang der linear verlaufenden einfachen Modernisierung (s.o.) im Sinne einer zweckrationalen Fortschritts-, Steuerungs- und Kontrollogik. Sozialer Wandel soll durch geplante struktur- und ordnungspolitische Maßnahmen im Sinne eines Immerbesser, Immer-gerechter, Immer-chancengleicher, Immer-gesicherter und Immer-leistungsfähiger aktiv und prospektiv vorangetrieben und kontrolliert werden. Infolge der technischen und industriellen Modernisierung und der Auflösung traditionaler Sicherheiten, wie zum Beispiel die Familie, entstanden problematische Konsequenzen für Einzelne und gesellschaftliche Gruppen. Innerhalb der wohlfahrts- und sozialstaatlichen Organisation der industriellen Gesellschaft gelang es über längere Zeit hinweg auch recht gut, diese Probleme mithilfe eines ausgeklügelten Systems "sozialtechnischer" Interventionen der Ver- und Absicherung, der Umverteilung und durch ständige Anpassungen und Reformen dieses Systems in den Griff zu bekommen. Als besonders reformbedürftig und bearbeitungswürdig mußten dabei die gesellschaftlichen Bereiche erscheinen, in denen Problemlagen auftauchten, die den industriell technischen Fortschritt und die internationale Konkurrenzfähigkeit gefährdeten: z.B. die Unfähigkeit des bestehenden Bildungssystems, eine ausreichende Anzahl hochqualifizierter Arbeitskräfte und Hochschulabsolventen auszubilden. Das Funktionsprinzip der Modernisierung und des sozialen Wandels besteht also darin, durch geplante staatliche Interventionen die gesellschaftlichen Strukturen so zu gestalten, daß bestehende Probleme nachhaltig, aber auch prospektiv und präventiv, positiv beeinflußt werden können - z.B. ungerechte Chancenverteilung im Schulsystem durch Einführung der Gesamtschule, oder Betreuungsnotstand bei Kleinkindern durch

Institutionalisierung der Tagesmütter. Evaluation hat in diesem Kontext die gesellschaftliche Aufgabe, Informationen darüber zu liefern,

- inwieweit die jeweilige strukturelle gesellschaftspolitische Intervention oder Reform die Problematik lösen kann,
- welche Nebenwirkungen und Kosten damit verbunden sind und
- wie die Reform in bezug auf ihre Wirkung und ihre Kosten optimiert werden kann.

Da sowohl die Problemdefinition, als auch die Inhalte und Zielrichtung der Reformen und weiterhin die Übernahme der Kosten innerhalb demokratisch föderalistischer Gesellschaften erfahrungsgemäß umstritten sind, ist Evaluation in diesem Kontext besonders der Gefahr illegitimer Funktionalisierungen ausgesetzt. Als illegitim ist eine Funktionalisierung dann zu bezeichnen, wenn auf die Konzeptionierung, Durchführung und Auswertung einer Evaluation so Einfluß genommen wird, daß gegen die Prinzipien und Kriterien qualitativ guter Evaluation verstoßen wird. Dies bedeutet nicht, daß eine Evaluation nicht parteiisch in dem Sinne sein dürfte, wie das beim Tagesmütterprojekt der Fall war. Negative Wirkungen und Qualitäten der Wechselbetreuung wären hier durch die Konzeption und die Verfahren der Evaluation prinzipiell in gleicher Weise sowohl von Befürwortern, als auch von Gegnern zu ermitteln gewesen, wenn sie denn vorgelegen hätten. Unzulässig erscheinen demgegenüber einseitig interessengeleitete Beeinflussungen des Evaluationskonzeptes und der Verfahren oder das Eindringen unterschiedlicher widerstreitender Interessen in die Sphäre der Gestaltung und Durchführung der Evaluation. Denn hierdurch wird eine eigenständige Arbeit im Ansatz verunmöglicht, bestimmte Ergebnisse werden vorbestimmt oder ausgeblendet. Dies war beispielsweise im Erprobungsprogramm Elementarbereich in wesentlichen Teilen der Fall.

Der Bereich der Sozialpädagogik und der sozialen Arbeit nahm historisch im oben geschilderten Szenario der Reformära eine Sonderstellung ein. Erstens weil die hier vorliegenden Praxis- und Problembereiche für den Prozeß der einfachen Modernisierung nicht von zentraler Bedeutung waren, also auch nicht in dem Maße wie z.B. der Bildungsbereich mit finanziellen Mitteln für Modellprojekte bedacht wurden. Zweitens weil die Sozialpädagogik, wie die Sozialwissenschaft insgesamt, von einer starken emanzipatorisch-gesellschaftskritischen Tendenz beeinflußt wurde, die unter der damaligen Sammlungsbewegung der Aktionsforschung eine antikapitalistische und fortschrittskritische Haltung einnahm. Es bestand folglich in der Sozialpädagogik eine Tendenz zum Widerstand und eine Distanz gegenüber der zweckrationalen Kontroll- und Machbarkeitslogik. Dennoch sind auch sozialpädagogische Evaluationen, die in einem Reformkontext stehen, in einem besonderen Maße der Gefahr von Instrumentalisierungen und Inanspruchnahmen ausgesetzt, die allgemein beschrieben folgende Funktionen verfolgen können:

- Das Aufschieben von Entscheidungen bis der zugrundeliegende Problemdruck sich verlagert hat (Blüml 1989).
- Das Durchsetzen von Programmen, deren positive Auswirkungen anhand der modellhaften Idealsituation leicht dargestellt werden konnten (v. Spiegel 1991).
- Das Kappen unliebsamer Programme durch Einflußnahme in die Unter-

suchungsbedingungen oder durch eine einseitige Interpretation (C.W. Müller 1983).
- Beschäftigungs-, professions- und wissenschaftspolitische Interessenvertretung durch die Evaluatoren (Weißhaupt 1991, S. 38).

Weiterhin besteht bei Evaluationsprojekten, deren Rahmenbedingungen jene zweckrationale technokratische Logik nahelegen, die Neigung, daß wichtige Dimensionen des Erfolges in der sozialen Arbeit, wo persönliche und psychoemotionale Deutungsmuster und Bedürfnisse eine zentrale Bedeutung haben können, ausgeblendet werden und vor allem solche oberflächlich quantifizierbaren Variablen erhoben werden, die in der zweckrationalen "Steuerungsmechanik" direkt Eingang finden können, weil sie "verwaltungsverdaulich" sind. Evaluationstheoretisch folgt hieraus, daß eine Reflexion in der Ebene der konstitutiven Rahmenbedingungen und vor dem gedanklichen Hintergrund der eben geschilderten potentiell einschränkenden Tendenzen angestellt werden muß. Es ist also kritisch zu prüfen ist, inwieweit das eigene Evaluationskonzept oder die Überlegungen, die zur Erstellung desselben führen sollen,

- dem Inhalt nach ein typisches Reformthema ist, das öffentlich kontrovers diskutiert wird (z.B. Begabtenförderung, Gesamtschule, Kürzung der Sozialhilfe);
- in einem politischen Zusammenhang stehen, der stark durch Planungs- und Steuerungslogik gekennzeichnet ist und von dem ein starker öffentlicher Druck ausgeht;
- in bezug auf die organisatorischen Bedingungen der Institution, die die Praxis koordiniert, günstige und anfällige Bedingungen für technokratisch oberflächliche Sichtweisen bietet (z.B. klassischer Interventionskontext);
- der Organisationsform der Evaluation nach so gestaltet ist, wie für die Reformära typisch (großangelegte Modellprojekte) bei gleichzeitig einschränkenden institutionellen Bedingungenen.

Zur Klarstellung ist zu beachten, daß der Reformkontext zwar eng mit einer vergangenen historischen Epoche zusammenhängt, aber dennoch in Einzelaspekten oder hinsichtlich einzelner Arbeitsfelder und Projekte immer wieder als konstitutioneller Rahmen einer Evaluation relevant sein kann. Es kommt also für EvaluatorInnen darauf an, sich der unterschiedlichen politischen Funktionen bewußt zu werden, die die eigene Arbeit im Rahmen des Projektes hat und darüberhinaus für die beteiligten Gruppen erfüllt, und darauf konzeptionell zu reagieren, d.h. den Versuch einer aktiven Gestaltung der politischen Rahmenbedingungen und Passung der konzeptionellen Ausgestaltung der Evaluation zu unternehmen. Eine mögliche Reaktion kann beispielsweise auch darin bestehen, Evaluationsaufträge so, wie sie erteilt sind, zurückzuweisen und für nicht durchführbar zu erklären.

An dieser Stelle ist daran zu erinnern, daß das Vorliegen eines erhöhten öffentlichen Drucks, was typisch für die Projekte im Reformkontext ist, sich positiv aber auch negativ auf die Möglichkeiten der Evaluation auswirken kann. Aufgrund der Ambivalenz dieser Zusammenhänge können aus evaluationstheoretischer Sicht auch keine eindeutigen Hinweise und Kriterien für notwendige Reaktionen auf bestimmte Bedingungen gegeben werden in der Form von : wenn das und das vorliegt, habe ich diese oder jene Konzeption zu wählen.

4.2 Evaluation im Übergangskontext

Der Übergangskontext unterscheidet sich hinsichtlich seiner Rahmenbedingungen für Evaluationen erheblich vom Reformkontext. Das Typische an dieser Epoche besteht darin, daß hier kaum noch übergreifende strukturelle Reformen und ordnungspolitisch steuernde Interventionen durchgeführt wurden. Die sozialpolitischen Maßnahmen sowie die sozialpädagogischen Programme und Interventionen beinhalten folglich immer weniger Gegenstände, um die deshalb politisch konträr gestritten wird, weil sie tiefergehende gesellschaftliche Veränderungen bedeuten. Es geht also weniger um die umfassende Lösung dringlich empfundener und konträr diskutierter Probleme, als vielmehr um die Problembegleitung und -verwaltung in gesellschaftlich wenig beachteten Nieschen, z.B. Randgruppen wie Obdachlose, Ausländer, Behinderte, die abgesehen von vorübergehenden "konjunkturellen Schwankungen" in der Regel jenseits des öffentlichen Interesses stehen.

Diese gesellschaftspolitischen Veränderungen und das zunehmend distanzierte Verhältnis von Wissenschaft, Politik und Praxis, das hiermit im Zusammenhang steht, wurden bereits genauer geschildert (s. Kap 3;1.). Es sind drei gleichzeitig bestehende und ineinander greifende Strömungen erkennbar, die in bezug auf die spezifischen konstitutionellen Rahmenbedingungen der sozialpädagogischen Evaluation im Übergangskontext relevant erscheinen:

- Die zunehmende Differenzierung sozialpädagogischer Praxis in eine unübersichtliche Vielzahl einzelner und voneinander relativ unabhängiger Projekte und gleichzeitig die als »Regionalisierung« beschriebene Zunahme der Gesamtanzahl kleinerer Evaluationsprojekte[35] (s.o.).
- die sinkende Nachfrage und das geringe öffentliche Interesse nach einer diese Programme bewertenden Wirkungsanalyse.
- Die Tatsache, daß sich Evaluation mittlerweile gesellschaftlich funktional zwischen Praxis, Verwaltung und Politik im Zusammenhang mit der Förderung und der Anschlußfinanzierung etabliert hatte und als etwas empfunden wurde, was zu einem geförderten Projekt einfach dazugehört.

Im Übergangskontext wurde also weiterhin Geld für Evaluation zur Verfügung gestellt, jedoch fand unter dem Begriff Evaluation etwas statt, dessen konstitutionelle Bedingungen, Organisationsformen und Inhalte sich gegenüber der ehemaligen Verwendung tendenziell verändert hatten. In diesem Zusammenhang entwickelte sich zwangsläufig ein neues theoretisches Verständnis von Evaluation, das sich von der ehemals betriebenen Großforschung distanzierte und demgegenüber die Selbstevaluation oder andere alternative Konzepte als angemessene Vorgehensweise der Bilanzierung sozialpädagogischer Arbeit forcierte (z.B. Sieber 1984). Evaluation wurde in diesem Zusammenhang immer tendenziell weniger als wissenschaftlich organisiertes Forschungsunternehmen zur Offenlegung, Rationalisierung und Bewertung in einem öffentlichen oder übergeordneten Interesse gesehen, sondern immer mehr als

---

35: vgl. Luhmann (1984, S. 256 ff), der zunehmende funktionale Differenzierung in autonome, selbstreferenzielle Subsysteme als übergreifendes Kennzeichen moderner Gesellschaften beschreibt. Vgl. ebenfalls das Problem der Transformation, s. o. S. 364.

eine selbstreflexive und korrigierende Privatangelegenheit im Mikrobereich des Handelns betrachtet. Die wissenschaftliche Systematik und das Kernelement der Bewertung aus einer sich um Objektivität bemühenden Sichtweise wurde tendenziell immer mehr vernachlässigt. Hierzu eine Passage von Späth (1988, S.78) über dessen Evaluationsverfahren:

"Die Gesprächsinterviews sind also in erster Linie dafür gedacht, einen internen Diskussions- und Qualifizierungsprozeß anzuregen, indem durch die Erfragung eines kritischen feed backs und ihre konstruktive Umsetzung ein interner Diskussionsprozeß eingeleitet wird. Die Verwertungsinteressen der Gesprächsinterviews sind also ganz eindeutig nach innen gerichtet. Es kann bei dieser Zielsetzung überhaupt nicht darum gehen, eine Legitimation der Tagesgruppenarbeit nach außen im Blick zu haben. Kriterien von Objektivität der im Interview enthaltenen Aussagen sind deswegen von untergeordneter Bedeutung."

Wichtige gesellschaftliche Bedingungen, die diese Entwicklungen ermöglichten, wurden bereits geschildert. Sie bestehen maßgeblich in einem gegenüber der Reformära stark verminderten Legitimierungsdruck der Projekte und einem geringem Maß an öffentlichem Interesse, das auf die Evaluationen gerichtet war. Doch diese Entwicklungen und die damit zusammenhängenden konstitutionellen Rahmenbedingungen führen nicht zwangsläufig zu einem defizitären Verständnis der Evaluation. **Einerseits** stellen gerade diese Bedingungen eine wichtige Voraussetzung dafür dar, daß sich Evaluation in der Sozialpädagogik weiterentwickeln konnte, weil sich aus ihnen die Möglichkeit ergab, diese in einem freieren Raum und offener zu betreiben: Die Konstellation eines stark verminderten Legitimationsdrucks durch externe übergeordnete Kontrollorgane und durch sozialpolitische Interessenkonflikte eröffnete theoretischen Ansätzen den Zugang zur Praxis, die vorher nicht ohne weiteres akzeptiert worden wären. Damit wurde ein gewisser Spielraum möglich, der die Entwicklung einer sich **bewußt** konzeptionell und methodisch auf ihren fachspezifischen Inhalt konzentrierenden und damit pädagogisch orientierten Evaluation begünstigte.

Andererseits ergaben sich aus diesen Rahmenbedingungen und Spielräumen Konsequenzen, die tendenziell jene unkritischen und undifferenzierten, bereits im ersten Kapitel erwähnten Einschätzungen als toleriertes Konzept der Evaluation förderten. Besonders unangemessen erscheinen diese dann, wenn sie sich gegenüber einer expliziten Bewertung verschließen, aber gleichzeitig implizit das, was sie eigentlich in bezug auf Qualität und Wirksamkeit kritisch analysieren sollten, immer schon als positiv und erstrebenswert voraussetzen. Die Analyse bezieht sich vor dem Hintergrund dieses Evaluationsverständnisses immer nur auf die Aspekte und Abläufe, deren positive Einschätzung auf der Hand liegen.

Die Rahmenbedingungen einer verminderten öffentlichen und politischen Konflikthaftigkeit der Evaluationsgegenstände bei Projekten, deren prinzipielle Sinnhaftigkeit öffentlich nicht wesentlich angezweifelt wird, begünstigt also eine neue Form der Funktionalisierung von Evaluation. Diese besteht in einer Technik der legitimatorischen Selbstreferenz: die Legitimität eines Projektes läßt sich gegen Kritik am besten dadurch unangreifbar machen, daß man die Frage nach der Legitimität, nach den Auswirkungen und Alternativen gar nicht stellt (s.o.).

Vor dem Hintergrund des Übergangskontextes, der im eigenen Reflexionsmodell wiederum nicht epochal gebunden sondern als situatives analytisch Reflexionsmuster gedacht wird, bestehen tendenziell die wesentlichen Gefahren darin, daß defizitäre konzeptionelle und methodische Bestandteile einer bloßen Begleitung und alltagsähnlichen Beurteilung, die in bestimmten Zusammenhängen durchaus als sinnvoll erscheinen mögen, als mögliche allgemeine evaluationstheoretische Ansätze betrachtet werden können, obwohl sie wesentliche Aspekte der Evaluation ausblenden. Im Vergleich zur tendenziellen Gefahr der übermäßigen zweckrationalen Steuerung von oben im Reformkontext liegt hier also die umgekehrte einer »Funktionalisierung von unten« vor. Im Zusammenspiel mit konstruktivistisch relativistischen Theoriekonzepten kann diese zu einer Aushöhlung des Evaluationsbegriffes, bzw. zu einer dann inhaltslosen Begriffserweiterung führen. Die allgemeine Diffusität, die rund um die Begriffe Evaluation und wissenschaftliche Begleitung bereits im ersten Kapitel bemerkt wurde, scheint hiermit ebenfalls zusammenzuhängen.

Auch wenn bei Untersuchungen, die unter jenem Verständnis von Praxisbegleitung durchgeführt werden, zumeist gar nicht immer der Anspruch besteht, Evaluation zu betreiben, muß deren Sinnhaftigkeit angezweifelt werden. Denn es ist natürlich die Frage zu stellen, ob in dem jeweiligen Falle nicht Evaluation im Sinne einer wissenschaftlich orientierten und wertenden sozialpädagogischen Tatbestandsanalyse betrieben werden müßte. Gerade in der Sozialpädagogik ist eine gewisse Popularität dieser "weichen" Form der wissenschaftlichen Begleituntersuchungen zu verzeichnen, die in Anlehnung an entsprechende theoretische Vorstellungen[36] nicht analytisch bewertet und insgesamt als "nebulöses Unterfangen" erscheint. Damit soll nicht behauptet werden, daß in gewissen Fällen eine Begleitung ohne Bewertung nicht sinnvoll sein kann, bzw. eine Bewertung immer möglich oder zweckmäßig sein muß. Der eigene evaluationstheoretische Standpunkt besteht also darin, sich gegenüber deratigen Erweiterungen des Begriffs und der Logik von Evaluation zu verwahren, die insbesondere im Kontext der Übergangsphase als unproblematisch empfunden werden. Es soll also verhindert werden, daß unter dem etablierten Begriff Evaluation Dokumentationen erscheinen, die als explorative Beschreibung der Praxis in einem journalistischen Stil geschehen, über die Ebene eines erweiterten Erfahrungsberichts nicht hinausgehen und in der Regel gegenüber den eigenen oder den sich in Gruppenprozessen ergebenden Interpretationsmustern (s. Sieber u. Ramseier 1984) undistanziert verfahren:

"Schließlich bewirkte meine Tätigkeit eine Änderung der Meinung meiner Umgebung. Das Wissen um die Tatsache, daß diese Arbeit geschieht, ließ manche(n) anders reden. Langsam beginnen sich mehr Leute dafür zu interessieren und sie laden mich zu Diskussionen und Vorträgen ein. Anfangs ging ich alleine hin, jetzt gibt es einige unter den Jugendlichen, die mit mir solches gemeinsam erarbeiten und durchführen; ein großer Fortschritt, weil sie nicht mehr sagen: 'des bringt eh nix!' Die Erwachsenen haben bei der Begegnung mit ihnen mehr zu verkraften als sie selbst" (Immervoll 1984, S. 14; zit. nach Gusy u.a. 1992, Bd. 1, S. 28).

36: Gemeint sind die Evaluationskonzepte von Guba/Lincoln, Beywl oder die der Handlungsforschung. Typische Beiträge für dieses Paradigma der "sanften" Begleitung durch Sozialpädagogen in der Übergangsphase finden sich zusammengefaßt in einer Ausgabe der Zeitschrift "Sozialpädagogik" (1987, 29. Jg., H.6). Ebenfalls ein typischer evaluationstheoretischer Beitrag liegt mit Sieber (1984) vor. Interessant ist die hierauf bezogene Kritik von Ramseier (1984).

Die Rahmenbedingungen der Übergangsphase beinhalten also zum einen Chancen und zum anderen Gefahren für die Evaluation. Evaluationstheoretisch gesehen hat diese Epoche es **einerseits** ermöglicht, daß Evaluationsmodelle entwickelt wurden, die einseitige und einschränkende Kontrolltendenzen ausgleichen können, für die Evaluationen im Reformkontext anfällig sind. **Andererseits** bestehen unter bestimmten Bedingungen im Übergangskontext wiederum andere, negative Tendenzen, die vor allem in der Gefahr bestehen, die Kernaufgabe der tatsachenorientierten und systematischen Analyse und Beurteilung zu vernachlässigen. So stellt sich in bezug auf die Konzeptionierung einer Evaluation die Frage, wie durch das Evaluatiuonsdesign die Vorteile und die Nachteile dieser Rahmenbedingungen kompensiert werden können.

4.3 Evaluation im Kontext der Risikogesellschaft

Im Unterschied zu den beiden eben besprochenen Kontexten handelt es sich bei dem der Risikogesellschaft um Bedingungen, die aktuell präsent sind, deren Herausbildung sich allerdings noch im Fluß befindet und mir nicht so abgeschlossen erscheint, als daß der Risikokontext wie eine zusammenhängende historische Epoche aus der Retrospektive betrachtet werden könnte. Da diese gesellschaftlich strukturellen Wandlungsprozesse der "modernisierten Moderne", die insbesondere auch über die technischen Risiken hinaus thematisiert werden müssen (vgl. Beck 1995, S. 16), sich undurchsichtig und verschwommen darstellen, bestehen auch unterschiedliche soziologische Lesarten und Deutungsversuche der seit dem Ende der Reformära aufgetretenen Strukturbrüche und Diskonuitäten. Konzepte sozialpädagogischer Praxis und sozialpolitischer Programme, die auf die besondere Problematik der modernisierten Moderne einen spezifischen Bezug nehmen, lassen sich erst in Anfängen erkennen (z.B. Rauschenbach/Gängler 1992, Flösser 1994). Und auf die Aufgabe, die Bedingungen der Risikogesellschaft in bezug auf spezifische Konzepte der Evaluation zu thematisieren, wurde bislang so gut wie gar nicht aufmerksam gemacht. Es lassen sich allenfalls einzelne Punkte hierzu aus Evaluationsprojekten erschließen oder es bestehen innerhalb theoretischer Abhandlungen über Sozialpädagogik in der Risikogesellschaft punktuelle und rudimentäre Bezüge hierzu (z.B. Gusy, u.a. 1994; Bohn/Kreft 1996; Rauschenbach/Gängler 1992).

Für unsere Absicht einer Bearbeitung der spezifischen Bedingungen und Funktionen der sozialpädagogischen Evaluation in der Risikogesellschaft folgt hieraus, erstens daß es aus heutiger Sicht weniger darum gehen kann, die Herausbildung eines bestimmten zugehörigen Typus der Evaluation in der Sozialpädagogik durch eine historisch empirische Analyse herauszuarbeiten und daraus Konsequenzen zu ziehen. Im Zusammenhang mit dem Kontext der Risikogesellschaft (Risikokontext) stellt sich vielmehr eine konzeptionell gestalterische und gleichsam spekulative Aufgabe. Diese Aufgabe der Entwicklung konzeptioneller theoretischer Orientierungspunkte der Evaluation läßt sich eigentlich nicht von theoretischen Implikationen der sozialpädagogischen Arbeit in bezug auf deren Zielsetzungen und Handlungsformen im Risikokontext trennen. Bei dem Versuch einer Bearbeitung dieser Thematik soll eine "Verwicklung" in die bezüglich ihrer einzelnen Facetten unentschiedene und spekulative gegenwartsanalytische Diskussion der verschiedenen bestehenden Modernitätstheorien vermieden werden, die den nebulösen Zustand zwischen dem "Nicht mehr " und dem "Noch nicht" in Worte zu fassen suchen (Rauschenbach 1992, S. 27.) und dabei aus einer allgemeinen Ratlosigkeit gegenüber einer aus den Fugen geratenen Gegenwart heraus zur Charakterisierung derselben einen geradezu inflationären Gebrauch der Vorsilbe "post" angetrieben haben (vgl. Beck 1986, S. 12).

Es kommt dagegen lediglich darauf an, die wesentlichen Grundrisse der veränderten Strukturen heranzuziehen, die sich einer relativ breiten Basis der Zustimmung sicher sein können, ohne in die spekulativen Untiefen dieser Diskussion einzusteigen und z.b. auf die Fragestellung Bezug nehmen zu müssen, ob sich der gegenwärtige Zustand pauschal als »Risikogesellschaft« (Beck 1986, 1988), genauer als »Risikofolgengesellschaft« oder als »Gefahrengesellschaft« (vgl. Bonß 1995, S. 17) bezeichnen läßt, ob die starken Modeströmungen unterworfene Verwendung des Begriffes Risiko als soziologische Kategorie unbrauchbar erscheint (Luhmann 1991) und ob die hierbei vorliegenden Diskontinuitäten die Proklamation der »Postmoderne« (hierzu Berger, J. 1988) oder vorsichtiger die Bezeichnung »modernisierte Moderne« rechtfertigen. Dementsprechend ist auch die Bezeichnung "Risikokontext" nicht als scharfe soziologisch analytische Kategorie zu verstehen, sondern sie soll vor dem Hintergrund unserer begrenzten Thematik an der Oberfläche bleiben und eine allgemeine Beschreibung eines bestimmten gesellschaftlichen Kontextes darstellen, in dem durch den Strukturbruch der reflexiven Modernisierung besondere Risiken, Unsicherheiten, Ungewißheiten und Gefahren auftreten, bzw. durch die soziokulturellen Bedingungen als solche für Individuen und Gesellschaften bedeutsam werden (s. Bonß 1995, S. 42ff).

Kontext der Gefahren zweiter Ordnung unter den Bedingungen der reflexiven Modernisierung (vgl. Bonß 1995, S. 74ff)
Einfache Modernisierung markiert den Übergang von Gefahren zum Risiko. In vormodernen Gesellschaften wird Gefahr als eine schicksalhafte Bedrohung durch die Naturgewalt oder andere die Geschicke lenkenden Mächte erfahren, denen gegenüber die Menschen mehr oder weniger unabhängig von persönlichen Entscheidungen ausgeliefert waren. Erst die Moderne verwandelt Gefahren in kalkulierbare Risiken, die man bewußt eingehen kann. Die Naturbeherrschung durch Technik und die Kulturbeherrschung durch staatliche gesellschaftspolitische Steuerung, Planung und Interventionen stellen zweckrationale Versuche der einfachen Modernisierung dar, Sicherheit und Überschaubarkeit gegenüber unkalkulierbaren Gefahren herzustellen und diese in Risiken umzuwandeln. Gegenüber Risiken kann man sich im Unterschied zu Gefahren individuell oder kollektiv versichern und absichern, man kann sie aber auch freiwillig eingehen und sie durch eigene Handlungsfreiräume und Entscheidungen beeinflussen. Risikofreudigkeit könnte somit als "Grundqualifikation bürgerlicher Vergesellschaftung und »einfacher Modernisierung«" angesehen werden (Beck 1995, S. 19) und bei entwickelten Industriegesellschaften, die bereits ein breites Fundament von Sicherheiten produziert haben, wird von staatlicher Seite her das Eingehen neuer Unsicherheiten als ein die Produktivkraft steigernder zweckrationaler Steuerungsmechanismus eingesetzt (ders. ebd. S. 207).

Die »Risikogesellschaft« bezeichnet nun den Kontinuitätsbruch, in dem die bislang so erfolgreiche lineare Sicherheits- und Rationalisierungssteigerung in eine fundamentale

Krise der Irritation gerät, weil sich in ihrem Verlauf unbeabsichtigte, nicht-reflektierte Nebenfolgen ergeben und eingeschlichen haben, die unkalkulierbare Gefahren bedeuten, also der sozialen Bedeutung nach an die Stelle der Naturgewalten der Vormoderne treten (vgl. Bonß 1995, S. 80, 82).

"Der Kern dieser Irritation ist das, was man als »Rückkehr der Ungewißheit in die Gesellschaft« bezeichnen könnte. »Rückkehr der Ungewißheit in die Gesellschaft« meint hierbei zunächst, daß immer mehr gesellschaftliche Konflikte nicht mehr als Ordnungs-, sondern als Risikoprobleme behandelt werden. Derartige Risikoprobleme sind dadurch gekennzeichnet, daß es für sie keine eindeutigen Lösungen gibt; sie zeichnen sich vielmehr durch eine prinzipielle Ambivalenz aus, die meist in Wahrscheinlichkeitskalkülen gefaßt, aber hierdurch nicht beseitigt werden kann. Ihre prinzipielle Ambivalenz unterscheidet Risiko- von Ordnungsproblemen, die per definitionem an Eindeutigkeit und Entscheidbarkeit orientiert sind. Angesichts wachsender Uneindeutigkeiten - und dies ist eine sich verschärfende Entwicklung - schwindet zugleich fast zwangsläufig das Vertrauen in die technische Machbarkeit von Gesellschaft (Bonß 1993, zit. n. Beck 1993, S. 47).

Das Erscheinen dieses Gefahrentypus, von dem die Rede ist, geht mit einer grundlegenden Erschütterung der Rationalitätsgrundlage »einfacher Modernisierung« einher, denn es ist gerade die erfolgreiche Anwendung fortschrittlicher Rationalität, die ihre eigenen Grundlagen aufzehrt. Damit tritt eine grundlegende Verschärfung der grotesk anmutenden regressiv zirkulären Dysfunktion der sozialstaatlich-ordnungspolitischen Steuerung ein, in der "der Wohlfahrtsstaat die Probleme erzeugt, auf die er reagiert" (Luhmann 1981, S. 15):

[...] "der Preis für wachsende Verfügungsgewalt über Wirklichkeit liegt in parallel zunehmenden Unsicherheitspotentialen, die wissenschaftlich produziert, aber nicht vollständig beherrscht werden können" (Bonß 1995, S. 83).

Bonß prägt für diese reflexartig unreflektiert aus rational entscheidungsabhängigen Nebenfolgen der Modernisierung und der Auflösung traditionaler Gesellschaftsformen entstandenen lebensbedrohenden Unsicherheiten (vgl. Beck 1993, S. 36ff, 55) den Begriff der »Gefahren zweiter Ordnung« (Bonß 1995, S. 80). Dieser Terminus kann dann angewendet werden,

"wenn bestimmte Risikohandlungen und -systeme zeitlich, sozial und/oder sachlich versetzte Nebenfolgen haben, die den Rahmen des im System »zugelassenen« so weit transzendieren, daß das zugrundeliegende Risikokalkül gesprengt und gleichsam die »Geschäftsgrundlage« verändert wird" (Ders. ebd.).

Unter den in der reflexiven Modernisierung entstandenen »Gefahren zweiter Ordnung« sind für unser Thema weniger die technisch-naturwissenschaftlichen Zusammenhänge, sondern die sozialen und kulturellen Problemlagen und Krisen interessant. Worin bestehen nun wesentliche und charakteristische Merkmale der sozialen Risiken und Gefahren, mit denen es Sozialpädagogik in der Risikogesellschaft zu tun hat - wie Arbeitslosigkeit, Vereinsamung, Obdachlosigkeit, abweichendes Verhalten, etc.- ?

Erstens werden Individuen in der Gestaltung ihrer Biografie aufgrund von Prozessen der Individualisierung, die durch die sozialstaatlichen Bedingungen der industriellen Modernisierung und ihrer unbeabsichtigten Nebenfolgen entstanden sind, zunehmend auf sich selbst zurückgeworfen und sind in einem sich verschärfendem Maße jenseits von ehemals Sicherheit und emotionale Geborgenheit spendenden klassenspezifischen

Gesellschaftsformen den Unsicherheiten des Marktes ausgesetzt (Beck 1993, S. 149ff). "Der oder die Einzelne selbst werden zur lebensweltlichen Reproduktionseinheit des Sozialen" (Beck 1986, S. 209). Hieraus folgt eine die gesellschaftlichen Schichten und Systeme zunehmend übergreifende potentielle und tatsächliche Betroffenheit gegenüber sozialen Problemlagen, die vor dem Hintergrund der "Mechanik der Individualisierung" (ders. ebd. S. 154) als "Unlebbarkeit" mit anomischen Zügen erfahren wird (vgl. ders. S. 151). War die Sozialarbeit in vorherigen Epochen eher für Randgruppen zuständig, die für den Kapitalverwertungsprozeß marginale Bedeutung hatten, so tritt sie mit diesem Faktum der schichtübergreifenden Allgegenwärtigkeit gesellschaftlicher Risiken - Sozialromantiker mögen dies bedauern - zunehmend in eine gesellschafts- und wirtschaftspolitisch interessante und beachtete Position. Hierbei erwächst sofort die Frage, inwieweit sie ihre gesellschaftliche Funktion der kompensatorischen und integrativen Problembearbeitung erfolgreich und effizient erfüllen kann. Das Thema der Evaluation sozialpädagogischer Praxis wird unter den Bedingungen der Risikogesellschaft zwangsläufig und zunehmend in den Mittelpunkt des öffentlichen und politischen Interesses geraten.

Zweitens beinhaltet reflexive Modernisierung eine Eigendynamik, in deren Zusammenhang sich Nebenfolgen und Folgen duplizieren und dadurch eine die gesamte Gesellschaft betreffende Krise erzeugen können. Dies kann man am Beispiel der ausländerfeindlichen Ausschreitungen Anfang der 90er Jahre in den neuen Bundesländern erkennen. Diese waren zunächst ein regionales Problem mittleren Ausmaßes. Sie wurden dann aber als Nebenfolge erstens der öffentlichen Reaktionen, zweitens der Bearbeitungs- und Kontrollversuche des Staates und drittens in Verbindung mit Prozessen der globalen Skandalisierung zu einer Gefahr, die die Gesellschaft übergreifend und in einer ganz anderen Dimension betraf, als das Phänomen am Ausgangspunkt dies vermuten ließ. Gemeint ist die massive Gefährdung des vielbeschworenen Wirtschaftsstandortes Deutschland, weil sich internationale Konzerne weigern könnten, in den neuen deutschen Bundesländern zu investieren. An dieser Stelle wird nochmals klar, was »reflexive Modernisierung« meint:

"Selbstkonfrontation mit risikogesellschaftlichen Folgen, die im System der Industriegesellschaft, und zwar mittels der dort institutionalisierten Maßstäbe, nicht angemessen be- und verarbeitet werden können" (Beck 1988, S. 115).

Die Dynamik der Nebenfolgen und ihre sprunghafte, sich unter der Hand ergebende Unkalkulierbarkeit und Unkontrollierbarkeit, die Beck (1993, S. 83) mit den Begriffen der "Globalisierung" und dem der "zirkulären Summen- und Bummerangeffekte" bezeichnet, läßt zunehmend die Möglichkeit schwinden, diese Gefahren zweiter Ordnung, die ja infolge einer zweckrationalen Kontrollogik entstanden sind, wiederum mit der linearen Optik der einfachen Modernisierung und ihrem Steuerungspotential zu bearbeiten.

Ein **drittes** Merkmal der Gefahren zweiter Ordnung besteht in der "schwachen" Kausalität, die für ihr Entstehen ausgemacht werden kann, und in der uneindeutigen nur begrenzt vorhandenen Möglichkeit, die Schuld für Krisen, Risiken und Gefahren eindeutig zuzuschreiben (Bonß 1995, S.35). Beides scheint neben dem Vorhandensein komplexer Wirkungsgefüge und Kontingenzen damit zusammenzuhängen, daß Problemkonstellationen im Risikokontext in einem weitaus höheren Maße, als die Probleme, die es im Kontext der einfachen Modernisierung zu lösen galt, sozial konstruiert sind (ebd. S. 42ff).

Viertens bedeuten die gesellschaftlich strukturellen Umbrüche im Zusammenhang mit der Risikogesellschaft, daß deren Strukturprinzip sich von der "Reichtumsverteilung" hin zur "Risikovergesellschaftung" verschiebt (Bonß 1995, S. 16). Damit hat sich auch die allgemeine Logik, nach der inhaltliche Einflußnahme möglich ist, verändert. Neben dem bisherigen klar umrissenen und Sicherheit gebenden Prinzip der Ordnung tritt in zunehmendem Maße die Konfrontation mit Unsicherheit, Ambivalenz und Mehrdeutigkeit auf. Bezogen auf lebensweltliche Zusammenhänge bedeutet dies, daß Interventions-, Hilfe- und Bewältigungsstrategien immer weniger durch linear ordnende und zuteilende Maßnahmen geschehen können. Integration, Normalisierung und Prävention sind vielmehr auf Strategien angewiesen, die vom sozioökologischen Nahbereich ausgehen und sich selbst speisende, Sicherheit spendende Inszenierungen und Milieus darstellen. Nur somit kann die Allgegenwärtigkeit und Vielschichtigkeit des Risikos präventiv angegangen werden.

"Mit reflexiver Modernisierung verschiebt sich das gesellschaftliche Gefüge ins Informelle und Unbegriffene. In und mit der Modernisierung der Industriemoderne breitet sich hinter den Fassaden der Ordnungen und der Zuständigkeiten der Dschungel aus. Die Safari in die unbekannte, unentdeckte Welt, in der wir leben, kann beginnen" (Beck 1993, S. 66).

Wege in eine andere Moderne
Bislang stand der Aspekt der Reflexhaftigkeit der Umbrüche durch Nebenfolgen im Mittelpunkt einer diagnostischen Sichtweise der Theorie reflexiver Modernisierung. Ebenso enthalten ist jedoch das Moment der Selbstreflexion inform einer selbstkritischen "Überprüfung geltender Konventionen und »Rationalitäts«grundlagen" (Beck, 1993, S. 47). Erst durch diese Reflexion erzeugt reflexive Modernisierung jene fundamentalen Erschütterungen, auf deren Grundlage die Chance besteht, daß eine Ablösung der Industriemoderne geschehen und eine andere Moderne entstehen kann. Beck meint mit der "Erfindung des Politischen" einen Ausbruch aus der "regelgeleiteten" Problemlösungslogik der einfachen Modernisierung (das Spiel der klassischen Industriegesellschaft, Beck 1993, S. 207) und den Übergang zu einer "regelverändernden". Denn es kann gewissermaßen nur durch eine neue Optik und Logik der Problembearbeitung zur Aufhebung bestehender Erstarrungen und Hilflosigkeiten gegenüber Risikoproblemen kommen (vgl. Beck 1993, S. 204ff). Reflexive Modernisierung hat also nicht die fatale Konsequenz, in eine Sackgasse zu führen, aus der es keinen Aus- und Rückweg gibt. Die Verbindung von Reflexion und Selbstaufhebung bedeutet vielmehr die einzige Möglichkeit und gleichsam das Konzept einer Weiterentwicklung zu einer anderen in ihren Konturen allerdings noch unklaren Qualität und Architektur der Moderne, die Beck in bezug auf den Staat in folgende Formel kleidet: Absterben plus Erfinden gleich Metamorphose des Staates (ebd. S. 214). Dieser Prozeß kann jedoch auch umkippen und "Wasser auf die Mühlen des Neonationalismus und Neofaschismus leiten" (ebd. S. 15). Damit ist die "Nachtseite der Moderne" hergestellt, die Beck als »Gegenmoderne« bezeichnet (ebd. S. 99ff). Sie wird als hergestellte, herstellbare Fraglosigkeit definiert, weil sie die Frage, in die die Moderne zerfällt, tilgt und entsorgt" (s. Beck 1993, S. 102).

Konsequenzen für Evaluation in der Sozialpädagogik vor dem Hintergrund von Risikokontexten

Ausgehend von diesem Modell der »reflexiven Modernisierung« und der »Gefahren zweiter Ordnung« lassen sich Schlüsse für die Evaluation sozialpädagogischer Praxis allgemein vor dem Hintergrund der gesellschaftlichen Modernisierung und insbesondere dann ziehen, wenn soziale Arbeit es situativ kontextuell mit typischen Risikoproblemen zu tun hat. Betrachtet man die sozialpädagogische Praxis, so lassen sich in unterschiedlichen Bereichen Prozesse feststellen, die Anhaltspunkte dafür geben, daß sich Sozialpädagogik zunehmend von einem linear regelanwendenden zu einem selbstkritisch reflexiven, die Regeln verändernden Unternehmen gewandelt hat. Dies ist beispielsweise erkennbar am Hilfeplan in der Jugendhilfe (KJHG, s. S. 60), der die Einbeziehung verschiedener Beteiligter vorsieht und sich dadurch den Ambivalenzen unterschiedlicher Sinndeutungen bewußt aussetzt, oder am AgAG in den neuen Bundesländern, das auf dezentrale eigendefinitorische Strukturen und Inhalte setzt und entsprechende Evaluationsformen anwendet.

Soziale Arbeit und Sozialpädagogik befindet sich also mitten in diesen Prozessen der reflexiven Modernisierung, und Evaluation ist als eine Ressource und ein Instrument anzusehen, mit deren Hilfe diese vorangetrieben werden kann. Sie erfüllt im Kontext der Risikogesellschaft die Funktion, Orientierungen zu geben und Informationen darüber zu ermitteln, inwieweit sozialpädagogische Praxis vor dem Hintergrund der normativ-politischen Implikationen und den empirischen Zusammenhängen der reflexiven Modernisierung erfolgreich agiert. Hierbei darf jedoch weder das Prinzip der Rationalisierung, noch das der Wirkungsanalyse und schon gar nicht das der Bewertung außer Kraft gesetzt werden. Das Koordinatensystem der Analyse und Beurteilung muß vielmehr einen höheren Grad an Reflexivität in bezug auf diese evaluationstheoretischen Inhalte erreichen. Es verschiebt sich in Richtung der Einberechnung einer erhöhten Komplexität, Ambivalenz, Kontingenz und Unsicherheit. Seine Achsen werden zu bruchstückhaften Kurven, die flexibel in unterschiedlichen Dimensionen auftreten und somit der zeitlichen, sachlichen und sozialen Diffusität der Realität Rechnung zu tragen versuchen. Bei der Konzeptionierung eines Evaluationsdesigns besteht also die Aufgabe, durch patchworkartige Konstruktionen auf die Unsicherheit der reflexiven Modernisierung zu reagieren, und gleichzeitig durch eine die Diffusität bewußt reflektierende Haltung klare Ergebnisse und Orientierung gebende Bewertungen zu produzieren. Im folgenden sollen einige, thesenhaft spekulativ zu verstehende, Anregungen gegeben werden, die angesichts des Risikokontextes von evaluationstheoretischem Interesse sind:

- Evaluation hat sozialpädagogische Praxis und sich selbst vermehrt als Produktionsinstanz von Nebenfolgen zu thematisieren und zu analysieren. Denn es ist das besondere Charakteristikum von Risikoproblemen, daß sie sich unbemerkt aus "gut gemeinten" Programmen ergeben können und daß sie, wenn sie erst einmal bestehen, nur sehr schwer zu bearbeiten sind (s.o.).

- Diese Nebenfolgen treten nicht nur innerhalb des jeweiligen Systems auf, in dem agiert wird, sondern sie manifestieren sich außerhalb des Wirkungs- und Sichtkreises des sozialpädagogischen Handelns und der Institution im komplexen und dynamischen Verbund unterschiedlicher anderer sozialer Systeme. Von daher kommt Evaluation die Aufgabe zu, eine Vernetzung der Informationssammlung zu leisten (vgl. S. 362), womit die Forderung verbunden ist, sich auf die jeweils unterschiedliche Logik beteiligter Subsysteme einzulassen.

- Ziele und Arbeitsformen sozialpädagogischer Praxis können aufgrund der zunehmenden sozialen Konstruiertheit der Risiken und Problemlagen nur im Rekurs auf soziale Kontexte und »soziale Rationalität« (vgl. Bonß 1995) beurteilt werden. Die Kriterien hierzu müssen reflexiv kommunikativ erschlossen werden, liegen also nur in einem beschränktem Maße von vorn herein fest.

- In diesem Zusammenhang hat Evaluation auch die Aufgabe, sich aus der Begleitung der Praxis heraus aktiv an der sozialen Definition von Risiken zu beteiligen, bzw. zu analysieren und zu bewerten, welche Folgen und Konsequenzen sich im Zusammenhang unterschiedlicher "Risikokonstruktionen" für die Betroffenen ergeben.

- Das Phänomen der Individualisierung verkompliziert die Evaluation von Integrations- und Normalisierungsanstrengungen, weil der Rahmen der gesellschaftlichen Muster, in die integriert werden könnte immer diffuser und brüchiger wird. Damit verschiebt sich die Aufgabe der sozialen Arbeit zunehmend in Richtung einer Inszenierung sozialer Kontexte und einer Kreation sozialer Milieus. Folglich sind Kriterien der integrativen und normalisierenden Arbeit zunächst gerade in dieser Vorphase beurteilbar, in der es zunächst einmal darum geht, soziale Netze, lokale Milieus und normative Profile zu erfinden und zu schaffen, in die integriert und vor deren Hintergrund normalisiert werden kann. Unter der Bedingung einer aktiven und gleichberechtigten Miteinbeziehung der Adressaten ergibt sich Integration und Normalisierung gleichsam in diesem (sozialpädagogischen) Prozeß.

- Im Rahmen ihrer kritischen Reflexion der Praxis wird Evaluation zwangsläufig Unklarheiten, Ambivalenzen und Unentscheidbarkeiten zutagefördern, gegenüber denen kein Ausweg erkennbar ist, die gewohnte Handlungssicherheiten schwinden lassen und zu Krisen führen. Sie hat dennoch die Funktion, Sinn zu produzieren, und zwar auf einer metatheoretisch-reflexiven Ebene, in der eben diese Situationen zum Gegenstand der Betrachtung gemacht werden können. Hiermit soll verhindert werden, daß Handlungssicherheit durch gegenmoderne (s.o.) Vorspiegelungen oder rigorose Ausblendungen von Fragwürdigkeit herbeikonstruiert wird. Evaluation kann vielleicht dazu beitragen, Fragwürdigkeit und Unsicherheit sozialpädagogischen Handelns aushaltbar und in der Zusammenarbeit mit anderen Institutionen begründbar zu machen; und zwar ohne in "verwaltungsverdauliche Kontrollatavismen" zu verfallen und ohne durch die Anwendung unpassender Reflexionssysteme (Pädagogisches Controlling) Sicherheiten "vorzugaukeln".

- Angesichts der besonderen Bedingungen des Risikokontextes ist es notwendig, über eine (intrinsische) Zielevaluation, also eine diskursiv kritische Beurteilung der Ziele, wie sie in der Praxis definiert werden (sollen), hinauszugehen und nicht nur die unterschiedlichen Zielvorstellungen und Methoden kritisch infrage zu stellen. Im Rahmen der Evaluation sozialpädagogischer Praxis muß es vielmehr auch um die Infragestellung der Grundlagen dieser Zieldefinitionen, also um eine vermehrte Einbeziehung des Aspektes der Regelveränderung gehen. Gleichzeitig bedeutet dies den Versuch einer proskriptiven Evaluation möglicher Alternativen zu diesen Grundlagen und in diesem Zusammenhang die Einberechnung von Nebenfolgen. In der wertenden Begleitung der Praxis hat Evaluation somit die Aufgabe, auf bestehenden Erstarrungen und Paradoxien des wohlfahrtstaatlichen Systems aufmerksam zu machen und sich damit an der Konzeptionierung einer neuen regelverändernden Qualität der sozialpädagogischen Arbeit zu beteiligen.

5. Zusammenfassung und Resümee

Zur bisherigen Analyse

Im ersten Kapitel wurde aufgezeigt, daß Evaluation in sozialpädagogischen Praxisbereichen zwar eine wichtige und anerkannte Bedeutung und Funktion besitzt, aber gleichzeitig auch von Defiziten betroffen ist. Zwei dieser Defizite, deren Vorhandensein sich im dritten Kapitel weiter bestätigte, waren von besonderem Interesse: **erstens** der Mangel an Evaluationen, die sich explizit mit zentralen, genuin pädagogischen Fragestellungen beschäftigen; **zweitens** der Mangel an theoretischen Fundierungen, die eine Ausrichtung und Gestaltung der Evaluation in diesem sozialpädagogischen Sinne ermöglichen und auf praktikable Vorgehensweisen hierzu aufmerksam machen. Vor diesem Hintergrund fiel es nicht schwer, eine Begründung für die Bearbeitung der Thematik zu liefern und die allgemeinen Fragestellungen der Untersuchung zu formulieren: Was kann bedacht werden, wenn sozialpädagogische Praxis Evaluationsgegenstand ist? Wie kann dieser Prozeß der Reflexion strukturiert werden? Wie lassen sich angemessene Formen der Evaluation in der Sozialpädagogik beschreiben?

Im **zweiten Kapitel** konnte anhand der Entwicklungsgeschichte der Evaluationstheorie ein breites Spektrum von konzeptionellen und methodischen Orientierungen dargestellt werden, die Aussagen darüber machen, wie Evaluationen zu planen, durchzuführen und auszuwerten sind und welche gesellschaftliche, politische und institutionelle Bedeutung und Funktion ihnen zukommt (bzw. zukommen sollte). Was den gegenwärtigen Stand der Evaluationstheorie anbelangt, so wurde die Position der sogenannten »stage three theories« als die am weitesten fortgeschrittenen angesehen, da sie eine pragmatische, auf die aktuellen Erfordernisse des jeweiligen Projektes zugeschnittene und offene Sichtweise möglicher Methoden und konzeptioneller Formen der Evaluation vertritt. Dadurch daß sich unter diesem Ansatz verschiedene Evaluationsformen und Methoden, die vorher teilweise extrem konträr diskutiert wurden, integrieren lassen, wird der zunehmend als unbefriedigend empfundene Streit gegensätzlicher paradigmatischer Richtungen um **die** richtige Theorie und **die** richtigen Methoden der Evaluation überwunden.

Das **dritte Kapitel** beschäftigte sich mit der historischen Entwicklung der Evaluationstheorie in der (west)deutschen Erziehungswissenschaft. Anhand der Darstellung einzelner theoretischer Ansätze konnte ein Überblick über die wichtigsten evaluationstheoretischen Positionen und über den gegenwärtigen Diskussionsstand in der Sozialpädagogik gegeben werden. Gleichzeitig wurde an mehreren Stellen der Einfluß sichtbar, den bestehende gesellschaftlich-historische Rahmenbedingungen in bezug auf Formen und Inhalte der Evaluation in der Sozialpädagogik haben.

Im **vierten** und **fünften Kapitel** wurden durch die Analyse ausgewählter Praxisprojekte, die unter verschiedenen gesellschaftlichen und situativen Bedingungen stattgefunden haben, unterschiedliche evaluative Vorgehensweisen bei der Evaluation sozialpädagogischer Arbeit analysiert und kritisiert. Hieraus ergaben sich Orientierungen für begehbare, angemessene und zu positiven Ergebnissen führende Lösungsmöglichkeiten, die auch Rückschlüsse auf verallgemeinerungsfähige theoretische Konsequenzen erlaubten.

Im Verlauf dieser Analysen wurden bereits an mehreren Stellen evaluationstheoretische Überlegungen angestellt und Orientierungen in bezug auf angemessene oder unangemessene Konzepte der Evaluation angedeutet. Diese werden im abschließenden Kapitel nicht alle noch einmal thematisiert werden. **Das sechste Kapitel** beabsichtigte nämlich nicht, alle Ergebnisse der vorangegangenen Analyse einfach zusammenzufassen. Das Ziel bestand vielmehr darin, ausgehend von den unterschiedlichen vorher betrachteten Konzepten der Evaluation ein gedankliches Muster oder theoretisches Schema zu entwickeln, das Leitlinien und Orientierungen für die Konstruktion von Evaluationskonzepten enthält.

Wer Evaluationskonzepte entwickeln will, muß auf konkrete situative Bedingungen Bezug nehmen und evaluationstheoretische Reflexionen anstellen. Die situativen Bedingungen werden in unserem Falle sehr stark durch die spezifischen Eigenarten und inhärenten Strukturen beeinflußt, die mit dem thematisierten Evaluationsgegenstand »sozialpädagogische Praxis« verbunden sind. Das Ergebnis des sechsten Kapitels ist also ein Modell der Reflexion, das bei der Entwicklung von Evaluationskonzepten in der Sozialpädagogik behilflich sein soll. Im folgenden Abschnitt wird noch einmal überblickhaft dargestellt werden, wie dieser theoretische Reflexionsrahmen beschaffen ist. Danach geht es um die Frage, was man damit anfangen kann.

Das Modell der evaluativen Reflexion im Überblick
Bei dem Versuch, eine Struktur für die Reflexion und Konstruktion geeigneter Evaluationskonzepte zu entwerfen, wurden folgende Schritte der Modellbildung vollzogen:

1) Die evaluationstheoretischen Grundlagen, somit der Ausgangspunkt und das Fundament des eigenen Reflexionsrahmens wurden festgelegt. Hierbei wurden die allgemeine Struktur des Prozesses der Evaluation sowie die damit verbundenen Ansprüche definiert und mit dem Evaluationsgegenstand »sozialpädagogische Praxis« in Beziehung gesetzt. Vor diesem Hintergrund konnten grundlegende Probleme der Evaluation in der Sozialpädagogik diskutiert werden, z.B. das Verhältnis zwischen Intention und Wirkung. Folgende Kategorien spielten bei der Konstruktion dieser grundlegenden evaluationstheoretoischen Rahmengebung eine zentrale Rolle:
- Evaluationskriterien, evaluative Fragestellungen, Indikatoren;
- die metatheoretischen Qualitätskriterien für Evaluation in der Sozialpädagogik »sozialpädagogische Orientierung« und »Tatbestandsorientierung«

2) Es wurde ein Drei-Ebenen-Modell der sozialpädagogischen Praxis entworfen, in dem verschiedene Perspektiven und Kontexte der Evaluation enthalten sind. Hiermit ist es möglich, unterschiedliche Perspektiven der Evaluation (Reflexionsebenen) einzunehmen und je nach Ebene spezifische Überlegungen zu Evaluationskriterien und -konzepten anzustellen. Weiterhin wurde die zentrale Bedeutung sozialpädagogischen Handelns innerhalb dieses Drei-Ebenen-Modells herausgestellt. Die drei Ebenen wurden im weiteren Verlauf des Kapitels nacheinander thematisiert und in bezug auf Evaluation diskutiert.

3) Auf der Ebene des sozialpädagogischen Handelns konnten wichtige Probleme und Grenzen, aber auch Möglichkeiten für Erfolgskriterien beschrieben werden. Gleichzeitig wurden Hinweise auf bedeutsame Unterscheidungen, wichtige Prinzipien und bedeutsame Kategorien der Evaluation gegeben:

- **Wirkungen und Qualitäten,**
- **Bedingungen und Prozesse**

Darüberhinaus wurde versucht, eine den Inhalt sozialpädagogischen Handelns differenzierende Strukturierung anzubieten. Hierbei wurden drei Aufgabentypen unterschieden, die als reflexive Aspekte der Evaluation dienen können:
- **Hilfe** bei der Lebensbewältigung,
- **Sozialisation** und Erziehung,
- Arbeit an **sozialen Strukturen**.

4) In der Ebene der Institution wurden drei Perspektiven unterschieden, die für das Problem der Evaluation wichtig sein können und deren Reflexion zu einer geordneten Sicht- und Vorgehensweise bei der Konzepterstellung führen kann:
Von zentraler Bedeutung war der Aspekt, daß Institutionen durch materielle und konzeptionelle Vorgaben und Bedingungen das sozialpädagogische Handeln bestimmen, auf das sich die Evaluation richtet. In diesem Zusammenhang wurden drei Typen von institutionellen Bedingungen unterschieden, die jeweils eigene Konsequenzen und Schwerpunktsetzungen der evaluativen Reflexion erfordern:
- **offene** Strukturen,
- **geschlossene** Strukturen,
- **Angebotsstrukturen**.

Als nächste Perspektive wurden die Einflüsse betrachtet, die Institutionen direkt auf Evaluationen, gleich welchen Gegenstandes, haben können. In diesem Zusammenhang wurde die Frage des **Evaluationsmanagements** angeschnitten. Und schließlich wurde die **Institution** quasi als sozialpädagogische Handlungseinheit und **Koordinationsinstanz** betrachtet, woraus sich bestimmte aktuelle Problemstellungen ergaben. Die Frage, ob diese erfüllt werden, gibt hilfreiche Hinweise für mögliche und notwendige Vorgehensweisen und Beurteilungskriterien der Evaluation.

5) Als letztes wurde die Ebene der gesellschaftlichen Bedingungen von Evalution eingenommen. Hier wurden drei Kontexte unterschieden, die als heuristisches Reflexionsmuster nutzbar sind und die unterschiedliche evaluationstheoretische Konsequenzen nach sich ziehen können:

Reformkontext, Übergangskontext, Risikokontext.

Für die Reflexion war diese Ebene deswegen interessant, weil sich vor dem Hintergrund dieser Kontexte über unterschiedliche gesellschaftliche Funktionen der Evalution nachdenken läßt, die wiederum für die Evaluation des Handelns und in der Ebene der Institutionen von Bedeutung sind.

Mit den eben dargestellten Typisierungen und Aspekten, die im letzten Kapitel entwickelt wurden, ergibt sich zunächst ein dreidimensionaler "Reflexionsraum". Um das Reflexionsmodell, das als Angebot verstanden werden soll und keinen Anspruch auf Vollzähligkeit erhebt, weiter zu elaborieren, soll noch eine weitere zentrale Dimension hinzugefügt werden: Die des zeitlichen Verlaufs des Evaluationsprojektes. Diese vierte Dimension spielt insbesondere für das Management der Evaluation eine entscheidende Rolle (s.o.). Sie soll in meiner Arbeit lediglich der Vollständigkeit halber aufgenommen werden, da die Thematisierung dieses Aspektes den Rahmen sprengen würde. Das eigene, nicht lineare sondern reflexive Evaluationsmodell beinhaltet also vier Dimensionen der evaluationstheoretischen Reflexion:

1) Grundlegende inhaltliche Aufgaben- und Handlungstypen
2) Strukturelle Grunddimensionen sozialpädagogischer Praxis
3) Evaluationstheoretische Aspekte und Kriterien
4) Zeitlicher Verlauf und Phasen des Evaluationsprojektes

Im Schema auf Seite 297 wird versucht, dieses Modell bildlich darzustellen. Die ersten der drei Dimensionen bilden einen "Reflexionsraum", der aus einem Würfel besteht. In diesem sind die unterschiedlichen Ebenen und Aspekte enthalten, die für die evaluationstheoretische Reflexion konstruiert wurden. Die Handlungstypen wurden nicht tabellarisch angeordnet, sondern über die Ecken der Oberfläche angebracht, um deren ineinander übergehende Präsenz, auch in bezug auf Wirkungen und Qualitäten, anzudeuten. Die horizontalen Trennlinien zwischen den drei Ebenen der sozialpädagogischen Praxis kann man sich ebenfalls nicht so eindeutig und linear verlaufend vorstellen, wie das in der schematischen Darstellung erscheint. Eigentlich hätten hier noch Zwischenräume für Schnittstellen, deren Bedeutung bereits angesprochen wurde, ausgespart werden müssen, was der Anschaulichkeit wegen jedoch unterblieben ist. Nochmals sei betont, daß das Ergebnis im engeren Sinne kein Modell der Evaluation, sondern genauer das einer »Reflexion zur Konzeptionierung von Evaluationen« ist. Denn es enthält bis auf die basalen evaluationstheoretischen Grundlagen keine festen inhaltlichen Anweisungen, daß etwa dieser oder jener Evaluationstyp oder eine bestimmte Evaluationsmethode in einer bestimmten Situation anzuwenden sei. Angesichts der Notwendigkeit der situativen Konkretisierung, die nicht theoretisch geleistet werden kann, werden lediglich Orientierungspunkte, Ebenen und Muster einer möglichen Reflexion von Evaluationskriterien und Konzepten vorgezeichnet.

MODELL DER EVALUATIVEN REFLEXION

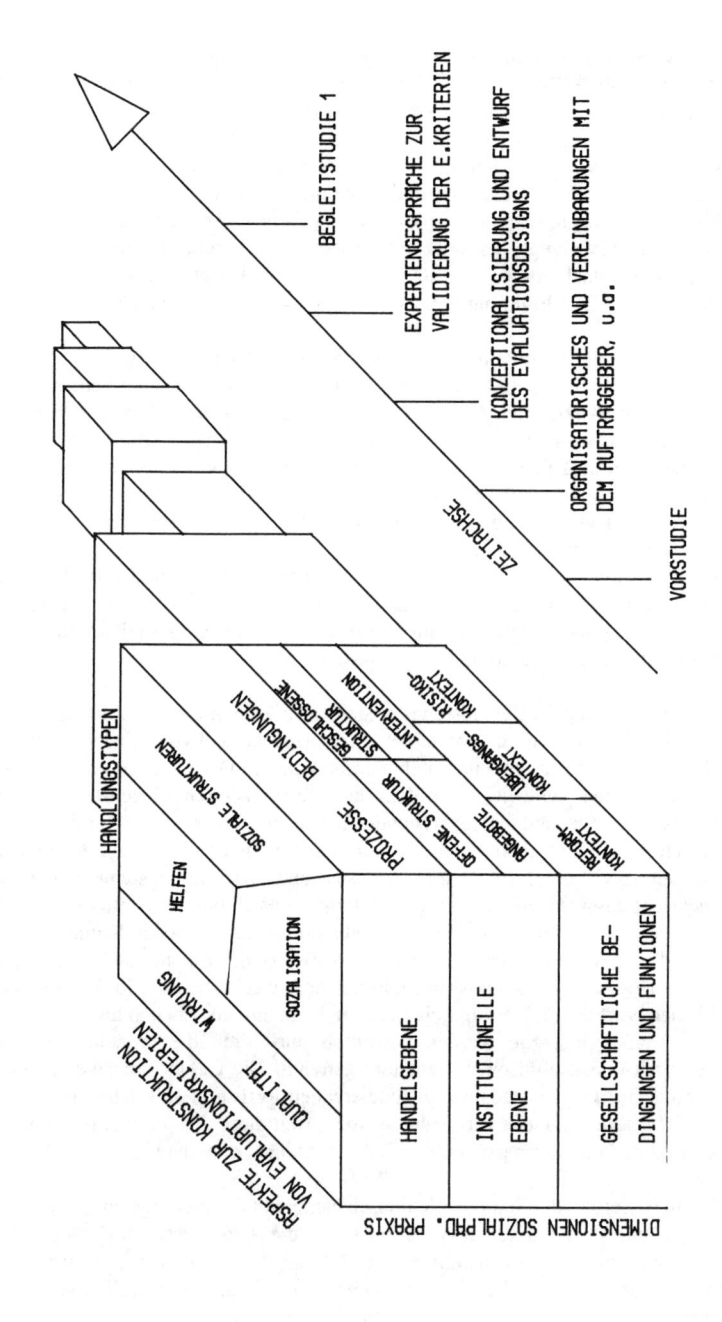

Zeitachse:
- VORSTUDIE
  - ORGANISATORISCHES UND VEREINBARUNGEN MIT DEM AUFTRAGGEBER, u.a.
  - KONZEPTIONALISIERUNG UND ENTWURF DES EVALUATIONSDESIGNS
  - EXPERTENGESPRÄCHE ZUR VALIDIERUNG DER E.KRITERIEN
- BEGLEITSTUDIE 1

HANDLUNGSTYPEN: SOZIALISATION, HELFEN, SOZIALE STRUKTUREN, BEDINGUNGEN, BESCHLÜSSE, OFFENE STRUKTUR, ANGEBOTE, INTERVENTION, RISIKO-STRUKTUR, ÜBERGANGS-KONTEXT, RE-ORT-KONTEXT

ASPEKTE ZUR KONSTRUKTION VON EVALUATIONSKRITERIEN: QUALITÄT, WIRKUNG

DIMENSIONEN SOZIALPÄD. PRAXIS:
- HANDELSEBENE
- INSTITUTIONELLE EBENE
- GESELLSCHAFTLICHE BEDINGUNGEN UND FUNKTIONEN

Was können Evaluatoren mit diesem Modell anfangen?
Wer evaluative Rezepturen inform von nacheinander abzuarbeitenden Checklisten verlangt, wer von konkreten Situationsbeschreibungen der Praxis einzelner Fachgebiete her schematisch passende Konzepte und Methoden der Evaluation serviert bekommen möchte, wer sich nicht auf einen eigenständigen Reflexionsprozeß einlassen will, in dem offene Leitlinien und Prinzipien lediglich einen formalen theoretischen Rahmen angeben, dessen Konkretisierung Unwägbarkeiten in sich birgt und Entscheidungen verlangt, der kann mit diesem Modell nicht viel anfangen. Dem eigenen Verständnis nach täte er oder sie in diesem Falle aber auch besser daran, sich von der Planung und Durchführung von Evaluationen gänzlich fernzuhalten.

Das Modell der Evaluation, in dem das Moment der Reflexion, das der Offenheit und Kontextabhängigkeit so bestimmend sind, versteht sich als eine **theoretische Konzeption**, die in spezifischer Weise auf die Bedingungen der **reflexiven Modernisierung** zu reagieren versucht. EvaluatorInnen, die sich auf das Reflexionsmodell einlassen, können sich an keine feste und systematisierte Abfolge der Reflexion klammern, obwohl dies auf den ersten Blick durch das Modell dreier einander übergeordneter Ebenen nahegelegt zu werden scheint. Vielleicht wäre es besser gewesen, von in ihrem Umfang begrenzten Plateaus und nicht von Ebenen zu sprechen, auf die man sich in der Reflexion begeben kann, die man aber auch wechselt, um den Reflexionsprozeß zu unterbrechen, woanders weiterzuführen, um danach wieder zurückzukehren. Man kann auch beide Füße gleichzeitig auf unterschiedliche Plateaus stellen und von dieser Position aus einen Blick auf das dritte werfen.

Der theoretische Reflexionsrahmen sieht also kein lineares, "im Gleichschritt" fortschreitendes Denken vor, sondern er ist so gedacht, daß verschiedene Plateaus der Reflexion gleichzeitig eingenommen werden können. Die Ergebnisse der Reflexion sind je nach Ebene und je nach dem dort thematisierten Gegenstand der Reflexion unterschiedliche und kontextgebundene. Um ein angemessenes und ausreichend begründetes Gesamtresultat zu erhalten, müssen mehrere Ebenen übereinandergelegt werden sowie mehrere Reflexionsmuster und Orientierungspunkte gleichzeitig Berücksichtigung finden. Je nach Kontext ergeben sich unterschiedliche beurteilungsrelevante Aspekte und Hinweise auf Evaluationskriterien. Jeder Kontext fördert unterschiedliche Unklarheiten und Erkenntnisse, Widersprüche und Klarheiten hervor. Diese Möglichkeit, ja die Notwendigkeit einer wechselweisen Reflexion zwischen den Ebenen wird dadurch ermöglicht, daß die Elemente der Ebenen miteinander strukturell verschränkt sind. Sie wurden eigentlich nur durch die modellhafte Konstruktion künstlich und analytisch voneinander getrennt. Die Gefahr einer beliebig oszillierenden und ins Gegenstandslose diffundierenden Reflexion soll dabei durch die Struktur des Reflexionsrahmens vermieden werden, weil diese den Verlauf der Reflexion durch bestimmte Orientierungspunkte in Bahnen zu lenken vermag:

Erstens werden durch die Reflexionsebenen und Orientierungspunkte unterschiedliche Wege und Möglichkeiten vorgezeichnet, die benennbar und voneinander unterscheidbar sind, was dazu führen soll, daß die Reflexion sich nicht verliert. Sie kann anhand des theoretischen Hintergrundmusters vielmehr kontrollierbar verlaufen und immer den Kontext nennen, in dem sie sich gerade befindet.

Zweitens hält das Modell dazu an, sich immer wieder auf die zentralen evaluationstheoretischen Kategorien zu beziehen. Diese sind: Evaluationskriterien, Fragestellungen, Wirkungen und Qualitäten, sozialpädagogische Prozesse und Bedingungen, sozialpädagogische Orientierung, Tatbestandsorientierung.

Zum Schluß soll die Anwendung des Reflexionsmodells noch einmal anhand einiger kurzer Gedanken zum bereits vielfach bemühten AgAG verdeutlicht werden[37]:

Ausgangspunkt der Reflexion ist die Ebene des Handelns unter dem inhaltlichen Aspekt der Hilfe zur Lebensbewältigung. Es soll um die Frage gehen, in welcher Beziehung unter den Vorzeichen der Arbeit gegen jugendliche Gewalt und Rechtsradikalismus Hilfe geleistet werden muß. Jugendsoziologische Untersuchungen haben erstens gezeigt, daß die Jugendlichen in den AgAG-Projekten keine pessimistischen Zukunftsbilder haben. Es bestehen vielmehr überwiegend optimistische und zukunftsgerichtete Einstellungen (Böhnisch 1994, S. 56ff). Diese Grundhaltung ist jedoch durch die in der Lebenswelt erfahrene und präsente Konfrontation mit existentieller Unsicherheit, z.B. Arbeitslosigkeit des Vaters, massiv gefährdet. Denn es kann "davon ausgegangen werden, daß ein nicht unerheblicher Teil der Jugendlichen ganz massiv die Folgen der Erwerbslosigkeit zu spüren bekommt" (ebd. S. 53). Den Jugendlichen muß also durch sozialpädagogische Arbeit dabei geholfen werden, mit diesen unsicheren Situationen besser fertig zu werden. Es muß dabei gelingen, ihnen das Gefühl zu vermitteln, daß sie in der Gesellschaft gebraucht werden (ebd. S. 90).

Ausgehend von diesen Gedanken zum Aufgabentypus der Hilfe kann man auf derselben Reflexionsebene bleibend nun gleichzeitig den Aspekt der Sozialisation reflektieren. Dabei kann man **erstens** feststellen, daß Jugendliche sehr stark an den Leitbildern und Attributen des Erwachsen-Seins orientiert sind. Ganz entscheidend gehört hierzu ein erfolgreicher beruflicher Status (vgl. ebd. S. 91). Werfen wir einen Nebenblick auf die gesellschaftliche Ebene und betrachten wir die aktuellen ökonomischen Bedingungen der real existierenden sozialen Marktwirtschaft, so müssen die Erwartungen ostdeutscher Jugendlicher, eine gute Ausbildungs- und Arbeitsstelle zu finden, als äußerst vage und für einen großen Teil der Jugendlichen als unrealistisch eingeschätzt werden. Aus der Zusammenschau dieser Erkenntnisse ergibt sich die "Jugendfalle" (ebd. S. 91, s. auch Hornstein 1990), die sich aus dem Widerspruch zwischen verinnerlichten Erwartungen und tatsächlichen Möglichkeiten ergibt. Diese muß zwangsläufig gerade bei den leistungswilligen Jugendlichen zu Frustrationen führen und trägt damit sicherlich zur Entstehung des Gewaltproblems bei.

Eine **zweite** Erkenntnis von zentraler Wichtigkeit, die unter dem Aspekt der Sozialisation zu bedenken ist, besteht darin, daß in der Hauptsache nicht fehlgeleitete moralische und politische Einstellungen für Gewaltbereitschaft verantwortlich sind, sondern das Gefühl des "Nichtgebrauchtwerdens" (s. Böhnisch 1994, S. 91, Hentig 1994). Dies hat zur Konsequenz, daß der Erfolg sozialpädagogischen Handelns nicht allein danach zu beurteilen ist, inwieweit die Veränderung gewaltbereiter Einstellungen gelungen ist. Er besteht darüberhinaus auch ganz entscheidend darin, daß es gelingt, die Entwick-

---

37: Auf Seite 322 findet sich ebenfalls ein Anwendungsbeispiel der Reflexion.

lung einer stabilen Identität zu unterstützen - in bezug auf die Verarbeitung von biographischer Unsicherheit und angesichts jenes Gefühls der gesellschaftlichen Isolation.

Anhand dieses Verlaufs der Reflexion in mehreren Ebenen wird deutlich, daß die gesellschaftliche Funktion des sozialpädagogischen Handelns in diesem Beispielsfall nicht darin bestehen kann, volkswirtschaftliche Mißstände und gesellschaftliche Widersprüche zu lösen. Denn Tatsache ist, daß ein großer Anteil Jugendlicher und Erwachsener im Produktionsprozeß nicht nachgefragt werden wird. Viele werden also in bezug auf einen ihnen sehr wichtigen identitätsstiftenden Aspekt tatsächlich nicht gebraucht. Es kann also nicht als Erfolgskriterium sozialpädagogischer Praxis gelten, daß eine Beseitigung oder Abmilderung dieses Gefühls erreicht wird, weil es kein "Hirngespinst" ist, sondern der Realität entspricht. Das Evaluationskriterium und die Ziele müssen also genauer definiert werden: Das Gefühl des Nichtgebrauchtwerdens ist mit den Betroffenen zu thematisieren, rational zugänglich zu machen und mit dem Ziel zu bearbeiten, daß es unter Beibehaltung einer realistischen Beachtung der tatsächlichen gesellschaftlichen Risiken einen weniger belastenden Einfluß auf den Einzelnen hat. Gleichzeitig folgt hieraus die Zielsetzung, die Betroffenen bei einer solidarischen politischen Arbeit und bei der aktiven Verfolgung ihrer Interessen in den demokratischen und legalen dafür vorgesehenen Bahnen zu unterstützen, wenn diese es wünschen.

Ausgehend von dieser Formulierung von Aufgaben und Zielsetzungen können weitere Reflexionen über die Analyse des Erfolges und des Nutzens sozialpädagogischer Arbeit angestellt werden. Das erstellte evaluationstheoretische Modell zeichnet die Struktur eines möglichen Fortganges der Reflexion vor, durch die Evaluationsverfahren und spezielle Evaluationskriterien sowie Fragestellungen in Hinsicht auf Wirkungen und Qualitäten entwickeln werden können:

Erstens auf der Ebene des Handelns unter den Aspekten der Sozialisation, der Hilfe und der Schaffung geeigneter sozialer Strukturen;

Zweitens auf der Ebene der Institution: Es ist danach zu fragen, inwieweit geeignete institutionelle Voraussetzungen für das Erreichen dieser Zielsetzungen geschaffen wurden und zu schaffen sind. Hierbei müssen die vorhandenen institutionellen Bedingungen eines offenen dezentral organisierten Angebotes Berücksichtigung finden (wie sie im AgAG vorliegen, vgl. Bohn 1996).

Drittens auf der gesellschaftlichen Ebene: Die zu bearbeitende Problemkonstellation und die darauf bezogene Evaluation kann vor dem Hintergrund des gesellschaftlichen Risikos der Erwerbslosigkeit thematisiert werden. Hierdurch können notwendige Erkenntnisse erschlossen werden, um beispielsweise gegenüber verantwortlichen politischen Stellen im Sinne pädagogisch sinnvoller Konzepte der Problembearbeitung argumentieren zu können oder um überzogene Erwartungen der Politik an die Leistungen und Verantwortlichkeiten der sozialpädagogischen Arbeit und ihrer Evaluation zurechtzurücken. Nur durch eine Reflexion in der gesellschaftlichen Ebene sozialpädagogischer Praxis lassen sich historische und soziologische Zusammmänge (hierzu Hornstein 1993) des Gewaltproblems erkennen, auf die es die Auftraggeber der Evaluation aufmerksam zu machen gilt. Insbesondere dann, wenn Problemkonstellationen Nebenfolgen staatlicher oder eigener jugend- und sozialpolitischer Maßnahmen darstellen.

Betrachtet man die Überlegungen im einzelnen, die in diesem Beispiel angestellt wurden, so läßt sich feststellen, daß sie sicherlich auch ohne den Reflexionsrahmen hätten vollzogen werden können. Das Reflexionsmodell kann also nicht als eine "Produktionszelle" für völlig neue evaluatorische Sicht- und Vorgehensweisen angesehen werden. Denn es ist ja aus bereits angewandten und vorhandenen Sicht- und Vorgehensweisen der Evaluation hervorgegangen. Seine Konstruktion kam dadurch zustande, daß wichtige Bestandteile aus solchen evaluationstheoretischen Konzepten und sozialpädagogischen Evaluationsprojekten "extrahiert" wurden, die als angemessen und gelungen galten. Diese wurden im Anschluß mit Überlegungen zu spezifischen Bedingungen sozialpädagogischen Handelns in Beziehung gesetzt, evaluationstheoretisch verarbeitet und schließlich in einem Reflexionsmodell systematisch verortet. Die eigene Theorie will also Evaluation nicht neu erfinden. Sie bemüht sich aber darum, unterschiedliche Verarbeitungsmuster des Problems der Evaluation, die bereits vorher bestanden haben, ohne daß sie allerdings in angemessener Weise theoretisch verortet worden waren, in Kategorien zu fassen und zu einem evaluationstheoretischen Muster zusammenzufügen. Dieses soll dabei weiterhelfen, daß erstens Probleme der Evaluation klarer gesehen, benannt und bearbeitet werden können; zweitens, daß unterschiedliche Möglichkeiten der Konzeptentwicklung angeregt und unzureichende Vorgehensweisen besser erkannt werden können.

Literaturverzeichnis:

Adorno, Th. W. (1966): Soziologie und empirische Forschung. Köln, Berlin.
Albrecht, G.; Otto, H.-U. (Hrsg.)(1991): Social prevention and the social sciences - theoretical controversies, research problems, and evaluation strategies. Berlin, New York
Alkin, M. C. (Ed.)(1990): Debattes on Evaluation. Newbury Park.
Altrichter, H.; Gstetter, P. (1993): Aktionsforschung - ein abgeschlossenes Kapitel in der Geschichte der deutschen Sozialwissenschaft? In: SLR H. 26, S.67ff.
Arbeitsgruppe "Tagesmütter" (1980): Abschlußbericht der wissenschaftlichen Begleitung. Schriftenr. Bundesminister für Jugend, Familie und Gesundheit, Bd. 85. Stuttgart.
Arbeitsgruppe Tagesmütter (1977): Das Modellprojekt Tagesmütter (DJI aktuell). München.
Autorengruppe "Tagesmütterprojekt" (1980): Pädagogische Gruppenarbeit und Beratung - Werkstattbericht aus dem Tagesmütterprojekt. DJI-Forschungsbericht.
Bader K. (1985): Viel Frust und wenig Hilfe - Die Entmystifizierung Sozialer Arbeit. Weinheim, Basel.
Bader K. (1990): Viel Frust und wenig Hilfe - Methoden der Analyse sozialer Arbeit. Weinheim, Basel.
Badura, B. (1980): Gegenexpertise als wissenschaftssoziologisches und wissenschaftspolitisches Problem. Soziale Welt, 21.Jg. S.459-473.
Badura, B. (1982): Soziologie und Sozialpolitik. In: Beck (1982), S.93-106.
Bayrisches Landesjugendamt (1994): Vorschlag zum Hilfeplan. Karlsfeld.
Beck, U.; Lau, Ch. (1983): Bildungsforschung und Bildungspolitik - Öffentlichkeit als Adressat sozialwissenschaftlicher Forschung. In: Zeitschrift für Sozialisationsforschung und Erziehungssoziologie. H. 3, S.165-174.
Beck, U. (1986): Risikogesellschaft - Auf dem Weg in eine andere Moderne. Frankfurt/M..
Beck, U. (1988): Gegengifte - Die organisierte Unverantwortlichkeit. Frankfurt/M..
Beck, U. (Hrsg.)(1982): Soziale Welt, Sonderband 1: Soziologie und Praxis. Göttingen.
Beck, U. (1993): Die Erfindung des Politischen -
Zu einer Theorie reflexiver Modernisierung. Frankfurt/M..
Beck-Texte (1982): Strafvollzugsgesetz, 5. Aufl.(StVollzG) München.
Benner, D. (1983): Grundstrukturen pädagogischen Denkens und Handelns.
In: Lenzen, S.283-300.
Berg, R.; Wortmann, R. (1987): Was ist und zu welchem Ende betreiben wir wissenschaftliche Begleitung? In: Sozialpädagogik 29. Jg., S.264-268.
Berger, H. (1974): Untersuchungsmethode und soziale Wirklichkeit. Frankfurt/M..
Berger, J. (1986): Die Moderne - Kontinuitäten und Zäsuren. SW, Sondbd.4, Göttingen.
Berger, J. (1988): Modernitätsbegriffe und Modernitätskritik in der Soziologie. In Soziale Welt, 39. Jg. S.224-236.
Bernfeld, S. (1990): Sisyphos oder die Grenzen der Erziehung. 6. Aufl. Frankfurt/M..
Bernhardt, M.; Böttinger, M.; van Holst, D.; Kaczenski, G.; Weigelt, K.-G. (1974): Soziales Lernen in der Gesamtschule. München.
Beywl, W. (1988): Zur Weiterentwicklung der Evaluationsmethodologie. Frankfurt/M..
Bitzan, M.; Klöck T. (1987): Wissenschaftliche Begleitung.
In: Sozialpädagogik, 29.Jg., S.249.
Blandow, J.; Frauenknecht, B. (1980): Dauerpflege, Adoption und Tagesbetreuung - Trends zur sozialen und rechtlichen Entwicklung (Mat. z. 5.Jugendber.). München.
Blanke, Th.; Sachße, Ch. (1987): Ökologisch helfen? Anmerkungen zur Kritik des Sozial-

staates. In: Opielka, M. (Hrsg.): Perspektiven der Sozialpolitik, S. 309-321. Essen.
Blankertz, H. (1978): Handlungsrelevants pädagogischer Theorie. In: ZfPäd 24. Jg., S.171-182
Blankertz, H.; Gruschka, A. (1975): Handlungsforschung: Empiriefeindlichkeit oder neue Erfahrungsdimension? In: ZfPäd 21. Jg. Nr. 5; S.677ff.
Blüml, H. (1989): Tagesmütter - Ein Modellprojekt und seine Folgen. In: Blätter der Wohlfahrtspflege 5/89, S.134-136.
Bohn, I. (1996): Das Aktionsprogramm gegen Aggression und Gewalt. Ein vorläufiges Fazit über Praxis und Erfolge eines Sonderprogrammes. In: Jugendhilfe 34. Jg., S.27-35.
Bohn, I.; Kreft, D. (1996): Evaluation von Großprojekten. In : Blätter der Wohlfahrtspflege. 123. Jg., S.21-25.
Böhnisch, L.; Münchmeier, R. (1987): Wozu Jugendarbeit? Weinheim, München.
Böhnisch, L. (1988): Begleitforschung von Modelleinrichtungen in historischer Perspektive. In: Dietzel/Troschke, S 137-145.
Böhnisch, L. (1994): Gespaltene Normalität. Lebensbewältigung und Sozialpädagogik an den Grenzen der Wohlfahrtsgesellschaft. Weinheim, München.
Böhnisch, L. (u. a.) (1994): Zwischenbericht der wissenschaftlichen Begleitung des AgAG-Programms. Materialband. TU Dresden, Institut für Sozpäd. u. Sozialarbeit.
Böllert, K.; Otto, H.-U. (Hrsg.)(1989): Soziale Arbeit auf der Suche nach Zukunft. Bielefeld.
Bonk-Luetkens, M. (1978): Zur Theorie und Praxis des sozialen Lernens im Unterricht - Empirische und theoretische Evaluation eines Schulversuchs. Kronberg/Ts..
Bonß, W.; Hartmann, H. (Hrsg)(1985): Entzauberte Wissenschaft. Soziale Welt, Sonderband 3,. Göttingen.
Bonß, W. (1995): Vom Risiko - Unsicherheit und Ungewißheit in der Moderne. Hamburg.
Brumlik, M. (1992): Advokatorische Ethik - Zur Legitimation pädagogischer Eingriffe. Bielefeld.
Buck, G. (1995):»Qualität ist, was etwas umschreibt, das man schon nicht mehr hören kann« In: Sozialpädagogik, 37. Jg., S.283.
Bühlow, G.; Tillmann, K-J.; Nagel, K.; Preuss-Lausitz, M. (1972): Gesamtschule zwischen Schulversuch und Strukturreform. Weinheim Basel.
Bund-Länderkommission für Bildungsplanung und Forschungsförderung (1982): s. Krappmann/Wagner.
Bundesminister für Jugend, Familie und Gesundheit (1978): Perspektiven zum Bundesjugendplan. Bonn.
Bundesministerium für Bildung und Wissenschaft (Hrsg.) (1994): Gratwanderungen - Jugendarbeit als Gewaltprävention? Hof.
Bundesministerium für Frauen und Jugend (Hrsg.): KABI Konzertierte Aktion Bundesjugendplan Innovationen - Das Bundesjugendministerium informiert. Nr.1 (19.09.1991).
Campbell, D. E. (1963): From Description to Experimentation: Interpreting Trends as Quasi-Experiments. In: C.W. Harris (Ed.): Problems in Measuring Change. Madison.
Campbell, D. E. (1982): An Ecological Systems Approach to Evaluation. In: Evaluation Quarterly, Vol.6, P.625-648.
Campbell, D. E.; Stanley J. C. (1963): Experimental and Quasiexperimental Designs for Resaerch in Teaching. In: Gage, N. L. (Ed.): Handbook of Research in Teaching. Chicago.
Campbell, D. T.(1971): Reforms as Experiments. In: Caro 1972, S.233-261.
Caritas (Zeitschrift für Caritasarbeit...) 1991, 92. Jg., Heft 5; Themenschwerpunkt: Sozialmanagement, Marketing, etc.

Caro, F. G.(Ed.)(1972): Readings in Evaluation Research. Hartford: Sage.
Cook, T. D.; Matt, G. E.(1990): Theorien der Programmevaluation - Ein kurzer Abriß. In: Koch/Wittmann.
Cremer, Ch.; Haft, H.; Klehm, W. (1977): Entwicklungslinien von Action-Research. In: Hameyer/Haft 1977, S.172-198.
Deutsches Jugendinstitut Forschungsbericht - Projektgruppe Erprobungsprogramm (1979): Das Erprobungsprogramm im Elementarbereich. Teil 1: Bericht zur überregionalen wissenschaftlichen Begleitung. München.
Dewe B.; Radtke F.-O. (1991): Was wissen Pädagogen über ihr Können? Professionstheoretische Überlegungen zum Theorie-Praxis-Problem in der Pädagogik. In ZfPäd, 27. Beiheft, S.143-162.
Diederich, J. (1975): Die Praxis begleitende Forschung. In: Roth/Friedrich 1975, Bd. 2, S.181-213.
Diederich, J. (1977): So tun, als ob.... - Eine Antithese zur Begleitforschung. In: Mitter/Weishaupt (Hrsg.) 1977, S.142-180.
Dietzel, G. (1984): Evaluierung von Ressortaktivitäten am Beispiel des Bundesministeriums für Jugend, Familie und Gesundheit. In: Hellstern/Wollman, S.282-288.
Dietzel, G.; Troschke J. v. (Hrsg (1988): Begleitforschung bei staatlich geförderten Modellprojekten - strukturelle und methodische Probleme. SR BM f.JFFG, Bd.216, Stuttgart.
Döbert, R.; Nunner-Winkler, G. (1982): Adoleszenzkrise und Identitätsbildung. Frankfurt/M.
Eichner, K.; Schmidt, P. (1974): Aktionsforschung - eine neue Methode? In: Soziale Welt 25. Jg. S.140-168.
Erler, M. (1993): Soziale Arbeit - Ein Lehr- und Arbeitsbuch zu Geschichte Aufgaben und Theorie. Weinheim München.
Eyferth H.; Otto, H.-U.; Thiersch H. (Hrsg.) (1984): Handbuch zur SA/SP. Darmstadt.
Feek, Warren (1980): working effectively, a guide to evaluation techniques, London: Square.
Fegert, J. (1994): Was ist seelische Behinderung? Münster.
Feick, J. (1980): Wirkungsforschung in den USA - Das "New Jersey Income Maintainance Experiment". In: Soziale Welt, 21. Jg..
Fend, H. (1974): Gesellschaftliche Bedingungen schulischer Sozialisation. Weinheim Basel.
Fend, H. (1977): Wissenschaftssoziologische Perspektiven für eine Analyse der Begleitforschung im Rahmen von Modellversuchen im Bildungswesen. In: Mitter/Weishaupt (1977) S.48-81.
Fitzsimmons, S. J. (1984): "Erfahrungen aus dem Transfer von Evaluationsforschung";In: Hellstern, S. 596-615.
Flick, U. (1990): Triangulation. In: Flick, U.; v. Kardorf, E.; Keupp, H.; V. Rosenstiel, L.; Wolff, S. (Hrsg.): Handbuch der qualitativen Sozialforschung. München.
Flitner, A. (1978): Eine Wissenschaft für die Praxis? In: ZfPäd 24. Jg., S.183-193.
Flitner, A. (1982): Konrad sprach die Frau Mama... - Über Erziehung und Nicht-Erziehung. Berlin.
Flitner, W. (1979): Ist Erziehung sittlich erlaubt? In: ZfPäd., 25.Jg, S.499-504.
Flösser, G. (1994): Soziale Arbeit jenseits der Bürokratie. Berlin.
Frey, K. (Hrsg.)(1975): Curriculum Handbuch. Bd.II.. München.
Friedrich, D. (1972): Ansätze zur Planung der Bildungsforschung. Gegenwärtige Bedingungen und Trends der Entwicklung der Bildungsforschung in der BRD. In: Hoffmann/Tütken (1972) S.139-160.

Friedrichs, J. (1973): Methoden empirischer Sozialforschung. Reinbeck.
Fromm, M. (1988): Wirkungen und Nebenwirkungen pädagogischen Handelns - Überlegungen zur pädagogischen Wirkungsforschung. In: Pädagogische Rundschau, 42 Jg. Heft 2, S.187-196.
Fromm, M. (1990): Zur Verbindung qualitativer und quantitativer Methoden. In: Pädagogische Rundschau, 44 Jg. , Heft 4, S.469-481.
Fuchs, J. (1991): Rahmenkonzept für ein "Aktionsprogramm gegen Aggression und Gewalt" in den neuen Bundesländern, Arbeitsblatt, Bonn, (30.09.1991).
Fuchs, J. (1991a): Aktionsprogramm gegen Aggression und Gewalt" in den neuen Bundesländern, Arbeitsblatt, Bonn, Anfang November 1991.
Fuchs, W. (1970): Empirische Sozialforschung als politische Aktion.
In: Soziale Welt, 21. Jg., S.1-17.
Geißler, K. (1975): Aktionsforschung in Ausbilderseminaren. In: Baumgart/Geißler/Müller: Modellversuch zur pädagogischen Qualifizierung betrieblicher Ausbilder. Hrsg. vom Bayrischen Staatsministerium für Arbeit und Sozialordnung, München.
Geißler, K.; Hege M. (1992): Konzepte sozialpädagogischen Handelns. 6. Aufl. Weinheim.
Gintzel, U.; Schrapper, Ch. (1991): Intensive sozialpädagogische Einzelbetreuung. Münster.
Girtler, R. (1984): Methoden der qualitativen Sozialforschung. Wien.
Glass, G.; Ellett, F. S.(1980): Evaluation research. In: Rosenzweig, M. R.; Porter, L.W.(Ed.): Annual review of psychology., Vol. 31, P. 211-228. Palo Alto: Annual reviews.
Glass, G. (Ed.)(1986): Evaluation studies annual., Vol. 11, Beverly Hills, CA: Sage.
Glass, G. (1972): Die Entwicklung einer Methlogie der Evaluation. In: Wulf.
Gottschalk-Scheibenflug, J.; Staufer, J.; Stickelmann, B. (1983): Zwischen Parteinahme und Auftragsforschung - Zum Dilemma engagierter Wissenschaft. In: Institut für soziale Arbeit 1983, S.67-72.
Grüner, H. (1993): Evaluation und Evaluationforschung im Bildungswesen.
Pädagogische Rundschau 47.Jg, S.29-52.
Guba, E. G.; Lincoln, Y. S.(1981): Effective Evaluation: Improving the usefulness of evaluation results through responsive and naturalistic approaches. San Francisco.
Guba, E. G.; Lincoln, Y. S.(1989): Fourth Generation Evaluation. Newbury Park.
Gudat, U. (1982): Kinder bei der Tagesmutter: Frühkindliche Fremdbetreuung und sozialemotionale Entwicklung. Deutsches Jugendinstitut, München.
Günther, R. (1989): "Ich kenne meine Fehler, aber ich finde sie nicht" - über die Problematik der Veralltäglichung von Metaperspektiven. in: Neue Praxis 19. Jg. S.315-322.
Gusy, B; Kraus, G; Schrott-Ben Redjeb G.; Heckmann, W. (1992): Das "Streetworker"-Modell - Endbericht der wissenschaftlichen Begleitung (Band 1-5).
Bd. 1: Theoretische Vorüberlegungen und quantitative Auswertung des Modellprojektes Streetwork.
Bd. 2: Aufsuchende Sozialarbeit in homosexuellen Szenen
Bd. 3: Aufsuchende Sozialarbeit in Drogenszenen
Bd. 4: Aufsuchende Sozialarbeit in Szenen weiblicher Prostitution
Bd. 5: Aufsuchende Sozialarbeit in Szenen männlicher Prostitution
Haag, F.; Krüger, H.; Schwärzel, W.; Wildt, J. (Hrsg.)(1972): Aktionsforschung - Forschungsstrategien, Forschungsfelder und Forschungspläne. München.
Haeberlin, U. (1975): Empirische Analyse und pädagogische Handlungsforschung. In: ZfPäd 21. Jg. Nr. 5; S.653ff.

Hafemann, H.; Hafeneger, B. (1993): "Erfolg und Scheitern". Anmerkungen zu Publikationsstrategien in Jugendforschung und Jugendarbeit. In: Neue Praxis, 23. Jg., S.458-464.

Haft, H.; Kordes, H. (Hrsg.) (1984): Enzyklopädie Erziehungswissenschaft (hrgg. v. D. Lenzen) Bd.2: Methoden der Erziehungs- und Bildungsforschung. Stuttgart.

Hamann, B. (1982): Pädagogische Anthropologie. Bad Heilbrunn.

Hameyer, U.; Frey, K.; Haft, H. (Hrsg.)(1983): Handbuch der Curriculumforschung. Weinheim.

Hameyer, U.; Haft, H. (Hrsg.)(1977): Handlungsorientierte Schulforschungsprojekte. Weinheim.

Harnach-Beck, V. (1995): Psychosoziale Diagnostik in der Jugendhilfe. Grundlagen und Methoden für Hilfeplan, Bericht und Stellungnahme. Weinheim München.

Hassenstein, B. (1974 a): Das Projekt "Tagesmütter: In ZfPäd, 20.Jg., S.415-426.

Hassenstein, B. (1974 b): Kritik an der wissenschaftlichen Begründung des Tagesmütterprojekts. In: ZfPäd, 20. Jg., S.929-945.

Haug, R. (1977): Überlegungen zu politischen, administrativen und rechtlichen Rahmenbedingungen wissenschaftlicher Begleitung von Modellversuchen im Bildungswesen. In: Mitter/Weishaupt (Hrsg.) 1977, S.13-47.

Hebenstreit-Müller, S.; Pettinger, R. (Hrsg.) (1991 a): Organisation, Förderung und Vernetzung von Familienselbsthilfe - Erfahrungen aus einem Modellversuch mit Familien- und Nachbarschaftszentren. Ifg- Materialien Bd 14. Bielefeld.

Hebenstreit-Müller, S.; Pettinger, R. (Hrsg.) (1991 b): Miteinander Lernen, leben, engagieren - Neue soziale Netze für Familien - Ergebnisse der wissenschaftlichen Begleitforschung von Familien- und Nachbarschaftszentren. Ifg- Materialien Bd. 14. Bielefeld.

Heid, H. (1977): Bildungsforschung. In: Wörterbuch der Pädagogik, S.128-132.

Heiner M. (1985): Soziale Beratung und Akzeptanz, Evaluation einer Beratungsstelle für alleinstehende Wohnungslose, Diss., Bremen.

Heiner, M. (1986): Evaluation und Effektivität in der sozialen Arbeit. Modelle, Methoden, Erfahrungen. In: Oppl/Tomaschek, 1986, Bd. 2, S.71-105.

Heiner, M. (1987): Die Bremer Zentrale Beratungsstelle für alleinstehende Wohnungslose - Anforderungen und Entwicklungsmöglichkeiten. Ergebnisse der ersten Begleitforschungsphase. In: Bundesarbeitsgemeinschaft für Nichtseßhaftenhilfe (Hrsg.): Materialien zur Wohnungslosenhilfe. (Nr. 5), Bielefeld, S.28ff.

Heiner, M. (1988 a) (Hrsg.): Praxisforschung in der sozialen Arbeit. Freiburg.

Heiner, M. (1988 b): Beratung und Akzeptanz. Praxisforschung zur Arbeit einer Beratungsstelle für alleinstehende Wohnungslose. In: Heiner 1988 a, S.305-341.

Heiner, M. (1988 d): Von der forschungsorientierten zur praxisorientierten Selbstevaluation. Entwurf eines Konzeptes. in: Heiner, Maja (1988 c).

Heiner, M. (1992): Evaluation und berufliche Handlungskompetenz. In: Blätter der Wohlfahrtspflege. 139. Jg, S.123-126.

Heiner, M. (Hrsg.) (1988 c): Selbstevaluation in der sozialen Arbeit - Fallbeispiele zur Dokumentation und Reflexion beruflichen Handelns. Freiburg.

Heiner, M. (Hrsg.)(1994 a): Selbstevaluation als Qualifizierung in der sozialen Arbeit - Fallstudien aus der Praxis. Freiburg.

Heiner, M.; Meinold M.; Spiegel, H. v.; Staub-Bernasconi, S. (1994 b): Methodisches Handeln in der Sozialarbeit. Freiburg.

Heinze, T.; Müller, E.; Stickelmann, B.; Zinnecker, J. (1975): Handlungsorientierte Evaluation Erfahrungen aus einem schulischen Curriculumprojekt. In: Frey 1975, S.614-625.

Heinze, Th.; Müller, E; Stickelmann, B.; Zinnecker, J. (1975): Handlungsforschung im pädagogischen Feld. München.

Heipke, K. (1975): Probleme der Evaluation in der praxisorientierten Curriculumentwicklung. In: Frey, 1975, S.600-612.

Hellstern, G.-M.; Wollmann, H. (Hrsg.) (1984): Handbuch zur Evaluierungsforschung, Band 1. Opladen.

Helsper, W.; Wenzel, H. (Hrsg.)(1994): Jugend und Gewalt. Opladen.

Helsper, W. (1994): Zur "Normalität" jugendlicher Gewalt: Psychosoziale und sozialisatorische Hintergründe jugendlicher Gewalt. In: Bundesministerium für Bildung und Wissenschaft 1994, S.27-63.

Hentig v. H. (1994): Die Schule neu denken. München, Wien.

Heyting, F. (1992): Pädagogischer Relativismus als Antwort auf die Moderne? In: ZfPäd. 38. Jg., S.279-298.

Hillmeier, H. (1995): Rezension zu Viola Harnach-Beck: Psychosoziale Diagnostik in der Jugendhilfe. Unveröff. Manuskript Bayerisches Landesjugendamt Sachgebiet IV.

Hoffmann, D.; Tütken, H. (Hrsg.)(1972): Realistische Erziehungswissenschaft - Beiträge zu einer Konzeption (Festschrift für Heinrich Roth). Berlin.

Hoffmann-Nowotny, H.-J. (Hrsg.)(1982): Unbeabsichtigte Folgen sozialen Handelns. Frankfurt/M..

Hofmann, G.; Fargel, M. (1984): Evaluationsforschung. In: Eyferth/Otto/Thirsch, S.313-319.

Holdner, W.; Moser, H. (1975): Funktion der Evaluation für politische Planung. In: Frey, 1975, S.627-637.

Holste, S. (1988): Zwiegespräch mit dem Diktiergerät. Lautes Denken und Inhaltsanalyse eines Gedankenprotokolls. Evaluation in der Erziehungshilfe eines Jugendamtes. In: Heiner 1988, S.260-277.

Hopf, C.; Weingart, E. (Hrsg.) (1979): Qualitative Sozialforschung. Stuttgart.

Horn, K. (Hrsg.)(1979): Aktionsforschung: Balanceakt ohne Netz? Frankfurt/M.

Hornstein, W. (1970): Wissenschaft im Bundesjugendplan. In: Die dt. Jugend; Sonderheft »20 Jahre Bundesjugendplan«; 18.Jg., S.524-527.

Hornstein, W. (1975): Strukturbedingte Probleme innovativer Politikberatung in der Jugendpolitik. In: Mehr Chancen für die Jugend - zu Inhalt und Begriff einer offensiven Jugendhilfe. Stuttgart; S.214-238.

Hornstein, W. (1980): Sozialwissenschaftliche Gegenwartsdiagnose und Pädagogik - Zum Gespräch zwischen Modernisierungsdebatte und Erziehungswissenschaft. ZfPäd. 34. Jg. S.381-397.

Hornstein, W. (1982): Sozialwissenschaftliche Jugendforschung und gesellschaftliche Praxis. In: Ulrich Beck (1982) S.59-90.

Hornstein, W. (1984): Neue soziale Bewegungen und Pädagogik. Zur Ortsbestimmung der Erziehungs- und Bildungsproblematik in der Gegenwart. ZfPäd. 30.Jg., S.147-167.

Hornstein, W. (1989): Fortschritt und Emanzipation. Auf der Suche nach Bezugspunkten sozialer Arbeit in einer veränderten geschichtlichen Lage. In: Böllert/Otto 1989, S.148-164.

Hornstein, W. (1993): Fremdenfeindlichkeit und Gewalt. Über Tabus in der öffentlichen Thematisierung und über die Notwendigkeit gesellschaftlichen Lernens. In: ZfPäd 39. Jg., S.3-19.

Hornstein, W. (1996): Sozialpädagogik. In: Handbuch der deutschen Bildungsgeschichte, Bd.VI (im Druck)
Hornstein, W. (1995): Zur disziplinären Identität der Sozialpädagogik. In: Sünker 1995.
Hornstein, W.; Lüders, Ch. (1989): Professionalisierungstheorie und pädagogische Theorie. Verberuflichung erzieherischer Aufgaben und pädagogische Professionalität. ZfPäd, 35. Jg. S.749-769.
Hoschka, A.; Hössl, A.; Raab, E. (1978): Die wissenschaftliche Begleitung eines überregionalen Modellversuchs. In: C.W. Müller (1978), S.85-114.
Immervoll, K. (1984): Streetwork - Jugendarbeit als Sozialarbeit. In: Österreichisches Institut für Jugendkunde (Hrsg.), Report - Forschung und Information S.3-15, Wien.
Informationszentrum Sozialwissenschaften der Arbeitsgemeinschaft sozialwissenschaftlicher Institute: Forschungsarbeiten in der Sozialwissenschaft. Bonn.
Institut für soziale Arbeit e.V. (1983): "Sozialpädagogische Begleitforschung"; ISA-Schriftenreihe Heft 9, Münster.
Institut für Soziale Arbeit und Sozialpädagogik, Frankfurt/Main (ISS) und Informations-, Fortbildungs- und Forschungsdienst Jugendgewaltprävention (Hrsg.): AgAG-Berichte und Materialien sowie AgAG Informationsdienst, Berlin (IFFJ)
AgAG-Berichte und Materialien Nr. 3 : s. Lukas u.a. 1993.
AgAG-Berichte und Materialien Nr.4 : Zwei Jahre AgAG: Erfahrungen aus der praktischen Arbeit mit gewaltbereiten Jugendlichen (2. Bericht z. AgAG 1994).
AgAG-Berichte und Materialien Nr.5: s. Lukas u. a. 1994.
AgAG Informationsdienst 1/1992: Projekte im Aktionsprogramm gegen Aggression und Gewalt.
AgAG Informationsdienst 1/1993: Lernziel Gewaltfreiheit.
AgAG Informationsdienst 2/1993: Ein Jahr AgAG : Ergebnisse und Erfahrungen.
Jungblut, H.-J. (1993): Niederschwelligkeit. Kontextgebundene Verfahren methodischen Handelns am Beispiel akzeptierender Drogenarbeit.
In: Rauschenbach u.a. 1993, S.93-111.
KABI siehe: Bundesministerium für Frauen und Jugend Konzertierte Aktion Bundesjugendplan Innovationen - Das Bundesjugendministerium informiert. Nr.1 (19. 09. 1991)
Kant, I. (1984): Über Pädagogik. In: Kant Werkausgabe hrsg. von W. Weischedel Band XII., S.695-746. Frankfurt/M.
Kaufmann, F.-X. (Hrsg.) (1979): Bürgernahe Sozialpolitik - Planung, Organisation und Vermittlung sozialer Leistungen auf lokaler Ebene. Frankfurt/M. New York.
Kaufmann, F.-X. (Hrsg.) (1979): Bürgernahe Sozialpolitik -Planung, Organisation und Vermittlung sozialer Leistungen auf lokaler Ebene. Frankfurt/M. New York.
Kaufmann, F.-X.; Schneider S. (1975): Modelleinrichtungen - ein Instrument für experimentelle Reformverfahren in der Sozialpolitik?
In: Neue Praxis Heft 3, S.206-218.
Keckeisen, W. (1983): Kritische Erziehungswissenschaft. In: Lenzen/Mollenhauer, S.117-138.
Keil, A. (1969): Jugendpolitik und Bundesjugendplan - Analyse und Kritik staatlicher Jugendförderung. München.
Kelle, U. (1994): Empirisch begründete Theoriebildung. Zur Logik und Theorie interpretativer Sozialforschung. Weinheim.
Klafki, W. (1973 a): Handlungsforschung im Schulfeld. In: ZfPäd 1973, 19. Jg. S.487-516.
Klafki, W. (1973 b): Ergebnis einer Umfrage über laufende oder geplante Begleitforschungsprojekte in der BRD. In: ZfPäd 1973, 19. Jg. S.107-122.

Klafki, W. (1973): Handlungsforschung im Schulfeld.
In: Beiträge zur Bildungstechnologie, 2.Jg. S.2-19.
Klafki, W. (1975): Replik auf Frank-Olaf Radtkes Kritik am Verständnis der Aktionsforschung im Marburger Grundschulprojekt.
In: Beiträge zur Bildungstechnologie, 4.Jg. S.26-38.
Klaus, G.; Buhr, M. (Hrsg.)(1974): Philosophisches Wörterbuch. (Band 2). Leipzig.
Koch, U.; Wittmann, W. (Hrsg.) (1990): Evaluationsforschung - Bewertungsgrundlage von Sozial- und Gesundheitsprogrammen. Berlin Heidelberg.
Kommission für Heimerziehung (1977) der Obersten Landesjugendbehörden und der Bundesarbeitsgemeinschaft der Freien Wohlfahrtpflege. Zwischenbericht. Herausgegeben von der Internationalen Gesellschaft für Heimerziehung, Frankfurt/M..
König, E.; Zedler, P.(Hrsg.)(1982): Erziehungswissenschaftliche Forschung. München.
Kordes, H. (1983): Evaluation in Curriculumprozessen. In: Hameyer u.a.(1983) S.267-302.
Kordes, H. (1984): Evaluation. In: Haft/Kordes (Hrsg.), Enzyklopädie Erziehungswissenschaften Bd. 2, S.359-366.
Kraak, B. (1978): Soziale Praxis: Problemlösen und Entscheiden. Tübingen.
Krappmann, L. (1982): Förderung von Kindern im Kindergarten: Das Erprobungsprogramm im Elementarbereich. Vorgehensweise und Ergebnisse.
In: Krappmann/Wagner 1982, S.11-24.
Krappmann, L.; Wagner, J. (1982): Erprobungsprogramm im Elementarbereich. Bühl/Baden.
Kreissl, R.; Wolffersdorf-Ehlert, Ch. (1985): Selbstbetroffenheit mit summa cum laude? Mythos und Alltag der qualitativen Methoden in der Sozialforschung.
Soziale Welt Sonderband 3, S.91-110.
Krüger, H.; Klüver, J.; Haag, F. (1975): Aktionsforschung in der Diskussion.
In: Soziale Welt 26. Jg. S.1-30.
Kuhn, A. 1987: Versöhnlicher Handschlag. Täter-Opfer-Ausgleich. Wiedergutmachung statt Strafe. In: Sozial extra, H. 7-8/1987, S.36-38.
Kühn, D. (1995): Neue Steuerungsmodelle der Sozialverwaltung - Chancen und Gefahren. In: Neue Praxis 25. Jg., S.340-348.
Kultusministerium des Landes Nordrhein-Westfalen (Hrsg.) (1991): Organisationsuntersuchung im Schulbereich - Gutachten der Kienbaum Unternehmensber., Frechen.
Kümmel, F. (1978): Zur Bestimmung der Formel: Pädagogik als Theorie der Praxis.
In: ZfPäd, 15. Beiheft: Die Theorie-Praxis-Diskussion in der Erziehungswissenschaft; S.121-126.
Kury, H. (Hrsg.) (1986): Prognose und Behandlung bei jungen Rechtsbrechern - Ergebnisse eines Forschungsprojekts. Max-Planck-Institut für ausländisches und internationales Strafrecht. Freiburg.
Lamnek, S. (1988): Qualitative Sozialforschung - Band 1 Methodologie. München Weinheim.
Lamnek, S. (1989): Qualitative Sozialforschung - Band 2 Methoden und Techniken. München.
Larcher, D.; Rathmyr, B. (1975): "Zielbezogene" versus "zielfreie" Evaluation von Curricula und Unterricht. In: Frey, 1975, S.688-699.
Lau, Ch.; Beck, U. (1989): Definitionsmacht und Grenzen angewandter Sozialwissenschaft. Opladen.
Lenzen, S.; Mollenhauer, K. (Hrsg.) (1983): Enzyklopädie Erziehungswissenschaft. Bd.1: Theorien und Grundbegriffe. Stuttgart.
Lerchenmüller, H. (1987): Soziales Lernen in der Schule. Zur Prävention sozialauffälligen Verhaltens. Ein Unterrichtsprogramm für die Sekundarstufe I. Bochum.

Liebald, Ch. (1995): Evaluation in der Kinder- und Jugendarbeit. Bericht zur Voruntersuchung - "Evaluation in der (Kulturellen) Kinder- und Jugendarbeit im Rahmen des Kinder- und Jugendplans des Bundes". Unveröffentlichtes Manuskipt.

Liegle, L. (1974): Sozialisationsforschung und Familienpolitik - Der Streit um das Projekt "Tagesmütter". In: ZfPäd, 20. Jg., S.427-445.

Lüders, Ch. (1994): Management in der Sozialpädagogik. Neue Herausforderungen für das Studium. Manuskript eines Vortrages gehalten in Jena am 11.02.1994.

Luhmann, N. (1976): Funktionen und Folgen formaler Organisation. Berlin.

Luhmann, N. (1981): Politische Theorien im Wohlfahrtsstaat. München.

Luhmann, N. (1984): Soziale Systeme. Frankfurt/M..

Luhmann, N. (1991): Soziologie des Risikos. Berlin.

Luhmann, N.; Schorr, K. E. (1988): Strukturelle Bedingungen und Reformpädagogik - Soziologische Analysen zur Pädagogik der Moderne. ZfPäd. 34.Jg., S.463-480.

Luhmann, N.; Schorr, K. E. (Hrsg.)(1982): Zwischen Technologie und Selbstreferenz. Frankfurt/M..

Lukas, H.; Krieter, U.; Füner, A.; Ayllon-Wried, B. (1993): Lernziel: Gewaltfreiheit. AgAG - Berichte und Materialien, Nr. 3.

Lukas, H.; Krieter, U.; Füner, A.; Ayllon-Wried, B. (1994): Jugendarbeit - gewaltig gegen Gewalt. AgAG - Berichte und Materialien Nr. 5.

Maelicke, B. (1989): Die gesellschaftliche Organisation sozialer Arbeit. Thesen für den Weg zu mehr Markt und Kundennähe auch in der sozialen Arbeit. Blätter der Wohlfahrtspflege, H.1/89.

Maschewsky, W.; Schneider, U. (1978): Anwendungsorientierte psychologische Forschung - Zum gegenwärtigen Stand der Methodendiskussion. In: C.W. Müller 1978, S.38-62.

Max-Planck-Institut für Bildungsforschung (1980): Bildung in der Bundesrepublik Deutschland - Daten und Analysen, Bd. 2. Stuttgart.

Meinberg, E. (1988): Das Menschenbild der modernen Erziehungswissenschaft. Darmstadt.

Meinold, M. (1995): Über einige Mißverständnisse in den aktuellen Qualitätsdiskussionen. In: Neue Praxis, 25. Jg.; S.288-292.

Merchel, J. (1995): Sozialverwaltung und Wohlfahrtsverband als »kunden-orientiertes Unternehmen«: ein tragfähiges, zukunfts-orientiertes Leitbild? In: Neue Praxis, 25. Jg., S.325-339.

Merton, P. K.; Kendall, P. L. (1979): Das focussierte Interview. In: Hopf/ Weingarten

Mitter, W.; Weishaupt, H. (Hrsg.)(1977): Ansätze zur Analyse der wissenschaftlichen Begleitung bildungspolitischer Innovationen. Weinheim.

Mitter, W.; Weishaupt, H. (Hrsg.)(1979): Strategien und Organisationsformen der Begleitforschung - Vier Fallstudien. Weinheim.

Moch, M. (1990): Familienergänzende Erziehungshilfe im Lebensfeld - Eine Untersuchung an einem Modellprojekt. Frankfurt.

Mollenhauer, K. (1972): Theorien zum Erziehungsprozeß. München.

Mollenhauer, K.; Rittelmeyer, Ch. (1975): "Empirisch-analytische Wissenschaft" versus "Pädagogische Handlungsforschung": eine irreführende Alternative. In: ZfPäd 21. Jg. Nr. 5; S.687ff.

Mollenhauer, K.; Uhlendorf, U. (1992): Sozialpädagogische Diagnosen: über Jugendliche in schwierigen Lebenslagen. Weinheim München.

Moser, H. (1972): Programmatik einer kritischen Erziehungswissenschaft.
In: ZfPäd, 18.Jg. S.639ff.
Moser, H. (1976): Anspruch und Selbstverständnis der Aktionsforschung.
In: ZfPäd 22.Jg. S.357ff.
Moser, H. (1977): Aktionsforschung als kritische Theorie der Sozialwissenschaften. München.
Moser, H. (1982): Die Pädagogik auf dem Weg zum handlungswissenschaftlichen Paradigma.
In: König/Zedler 1982, S.234-251.
Müller, B; Niemeyer, Ch.; Peter, H.(Hrsg.) (1986): Sozialpädagogische Kasuistik. Bielefeld.
Müller, B. (1984): Sozialpädagogisches Handeln. In: Eyferth u. a. 1984, S.1045-1058.
Müller, B. (1991): Die Last der großen Hoffnungen. Methodisches Handeln und
Selbstkontrolle in sozialen Berufen. 2. Aufl.. Weinheim.
Müller, B. (1993): Sozialpädagogisches Können. Ein Lehrbuch zur multiperspektivischen
Fallarbeit. Freiburg.
Müller, C. W. (1978a): Sozialpädagogische Evaluationsforschung - Ansätze, Erfahrungen und
Kritik. In: C.W. Müller (1978) S.15-37.
Müller, C. W. (1978b): Sozialpädagogische Evaluationsforschung: Ansätze, Erfahrungen und
Kritik. In: C.W. Müller (1978).
Müller, C. W. (1980): Evaluierung. In: Kreft/Mielenz: Wörterbuch Soziale Arbeit. Basel,
S.144-145.
Müller, C. W. (1982): Wie Helfen zum Beruf wurde. Weinheim.
Müller, C. W. (1983): Zum gegenwärtigen Stand nordamerikanischer Evaluationsforschung.
In: ISA, S.37-66.
Müller, C. W. (Hrsg.)(1978): Begleitforschung in der Sozialpädagogik - Analysen und
Berichte zur Evaluationsforschung in der Bundesrepublik. Weinheim Basel.
Müller, S.; Otto, H.-U. (Hrsg.)(1984): Verstehen oder Kolonialisieren? Grundprobleme
sozialpädagogischen Forschens und Handelns. Bielefeld.
Müller-Schöll, A. (1987): Viele Anstöße, manche Einsichten - Bericht über eine Fortbildung
für Mitarbeiter in der wissenschaftlichen Begleitung.
In: Sozialpädagogik, 29. Jg., S.278-284.
Münder, J. (1984): Institutionalisierung der Jugendhilfe. In: Enzyklopädie der Erziehungswissenschaft, Bd. 5: Bildungswesen. Hrsg. v. Dieter Lenzen. Stuttgart.
Münder, J. (u.a.) (1991): Frankfurter Lehr- und Praxiskommentar zum KJHG. Münster.
Mutz, G. (1995): Diskontinuierliche Erwerbsverläufe. Analysen zur postindustriellen Arbeitslosigkeit. Opladen.
Nagel, K.; Preuss-Lausitz, U. (1972): Thesen zur wissenschaftlichen Begleitung von Modellversuchen und Modellen im Bildungssystem. In: Wulf 1972, S.344-353.
Nickolai, W.; Scheiwe, N. (1996): Pädagogische Antworten auf jugendliche Gewalt - Zum
Umgang mit Gewaltbereitschaft und Rechtsradikalismus in der Heimerziehung.
In: Jugendwohl, 77. Jg., H 3, S.125-134.
Nunner-Winkler, G. (1992): Zur moralischen Sozialisation. In: Kölner Zeitschrift für
Soziologie und Sozialpsychologie, 44. Jg., S.253-272.
Nüßle, W. (1994): Qualitätssicherung in der Sozialarbeit - Tabu oder Notwendigkeit?
In: Neue Praxis, 24 Jg., S.434-442.
Oelkers, J. (1982): Intention und Wirkung: Vorüberlegungen zu einer Theorie pädagogischen
Handelns. In: Luhmann/Schorr 1982, S.139-194.
Offe, K. (1986): Die Utopie der Null-Option; Modernität und Modernisierung als politische
Gütekriterien. In: Berger 1986.

Olk, Th. (1986): Abschied vom Experten. Sozialarbeit auf dem Weg zu einer alternativen Professionalität. Weinheim München.
Oppl, H.; Tomaschek, A. (Hrsg.) (1986): Soziale Arbeit 2000. Band 2 - Modernisierungskrise und soziale Dienste. Lambertus.
Orthey, F. M. (1995):»Qualität ist, was einem gerade gefällt...«. In: Das Forum 3/95, S.23-26.
Oswald, H.; Schütte, E. (1991): Evaluation des AIDS-Aufklärungsprogramms an Berliner Schulen 1988 bis 1991. Endbericht des Teilprojekts 2: "Wirkung des Schoolworkprogramms an Berliner Schulen im Schuljahr 1989/90 (Unver. Manuskr.).
Paschen, H. (1979): Logik der Erziehungswissenschaft. Düsseldorf.
Petermann, F; Petermann, U. (1984): Training mit aggressiven Kindern. Einzeltraining, Kindergruppen, Elternberatung. München.
Petermann, F. (1995): Qualitätsmanagement und Qualitätssicherung im Bereich der Kinder- und Jugendhilfe. In: Jugendwohl, 76. Jg. S.451-455.
Pettinger, R. (1974): Bedingungen und Zielsetzungen des Modellprojektes "Tagesmütter" - Zur Konzeption des Projekts und der damit verbundenen wissenschaftlichen Begleituntersuchung. In: ZfPäd, 20.Jg., S.913-927.
Picht, G. (1964): Die deutsche Bildungskatastrophe. Analysen und Dokumentation. Freiburg.
Plewig, H.-J.; Ewe, H.-D. (1983): Konzeptentwurf einer Begleitforschung im Rahmen des Modellprojektes "Jugendarrest/Nachbetreuung".
In: Institut für soziale Arbeit 1983, S.115-138.
Pongratz, L.; Hübner, H.-O. (1959): Lebensbewährung nach öffentlicher Erziehung. Darmstadt.
Prell, S. (1991): Evaluation und Selbstevaluation. In: Roth 1991, S.869 - 879.
Radtke, F.-O. (1975) (a): Wider ein restringiertes Verständnis von Aktionsforschung - Bemerkungen zu Klafkis Schilderung des "Marburger Grundschulprojektes". In: Beiträge zur Bildungstechnologie, H. 1, S.11-15
Radtke, F.-O. (1975) (b): Für eine andere Bildungsforschung. In: päd extra, H. 21/22 S.20-26.
Radtke, F.-O. (1978): Strukturelle Probleme der Kooperation von Lehrern und Wissenschaftlern - Zum Stand der Aktionsforschungsdebatte. In: Soziale Welt 29.Jg. S.324ff.
Ramseier, E. (1984): Kommunikative Hermeneutik: Grundlage eines generellen Evaluationskonzeptes? In: Bildungsforschung und Bildungspraxis, 1/84, S.132-134.
Rathmayer, B. (1976): Ein neues Selbstverständnis der Aktionsforschung?
In: ZfPäd, 22. Jg. S.369-376.
Rauschenbach, T.; Ortmann, F.; Karsten, M.-E. (Hrsg.)(1993): Der sozialpädagogische Blick - Lebensweltorientierte Methoden in der Sozialen Arbeit. Weinheim München.
Reckmann, H. (1981): Sozialisation und Erziehung im Jugendverband - Eine empirische Evaluation von außerschulischer Jugendarbeit. Weinheim Basel.
Reiss, H.-Ch. (1993): Controlling und soziale Arbeit. Darmstadt.
Rich, R. F.(1984): Umsetzung von Forschung in politisches Handeln.
In: Hellstern/Wollmann, S.557-589.
Rossi, P. H.; Freeman, H.E.; Hofman, G.(1988): Programm-Evaluation - Einführung in die Methoden angewandter Sozialforschung. Stuttgart.
Roth, H. (1967): Erziehungswissenschaft, Erziehungsfeld und Lehrerbildung. Gesammelte Abhandlungen 1957-1967. Hannover.
Roth, H.; Friedrich, D. (Hrsg.) (1975): Bildungsforschung - Probleme-Perspektiven-Prioritäten. Stuttgart.
Roth, L. (Hrsg.) (1978): Methoden erziehungswissenschaftlicher Forschung. Stuttgart.

Roth, L. (Hrsg.) (1991): Handbuch für Studium und Praxis. München.
Schefold, W. (1993): Das Projekt Sozialpädagogik. Beiträge zu einer sozialwissenschaftlichen Fundierung der Sozialpädagogik. München (Manuskript)
Schefold, W. (1994): Jugendarbeit: Lernort für soziale Praxis gegen Gewalt? In: Helsper/Wenzel 1994.
Schlüter, W. (1995): Sozialphilosophie für helfende Berufe. München, Basel.
Schmidt-Grunert, M. (1996): Die »BWL-isierung« als Hoffnungsträger der sozialen Arbeit. In: Sozialmagazin 21. Jg., S.30-44.
Schmidtbauer, W. (1978): Die hilflosen Helfer. Über die seelische Problematik der helfenden Berufe. Reinbek.
Schmidtbauer, W. (1983): Helfen als Beruf. Die Ware Nächstenliebe. Reinbek.
Schmitz, I. (1986): Familienfürsorge aus der Sicht von Klienten - Ein theoretischer und empirischer Beitrag zur Einschätzung von familienbezogenen sozialen Diensten und der dort tätigen Sozialarbeiter aus der Perspektive der Nutzer. Berlin.
Schmitz, I.; Lukas, H. (Hrsg.)(1981): Familienfürsorge im Stadtteil. Berlin.
Schrapper-Thiesmeier, Chr. (1985): Das Bedingungsgefüge der kommunalen Jugendhilfe. Münster.
Schwarz, U.-R., u.a. (1995): Das pädagogische Controlling der Jugendhilfe Rischborn. In: Jugendwohl, 76. Jg. S.499-511.
Scriven, M. (1971): Evaluating educational programs. In: Caro S.49-53.
Scriven, M. (1972): Die Methodologie der Evaluation. In: Wulf S.60-91.(Erstveröffentl. 1967)
Scriven, M. (1973): Goal-free evaluation. In: E.R. House (Ed.), School evaluation: The politics and process. S.319-328. Mc Cutchan, Berkeley, CA.
Scriven, M. (1980): The logic of evaluation. Edgepress, Inverness, CA.
Scriven, Michael (1986): New frontiers of Evaluation. In: Evaluation Studies, 11. Jg, S.7-44.
Scriven, M. (1991): Evaluation Thesaurus. Sage, London.
Seligman, M. (1979): Erlernte Hilflosigkeit. München.
Sengling, D. (1987): Was ist »Erfolg« in der Sozialarbeit? In: Sozialpädagogik 29.Jg, S.165-172.
Shadish W. R.; Cook T. D.; Levinton L. C. (1991): Foundations of Programm Evaluation. London.
Shadish, W. R. (1990): Amerikanische Erfahrungen mit der Evaluation. In: Koch/Wittmann.
Sieber, P. (1984): Kommunikative Hermeneutik: Grundlage eines generellen Evaluationskonzepts? In: Bildungsforschung und Bildungspraxis, 84.Jg., Heft 1, S.132ff.
Silbereisen, R.; Oesterreich, R. (1978): Klientenerwartungen und Beratungsverhalten im Sozialwesen. In: C.W. Müller 1978, S.139-168.
Sozialpädagogik - Zeitschrift für Mitarbeiter (1987) 29. Jg., Heft 6: Wissenschaftl. Begleitung.
Späth, K. (1988): Gesprächsinterviews und Feldentwicklung in der Heimerziehung. Zur Evaluation der Tagesgruppenarbeit. In: Heiner 1988, S.66-79.
Spiegel, H. v. (1991): Selbstevaluation als Medium der Qualifizierung sozialer Arbeit. In: Neue Praxis 21. Jg., S.525-531.
Spiegel, H. v. (1993): Aus Erfahrung Lernen. Qualifizierung durch Selbstevaluation. Münster.
Spranger, E. (1965): Das Gesetz der ungewollten Nebenwirkungen in der Erziehung. Heidelberg.
Stake, R. E. (1972): Verschiedene Aspekte pädagogischer Evaluation. In: Wulf 1972, S.93-112.
Stake, R. E. (1978): Case study method in social inquiry. Educational Researcher H. 7, S. 5-8.

Stake, R. E. (1980): Program evaluation, particularly responsive evaluation.
   In: Dockrell/Hamilton (Eds.): Rethinking educational research, S.72-87. London.
Stake, R. E. (1986): Quieting reform. University of Illinois press, Urbana.
Steitz, W. A. (1993): Der Bundesjugendplan 1950-1990.
   In: Jahrbuch für Jugendsozialarbeit, 14. Bd., S.49-34. Köln.
Stickelmann, B. (1972): Analyse des schulischen Lernfeldes: theoretische Überlegungen und methodischer Ansatz. In: Beiträge zur Bildungstechnologie. Heft 3, S.17-30.
Stickelmann, B. (1983): Begleitforschung zwischen wissenschaftlichem Erwartungshorizont und Unterstützung der Projektarbeit. In: ISA-Schriftenr. 1978, H. 9, S.139-152.
Stössl, U. (1975): Soziales Lernen in der Gesamtschule. Probleme seiner Evaluation.
   In: Frey 1975, S.738-744.
Straka, G. A. (1974): Forschungsstrategien zur Evaluation von Schulversuchen. Weinheim.
Straka, G. A. (1978): Handlungsforschung. In: Roth, L.: Methoden erziehungswissenschaftlicher Forschung. Stuttgart, S.168-187.
Stufflebeam, D. (1972): Evaluation als Entscheidungshilfe. In: Wulf 1972, S.113-145.
Suchman, E. A.(1967): Evaluative research: Principles and practice in public service and social action programs. New York.
Suchman, E. A.(1971): Evaluating educational Programs. In: Caro.
Sünker, H. (Hrsg.) (1995): Theorie, Politik und Praxis sozialer Arbeit. Bielefeld.
Swientek, Ch. (1986): Das trostlose Leben der Katrin P.. Hamburg.
Taba, H.; Noel, E. (1957): Action research. Remington, Washington.
Tennstädt; Krause; Humpert; Dann (Bd. 1-4): Das Konstanzer Trainingsmodell (KTM) - Ein Selbsthilfeprogramm für zeitgemäßes Unterrichten und Erziehen. Bd 1: Tennstädt; Dann (1987): Evaluation des Trainingserfolges im empirischen Vergleich. Bern.
Tenorth, H.-E. (1988): Geschichte der Erziehung - Einführung in die Grundzüge ihrer neuzeitlichen Entwicklung. München.
Terhart, E. (1985): Das Einzelne und das Allgemeine - Über den Umgang mit Fällen im Rahmen erziehungswissenschaftlicher Forschung. In: Zeitschrift für erziehungs- und sozialwissenschaftliche Forschung. 2. Jg., S.283-312.
Thiersch H. (1993): Strukturierte Offenheit. Zur Methodenfrage einer lebensweltorientierten Sozialen Arbeit. In: Rauschenbach, u.a. 1993, S.11-28.
Thiersch, H. (1972): Institution Heimerziehung. Pädagogischer Schonraum als totale Institution. In: Hoffmann/Tütken (1972) S.405-418.
Thiersch, H. (1978): Alltagshandeln und Sozialpädagogik. In: Neue Praxis 25. Jg., S.215-234.
Thiersch, H.; Rauschenbach, T. (1984): Sozialpädagogik/Sozialarbeit: Theorie und Entwicklung. In: Eyferth/Otto/Thiersch 1984, S.984-1016.
Thiersch, H.; Ruprecht, H.; Herrmann, U. (1978): Die Entwicklung der Erziehungswissenschaft. München.
Thomas, L. (1977): Evaluation im Rahmen handlungsorientierter Curriculumentwicklung. In: Hameyer/Haft (1977), S.123-138.
Tillmann, K.-J. (1991): Erziehungswissenschaft und Bildungspolitik - Erfahrungen aus der jüngsten Reformphase. In: ZfPäd. 37. Jg., S.955-974.
Van de Vall, M. (1993): Angewandte Sozialforschung. München.
Vialon, F. K. (1959): Haushaltsrecht, 2. Aufl. Berlin Frankfurt.
Voigt, E. (1975): Schulbegleitforschung und Schulverwaltung.
   In: Bildung und Erziehung 28. Jg., S.117-124.
Weber, M. (1991): Die protestantische Ethik I. 8. Aufl. (Hrsg. J. Winckelmann). Gütersloh.

Weidner, J. (1990): Anti-Aggressivitäts-Training für Gewalttäter. Ein deliktspezifisches Behandlungsangebot im Jugendvollzug. Bonn.
Weishaupt, H. (1980): Modellversuche im Bildungswesen und ihre wissenschaftliche Begleitung. In: Max-Planck-Institut für Bildungsforschgung (1980)
Weishaupt, H. (1991): Begleitforschung zu Modellversuchen im Bildungswesen - Erziehungswissenschaftliche und politisch-planerische Bedingungen. Weinheim.
Weishaupt, H.; Steinert, B.; Baumert, J. (1991): Bildungsforschung in der Bundesrepublik Deutschland. (Schriftenreihe Studien zu Bildung und Wissenschaft, 98; hrsg. v. BM für Bildung und Wissenschaft) Bad Honnef.
Weiss, C. H.(1974): Evaluierungsforschung - Methoden zur Einschätzung von sozialen Reformprogrammen. Opladen.
Weiss, C. H.(1990): If Program Decisions Hinged Only on Information: A Response to Patton. In: Alkin 1990, S.208-222.
Wellenreuther, M. (1976): Handlungsforschung als naiver Empirismus. In: ZfPäd 22. Jg., S.343ff.
Wienold, H. (1974): Rezension von Weiss 1974. In: Neue Praxis 1/1975, S.78-79.
Winkler, M. (1988): Eine Theorie der Sozialpädagogik. Stuttgart.
Wottawa H. (1991): Zum Rollenverständnis in der Evaluation und der Evaluationsforschung. In: Empirische Pädagogik, 5. Jg., S.151-168.
Wottawa H.; Thierau H. (1990): Lehrbuch Evaluation. Bern, Stuttgart, Toronto.
Wulf, Ch. (Hrsg.) (1972): Evaluation. Beschreibung und Bewertung von Unterricht, Curricula und Schulversuchen. München.
Wulf, Ch. (Hrsg.)(1975): Evaluation - Handlungsforschung. Tübingen.
Zabel, C. (1981): Die Modellbewegung im Handlungsfeld Sozialarbeit/Sozialpädagogik unter besonderer Berücksichtigung des Jugendhilfebereichs. In: Schmitz/Lukas 1981, S.13-32.
Zinnecker, J. (1972): Neukonstituierung der Erziehungswissenschaft als Sozialtechnologie. In: Beiträge zur Bildungstechnologie. Heft 3, S.77-89.

Anlagen:

Anlage 1: »Key evaluation Checklist« nach Scriven.
Quelle: Shadish e.a. 1991, S. 83.

MICHAEL S. SCRIVEN

Table 3.1 Scriven's Key Evaluation Checklist

(1) *Description:* What is to be evaluated?
(2) *Client:* Who is commissioning the evaluation?
(3) *Background and context* of the evaluand and the evaluation.
(4) *Resources* available to or for use of the evaluand, and of the evaluators.
(5) *Function:* What does the evaluand do?
(6) *Delivery system:* How does the evaluand reach the market?
(7) *Consumer:* Who is using or receiving the (effects of) the evaluand?
(8) *Needs and values* of the impacted and potentially impacted population.
(9) *Standards:* Are there any preexisting objectively validated standards of merit or worth that apply?
(10) *Process:* What constraints/costs/benefits apply to the normal operation of the evaluand?
(11) *Outcomes:* What effects are produced by the evaluand?
(12) *Generalizability* to other people/places/times/versions.
(13) *Costs:* Dollar versus psychological versus personnel; initial versus repeated; direct/indirect versus immediate/delayed/discounted.
(14) *Comparisons* with alternative options.
(15) *Significance:* A synthesis of all the above.
(16) *Recommendations:* These may or may not be requested, and may or may not follow from the evaluation.
(17) *Report:* Vocabulary, length, format, medium, time, location, and personnel for its presentation need careful scrutiny.
(18) *Metaevaluation:* The evaluation must be evaluated, preferably prior to (a) implementation, (b) final dissemination of report. External evaluation is desirable, but first the primary evaluator should apply the Key Evaluation Checklist to the evaluation itself. Results of the metaevaluation should be used formatively but may also be incorporated in the report or otherwise conveyed (summatively) to the client and other appropriate audiences. ("Audiences" emerge at metacheckpoint 7, since they are the "market" and "consumers" of the evaluation.)

SOURCE: Adapted from Scriven (1980, pp. 113-116).

Anlage 2: Die vier Evaluationsarten nach Stufflebeam - »CIPP-Modell« (ders. 1972, S. 133)

Tabelle 1: Das CIP-Evaluationsmodell – Ein Klassifikationsschema der Strategien zur Evaluation pädagogischer Reformen (Stufflebeam 1967)

	Die Strategien			
	Kontextevaluation	*Inputevaluation*	*Prozeßevaluation*	*Produktevaluation*
Ziel	Definition des *Programmkontexts*, Identifikation und Einschätzung der *Bedürfnisse* in dem Kontext und Identifikation und Beschreibung der *Probleme*, die mit den Bedürfnissen verbunden sind.	Identifikation und Abschätzung der Systemmöglichkeiten, der verfügbaren Input-*Strategien* und der *Pläne* zur Implementation der Strategien.	Identifikation oder Voraussage, der Unzulänglichkeiten des den Prozeß steuernden Plans oder seiner Implementation und die Aufzeichnung von *Ereignissen und Aktivitäten des Prozesses.*	In-Beziehung-setzen der *Ergebnisse* mit den Lernzielen, dem Kontext, dem Input und dem Prozeß.
Methode	Individuelle Beschreibung der wichtigsten Teilsysteme des Kontexts unter relevanten Gesichtspunkten; Vergleich wirklicher und beabsichtigter Inputs und Outputs der Teilsysteme; Analyse möglicher Gründe für die Diskrepanz zwischen Wirklichkeit und Intention.	Beschreibung und Analyse der verfügbaren menschlichen und materiellen Ressourcen, Lösungsstrategien und Verfahrenspläne in bezug auf Relevanz, *Durchführbarkeit* und *Wirtschaftlichkeit* während der Durchführung.	Beachtung der möglichen im Prozeß auftretenden Hindernisse, der Aktivitäten und *ständige* Aufmerksamkeit gegenüber *unerwarteten* Hindernissen.	Operationale Definition und Messung der mit den Zielen verbundenen Kriterien durch Vergleich der Meßwerte mit im voraus bestimmten Normen und durch Interpretation des Ergebnisses in bezug auf die aufgezeichneten Input- und Prozeßinformationen.
Beziehung zum Fällen von Entscheidungen im Reformprozeß	Entscheidungen über die *Ausgangsbedingungen*, die zur Verbesserung der Situation dienen sollen, und die *Lernziele*, die zur Problemlösung, d.h. zur Planung der benötigten Reformen bestimmt sind.	Auswahl der *Finanzierungsquellen,* der *Lösungsstrategien* und *Verfahrenspläne,* d.h. systematische Planung der Reformaktivitäten.	*Implementation und Verbesserung des Programmplans* und des Verfahrens, um z.B. den Verlauf wirksam zu kontrollieren.	Entscheidung über die *Weiterentwicklung, Beendigung, Modifikation oder Schwerpunktverlagerung* einer Reformaktivität und Verbindung der Aktivität mit anderen wichtigen Phasen des Reformprozesses, z.B. neu in Erscheinung tretenden Reformaktivitäten.

Anlage 3:
Abbildung 1: Datenmatrizen der Evaluation nach Stake (ders. 1972, S. 99)

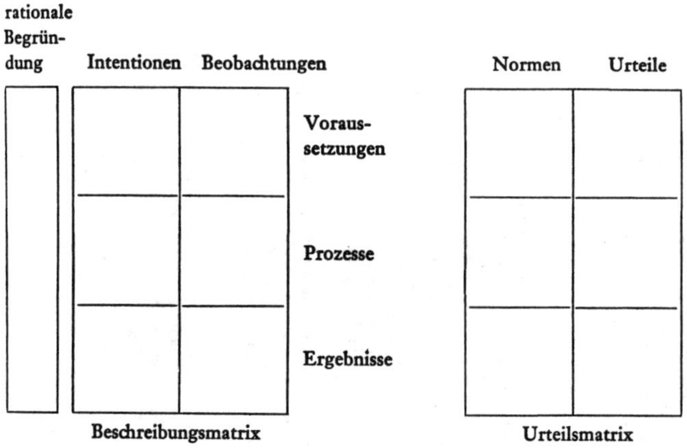

rationale
Begrün-
dung   Intentionen   Beobachtungen   Normen   Urteile

                      Voraus-
                      setzungen

                      Prozesse

                      Ergebnisse

Beschreibungsmatrix   Urteilsmatrix

Abb. 1: Eine Matrix für Daten, die vom Evaluator eines Bildungsprogramms gesammelt werden sollen

Abbildung 2:   Ein Beispiel für die inhaltliche Ausfüllung
               der Datenmatrix nach Stake (ders. 1972, S. 100)

Im Wissen, daß
(1) Kapitel 11 als Aufgabe aufgegeben worden ist, und daß er beabsichtigt (2), am Mittwoch über das Thema eine Vorlesung zu halten, gibt ein Professor an (3), was die Studenten bis Freitag können sollen - z. T. dadurch, daß er einen Fragebogen über das Thema bearbeiten läßt. Er beobachtet, (4) daß einige Studenten am Mittwoch abwesend waren, (5) daß er wegen der langen Diskussion nicht die Vorlesung beenden konnte und (6) daß einen wichtigen Begriff im Fragebogen nur zwei Drittel der Hörer zu verstehen schienen. Im allgemeinen erwartet er (7), daß einige abwesend sind, aber daß das Versäumnis durch die für den Fragebogen aufgewandte Zeit aufgeholt wird; er erwartet (8), daß seine Vorlesungen für etwa 90% der Zuhörer so klar sind, daß sie ohne Schwierigkeiten verstehen können; und er weiß (9), daß seine Kollegen erwarten, daß nur einer von zehn Studenten alle wichtigen Begriffe in solchen Vorlesungen versteht. Nach seinem Urteil bot (10) die aufgegebene Lektüre keine ausreichenden Hintergrundinformationen für seine Vorlesung; Studenten äußerten (11), daß die Vorlesung provokativ war; der Hilfsassistent, der die Fragebogen las, sagte (12), daß eine entmutigend große Zahl der Studenten einen wichtigen Begriff mit einem anderen zu verwechseln schien.

Abbildung 3: Verschiedene Aspekte pädagogischer Evaluation - eine Darstellung des Prozesses der Verarbeitung von beschreibenden Daten (Stake 1972, S. 105)

Beschreibende Daten

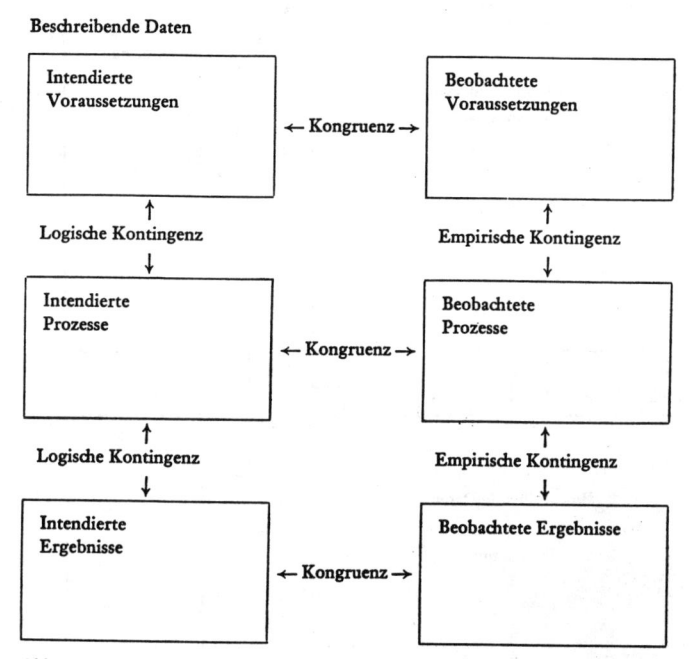

| Intendierte Voraussetzungen | ← Kongruenz → | Beobachtete Voraussetzungen |

↑ Logische Kontingenz ↓   ↑ Empirische Kontingenz ↓

| Intendierte Prozesse | ← Kongruenz → | Beobachtete Prozesse |

↑ Logische Kontingenz ↓   ↑ Empirische Kontingenz ↓

| Intendierte Ergebnisse | ← Kongruenz → | Beobachtete Ergebnisse |

Abb. 2: Eine Darstellung des Prozesses der Verarbeitung von beschreibenden Daten

Abbildung 4: Verschiedene Aspekte pädagogischer Evaluation - Darstellung des Prozesses der Beurteilung des Wertens eines Bildungsprogrammes (Stake 1972, S. 109)

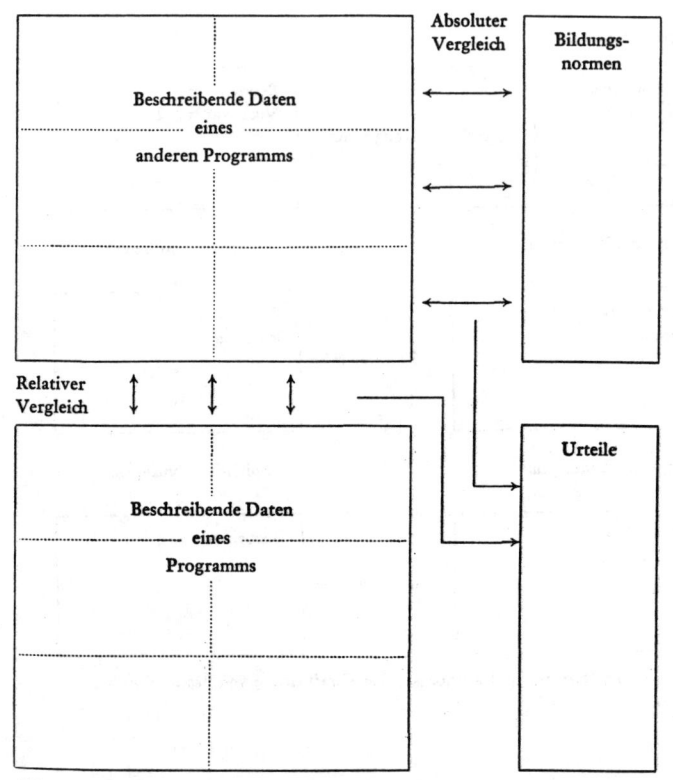

Abb. 3: Eine Darstellung des Prozesses der Beurteilung des Wertes eines Bildungsprogramms

Anlage 4: Übersicht über **Literatur zur Handlungsforschung**

Allgemein zur Handlungsforschung (HF) in den Erziehungswissenschaften:
Taba/Noel 1957; Fuchs 1970; Moser 1972, 1976, 1978; Haag u.a.1972; Stickelmann 1972; Zinnecker 1972; Hameyer/Haft 1977; Horn 1979; Straka 1978.

Zur Methodenkritik, die von der HF rezipiert wurde: Berger 1974.

Zur Bestandsaufnahme aus der Retrospektive: Altrichter/Gstetter 1993;

Vertreter (HF) als radikale Gegenposition zur bis dahin etablierten Forschung:
Heinze u.a. 1975; Radtke 1975, 1978, Krüger/Klüver/Haag 1975.

Kritik an der HF aus der Richtung der etablierten Forschung:
Eichner/Schmidt 1974; Haeberlin 1975; Voigt 1975, S. 119: "Mit Sicherheit kann man jetzt schon sagen, daß es in diesen Mischformen zu wissenschaftlich fragwürdigen Solidarisierungen kommt. Die Wissenschaftler identifizieren sich mit der sogenannten Basis in einem Grade, der die notwendige Distanz für die Gewinnung von Erkenntnissen nicht mehr gewährt"; Lukesch/Zecha 1978, S. 41: "Insgesamt erkennt man, daß Handlungsforschung nicht als eine neue Forschungsstrategie betrachtet werden kann, sondern eine mehr oder weniger verschleierte Methode polit-pädagogischer Manipulation darstellt."

Zum Verständnis der Auseinandersetzungen (zwischen Anhängern und Kritikern sowie zwischen Fraktionen innerhalb der HF) siehe: ZfPäd 1973, Nr.1 Thema "Pädagogische Begleitforschung" (Tagungsbericht der DGfE); ZfPäd 1975: Die Diskussion zwischen Haeberlin, Blankertz/Gruschka und Mollenhauer/Rittelmeyer - hierzu weiterhin: Wellenreuther 1976; Rathmayer 1976; Beiträge zur Bildungstechnologie 1973 u. 1975: Diskussion Radtke/Klafki. Straka 1974, S. 95 ff.

Vermittelnde Positionen: Klafki 1973 (a); Mollenhauer/Rittelmeyer 1975.
Zu den verschiedenen Entwicklungslinien s. Cremer u.a. 1977, S. 181.

Anlage 5 a: »Typologie sozialer Arbeitsfelder«, Burkhard Müller (1984, S. 1050).

Typologie sozialer Arbeitsfelder

Kompetenztypus:	Aufgabentypus:	**Sozialisation:** Zusammenleben bewältigen	**Lebenshilfe:** Dienstleistungsangebote für spezifische Klientengruppen	**Sozialhilfe:** Administration sozialstaatlicher Eingriffe und Leistungen
Pragmatisch-handwerkliche Kompetenz (»Besorgenkönnen«):		Hausfrauen- Hausväter- Heimwerker- Kompetenzen Fähigkeiten zu »sentimental work«	Gruppenspezifisches Dienstleistungsrepertoire: (gewußt: was, wann, wie, wo?) Interventionstechniken	Gesetzeskenntnisse, administrative Kompetenz »Beamtentugenden«
Selbstreflexive Kompetenz:		Fähigkeiten zur reflexiven Verarbeitung von »Beziehungen« (bes. manipulativer u. stereotypisierter Beziehungsmuster)	Fähigkeiten zur reflexiven Verarbeitung von Arbeitsbündnissen (bes. inadäquater) zwischen Sozialarbeiter und Klienten	Fähigkeiten zur reflexiven Verarbeitung institutionalisierter Macht (bes. struktureller Gewalt)
Intentionale Richtung der Reflexivität:		Revidierbarkeit der gegenseitigen »Zumutungen« durch kommunikative Verarbeitung	Transformation von Konsum- und Versorgungsangeboten in Akte der Unterstützung autonomer Selbsthilfe	Revidierbarkeit der Ohnmacht von Klienten, gegenüber den in ihr Leben intervenierenden Institutionen ihre Rechte zu wahren

Anlage 5 b: »Aufgabentypen und Handlungsebenen sozialpädagogischer Praxis« (Walter Hornstein, Vorlesungsmanuskript WS 1994/95 Uni. Zürich).

Prof. Dr. Walter Hornstein WS 1994/95

Vorlesung: Sozialpädagogische Arbeitsformen

Übersicht I: Aufgabentypen und Handlungsebenen sozialpädagogischer Praxis

Handlungsebene:	"kommunikativ" = Ebene der päd. Interaktion	"organisatorisch" = Ebene der Organisation und Planung soz. päd. Prozesse	"evaluativ" = Ebene der Bewertung, Überprüfung, Weiterentwicklung d. Praxis
Aufgabentypus:			
"Lebenshilfe"	informieren; aufklären; Situationen vorstellen ("soziale Diagnose"); vermitteln; wissen, wer wofür zuständig ist; etc.	- Konzepte entwickeln - Einrichtungen planen - politische Unterstützung sichern - Finanzen sichern - Koalitionen herstellen - Öffentlichkeit herstellen	"Selbstevaluation" "Fremdevaluation"
Hilfe bei aktuellen Konflikten u. Krisen in bezug auf Arbeit, Wohnen, Geld, Partnerschaft, Suicid-Gefährdung etc. Hilfe durch Dienstleistungsangebot f. Klientengruppen (Behinderte, Alte, Familien in Notsituationen)			
"Sozialisationshilfe"	Lernen u. Erfahrungen ermöglichen; beraten, motivieren mit Gruppen arbeiten; "Beziehungen aufbauen; Lernvoraussetzungen schaffen	entsprechend	"Selbstevaluation" "Fremdevaluation"
Unterstützung bei u. Inszenierung von Lernprozessen mit dem Ziel der Einstellungs- u. Verhaltensänderung; Schaffung sozialer settings, in denen Mündigkeit, Kreativität, Identität gelernt werden können; Jugendarbeit); Erweiterung von Orientierungsmustern u. Handlungsrepertoir, Resozialisierung			
"Ressourcenerschließung"	Situationen, Verhältnisse unter dem Ressourcengesichtspunkt sehen, Mängel, Defizite erkennen, Ressourcen mobilisieren.	entsprechend	"Selbstevaluation" "Fremdevaluation"
Unterstützung von Einzelnen/ Gruppen bei der Erschließung der für die Lösung ihrer Probleme langfristig notwendigen Ressourcen			

Georg Auernheimer / Peter Gstettner

Jahrbuch für Pädagogik 1996
Pädagogik in multikulturellen Gesellschaften
Frankfurt/M., Berlin, Bern, New York, Paris, Wien, 1996. 409 S.
Jahrbuch für Pädagogik 1996.
ISBN 3-631-30629-6 br. DM 59.–*

Dieses Jahrbuch enthält kritische Anfragen an die Bildungspolitik, an die Schulpraxis und an die Adresse der Erziehungswissenschaft im Hinblick auf die Multikulturalität der europäischen Gesellschaften. Die Autorinnen und Autoren zeigen im ersten Teil strukturelle Defizite des Schulwesens und problematische Denkmuster auf, wobei der Stellenwert kultureller Differenz kontrovers behandelt wird. Im zweiten, überwiegend historischen Teil werden vor allem fragwürdige Entwicklungslinien und Traditionsbestände der Pädagogik erhellt. International vergleichende Beiträge und Berichte aus der Praxis zeigen teilweise Alternativen auf, offenbaren aber auch ähnliche Problemlagen.

Aus dem Inhalt: Alternativen auf dem Weg zur Weltgesellschaft · Zum Umgang mit den Migrationsfolgen: kritische Anfragen an die Bildungspolitik, an die Schulpraxis und die Erziehungswissenschaft · Vergessene Traditionen und problematische Entwicklungslinien in der Pädagogik und Bildungspolitik · International vergleichende Aspekte, die Praxis anderer Länder

Frankfurt/M · Berlin · Bern · New York · Paris · Wien
Auslieferung: Verlag Peter Lang AG
Jupiterstr. 15, CH-3000 Bern 15
Telefon (004131) 9402131
*inklusive Mehrwertsteuer
Preisänderungen vorbehalten